교육사 교육철학

김 대 식 · 한 기 철

교육과학사

국내에서 '교육사 교육철학' 또는 이와 유사한 제목을 가진 책들이 대개 그러하듯, 이 책은 일차적으로 초중등학교 교사 자격을 획득하고자 하는 독자들을 염두에 두고 쓴 책이다. 우리나라에서 '교사'는 학생을 가르치는 활동에 종사하는 이들이라는 일반적인 의미 외에도, 공적으로 마련된 법령이 요구하는 특정의 제도적 과정을 이수한 이들이라는 의미도 함께 지닌다. 교사가 되는 데는 그만큼의 전문적인 지식을 갖추는 일이 반드시 필요하다는 점을 말하는 것이라고 하겠다. 교육사와 교육철학은 이런 이들을 양성하는 공식적인 과정에서 가장 기초적이고 전통적인 지위를 차지하는 학문들이라 할 수 있다.

교사가 될 이들이 교육사와 교육철학을 공부해야 하는 이유는 자명하다. 한 활동에 종사할 사람이 그 활동이 수행되어온 역사를 모른다는 것은 말이 안 된다. 무릇 다른 활동들도 마찬가지이겠지만, 교육활동을 전문적으로 수행하고자 하는 사람들이 가장 먼저 해야 할 일은 자신이 앞으로 수행할 활동을 과거에 자신의 선배들이 어떻게 수행했었는지를 체계적으로 탐구하는 일이 아닐 수 없다. 한 활동에 종사할 사람이 그 활동의 본질적인 성격을 이해하지 못하고 있다는 것도 마찬가지로 말이 안 된다. 교사는 '기능인'이 아니다. 교사를 '전문인'이라고 할 때 그것이 의미하는 것 하나는 자신이 수행하는 활동의 의미를 알고 있어야 한다는 점이다. 교육이 본질적으로 무엇 하는 일인지를 제대로 파악하고 있지 못할 때 교사는 주변에서 제기되는 갖가지 비교육적인 요구들에 대항해서 참된 교육의 의미를 지켜낼 수 없게 된다.

교사교육 또는 교사가 되기 위해 하는 공부는 다른 분야와 비교해서 대단히 독특한 성격을 갖고 있다. 이 특징은 그 공부의 내용이 남을 가르치는 일이라는 점에 연유한다. 교사교육을 받고 있는 이들은 앞으로 남을 가르치게 될 사람들이다. 여기서 따라 오는 중요한 귀결 하나는 현재 자신이 하고 있는 공부의 방식이 그대로 장차 남을 가르치는 일의 방식으로 연결될 가능성이 짙다는 점이다. 배울 때의 습관이 가르칠 때의 습관으로 전이되는 것이다. 배울 때 제대로 배우면 가르칠 때도 제대로 가르칠 것이요, 배울 때 엉터리로 배우면 가르칠 때도 엉터리로 가르치게 될 공산이 크다는 것이다. 이 점이 이 책으로 공부할 때 가장 크게 신경 써야 할 부분이라고 할 수 있다.

기성의 학자들이 하는 말 중에 학문은 '하는 것'이라는 말이 있다. 교육사건 교육철학이건, 그것은 이미 성립해 있는 특정의 지식 체계를 가리키는 말이기도 하지만, 그것 그대로 각각의 활동을 가리키는 이름이기도 하다. 교육사는 교육사적인 탐구 활동이요, 교육철학은 교육철학적인 탐구 활동을 가리키는 말이라는 것이다. 다른 지식 체계도 마찬가지이겠지만, 특히 교육사와 교육철학은 각기의 영역에서 다루는 내용들을 절대로 외워서 그대로 뱉어내는 정보 묶음이 되어서는 안 된다. 교사가 되는 과정에서 '주입식'으로 공부를 한 사람은 나중에 교사가 되어서 자기 학생들을 가르칠 때도 십중팔구 '주입식'으로 가르칠 가능성이 크며 나아가 그 학생들도 '주입식'으로 공부하도록 할 가능성이 크다. 이 책의 저자들이 가장 크게 고려한 것이 바로 이 부분이다. 이 책에 등장하는 교육사와 교육철학의 내용들은 또한 이 책으로 교사교육을 받는 이들에게 각각의 학문이 요청하는 활동들을 수행하는 데 필요한 방법이 되어야 한다. 그 지식들은 그것들 자체로 앎을 탐구하는 방법이 되며, 그 점에서 그것들은 일종의 '방법적 지식'이 될 필요가 있다. 독자들이 할 일은 그 내용들을 참조해서 교육사적 탐구, 교육철학적 탐구를 연습하는 것이다.

이 책은 크게 두 부분으로 구성되어 있다. 제1부 교육사는 현재 한국교육을 이해하고 평가하는 데 의미가 있다고 보는 서른다섯 가지 교육사 영역 주제들을 다루었다. 한국교육을 이해할 때, 현재의 시각이 아닌 맥락과 서사에 기반한 이해가 중요하다고 보았기 때문이다. 독자들이 과거에 이런 일이 있었다는 것을 아는 것을 넘어서, 이를 통해 한국교육의 특징과 정체성을 성찰할 수 있는 계기가 되기 바란다. 교육 전문가의 사고와 행위의 출발점은 교육의 특징과 정체성일 수밖에 없기 때문이다.

제2부 교육철학은 교육철학의 기본적인 성격과 함께 교육철학의 흐름에서 중요하게 논의되어야 할 논제들을 일곱 개 장, 열네 개 주제로 나누어 다루었다. 이 논제들이 교육철학 탐구 주제들을 모두 포괄한다고는 결코 말할 수 없지만, 적어도 그것들은 학교교육을 전문적으로 실천하는 사람들 입장에서 필수로 고려되어야 할 주제들이라고 말하고 싶다. 교사는 '자율적 전문인'이어야 하거니와, 이 주제들은 교육 활동을 스스로의 전문적 판단에 따라 수행하는 데 반드시 필요한 규범적 기준들이 될 것이다.

이 책의 저자들은 각각 한국교육사와 영미 교육철학을 전공한 학자들이다. 이 책은 두 저자가 예비교사들을 상대로 수행해 온 교직이론 수업의 내용을 종합한 것이다. 내용이 너무 많은 감이 없지 않고, 책의 구성이 나날이 변화해 가는 젊은 예비교사들의 취향을 제대로 반영하고 있는지에 대해서도 확신이 없다. 기회가 주어진다면 앞으로 판을 거듭하면서 개선해 나갈 수 있기를 바란다.

끝으로 이 책의 출판을 위해 애써 주신 분들께 감사의 인사를 드린다. 정경식 부장님은 저자들이 책을 내기로 한 때로부터 적지 않은 시간이 지났음에도 참으로 진득하게 기다려 주셨다. 그리고 이정호 편집실장님은 저자들의 게으름과 촉박한 시간에도 불구하고 너저분했던 책 내용들을 깔끔하게 정리해 주셨다.

2025년 2월

김대식, 한기철

제1부 교육사

제 1 부

교육사

교육사는 과거 교육과 현재 교육에 대한 연구 결과를 서사라는 형식을 통해 제시한다. 이 형식을 통해 교육사는 현재와 과거 교육이 어떻게 관련되며, 과거에 시작된 모종의 흐름이 현재 어느 위치에 도달했는지를 저자의 시각에서 보여준다. 이 점에서 교육사 연구는 회고적이지만, 과거 자체의 탐구에 그치지 않고 현재의 교육 상황과 과거 교육의 관계를 성찰한다.

이 글은 내가 현재 교육의 특성과 모습을 보여준다고 생각한 35개의 서사를 모은 것이다. 이 중에는 교육사 자체에 대한 서사, 고대교육과 교육의 의미에 대한 서사, 한국전통교육에 대한 서사, 근대교육의 서사, 공교육체제 형성의 서사, 과거 초등교육의 서사, 현대교육의 특징과 과제에 관한 서사들이 포함되어 있다. 이 36개의 서사들은 현재 한국 교육이 처한 상황에 대한 나의 해석과 평가를 담고 있다. 고대 사회부터 현재까지 시기별로 작성하는 통사적 교육사가 아니라, 옴니버스식 구조의 서사들을 통해서 내가 보기에 중요한 한국 교육 관련 서사 하나하나를 담으려 하였다.

이 책의 서사들은 내가 한국 교육을 이해할 때, 중요하다고 생각하는 서사들을 모은 것일 뿐, 한국 교육에 대한 전체 서사를 담은 것도 아니며, 객관성을 지향한 것도 아니다. 이 분야의 전공자들에게는 중요함에도 누락된 서사들이 적지 않을 것이 틀림없고, 다르게 해석될 여지가 있는 서사도 있을 것이다. 일반 독자들의 경우도 내가 제시하는 서사와는 다른 해석과 서사를 이 책을 통해 발견할 수 있을지도 모르겠다. 어떤 경우든, 이 책이 독자들로 하여금 한국교육에 대한 모종의 서사를 만들거나 재구성하게 할 수 있다면 의미가 있다. 서사는 확정된 결론이나 참과 거짓의 문제로 평가될 수 없는 열려있는 성찰의 대상이기 때문이다. 교사, 예비교사를 비롯해 교육에 관심 있는 이들이 이 책을 통해 현재 교육에 대해 사고하고 성찰하는 계기가 되기를 기대한다.

제 01 장

교육사와 서사

■ 이 장에서 다룰 질문들:
- 교육사를 왜 탐구하는가?
- 역사란 어떤 의미, 가치를 지니는가?
- 역사 서술은 어떻게 하는가?

1. 교육사를 왜 탐구하는가

가. 교육사는 어떤 학문인가?

교육사학은 교육의 역사를 탐구하는 학문이다. 교육사학이라는 말은 다소 생소할 수 있다. 흔히 교육사라는 말을 사용하기 때문이다. 교육사학은 교육의 역사를 탐구하는 학문이라는 의미에서 '학'을 붙인 것이다. 교육학 분야의 경우도 종종 학을 생략하는 경우도 있다. 예를 들면 교육과정학이라는 표현 대신 교육과정이라고 줄여 부르기도 한다. 그러나 이것은 약식 표현일 뿐, 본래 의미는 교육과정학이다. 교육사학의 경우도 교육사라는 과목명이 널리 사용되고 있지만, 본래 의미에 맞추려면 교육사학이란 표현이 정확하다.

교육사학은 교육학의 한 분야이다. 교육사학은 교육학이라는 교육을 연구하는 학문의 한 분야이다. 교육학 분야에는 다양한 연구 분야가 있다. 교육철학, 교육사회학, 교육과정학, 교육평가학, 교수방법학, 교육심리학 등등. 실제로 한국교육학회에는 다양한 분과학회들이 포함되어 있다. 현재 한국교육학회의 분과학회 개수는 26개에 달한다. 물론 이 분과학회 중 하나로 교육사학 분야의 학회인 한국교육사학회가 등록되어 있다.

교육사학의 경우 역사학의 분야이기도 하다. 역사학에는 다양한 분야들이 있다. 정치사학, 사회사학, 경제사학 등등. 이 분야사학들은 주제나 영역을 한정하여 역사 탐구를 하는 학문들이다. 이들 학문들은 역사학의 탐구방법을 특정 주제나 영역의 연구에 적용하는 것들이다. 교육사학의 경우 교육이라는 영역에 대해 역사학 탐구방법을 적용하여 연구하는 학문이다.

교육이라는 영역을 다루는 역사학이 교육사학이라고 해서, 교육사학을 교육이라는 영역을 탐구하는 역사학으로 이해해서는 안 된다. 실제로 1990년 한국교육학계에서는 교육학의 본질에 대한 비판적 논의가 장상호 등을 중심으로 제기된 바 있다. 이들은 교육학의 거의 대부분이 교육이란 영역을 다른 학문 분야의 연구 방법을 활용한다는 점에 주목하여 교육학의 학문적 고유성이나 정체성이 결여되어 있다는 주장을 한 바 있다. 이들의 주장처럼 교육학이 교육 현상을 주제로 다양한 학문 탐구방법을 적용하는 것은 사실이다. 교육철학은 교육현상에 대한 철학적 탐구를, 교육사회학은 교육현상에 대한 사회학적 탐구를, 교육심리학은 교육현상에 대한 심리학적 탐구를 한다는 식이다. 이런 주장은 교육학이 다양한 학문분야의 연구방법을 활용한다는 점에서 적절한 비판이다.

하지만 교육학 분야들이 다른 학문분야의 연구방법을 차용하고 고유한 학문탐구방법이 없다고 해서 학문적 정체성이 없다고 평가할 수는 없다. 교육학의 각 영역들은 다양한 타학문(엄밀히 말해 기초학문)의 연구방법을 활용하면서 고유한 문제의식과 이론을 만들었다. 이것은 독자들이 다른 교육학 분야의 서적을 읽거나 수업을 들어 본다면 금방 느낄 수 있을 것이다.

교육사학은 역사학 탐구방법과 교육이라는 영역을 다루면서, 일반 역사학과는 다른 모종의 이론과 문제의식을 가지고 교육 역사를 탐구한다. 예를 들어 조선시대 서원교육을 다루면서 교육학의 관심사를 적용하려 한다. 서원의 교수방법은 무엇이며 어떤 특징을 지녔는지, 서원의 교수방법이 지향하던 좋은 교육의 방향은 무엇인지, 서원이 당시 교육 현실에서 차지하던 위상을 어떻게 평가할 것인지 등등. 이상의 논의를 정리하면 교육사학은 교육학의 주요 개념과 관점을 활용해 역사학 연구를 진행하는 학문이라 정의할 수 있다.

이제 역사학의 탐구방법이 무엇인지 검토할 때가 되었다.

나. 역사학의 연구방법

역사는 사료에 입각한 서사이다. 이를 문학서사나 허구서사와 대비하여 실증서사라고 부른다. 과거를 탐구하는 학문인 역사학에는 각 분야사들이 공유하는 탐구 방법(학문 수행 방법)이 있다. 이 방법은 크게 4가지 유형이 있다. 그것은 ① 자료 발굴 연구, ② 자료 해석 연구, ③ 시대 시기 특성을 규명하는 연구, ④ 시대 구분 연구이다.

① 자료 발굴 연구는 새로운 역사 자료를 찾아내는 연구이다. 특히 고고학 분야에서 활발한 편이다. 새로운 역사 유적지를 찾고 이것을 발굴하여 발견된 자료를 체계적으로 정리하는 연구들이다. 종종 신문기사에 등장하는 발굴 뉴스들이 여기에 해당한다. 최근에는 국가기관의 주도로 발굴이 이루어지는 경우가 적지 않다. 또한 아파트나 도로 건설 과정에서 새로운 유물이 발견되기도 한다.

② 자료 해석 연구는 역사 자료를 면밀하게 분석하여 그것이 가진 의미를 찾아내는 연구이다. 여기서 찾아낸다는 표현을 사용했지만, 실제로는 구성한다고 해도 무방하다. 이것은 특정 사료를 소재로 그것이 가진 의미를 역사가가 부여하는 것이기 때문이다. 예를 들어 조선 고종황제에 대해 김기석은 다음과 같이 평가한다. "그간 외국의 일부 학자들은 고종을 '나라를 팔아넘긴' 무능한 제왕으로 묘사했으나 이번 문서는 대한제국의 주권 수호를 위해 조직적으로 외교투쟁을 벌인 충의의 제왕이라는 사실을 잘 보여준다"[1]고 해석한다. 을사조약 강제 체결 이듬해 고종황제가 1906년 1월 29일 국서를 만들어 을사조약 무효와 통감 파견 반대를 공식 선언한 문서에 주목한다. 이 문서는 6개 조항으로 구성되어 있고, 대한제국에서 외교문서에 사용하던 '대한국새'가 찍혀 있다. 김기석의 작업은 고종황제가 작성한 문서에서 을사조약을 승인하지 않은 고종의 생각을 구성한 것이라 할 수 있다.

③ 시대 시기별 특성을 규명하는 연구는 특정 시대나 시기의 특성을 제시하는 연구들이다. 이 특성은 시대의 분위기일 수도 있고 문화일 수도 있다. 그 시대가 가진 고유한 특성을 보여줌으로써 다른 시대와 차별화된다. 대표적 예로 르네상스(Renaissance)를 시대 개념으로 부여한 부르크하르트를 들 수 있다. 르네상스는 문예부흥(文藝復興), 학예부흥(學藝復興)을 의미하는 명칭으로 유럽에서 14세기부터 16세기 사이의 시대의 그리스 로마 문화의 재건 운동을 가리킨다. 부르크하르트는 "이탈리아 르네상스의 문화(Die Kultur der Renaissance in Italien, 1860)"라는 저술을 통해 르네상스가 특정 시기의 시대정신임을 보여주었다. 그

1) 『경향신문』, '을사조약 무효선언' 문서공개, 2005.02.28.

의 업적은 미술사 분야에서 르네상스 시대 연구의 활성화에 기여하였다. 부르크하르트의 연구는 14세기부터 16세기 미술 분야의 시대정신을 르네상스라는 이름으로 개념화한 것으로 평가할 수 있다.

④ 시대 구분 연구는 시대별 변천을 다루는 연구로서 시대를 구분하고 이를 통해 모종의 서사를 제시하는 연구이다. 역사가들은 어떤 주제나 영역의 시대별 변천에도 관심이 있다. 시대별로 어떤 특성이 있는지 밝히면서 이를 통해 시대별 변천을 서술한다. 또 어떤 이들은 이런 시대별 특성을 규명한 것을 근거로 역사의 발전 법칙을 찾으려 하기도 한다.

이런 시대별 변천 연구는 앞의 ①, ②, ③ 연구의 총체라 할 수 있다. 자료발굴과 수집된 결과를 해석한 결과를 정리하면 결국 특정 시기나 시대의 특성이 드러나고, 다시 이 시기별 특성을 일정한 순서로 서술하면 시대별 변천이 된다. 그리고 그 시대별 변천에 다양한 방식으로 의미를 부여할 수 있는데, 이 의미 부여가 때로는 역사 발전 법칙으로, 때로는 역사 변화의 일반적 경향에 대한 논의에 활용된다.

한편 이런 시대 구분 연구의 다른 형태에 생애사 연구가 있다. 생애사 연구는 특정 인물의 삶을 시기별로 구분하여 그 변천 과정을 서술하는 연구이다. 물론 이 경우도 나름의 주제나 영역이 있다. 예를 들면, 교사의 생애를 서술하면서 그의 교수자로서의 태도가 만들어지는 과정을 시기별로 찾아내어 서술할 수도 있다. 생애사 분야 연구자인 만델바움(Mandelbaum, 1973) 개인의 생애사 서술을 삶의 영역, 전환점, 적응이라는 개념을 통해 분석하였다.[2)] 삶의 영역은 개인이 중시하거나 관심을 가져온 삶의 영역을 의미한다. 또한 전환점은 개인의 삶을 변화시킨 사건이나 계기 등을 의미한다. 마지막 적응은 개인이 자신이 처한 새로운 상황에서 그가 선택한 행동 전략을 가리킨다.

이외에 교육사학 분야에서는 일부 연구자들이 형성(形成)이라는 주제에 관심을 둔 적이 있다. 이때의 형성이란 현대 교육이 가진 모종의 특징이 만들어지는 과정을 의미한다.[3)]

---

2) D. G. Mandelbaum (1973), "*The study of life history: Gandhi*", Current Anthropology, 177-206쪽.
3) 김기석(1999), 『교육역사사회학』, 교육과학사.

다. 역사 서술의 쟁점: 실증주의 대 서사주의

역사학 탐구나 역사서술에서도 역사가들은 두 가지 상이한 태도를 취한다. 어떤 역사가들은 역사적 사실이나 서술을 객관적으로 해야 한다고 믿으며 철저하게 역사가의 관점이나 의견을 배제한다. 이들은 역사가의 주관을 배제하고 철저하게 사료가 말하는 내용에 한정하여 역사를 서술해야 한다고 주장한다. 이들은 과학적인 역사가 가능하다고 믿고, 과학적 분석을 중시한다. 한편 어떤 역사가들은 역사 서술에서 역사가의 주관이나 관점을 배제할 수 있다고 여기지 않는다. 역사는 역사가의 관점에 따라 전혀 다르게 서술 될 수 있다는 주장이 그 예시이다.

역사 탐구의 객관성을 강조하는 이들은 실증주의자로 불린다. 이들은 역사 서술을 객관적으로 할 수 있다고 믿고 이를 시도한다. 랑케(Leopold von Ranke, 1795~1886)의 "본래 일어난 그대로(wie es eigentlich gewessen)"라는 진술이 이를 잘 보여주는 표현이다. 실증주의를 대표하는 랑케에 대해 살펴보자.

랑케는 독일의 역사가로 헤겔의 관념적 역사관이나 마르크스의 결정론적 역사관을 비판하며 중립적 객관적 역사를 지향하였다. 그는 사료를 꼼꼼하게 조사하고 검증하는 연구방법을 정착시키려 하였다. 사료야말로 주관성이 개입될 여지가 없는 객관성의 근원이라고 생각한다. 그런 이유로 사료의 엄격하고 치밀한 해석을 중시하며 역사 탐구 자체를 객관적 진리의 탐구 과정으로 이해한다. 이런 맥락에서 역사가가 특정한 가치를 중시하거나 윤리적 판단을 하는 것을 중단할 것을 권고했다.

한편 서사를 중시하는 역사가들은 역사 서술이 역사가의 주관성이나 관점을 드러내는 것이 당연하다는 입장이다. 우리가 역사 서사를 서술하는 것은 이를 통해 역사가가 모종의 주장을 하기 위해서이다. 이런 관점에서 서사 역사를 서술한 역사가들이 적지 않다. 춘추를 통해 옳고 그름을 명백하게 보여주려 했던 공자, 고대부터 한(漢)나라 시기까지 중국의 역사를 서술하고 각 인물과 사건들을 평가했던 사마천이 그들이다, 일부 역사가들은 역사가의 관점을 배제하는 것이 원천적으로 불가능하다고 본다. 이들은 역사 서술은 역사가들의 관점, 그리고 그 관점을 반영하는 서사에 의해 크게 달라진다고 본다. 역사가의 관점과 시각에 따라 다양한 서사들이 만들어진다고 주장한다.

실제로 헤이든 화이트는 과거 유럽의 역사학자들의 연구 성과를 분석하여 역사가들이 주로 네 가지 유형의 서사를 활용한다고 주장하였다. 그는 이를 소설의 네 가지 플롯에 비유하여 설명하였다. 그것은 비극, 희극, 로망스, 풍자였다. 사실 소설에는 다양한 서사들이 있다. 그런데 헤이든 화이트는 역사가들의 서술을 분석하여 이들이 사용하는 서사들을 도출하려 하였다.

최근 포스트모던 역사학의 대두와 함께 역사학계에서도 역사의 서사성에 대한 논란이 있다. 서사성을 강조하는 경우, 역사의 과학성이 상실될 수 있다거나 역사의 학문적 성격이 약해질 수 있다는 우려도 있다. 하지만 포스트모던 역사가들은 서사성이 역사의 본질이라고 주장한다. 또한 역사가가 선택하는 서사에 따라 동일한 사건이나 시기에 대해 전혀 다른 입장의 이야기가 가능하다는 점에서도 논란이 남는다. 일부 극단적인 포스트모던 역사가들은 이런 서사의 임의성을 주장하기도 한다. 예를 들어 일제강점기를 착취의 역사가 아니라 발전의 역사, 혹은 시혜의 역사로 해석하는 것도 가능하다는 것이다.

하지만 이런 주장은 역사가 결국 소통과 논의의 대상이라는 점을 간과한 것이다. 우리는 역사를 하나의 고정된 결론으로 받아들이지 않는다. 역사가는 자신의 역사 작품을 공개하면 이에 대해 우리는 논의하고 비판한다. 이 점에서 역사 텍스트는 결론이 아니라 시작이다. 공개된 역사 텍스트는 이제 그것을 공유하는 공동체 구성원들의 비판에 직면해야 하고 이들의 비판 행위 자체도 역사 탐구활동이 된다.

역사 서사성의 강조는 또 다른 문제도 남긴다. 그것은 역사와 다른 서사 문학의 경계가 모호해진다는 점이다. 역사가 역사가가 사료를 근거로 만들어 낸 서사라고 한다면, 서사문학은 작가가 상상에 의해 만들어 낸 서사이기 때문이다. 차이가 있다면 사료와 사료의 검증뿐이다.

라. 교육사는 왜 배우는가

역사 학습은 모종의 과거에 대해 이해하는 과정이자 결과이다. 어떤 일들이 있었는지, 그 의미가 무엇인지 아는 과정이 역사학습의 핵심이 된다. 그러면 이런 역사 학습은 어떤 가치가 있을까? 역사 학습 혹은 역사 이해의 가치에 대해 적지 않은 이들이 의심을 한다. 현재를 알기에도 벅찬데 과거에 대해 아는 것이 왜 필요한가? 이런 질문들에 대해 내가 하는 대답은 나의 과거에 대해 아는 것이 과연 가치가 없는가 하는 질문을 던져보라는 것이다. 나의 과거는 나에게 가치가 없을까? 나의 과거가 가치가 있다면 그것은 무엇일까?

그에 대한 대표적 대답은 정체성이다. 과거의 나는 결국 현재 나의 정체성을 구성한다. 내가 누구인지를 보여주거나 인식하기 위해 나의 주민등록번호나 나의 성별, 나의 나이, 나의 이름을 말하는 것으로 충분하다고 여길 수 있다. 그러나 그것은 나의 정체성의 일부일 뿐, 나의 다른 정체성인 나의 가치관, 나의 특성은 나의 과거에 의해 구성된다.

나의 정체성은 과거의 경험에 대한 해석에 근거한 것이다. 어린 시절 옛날이야기를 좋아했던 나, 인디아나 존스에 매료되었던 나, 교육과 윤리 문제에 관심 있었던 나, 유학 고전 강독 기회를 가졌던 나 등의 다양한 시기의 나의 모습이 가진 서사들이 현재의 나의 정체성과 의식의 기반이 되는 것이다.

한편 우리가 학교에서 접하는 역사는 나가 아닌 내가 속한 공동체에 대한 것이다. 때로는 인류라는 공동체, 때로는 국가라는 공동체, 때로는 민족이라는 공동체 등등. 우리는 개인적 정체성 외에도 공동체 구성원이라는 정체성도 갖는다. 이런 맥락에서 역사 중에는 공동체 구성원이기 때문에 이해해야 하는 것들이 있다. 비록 내가 한 것은 아니지만, 나의 공동체가 했던 일들, 경험했던 일들이 공동체와 관련된 역사학습의 내용이 될 수 있는 것이다.

교육사 학습을 통해 학습자는 현재 교육의 정체성과 속성에 대해 이해하는 경험을 얻을 수 있다. 우리 공동체에서의 교육이 어떤 과정을 거쳐 현재와 같은 모습을 갖게 되었는지 이해하는 것이다. 예를 들어 현재 한국의 학력 사회가 어떤 과정을 거쳐 형성되었는지 이해할 수 있으며, 현재 교육의 특성이 형성되는 과정을 이해할 수 있다.

한편 교육사 학습은 다른 교육학 분야와 마찬가지로 좋은 교육에 대한 탐구할 수 있는 기회가 된다. 교육사 학습은 과거 교육과 다양한 문화의 교육을 살펴봄으로써 좋은 교육에 대해 성찰해 볼 수 있다.

또한 교육사 학습은 교육학의 다양한 이론을 활용해서 논의해 볼 수 있는 기회가 된다. 다양한 교육학 이론과 개념을 통해 과거부터 현재까지 다양한 교육 현상에 대해 해석해 볼 수 있다.

과거 교육과 현재 교육의 비교 경험을 할 수 있다. 과거 교육에 대해 탐구함으로써 현재 교육이 가진 속성과 의미를 보다 명확하게 이해할 수 있다. 이것은 우리가 해외 여행 후 오히려 우리나라 문화의 특성을 잘 이해하게 되는 것과 유사하다.

2. 서사적 교육사 연구

서사적 역사 연구란 사료(史料)에 근거해, 서사를 만드는 연구 방식을 가리킨다. 여기에서 서사, 곧 내러티브－Narrative－란 다수의 사건과 사례들을 일정한 논리에 따라 배치한 이야기를 의미한다. 서사적 역사 연구는 연구자가 발견한 연구 결과를 단계별 구조 형태의 서사로 표현하는 연구 방식을 의미한다.

서사적 역사 연구에서 지향하는 서사는 두 가지 특성을 지닌다. 하나는 단계 설정이다. 사건과 특정 인물들의 행동에 대해 변화 과정을 단계로 구분한다. 다른 하나는 이 변화 과정에 대한 연구자의 의미 해석을 제시한다는 것이다. 의미 해석의 형태는 변화의 단계를 거치며 현재 어느 단계에 있는지, 어떤 과정을 거쳐 현재의 상태가 되었는지, 이런 변화를 이끌어 낸 원인은 무엇인지를 표현하는 것을 가리킨다.

과거에도 유럽과 동아시아의 역사가들은 과거를 소재로 한 서사를 만들었다(물론 다른 지역의 역사가들도 다르지 않을 것이다. 다만 나의 이해 범위를 넘어서기에 이렇게 표현한다). 고대 그리스의 헤로도토스(Herodotus B. C. 484?~B. C. 425?)는 『역사(Historiae, The Persian Wars)』에서 다양한 사건들과 일화 등을 통해, 페르시아 전쟁의 시작부터 결말까지의 과정過程을 서사로 남겼다. 역사가 투키디데스(Thucydides B. C. 460?~B. C.400?)는 『펠로폰네소스 전쟁사』에서 다양한 인물들의 행적과 사건들을 통해 아테네가 스파르타와의 갈등 과정에서 점차 몰락하는 과정을 표현했다. 헤로도토스는 자신이 직접 보고 들은 것을 쓰거나, 전해들은 것을 통해 페르시아 전쟁의 과정과 교훈을 서술했다. 투키디데스 역시 당시 인물들의 행적에 대해 보고 들은 것에 근거해 자신이 발견한 아테네인들의 실수와 과오를 제시하였다.

한편 동아시아에서는 공자(孔子, B. C. 551년~B. C. 479년)가 편년체 서사인 『춘추春秋』를 작성하여 중국 고대의 역사를 서술했다. 그는 편년체 방식을 통해 중국 고대 문명의 역사를 서술했다. 공자는 자신이 보기에 중요한 사건들을 『춘추』에 선별하여 정리하였다. 『춘추』 원문에는 특정 사건을 선별한 이유나 사건이나 인물에 대한 평가가 직접 서술되어 있지는 않다. 그러나 공자는 자신도 밝혔듯이 『춘추』를 통해 대의, 곧 도덕적 가치를 표현하려 했다. 후대 유학자들도 『춘추』에 대한 다양한 해설을 달아 공자의 의도 혹은 자기 생각을 나름대로 서술했다. 전傳으로 불리는 저술류가 여기에 해당한다.

동아시아에서 서사적 역사 서술의 전형(典型)을 보여준 인물은 사마천(司馬遷)이다. 사마천은 한(漢)나라 시기까지의 역사를 서술하면서 인물 중심의 서술 방식을 채택했다. 「본기」, 「세가」, 「열전」으로 이어지는 그의 작품은 항우와 유방, 그리고 한 초기 인물들의 행적을 서사로 표현하였다. 그리고 사마천은 각 인물의 행적에 근거해 이들의 삶의 방식을 평가한다. 본기, 열전 등의 끝에 등장하는 "태사공太史公은 말한다"라는 표현이 그것이다. 사마천의 인물 평가를 객관적인가 아닌가로 재단해서는 안 된다. 사마천 본인도 그렇게 생각되기를 기대하지 않았음에 틀림없다. 그는 자신의 생각을 겸손하게 표현하는 데 그쳤다. 사기의 저술 방식은 이후 한국에서도 역사 서술의 기본 형식이 되었다. 『삼국사기』나 『고려사』, 『고려사절요』도 인물 중심의 서사, 제도의 변천을 다룬 서사 구조를 취한다.

고대 동서양 역사 연구가들은 역사 현상을 모종의 변화 과정을 통해 제시하고 이를 근거로 자기 나름의 해석을 했다. 헤로도토스는 페르시아의 관점에서 페르시아 전쟁 과정을 서술하고 거기에서 얻을 수 있는 교훈을 제시한다. 투키디데스 역시 아테네인으로서 자기 동료들과 자신의 실수를 지적하며 아테네의 '자멸적' 패배 과정을 묘사한다. 공자는 역사 서술에서 평가의 의미를 담아 연도별 서사를 작성했다. 사마천은 인물들의 행적을 서술하고 이들의 삶과 인격에 대한 평가를 시도했다. 이들 고대의 역사가들은 역사 현상의 단계와 과정을 밝히는 한편, 이런 현상에 대한 자신의 의견을 서술하는 데 주저하지 않았다.

서사들은 저자의 의견을 서술하는 것이기도 하지만, 독자들에게 성찰과 해석의 기회를 제공한다. 우리는 동일한 소재에 대해 다양한 서사를 만들기도 하며, 특정 서사에 대해 다양한 해석을 한다. 이런 사례를 설화 분야에서 종종 볼 수 있다. 우리나라에는 전국 곳곳에 소위 '아기장수 설화'가 전해온다. 이 설화의 구체적인 내용과 표현은 지역마다, 혹은 재현자에 따라 다르다. 하지만 공통적인 서사 구조는 있다. 이 중 곡류형 아기장수 설화의 서사 구조는 다음과 같다.[4)]

- 가난한 부모가 살고 있었다.
- 날개(신이능력)를 타고난 아이를 낳았다.
- 아기가 어머니에게 곡류(팥 · 콩 · 좁쌀)를 청하여 뒷산 바위 밑 땅 속(못 속)으로

4) 강은해(2009), 「동아시아 아기장수 설화의 전승과 그 사회 교육적 의미: 한국 · 일본 · 베트남 설화를 중심으로」, 『동북아 문화연구』 Vol.1 No.20, 동북아시아문화학회, 149쪽.

가다.

- 어머니가 아들이 간 곳을 알다.
- 관군이 다그치자 어머니가 발설하다.
- 관군이 바위 밑을 헤치고 곡식군사들과 아기장수를 죽이다.
- 날개 달린 말이 울다 물속에 들어가다.

아기장수 설화는 지역별로 세부 내용의 차이가 있을 뿐 아니라, 동아시아의 다른 문화권에도 유사한 설화가 있다.[5)]

이들 설화들은 동일한 구조를 가지지만, 구체적인 서사 내용은 지역과 화자에 따라 다르다.

이런 설화들에 대해 다양한 해석이 가능하다는 점을 주목할 필요가 있다. 아기장수 설화에 대해 부모에 의한 피해자로서의 해석, 민중들의 생명관 관점의 해석, 실패와 성공의 이야기로서의 해석, 이데올로기 수용 관점의 해석 등 다양한 해석들이 있다.[6)]

서사자의 의도는 때로는 그대로 전달되지만, 때로는 변형된다. 어떤 이는 이 서사에서 부모와 사회의 교육적 역할에 대해 성찰할 수도 있고, 어떤 이는 누구에게도 아기장수 사망의 책임을 물을 수 없다는 사실에 주목할 수 있다. 독자들은 서사에 대해 나름의 해석을 행한다. 이를 통해 서사의 해석 범위는 매우 넓어진다.

이 글에서 논의하는 서사적 역사 연구는 사건과 사건들의 관계, 인물들의 행적과 의도를 통해 역사가가 서사를 구성하는 연구 방식이다. 연구자는 서사를 구성함으로써 자신의 해석을 독자에게 제시하고, 독자들은 저자가 제시한 서사에 대해 나름의 해석을 할 수 있게 된다. 서사적 연구의 결과물은 확정된 결론이 아니라, 독자들의 담론의 대상이 됨으로써 가치가 있다.

서사적 역사 연구 방법을 논의하기에 앞서 역사 연구의 일반적 특성과 서사적 역사 연구가 가진 특성들을 확인할 필요가 있다. 일반적으로 역사 연구는 다음 세 가지

5) 강은해(2009), 「동아시아 아기장수 설화의 전승과 그 사회 교육적 의미: 한국・일본・베트남 설화를 중심으로」, 『동북아 문화연구』 Vol.1 No.20, 동북아시아문화학회.

6) 김신정(2017), 「〈아기장수〉설화 속 부모의 피해자서사 연구 -『한국구비문학대계』의 "질만한데지기" 유형을 대상으로-」, 『한국문학이론과 비평』 Vol.76, 한국문학이론과비평학회; 김창현(2003), 「아기장수설화에 나타난 한국 민중들의 생명관」, 『인문과학』 Vol.33, 성균관대학교 인문과학연구소; 강미정(2015), 「설화 〈아기장수〉와 관련지어야 하는 실패와 성공의 이야기들」, 『문학치료연구』 Vol.36, 한국문학치료학회; 강유리(1996), 「〈아기장수〉 설화 연구: 이데올로기 수용의 관점에서」, 『한국고전연구』 Vol.2, 한국고전연구학회.

특성을 가진다.

- 역사 연구는 특정 시점(역사가의 시점)에서 쓰인다. 이에 따라 연구자가 사는 시대적 특성과 당대의 역사 연구 경향의 영향을 받는다.
- 역사 연구는 불완전 정보에 근거해 수행된다.
- 역사 연구에서 검토할 수 있는 자료는 시대에 따라 다양하다.

① 역사 연구는 특정 시점(역사가의 시점)에서 쓰인다.

역사가들은 아직 끝나지 않은 역사를 현재의 시점에서 작성한다. 역사가의 과거에 대한 해석과 평가에는 그가 처한 시대적 한계를 고스란히 반영한다. 최종 결과를 이해하고 역사 연구를 수행하는 것이 아니라는 말이다. 그러나 역사가들은 인류의 역사가 끝나기를 기다릴 수 없다. 역사가들은 그저 현재의 시점에서 자기 일을 해야 한다. 역사가들은 각기 자신의 시점에서 역사 연구를 작성할 수밖에 없다. 이에 따라 연구자는 시대적 한계－그 시대의 지적 수준, 문화적 관습, 정치적 경향 등－에 그대로 노출되어 있다. 연구 방법 역시 그 시대의 경향에서 벗어나기 어렵다. 예를 들면, 역사학이 과학화를 추구하던 근대 시기에는 실증주의적 연구나 과학주의적 연구 방법을 선택하기 쉽고, 서사적 연구를 수행하기는 쉽지 않다.

② 역사 연구는 불완전 정보에 의거해 작성된다.

역사가는 과거에 있었던 모든 자료를 열람할 수 없다. 역사가가 저술을 시작하는 시점에는 이미 유실된 무수한 자료가 있으며, 심지어 그럴듯한 위작僞作 사료가 존재할 수도 있다. 역사가는 그저 자신이 그 시점에서, 자기 능력에 의해서 손에 넣을 수 있는, 자신이 보기에 신뢰할 만한 자료에 의지할 수밖에 없다. 이런 불완전 정보 상황은 역사 서술의 한계를 내포한다.

③ 역사 연구에서 활용할 수 있는 자료는 시대에 따라 다양한 형태를 띤다.

어떤 역사가는 구술자료에 의지해서 역사 서술을 해야 할 수도 있고, 문헌자료나 2차 사료밖에는 접근할 수 없는 예도 있다. 어떤 역사가는 몇 개의 돌조각이나 성곽 흔적에 의존해야 할 수도 있다. 21세기 현재는 역사 서술에서 영상자료나 디지털자료도 활용할 수 있는 시대가 되었다. 역사가는 새로운 형태의 사료 발굴과 활용, 그리고 적절한 사료 분석 방법을 인지하고 있어야 한다.

서사적 역사 연구는 일반적 역사 연구의 특성 외에 다음 6가지의 특성을 가진다.

- 서사적 연구는 실증 서사이다.
- 서사적 역사 연구는 모종의 변화 과정을 표현한다.
- 서사적 역사 연구는 작성자의 주관적 인식, 관심, 평가가 표현된다.
- 서사적 연구는 사실을 찾아내거나 증명하는 데 그치지 않고 모종의 의미를 제시한다.
- 서사적 연구는 설명이 아닌 해석을 지향한다. 일반론이나 법칙을 제시하는 설명 대신, 개별성에 대한 이해와 맥락적 해석을 보여주려 한다.
- 서사적 연구는 특정 사실의 확정이나 정론의 결정보다, 다양한 해석 가능성을 인정한다.

① 서사적 연구는 실증 서사이다.

서사라는 표현에서 소설과 같은 허구 서사를 떠올린 독자도 있었을 것이다. 서사에는 역사 서사만 있는 것이 아니다. 소설과 같은 허구 서사도 있다. 허구 서사는 역사 서사와 달리 실재하지 않는 인물과 실재하지 않는 배경, 실재하지 않는 사건을 통해 서사를 구성한다. 그러나 역사 서사는 실제 사실에 근거한 실증 서사(positive narrative)이다. 최성철은 역사를 사실 서사 중 증거 자료에 입각해 기술되는 실증 서사(positive narrative)라고 규정한다.[7)]

② 서사적 역사 연구는 모종의 변화 과정을 보여주려 한다.

역사 서사란 사실이라고 믿을 수 있는 다수의 사건을 활용하여 모종의 변화를 서술한다. 이 서술은 변화를 보이는 것일 수도 있고, 원인과 결과를 보여주는 것일 수 있다. 이런 변화 과정을 보여주기 위해 필요한 것이 서사구조이다. 서사구조를 통해 역사가는 사건과 사건들이 연결하고, 사건들에 담긴 원인, 의미 등을 보여준다. 서사에 포함된 사건들에는 불필요한 것이 없어야 한다. 연구자는 서사와 관련이 없는 사건은 서술에서 배제한다.

③ 서사적 역사 연구는 작성자의 주관적 인식, 관심, 평가에서 벗어나서 이루어질 수 없다.

서사는 주어지거나 발견되는 것이 아니라, 연구자가 구성하는 것이다. 이런 특성을 헤이든 화이트는 역사 서사를 언어적 인공물이라고 표현하였다. 연구자가 서사 구성이라는 행위를 한 결과물이 서사인 만큼, 서사적 역사 연구물에는 연구자가 역사 현상

7) 최성철(2017), 「역사와 서사」, 『韓國史學史學報』 Vol.0 No.35, 한국사학사학회, 223쪽.

을 바라보는 정치적 시각, 사건과 사건의 인과 관계 및 인간 행위에 대한 인식, 윤리의식 등이 개입한다.

④ 서사적 연구는 사실을 찾아내거나 증명하는 데 그치지 않고 모종의 의미를 제시하려 한다.

역사가는 자신이 발견한 사실들과 이전에 알려진 사실들을 수합하여 하나의 서사구조로 만든다. 서사적 연구는 실증 서사이므로 확인된 사실을 토대로 하지만, 이런 사실의 제시-이런 일이 있었다-에 그치지 않고 그것을 통해 모종의 의미를 제시한다. 이 의미는 역사가가 해당 연구에서 수행한 분석과 해석의 결과여야 한다.

⑤ 서사적 연구는 설명이 아닌 해석을 지향한다.

일반론이나 법칙을 제시하는 설명 대신, 개별성에 대한 이해와 맥락적 해석을 보여준다. 서사적 역사 연구는 미래를 예측하거나 반복되는 법칙을 제시하려고 하지 않는다. 이것은 서사적 연구는 예측에 관심이 없다. 서사적 연구자는 역사 예측의 어려움을 잘 인지하는 이들이다. 이들은 앞으로 다가올 미래를 예측하지 않고, 이미 일어난 일들에 대한 해석에 집중한다. 물론 이런 해석 결과물을 어떤 이들은 미래 예측에 활용하거나, 성공적 미래 예측을 끌어낼 수도 있다. 하지만 예측에는 너무나 다양한 변수가 있어 역사 연구 결과 덕분에 예측에 성공했다기보다, 그야말로 요행이나 오해의 결과일 수 있다. 인간사, 특히 역사 서사가 관심을 두는 영역은 필연적 확실성을 보장하기 어려운, 이럴 수도 있고 저럴 수도 있는 세계, 가능성의 세계이다.

⑥ 서사적 연구는 특정 사실의 확정이나 정론의 결정보다, 다양한 해석 가능성을 열어 둔다.

역사 분야의 실증주의적 연구는 증명을 지향한다. 특정 진술이나 이론의 증명 혹은 확인을 목적으로 한다는 말이다. 하지만 서사적 연구는 개별 사실 자체의 확인보다, 사건들이 만들어 내는 의미에 초점을 둔다. 서사적 연구는 의미 제시, 곧 해석에 집중한다. 해석 중심의 태도로 인해, 서사적 연구에서 연구자는 자신의 고유한 관점을 선명하게 드러낸다. 연구자가 자기 뜻과 관점이 드러내는 것은 결국 독자의 판단과 성찰을 촉구한다. 독자는 자신의 관점에서 연구자의 서사를 이해하고 해석한다. 이 과정은 주입이 아니라 성찰적 과정이라 할 수 있다.

서사적 연구가 역사 연구의 유일한 방식이라거나, 가장 훌륭한 연구 방식이라고 할 수는 없다. 하지만 사실적 연구나 과학적 연구에 비하여 서사적 연구는 독자의 흥미를 더 쉽게 끌며, 이를 통해 독자의 참여를 이끈다는 점에서 강점이 있다. 서사는 독자들의 흥미를 더 많이 끈다. 독자들은 단순한 사실의 나열이 아닌, 서사에 더 흥미를 가지기 쉬우며 더 쉽게 이해한다. 이런 이유로 교육과정 분야에서는 서사(내러티브)를 활용한 교수 방법이 주목받고 있다. 캐롤 로이첸과 마이클 예거(Carol Lauritzen & Michael Jager)는 서사가 학습 영역에서 가진 강점을 ㉠ 기억에 도움, 인간이 구조화된 것을 더 잘 기억한다는 것, ㉡ 대리적 삶의 이해를 통한 자신의 삶에 대한 이해, ㉢ 서사를 통한 의미 구성, ㉣ 맥락에 의한 학습, ㉤ 다양한 지적 수준과 발달단계에 적용 가능, ㉥ 공동체 의식의 형성 등으로 제시하기도 하였다.[8] 서사는 교육사 교육에서도 의미 있는 경험을 제공할 수 있다. 나는 서사가 교육사 교육에서 가지는 의미에 대해서 별도의 글에서 논의한 바 있다.[9]

서사는 독자들의 이해와 참여의 가능성을 확대한다. 독자들은 서사를 인식함으로써 특정 사건들의 의미를 이해할 수 있게 된다. 개별 사건은 서사를 인식함에 의해 그 의미가 명확해진다. 강감찬의 귀주대첩은 단순한 전투행위나, 전투 승리 사례로서 이해될 수도 있지만, 특정 서사를 의식할 때 그것이 가진 의미는 뚜렷하게 부각될 수 있다.

독자가 서사에 참여하게 된다는 것은 특정 서사에 독자 나름의 생각과 의견을 가지고 참여한다는 의미이다. 독자들은 서사에 대해 자기 생각과 의견을 가지고 참여하며 그 서사에 대한 대안을 찾거나 동의한다. 독자 역시 이 주제에 대한 나름의 서사, 대안의 서사를 만들어 가는 것이다. 서사는 독자에게 수용해야 할 결론을 주입하는 것이 아니라, 성찰의 소재를 부여하고 성찰의 과정을 진행하게 하는 장치이다.

* 이 글은 『학교교육연구』 9권 1호에 발표한 "서사적 역사 연구 방법을 활용한 교육사학 연구방법론" 원고를 요약한 것이다.

8) Carol Lauritzen & Michael Jager 저, 강현석 외 역(2007), 『내러티브 교육과정의 이론과 실제』, 학이당, 74-87쪽.

9) 김대식(2014), 「교육사, 어떻게 가르쳐야 할까 －서사로의 전환－」, 『한국교육사학』 Vol.36 No.1, 한국교육사학회, 161-182쪽.

3. 역사서사의 플롯

서사적 연구의 마지막 단계는 해석과 그것에 기초한 글쓰기이다. 이 단계는 자료 수집과 분석 결과를 서사로 구성하는 단계이다. 서사를 구성하면서 연구자는 연구 결과를 가장 잘 보여주는 서사 구성을 철저하게 성찰해야 한다. 분석 결과를 연구 주제에 맞게 보여주는 서사 구조를 만들어야 한다. 이 단계에서 연구자는 문학 서사에서 사용하는 다양한 플롯 등을 참고할 수 있다.

서사적 역사 연구는 대체로 시간의 흐름에 따른 변화(순방향 전개)를 다룬다. 그러므로 문학 서사에 비해 서사 구조, 곧 플롯이 제한이 있다. 문학 서사의 경우, 사건을 시간 단위가 아닌 인식의 흐름에 따라 서술하는 경우도 적지 않기 때문이다. 예를 들어 스콧 피츠제럴드의 『벤저민 버튼의 기이한 사건(The Curious Case of Benjamin Button)』[10]은 삶의 순서가 역전된 상황을 서술한다. 물론 이것 역시 서사 자체는 순방향의 시간으로 흐르지만, 생애주기는 역방향이다. 주인공이 노인에서 시작하여 아이로 변화하는 역방향 시간 전개를 따르는 것이다. 하지만 서사적 역사 연구는 특별한 경우가 아닌 한, 시간의 순방향 흐름 순서에 따라 구성한다.

또한 문학 서사는 매우 다양한 서사 형태를 활용한다. 문학 서사의 형태는 물론 단순하게 보면 아리스토텔레스의 구분처럼, 희극과 비극으로 환원할 수도 있다. 하지만 최근에는 더 다양한 플롯을 구분하는 경향이 나타나고 있다. 예로, 토비어스는 문학 서사의 플롯을 20개로 제시하기도 한다. 토비어스는 『인간의 마음을 사로잡는 스무 가지 플롯』이라는 인기 있는 문학이론서에서 추구, 모험, 추적, 구출, 복수, 수수께끼, 라이벌, 희생자, 유혹, 변신, 변모, 성숙, 사랑, 금지된 사랑, 희생, 발견, 지독한 행위, 상승과 몰락을 제시한다.[11]

물론 이런 문학 서사 플롯을 서사적 역사 연구에서 그대로 적용할 수는 없다. 실증 서사 자체가 사건과 인물의 제한을 문학 서사보다 더 크게 받기 때문이다. 그러나 서사적 역사 연구도 모종의 플롯이 가능하다는 점을 인지하고, 연구 주제와 자료, 분석 결과에 적합한 플롯을 고민할 필요가 있다.

내가 보기에, 서사적 역사 연구에서 활용할 수 있는 서사 플롯은 다음과 같다.

10) 스콧 피츠제럴드 저, 박찬원 역(2009), 『벤자민 버튼의 시간은 거꾸로 간다-그리고 또 다른 재즈 시대 이야기들』, 펭귄클래식, 웅진씽크빅.

11) 로널드 B. 토비아스 저, 김석만 역(2012), 『인간의 마음을 사로잡는 스무 가지 플롯』, 풀빛.

대결: 이 플롯은 두 힘의 충돌에 초점을 맞춘다. 전쟁사 영역에 적합하다.
성장: 이 플롯은 특정 인물, 집단, 제도의 성장, 곧 긍정적 변화를 보여준다.
퇴보: 이 플롯은 특정 인물, 집단, 제도의 성장 부정적 변화를 보여준다.
문제 해결: 이 플롯은 특정 문제를 해결하는 과정을 보여준다. 그 결과가 문제를 해결하는 것일 수도 있고, 반대로 결국 실패하는 것일 수 있다.
발견: 이 플롯은 새로운 사상, 지식, 문화를 발견하게 되는 과정을 보여준다.
변화: 이 플롯은 다양한 영역에서의 변화 과정을 서술한다. 이 경우 연구자는 긍정이나 부정 등 가치판단을 배제한다.

서사적 연구의 플롯은 연구자가 선택하는 것이라는 점에서 주관적 인식의 결과이다. 그러나 이 서사가 임의적인 것은 아니다. 연구자가 마음대로 서사 구조와 서사를 만들 수는 없다. 역사 연구가 실증 서사, 곧 증거와 사실에 근거하기 때문이다. 그러나 서사의 작성 과정에서 연구자가 어떤 요소에 초점을 두느냐에 따라 동일한 소재임에도 서사는 달라질 수 있다. 동일한 시대나 소재를 다루는 경우도, 연구자의 주제 의식과 사관에 따라 다른 서사가 가능하다. 고려 초 고려와 거란 간의 갈등을 소재로 가능한 서사 플롯을 생각해 보자.

대결: 고려와 거란의 충돌과 전쟁 과정에 초점을 둔다.
성장: 고려 거란 전쟁 과정을 계기로 한 고려 국력의 상승과 동아시아 내의 외교적 위상 강화를 보여준다.
퇴보: 고려 거란 전쟁 과정을 계기로 한 거란의 약화와 멸망 과정을 보여준다.
문제 해결: 고려가 거란의 침략을 대비하기 위해 취한 인적, 제도적 준비와 전쟁 과정의 성공적 과정을 보여준다.
발견: 고려가 거란과의 전쟁을 준비하면서 취하는 새로운 전략이나 외교 방식을 탐색하는 과정을 보여준다.
변화: 고려와 거란 전쟁 과정에서, 황제권력(皇帝權力)의 강화와 중앙집권적 관료 체제의 성립을 다룬다.

이처럼 고려와 거란의 갈등이란 동일한 소재에 대해서도, 연구자의 관심 영역에 따라 다양한 종류의 서사가 가능하다.

서사적 연구에서 연구 결과와 연구자의 의도를 보여주는 것이 단계 구분이다. 연구자는 연구 주제와 분석 결과에 맞게 연구 단계에서, 자신이 생각한 플롯을 적용하여 구성할 수 있다. 서사적 연구에서 단계 구분은 연구 주제, 분석 결과, 연구자의 관점에 따라 다양하지만, 적어도 2단계 이상으로 설정해야 한다. 다만 시작과 끝의 2단계는 연구 결과를 충실하게 보여주기에는 너무 단순하다. 가능한 3단계 이상의 단계 구분을 시도하는 것이 적절하다.

각 단계의 명칭은 그 단계의 특징을 명확하게 보여줄 수 있도록 표현해야 한다. 단계의 명칭은 단계의 특성을 타당하게 보여주는 표현으로 만들어야 하며 단계의 세부 내용과 무관한 내용으로 단계의 명칭을 제시해서는 안 된다. 단계 명칭을 어떻게 표현하느냐에 따라, 연구의 질이 달라진다.

각 단계의 명칭은 일관된 형식을 취하는 것이 좋다. 첫 단계를 1단어로 표현했다면, 다음 단계들도 1단어 형식을 취하는 식이다. 나는 2024년 초 대한민국역사박물관 특별 전시를 관람한 적이 있다. 이 전시는 이탈리아와 대한민국 간의 교류 과정에 대한 전시였는데, 꽤 좋은 서사 체계를 보여주었다. 이 전시의 서사 단계는 다음과 같았다. 1단계는 "만나다(encounter)", 2단계는 "나누다(share)", 3단계는 "통하다(communicate)"였다. 이 전시에서는 각 단계의 명칭에 부합하는 자료들을 전시하는 방식이었다. 각 단계의 제목을 비유나 은유적 표현으로 작성하면 이해에 도움이 된다. 단계의 명칭 형태는 한 단어 형식, 구 형식, 한 문장 형태 등이 가능하다. 다만, 단계별로 다른 형태를 취하지 말고 동일한 형태를 취하는 것이 이해하기 더 쉽다.

어떤 역사 서사가 좋은 서사일까? 어떤 이들은 사실을 포함한 서사라고 답할 것이다. 어떤 이들은 타당한 서사라고 말할 수도 있다. 모두 적절한 기준이다. 역사 서사는 실증 서사로서 사실에 근거해야 하고, 연구자 나름의 일관성을 유지해야 한다. 또한 서사의 해석이 명료하여 독자들이 역사가의 의도를 명확하게 이해할 수 있게 해야 한다.

그러나 역사 서사는 독자들에게 결론을 확정하는 것이 아니라, 독자들이 연구자의 서사에 대해 성찰할 수 있도록 한다는 점을 유의해야 한다. 역사 서사는 독자들을 성찰의 단계로 이끌어야 한다. 결론의 주입이 역사 서사의 목적이 아니기 때문이다.

* 이 글은 『학교교육연구』 9권 1호에서 발표한 "서사적 역사 연구 방법을 활용한 교육사학 연구방법론" 원고를 요약한 것이다.

제 02 장 교육의 의미

■ 이 장에서 다룰 질문들:
- 한국에서 학교가 출현하기 전의 교사들은 누구였나?
- 성인(adult)이란 어떤 존재인가?
- 전문가가 된다는 것은 어떤 의미인가?

1. 고대의 교사들

교사는 매우 오래전에 발생한 지위이다. 자신이 아닌 타자를 가르치던 이들은 원시시대부터 이미 나타났다. 부모들은 자녀들의 교사였고, 촌락사회에서는 노인이나 장년층이 젊은이들을 가르치는 교사였다. 그의 사후에도 가르침을 따르는 이들(직접 배우지는 못했지만, 특정인의 가르침을 배우고 익히는 경우를 우리나라에서는 사숙한다고 했다.) 중 적지 않은 교사들도 있다. 소크라테스, 플라톤, 아리스토텔레스, 공자, 맹자, 싯다르타, 노자, 장자, 예수, 마호메트 등등이 여기에 해당한다. 이들은 때로는 학교에서, 때로는 학교와 전혀 상관없는 장소에서 사람들을 가르쳤다.

우리나라에도 고대사회에서 많은 교사들이 학교에서 혹은 학교 밖에서 가르쳤다. 이 장에서는 학교가 아직 널리 확산되기 이전 고대한국사회에서 활동했던 교사들에 대해 살펴본다. 이들의 행적을 통해 한국 고대교육의 면모를 이해할 수 있다. 이 장에서는 서술의 편의상, 국가별로 구분하여 고대 교사들의 행적을 살펴본다.

가. 고구려

고구려의 경우, 느슨한 학교나 교수활동의 가능성을 보여주는 사례가 있다. 그것은 을파소와 창조리의 사례이다. 을파소(乙巴素, ?~203)는 고국천왕 때 재상을 지낸 정치가이다. 191년 고국천왕이 4부(部)에 현명하고 어진 아랫 사람(賢良在下者)을 천거하도록 하였다. 이에 4부 사람들이 안류晏留를 추천하였다. 그런데 추천을 받은 안류는 사양하고, 을파소를 추천하였다. 이에 고국천왕은 을파소를 중용하였다. 을파소는 이때 자신의 소회를 다음과 같이 말한다. "때를 만나지 못하면 은둔하고 때를 만나면 벼슬을 하는 것이 선비의 떳떳한 도리이다. 지금 왕께서는 나를 깊은 뜻으로 대우해 주시고 계시니, 어찌 예전의 은둔을 다시 생각할 수 있겠는가!" 이 표현은 을파소가 어떤 인물인지 보여준다. 이 말은 을파소가 창작한 말이 아니었다. 이 말은 공자의 행적을 적은 『논어』 태백 13편에 실린 말이다. "천하에 도가 있으면 나타나고, 천하에 도가 없으면 은거한다(天下有道則現, 無道則隱)."는 표현이 그것이다. 이런 표현은 을파소가 유학에 대한 상당한 교양을 가진 인물이었음을 보여준다. 또한 이후 을파소는 정치방면에서도 유학적 가치를 달성하였다. 삼국사기에서는 을파소의 업적을 다음과 같이 요약한다. "이에 정성을 다하여 나라의 일을 수행하였다. 정치와 교화를 밝히고 상벌을 신중히 하였으니, 백성들이 편안하였고 온 나라가 무사하였다." 정치와 교화, 상벌의 신중은 유가적 정치 철학을 잘 보여주는 것이라 할 수 있다. 을파소는 상당한 수준의 유학적 소양을 가진 인물이었음을 알 수 있다.

그러면 을파소는 이런 유학적 소양을 어떻게 갖추게 된 것일까? 을파소 당시에 고구려에는 공식적 학교가 존재했다는 기록이 없다. 고구려의 태학이 설립된 것은 4세기이니 을파소 이후 150여 년이 흐른 뒤이다. 그러면 을파소는 어떻게 유학적 교양을 갖출 수 있었을까?

안류는 고국천왕에게 을파소를 다음과 같이 소개하였다.

> 서압록곡(西鴨綠谷) 좌물촌(左勿村)의 을파소는 유리왕(琉璃王) 대신(大臣) 을소(乙素)의 후손으로 성격이 강직하고 지혜와 생각이 깊습니다. 세상에 등용되지 못하고, 힘써 농사를 지으며 살고 있습니다. 대왕께서 만약 나라를 다스리고자 하신다면, 이 사람이 아니고서는 어렵습니다.[1)]

안류는 을파소의 출신지와 가문에 대해서 이야기한다. 그런데 행간을 미루어보면 을파소는 몰락한 귀족 출신으로 보인다. 그의 거주지가 수도도 아니고, 하는 일도

1) 『삼국사기』, 고구려본기, 고국천왕조, 西鴨渌谷左勿村乙巴素者, 琉璃王大臣乙素之孫也, 性質剛毅, 智慮淵深, 不見用於丗, 力田自給. 大王若欲理國, 非此人則不可.

농사일이기 때문이다. 그럼에도 안류는 그가 지혜와 생각이 깊다고 표현한다. 이 표현은 매우 주관적 추천 표현이다. 무슨 이유인지 고국천왕은 안류의 말을 신뢰하고 을파소를 중용한다. 심지어 중국에서 유학한 경력 같은 것조차 없는 데도 말이다. 추천인 안류의 입장에서 을파소의 능력을 입증해야 하는데 을파소가 중국에서 학문을 배워왔다는 경력이 있었다면 이를 언급하지 않을 리 없다. 이때 이미 고구려에 유학 등을 가르치는 상당수의 교사들이 존재했다고 예상된다. 을파소가 공식 기록에 등장한 191년, 태학 설립 약 180년 전에 상당한 수준의 유학정치가를 길러낼 수 있는 교사가 고구려에 존재했다고 보아야 한다.

안류가 자신을 대신해 을파소를 추천한 부분도 눈여겨볼 부분이다. 도대체 안류는 을파소와 어떤 관계이기에 자기를 대신해 그를 추천할 수 있었을까? 단순한 지인이나 소문을 듣고 그렇게 한 것일까? 그럴 가능성은 거의 없다. 국왕에게 추천하면서 잘 모르거나 검증되지 않은 인물을 추천하기는 어렵다. 잘못된 천거는 추천자에게도 책임이 있기 때문이다. 이 점에서는 안류는 을파소의 제자이거나 같은 스승의 동문일 가능성이 높다. 안류가 을파소의 능력을 잘 알고 있는 부분도 이런 추론을 가능하게 한다. 안류는 을파소와 빈번하게 정치 활동에 대한 논의나 연구를 같이 했을 가능성이 있다. 그렇기에 안류는 선뜻, 그리고 자신 있게 을파소를 추천할 수 있었을 것이다.

한편 을파소 이후에도 유학적 소양을 갖춘 정치가가 활동하였다. 고구려 봉상왕 때의 인물 창조리(倉助利, 생몰 미상)가 그 사람이다.

창조리는 봉상왕 때 국상으로서, 기원후 300년 봉상왕의 과도한 토목 공사에 반대한다. 그는 봉상왕에게 다음과 같이 간언하였다.

> 재해가 거듭 일어나서 해마다 곡식이 익지 않고 있으니, 백성은 살아갈 길을 잃었습니다. 장성한 사람들은 사방으로 떠돌아 헤매고 있으며, 어린아이와 노인은 구렁텅이에서 뒹굴고 있습니다. 이것은 진실로 하늘을 경외하고 백성을 염려하는 마음으로 두려워하며 스스로 반성하실 시기입니다. 대왕께서는 아직도 이를 생각하지 않으시고 굶주린 사람들을 몰아서 토목의 노역으로 고단하게 하시니, 임금은 민民의 부모라는 뜻에 매우 어긋나는 것입니다.[2)]

창조리의 이 간언의 내용은 유학의 재이론(災異論: 국왕이 잘못된 정치를 하면 국가

2) 『삼국사기』 49권 列傳 倉助利.

에 재해가 생긴다는 이론)적 시각과 군주를 부모에 비유하는 유학적 군주관을 반영하고 있다.

창조리는 봉상왕이 자신의 간언을 받아들이지 않자, 다시 군주와 신하의 역할을 언급한다. "임금이 백성을 근심하지 않으면 어질다고 할 수 없고, 신하가 임금에게 간언하지 않으면 충성스럽지 못하다고 하였습니다." 그는 임금의 덕목으로 유가의 덕목인 인(仁)과 신하의 덕목으로 유가의 덕목인 충(忠)을 언급하고 있는 것이다. 창조리의 이런 행동은 유학적 덕목과 가치에 충실한 것이었다. 이런 근거로 볼 때, 창조리는 상당한 수준의 유학적 교양을 갖추고 있는 정치가였다고 평가할 수 있다.

창조리는 명문 집안 출신이라는 점에서 을파소와 다르다. 하지만 그 역시 상당한 수준의 유학적 소양, 유학적 정치관을 가진 것으로 보인다. 이런 그의 소양이나 역량은, 앞 시기 을파소와 마찬가지로 고구려에 존재하던 모종의 유학공동체나 전문교사에 의해 길러졌을 것이다.

나. 백제

백제의 경우 고구려의 태학에 버금가는 국립 교육기관에 대한 언급이 없다. 그렇지만 백제에도 모종의 전문학술을 가르치는 관리가 존재했을 것으로 보인다. 중국식 국립학교의 교관 명칭인 박사(博士)라는 직함이 『삼국사기』나 『일본서기』 등에 언급되어 있기 때문이다. 가장 처음 등장하는 백제의 박사에 대한 기록은 375년이다. 『삼국사기』 권24 백제본기 근초고왕 40년(375년)에 다음과 같은 기록이 있다.

> 고기(古記)에 이르기를 백제는 개국 이래 아직 문자로 일을 기록한 것이 없었다고 하였다. 이에 이르러 박사 고흥을 기용하여 처음으로 서기를 편찬해 냈다. 고흥에 대해서는 다른 책에도 자세히 나타나 있지 않아 그가 어떤 사람인지 상세히 알 수 없다.

여기에 따르면 근초고왕 때, 박사 고흥은, 백제의 역사서를 처음 간행하였다.

박사 고흥에 대해 삼국사기의 저자는 어떤 사람인지 알 수 없다고 논평한다. 이 말을 고흥이 백제인이 아니라는 의미로 해석하는 경우가 있다. 대표적으로 대만의 까오밍쓰(高明士)는 고흥에 대해 한사군(漢四郡) 중 하나인 낙랑군 출신이었을 것으

로 판단한다.[3)]

그는 그 근거로 낙랑군 초 토착 한인(漢人) 호족들 가운데에는 고씨성을 가진 자가 많았다는 점을 든다. 고흥은 낙랑군이 고구려에 정복되고 난 후 남방으로 도망쳐 온 한인 가운데 한 사람이었을 것이라는 추론이다. 하지만 이것은 근거가 부족하다. 왜냐하면 고구려에도 고씨가 있었고 주지하듯이, 고구려 왕족의 성씨가 고(高)이다. 백제 건국 세력이 고구려에서 분리되어 나왔다는 점을 충분히 고려하지 않은 것이다. 고흥은 고구려 출신의 백제인, 혹은 백제 건국기에 고구려에서 이주한 건국 세력의 후손일 가능성이 크다. 특히 최근 귀화한 인물에게 자국의 역사를 서술하게 한다는 것도 사리에 맞지 않는다. 고흥을 중국에서 귀화한 인물로 추정하는 것은 근거가 약하다.

또한『일본서기』와『고사기』기록에 405년에 백제의 박사 왕인이 일본의 초청을 받아 도왜한 기록이 있다. 30년 차이가 있지만, 이로 미루어 보면 백제에는 고흥이나 왕인 이외에 많은 박사들이 존재했을 것이다. 타국에 박사를 파견할 정도라면, 적어도 백제 내에도 상당수 박사가 존재해야 한다고 보는 것이 타당하다. 박사 고흥 이전부터 박사 제도가 있었나고 보아야 한다. 경쟁 관계였던 고구려가 태학 제도를 만들던 시기에 백제에도 모종의 변화가 있었을 것으로 보는 것이 타당하다. 백제는 독립적 교육기관을 세우기보다, 박사라는 교사를 둠으로써 교육적 요구를 해소했을 것이다. 실제로 국가에 따라 별도의 교육기관을 세우지 않고, 관련 관청이나 부서에서 교관직을 두는 경우가 없지 않았다. 대표적 예로 조선의 경우, 잡학 분야는 실무 부서의 관원이 교사를 겸하였다.

이에 대해 까오밍쓰 역시도 백제 내에 유학교육 체제나 제도의 존재 가능성을 인정한다. 까오밍쓰는 이 두 사람의 경전 지식은 백제 내의 가정교육이나 학교 교육을 통해 길러졌을 것이라고 본다.[4)]

다. 신라

신라의 경우, 국학의 설립이 682년에 이루어진다. 이때 본격적 교육이 시작된 걸로 볼 필요는 없다. 국학이 설립되기 전에도 화랑도를 통한 세속 교육이 이루어졌던 것이 분명하기 때문이다. 화랑도는 흔히 무사집단 혹은 청소년 단체로 알려져 있다. 하지만

3) 까오밍스 저(1995), 오부윤 역,『한국교육사연구』, 대명출판사, 36쪽.
4) 까오밍쓰 저(1995), 오복윤 역,『한국교육사연구』, 대명출판사.

화랑도는 국가차원에서 인재 선발과 교육을 위해 만들어진 조직이었다. 576년 진흥왕 대의 화랑 창립 기사를 보면, 다음과 같이 화랑의 창립 취지를 밝힌다.

> 진흥왕 37년 봄, (중략) 그 후 다시 미모의 남자를 취하여 단장시키고 화랑(花郞)이라 이름하여 받들자 무리들이 구름처럼 모였다. 때로는 도의(道義)로써 서로 연마하고, 때로는 음악으로써 서로 즐기면서 산수山水에서 노닐며 멀리 이르지 않는 곳이 없었다. 이로 인하여 그 사람의 그르고 바름을 알아 그중에 선善한 자를 가려 조정에 천거했다. 그러므로 김대문金大問의 『화랑세기(花郞世紀)』에 이르기를, 현좌충신(賢佐忠臣)이 이로 인하여 빼어나고, 양장용졸(良將勇卒)이 이로 인하여 나타났다.[5)]

여기에 보면, 화랑은 낭도들과 함께 생활하면서 성장하는 경험을 하였다. 일종의 청소년 학습 공동체라고 볼 수 있다. 그리고 이런 공동생활 속에서 우수한 이를 천거하는 선발 역할을 수행하였다. 김대문이 요약하고 있는 "현좌충신이 이로 인하여 빼어나고"는 화랑의 교육적 성과를 의미하며, 양장용졸이 여기서 나왔다는 것은 화랑도의 선발 기능을 지칭한 것이라 하겠다.

일본의 교육학자인 와타나베는 화랑의 창립 연도를 진흥왕 이전으로 추정한다. 그는 진흥왕 22년(562년)에 화랑 사다함(斯多含)이 대야성(大耶城)을 공격하여 큰 공을 세운 기록[6)]이 있다는 것에 주목한다. 그는 화랑이 진흥왕 대 창시된 것이 아니고, 종래부터 있어 왔던 부족 내의 자연성립적 공동체를 국가적으로 편제된 것이라고 평가한다. 그로 미루어 보면 신라의 경우도 공동체를 통한 청소년 교육의 시기는 6세기 이전으로 올라갈 수 있을 것이다.

한편 화랑도 내에서 상호 간에 격려를 통한 학습이 이루어진 것은 유명한 임신서기석을 통해서 알 수 있다. 1934년 경주 견곡면(見谷面) 금문리(金文里)에서 발견된 임신서기석에는 다음과 같은 맹서가 각인되어 있다.

5) 『삼국사기』 신라본기4 진흥왕조.
6) 『삼국사기』 신라본기4 진흥왕조.

임신년 6월 16일, 우리 두 사람은 아울러 맹세하여 기록한다. 하늘 앞에 맹세한다. 지금부터 3년 이후 충도(忠道)를 견지하여 과실이 없기를 맹세한다. 만일 이 일을 하지 못하면 하늘에 큰 죄를 얻을 것을 맹세한다. 만약 나라가 불안하여 크게 어지러운 세상이 되어도 충실하게 행할 것을 맹세한다. 또 먼저 번 신미년(辛未年) 7월 22일에도 크게 서약했으니, 시(詩), 상서(尙書), 예(禮), 전(傳)을 함께 3년 만에 터득할 것을 맹세했다.[7)]

이 내용은 두 화랑이 서로 행동을 규율하고, 학업에 힘쓸 것을 서약하고 있다. 일종의 학습 맹세에 해당한다. 이는 오늘날 학생들 간의 학습공동체의 모습과 유사하다.

화랑도의 창립 기사나 임신서기석에서 보듯이 화랑들은 동료들과 함께 생활하고 학습하면서 성장하였다. 이는 초보적 형태의 학습공동체, 혹은 공동체 기반의 학습 상황으로 이해할 수 있다.

그렇다고 화랑들에게 스승이 없었다는 것은 아니다. 화랑들에게도 경전 지식이나 전문 지식을 가르치는 이들이 있었다. 이를 보여주는 것이 원광(圓光, 555~638)이다. 주지하듯이 원광은 화랑의 요청으로 세속오계를 제정한 바 있다. 화랑의 행동 규칙을 제정했다는 점과 교육의 방향을 정한다는 의미에서 교사 역할을 수행하였다.

화랑에게 경전 지식이나 전문지식을 가르친 승려들도 있었다. 삼국유사에는 융천사(融天師, ?~?)나 충담사(忠談師, ?~?) 같은 ○○사로 불리는 승려들이 다수 등장한다. 이 중 융천사는 화랑들에게 혜성의 움직임 등, 천문학에 대한 지식을 전수하고 있다. 충담사의 경우는 유교적 정치관을 교수하고 있다.[8)] 충담사는 유교적 소양을, 융천사는 천문학적 소양을 가르치던 교사였던 것으로 보인다.

충담사는 765년 경덕왕에게 안민가를 지어 바친 인물이다. 안민가(安民歌)에는 유교적 군주관과 세계관이 내포되어 있다.

임금은 아버지요
신하는 사랑하실 어머니요
백성은 어리석은 아이라 하실지면
백성이 그 사랑을 알리라

7) 와타나베 마나부 저, 교육사학회 역(2010), 『와타나베의 한국교육사』, 문음사.
8) 안경식(2020), 「신라시대의 과학기술 교육」, 『2020한국교육사학회 연차학술대회 자료집』, 한국교육사학회.

꾸물거리며 사는 물생(物生)에게
이를 먹여 다스린다
이 땅을 버리고 어디 가려 할지면
나라 안이 유지됨을 알리이다
아아, 임금답게, 신하답게, 백성답게 할지면
나라 안이 태평하리이다.[9)]

안민가는 군주의 인(仁)에 의한 통치 원칙을 제시하고 있다. 또한 "임금답게, 신하답게, 백성답게 할지면 나라 안이 태평하리이다"는 부분은 유교의 정명(正名) 사상을 표현한 것이다. 정명 사상은 각자의 역할에 부여된 책임에 충실해야 한다는 것이다.

융천사(融天師)는 진평왕(真平王) 때 혜성가(彗星歌)를 지어 왜구를 물리쳤다는 인물이다.

보동랑(寶同郎) 등 세 화랑의 무리가 풍악(楓岳)을 유람하려 하였는데, 혜성이 심대성(心大星)을 범하였다. 낭도들은 이에 괴이하게 여겨 유람하는 것을 그만두려 하였다. 이때 융천 스님이 노래를 지어서 그 노래를 부르니 별이 기이하게도 곧 사라졌고, 일본의 병사들이 그들의 나라로 돌아가 반대로 복된 경사가 되었다. 대왕은 매우 기뻐하며, 낭도들을 풍악에 유람하게 하였다.[10)]

한편 통일기 인물인 김유신(金庾信)의 경우도 독특한 교사를 만난 적 있다. 다소 신비로운 분위기를 띤 이 이야기에 등장하는 교사는 승려가 아니면서도 상당 수준의 전문지식을 가르친다.

김유신은 17세인 611년 중악(中嶽) 석굴에 들어가 다음과 같이 기도하였다.

적국이 도가 없어 승냥이와 호랑이처럼 우리 영역을 침략하여 어지럽힘으로써 편안한 해가 없었습니다. 저는 한낱 미미한 신하로 재주와 힘은 헤아릴 수 없이 적지만 재앙과 난리를 없애고자 마음먹었으니 오직 하늘은 굽어 살피시어 저를 도와주소서.[11)]

9) 『삼국유사』 기이 제2 景德王忠談師表訓大德.
10) 『삼국유사』 감통 제7.
11) 『삼국사기』 열전 김유신상.

그런데 김유신은 기도하던 중악 석굴에서 우연히 난승(難勝)이라는 노인을 만나게 된다.

> 나는 머무는 곳이 없고 인연에 따라 가고 멈추며 이름은 곧 난승(難勝)이다."라고 말하였다. 공이 이를 듣고 보통 사람이 아님을 알아차리고 두 번 절하고 나아가 말하였다. "저는 신라인입니다. 나라의 원수를 보니 마음이 아프고 근심이 되었습니다. 그런 까닭에 여기에 와서 만나는 것이 있기를 바랄 따름이었습니다. 엎드려 빌건대 어르신께서는 제 정성을 불쌍히 여기시어 방술(方術)을 가르쳐 주십시오. 노인은 묵묵히 말이 없었다. 공이 눈물을 흘리며 간청하기를 게을리 하지 않으니, 6~7번에 이르렀다. 노인이 이에 "자네는 어리지만 삼국을 병합할 마음을 가지고 있으니 또한 장하지 아니한가?" 라고 하며, 곧 비법(祕法)을 가르쳐 주면서 "삼가 함부로 전하지 말게. 만약 의롭지 못한 데 쓴다면 도리어 그 재앙을 받을 것이네."라고 말하였다. 말을 끝마치고 작별하였는데 2리 정도 갔을 때 쫓아가 그를 바라보았으나, 보이지 않고 오직 산 위에 빛이 있어 오색과 같이 찬란하였다.

이 이야기에서 김유신은 난승이라는 인물에게 모종의 지식과 기술을 전수 받는다. 일종의 교육적 관계를 맺은 것이다. 그러면 이 난승은 도대체 누구일까? 이에 대해 여러 해석들이 있다. 유동식과 조동일은 산신(山神)으로,[12] 이기동은 무속인으로[13] 본다. 한편 미륵의 상징으로[14] 보는 견해나 도사(道士)로 보는 견해[15]도 있다. 정구복의 경우는 난승을 화랑도의 승려로 보기도 한다.[16]

이 설화에서 난승의 말과 행동을 통해 그에 대해 추론해 보자. 우선 난승의 자기를 소개하는 말을 보자. 난승은 자신을 "나는 머무는 곳이 없고 인연에 따라 가고 멈추며" 라고 소개한다. 이 말을 통해 그가 특정 기관이나 국가에 속한 이가 아님을 알 수 있다. 난승에 대해 알 수 있는 다른 하나는 김유신에게 비법을 가르쳐 주고 난 후 남긴 말이다. "삼가 함부로 전하지 말게. 만약 의롭지 못한 데 쓴다면 도리어 그 재앙

12) 유동식(1975), 『한국무교의 역사와 구조』, 연세대 출판부; 조동일(1987), 「설화편」, 『한국학기초자료선집 －고대편－』, 한국정신문화연구원.
13) 이기동(1976), 「신라화랑도의 기원에 대한 일고찰」, 『역사학보』 69, 역사학회.
14) 김영태(1989), 「김유신의 통일의지와 미륵신앙 －용화향도와 난승노인을 중심으로－」, 『한국불교학』 14, 한국불교학회.
15) 김태식(2004), 「월경과 폭무, 두 키워드로 본 '모략가' 김유신」, 『백산학보』 70, 백산학회.
16) 정구복(2002), 「김유신(595~673)의 정신세계」, 『청계사학』 16 · 17, 청계사학회.

을 받을 것이네." 우선 비법이란 말에서 알 수 있는 것은 난승이 김유신에게 전수한 지식이 소수의 공동체에 의해 공유되고 전수되는 성격을 갖는다는 점이다. 즉 이 지식을 공유하고 전수하는 모종의 공동체가 존재함을 의미한다. 이렇게 보면, 김유신이 난승이 소속된 특정 병법학 공유 공동체의 지식을 획득한 사건이라고 할 수 있다.

요약하면 난승은 모종의 병법 관련 학문 공동체에 속한 인물이며, 그 공동체 내에서만 전수되던 지식을 김유신에게 전수한 것이다. 이것은 당시의 난승과 같은 교사들이 어떤 상태였는지 짐작할 수 있게 해준다. 모종의 공동체에 속하여 폐쇄적 원칙에 따라 교육을 시행하는 이들이 있었던 것이다.

한편 국학이라는 공식학교 설립 이전에, 신라에 전문 지식을 가르치는 교사들이 존재했음을 알려주는 사례들이 더 있다. 태종무열왕 시기 외교전문가로 활동했던 강수强首의 경우, 당시 신라에 유학을 가르치는 교사들이 존재했음을 시사한다. 강수는 어려서부터 학업에 빼어난 인물이었다. 아버지가 불교를 배울 것인지, 유학을 배울 것인지 묻는다.[17)]

이에 강수는 "불교는 세상 밖의 가르침이라고 들었습니다. 저는 세속에 사는 사람이니 어찌 불교를 배우겠습니까, 유자의 도를 배우기를 원합니다"라고 대답하였다(愚聞之, 佛世外教也, 愚人間人, 安用學佛爲. 願學儒者之道). 그리고는 스승을 찾아가『효경(孝經)』,『곡례(曲禮)』,『이아(爾雅)』,『문선(文選)』을 읽었다(遂就師讀孝經・曲禮・爾雅・文選고 한다). 이 강수의 성장 과정을 보면, 신라에 이미 유학을 가르치는 교사들이 존재했음을 알 수 있다. 강수는 이들에게『효경』과『곡례』를 배웠을 것이다.

7세기 이전에 유학을 가르칠 수 있는 교사들이 신라에 존재했다는 다른 근거는 설총(薛聰)이다.『삼국사기』권46 열전 제7 설총(薛聰)에서는 설총에 대해 다음과 같이 서술한다. "설총은 성품이 똑똑하고 분명하여 배우지 않고서도 도덕과 학술을 알았다. 방언(方言)으로 구경(九經)[18)]을 풀이하여 후학들을 가르쳤으므로 지금까지 학자들이 그를 종주로 받든다."[19)] 여기서 방언은 신라의 고유 언어 표기인 이두를 지칭한다. 정인승은 설총이 이두를 창제한 것이 아니라, 설총 이전부터 사용되었다고 지적하였다.[20)]

『삼국사기』열전에는 설총의 스승을 언급하지 않고, 스스로 경전에 대한 지식을

17)『삼국사기』열전 제6 강수.

18) 구경은 보통 易經・書經・詩經・禮記・春秋・孝經・論語・孟子・爾雅 등을 말한다. 정구복 외(1997),『역주 삼국사기4 주석편(하)』, 한국정신문화연구원 참조.

19)『삼국사기』열전 제7 설총.

20) 정인승(1957),「이독기원의 재고찰」,『이희승선생송수기념논총』, 일조각.

터득한 것처럼 서술한다. 하지만 설총이 유교 경전을 혼자만의 학습으로 습득했다고 보기는 어렵다. 유교경전 학습이 가능하려면, 최소한 자국의 언어로 된 유교 경전 번역본이 갖추어져 있어야 한다. 또한 학습자도 자국의 언어를 읽고 쓸 수 있는 능력을 가지고 있어야 한다. 이 중 학습자의 모국어 읽고 쓰기 습득은 교사 없이는 불가능하다고 판단된다. 『삼국사기』의 기록은 설총의 탁월성을 강조하는 것일 뿐, 모국어 교사나 유학 경전 교사가 없었다는 의미는 아닐 것이다. 설총도 강수처럼 유학 경전을 해설하고 가르칠 수 있는 교사를 찾아가 학습한 것으로 보는 것이 합리적이다.

* 이 글은 『학교교육연구』 5권 1호에 실린 "삼국시대 중국식 학교 도입 이전 교육과 교사"의 내용을 요약한 것이다.

2. 성인이 된다는 것

이 책을 읽는 독자들은 대부분 성인일 것이다. 스스로에게 물어보자. 나는 어떤 기준에 비추어 볼 때 성인인가? 키가 170cm를 넘겨서인가? 나는 키가 162cm 정도라서 그 기준에 따르면 50대임에도 성년이 아니다. 나이가 20살이어서인가? 이것은 생년월일을 기준으로 한 입장이다. 실제로 한국 사회에서는 법령에 의해 일정한 연령에 이르면 성인으로 인정하고 있다. 개인이 술이나 담배를 구매할 때 이를 기준으로 적용한다.

그런데 연령을 기준으로 성인인지 아닌지 구분해도 될까? 현재 한국사회는 매년 5월 3째 주 월요일을 성년의 날로 정하고 있다. 성년의 날은 대개 만 19세를 넘긴 이들의 성인됨을 축하하는 행사로 치러진다. 현재의 성년의 날 행사 참가 자격은 연령 외에는 별다른 것이 없다. 어떤 상태나 상황, 학력에 있든지 생일이 19번 지났다면 이날 성인이 되며, 성인으로서 축하받을 자격이 있다고 인정된다. 성년이 된 이들은 이제까지 하지 못했던 일들을 할 수 있게 되고, 하지 않았던 일을 해야 할 의무도 생긴다.

연령이 특정 역할을 수행할 수 있는가의 여부를 결정하는 유일한 기준으로 하는 것은 합리적이지 않다. 어떤 일에 적임이거나 그렇지 않은 사람을 고를 때, 연령만을 기준으로 하면 어떻게 될까? 연령 기준에 충족했지만, 그 일을 수행할 수 있는 능력을 갖추지 못할 수 있다. 반대로 연령은 기준을 충족하지 못하지만, 그 직무에서 탁월한 성취를 보일 수도 있다. 하지만 일반적으로 연령은 능력과 정적 상관관계를 나타내기 쉽다. 연령은 특정인이 획득한 경험의 양을 보여주는 것일 수 있고, 특정 능력의 소유 여부를 간접적으로 알 수 있는 기준이 될 수 있다. 그가 자신의 삶의 과정을 허비하지 않았다면 말이다.

오히려 과거에는 현재보다 성인, 성년의 기준이 더 엄격하였다. 과거에는 성년이 되기 위해, 정확히는 성인으로 인정, 대우받기 위해서는 모종의 성취를 증명해야 했다. 신체가 성장하고 시간이 경과하면 어른으로 대우받는 것이 아니었다. 성인이 되기 위해서는 모종의 교육을 받고 혹은 학습을 하고, 이를 기반으로 모종의 성취를 이루어야 했다. 그리고 이런 성취를 증명한 이들이 성인식을 치르고 성인이 되었다.

과거 많은 문화의 성인식에서 성인이란 교육을 통해서 도달하는 단계라는 의미가 담겨 있었다. 인류학자 방주네프는 통과의례의 한 형태로 성인식을 분류하고, 성인식이 가진 의미를 제시하였다. 그는 동명의 저작에서 콩고의 어떤 부족의 성인식을 소개한다. 여기에 보면, 성인식을 받을 대상자는 성인식 담당자의 지시에 따라 사회로부터 격리되어(성인식 시험을 거치는 기간 동안 대상자는 죽은 것으로 간주된다) 지정된 공간에서 생활해야 한다. 그는 여기에서 특수한 표현으로 말하고 특별한 음식을 먹는다. 그들은 마치 새로 태어난 것처럼 모든 것들을 새로 배우는 과정을 경험한다.[21]

단군신화를 통해 이런 성인식의 특성을 이해해 볼 수 있다. 단군신화에는 이상한 존재가 등장한다. 사람이 되고 싶은 곰과 호랑이. 이 곰과 호랑이는 진짜 동물을 가리킬까. 이 곰과 호랑이를 성인이 되고 싶은 아이들의 상징으로도 이해하고 단군 신화를 생각해 보자. 이 곰과 호랑이는 무슨 이유인지 사람−성인−이 되고 싶어 한다. 요즘 아이들 중에는 장래 희망이 기차거나 오히려 호랑이인 아이가 있다고도 한다. 아무튼 이 두 동물은 인간이 되기 위한 시련을 받아들인다. 동굴 속에서 쑥과 마늘만 먹으며 100일을 보내기로 한다. 이 행위는 일종의 시련이다. 평소에 하지 않던 쑥과 마늘만 먹기, 동굴에서 지내기 등이 그 시련의 구체적 내용이다. 또한 동굴 생활이나 특별한 음식 먹기는 기존의 삶의 방식과 다른 형태의 삶을 추구하는 마음 자세를 증명한다.

이 두 동물의 결과는 엇갈린다. 곰은 시련을 견뎌내어 여자의 몸이 되고, 호랑이는 이 시련을 이겨내지 못한다. 결과적으로 곰은 인간이 되는 데 성공한다. 하지만 곰이

21) A. Van Gennep, 전경수 역(1985), 『통과의례』, 을유문화사, 81쪽.

여자가 되어 동굴 밖으로 나오면서 단군신화의 곰 변신 설화는 끝나지 않는다. 곰은 몸이 인간이 되었음에도 여전히 부족함을 느낀다. 그 부족함은 무엇일까? 이성? 아니다. 내가 보기에 곰, 정확히는 인간이 된 직후 웅녀에게 필요한 것은 "자신이 소속된 공동체"였다. 곰이 결혼하고자 하는 동기는 바로 모종의 공동체에 소속하고자 하는, 다른 인간과 사회적 관계를 맺고자 하는 욕구를 반영한다. 곰은 결국 결혼을 희망한다. 곰에게 결혼은 사회적 관계 형성의 방식이었다고 볼 수 있다. 곰이 진짜 사람이 된 시점은 정식으로 사회적 구성원이 되는 결혼 이후라고 보아야 한다. 재미있는 것은 오랫동안 한국 사회에서 결혼은 성인 여부를 판단하는 기준이었다는 것이다. 떠꺼머리총각도 결혼하지 않으면 아직 성인이 아니었고, 개구쟁이 일곱 살도 결혼했다면 성인으로 인정했다.

방주네프는 많은 사회의 통과의례가 3단계의 공통된 구조를 갖는다고 보았다. 그는 성인식도 통과의례의 한 종류로 간주한다. 그가 제시한 통과의례의 3단계는 다음과 같다. 첫 번째는 분리단계이고 두 번째는 전이단계, 세 번째는 통합단계이다. 분리단계는 통과의례에 참여한 이에게 이전의 행위나 생각을 버리게 하는 단계이다. 성인식의 경우라면 청소년기의 태도나 습관 행동을 버리도록 하는 단계이다. 예를 들면 어린 시절의 장난감 놀이를 못 하게 하거나 의존적 태도를 버리라고 요구하는 단계라고 하겠다. 이런 상황에 처한 참여자가 이제 뭔가 달라져야 한다는 생각을 갖게 되면 이제 어떻게 달라져야 하는지 보여주고 변화를 일으키는 전이단계로 이행한다. 전이단계에서는 학습자들은 그 사회가 정한 성년의 태도, 사고방식, 행동 등에 대해 학습한다. 이 내용에는 그 사회의 구성원으로서 가져야 할 가치관, 종교, 역사의식 등도 포함될 수 있다. 이후 대상자들은 공동체의 인정을 받는 통합의식을 거친다. 통합의식의 형태는 부족마다 다양하다. 어떤 부족은 신참을 위해 축하잔치를 벌이기도 하며, 어떤 공동체는 그에게 선물이나 특권을 부여한다.

성인식의 단계와 각 단계별 의미는 다음과 같이 정리할 수 있다.

- 분리의식: 과거의 나(정체성)의 부정, 죽음에 비유되는 단계
- 전이의식: 새로운 삶의 방식, 학습의 단계
- 통합의식: 새로운 정체성의 획득, 공동체가 성인으로 인정

성인식이 대상자에게 모종의 학습 과정을 제시하고 변화를 이끈다는 점에서 교육제

도로 이해할 수 있다. 자연 성장에만 맡기지 않고, 특정인이 사회에 기여할 수 있는 능력과 역량을 기르는 과정을 성인식을 통해 부과하였다. 이렇게 사회의 구성원으로 성장한 이들은 그 사회의 새로운 구성원으로서 그 사회를 유지하였고, 시간이 흐른 뒤에는 다음 세대를 성인식을 통해 가르쳤던 것이다.

스파르타는 고대 그리스 국가 중 군사적 훈련과 체계적 교육을 시행한 나라로 알려져 있다. 스파르타에서는 시민의 자제 중 남자 아이들은 어린 시절부터 군사 훈련을 받았으며, 청년 시기에는 군대에 들어가서 전문 군인으로서 경험을 쌓았다. 스파르타의 교육은 자기절제와 규율을 강조했다. 식사, 의복, 생활 양식 등이 엄격하게 규제되어 질서와 단결을 유지하도록 하였다. 특히 스파르타는 개인의 목표나 성격보다는 국가의 이익과 안정을 위해 교육하려 하였다. 즉 개인의 이익보다는 국가의 이익이 최우선으로 간주되었다. 스파르타에서는 여성도 교육대상으로 간주하였다. 이에 따라 여성들도 체육 및 군사 훈련을 통해 건강하고 강인한 몸을 가지도록 교육하였다. 물론 그 이유 역시 그 여성의 인성이나 능력의 향상이 목적이 아니라, 건강한 자식을 낳고 키우기 위함이었다.

스파르타는 아고게(그리스어: Ἀγωγή, 영어: agoge)라는 교육을 시행하였다. 이것은 남자 아이들은 가정을 떠나 청소년 단체에서 공동생활을 하며 전사로 성장하는 과정을 밟았다. 이들은 이 아고게를 통해 스파르타에 대한 충성심을 기르고 전사와 시민으로서 필요한 다양한 지식과 기술들을 학습하였다. 아고게는 학교가 아닌 교육을 목적으로 한 조직에 기반한 교육이라고 볼 수 있다.

스파르타에서는 아이가 7살이 되면 부모를 떠나 교육을 받았다. 스파르타 교육은 사실상의 군사조직에서 이루어지는 것이었으며, 삶과 교육도 병영에서의 생활과 차이가 없었다. 아이들에게 가혹한 체벌이 이루어졌는데, 더 잔인한 것은 이런 체벌을 일종의 체력 단련 훈련으로 생각하고 두려워하거나 겁먹은 태도를 취해서는 안 된다는 것이었다.

이런 스파르타의 상황에 대해 크세노폰(Xenophon)은 자세하게 묘사하고 있다.[22)]

22) Xenophon 저, E. C. Marchant, & G. W. Bowersock 역, *Constitution of the Lacedaimonians.* *https://www.perseus.tufts.edu/hopper/*

반대로 리쿠르구스(Lycurgus)는 가정교사에게 아이들의 교육을 맡기는 대신 "감시자"에게 맡겼습니다. 그 감시자는 소년들을 모으고, 그들을 통솔하며, 잘못한 경우 혹독하게 그들을 처벌할 수 있는 권한이 있었습니다. 그는 또한 젊은이 한 명에게 필요할 때 소년들을 체벌할 수 있는 채찍을 맡겼습니다.

리쿠르구스는 샌들을 신겨서 소년들의 발을 부드럽게 하는 대신 샌들을 신지 않고 다니면서 발을 단단하게 만들도록 했습니다. 이러한 습관을 통해 그들이 더 쉽게 언덕을 오르고 가파른 경사를 위험하지 않게 내려올 수 있다고 믿었습니다.

그리고 그는 그들이 1년 내내 한 벌의 옷을 입는 관습을 도입했는데, 그렇게 하면 그들이 더위와 추위의 변화에 더 잘 대처할 수 있을 것이라고 믿었습니다. (중략)

감시자가 없을 때에도 소년들에게 지휘자가 부족하지 않도록 하기 위해 리쿠르구스는 우연히 그곳에 있는 어떤 시민이든 그가 옳다고 생각하는 모든 것을 소년들에게 요구하고 위법 행위에 대해 처벌할 수 있는 권한을 부여했습니다.

더욱이 겸손이 그들에게 굳게 뿌리내리기를 바라서, 소년들이 손을 옷 속에 넣고 조용하게 걷고, 주위를 둘러보지 아니하고 눈을 땅에 고정하게 하였습니다.

그럼에도 스파르타 교육은 근대적 속성을 일부 갖추고 있었다. 우선 모든 시민의 자제가 교육대상이 되었다. 물론 왕족 중 일부는 교육 대상에서 제외되었다. 당시 그리스 사회가 남자아이들만을 교육했던 것과 달리 스파르타는 여자아이들의 교육도 시행했다. 남녀 모두를 교육하는 체제를 갖추었던 것이다.

또한 교육에서 개인적 가치보다 국가의 가치를 강조하였다. 이것 역시 유럽 등의 근대 국가가 가졌던 특징이기도 하다. 스파르타인들은 자신을 위해서가 아니라, 국가를 위해서 살도록 교육받았던 것이다. 이런 교육 형태는 이전 시기 성인식을 통한 교육관행에 내포되어 있던 것들이었다. 스파르타를 성인식에서 사회 구성원의 자질과 태도 형성에 치중했던 요소를 보다 철저하게 도시국가 교육에 반영한 것이었다.

스파르타는 시민 자제들의 강제 취학을 시행하였다. 기본적으로 교육은 개인의 자유의사에 의해서 참여를 결정하는 것이 아니었다. 아동이나 부모가 원하지 않더라도 스파르타 시민의 자제를 교육대상으로 간주하고, 교육에 강제로 참여하게 하였다.

이런 스파르타교육에 대한 당시 지식인들의 평가는 그다지 나쁘지 않았던 듯하다.

대표적으로 플라톤의 경우 아동과 청소년이 아직 보다 높은 수준의 이성적 삶을 위한 준비가 되어 있지 않을 때 그들을 위한 예비 단계의 훈련의 가장 좋은 예시를 스파르타 교육에서 찾았다.[23)]

현재에도 좋은 교육에 대해 생각할 때, 2천여 년 전 스파르타의 교육을 어떻게 평가해야 하는지는 생각해 볼 과제이다.

3. 전문가가 된다는 것

인간은 공동체를 이루어 살아가면서 혼자서 해결할 수 없는 문제에 대해 타인의 도움을 받는다. 이 타인 중에는 특정 분야에 대한 지식과 경험, 그리고 기술을 갖추어 탁월성을 발휘하는 경우도 있다. 이런 이들은 전문가라고 불리며, 그 사회의 분업 체계를 뒷받침한다. 사회마다, 다양한 형태로 전문가가 길러진다. 때로는 공식적 교육기관에서 전문가를 길러내기도 하고, 때로는 사적 영역에서 이루어지기도 한다. 이 절에서는 유럽에서 전문가 교육이 어떻게 변화되어 왔는지 살펴본다.

로마 멸망 후, 유럽 사회는 그리스 로마의 학문적 성취가 쇠락하고 침략의 위협과 세속 영주의 억압, 가톨릭교회의 지배를 경험하게 된다. 이 시대는 암흑시대로 비유되지만, 실제로 암흑시대는 아니었다. 여전히 사람들은 자신들의 삶을 살았고, 계속해서 후속 세대를 길러내고 있었다. 이 장에서는 이런 중세시대 일반인들이 생존을 위해 선택했던 삶의 영역 중 전문적 영역의 교육에 대해 이야기한다.

중세시대 대부분의 유럽인은 농노였다. 이들은 농지에 붙박여 농업을 삶의 수단으로 삼았다. 이들은 소득의 일정 부분을 지역의 영주에게 바쳤다. 농노가 죽으면 농노의 아들은 농노가 농사하던 토지를 상속하였다. 이런 삶의 방식은 필연적으로 농업 생산성의 비약적 상승을 기대하지 않고서는 안정적이지 않은 체제였다. 농업생산력의 비약적 상승은 기대하기 어려운 상승이었기에 농노의 자식 중 일부는 농업이 아닌 다른 직업을 가져야 했다. 목수, 대장장이, 가죽 공예사, 석공 등등. 이런 직업 분야들에서 전문가로 일하기 위해서는 일정한 수준 이상의 학습을 해야 했다. 중세시대 전문

23) 서양교육사의 저자 W. Boyd는 플라톤의 국가론을 스파르타의 교육 전통과 아테네 교육전통의 종합을 의도한 것이라고 평가하기도 한다. W. Boyd 저, 이홍우, 유한국, 박재문 역(1987), 『보이드의 서양교육사』, 교육과학사, 51쪽.

기능인이 되기 위해서는 일정한 교육의 과정을 거쳐야 했는데, 이를 도제교육 제도라고 부른다.[24)]

도제교육에서 도제는 전문기능인이 되는 교육 제도에서 가장 초보적인 수준의 기능인을 부르는 호칭이었다. 도제(apprentice)는 처음 그 분야의 기술을 배우기 시작한 이들로서 당시 관행에 의해 이들은 노동에 대한 보수를 받지 못했다. 도제들은 자기가 일하는 작업장을 통해 의식주 문제는 해결 받았지만, 별도의 보수는 없었다. 도제들은 작업장의 주인이자 전문 기능인인 마스터의 지도를 받으며 기술을 익히고, 마스터가 부여하는 직무를 수행하며 경험을 쌓았다.

이후 도제가 기술의 숙련도가 높아지면 직공(Journeyman)이 되었다. 직공들은 이제 다양한 가게에서 일할 수 있었다. 그는 이제 정식으로 급여를 받을 수 있었으며, 다른 가게로 이직하는 것도 가능했다. 직공이 되는 방식은 지역이나 해당 직업 분야의 길드(Guild)에 따라 달랐다. 하지만 여행하는 사람이라는 말에 드러나듯이 그들은 다양한 가게에서 새로운 기술을 익히며 자신의 전문성을 향상시켰다.

이 직공 시기는 매우 중요한 시기였다. 자신이 도제로 지내던 작업장을 떠나, 다른 작업장에서 일하면서 새로운 경험을 쌓을 수 있는 시기였다. 새로운 기술을 훈련하고, 새로운 마스터의 지도를 받을 수 있는 기회였다. 이를 통해 그 분야의 다양한 일들을 숙련할 수 있었고, 이 과정에서 이들은 마스터 못지않은 숙련 기능인으로 성장할 수 있었다.

직공들의 기술이 더욱 숙련되면, 이들은 마스터에 지원할 수 있었다. 마스터는 그 분야 최고 수준의 기술자에 대한 명예로운 자격이자, 동업자 길드의 회원 자격 그리고 도제와 직공을 거느리고 가르칠 수 있는 교사자격이었다. 마스터들이 회원인 길드에서는 지원자들을 대상으로 평가하여 마스터 자격 여부를 판단하였다. 그리고 이렇게 마스터 자격을 취득한 이는 새로운 마스터로서 길드의 회원 자격을 획득하였다. 도제교육에서 마스터는 해당분야의 최고의 전문가로서 자신들의 동료를 선발했다. 이들은 교사였고 인증하는 사람들이었다.

중세의 도제 교육체제는 현대 사회에도 강력한 영향을 미치고 있다. 유럽지역에서는 현재에도 직업교육 방식의 하나로 도제식 교육체제를 채택하고 있다. 여기서 도제식 교육체제란, 학습자들을 이론만이 아니라, 경험을 통해서도 학습하도록 하는 체제

24) Marten Roy Prak (2006), *Craft Guilds in the Early Modern Low Countries: Work, Power and Representation*, Ashgate Publishing.

이다. 예를 들어 선반기술자의 경우, 선반 기술과 제조에 대한 이론적 교육을 학교에서 받는 한편, 일정한 기간 동안 현장실습을 수행한다. 이 과정을 도제교육 과정이라 부르며, 이 기간 동안은 현장 기술자(마스터)의 지도를 받는다. 현장 실습 과정에서 학습자들은 기술을 숙련하고, 현장 상황에 대해 이해하고, 자신이 이론적으로 배운 내용을 확인할 수 있다.

한편 한국에도 도제식 전문가 교육체제가 존재하고 있다. 한국에서 특정 분야의 전문가 자격을 취득하기 위해서는 세 가지 유형이 있다. 하나는 전문가 양성교육기관에서 장기간의 교육과 훈련(실습 포함)을 받고, 국가가 주관한 자격인증 시험에 응시하여 합격하면 자격을 받는 제도이다. 대표적으로 의사 직종이 있다. 두 번째는 국가가 인정한 전문가양성교육관에서 법적 절차에 따라 교육과 훈련을 받고 졸업 시 자격증을 취득하는 경우이다. 이 경우는 자격 취득을 위한 시험을 국가에서 별도로 부과하지 않는다. 교사 자격이 여기에 속한다. 세 번째는 다양한 공적, 사적 교육기관에서 일정한 교육을 받고 난 후 국가 혹은 협회에서 주최하는 이론과 실기시험에 응시하여 자격을 취득하는 경우이다. 각종 민간 자격들이 여기에 속한다. 바리스타, 한식 조리사, 제빵사 등등이 그것이다. 마지막은 일정한 교육을 받기만 하면 자격을 부여하는 경우이다. 이 경우는 교육 수료가 곧 자격 취득 자격이 된다.

이 네 유형의 자격 과정 앞의 세 자격 인증 방식은 모두 이론과 실습을 전문가 교육의 과정에서 활용한다. 이런 체제는 중세 도제교육이 추구했던 실습과 경험이라는 가치를 계승하고 있는 자격 인증 체제라고 할 수 있을 것이다.

도제들은 마스터－장인－들의 지도를 받으며 전문성을 갖추었다. 이런 도제들의 성장 과정을 하나의 교수학습과정으로 해석하는 이도 있다. 콜린스(A. Collins)는 도제들의 이상적 성장 모습을 근거로 인지적 도제학습이라는 학습 모형을 제시하였다. 인지적 도제학습은 6단계로 구성된다. 이를 도제 교육과 연계하여 설명하면 다음과 같다.

① 시범 보이기(modeling): 도제가 마스터가 작업하는 것을 보며 학습하거나, 마스터가 작업 시범을 보여서 도제가 기술을 숙련하게 하는 과정이다.

② 코칭(coaching): 마스터가 도제의 작업 상황을 지켜보며, 적절한 조언과 지도를 하는 단계이다. 격려, 일깨움 등을 할 수 있다.

③ 비계(scaffolding): 마스터가 도제에게 다소 어려운 과업을 부여하여 도제가 새로

운 시도를 통해 경험을 쌓고 성장하게 한다.

이 3단계는 마스터가 도제의 학습을 이끌고 나가는 단계들이라 할 수 있다. 하지만 이후의 단계는 점점 도제 스스로의 노력이 중요해진다. 그리고 이 과정이 사실상 도제의 전문가로서의 역량을 결정한다.

④ 연계(articulation): 도제가 자신이 습득한 지식, 기능, 이해, 태도, 사고 등을 종합하여 하나의 지식체계나 기술 체계를 만든다. 이제까지 배운 지식, 기능들이 도제의 내면에서 분류, 정리된다.

⑤ 반성(reflection): 도제가 자신이 수행하는 작업과정과 결과를 전문가인 마스터의 그것과 비교하여 문제를 찾거나 개선하는 활동을 한다.

⑥ 탐색(exploration): 도제가 자신이 습득한 지식과 기능, 태도를 자유자재로 사용할 수 있게 되어, 자기 나름의 작업 방식이나 작품을 만들어 낼 수 있게 된다.

이 ④, ⑤, ⑥의 단계는 도제가 자신만의 전문성을 갖주어 가는 학습의 과징에 초점을 둔 개념이다. 도제들은 스스로 ④ 연계를 통해 자신이 가진 전문지식들을 체계화하는 작업을 수행한다. 이 과정은 자신의 학습 성취를 정리하는 의미가 있다. ⑤는 자신의 전문 능력을 스스로 키워나가는 노력을 주체적으로 수행하는 것이다. 마스터의 지적에 의해 문제를 발견하는 것이 아니다. 스스로 자신의 작업 과정과 결과에서 문제를 찾아낸다. ⑥은 마스터로부터 배우지 않은 자기만의 고유한 작품과 성과를 만들어 내는 단계이다. 이제 그는 다른 마스터들과 어깨를 나란히 하는 전문가로서 자기만의 전문적 영역이나 능력을 갖추고 있다.

제 03 장 한국의 교육 전통

■ 이 장에서 다룰 질문들:
- 한국의 교육체제는 어떤 변화를 거쳤는가?
- 인재선발 시험인 과거제도가 가지는 의미는 무엇인가?
- 퇴계 이황이 시도한 대안적 교육 방향은 무엇인가?
- 유학교육과정은 어떤 특징을 가졌는가?
- 율곡 이이가 생각한 이상적 학습 방식은 어떤 것인가?
- 조선시대 사제관계에 담긴 군사부일체와 공의의 가치가 가진 의미는 무엇인가?

1. 한국 교육체제의 변천

한반도에서 교육은 오랜 역사를 가진다. 한반도에서도 원시적 삶을 살던 시대 이래로 다양한 교육제도와 방식 등이 활용되어 왔다. 이 장에서는 한반도에서 어떤 형태의 교육제도가 존재해 왔는지 살펴본다. 이 책의 다른 장들에서는 여기서 언급되는 교육제도나 교육조직과 학교에 대해 보다 구체적으로 다루었다. 그러나 특정 교육제도의 출현과 쇠퇴 과정을 살펴보는 것 역시 따로 필요하기에 이 장에서는 이런 변화에 주목하여 서술할 것이다.

인류가 신석기 농업혁명 후 농업사회로 진입한 후 사회체제에 많은 변화가 나타났다. 도구의 사용이 늘어나고 다수의 인간이 사회를 만들려는 경향도 강화되었다. 이런 경향은 가정이나 친인척을 넘어서는 사회 조직을 요구하였다. 이 시기 인류는 일종의 지역사회공동체(지역을 단위로 이해관계를 공유하는 인적 조직)를 만들어 가기 시작했다. 이제 더 이상 가정이나 부모와의 관계에만 한정되지 않고, 보다 많은 사람과 도움을 주고받아야 하는 상황이 생겨났던 것이다.

이전까지 인간의 성장은 가정에서, 개별적 경험에 주로 의존하였다. 가족 구성원으로서 살아가면서 필요한 지식, 기능, 태도 등을 갖추어 갔고, 이것으로 살아가는 데 충분하였다. 하지만 가족 단위를 넘어서는 새로운 사회 조직으로서 지역사회공동체의 출현은 그 이전보다 더 높은 수준의 경험과 성장을 요구하였다. 아 그래서 학교가 생겨났냐고? 아니다. 거의 다 왔지만 다른 제도가 먼저 존재했다.

그 제도는 바로 성인식이었다. 대부분의 문화권에는 성인식이 존재했었고, 지금도 남아있다. 이에 대해서는 이미 앞에서 살펴보았다. 성인식을 통해 개인들은 지역사회공동체 구성원으로서의 자격을 획득했다. 자격을 가진 이들에게는 당연히 권리와 의무도 발생하였다(요즘도 자격에는 권리와 의무가 반드시 따른다. 이를 "큰 힘에는 큰 책임이 따른다"고 표현하는 매체도 있다). 예를 들어 요즘도 의사자격을 가진 사람은 환자 치료에서의 재량권을 갖는다. 그러면서 더 큰 윤리적 책임을 진다. 이런 권리와 의무의 충실한 행사가 이루어지도록 지역사회공동체에서는 구성원을 학습시켜야 했다. 이에 사회의 구성원이 될 이들에게 배워야할 것을 가르치는 제도로서 성인식이 출현하였다.

성인식은 3단계로 구성되었는데, 분리－전이－통합의 단계가 그것이다. 분리의 단계는 사회의 구성원, 곧 성인이 되려는 이에게 이전에 가지고 있던 생활방식을 버리도록 요구하는 단계였다. 청소년기의 태도나 행위 방식, 생각 등을 버리고 새로운 것을 배울 준비를 하도록 하는 단계이다. 이어 전이는 이들에게 새로운 삶의 방식을 알려주는 단계이다. 여기에는 그 사회조직이 지향하는 다양한 가치관과 태도, 역사, 문화, 생존을 위한 기술 등이 포함되었다. 그리고 이 전이가 잘 이루어졌는지 확인하는 평가의 과정도 밟았다. 마지막 통합 단계는 이 모든 과정을 마친 이에게 성인의 자격을 주는 의식이었다. 이 의식을 통해 개인은 성인, 곧 그 사회의 정식 구성원이 되었음을 인정받았고, 그 사회 성인들이 누리는 권리와, 져야 할 책임을 부여받았다. 우리나라의 경우, 적어도 고조선 시대부터는 모종의 성인식이 있었을 것으로 보인다.[1] 이런 성인식이 한반도 대부분의 국가에서 매우 오랫동안, 적어도 2500년 이상 지속된 것으로 보인다. 그러다 변화를 맞이하게 된다. 그것은 바로 학교의 출현이었다.

한반도에서 학교의 출현은 둘로 구분해 논의할 필요가 있다. 하나는 느슨한 학교이다. 이 학교는 교수자와 학습자가 만나 학습하는 가장 기본적인 요소만 갖추고 있었다. 장소의 제한이 없으며 교수자와 학습자가 약속한 장소에서 만나 약속한 공간에서 약속한 내용을 학습하였다. 장소의 제한이 없을 뿐 아니라, 학교와 관련해 필요한

1) 앞에서 언급한 단군신화 내용 참조.

규정이나 제도가 특별히 정해져 있지 않다. 교수자와 학습자 두 사람의 계약 관계가 교육활동의 기반이 될 뿐이다. 요즈음으로 본다면 학원 교습이나 개인과외 교습과 비슷하다. 또 다른 학교는 공식적 제도와 건물, 조직을 갖춘 학교이다. 국가나 특정 단체가 건물을 마련하여 교사를 임명하고 체계적 규정과 제도에 따라 운영되며, 국가나 학교에서 공식적으로 지정한 교육과정을 운영한다.

성인식 이후 먼저 나타난 학교 형태는 느슨한 학교였다. 고구려와 신라 등에서 일부 교사들이 자신이 가진 전문지식을 가르치기 시작했다. 당시 교사 역할을 담당했던 인물들은 대체로 불교 승려나 환속한 사람이었을 것으로 짐작되지만, 불교 도입 이전에도 나름 학식 있는 이들이 교육을 했던 것으로 보인다. 이를 보여주는 사례들이 고구려의 을파소와 창조리, 신라의 설총과 강수, 백제의 고흥 등이다.

공식적 학교의 설립은 고구려와 신라에는 명확한 기록이 있다. 고구려는 372년 태학을, 신라는 682년 국학을 설립한 것으로 되어 있다. 다만 백제의 경우, 공식적 학교의 기록은 없지만, 박사라는 학교 교사에 대한 규정 및 언급이 있어 규모가 크지 않더라도 학교가 존재했을 것으로 보인다.

신라의 삼국통일 후 학교는 매우 체계적으로 운영되었다. 국가에서 학교의 책임자를 임명했고 교사들은 관직을 가진 이들이었다. 신라의 국학에서는 다양한 전문분야를 박사와 조교들이 가르쳤다. 정해진 교육과정이 있었고, 학생들은 교사의 평가 성적에 따라 관직에 임용되었다. 당시 중요한 학문 분야는 유학, 의학, 수학, 법률학, 외국어 등이었다.

고려에서도 공식적 학교 체제는 유지되었다. 고려에서는 서경인 평양에 학교를 세우고, 개경에도 국자감을 설립하였다. 국자감은 고려를 대표하는 학교로 발전했다. 이후 이름이 성균관으로 바뀌었다. 고려의 국자감도 신라와 마찬가지로 국가에서 운영을 책임졌고 관리들이 교사로서 역할을 했다. 가르치는 전문 분야도 유학과 의학, 법학, 천문학 등 다양하였다.

조선에 이르면 약간의 변화가 나타난다. 우선 성균관이 한양에 새로 설립되었다. 성균관은 이때부터 유학만 가르치는 학교가 되었다. 다른 전문 분야는 실무 관청에서 교육까지 담당하는 형태로 변화했다. 또한 지방에도 교육기관이 본격적으로 보급되었다. 지방교육기관인 향교는 이전에도 있었던 것으로 보인다(일부 기록들은 신라시대나 고려시대에도 주요 도시에 국가에서 운영한 학교가 있었던 것으로 보인다). 하지만 모든 행정 단위-군현-에 향교를 설립한 것은 조선시대였다. 조선은 규모에서의 차이는 있지만 군현 지역까지 향교를 설립하였다. 이를 통해 한양에 오지 않고도 학습할 수 있는 기반을 마련하였다.

한편 사적 교육 역시 고려 이후 확대되기 시작하였다. 고구려 시기 경당에 대한 기록은 이때에도 지역민이 만든 사적 교육시설이 존재했음을 보여준다. 한편 고려시대에도 경관이나 서사에 대한 기록이 있어 사적 교육이 청소년을 대상으로 이루어졌음을 알 수 있다. 경관과 서사의 경우 국가가 운영하거나 지원하는 것이 아니며, 지역사회에서 자율적으로 운영하던 느슨한 학교였던 것으로 짐작된다. 한반도의 전근대시기 국가들은 초등단계 교육에 특별히 관연하거나 지원하지 않았다. 국가는 엘리트를 대상으로 하는 15세 이상의 성인 대상 학교를 주로 지원하고 관리하였다.

또한 고려시대에는 사학 12도라 불리는 과거시험 대비를 돕는 사적 교육기관도 나타났다. 사학 12도는 전현직 관료들이 과거 응시를 준비하는 학생들을 가르치던 데에서 기원하였다. 사학 12도는 12개의 '도(徒)'라는 의미이다. 도는 무리, 학생들을 뜻하는 표현으로, 처음 12도는 특정 스승을 따르는 학생 집단을 가리키는 용어였다. 대표적 사학인 문헌공도의 경우 문헌공 최충이 과거 준비생들을 가르치던 교육조직이었다. 그러다가 시간이 지나면서 공식적 학교로서의 모습을 갖춘 경우였다.

조선시대의 경우는 서재와 서당 같은 비인가 사적 교육시설들이 조선 초부터 존재했다. 또한 조선 중기 이후에는 서원이라는 지역단위 사설 교육기관이 확산되었다. 서원은 지역 사회에서 자신들이 존경하는 인물을 제사하고 본받기(모범으로 삼아 배우기) 위해 설립한 교육기관으로서, 지역의 학습자들이 정기적으로 모여 학습하였다. 이를 강회라고 흔히 불렀다.

강회는 정기적으로 시행된 학습 모임이었다. 때로는 한 달에 1회, 때로는 보름에 1회, 때로는 10일에 한 번 모였다. 이들을 각각 월강, 삭망강, 순강이라 불렀다. 강회에는 학습하려는 자원자들만 모였고, 이들은 평소 공부한 내용을 지역의 선생들과 동료 학습자들에게 발표하고 의견을 듣고 평가를 받았다.

한편 조선후기 영조 대 이후에는 조현명 등 지방관들이 지역에서 훈장제를 시행함으로써, 교육저변을 넓혀 갔다. 조현명은 면훈장과 도훈장 등의 교사들을 지역 교육의 책임자로 임명하고, 이들을 통해 지역사회의 교육 여건을 개선하고자 하였다. 면훈장은 면단위 지역의 학생들의 교육을 책임지는 역할을 부여받았고, 도훈장은 면훈장 등의 교육자들을 통괄하고 학습자들을 교육하는 역할을 수행했다. 이에 따라, 지역의 일반학생들은 평소에는 자신의 부나 친족 중 학식 있는 사람에게 배우거나 서당에서 학습하다가, 정기적으로 면훈장에게 나아가 학업 상황을 평가받았다. 면훈장은 이 중 뛰어난 학생을 도훈장에게 추천하였고, 도훈장은 이들의 학업을 지도하고 점검하여 우수자를 포상하였다.

조현명의 이 정책은 교수활동과 평가 관리가 이원화된 구조라고 할 수 있다. 즉 교수활동을 통한 학습자의 성장은 민간에서 자율적으로 이루어지고, 공적 기구인 지방정부에서 학습 성취를 평가하고 필요한 지원을 하는 체제인 것이다. 교육 분야에서 공적 영역과 사적 영역 사이의 명확한 역할 분리 상황으로 해석할 수 있다.

19세기 후반 한국교육이 유럽식 교육 체제로 변화하면서 조선시대까지의 독자적 교육 형태는 사라졌다. 이후 한국교육은 정규 학교 중심의 초중고로 이어지는 3단계 학교 체제와, 졸업 인증 체제, 그리고 이에 기반한 학력(學歷, crendentialism) 사회로 이행하였다.

2. 공개경쟁 관리 선발시험: 과거제도

과거(科擧)는 전 세계 일부국가에서만, 곧 중국, 베트남, 우리나라에서 시행된 공무원 공개 경쟁시험 제도였다. 중국에서는 수나라 때, 한국에서는 고려 때 처음 시작했다. 신라시대에도 과거시험과 비슷한 독서삼품제가 있었지만, 이것은 공개 경쟁 시험 방식이 아니었다. 독서삼품제는 신라 국학에 재학 중인 학습자의 평소 독서 실적-요즘으로 보면 내신 성적-을 근거로 관직을 부여하는 제도였다.

고려 때부터 과거제도가 본격적으로 시행되면서, 관리가 되는 가장 대표적이면서 존경받는 방식이 과거에 합격하는 것이 되었다. 관리가 되는 데에 여러 경로가 있었지만 과거 합격이 가장 승진이 용이한 경로이기도 하였다. 고려시대의 과거시험에서는 문신관리를 선발하는 문과가 다른 분야에 비해 가장 높은 평가를 받았다. 문과합격자들이 다른 분야 합격자들보다 승진 등에서 더 유리하였다. 고려의 문과시험은 제술이라는 작문시험과 명경이라는 경전 암기와 이해를 평가하는 방식으로 실시되었다.

그러나 과거시험의 위상이 더 높아진 것은 조선 건국 이후였다. 조선 건국 후 고려시대까지 지속했던 귀족주의 관행들이 많이 사라졌기 때문이다. 물론 조선의 경우도 관직자의 자제를 특채하는 음서제가 여전히 남아있었지만, 고려에 비해 그 범위가 매우 줄어들었다. 이에 따라 조선시대 고위관직에 오르는 가장 중요한 경로는 과거시험이 되었다.

조선시대의 과거제도는 다회 평가 방식으로 진행되었다. 문과의 경우, 초시, 복시 전시의 3단계 시험을 통과해야 최종 합격을 인정받았다. 초시는 1차 시험으로 응시생이 자신이 거주하는 지역에서 시험을 치렀다. 초시는 지방에서 치러졌으므로 향시라고도 불렸다. 이렇게 초시에 합격한 이들이 치르는 시험이 2차인 복시였다. 복시는 수도인 한양에서 진행되었으므로 초시합격자들은 상경하여 시험을 치렀다. 복시 때는 지방의 초시, 곧 향시 합격자들을 한자리에 모았으므로 회시라고도 불렀다. 복시는 파종이 끝난 후인 늦봄에 치러지는 것이 관례였다. 조선의 기간 산업이 농업이었던 것만큼 농번기를 피해서 과거를 진행하려고 하였다. 그리고 2차 시험인 복시에 합격한 사람들은 다시, 임금 앞에서 시험을 치렀는데 이를 전시라고 하였다. 보통 문과 전시는 33명이 응시했고, 이들 모두 합격하였다. 다만, 33명은 전시 성적에 따라 최종 등수를 받았다. 등수는 장원이 포함된 갑과와 을과, 병과 등으로 부여되었다. 전시에서 좋은 성적을 거둔 합격생들은 같은 시기 합격한 동기들보다 더 높은 관직을 받았다. 만약 "춘향전"의 이몽룡이 과거에서 장원급제를 하지 못했다면, 암행어사가 바로 되지 못하고 관직을 몇 년 거치면서 승진해야 했을 것이다.

조선시대 과거시험의 방식은 대체로 제술이라고 불리는 글짓기 시험 방식을 채택했다. 초시와 복시, 전시 모두 글짓기 시험이 포함되었다. 그런데 복시의 경우는 제술 이외에 강경이라고 하여 경전에 대한 이해 정도를 구두 문답을 통해 확인하는 시험이 포함되었다. 강경시험은 응시생이 얼마나 유학 경전을 잘 이해하고 있는지 확인하려는 시험으로서 여러 명의 채점관이 1명의 응시생에게 무작위로 추첨한 문제를 출제하고 답변을 들었다. 이들 채점관의 성적을 합산하여 최종 성적을 결정했다. 강경은 조선사회가 성리학의 가치를 중시한 까닭에 성리학에 대한 이해가 높은 이를 관리로 선발해야 한다는 의식에 기초한 시험제도였다. 특히 조선 초 정도전을 비롯한 개국세력의 일부는 글을 잘 짓는 것보다 성리학의 이론과 가치에 투철한 사람이 관리로서 적임이라고 믿고 있었고, 그 결과물이 고려시대에는 중요하지 않게 여겨지던 강경의 위상을 강화하는 것으로 나타났던 것이다.

하지만 강경을 강화한 과거제도 시험 방식에 대해 조선 초부터 지속적으로 비판이 제기되었다. 특히 세종 때에는 강경보다 제술을 중시해야 한다는 주장이 제기되었다. 그 대표적 인물이 변계량이었다.

변계량은 1419년에 강경 시험 방식이 가진 문제를 지적하면서 강경에서 답변을 제대로 못하는 응시생들의 의욕 저하를 문제로 지적한다. “응시자들이 면전에서 강하다가 마치지 못하면, 부끄럽게 여겨 학문을 꺼리고 무과에 응하는 자가 많사오니, 이는 실로 국가의 학을 일으켜 선비를 만들어내는 취지에 어긋나는 일입니다”[2)]

그로부터 약 9년 뒤 변계량은 다시 강경 시험의 부당성을 주장하였다. 1428년 그의 주장을 보면, 당시 강경과 제술을 어떻게 이해하고 있었는지 알 수 있다. 변계량은 문과 시험에 강경을 부과하는 것이 잘못된 이유들을 지적한다. 그가 제시한 첫 번째 이유는 강경중심제도가 당시 학습단계와 어긋난다는 것이었다. “대개 사람들이 학문을 하는 데에는, 어려서는 기송(記誦)과 훈고(訓詁)를 익히고, 장성하여서는 제술(製述)을 배우고, 늙어서는 저서(著書: 책을 쓰는 것)하는 것이 그 범례(凡例)입니다.” 당시 학습 순서상 어려서는 경전 암기와 이해를 학습하고, 나이 들어서는 제술을 하는데, 당시 과거시험이 어린 사람들이 공부하는 내용을 평가해 관리 선발에 적절하지 않다는 것이다. 두 번째는 강경시험을 시행하는 기간이 한 달을 넘어간다는 것이다. 이에 따라 관리들이 이 기간 동안 다른 업무를 제대로 처리하지 못하는 것을 문제로 지적한다. 강경시험 진행에는 많은 인력이 필요했기 때문이었다. 세 번째는 시험에서 불공정 관행을 우려한다. “소위 어떤 사람에게는 이해하기 쉬운 글(文)을 시험하고, 어떤 사람에게는 통하기 어려운 뜻(義)을 시험하여, 사사로운 정의(情意)에 얽매여” 선발하게 된다는 것이다. 또 하나의 대표적 주장은 제술을 잘하려면 독서에 정통해야 하지만, 반대가 성립하지 않는다는 것이었다. 강경만 하자 오히려 성리학의 이치도 잘 모르고 글 짓는 실력도 떨어진다는 것이었다. 다른 주장은 제술 시험은 합격과 낙방의 결과가 드러나지 않지만, 강경에서는 얼굴과 마주보는 자리에서 낙방시켜 내쫓으니, 응시생들이 부끄러워하고 두려워하고 꺼려한다는 것이다. 마지막으로 다른 나라의 사례도 잊지 않고 근거로 제시한다. 명나라의 경우도 태조 때부터 제술을 시험 방식으로 채택하고 있다는 것이다.

이후 조선에서는 논란 끝에 문과 복시 초장의 강경은 유지하되, 이후의 과정에서 제술을 강조하는 체제가 지속되었다. 강경과 제술 모두를 중시하는 입장으로 바뀐 것이다. 강경이 복시 초장 시험에만 부과되었지만, 이 점수도 2차 합격에 영향을 줄 수밖에 없기에 복시 응시생들은 강경 시험 준비도 소홀하게 할 수 없었다.

과거시험 역시 부정행위로부터 자유로울 수는 없었다. 조선후기까지 다양한 형태의

2) 『세종실록』 3권, 세종 1년 2월 23일 무술.

부정행위가 보고되고 있다. 대리 시험, 시험관 매수 등이 적지 않았다. 그러나 조선정부는 원칙적으로 과거 응시에서의 부정행위에 대한 처벌을 시행하였다. 파방이라 하려 해당 시험 합격자를 모두 합격 취소하거나, 부정행위로 의심되는 이들은 추후 조사하여 처벌하기도 하였다. 또한 과거시험 1차 시험인 향시에서의 부정행위가 빈번하자, 2차 시험에서의 엄정한 관리에 집중하였다. 당시의 행정 체계에서 향시의 부정행위를 완벽하게 통제하지 못하는 상황이기에, 조정에서 직접 관리하는 2차 시험 이후의 단계에서 철저한 관리로 이행하는 정책을 선택한 것이다.[3] 그러나 과거 응시에서의 부정행위를 완전히 근절시키지는 못했다. 다만 여기서 이런 부정행위가 과거시험 본래의 취지, 곧 경쟁시험을 통해 관리를 선발한다는 원칙을 훼손할 수준이었는가는 생각해 볼 필요가 있다.

한편 과거시험 부정과 관련해 한 가지 더 주목할 것은 조선후기 과거시험장 소란 문제이다. 조선후기로 갈수록 시험장 소란이 적지 않게 일어났다. 시험장에서 응시생들 사이의 자리다툼이나 답안지 제출 시의 무질서 등이 조선왕조실록에도 언급될 정도이다. 이를 조선후기 응시생들의 도덕적 타락이나 윤리의 해체라고 볼 수도 있지만, 이를 과거 응시생 수의 급증의 결과로도 해석할 수 있다. 조선후기에 시험장에서 수용할 수 없는 수준으로 응시생 증가가 나타났다. 어떤 시험은 수만 명이 시험장에 몰려들기도 하였다. 이런 상황에서 과거시험을 공정하게 관리하기 쉽지 않을 것이다. 이에 조선정부는 1차 시험보다, 응시생 수가 적은 2차 시험의 관리를 더 엄격하게 하는 방법을 채택했던 것으로 보인다.

그러면 어떤 이유로 응시생 수가 증가했던 것일까? 조선후기 과거 응시생 증가 원인으로 조선후기 교육 저변의 확대를 들 수 있다. 조선전기에 비해, 조선후기에는 교육 수혜 인구가 늘어나고 있었고, 이런 교육 수혜 인구의 증가는 결국 과거 응시자 수의 증가 현상으로 나타났다는 것이다.

교육 수혜 인구의 증가가 과거 응시 인원 증가로 이어질 수 있었던 것은 원칙상 조선시대 과거시험은 범법자, 천민, 여성을 제외한 이들에게 응시 기회가 주어졌기 때문이었다. 양인이라 불리는 이들은 범죄 등의 금지 사항에 저촉되지 않는 한, 과거 응시 기회를 부여 받았다. 조선후기에 이들 교육받은 양인들의 응시 증가는 과거 시험장의 소란이나 부정으로 나타났을 것으로 짐작된다.

3) 박현순(2009), 「17세기 과거 관리의 정비-응시자 증가와 관련하여-」, 『조선시대사학보』 49집, 조선시대사학회.

양인 응시와 관직 진출에 대해 두 가지 입장이 있다. 하나는 양인들이 과거 응시 기회를 법적으로는 부여받았지만, 실제로는 눈에 보이지 않는 차별에 의해 관직 진출에 실패했다는 입장이다. 양인들은 과거 합격을 못하거나, 합격했음에도 관직을 부여받지 못했다는 생각이 여기에 속한다. 실제로 관직 임용 시 삼사(三司)의 동의를 받게 한 서경 제도는 이를 뒷받침한다. 그러나 서경은 청현직에만 적용되는 것이었던 데다가 조선후기에는 서얼도 청현직에 등용되게 되면서 사실상 이런 차별의 근거가 되기 어려웠다는 점도 고려해야 한다.

다른 한편 양인들은 대체로 가난해서, 오랜 기간 과거시험을 준비할 여유가 없었다는 지적이다. 과거 합격은 오랜 기간의 준비가 필요한 만큼, 가난한 양인들이 과거 응시를 감히 할 수 없었고, 응시하더라도 합격할 수 없었다는 것이다. 적절한 지적이지만, 고려할 것은 조선후기에 가면 부유한 양인들이 적지 않게 등장하며, 명문가의 자손들도 몰락하는 경우가 발생한다는 것이다. 부유한 양인, 가난한 명문가 자손 중 누가 과거 응시 준비에 유리할까? 과거 응시 준비를 위한 시간과 여유를 고려하면 조선시대에도 부유한 이들이 과거 응시에 유리했을 것은 틀림없을 것이다. 이 점에서 양인이어서 불리하고, 명문가 자손이라서 유리하다는 논리는 성립하기 힘들다 하겠다. 오히려 과거 합격의 관건은 응시생의 경제적 상황에 달려 있는 것으로 보는 것이 적절할 것이다.

과거시험은 매우 선진적 채용 제도이다. 대부분의 전근대사회에서 관리와 공직자를 알음알음으로 선발하거나 특정 가문이나 집안에서 세습했던 것에 비하면, 공개경쟁 시험 방식의 선발은 매우 진보한 것이라 하겠다. 공개경쟁 시험을 통한 선발은 최근에는 적지 않은 국가에서 채택하는 선발 방식이 되었지만, 전근대 시기 상황은 전혀 그렇지 않았다. 이 점에서 과거제도는 시행 과정의 많은 문제들에도 불구하고 여전히 역사적 가치가 있는 제도로 평가할 수 있다.

3. 퇴계의 서원 보급 운동

퇴계 이황(李滉, 1501~1570)은 율곡 이이와 함께 조선을 대표하는 유학자이다. 그러나 퇴계를 서술하면서 단순히 유학자로만 표현하는 것은 부적절하다. 퇴계는 지금으로 본다면 교육운동가나 교사로서의 면모도 가지고 있기 때문이다. 우선 퇴계의 생애를 간단히 살펴보자.

퇴계는 경상북도 안동시 도산면 온혜리에서 이식(李埴)의 막내아들로 태어났다. 어려서는 작은아버지 이우(李堣)에게 『논어』를 배웠고, 14세경부터 혼자 독서하기를 좋아했다고 한다. 퇴계를 보통 사람과 다른 비범한 천재라고 생각할 필요는 없다. 대체로 조선시대 문집에 실린 생애 기록에는 과장된 부분이 적지 않기 때문이다. 어려서 독서를 통해 학문적으로 성장했다는 서술은 많은 유학자들의 생애기록에 나오는 표현이다.

퇴계는 1528년(중종 23년) 진사시험에 급제하였다. 그리고 1533년 성균관에 들어가 김인후(金麟厚)와 교유하였다. 1534년에는 문과에 급제하여 관직 생활을 시작했다. 이후 성균관사성, 단양군수, 풍기군수를 역임했다. 풍기군수 재임 중 전임 군수 주세붕(周世鵬)이 창설한 백운동서원에 편액(扁額)·서적(書籍)·학전(學田)을 하사할 것을 경상감사를 통해 조정에 청원하였다. 백운동서원은 주세붕이 고려 말기 주자학자인 안향(安珦)이 공부하던 땅에 그를 기념하여 세운 서원이었다. 조정에서는 백운동서원을 사액(賜額)하였는 데, 사액한 이름이 소수서원(紹修書院)이다.

1560년 퇴계는 관직에서 물러나 도산서당(陶山書堂)을 짓고 아호를 '도옹(陶翁)'이라 정했다. 이로부터 7년간 도산서당에서 생활하면서 독서·수양·저술에 전념하는 한편, 많은 제자들을 길러냈다. 이때 그가 길러낸 제자들은 이후 경상도 지역을 대표하는 학자들로 성장하였다.

앞에서 퇴계를 교육운동가라는 표현을 썼다. 어떤 이유로 그를 교육운동가라고 부를 수 있을까? 퇴계는 서원(書院)을 통해 새로운 교육을 꿈꾸었다. 최초의 서원을 설립한 사람은 주세붕이지만, 이를 독특한 교육시설로 발전시킨 인물은 퇴계 이황이었다.

퇴계가 새로운 교육에 대한 관심을 갖게 된 것은 그의 관직 생활 중의 경험의 영향이 큰 것으로 보인다. 퇴계는 성균관에서 수학한 경험이 있을 뿐 아니라, 성균관사성 등을 지낸 적이 있어서 당시 성균관과 사부학당(사부학당은 서울의 네 곳 있던 100명 정원의 국가교육기관이다. 사학이라고 줄여서 부르기도 한다)의 교육 상황을 잘 알고 있었다. 퇴계는 관직 재임 중 당시 한양의 공교육기관인 사학(四學) 등을 둘러보고 학생들의 학업 태도 등에 매우 실망하였다. 그가 보기에 당시 관립 교육기관들은 제대로 된 교육을 하지 못하고 있었고, 이는 학생들의 학업태도에서 그대로 드러났다.

다음 글 「유사학사생문」(사학의 스승과 학생들을 타이르는 글이라는 의미이다)에는 퇴계의 사부학당 교육과 학습에 대한 소감이 담겨 있다.

> 스승과 제자 사이에는 마땅히 예의로써 서로 솔선하여 스승은 위엄으로, 제자는 공경으로써 각각 그 도리에 충실해야 한다. (중략) 근래 유생들이 스승 보기를 길 가는 사람 보듯 하고, 학교 보기를 주막집 보듯 한다. (중략) 학교에 스승이 들어오면 가르침을 청하기는 고사하고, 길게 누워서 흘겨보고 나오지도 않으며, 그 까닭을 물으면 공공연하게 "예복이 없습니다"라고 대답한다. 스승이 이를 바로잡으려 하면 이를 기이하게 여겨 무리 지어 욕하고 학교를 떠나며 "스승이 우리를 지나치게 간섭하니 견딜 수 없다"고 한다.

이 충격적 기록(조선시대처럼 윤리적 가치를 중시하는 사회에서 학생들이 웃어른인 스승에게 이런 행동을 한다는 게 믿을 수 없을 정도이기에 충격적이라고 표현했다)은 당시 퇴계가 느낀 감정이 무엇인지 짐작하게 한다. 퇴계는 당시 관학인 성균관과 사학이 교육기관으로서의 기능을 상실했다고 보았음에 틀림없다.

퇴계는 당시의 성균관, 사학 그리고 향교를 대신할 수 있는 교육제도와 교육을 고민하였다. 그 과정에서 그가 주목한 것이 바로 서원이었다. 서원은 성리학을 집대성한 주희(朱熹, 1130~1200)도 제자들을 교육하던 공간이기도 하였다. 주희는 백록동서원(白鹿洞書院)에서 학생들을 가르쳤다. 특히 주희는 백록동서원에 찾아온 당시의 석학 육구연(陸九淵, 1139~1193)에게 강의를 부탁한 일화가 있는 곳이기도 하다. 이때 육구연은 백록동서원학생들에게 "군자는 의리에 밝고 소인은 이익에 밝다(君子喩於義小人喩於利)"라는 『논어』 「이인(里仁)」편의 구절을 가지고 강연을 했다. 이 강의를 들은 학생들은 자신의 학문하는 태도를 반성하며 눈물을 흘렸다고 한다.

조선 서원의 교육 방식은 당시의 성균관과는 달랐다. 성균관은 기본적으로 학생들이 기숙하면서 학습하는 곳이었다. 그리고 매일 성균관의 일과를 따라가며 학습하는 곳이었다. 그런데 서원은 매일 수업하는 전일제 교육이 아니라, 주기적 교육 방식을 선택하였다. 주기적 교육방식이란 지정된 날짜에만 학교에 와서 공부하는 방식을 가리킨다. 서원의 학생(원생이라고 부른다)들은 서원이 정한 날에 서원에 와서 학습했다. 서원은 대체로 여러 상황을 고려하여, 월강(月講), 삭망강(朔望講), 순강(旬講) 등으로 운영하였다. 월강은 원생들을 한 달에 한 번, 삭망강은 15일에 한 번, 순강은 열흘에 한 번 공부 모임을 가졌다.

이처럼 매일 모여서 학습하는 것이 아니라, 지정된 날에 모여 공부하는 방식은 주희가 수정한 향약 규정에 나타난 방식이었다. 주희는 「여씨남전향약」을 수정하면서, 향약구성원들에게 매달 초하루에 한 자리에 모여 한 달간의 행동을 반성하고 성찰하게 하였다. 그리고 이때 구성원들이 배워야 할 것들을 가르치도록 한 적 있다. 퇴계의 강회 방식은 이런 향약을 참고한 것으로 짐작된다.

강회나 회강은 학생들을 모아 학생들이 이전 강회나 회강모임 이후, 경전을 학습한 내용에 대해 발표하면, 이에 대해 참석자들의 의견을 듣는 형태로 이루어졌다. 이 모임에는 서원에서 초청한 지역의 유명 유학자들이 강장(講長)과 청강으로서 지도를 맡고, 참석 학생들도 상호 간에 의견과 질문을 내는 형식으로 진행되었다.

이런 회강과 강회 절차는 자세하게 전해온다. 화서 이항로의 경우 자신이 제자들과 수행한 강회 절차를 기록으로 남겼다. 이항로는 조선후기 성리학자로서, 최익현, 김평묵, 유중교 등 당시 영향력 있는 성리학자들을 길러냈다. 화서 이항로는 제자들과 강회를 하면서 학생들을 가르쳤는데 그 절차는 다음과 같다.

- 진설(陳設): 회강하는 공간에 미리 방석과 책상을 배치하여 회강을 준비하는 순서이다. 현재로 보면 강의실 자리 정리나 강의 준비 단계에 해당한다.
- 취립(就立): 학생과 강장, 청강 등이 자기 자리를 찾아 앉아 회강을 준비하는 순서이다. 자리 배치는 작은 1인 책상을 가운데 두고 이를 둘러싸고 앉는 방식이다.
- 배강(背講): 학생이 자신이 공부한 경전을 발표하는 절차이다. 배강의 경우는 공부한 내용을 암송한 후 자신이 터득한 내용을 발표하는 절차였다 이에 대해 강장을 비롯한 선생님들과 동료들은 의견을 내거나 질문을 하였다.
- 면강(面講): 학생이 발표를 한다는 점은 배강과 동일하다. 차이가 있다면, 공부한 책을 펴 놓고 읽으면서 발표한다는 점 정도이다. 발표한 내용에 대해 강장과 동료들이 의견과 질문을 하는 것은 배강과 동일하다.
- 행다(行茶): 보통 오후 4시경에 진행하였다고 한다. 아침 7시쯤 회강을 시작하므로 제법 시간이 많이 흐른 뒤이다. 스승과 학생들이 서원에서 준비한 차와 떡 등을 먹는다.
- 행상(行賞): 평가단계이다. 이날 회강에서 우수한 강을 한 사람에게 상을 주는 절차였다. 대체로 필기구나 문구류를 선물로 주었다. 상만 준 것이 아니다. 이날 발표가 충실하지 않은 이들에게는 벌을 부과했는데. 대표적인 벌은 초달, 곧 회초리 치기였다. 회강 참석자들이 대부분 성인이므로 회초리 치기는 일종의 불명예라는 점에서 벌로 부과된 것으로 보인다.

- 독계(讀戒): 학생 중 1명을 선정해 서원에서 정한 규정을 학생과 스승 앞에서 낭독하게 하는 절차였다. 이런 낭독 절차는 지금으로 보면, 체육대회 등에서 하는 선수 선서와 비슷한 의미를 가진 절차라고 할 수 있다. 독계에서 읽는 서원 규정은 서원에서 지켜야 할 내용도 포함되어 있지만, 평소 생활 중 지켜야 할 내용(주로 효도, 형제간의 친애, 마을사람들과 잘 지내기 등)이었다. 학생들이 대부분의 시간을 서원이 아닌, 자기 집에서 보냈기 때문이었다.
- 파강(罷講): 파강은 마지막 단계로서, 회강의 종료를 강장이 선언하는 절차였다. 이후 학생 대표가 이날 모임에 참석하지 않은 학생에게 편지 등으로 결석 이유를 확인하고 다음 모임에 꼭 참여하도록 독려하였다.

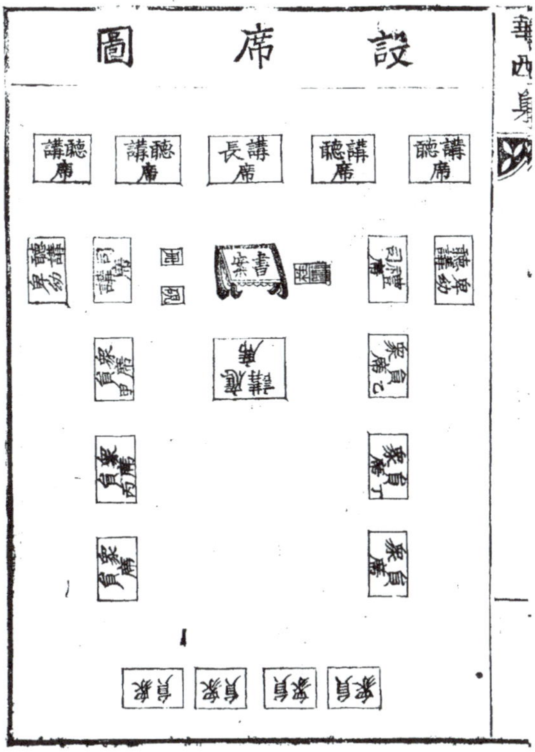

그림: 여숙강규 중 설석도

서원의 강회 방식은 평소의 학습은 개개인이 자신의 삶의 장소에서 진행하고, 정기적으로 모여 학업을 점검 받는 방식의 교육 방법이었다. 이 방법은 개인이 개인 영역과 장에서 학습하고, 그 학습 결과를 공동체가 평가하고 점검하여 지원하는 형식이었다. 이 방법은 학습은 개인이 자유롭게 하되, 이 학습이 장애에 마주하거나 격려가 필요할 때 공동체 구성원들이 도움을 수는 방식으로 해석할 수 있다.

퇴계가 이처럼 강회와 회강이라는 교육방식의 확산을 위해 적극 후원했던 서원은 이후 놀라운 성공을 거두었다. 조선후기에 약 600여 개 이상의 서원이 운영될 정도였다. 이 서원의 수는 당시 조선의 향교가 약 320여 개 정도인 것과 비교하면 놀라운 수준이다.

퇴계 이황과 그의 제자들의 노력으로 역동서원 등 수많은 서원들이 전국적으로 보급되었고, 국가에서는 이들 서원에 대해 지원하였다. 국가에서는 사액이라 하여 서원에 서원 이름이 적힌 현판을 하사하는 한편, 토지, 노비, 서적을 하사하여 운영을 지원하였다. 서원은 사설의 교육시설이었지만, 국가에서 일정한 교육비 지원을 받은 것이라 할 수 있다. 이후 숙종 대부터 재정 지원의 어려움이 가중되어 서원의 설립을 국가에서 제한하기 시작하였고, 고종 대에는 전국에 유명 서원 및 사우 47개소만을 남기고 훼철을 단행하였다.

4. 유학교육과정의 특징

특정시대 교육과정에는 그 시대 바람직한 삶에 대한 생각과 이를 달성하는 데 필요한 것들, 그리고 이를 실현하는 방법에 대한 당대인들의 판단이 담겨 있다. 서유럽과 다른 맥락에서 교육을 고민했던 우리 전통사회에서도 나름의 교육과정에 대한 체계가 만들어지고 있었다. 이들 역시 바람직한 삶과 인간의 모습, 그리고 그런 인간이 되는 데 필요하다고 보는 내용과 실현 방법들에 대한 고민이 담겨 있었다. 이 글에서는 우리나라 전통사회의 교육 중 세속사회에서 오랜 기간 중요한 위치를 차지하고 있던 유학 교육과정에 대해 살펴본다.

유학은 중국 고대 공자에 의해 정립된 사상 체계이다. 나는 종교적 의미를 부각한 유교라는 표현보다, 사상으로서의 측면을 강조하는 유학 혹은 유가라는 표현을 선호한다. 유학 사상에 종교적 요소가 없지 않지만, 오늘날 일반적으로 생각하는 종교개념과는 매우 거리가 있다. 예를 들어 신적 존재에 대한 개념이 약하며, 죽음 이후의 세계에 대해서는 전혀 다루지 않는다. 또한 이런 유사신들 조차도 사실은 자신의 혈연적 조상에 불과하다. 또한 그들의 힘이나 영향력은 그리스도교나 이슬람교의 신적 존재에 비하면 매우 약하다.

나는 2000년대 초반 한국국학진흥원에서 주최한 유학사상대계 발간을 위한 학술대회에 참석한 적 있다. 이 학술대회는 유학사상대계를 집필하는 연구자들이 연구서 발간을 지역민들(국학진흥원은 안동에 위치해 있는데, 안동이라는 독특한 지역 분위기를 상상해 보면서 읽어가면 좋겠다)에게 직접 알리는 의미도 있었다. 당일 모임에는 일반학술대회와 달리 안동지역의 많은 어르신(?)들도 참석하였다. 그런데 이날 작은 소동이 있었다. 종교학 분야 연구자의 발표 중 유학은 종교가 아니라는 요지의 발언이 있었다. 그러자 행사에 참석한 일부 어르신들 사이에서 소란이 있었다. 이 분들은 유학이 종교가 아니라는 해당 연구자의 발언을 받아들이기 어려웠던 것으로 보인다. 내 기억에 종교학 분야 연구자였던 이 연구자는 종교로 분류하는 기준을 설명하고, 그 기준에 비추어 보면 유학은 종교적 성격이 약하다는 식으로 자기주장의 수위를 낮추었다. 하지만 반발하시던 어르신들이 만족하셨는지는 의문이다.

나는 그 연구자의 의견이 타당하다고 본다. 그러면서도 당시 지역민들이 느꼈던 혼란도 이해가 된다. 이분들에게 유학 사상은 각종 제사활동(주로 조상숭배 활동)의 이념적 기반이었기 때문이다. 그러나 유학은 한국사회에 소개된 후 종교적 역할도 했지만 교육 면에서도 지대한 영향을 미쳤다.

유학이 한국사회에 수입된 것은 삼국시대 초기였던 것으로 생각된다. 고구려, 백제, 신라 모두 중국과 교류하고 있었고, 당시 중국은 유학사상이 정치사상의 하나로 자리 잡고 있었다.

삼국시대 한반도의 각 국들이 학교 제도나 중국식 법령 체제를 만들기 전에 유학사상을 수용했던 것이라고 하는 학자들이 적지 않다. 한반도가 지역적으로 중국에 근접한데다가 한자 사용이 매우 일찍 이루어졌기 때문이다. 한자 수용과 더불어 유학도 수용된 것으로 짐작된다.

유학이 공식적 교육과정이 된 것은 삼국시대 신라의 국학에서였다. 신라의 국학에서 유학 경전들을 주요 교과서로 활용하기 시작했다. 당시에 널린 익힌 책은 『논어』와 『효경』 그리고 『시경』, 『서경』, 『주역』 등이었다. 이 책들은 고려시대에도 학교에서 교과서로 활용되었다. 고려의 국학(국자감)에서도 유학 경전류의 학습은 『논어』와 오경 등이 교육과정의 중심이 되었다.

고려 후기에 유학 교육과정에서 변화가 나타났다. 당시 중국에서는 성리학 운동이 활발해지면서, 사서가 유학의 핵심 교과서로 부상하였다. 사서는 공자의 말과 행적을 실은 『논어』와, 다른 유학 저작인 『대학』, 『맹자』, 『중용』의 책들을 묶어서 부르는 표현이었다. 사서는 인간을 본성, 올바른 삶의 방식, 우주의 원리 등에 초점을 두는 책들이었다. 이 사서 중심 교육과정은 고려 후반 우리나라에도 하나의 관행으로 자리 잡았다. 물론 사서 중심의 교육과정이 정착했다고 해서 기존의 오경 등이 더 이상 학습 내용이 되지 않은 것은 아니었다. 중요한 정도가 오경에서 사서로 옮겨졌을 뿐이다.

한편 사서 중심 교육과정 체계 내에서도 이를 보완하기 위한 교재들이 추가되었다. 사서를 학습하기 전에 읽어야 할 『소학』, 『근사록』 등이 필수 학습서로 자리 잡았다. 또한 우리나라 사람들이 직접 집필한 교재류도 사서 이전에 학습하는 서적으로 활용되었다. 『격몽요결』, 『동몽선습』, 『유합』 등이 그것이다. 사서에 기반한 유학교육과정은 조선시대에도 그대로 유지되었다. 특히 조선시대에는 국가에서 운영하는 교육기관에서만이 아닌, 민간 교육 기관이나 시설에서도 사서 중심의 교육과정이 활용되었다. 특히 조선후기에는 서당에서조차 이 교육과정이 활용되었다는 것은 주목할 부분이다. 상위 계층이나 지위에 있는 이들이 아닌 이들도 유학교육과정을 이수하게 된 것이다. 이후 유학교육과정은 현대 사회의 시작 전까지 관습적 교육과정으로 자리매김하였다.

유학교육과정에서 추구하는 인간에 대한 가정은 성인(Sage)이다. 성인은 다양한 측면을 갖는다. 현명한 사람이라는 의미, 창조적인 사람, 훌륭한 인격을 갖춘 사람 등으로 규정할 수 있다. 고대 인물인 주공(周公)처럼 제도나 전통에 대한 이해가 높은 이일 수도 있고, 요순임금처럼 덕을 정치에 실현한 인물일 수도 있고, 홍수를 잘 관리했던 우임금처럼 통치에서 현명함을 발휘한 사람일 수 있다.

그렇지만 유학에서 성인의 기준에 가장 부합하는 인물은 공자이다. 공자는 당연하지만 다양한 측면을 갖는다. 저술가이자, 시인이며, 교육자였다. 또한 정치가이며, 과거의 문화를 연구한 학자이기도 하다. 물론 그가 도덕성을 강조한 인물인 것도 틀림이 없다. 성인이라는 목표가 가진 이런 다양한 측면들을 고려하면 유학에서 추구하는 교육을 실현한다는 것은 매우 어려운 일이다.

성인이라는 달성하기 어려운 목표를 설정했지만, 그렇다고 교육을 받아야할 사람을 탁월한 이들로만 설정하지 않았다. 이런 태도는 공자와 맹자의 입장 모두에서 드러난다. 공자는 성상근 습상원(性相近習相遠)이라는 말과 유교무류(有教無類)라는 표현을 통해, 선천적 자질인 성(性)보다 노력의 결과인 학습을 강조했다. 유교무류는 공자가 제자를 받을 때 그의 신분이나 지위를 보고하지 않았다는 의미이다. 유교의 창안자라 할 수 있는 공자는 교육 기회에 대해 개방적 입장을 취하고 있었던 것이다.

이런 태도는 공자의 계승자인 맹자에게서도 나타난다. 맹자는 누구에게나 선한 본성인 사단(四端)이 있다는 점을 주장하고 교육은 바로 이 사단을 확충하는, 넓히고 채우는 것으로 규정한다. 맹자가 강조한 사단은 측은지심(惻隱之心)・수오지심(羞惡之心)・사양지심(辭讓之心)・시비지심(是非之心)으로서 인(仁)의(義)예(禮)지(智)의 근거였다.

유학의 창립자라 할 수 있는 공자와 맹자가 교육 기회에서 매우 개방적인 입장을 취하고, 성인을 교육 목표로 설정했던 전통은 새로운 유학을 주장한 송나라 때의 주희에게도 드러났다. 공자 사후 천년 후 인물인 주희 역시 교육의 목표를 성인으로 설정하였다. 주희는 송대까지 유학자들의 학문적 성취를 정리하여, 성리학 혹은 신유학의 학문체계를 마련하였다. 주희에게 성인이란 이미 정해져 있었다. 그리고 이런 성인들을 목표로 성장하는 활동이 학습이고, 이런 학습을 도와주는 것이 교육이었다.

모든 아동이 성인이 될 수 있는 기초, 기반을 갖추고 있다는 것을 주희 역시 동의하였다. 주희는 공자의 성상근이라는 관념과 맹자의 사단설을 계승하여 인간의 본성에 주목한다. 그리고 이런 본성은 누구에게나 있으며 이를 충분히 기른다면 성인인 될 수 있다고 주장하였다. 물론 여기에 여성이 포함되는지는 논란으로 남는다. 하지만 원칙 수준의 논의에서 주희는 누구나 성인이 될 수 있는 기초가 있다는 것을 형이상학적 전제로 받아들인다.

이런 관점은 일견 루소류의 자연주의자들이 가졌던 아동관이나 인간관과 유사해 보인다. 다만 주희는 루소가 했던 소극적 개입 대신 적극적 교육에도 동의하는 편이다. 주희는 아동들이 적절한 성장을 할 수 있도록 하기 위한 교육적 노력(여기서는 타인을 변화시킨다는 의미의 교육이다)을 긍정한다.

성리학의 교육관이 아동의 선한 본성을 실현하는 것으로 보는 까닭에, 교육의 원리도 크게 두 가지 원칙으로 구분된다. 하나는 선한 본성을 확충, 즉 확대, 유지, 강화의 원칙이다. 이것은 선한 본성을 키워감으로써 그것이 학습자의 마음에서 우위를 점하게 하는 것이다. 다른 하나는 이런 선한 본성의 실현을 방해하는 외적 영향의 제거이다. 루소가 이를 공간의 분리(학습자를 외부나 사회와 분리하는 원칙)로 추구했다면, 주희는 이를 내적 수양 행위로 접근한다. 학습자가 스스로 자신의 마음을 성찰하여 나쁜 마음을 끊임없이 제거해 나가는 것이 그것이다. 이런 점에서 명상이나 정좌 같은 행위가 학습의 방법이 된다.

이를 성리학자들은 존양성찰(存養省察)이나 존천리거인욕(存天理去人欲)이라고 표현했다. 존양(存養)은 본래 선한 마음을 잃어버리지 않도록 보존하는 것이며, 성찰(省察)은 나쁜 마음이 들어서지 않도록 살피는 것을 뜻한다. 주희는 존양성찰의 실현을 위해 거경居敬과 독서를 강조하였다. 거경은 경의 상태에 머문다는 의미로서, 마음을 항상 바르게 가지는 노력을 하는 것이다. 유학자들은 경의 상태를 유지함으로써 마음을 바르게 유지할 수 있다고 믿었다. 이를 경이직내(敬以直內)라고 한다. 거경은 어떻게 하는 것인가. 간단히 말해, 몸을 바르게 하는 것, 몸가짐과 행동을 조심하는 것이다. 앉을 때 무릎을 꿇고 앉고, 허리를 꼿꼿하게 펴는 것 등등이 있다.

그런데 존양성찰을 하기 위해 경의 상태를 유지해야 하지만, 덧붙여 배워야 할 내용이 있었다. 그것은 사서를 비롯한 경전이었다. 이런 경전 공부는 왜 중요했을까? 경전 공부의 의미는 무엇인가?

이에 대한 주희의 설명이 있다. 이는 『중용』의 첫 번째 장에 표현되어 있다. 천명지위성(天命之謂性), 솔성지위도(率性之謂道), 수도지위교(修道之謂教)가 그것이다. 주희는 이 내용이 경전과 교육 혹은 학습의 관계를 보여준다고 주장한다. 먼저 천명지위성을 직역하면 '하늘이 명령한 것을 성이라 한다'이다. 이것은 인간이 하늘로부터 선한 본성을 태어날 때 받았다는 것을 의미한다. 솔성은 직역하면 '본성을 따른 것을 도라 한다'이다. 이것은 타고난 선한 본성을 따르는 것이 도, 곧 도덕적 원리라는 의미이다. 수도는 직역하면 '도를 자세하게 구분한 것이 교라 한다'이다. 교란 도덕적 원리를 자세하게 쪼개어 분류하고 체계화한 것이라는 의미이다. 주희는 이 교를 예악형정(禮樂刑政) 같은 종류를 말한다고 이야기하였다.

여기서 주희가 이야기한 교, 예악형정, 도덕적 원리를 쪼갠 것들은 사서를 비롯한 유학경전에 포함되어 있다. 그 대표적인 사례가 예이다. 주희는 예에는 인간의 본성이 담겨 있다고 본다. 성인들이 인간 본성을 자세하게 구분하여 예로 만들어 두었기 때문이다. 이 점에서 인간의 본성은 예를 통해 표현되며, 예의 수행은 인간의 본성을 복원할 수 있다.[4)]

결국 유학 교육과정 중 성리학 교육과정은 결국 인간 본성의 회복을 목표로 한 교육과정이면서, 인간 본성에서 유래한 교육내용을 학습함으로써 본성의 실현에 이를 수 있다는 논리를 가진 교육과정이다. 즉 인간의 본성에서 유래한 예악형정을 학습함으로써 결국 예악형정의 원천이 되는 본성으로 되돌아간다는 것이다. 이는 보편적 인간 본성에서 유래한 것을 통해 개별 인간의 본성을 실현하려는 논리 체계라고 할 수 있다.

4) 이 부분을 더 자세하게 이해하고 싶은 독자는 한상인 박사의 "『중용(中庸)』 수도지교(修道之教)에 대한 주희(朱熹)의 이해 변화 연구"를 읽어보기 바란다.

5. 율곡 이이의 자기주도학습

학습자들이 스스로 학습에 대한 동기를 갖고, 필요한 자료를 찾고, 적절한 교사의 도움을 받으며, 성장을 이루는 것은 이상적 학습의 모습이다. 이런 학습 양상을 개념화한 것이 바로 자기주도적 학습이다. 자기주도적 학습은 1960년대 성인 대상 교육학에서 학문적으로 주목받기 시작한 개념이다. 대체로 자기 스스로를 가르친다는 의미의 자기 교수, 혼자서 학습한다는 독학, 자기선도학습, 자율 연구 등 여러 개념으로 혼용되어 사용되었다. 그러다가 1970년대 놀즈(Knowles)에 의해 '타인의 조력 여부와는 관계없이, 학습자가 스스로 자신의 학습욕구를 진단하고, 학습목표를 설정하며, 학습에 필요한 인적. 물적 자원을 확보하고, 적합한 학습전략을 선택 · 실행할 뿐만 아니라 자신이 성취한 학습결과를 평가하는 데에도 주도권을 갖는 과정'으로 정의되었다.[5)]

한편 개리슨(Garrison, 1997)은 자기주도적 학습을 자기관리, 자기모니터링, 동기적 차원-자발적 동기의 설정- 등 세 가지 차원으로 개념화하면서, 자기모니터링에 메타인지적 과정을 포함시켰다.[6)] 메타인지는 자기 사고에 관한 사고, 자기 인지의 반성, 자기 인지에 관한 지식으로 정의된다. 즉 지적 활동 과정에 자신의 인지 과정을 스스로 의식하고 조정하는 것을 의미하는 개념으로 볼 수 있다.[7)]

자기주도학습과 그 근간을 이루는 메타인지, 곧 자기학습에 대한 성찰은 이상적 교육상황을 보여주는 것이다. 학습자가 스스로 문제를 발견하고, 문제 해결 방법을 찾으며, 성장하는 모습은 대부분의 부모와 교사가 바라는 학습 상황이다. 우리가 흔히 떠올리는 모범적 학생의 모습은 여기에 가깝다.

실제로 이런 방식의 학습에 대해서, 과거의 사람들도 그 가치를 인정하고 있었다. 이런 태도는 비단 유럽에서만 있었던 것이 아니며, 과거 우리나라에도 이런 식의 교육을 가치 있는 교육이라고 믿는 이들이 있었다. 그 대표적 인물이 바로 율곡 이이(李珥: 1536-1584)이다.

---

5) Knowles, M. (1975), *Self-directed learning: A guide for learners and teachers,* Chicago: Follett Pub. Co.

6) Garrison, D. R. (1997), *Self-directed learning: Toward a comprehensive model, Adult Education Quarterly* 48(1), 18-26쪽.

7) 이지혜, 이재신(2009), 「영재들의 메타인지와 자기주도적 학습능력 간의 관계: 자기결정성 학습동기의 매개효과」, 『중등교육연구』 57(1), 89-114쪽.

율곡 이이는 유학자답게, 인간의 성장과 윤리성 회복에 관심이 많았다. 율곡은 학습의 이상적 모습과 방식에 관심을 기울였다. 그는 기본적으로 학습과 성장에 대한 생각을 공자나 주희의 사상을 근거로 했지만, 나름 자기만의 사유 방식을 발전시켰다. 율곡은 성리학 공부의 원칙을 명확하게 정립하고 실질적 지침을 제시하였다. 율곡의 공부론에 함축된 학습자의 공부 자세와, 공부 과정에서 자기주도성의 측면은 아래와 같이 요약할 수 있다.

율곡에 따르면, 성리학 공부는 성인이 되는 것을 목표로 하는 성인지학(聖人之學)이면서 동시에 자신의 도덕적 성장이 목표인 위기지학(爲己之學)이다. 그는 공부의 목표를 학습자의 흥미나 실제적 유용성에서 찾지 않는다. 공부의 목표는 성인이 되는 것 외에 다른 것을 추구하는 것이 아니다. 그리고 성인이 되는 것은 자신의 가능성-이것을 유학자들은 사단 혹은 성이라고 불렀다-을 확충하는, 즉 넓히고 채우는 것을 통해 가능하다. 이 점에서 성인이 되려는 학습의 과정은 곧 자신의 본성을 실현하여 나가는 위기지학의 방법을 통해 가능해진다.

위기지학은 현대 교육학의 용어로 본다면, 내적 동기에 의한 학습 태도에 가깝다. 타인의 평가나 사회에서 중시하는 것을 추종하여 학습하는 것이 아니라, 자신에게 중요한 것이 가치 있기 때문에 학습하는 자세를 의미한다.

이런 위기지학을 하기 위해서는 먼저 자기 자신의 공부 목표를 설정하는 것이 필요하다. 이것이 율곡에 의하면 공부의 시작점, 곧 입지(立志)이다. 입지는 뜻을 세운다는 의미로, 학습자가 자신의 공부 목표와 이유를 설정하는 것이다. 입지할 때, 율곡은 개인이 과거합격이나 출세로 입지하기보다, 자신의 도덕적 성장에 초점을 둘 것을 요구한다. 이것은 곧 성인되기를 목표로 한 공부이다. 성인이 되겠다. 공자를 본받겠다는 결단을 내리고 이를 실현하리라 다짐하는 과정이 바로 입지이다.

입지를 통해 성인이 되기로 결심한 학습자는 몸과 마음을 관리하고 제어해야 한다. 이를 위해 필요한 태도가 경(敬)이다. 경이란 마음을 경건한, 집중한 상태를 의미하며, 경의 상태를 유지하는 것을 거경(居敬)이라 한다. 거경을 통해 학습자는 자신의 본성을 키우는 존양(存養)과 자신의 마음을 돌아보는 성찰(省察)이 가능하다. 거경은 학습자가 학습 과정에서 자신의 마음을 집중하거나, 관리 제어하여 선한 상태를 유지하는 것으로서 자기모니터링(Self-monitoring)의 과정에 비견될 수 있다.

그런데 이런 거경의 상태는 어떻게 유지할 수 있을까? 거경은 일반적으로 몸을 바르게 하여 도달하는 상태로 여겨졌다. 예를 들어 등을 꼿꼿하게 펴고 정면 위를 보면서 앉거나 무릎을 꿇고 앉거나 하는 식이다. 이렇게 몸으로 불편한 자세를 취함으로써 경에 머무는 거경의 상태가 가능하다고 보았다. 몸과 마음의 관계를 연결된 것으로 보는, 정확히는 분리 불가능한 것으로 보는 철학이 담겨있는 것이었다.

거경의 상태를 유지하면서 공부한다는 것은 결국 자신의 마음, 심리상태를 일정하게 지속하거나 관리할 수 있다는 것을 의미하였다. 독자들도 경험한 적이 있겠지만, 바로 이런 몰입 상태야말로 학습을 효과적, 능률적으로 할 수 있는 방법이다.

학습할 때 개인의 심리적 상황을 거경이라고 한다면, 실제 학습은 어떤 방식으로 해야 될까? 율곡은 경험학습을 이야기하지 않는다. 대신 독서와 사우강론이라는 협동학습을 강조한다.

유학 공부의 과정에서 중요한 공부 방법은 독서와 사우강론이었다. 독서는 유교경전을 읽고 이해하는 과정을 의미한다. 그런데 유학자들의 독서를 흔히 암기 활동으로만 생각하는데 그렇지 않았다. 암기는 당시 유학자들의 학습의 출발점이기는 했지만, 이들도 암기에 그치는 것은 충실한 학습이라고 보지 않았다. 암기에 덧붙여 신사(신중하게 생각하기), 심문(자세하게 질문하기), 명변(분명하게 판단하기) 등의 고등 사고 활동도 강조했던 것이다. 독서는 암송으로 시작하지만, 결국 경전의 내용을 정확히 이해하고, 자신의 생각과 의견을 갖추도록 하는 과정이었다.

독서와 함께 중시한 또 다른 학습방법은 사우강론이라 불렀던 협동학습이었다. 이것은 사우, 곧 스승과 벗과 함께 학습하는 활동을 의미하였다. 이를 보여주는 대표적 학습 형식이 바로 강회(講會)이다. 강회는 서원 등에서 정기적으로 모여 진행한 학습 활동으로서, 이 모임에서 학습자들은 자신이 공부하고 있는 내용에 대해 발표하고, 참석한 선생님과 동료들의 의견을 들을 수 있었다. 이 과정에서 이들은 자신의 학습이 적절하게 이루어지고 있는지 판단할 수 있었다. 학습자는 강회에서 선생님과 벗과 의견을 나누고 토론하면서 자신의 이해를 넓히고 자기의 견해를 발전시킬 수 있다. 이처럼 스승과 벗의 도움을 받아 학습하는 것을 사우 보인(輔仁)-곧 스승과 벗이 나의 인의 실현을 돕는다-이라고 불렀다. 그러나 스승과 벗의 도움을 받아 스스로 성장하는 것일 뿐, 스승과 벗에게 자신의 성장을 완전히 맡기는 것은 아니었다.

조선시대 성리학은 흔히 학습자에게 도덕적 원칙을 강제하고, 고전 암송을 강조한다는 점에서 타율적 교육으로 이해된다. 그러나 율곡의 유학 공부가 보여주듯이 유학 공부의 과정에서 학습자는 입지하고 거경하면서 스스로가 자신의 성장을 관리·제어하는 위치에 서게 된다. 또한 실제 공부 과정인 독서와 사우 강론의 과정에서도 학습자 스스로 자신의 공부를 관리하며 제어하는 노력을 요청하고 있다.

율곡의 공부론에서 보이는 학습자의 자기주도성, 주체성에 대한 강조에 대해, 이것이 이상적 교육 제안에 불과하며 실제로 실천되지 못했다는 지적이 있을지 모르겠다. 이 점에 대해서는 한국의 전통 유학교육의 실제에 대한 연구를 통해 일정 부분 해소될 수 있다고 본다. 하지만 실제 조선시대 교육 현장에서 율곡의 이 공부 체계가 제대로 적용되었는지에 대해서 논의하는 것과 별개로, 적어도 그가 좋은 교육의 방향으로서 학습자의 자기주도성과 주체성을 강조하는 원칙을 천명했다는 점에서는 여전히 그의 교육론을 긍정적으로 평가할 수 있다.

* 이 글은 『초등교육연구』 25권 1호에 게재한 「율곡(栗谷) 이이(李珥)의 공부론(工夫論)에서 학습자의 태도-도덕 교육의 측면에서」의 내용을 요약한 것이다.

6. 군사부일체와 공의(公議)

조선시대의 사제 관계는 어떤 모습인가 생각하면 흔히 떠오르는 표현이 있다. 군사부일체. 이 표현은 현대 사회에 진입한 뒤에도 한국 교육계, 곧 교사와 학생, 학부모의 마음속에 존재했던 관념이기도 하였다. 임금과 스승과 부모는 하나라는 이 표현은 매우 비현실적 표현이다. 이것은 현대의 시각에서도 지키기 어려운 것이지만, 조선시대에도 지키기 어려운 것이었을 것임에 틀림없다.

그 이유는 군사부일체가 단지 부모님처럼 마음속으로 스승을 존중하라는 수준의 권장 사항이 아니었기 때문이다. 군사부일체는 구체적 행위 지침, 제자가 해야 할 행동방식을 규정한 것이었다. 또한 그 행동에는 극단적인 경우 목숨까지도 바치도록 되어 있었다. 마치 임금을 위해 죽음을 무릅쓰거나 부모를 위해 죽을 수 있는 것처럼 말이다.

현재와 같은 개인주의 사회에서도, 타인을 위해 죽는다는 개념이 성립되기도 어렵지만, 조선시대라고 달랐을까? 물론 조선시대에도 일부 사람들은 임금을 위해서, 혹은 부모를 위해서 자신의 생명까지 버리기도 하였다. 그리고 이런 놀랍고 독특한 사례들은 『삼강행실도』 혹은 『오륜행실도』라는 교화서에 다수 실려 있다. 역설적이지만 이런 교화서에 실려 있다는 것은 또한 부모와 임금을 위한 희생이나 헌신이 당시에도 놀라운 일이었다는 의미일 것이다. 스승과 관련해서도 조선시대에 스승을 위해 목숨을 바친 사례도 찾아보기 어렵다.

물론 조선시대에 스승에 대한 존경과 존경을 표하는 행동이 미덕이었던 것은 부정하기 어렵다. 중종 대 만들어진 『오륜행실도』라는 교화서에도 스승에 대한 헌신과 존중, 희생을 칭찬할 목적으로 몇 개의 사건들을 소개하고 있을 정도이다. 그러면 실제로 조선인들은 군사부일체를 어떤 수준까지 생각했을까?

이와 관련된 사건 하나를 소개하려 한다. 이 사건은 흔히 배사논쟁(背師論爭)이라고 불린다. 이 사건에 관련된 인물은 송시열(宋時烈, 1607~1689)과 제자 윤증(尹拯, 1629~1714)이다. 배사란 스승에게 등을 돌렸다는 의미이다. 곧 스승과의 교류 중단 혹은 적대적 관계를 취한 것을 배사라고 표현한 것이다.

두 사람의 관계를 살펴보자. 윤증은 윤선거(尹宣擧)의 아들이었다. 윤선거는 송시열과 친밀한 관계였다. 이런 이유로, 윤선거는 자신의 아들을 송시열의 제자로 들였다. 20대에 윤증은 송시열을 스승으로 모셨다. 당시 일반적 평판은 송시열 사후 윤증이 그 명성을 이어받을 것이라는 분위기였다.

그러나 이런 두 사람의 관계는 윤선거의 사망 후 달라지게 된다. 윤선거가 살아있을 때 송시열과 윤휴(尹鑴)라는 인물에 대한 평가와 대응 문제로 사이가 소원해지기 시작했던 것이다. 윤증과 송시열, 윤선거의 관계에 대해서는 다른 글을 찾아보기 바란다.

윤선거가 사망한 후 윤증은 윤선거를 기리고자 서원을 설립하려 하였다. 그런데 이 서원 설립이 순조롭게 진행되지 못했다. 당시 서원 설립은 지역 선비들의 후원과 지원이 필요했는데 무슨 이유인지 윤선거를 제향하는 서원 설립에 대해 부정적 여론이 적지 않았던 것이다. 특히 윤선거가 젊은 시절 강화도 피난 중, 강화도가 청군에게 함락되자 도망한 사건이 있었는데 이를 선비로서의 명예를 버린 것으로 보는 이들이 많았던 것이다. 윤증은 이런 소문과 평가에 대해 조사하다가, 그 소문의 뒤에 송시열이 있다는 의심을 갖게 되었다. 또한 송시열이 윤선거 묘비명 작성과 수정에 소극적 반응을 보인 것도 윤증의 의심을 키웠다.

1681년 윤증은 송시열에게 보내는 편지를 작성하게 된다. 그 편지의 내용은 송시열의 인품, 학문, 정치적 태도 등에 대해 비판하는 내용으로 구성되었다. 이 편지의 유명한 표현이 하나 있다. "대명압세(大名壓世), 실덕내구자야(實德內疚者也): 명성은 세상을 압도하지만, 실제의 덕은 안으로 병들었다."

윤증은 이 편지를 박세채라는 인물에게 보이고 의견을 물었다. 박세채는 편지를 보내지 말라고 설득했고, 윤증은 이 편지를 보내지 않고 보관했다. 그런데 우연히 이 편지의 내용이 송시열에게 알려지면서 송시열은 윤증이 자신을 배신했다고 믿게 되었고, 사실상 절교하였다.

이후 송시열 측은 윤증이 스승을 배신했다고 비판하고, 윤증 측은 송시열이 윤선거를 음해하였기에 아들로서 절교한 것이라고 반박하였다.

이 사건은 이후 숙종에게까지 알려졌고, 사건의 자초지종을 확인한 숙종은 처음에 “아버지가 스승보다 중요하다!”는 입장을 제시하며 윤증이 잘못이 없다고 평가했다. 그것이 3년 뒤인 1684년이었다. 숙종은 아버지와 스승 사이에는 경중(輕重)이 있으므로(차이가 있으므로) 아버지가 스승보다 중요하다고 선언하고, 이를 근거로 윤증을 정당하다고 결론 내렸다.

이에 대해 송시열 측은 격렬하게 반대하면서 군사부일체의 원칙을 부각시켰다. 이들은 임금과 스승과 부모는 동일하게 대해야 하는 존재라는 것이 유학적 가치임을 강조하면서 숙종이 언급한 부사경중론, 곧 아버지와 스승이 차이가 있다는 선언이 잘못되었다고 지적한다.

> 『국어(國語)』: 섭공자가 말하였다. 백성은 세 가지 근본에서 생겨나니, 그 근본을 섬기기를 한결같이 해야 한다. 부모는 그를 낳아주고, 스승은 그를 가르치며, 임금은 그를 먹여 살린다. 부모가 아니면 태어날 수 없고, 먹지 않으면 자랄 수 없고, 가르침이 없으면 지혜가 없으니 셋은 동류이다. 그러므로 한 가지로 그들을 섬기되, 자신이 살아있다면 죽음까지도 바치는 것이다. 죽음으로써 낳아 준 것에 보답하며, 힘으로써 주신 것에 보답하는 것이 인간의 도리인 것이다.

이들은 숙종에게 부모를 위해서 스승을 배신하는 것이 가능하다면, 부모를 위해 임금에게 반역하는 것도 정당화된다는 논리를 폈다. 이는 사실 정치적으로 민감한 문제였다. 왕권을 부정하는 논리가 될 수 있기 때문이다. 이런 와중에 윤증측은 두 가지 근거를 제시하며 윤증의 행동을 정당화하였다.

우선 윤증 측은 사재도(師在道)라는 기준을 내세웠다. 사재도란 송대의 유학자 한유(韓愈)가 말한 “귀천이나 나이의 많고 적음에 상관없이 도(道)가 있는 곳이 스승이 있는 곳이 된다.”라는 논리였다. 이것은 스승이란 도를 가지고 있다는 점에서 자격이 결정된다는 논리였다. 이 도가 무엇인지는 윤증 측의 비판 내용을 통해 짐작할 수 있다. 윤증 측에서는 송시열의 인품과 학문, 정치관에 문제가 있다고 지적하고 이를 근거로 송시열에게 사의 자질인 도(道)가 결여되었다고 주장했다. 윤증 측은 "송시열이 의(義)와 리(利)를 병행하고 왕도(王道)와 패도(覇道)를 병용한다"고 비판했다. 유학자라면 의리를 중시하고 왕도를 도와야 하는데, 송시열은 이익과 패도를 추구하는 이중적 인물이란 의미의 비판이었다. 이런 태도를 가진 것이 송시열이라면 그가 스승의 자격이 없다는 것이 윤증 측의 입장이었다.

> 대개 스승이란 그 도(道)를 가르치는 것인데, 이제 마음에서 나타나 일을 해치는 것이 저렇게 나타났으면 전에 이른바 도를 지킨다는 것은 대개 이미 땅을 깎아 놓은 것처럼 남은 것이 없는 것입니다.

두 번째 논리는 공의(公議)이다. 공의는 사감(私感)이 개입되지 않고 오로지 올바름을 추구하기 위해 윗사람에게 직언을 하는 것을 의미하였다. 이 윗사람에는 임금도 있었고 스승도 해당되었다.

> 예기 단궁편: 류(柳)씨가 말하기를 (중략) "스승이란 자는 도가 있는 곳이다. 스승의 잘못은 절대로 드러내어 비판하는 것이 아니니 절대로 범(犯)해서는 안 되는 것이다. (그러나) 허물이 있으면 마땅히 물어야 하고 반드시 숨겨주는 것은 아니다. 은(隱)은 악(惡)을 감춰 주는 것이 아니다."

즉 윤증이 편지를 쓴 것은 이런 공의의 시각에서 송시열을 올바르게 바꾸려 한 것이라고 주장했다. 사실 윤증은 이 편지를 실제로 보낸 것도 아니었다. 그런 이유로 이 편지는 신유의서(辛酉擬書), 곧 의서(擬書)라고 불린다.

율곡 이이도 이 사건이 일어나기 100여 년 전에 공의적 시각에서 스승과 제자 사이의 이상적 관계를 제시하였다.

> 배우는 자가 성심으로 도를 지향한다면 모름지기 먼저 스승 섬기는 도리를 높여야 한다. (중략) 만일 말씀과 행하는 일에 의심나는 점이 있을 때는 모름지기 조용히 질문하여 그 득실을 분별할 것이요, 자기의 사견(私見)으로서 바르게 여겨 마구 스승을 비난해서는 안 된다. 또한 옳은 도리를 생각하지

> 아니하고 스승의 말만을 믿어서도 옳지 못할 것이다. 봉양에 대해서는 힘에 따라 성의를 극진히 하여 제자의 직분을 다해야 한다.[8)]

이런 공의의 논리가 가진 장점은 다음과 같다. 먼저 제자의 입장에서는 제자가 스승과는 다른 견해를 갖고 질의하는 것이 정당화된다. 그냥 스승의 말을 무조건 따라야 하는 것이 아닌 것이다. 또한 스승의 입장에서도 좋은 점이 있다. 스승이 제자가 자신의 잘못을 고치도록 조언을 할 수 있으므로 이를 통해 스스로를 성장시켜 갈 수 있기 때문이다.

하지만 송시열 측은 당연히 생각이 달랐다. 송시열 측은 우선 송시열이 스승의 자격이 없다는 윤증 측의 주장을 부정했다. 송시열의 인품과 학식, 정치적 태도에서 잘못된 부분은 없었다는 것이다. 또한 윤증의 행위가 공의가 아니라 사적인 감정, 송시열에 대한 원망에 의한 것이라고 주장했다. 그 점에서 사재도의 관점이나 공의의 관점에서 보아도 윤증의 행동은 정당화될 수 없다는 것이었다.

그런데 주목할 부분은 송시열 측도 사재도와 공의의 논리 자체는 부정하지 않았다는 것이다. 이 가치 기준에 동의하는 것은 윤증 측이나 송시열 측이나 동일했다. 다만, 송시열과 윤증의 행동을 바라보는 평가가 달랐을 뿐이다. 송시열 측은 송시열이 스승으로서 자격이 충분했다는 근거를 통해 사재도에 의존했고, 윤증이 사적인 감정으로 송시열을 비난한 것이라는 점에서 공의가 아니라는 주장을 폈던 것이다.

이 일화는 조선시대 사제 관계가 단순하지 않았다는 것을 보여준다. 사제 관계에는 군사부일체라는 관념만으로는 해결할 수 없는 현실적 모순과 문제들이 있었다. 당시 인들도 좋은 스승이란 어떤 존재이며, 학생과 교사의 이상적 관계에 대한 고민을 가지고 있었다.

내가 보기에 조선시대 군사부일체, 사재도, 공의에 녹아있는 교사와 학생이 관계에 대한 원칙은 다음과 같은 가정 혹은 지향에 근거한다. 그것은 교사와 학생이 서로의 성장을 돕는 관계라는 인식이다. 너무나 당연한 소리 같다고? 그렇지 않다. 이 말은 교사는 학생의 성장을 돕는다는 의미만이 아니다. 이것은 학생 역시 교사의 성장을 도와야 한다는 말이다. 교사가 실수하지 않도록, 교사가 잘못된 인식과 태도를 갖지 않도록 조언하고 지적해야 한다는 말이다.

물론 이를 위해 필요한 것은 결국 교사의 아량과 관용일 것이다. 교사의 잘못을

8) 『율곡전서』「학교모범」 사사事師.

지적하는 학생의 본심이 비난을 위한 것인지 아니면 교사의 올바름과 성장을 도우려는 지적인지 구분해 낼 수 있어야 한다.

추가 읽을 거리: 조선시대 대표적 국가편찬 윤리서인 『오륜행실도』에는 사제 관계의 모범사례들이 소개되어 있다.

- 운창자핵(云敞自劾): 운창(云敞)은 한(漢)나라 평릉(平陵) 사람이다. 고을 사람인 오장(吳章)을 스승으로 섬겼다. 왕망(王莽)이 오장을 죽이고, 오장의 제자 천여 명도 같은 패거리라는 이유로, 모두 금고(禁錮)하고 벼슬을 막았다. 이에 다들 오장에게 배운 적 없고 다른 사람에게서 배웠다고 하였다 거짓말했다. 이때 운창은 대사도연(大司徒掾) 벼슬에 있었는데도 스스로 "나는 오장의 제자이다."라고 밝혔다. 그리고 오장의 시신을 거두어 염습(斂襲)하여 장사(葬事)를 지냈다. 수도 사람들이 모두 칭찬하였다.
- 환영분상(桓榮奔喪): 환영(桓榮)은 한(漢)나라 패군(沛郡) 사람이다. 젊었을 때 서울에 가서 구강(九江)의 주보(朱普)를 스승으로 섬기며 『상서(尙書)』를 배웠다. 가난하여 생계를 유지할 방법이 없어 품을 팔며 생활했다. 십오 년 동안 자기 집안을 돌보지 아니하였다. 마침내 스승 주보가 죽자 그는 분상하고 흙을 져 무덤을 만들고, 그곳에 머물며, 제자 수백 명을 가르쳤다.
- 양시입설(楊時立雪): 양시(楊時)는 송(宋)나라 남검(南劒) 사람이다. 정명도(程明道)선생께 도학(道學)을 배우고 돌아왔는데, 정명도 선생의 부음(訃音)을 들었다. 침실 문 밖에 위패를 차려두고 울고, 함께 배우던 사람들에게 부고를 알렸다. 어느 날 후배 유작(游酢)과 함께 정이천(程伊川) 선생을 뵈었다. 정이천 선생이 눈을 감으신 채 앉아 있자, 두 사람은 조용히 정이천 선생을 모시고 서 있었다. 선생이 깨어나 말씀하시되, "그대들이 그대로 있었느냐? 오늘은 이미 저물었으니 가 쉬라."고 하셨다. 이에 문 밖으로 나가니 어느새 문 밖에 눈이 한 자나 쌓여 있었다.

제 04 장

공교육 체제의 형성

■ 이 장에서 다룰 질문들:
- 학교가 등장한 이유는 무엇인가?
- 공교육이 지향하는 가치와 특성은 무엇인가?
- 교육할 권리에 대한 사고는 어떻게 변화해 왔는가?

1. 학교들의 역사

"다음 주는 학회 회의가 있어서 출장입니다. 그래서 다음 주 강의는 쉽니다." 학기 중 이런 말을 해야 하는 경우가 있다. 그럼 대부분의 강의실에서 학생들은 "교수님 보강은 언제 해주시나요?", "학회 출장을 다른 날로 미루고 수업하시면 안 되나요?"라고 학생들이 소란을 피운다. 물론 나의 상상에서. 현실에서 대부분의 학생들은 최대한 기쁨을 감추며 조용히 웃는다.

대학생들에게 학교나, 학교 강의는 가능한 피하고 싶은 것인지 모른다. 학교가 대학생들에게만 인기 없는 시설인 것은 아니다. 아침마다 일부 가정에서는 아이와 부모가 등교 문제로 실랑이 하는 경우가 적지 않다. 일본에는 아예 부등교(不登校) 학생이라는 명칭까지 있다. 부등교 학생은 학교에 등교하기를 거부하는 학생들(정확히는 특별한 사유 없이 30일 이상 학교에 출석하지 않는 학생을 지칭한다)을 가리키는 명칭이다. 학교에 매일 빠지지 않고 출석하는 학생들 중에도 마지못해 등교하는 경우가 한국에서도 적지 않을 것이다.

학교는 왜 학생들에게 인기가 없을까? 정확하게는 학교가 아니라 교육이 인기가 없다. 학생들이 학교에서 쉬는 시간에는 매우 즐겁고 활기찬 걸 보면 말이다. 교육이 인기가 없다는 것은 교사들에게는 매우 안타까운 상황이다. 학생들이 철없이 보이며, 성장에 대한 열정이나 의욕을 갖고 있지 않아 걱정도 된다.

듀이는 인간의 삶은 계속적 성장이라는 취지의 주장을 했다. 인간의 삶은 경험을 통해 성장하는 것이며, 이런 계속적 성장이야말로 인간 삶의 본질이며, 목적이라는 의미이다. 이 관점을 수용할 수 없는 이들에게 교육은 불편하거나 불쾌한 경험을 주는 것으로 치부될 수 있다.

한편 다시 용어를 바꾸어 교육 대신 학습이라고 생각하면 상황은 달라진다. 교육과 학습은 같은 말 아니냐고? 아니다. 교육을 학습을 포함하여 가르치고 배우는 활동이라고 규정하는 교육학자들이 실제로 있다. 그러나 나는 여기에 동의하지 않는다. 교육과 학습은 별개의 개념이다. 교육을 가르치는 것, 학습은 배우는 것이다.

학생들은 교육은 싫어하지만 학습은 원한다. 학생들은 학습을 좋아하고 대부분의 시간을 학습하며 보낸다. 물론 그들이 하는 학습 내용은 교사나 부모들이 원하는 것과 다를 수 있다. 학생들은 뭔가 새로운 것을 배우고 싶다고 말은 안 해도 뭔가를 배우는 일을 하며, 배우는 일에서 흥미를 느낀다. 요즈음 학생들이 즐겁게 하는 컴퓨터 게임이나 모바일 게임도 학생들에게 학습의 장이다. 게임을 하며, 학생들은 자신의 캐릭터를 더 강하게 하거나, 주어진 문제를 해결하기 위해 다양한 기법과 전략 태도를 배운다. 이런 걸 고려하면 학교가 학생이 원하는 학습을 도와주기만 한다면, 학생들로부터 외면받을 일은 없겠다는 생각도 든다.

그런데 학교가 정작 학생들에게 인기가 없음에도 학교가 만들어진 이유는 무엇일까? 학교가 처음 출현한 지역이나 목적이 무엇인지 명확하게 알려져 있지 않다. 학교가 매우 오래전에 출현한 것은 분명한데 최초의 설립과정은 자세하게 전하지 않기 때문이다. 고대 문명 중 수메르 문명의 학교나 중국 문명에서 일찍부터 학교를 설립한 것은 분명하다. 이들 문명이 만든 학교 이전에도 학교가 있었을 가능성을 배제할 수 없다. 학교를 교육을 하거나 학습을 지원하는 것을 목적으로 하던 조직(두 사람 이상의 모임)으로 본다면 말이다. 하지만 우리가 고고학적 증거를 통해 확인할 수 있는 가장 오래된 형태의 학교는 수메르 문명의 학교이다.

가. 수메르

수메르는 기원전 4000여 년 전부터 존재한 문명으로 알려져 있다. 그런데 수메르 유물들을 통해 보면 적어도 기원전 2500여 년 전에 상당수의 학교가 존재한 것으로 보인다. 수메르인들은 젊은이들에게 문자를 쓰는 법을 가르쳤다. 특히 문서를 다시 옮겨 쓰는 활동을 중시하였는데 이를 필경이라고 한다. 수메르인들은 종이가 아닌-종이 발명 전이었다!- 점토판, 찰흙에 갈대로 만든 필기구를 이용해 글을 썼다. 이들의 점토판에는 어떤 새가 지나간 발자국 같은 모양의 문자들이 빽빽하게 채워져 있다. 이들이 만든 점토판들은 지금도 발굴이 계속되고 있다.

이런 점토판 내용에 대해서도 많은 연구가 이루어졌다. 점토판 연구자들에 따르면 수메르 학교는 "전문적 직업인" 양성을 목적으로 했다.[1] 수메르인들은 필경사라 불리는 문서 작성 및 관리자들을 학교에서 키워냈다. 이렇게 교육받은 필경사들은 신전이나 왕궁, 혹은 상점 등에서 일했다.

수메르 학교에서 교육받은 이들은 대부분 부유한 집안의 자제들이었던 것으로 보인다. 수메르 학교는 유상 교육이었던 것으로 보이기 때문이다. 수메르 교육은 누구나 받을 수 있거나, 누구나 참여해야 하는 것은 아니었다. 수메르 학교의 교사들은 움미아라고 불렸고, '학교 아버지'라는 의미로도 불렸다.[2] '학교 아버지'를 돕는 보조교사인 '큰 형제(조교)'도 있었다. 학생들은 '학교 아들'이라고 불렸다. 이런 언어습관을 근거로 볼 때, 여성들은 학교에 다니지 않았음에 틀림없다.

또한 학교 직원 중에는 '채찍을 가진 사람'이라는 직책도 있었다.[3] 이들은 교사의 지시에 따라 벌을 부여하는 사람들이었다. 수메르에서는 교사들이 학생의 잘못을 바로잡기 위해 체벌을 자주 사용하였던 것으로 보인다.

수메르의 교육과정에 대해 수메르 연구자 크레이머(S. N. Kramer)는 과학적 지식과 문학적 지식을 가르쳤다고 판단한다. 과학적 지식은 진리 그 자체를 탐구하는 것을 목적으로 하는 영역이다. 수메르에서는 식물학, 동물학, 지리학, 광물학적 지식들을 가르쳤다. 한편 문학적 지식은 수메르의 다양한 문학작품들을 의미하였는데, 학생들은 이 작품들을 베끼는 과정을 통해 이를 배웠다. 이 작품들에는 수메르의 신과 영웅들의 이야기와 속담, 우화, 에세이 등도 포함되었다.[4]

1) S. N. Kramer 저, 박성식 역(2000), 『역사는 수메르에서 시작되었다-인류 역사상 최초 39가지』, 가람기획, 24쪽.
2) S. N. Kramer 저, 박성식 역(2000), 『역사는 수메르에서 시작되었다-인류 역사상 최초 39가지』, 가람기획, 26-27쪽.
3) S. N. Kramer 저, 박성식 역(2000), 『역사는 수메르에서 시작되었다-인류 역사상 최초 39가지』, 가람기획, 27쪽.
4) S. N. Kramer 저, 박성식 역(2000), 『역사는 수메르에서 시작되었다-인류 역사상 최초 39가지』, 가람기획, 28쪽.

나. 중국

동아시아의 대표적 문명인 중국 문명에서도 일찍부터 학교가 존재했던 듯하다. 고대 중국 왕조는 하은주(夏殷周)시대로 불린다. 이 중 하나라와 은나라 때 학교가 있었는지 알려주는 명확한 자료가 없다. 그러나 주나라의 경우는 학교가 존재했었다는 기록들이 있다. 주나라에서는 수도 외에도 지방에도 학교가 존재하였다. 주나라 시대의 학교를 흔히 국학(國學)과 향학(鄕學)으로 구분하는데, 국학은 천자나 제후가 자신의 통치지역의 수도에 세운 학교를 지칭한다. 천자가 거주하는 수도에는 대학과 소학이라는 학교를 설치했다고 한다. 이 중 천자가 설치한 대학은 벽옹(璧雍)이라고 불리었고, 제후가 설치한 대학은 반궁(泮宮)이라 불렀다. 주나라 수도에는 벽옹 외에도 성균(成均, 남학), 상상(上庠, 북학), 동서(東序, 동학), 고종(瞽宗, 서학) 등 네 개의 대학이 더 있었다.

한편 향학은 지방행정구역의 거점에 설치되었다. 향학은 규모가 국학에 비해 작았고 교육단계도 소학(小學) 단계만 운영되고 있었다. 향학에는 숙, 상, 서, 교가 있었는데, 행정구역의 규모에 따라 학교 이름이 달랐다. 25가인 여에는 숙이, 당에는 상, 주에는 서, 향에는 교라는 형식이었다.

주나라 시기 교육 내용은 육예라 불리는 예악사어서수(禮樂射御書數)로 구성된 것으로 보인다.[5)] 이는 대체로 당시 지식인들이 익혀야 한다고 본 예의, 음악, 활쏘기, 수레 몰기, 글쓰기, 수학 등에 관련된 것이었다.

다. 한국

우리나라의 경우, 고구려 때부터 학교가 운영되었다. 한국 최초의 학교가 바로 고구려의 태학(太學)이기 때문이다. 정확히 말해, 태학은 우리나라 공식적 기록에 언급된 최초의 학교이다. 『삼국사기(三國史記)』에 따르면 372년 고구려 정부에서 태학을 세웠다고 기록되어 있다. 국가가 학교를 세운 것이다. 태학은 명칭에서 보이듯이 중국의 학교제도를 모방한 학교였다.

이들 중국식 학교가 최초의 국가설립 교육기관일지는 모른다. 그러나 이전 시기에 교육이 없었던 것은 아니다. 김유신은 난승이라는 인물에게 삼국을 통일할 수 있는

5) 王炳照, 郭齊家, 劉德華, 何曉夏, 高奇(1992), 『簡明中國教育史』, 북경사범대학출판사.

방법을 배웠다고 하고, 강수는 어린 시절부터 스승을 찾아 배웠다고 한다(강수의 유년기에는 신라에 국학이 아직 설치되지 않았다). 또한 고구려의 을파소 역시 그의 탁월한 역량이 모종의 학습기회에서 갖추어진 것으로 보는 것이 합리적이다. 이들 세 명에 대한 기록은 모두 『삼국사기』에 실제로 언급되고 있다.

신라의 국학에 대해서는 『삼국사기』에 기록이 조금 있다. 신라의 국학은 국가에서 운영하던 학교였다. 국왕이 총 책임자를 임명했다. 학교는 국가 예산으로 운영되었음에 틀림없다. 학교의 입학대상은 성인이었다. 15세 이상부터 30세까지 입학이 가능했다. 이들은 입학 후 각 학과에 소속되어 학습하였다. 당시 대표적인 학과에는 유학, 의학, 역학 등이었다. 이들은 학교에서 수학하면서 교사들에게 독서 활동에 대한 평가를 받았다. 평가 결과는 3등급으로 구분되었기 때문에 독서삼품제라고 부른다. 한편 이 독서 성적은 관료 선발의 기준으로 활용되었기 때문에 과거시험을 뜻하는 과科라는 표현을 붙여 '독서삼품과'라고 부르기도 한다. 국학 학생들은 수업료를 내지 않았지만, 학업기간에는 제한이 있었다. 9년을 넘겨서까지 관직에 나아가지 못하면 국학에서 더 이상 공부할 수 없었던 것이다. 신라 정부에서 9년 동안 국학에서 공부하고도 관직에 나가지 못한 학생을 계속 지원하기보다, 다른 학생에게 기회를 주는 것이 좋다고 보았을 것이다.

국학에서 공부할 수 있는 기간을 9년으로 한 것은 최대 수학기간이 9년이라는 것이지 9년 만에 졸업한다는 의미는 아니었다. 사실 졸업이란 유럽 대학제도에서 유래한 것으로 단순히 학교를 마쳤다는 것만이 아니라, 일정한 단계, 등급에 이르렀다는 의미였다. 대학에서 정한 기준에 따라 이 학생이 대학에서 보증할 만한 전문성, 능력, 자격을 갖추었다는 증명의 표현이 졸업이었다.

다. 학교 설립 의도와 학교 출현의 배경

이런 학교들이 인류 공동체에 출현한 이유는 무엇일까? 이 질문은 두 가지 의미를 지닌 질문이다. 하나는 학교를 만든 이들의 의도를 묻는 질문이다. 다른 하나는 학교가 나타난 사회적 배경 혹은 사회 특성에 대한 질문이다. 첫 번째는 학교를 처음 만든 사람들, 학교 설립을 주도한 이들의 의도에 대한 질문이다. 두 번째는 학교가 출현한 배경에 대한 질문이다. 학교가 어떤 맥락에서 발생했는가 하는 것이다.

첫 번째 질문, 학교를 처음 만든 사람들의 의도에 대해서는 명확하게 알려진 것이 없다. 최초 학교의 설립자들의 학교 설립 의도를 보여주는 증거들이 남아있지 않기 때문이다. 학교 설립에 대한 기록이 있는 경우도 단지 학교의 목적을 의도로 대체한다. 이를테면 고구려의 태학의 경우는 자제들을 가르치기 위해서라는 식으로 서술되어 있는 정도이다.

하지만 두 가지 가능성을 생각해 볼 수 있다. 첫째는 계층재생산 의도이다. 계층재생산이란 계층을 계속해서 세습하는 행위를 의미한다. 곧 부모가 자신의 계층을 자녀에게 물려주는 형태를 의미한다. 이 가설에서는 부모들은 자신의 특권을 자녀에게 물려주고자 하면서 이를 감춰주는 무언가의 포장이 필요했다. 그리고 그 선택 결과가 학교 졸업장, 곧 학력이라는 것이다. 학력, 학교졸업장을 보유함으로써 자신의 지위를 정당화하려 하였다. 이런 목적에 의하면, 학교의 졸업은 가능한 한 쉬워야 한다. 중요한 것은 학비와 입학자격이다. 특별한 사람만 학교 교육에 접근할 수 없을 정도로 학비는 비싸거나 입학 자격의 제한이 있어야 한다. 교육내용과 교육방법, 엄정한 평가는 중요하지 않다. 일정 기간 학교에 있으면 졸업하게 하고 졸업장을 주면 된다.

다른 가능성은 아동을 성인으로부터 분리하는 것이 바람직하다는 점에서 기인한 성인으로부터 아동 분리 의도이다. 아동과 성인의 구분이 없거나 생활 공간을 공유하면 여러 문제들이 생길 수 있다.[6] 아동과 성인의 생활 공간 공유를 문제로 받아들이고 이에 대한 대응책으로 학교를 만들었다는 입장이다. 이 경우도 증거는 단편적이다. 현재 학교에서 성인들의 출입을 통제한다든가, 과거에 교사들만이 학생들을 가르쳤다는 것이 근거가 될 수 있다. 하지만 이 관점 역시 교육학의 시각에서는 마뜩잖다. 왜냐하면 교육과 무관한 의도이기 때문이다.

교육, 아이들을 더 좋은 사람으로 성장하게 하거나 학습을 돕기 위해서라는 의도는 어떨까? 이런 의도에 대한 근거들 역시 존재한다. 고대부터 많은 교사들은 학생들이 더 좋은 사람이 되게 하는 것, 능력의 향상이나 태도의 긍정적 변화를 목적이라고 표현한다. 또한 학교의 교육과정에도 교육목표를 이런 식으로 표기한다. 우리나라 학교교육과정의 목표가 홍익인간의 형성으로 설정된 것도 좋은 예이다. 그러나 이 내러티브가 가진 가장 큰 문제는 이런 목표가 실제로 학교에서 달성되었다는 증거를 찾기 어렵거나, 일부 학생들만 달성하고 있다는 것이 아닐까 싶다. 인간을 훌륭하게 바꾼다는 목표는 아름답고 가치 있는 것이기는 해도, 실제로 실현하는 데는 많은 어려

6) 물론 분리하는 경우라고 해서 문제가 없는 것은 아니다.

움이 있기 때문일 것이다. 사실 훌륭한 인간이 된다는 것은 학창시절만이 아니라 평생에 걸쳐 추구할 과업이기도 하다.

두 번째 질문, 학교 설립의 배경은 추론을 통해 답을 찾아야 하는 질문이다. 추론할 수 있는 첫 번째는 문자와 학문의 발전이다. 문자는 본래 특별한 사람들만이 사용하던 전문 기술이었다. 상거래를 위한 계약, 예술작품의 창작, 공적 명령의 전달 등이 주요 용도였다. 문자를 사용하던 이들은 권력이나 경제력을 가진 이들이었다. 이런 문자는 부모나 주위 사람에게 배울 수 있는 경우가 드물었다.[7] 문자를 배우고 싶은 이들은 문자 전문가를 찾아갈 수밖에 없었다. 인류 최초 문명인 수메르에서도 필경사가 되기 위해 전문필경사들이 교사로 있는 학교에 입학해야 했다.

또 다른 학교 설립 배경으로 전문 양육과 교육의 필요도 종종 언급된다. 사회가 고도화되면서 분업이 효율적 생산 방식이 되었다. 사람들은 각자 담당하는 일들이 생겼다. 부모들은 자녀 양육과 교육을 직접 하기보다, 자신은 본업에 종사하고, 양육과 교육은 전문가들에게 맡기는 것이 효율적이라고 판단했다. 부모들은 아이들을 학교라는 전문 양육 교육기관에 맡기고 자신의 일터로 나갔다. 이렇게 아이들(학습자들)의 양육과 교육을 전담하는 기구가 생겨났다.

학교가 처음 나타난 것은 거의 4500여 년 전이지만 학교가 일반화되기까지는 많은 시간과 시련이 필요했다. 초창기 학교들은 시간과 재정이 풍족한 이들이 다른 이들에 비해 학교 취학이 용이했다. 반면, 시간과 재정이 풍족하지 못한 이들은 학교의 수학 비용[8]을 감당할 수 없었다.

학교 출현 시기의 목적과 역할 등에 대해 살펴보았다. 그러면 현재 학교는 어떤 목적을 지향하고 어떤 역할을 수행 중일까? 우리나라의 학교를 생각해 보자. 우리나라 초중고 학교교육의 목표는 국가교육과정 문서에 표기되어 있다. 인간형 측면의 총괄 목표는 세상을 널리 이롭게 한다는 홍익인간이다. 2022개정교육과정에 명시된 구체적 인간형은 다음과 같다.

- 전인적 성장을 바탕으로 자아정체성을 확립하고 자신의 진로와 삶을 스스로 개척하는 자기주도적인 사람
- 폭넓은 기초 능력을 바탕으로 진취적 발상과 도전을 통해 새로운 가치를 창출하

7) 한글은 예외이다.
8) 당시 학교는 일부 지역을 제외하면 대부분 사립학교였다.

는 창의적인 사람

- 문화적 소양과 다원적 가치에 대한 이해를 바탕으로 인류 문화를 향유하고 발전시키는 교양 있는 사람
- 공동체 의식을 바탕으로 다양성을 이해하고 서로 존중하며 세계와 소통하는 민주시민으로서 배려와 나눔, 협력을 실천하는 더불어 사는 사람

즉 자기주도적인 사람, 창의적인 사람, 교양 있는 사람, 더불어 사는 사람이 우리나라 공식적 교육과정의 목표이며, 이를 실현하기 위한 것이 국가 교육과정인 것이다.

그러나 이는 국가교육과정이 명시한 목표일 뿐이다. 학부모들과 학생들은 어떤 생각을 하고 있을까? 학교교육 목표에 대한 학부모들과 학생들의 실제 생각은 무엇일까? 최근의 의대 입학 열풍, 대학의 서열화의 강고함 등등을 미뤄보면, 학부모나 학생들 사이에서 교육을 사회적 지위의 상승을 추구하는 경향이 매우 높을 것으로 판단된다. 물론 그렇다고 학부모들이나 학생들이 좋은 인간이 되는 데 전혀 관심이 없다는 의미는 결코 아니다.

추가 읽을 거리: 교육목표에 대한 유학자들의 생각
위기지학(爲己之學)과 위인지학(爲人之學): 『논어』 헌문(憲問) 25
"너의 성공을 위해 배우지 말고, 잘 배워서 남에게 도움을 주라."

- 子曰: "古之學者爲己, 今之學者爲人.": 공자께서 "옛날의 학자들은 자기를 위하여 배웠지만, 지금의 학자들은 남에게 인정받기 위하여 배운다."라고 말씀하셨다.
- 爲, 去聲. 위는 거성이다.
  - 程子曰: "爲己, 欲得之於己也. 爲人, 欲見知於人也.": 정이천이 말했다. "위기(爲己)는 자기에게서 얻으려 하고자 하는 것이다. 위인(爲人)은 남에게 인정받으려 하는 것이다."
  - 程子曰: "古之學者爲己, 其終至於成物. 今之學者爲人, 其終至於喪己.": 정이천이 말했다. "옛날의 학자는 자기를 위하여 공부하여 사물을 이루어 주는 것에 결국 도달했으나, 지금의 학자는 남에게 인정받으려 공부하여 자기를 손상시키는 데에 결국 도달한다."
- 愚按: 聖賢論學者用心得失之際, 其說多矣. 然未有如此言之切而要者, 於此明辨而日省之, 則庶乎其不昧於所從矣.: 내 – 주희 – 생각에 성현이 공부하는 이들의 마음 씀의 장단점에 대해 논의한 말이 많다. 그러나 이 말처럼 핵심을

지적한 것은 찾기 어렵다. 이를 밝게 분별하여 날마다 살핀다면 이를 지켜 따르는 것이 거의 어둡지 않을 것이다.

2. 의무교육 체제의 형성과 공교육의 본질

가. 고대 그리스의 사적 교육

고대 그리스 문화를 선도했던 아테네는 유럽에서는 매우 일찍 학교 체제를 갖추었다. 옆 나라인 스파르타가 청소년집단 제도를 통해 교육했던 것과 달랐다. 아테네인들은 음악을 가르치는 사립학교에 남자아이들을 취학시켰다. 부모들은 경제적 수준이나 교육에 대한 열의에 따라 가능한 범위에서 아이들의 학교에 다니게 했다. 아테네는 교육에 개입하지 않았다. 아테네인들은 교육 책임은 순전히 부모에게 있다고 믿었기 때문이다.

다만 사적 교육으로만 이루이지는 방식으로 인해 시민의 자제들 중 일부가 교육을 받지 못하거나 충분하게 교육받지 못하는 것은 공동체의 문제로 생각하고 있었다. 이에 아테네의 정치가 솔론은 부모들에게 남자아이들의 교육에 대한 의무를 강조하는 법규를 만들었다. 이 조항은 부모들이 자식을 교육시키지 않으면, 부모가 늙은 후 자식이 부모를 부양하지 않아도 된다는 식의 규정이었다. 국가가 책임을 묻는 문구는 법규에 들어가지 않았다. 부모가 자제를 교육하지 않을 때의 공적 처벌 조항을 포함하지 않은 것이다.

그럼에도 많은 아테네인들은 가능한 범위 내에서 자제들을 음악학교에 보냈다. 음악학교는 오늘날로 보면 일종의 통합교육의 학교였다. 아이들은 악기 연주와 노래를 배우면서 그를 통해 아테네의 문화와 역사, 기초학술들을 익혔다. 호머의 일리아드를 비롯한 서사시도 주요한 교육내용이었던 것으로 짐작된다.

음악학교만이 아테네 아이들의 유일한 학습공간은 아니었다. 아이들은 공공체육관에서 체육활동을 하며 몸을 단련할 수 있었다. 아테네에도 시민들에게 병역의 의무가 있었던 만큼, 체력단련은 시민으로서 필요한 자질을 키우는 훈련과정이었다.

특히 아테네가 페르시아 전쟁 후 그리스의 맹주 국가가 되면서 몰려든 소피스트들은 아테네 젊은이들의 학습에 적지 않게 기여하였다. 소피스트들은 회의주의자라는 비판을 받았지만, 이들의 회의주의가 아테네의 학술 문화 발전을 이끈 것도 무시할 수 없다. 이들이 있었기에 소크라테스라는 걸출한 철학자가 활동할 수 있었다. 이 시기 아테네 젊은이들은 최고의 환경에서 성장할 수 있었던 것이다. 그들은 그리스 각지로부터 아테네로 이주해 온 소피스트들을 만날 수 있었고, 소크라테스, 크세노폰, 플라톤 등과 토론하거나 이들이 토론하는 것을 지켜볼 수 있었다.

아테네는 사립학교를 기반으로 교육했지만, 민간의 우수한 교육자원과 환경을 통해 학술과 교양 면에서 높은 수준을 유지할 수 있었다. 하지만 일부 젊은이들은 이런 혜택을 받지 못한 것도 현실이었다.

나. 로마의 사적 교육

한편 그리스 옆에서는 거대한 제국의 싹이 트고 있었다. 이탈리아 반도의 로마인들은 그리스의 문화를 수용하면서 점점 세력을 키워나갔다. 특히 로마인들은 당시 유럽 최고의 선진국가였던 아테네의 문화를 수용하는 데 관심이 높았다. 이들은 아테네의 학교에 대해서도 관심을 가졌다. 로마인들은 아테네 음악학교를 모방한 학교를 만들어 나갔다.

초창기 로마는 학교가 아닌 가정에서 아이들의 교육이 이루어진 것으로 보인다. 로마 공화정 초기에 루두스(rudus)라는 초등학교가 운영되었다는 기록이 있긴 하지만, 이 학교가 널리 보급되었다는 증거를 찾기는 어렵다. 로마 초기 인물들의 개인 기록을 보면 대체로 가정에서 노예 출신의 가정교사에게 12표법과 읽고 쓰기 등을 배운 것으로 보인다. 다면 일부 부모들은 직접 자제를 교육한 경우도 있었다. 로마의 정치가였던 카토(Marcus Porcius Cato, 기원전 234년~기원전 149년)는 아들의 교육을 가정교사 대신 자신이 도맡아 하며 읽고 쓰기, 12표법 등을 가르치고 신체단련도 시킨 것으로 알려져 있다.

한편 공화정 시대에 점차 학교 제도가 세분화된 것으로 보인다. 이후의 기록들을 보면, 로마는 공화정 시기에 3단계의 학교 체제가 갖추어진다. 그것은 현재의 초등, 중등, 고등에 해당한다.

첫 번째 단계인 초등교육은 루두스를 이어받은 학교로서 6~7세의 남녀 아이들이 읽고 쓰고 셈하기 등을 배웠다. 두 번째 단계인 중등단계는 문법학교였다. 이 학교에서는 12~13세 정도의 남자아이들에게 문학 위주의 교양교육을 했다. 이 학교에서 아이들은 로마의 문학작품을 낭독하고 교사에게 설명을 들었다. 세 번째 단계는 수사학 학교인데, 16세 이상의 남학생들이 입학하였다. 이 학교에서는 아리스토텔레스의 수사학 이론을 비롯하여 다양한 연설 기술을 가르쳤다. 정치가로서 활동할 수 있는 능력을 키워주던 곳이라 하겠다.

로마의 경우, 독서산 등의 기본교육은 남녀 모두 받았다는 것은 눈에 띄는 부분이다. 하지만 아직 의무교육은 아니었다. 따라서 모든 남녀 아이들이 교육받았다고 단정할 수는 없다. 또한 시민 이외의 많은 노예와 그 자녀들은 교육 대상에 아예 포함되지 않았다.

이후 유럽의 교육 상황은 로마 공화정기보다 나아졌다고 보기 어려웠다. 특히 서로마 제국의 멸망 후 유럽에서는 체계적 교육을 수행하는 곳을 찾아보기 어려워졌다. 유일하게 학술적 성격을 띤 교육을 하는 곳은 수도원 부설의 학교 정도였다. 특히 초등수준의 체계적 교육을 국가가 지원하는 지역을 찾아보기 어려웠다. 대부분의 지역에서 부모들이 직접 자녀들을 교육하거나 타인에게 위탁해야 했다.

그나마 가톨릭교회가 확산되면서 아이들의 교육이 조금씩 나타나기 시작했다. 가톨릭교회들은 가톨릭 교리를 가르치는 부속학교를 운영하기 시작했고, 여기에서 약간의 교양과 성경에 관한 교육이 이루어졌다. 그러나 이 학교들에서는 높은 수준의 교양이나 학문 전수가 이루어질 수는 없었다. 그야말로 최소 수준의 교육이 이루어지던 상황이었다.

다. 종교개혁과 강제취학

이런 상황에 커다란 변화를 가져온 것은 마르틴 루터가 주도한 종교개혁 운동이었다. 루터는 가톨릭교회의 과오와 오류를 비판하면서 새로운 교파를 만들어냈다. 당시 루터는 가톨릭 지지자들로부터 생명의 위협을 느끼면서 도피 생활을 했고, 이 과정에서 성경을 독일어로 번역하는 데 힘을 기울였다. 이전에는 라틴어로 되어 있던 성경을 일상 언어, 일반시민들이 사용하는 언어로 번역하기 시작한 것이다.

루터는 이렇게 번역한 모국어 성경을 모든 사람이 읽을 수 있도록 하는 방안을 고민했다. 그는 모든 이들이 성경을 읽으려면, 성경을 읽을 수 있는 수준의 교육을 누구나 받아야 한다고 생각했다. 그리고 이런 맥락에서 부모에게는 자녀를 취학시킬 의무가 있음을 그리고 국가와 시 당국에는 이들에게 취학을 강제하고 무상으로 학교

교육을 제공해야 한다고 주장했다. 초등 수준의 의무교육을 주장한 것이다.

루터는 자신을 지지하는 도시와 지역에 의무교육 체제를 수립할 것을 호소했다. "아동의 취학의무에 관한 강론"이 바로 그것이다. 그는 여기에서 국가는 학교를 제공해 하며, 필요하다면 강제 수단을 써서라도 아동을 취학시켜야 한다고 주장했다. 이에 따르면 부모들이 아이들을 학교에 보내도록 도시와 지역이 강제해야 한다는 것이었다. 강제취학제도의 도입이었다. 루터는 교육을 통해 모든 남녀가 성경을 읽을 수 있어야 한다고 생각했지만, 종교와 무관하게도 교육이 유익하다는 점을 강조했다. 그는 도시의 번영을 위해서는 총명하고 유능하고 지혜롭고 명예로운 잘 교육된 시민이 필요하다고 말했다.

강제취학은 교육받지 못하는 사람을 없애는 강력한 조치였지만, 그 시행에는 어려움이 많았다. 그 대표적 어려움은 재정이었다. 사교육 체제라면 보호자들이 교육비를 부담하면 된다. 대신 교육 자체는 보호자가 비용을 부담하는 행위이기에 국가나 사회가 강제 취학을 요구할 수는 없다. 국가나 사회가 강제 취학을 요구하려면, 무상교육을 원칙으로 해야 한다는 의미이다. 강제취학인데, 부모에게 교육비를 직접 부담하게 하는 것은 임시조치로는 가능할지 몰라도 영속될 수 없기 때문이다.

루터 생존 당시 루터의 종교적 입장을 지지하는 영주나 도시국가조차 의무교육을 시행하지는 못했다. 대신 일부 영주들이 무료학교를 운영하는 등 무상교육은 조금씩 시작하고 있었다. 루터는 신분이나 성별에 제한 없이 모든 아이들이 성경을 읽을 수 있는 수준의 교육을 받기를 기대했지만, 이 소망은 그가 살아있을 때는 실현되지 못하였다.

루터의 이 소망은 결국 실현되었다. 고타령의 영주였던 에른스트(Ernest I, 1601~1675)는 고타지역에서의 무상의무교육, 곧 강제 취학의 원칙을 천명했던 것이다.

에른스트는 1642년 자기 영지의 남녀 아이들에게 1년간의 취학의무를 부여하고, 부모들에게 취학을 강제하였다. 그가 보기에 1년 정도면 독일어 성경을 읽을 수 있는 수준의 교육이 가능하다고 보았던 것이다.

고타교육령 관련 내용

- 제2장 제49조 아동은 남녀를 불문하고 모두 예외 없이 1년간 학교에 취학시켜야 한다.
- 제13장 제361조 부모는 5세 이상 12세 이하의 자녀로서 아직 문자를 읽지

> 못하는 자를 모두 취학시키지 않으면 안 된다. 그 의무를 태만히 하거나 또는 충실히 이행하지 않는 자는 사정 여하를 묻지 않고 처벌받는다.

이 고타교육령은 최초의 의무교육 법규로서, 의무교육의 시작을 알렸다. 한편 같은 해 아메리카 대륙의 매사추세추주에서도 부모와 고용주에게 아이들의 취학의무를 부여하는 법규를 적용하기에 이른다.

종교개혁의 진전과 함께, 의무교육이 개신교 세력 지역에서 확산되기에 이른다. 하지만 프랑스를 비롯한 구교, 곧 가톨릭 국가에서는 의무교육 확산이 순탄하지 않았다.

라. 프랑스 혁명과 시민교육의 문제

그로부터 100여 년 뒤 프랑스를 중심으로 의무교육이 확산되기 시작한다. 그 계기는 1789년 시작된 프랑스 혁명이었다. 1789년 바스티유 감옥 함락으로 시작된 프랑스 혁명은 결국 왕정을 무너뜨리고 공화제를 다시 부활시켰다. 혁명 후 프랑스는 시민의 주권이 강조되면서 시민들이 정치적 결정의 주체로 자리 잡았다. 이 과정에서 시민들을 대상으로 하는 충분한 교육이 필요하다는 인식이 확산되었다.

프랑스 혁명의회의 공교육위원회에서 활동하던 콩도르세(Condorcet, 1743~1794)는 1792년 교육개혁안을 제출하였다. 그는 이 개혁안에서 국가가 국민을 교육해야 하는 이유로서 불평등의 제거를 들었다. 그는 교육받지 못하면 시민들이 부당한 독재나 강압에 대해서 정당하게 대응하지 못하고 자기의 권리나 이익을 지킬 수 없게 될 것이라고 보았다. 다만 콩도르세는 강제취학에 대해서는 반대했다. 그는 교육을 가족과 지식인의 자율적 영역으로 보장해야 한다고 보았다.[9] 콩도르세의 교육개혁안을 크게 5가지로 정리할 수 있다.[10]

- 사회는 인민에게 공교육을 제공해야 한다.
- 사회는 동등하게 다양한 직업에 관련된 공교육을 제공해야 한다.
- 사회는 인류를 완성시키는 수단으로 공교육을 실시해야 한다.
- 공교육은 지식중심교육에 한정되어야 한다.

9) 정동준(1999), 「콩도르세의 사회 및 교육 일고」, 『서양사학연구』 3, 한국서양문사학회.
10) 이윤미(2014), 「콩도르세의 자유주의적 공교육 개혁론의 시사점」, 『한국교육사학』 Vol.36 No.3, 한국교육사학회.

- 남성에게 주어지는 교육은 여성과 공유되어야 한다.

이후 프랑스 정부는 점점 시민의 교육을 확대하는 정책을 확대해 나갔다.

또한 이후 독일을 비롯한 유럽 각국에서도 국가가 교육을 제공하고 이를 통해 시민들을 단결시키려는 시도가 나타났다. 독일계 국가의 대표적 석학이었던 피히테(Fichte, 1762~1814)는 "독일국민에게 알림"이란 글에서 독일교육의 개혁과 국가주의 교육을 강조하였다. 그는 교육을 통한 독일국민의 단결, 교육을 통한 경제적 독립과 부의 증가, 외침에 대항할 수 있도록 시민들의 애국심 고취를 주장하였다.

프랑스 정부를 비롯한 유럽의 국가들이 의무교육 혹은 무상교육을 통해 시민 대상의 교육을 확대해 가면서 빠르게 유럽에서 시민사회가 정착했다. 시민들은 국가가 제공하는 교육을 통해 국가에 대한 소속감을 강하게 가지게 되었다. 이런 사고들은 결국 국가주의 혹은 민족주의적 사고를 강화하기에 이르렀다. 공동체 구성원과 이방인을 명확히 분리하고, 차별하는 풍토가 점점 싹트기 시작했다. 이 시기 서구 열강의 성장과 민족주의와 국가주의를 통한 시민 결집은 이후 갈등과 전쟁의 씨앗이 되었다. 20세기 초 1차 세계대전과 2차 세계대전은 이런 국가주의적 시각이 만들어 낸 사건들이었다.

마. 공교육과 종교 문제

한편 이 시기 시민교육의 성장 과정에서 드러난 또 다른 문제는 종교의 문제였다. 유럽은 종교개혁 후, 국가별로 종교적 성향이 나뉘게 되었다. 구교, 곧 가톨릭을 여전히 다수가 믿는 프랑스나 스페인, 종교개혁파에 속하는 국가인 영국이나 미국 등이 그렇다. 이런 나라들은 공식적으로 국교 제도를 표방한 것은 아니었지만, 공립학교조차 다양한 종교적 요소가 녹아 있었다. 그 대표적인 경우가 미국 사례이다. 19세기 말부터 미국에는 새로운 이민자들이 유입되고 있었다. 미리 정착한 개신교 유럽인들과 달리, 유태인을 비롯해 가톨릭 계열의 이민자들이었다. 이민자들은 자녀들을 공립학교에 보내기 시작했다. 그런데 이민자들 중 공립학교 교육에 불만을 표현하는 이들이 생겨났다. 특히 가톨릭 계열의 이민자들은 당시 뉴욕 주 등의 공립학교 교육이 개신교 교리에 편향되어 있다는 점을 문제로 생각했다. 이들은 이 문제에 대한 개선을 요구했지만, 공립학교 교육은 별로 바뀌지 않았다. 이에 이들은 공립학교 대신 가톨릭 계열의 학교를 세우고, 자녀들을 이곳에 보내고 싶어 했다. 단순히 사립학교를 설립하려던 것이 아니었다. 이들은 가톨릭 계열의 학교에도 공립학교와 동등하게 주정부의 지원이 있어야 한다고 주장했다.

이런 가톨릭 학교 설립과 교육비 지원 요구 운동은 미국의 학교에 뿌리내려 있던 개신교 문화에 대한 반대 운동이었다. 뉴욕 시민들은 이 문제를 두고 입장이 갈라졌고, 일부 시민들은 가톨릭 학교에 교육비를 지원하면 공립학교의 교육여건이 악화된다는 반론을 펴기도 하였다. 또한 가톨릭 성당에 방화가 일어나기도 하였다.

이후 미국에서는 학교에서 점차 종교적 편향성을 완화하기 위한 노력들을 전개했다. 이후 미국사회에서는 공립학교에서의 종교적 편향성은 점차 약화되었다.

미군정이 한국에 들어와 취한 교육관련 조치 중에 특정 종교를 강조하는 것을 금지한 것도 이런 맥락에서 보면 자연스러운 일이라 하겠다. 당시 한반도에서는 학교에서 종교를 강조했다고 하면 일본에서 강요한 신도가 있는 상황이었다. 이 점은 유럽과 미국에서 가톨릭과 개신교의 갈등이 있었던 것과 다르다.

한편 한국사회에서도 학교에서의 종교교육은 논란을 남겼다. 다만 이것은 공립학교에서의 문제는 아니었다. 주로 중등단계의 종교개혁 사립학교들에서 이것이 논란이 되었다. 일부 학생들이 학교에서의 종교활동 시행을 헌법에 보장된 종교 자유의 침해로 받아들인 것이다. 이에 대해 한국사회에서의 논란이 있었다. 이 문제의 발단은 해방 후 교육기회 확대 과정에서 사립학교 설립을 지원하면서 암묵적으로 종교 포교를 인정하면서 시작된 것이라 볼 수 있다. 나의 경우도 중학교 때 성경 수업을 매주 들었던 기억이 있다.

이 문제는 종교 자체가 문제라는 의미가 아니라, 종교적 내용을 국가가 운영하거나 지원하는 학교에서 가르치거나 강조해도 되는가가 문제였다. 결국 법원은 종교적 자유의 보장에 힘을 실어주었고, 이후 한국의 중등단계 학교들에서 종교 활동의 시행을 강요하는 풍토는 급속도로 사라지고 있다.

물론 대학의 경우는 다르다. 현재 한국의 대학 중에는 종교 관련 교과목을 필수로 부여하는 경우가 있다. 중등과 달리 이것이 가능한 것은 대학의 경우 입학 시 학교의 교육여건을 이해하고 선택한다고 가정하기 때문일 것이다. 결국 학생이 학교가 종교활동을 권장하거나 한다는 것을 알고 입학한다는 것이다. 다만 이 경우도 학생의 인지와 상관없이 종교활동을 강요할 수 있는가는 여전히 쟁점이 있다.

바. 공교육의 특징과 의미

이쯤에서 현재 공교육이라고 불리는 국가나 지방정부가 제공하는 교육의 특징들을 하나하나 짚어 보자. 나병현은 공교육, 곧 public education이나 public schooling을 다섯 가지 측면으로 나누어 개념화한다. 우선 제공자의 측면이다. 공교육은 국가가 제공한다. 두 번째는 비용 면이다. 공교육은 국가가 비용을 부담한다. 세 번째는 교육 대상이다. 공교육은 일반대중을 대상으로 하여 이성적 대화가 가능한 공중을 키우는 것을 목표로 한다. 네 번째는 내용의 측면이다. 공교육은 공통교육과정을 의미한다. 특히 보편적 지식, 공공의 지식을 주 내용으로 한다. 다섯 번째는 목표이다. 공교육의 목표는 공익, 공동선을 추구한다.[11)]

이를 정리해 보면 공교육은 다음 세 가지 특성을 가진다. 우선 국가에서 제공하며 비용을 부담하므로 무상이다. 국가나 지방정부가 교육비를 부담하고, 학부모나 학생이 교육비를 부담하지 않는다. 두 번째는 의무, 곧 강제취학이다. 공교육은 영역 내 모든 아동을 대상으로 한다. 이에 따라 취학의무가 발생한다. 현재 우리나라의 경우, 만 6세 후 아동은 반드시 거주지 인근 초등학교에 취학하도록 하는 취학의무를 부여하고 있다. 그리고 이 취학의무를 이행하지 않으면 부모에게 법적인 책임을 묻도록 하고 있다. 이 의무에 대해, 취학 의무가 아니라 교육 의무이므로 정규학교가 아닌 다른 방식의 교육을 받는 것도 교육의무를 수행하고 있는 것으로 보아야 한다는 의견도 있다. 그러나 2020년 이후 아동학대 방지 조치들과 관련하여 점점 학교 밖의 교육, 혹은 홈스쿨링에 대한 제한이 강화되고 있다. 세 번째는 공통교육과정 시행과 공익을 위해 보통(commonness)을 지향한다. 여기서 보통은 목적의 보통, 대상의 보통, 내용의 보통으로 나눌 수 있다. 목적의 보통이란 교육의 목적이 보통을 지향한다는 것이다. 이것은 교육을 통해 특출한 능력을 갖춘 뛰어난 사람을 키워내려 하기보다, 일반적 수준의 교양인이나 시민을 키우려 한다는 의미이다. 대상의 보통은 교육의 수혜자가 모든 사람을 대상으로 한다는 것을 의미한다. 계층이나 신분, 피부색, 성별 등의 다양한 차이와 무관하게 동등하게 교육받을 기회를 부여한다는 의미이다. 내용의 보통은 교육 내용이 전문 지식이나 역량이 아닌 일반적 지식이나 능력에 관한 것이라는 의미이다. 물론 이때의 보통은 정상이나 비정상의 의미가 결코 아니라는 점은 유의해야 한다.

11) 나병현(2002), 「공교육의 의미와 교육의 공공성 문제」, 『한국교육』 Vol.29 No.2, 한국교육개발원, 549-571쪽.

3. 교육할 권리에 대한 사고

교육의 권리는 누구에게 있는가? 이 질문은 교육 활동의 근본 원칙에 대한 질문이다. 이 질문을 어떻게 답하느냐에 따라, 실제 교육활동의 양상은 달라질 수 있다. 독자들은 어떤가? 교육의 권리는 누구에게 있다고 보는가? 이 장에서는 교육의 권리에 대한 다양한 입장들을 역사 사례를 통해 논의한다.

가. 최초의 교육권자, 부모

교육의 권리에 대해 가장 오래된 입장은 부모가 권리자라는 것이었다. 가족 단위 생활이나 소규모 공동체 생활을 하던 초기, 아동의 교육권은 부모의 판단에 맡겨져 있었다. 부모들은 자신의 상황과 판단에 따라, 자녀 교육의 내용과 범위, 기간, 방식을 포괄적으로 결정했다. 가난한 부모들은 생업으로 인해, 자녀 교육에 거의 관심을 두지 않는 경우도 적지 않았다. 자녀들은 교육을 받기보다, 가족 구성원으로서 노동에 종사해야 했다. 반면, 경제적으로 여유 있는 부모들의 경우는 자녀교육에 적지 않은 관심을 기울였다. 자신의 경제력이 허락하는 범위 안에서 좋은 교사를 택해 자녀의 학습을 돕거나, 자녀의 장래를 위한 교육에 헌신했다. 이들은 자녀들이 교육을 통해서 부모 세대가 가진 자산과 지위를 계속 유지하기를 바랐다.

물론 일부 부모들은 계층 재생산 자체가 목적이 아닌, 이상적 삶, 좋은 삶의 모습에 비추어 자녀 교육을 시행하려 하였다. 이들은 자녀의 교양의 형성에 관심을 두거나, 자유로운 학문적 탐구를 할 수 있는 기회를 자녀에게 주려 하였다. 이런 부모들이 많았다거나, 부모들의 독단적 판단으로 이런 학문적 탐구를 강조하는 교육을 했다는 의미는 아니다. 이런 부모의 비율은 세속적 가치를 추구하는 부모에 비해 많지 않았고, 이들 중 일정 부분은 부모의 판단이나 의지가 아닌, 자녀의 희망이나 의지에 따른 마지못한 지원이기도 하였다.

이런 상황은 공교육체제가 정착된 현재도 크게 다르지 않다. 부모들은 자녀들의 교육에 깊이 개입한다. 학교선택을 비롯하여, 진로 선택을 해주고, 필요한 교육비를 부담한다. 공교육체제하에서도 사교육 영역이 존재하는 경우가 있기 때문에, 이런 사적 영역의 교육에 부모들이 관심을 쏟고 학생 지원 행위를 하기도 한다. 이를 보여주는 것이 한국사회 부모들의 교육열이나, 다양한 교육활동과 입시 지원 서비스를 제공하는 학원들이 널리 존재하는 데에서 확인할 수 있다.

이처럼 부모가 자녀교육에 대한 포괄적 권한을 갖는다는 부모 교육권에 대한 관념은 매우 오래전부터 존재했던 관점이다. 그런데 이런 관점과 다른 관점이 곧 등장한다. 이 관점에서 부모만이 아닌, 모종의 공동체가 교육권을 갖는다는 입장이다.

나. 공동체와 국가의 교육권

이를 볼 수 있는 것이 바로 다양한 공동체에 존재하는 통과의례들이다. 통과의례는 특정 공동체에 가입하는 이에게 모종의 변화 과정, 시험을 부여하는 의례이다. 방주네프는 이런 통과의례가 특정인을 공동체 구성원으로 받아들이는 의식(ritual)이자, 공동체 구성원의 자질이나 정체성을 형성하게 하는 교육의 과정이었다. 통과의례는 부모가 아닌, 공동체가 교육의 권한을 행사하는 것이라고 할 수 있다.

공동체 형태의 하나인 국가가 국민들의 교육을 통제, 관리할 수 있다는 입장은 고대 그리스 플라톤에 의해서 이미 나타났다. 플라톤은 이상적 삶의 실현을 위해, 이상적 국가의 모습에 관심을 가졌다. 그리고 그가 내린 결론은 이상적 삶은 이상 국가에서 실현할 수 있다는 것이었다. 그가 상상한 이상 국가는 국가가 시민들의 이상적 삶을 위해 모든 것을 통제, 관리하는 사회였다. 플라톤의 국가론은 매우 놀라운 주장들을 포함하고 있다. 그렇지만 내가 보기에 가장 놀라운 부분은 교육을 통해 이런 사회체제를 유지하려 했다는 점이다.

플라톤이 '국가(Republic)'에서 이상적 국가의 모습을 묘사한다. 그가 제시한 이상 국가는 매우 안정적이며 강력한 국가이다. 이상 국가는 세 계급이 역할을 분담하며 균형 상태를 유지한다. 첫째 계급은 지배 계급인 지배자(Philosopher-Kings)이다. 지배자들은 철학적 지식과 미덕을 갖추고 있어 국가를 지배하는 역할을 수행한다. 둘째는 군인계급이다. 이들은 국방을 담당하는 수호자의 역할을 수행한다. 셋째 계급은 생산자이다. 이들은 국가의 구성원들의 생활을 위한 재화와 용역을 생산한다. 개인들은 자신이 타고난 능력에 따라 역할, 곧 계급을 부여받고 국가를 위해서 헌신한다. 계급이 세습되지 않는다. 아이들은 교육을 받으면서 점차 자신에게 적합한 것으로 보이는 계급을 부여 받는다. 이들에게는 계급 선택권은 사실상 주어지지 않는다. 이들은 각자 자신의 능력에 맞는 계급 구성원으로서 일하는 것이 국가를 위해 바람직하다는 명령을 받는다. 개인적 욕구나 희망보다, 국가 공동체의 가치가 우선하는 것이다.

심지어 재산과 가족도 공유할 정도이다. 이런 모습은 개인적 이익은 금기시되고, 공동체의 이익을 우선시하는 모습을 보여준다.

플라톤의 이상국에서 계급별로 부여되는 교육은 다음과 같은 특징을 지닌다. 먼저 철학자계급(Philosopher-Kings)은 국가를 지배하고 통치할 미덕과 지혜를 갖춰야 한다. 이들에게는, 철학적인 교육이 강조된다. 수호자 계급(Auxiliaries)은 국가를 방어하고 안전을 유지하는 역할을 맡는다. 따라서 군사적 기술과 훈련에 중점을 둔다. 이들은 체육, 군사 전략, 전술, 군사 훈련 등이 포함된 군사 교육과 도덕적 교육을 받아야 한다. 생산자 계급(Producers)은 국가의 경제를 유지하고 번영시키는 역할을 맡는다. 이들은 직업에 따라 다양한 기술 교육을 받는다.

계급 이동이 금지된다. 사회적 안정을 유지하는 것이 중요하기 때문이다. 플라톤은 개인별로 선천적 차이가 있으며 이는 매우 극복하기 어렵다고 보았다. 그래서 교육의 과정에서 이들이 가진 선천적 능력을 선별하고 거기에 맞는 계급을 부여하고, 그 계급에 맞는 교육을 제공하는 형태인 것이다.

이런 공동체는 시간이 흐르며 국가로 발전하였다. 도시국가에서 거대국가로, 그리고 근대국가로 발전을 거듭하였고, 이 과정에서 국가라는 공동체가 국민에 대한 교육권을 주장하게 되었다. 특히 근대국가에서는 국민의 단결을 강조하고, 이를 통해 부국강병을 추구하였다. 유럽 각국은 실제로 19세기에 제국주의적 행태를 행하면서 국민들을 제국주의 강화에 동원하였다. 국민 혹은 민족의식의 성장과, 1민족 1국가 체제의 지향은 이런 의식의 결과였다. 이 과정에서 각국은 때로는 국가의 보존을 위해, 때로는 국가의 번영을 위해 국민들을 일치단결시키는 전체주의적 관점의 교육을 수행했다.

국가주의 교육은 근대사회에도 계속 지속되었다. 제국주의시대에 각국은 개인의 자유보다 국가를 위한 헌신을 강조하였다. 20세기 독일과 이탈리아를 비롯한 각국은 교육을 통해 국민들에게 전체주의, 국가주의 가치를 강요하였다.

다. 개인 학습권 인식의 태동

국가주의 교육은 제국주의시대가 몰락한 후에야 약화되기 시작하였다. 1945년 제2차 세계대전이 끝난 후 독일은 진보주의적 교육의 방향으로 전환하였다. 그리고 아동의 인권에 대한 강조와 다양성 존중의 경향이 확산되었다. 이제는 국민대신 시민이라는 말을 더 널리 사용하게 되었고, 자아실현이나 자기 재능의 개발이 교육의 목적이 될 수 있는 시대가 되었다.

우리나라의 경우도 일제강점기 전체주의적 교육 상황 속에 놓여 있었다. 황국신민으로서의 충성과 희생을 당연한 것처럼 교육하던 시기를 경험하였다. 이런 상황은 해방 후에도 쉽게 바뀌지 않았다. 해방 후 한국전쟁의 발발로 인해, 남한과 북한의 갈등이 고조되었다. 남한은 북한과 적대적 관계를 설정하고, 반공이라는 가치를 최우선으로 놓게 되었다. 반공은 학교 교육에서 중요한 가치가 되었고, 반공을 위해 학생들에게도 자기 자신을 희생하는 것이 당연하다고 강조하였다.

국가 주도의 개발이 활발하던 1960년대와 1970년대에는 국가발전이 반공의 자리를 대신했다. 국가발전을 위해 개인들의 노력과 희생이 미덕으로 칭송되고 국가발전이 개인의 목적으로 자리 잡았다. 국가발전을 위해 개인들이 열심히 공부해야 한다는 가치가 중시되던 시대에도 개인들은 열정적으로 교육에 참여하였다. 개인들은 과외교습이나 학원교습을 통해 자신의 학력을 높이려 하였다. 이런 개인들의 노력은 국가차원에서도 부정적으로 평가할 일은 아니었기에 국가는 통제하지 않았다. 당시의 과외교습과 학원교습은 국가가 제정한 교육과정에 충실하게 부합하는, 즉 국가교육과정을 더 충실하게 성취하는 것을 방향으로 하고 있었기 때문이다.

국가가 교육을 통제하는 상황에서 개인이 자기의 학습권을 획득하는 것은 결국, 국가에 의해서 가능하였다. 1990년대 중반, 문민정부(김영삼 대통령)와 국민의 정부(김대중 대통령) 때 드디어 개인의 학습권에 대한 정책이 전환되었다. 이 시기에 이루어진 국가주도의 교육개혁은 개인의 학습권을 보장하는 방향을 지향하고 있었다. 당시 대표적 교육개혁인 531교육개혁안에는 평생학습개념과 학습자의 선택이라는 새로운 교육방향이 내포되어 있었다. 평생학습은 성인을 비롯한 학습자들이 자신이 필요를 느끼는 영역을 자유롭게 학습할 수 있도록 지원하는 정책 방향이었다. 학습자 선택권 보장은 기존 국가교육과정의 획일적 체제를 수정하여, 학습자들이 자신의 진로에 맞는 교육과정을 선택하게 한다는 것이었다. 이에 따라 만들어진 교육과정이 바로 고등학교 단계의 선택중심교육과정이었다. 선택중심교육과정은 학습자들이 자기의 진로에 맞는 교육과정을 선택하고, 그 교육과정 내의 교과목들을 선택하여 듣는 제도를 의미하였다. 고등학생들이 문과, 이과라는 구분만이 아닌, 자신의 진로에 따라 다양한 과목을 선택하여 듣게 하겠다는 제도였다.

이 제도는 성공을 거두었을까? 나는 이 제도가 성공했다고 평가하지 않는다. 왜냐하면 지금도 유사한 관점의 제도들이 계속 시행되거나, 시행될 것이라고 고지되고 있기 때문이다. 최근 시행을 준비 중인 고교학점제가 비슷한 지향의 제도가 아닐까 싶다. 조용히 이런 제도가 잘 시행되고 학습자들이 자신이 원하는 과목을 자유롭게 골라서 학습하는 시대가 오기를 기원한다.

제 05 장

과거의 초등교육

■ 이 장에서 다룰 질문들:
- 전통시대 초등교육 체제는 어떤 모습이었는가?
- 조선시대 숙사는 어떤 교사들이었는가?
- 서당의 교육방법은 지금도 적용할 수 있을까?
- 조현명이 지방교육 활성화를 위해 추진한 교육개혁은 무엇인가?

1. 전통시대 초등교육 체제

초등교육이란 개념은 로마시대 이래 유럽에서 발전된 개념이다. 그런 의미에서 문화적 맥락이 상이한 우리 전통사회에서 초등교육을 논의하는 것은 별도로 고찰할 부분이다. 이 절에선 초등교육을 아동기 교육 혹은 공통교육이라는 관점에서 논의한다.

전통시대(여기서는 개화기 이전의 조선사회를 의미한다)에는 교육 단계를 2단계로 구분하는 것이 일반적 관행이었다. 8세부터 15세까지 교육과 15세 이후의 교육을 별도의 교육으로 구분하였다. 이것은 유럽에서 3단계의 교육단계라는 구분을 널리 활용했던 것과는 다르다. 유럽에서는 초등교육 단계/중등교육 단계/고등교육 단계의 교육 구분이 근대사회에 완성되었다. 즉 보편교육을 하는 초등교육 단계, 고등단계 교육을 준비하는 중등교육 단계, 직업교육과 전문교육을 받는 고등교육 단계로 구분되었던 것이다.

조선시대의 경우 8세부터 시작된 아동교육은 국가의 관심사는 아니었다. 이 시기 교육은 가정이나 지역사회(마을)에서 제공하는 것이 일반화되었다. 8세 정도 되면(물론 이것도 개인차가 있었다. 발달이 빠른 아동들은 더 일찍 학업을 시작하였다) 아이들은 가정에서 교육받거나 근거리에 있는 교사를 찾아가 학업을 시작했다. 여기서 학업이라는 표현을 쓴 것은 말 그대로 배움의 일[1)]이라는 의미이다. 교사들은 학생들을 지도하였지만, 그것이 정보를 일방적으로 균일하게 전달하는 것은 아니었다. 학생들은 각자 자신의 속도에 따라 배울 수밖에 없었다.

때로는 마을 서당의 훈장이, 아니면 가정에서 고용한 숙사가, 때로는 가족 중 학식을 갖춘 이가 학업을 도왔다. 가르치기보다 도왔다고 서술한 이유는 당시 학생들은 자기가 할 수 있는 범위 내에서 자신의 속도대로 학업을 진행했기 때문이다. 당시에는 학년제나 학급제, 졸업 등의 개념이 존재하지 않았기 때문이다.

학생들은 관행으로 자리 잡은 교육과정(대체로 독서 순서로 알려져 있었다)에 따라 학업을 진행했다. 대체로 천자문을 시작으로 통감을 비롯한 역사서, 소학 등을 학습하였다. 그리고 연령별로 배워야 할 핵심 내용이 정해져 있었다.

학업 내용에 한자 학습이나 유학 기초 내용만 포함된 것은 아니었다. 학생들은 산수와 당대의 상식 등을 학습하고 있었다. 특히 일상에서 지켜야 할 행위 규칙은 중요한 교육내용이었다. 당시 널리 활용된 대표적 아동교육서인 소학에는 어른 및 아이들이 일상에서 지켜야할 행동 규칙이 자세히 실려 있다.

대표적인 것이 바로 쇄소응대진퇴지절灑掃應對進退之節이란 것이다. 이것은 물 뿌리고, 빗자루로 쓸고, 사람을 응대하며, 나아감과 물러나는 예절을 의미한다. 이 사소해 보이는 내용을 중시했던 이유는 무엇인가? 이 의도에 대해 소학의 편집자인 주희는 다음과 같이 소개한다.

> 옛날 소학에서 물 뿌리고 쓸고 부름에 답하고 물음에 답하고 나아가고 물러나는 예절과 어버이를 사랑하고 어른을 공경하고 스승을 높이고 벗들을 친애하는 방법을 가르쳤으니 모두 수신제가치국평천하의 바탕이 되는 것이었는데, 반드시 어릴 때에 강습하게 한 것은 배움이 지혜와 함께 자라고 변화가 마음과 함께 이루어져, 아이의 마음속에서 버티고 막아 밖에서 들어가는 가르침을 감당치 못하게 되는 문제를 없게 하고자 함이었다.[2)]

이 내용을 의역해 보면 이렇다. 어린 시절 배우는 예절들이 결국 수신제가치국평천하의 바탕이라는 것이다. 그가 제시한 논리는 일종의 교육적 변화에 대한 가정이다. 그것은 어린 시절부터 예의범절을 배우고 실천하는 것이 결국 학생들의 마음을 바르

1) 학생들은 배우면서 성장하는 것이 본업이라는 의미에서 학업이란 표현을 쓸 수 있다.
2) 古者 小學 敎人以灑掃應對進退之節 愛親敬長隆師親友之道 皆所以爲修身齊家治國平天下之本 而必使其講而習之於幼稚之時 欲其習與智長 化與心成而無한格不勝之患也 –『소학』「소학서제」.

게 하고 이후 성인기에 이루어지는 교육내용을 잘 배우게 만든다고 주장하는 것이다. 성인기의 학습내용이 올바른 마음가짐과 자세에 대한 것이기에, 주희의 주장은 행동의 실천이 마음을 바르게 변화시킨다는 논리이다. 이것은 습관이 결국 마음의 덕을 형성한다는 아리스토텔레스식의 주장과 유사한 부분이기도 하다. 또한 부정적으로 본다면, 레온 페스팅거가 제시한 인지부조화 이론으로의 해석도 가능하다. 끊임없이 유가적 행동을 계속하고 이에 대한 지속적 보상(칭찬과 격려)을 받으면서 이런 행동에 내재한 가치(인지적 요소)를 수용하게 된다는 것이다.

조선시대에는 성균관과 향교 등 성인 대상의 교육기관은 국가 차원에서 제공하고 있었다. 그러나 아동 대상(여기서 아동은 15세 미만의 남아)의 교육기관은 국가가 별도로 설립하지 않았다. 이것은 결과일 수도 있는데, 우리나라의 경우 신라 이래 성인대상의 교육기관은 소위 선비를 기른다는 국가의 목표에 따라 매우 일찍부터 설립되었다. 그러나 아동에 해당하는 이들의 교육을 담당하는 기관은 설립하지 않았다. 국가가 아동교육기관을 설립하지 않아서인지, 아니면 아동교육을 가정에서 담당하는 경향이 고착화되어서인지는 알 수 없다. 하지만 조선사회에서 가문에서 아이들 교육에 관심을 가지고 진행한 것은 사실이었다. 가정(당시 가정은 현재로 본다면 친족단위라고 볼 수 있다)에서 가정교사인 숙사를 따로 들이거나, 가정 내 학식 있는 사람이 가정의 아이들 교육을 담당하였다. 우용제는 이를 가문단위 교육 풍토 경향이라고 표현한 바 있다.

다만 이런 경향이 조선후기까지 계속된 것은 아니었다. 조선후기에 이르면 지역에서 설립한 아동교육기관인 서당이 출현하거나, 학식 있는 이들이 자율적으로 만든 서당이 출현하면서, 가정의 역할은 조금씩 줄어들게 된다.

서당은 오늘날 초등학교와 유사한 교육 단계에 속하는 교육시설이기는 하지만, 그 운영 형태는 다양하였다. 따라서 서당이 곧 초등학교라는 등식은 매우 부적절한 비교이다. 연구자는 오히려 서당을 학교라기보다는 숙사라고 불리는 특정 교사와 학생들의 학습 공동체나 조직으로 보는 것이 적절하다고 본다. 조선시대에도 물론 학교와 유사한 성격의 동계서당(마을 단위에서 설립하여 운영하는 서당)도 있었지만, 문헌에 보이는 많은 사례들은 숙사라고 불리는 이들이 제자들을 가리키는 경우가 적지 않다. 이런 숙사들은 동계서당처럼 정규학교의 소속 교사인 경우도 있지만, 개별적으로 제자들을 받아 가르치는 경우도 적지 않았다.

2. 조선의 아동교사, 숙사

이 장에서는 조선후기 숙사라는 교사들과 이들이 실천한 교육에 대해 살펴본다. 숙사(塾師)라는 표현은 조선후기 개인의 교육 경험에 관한 기록들에서 다수 등장한다. 특히 개인의 생애를 기록한 「연보」나 「묘갈문」, 「행장」 등에는 특정인이 '숙사에게 배웠다'는 기록이 자주 언급된다. 숙사라는 표현에서 숙(塾)은 유학자들의 이상사회였던 주(周)나라 때의 교육기관에 대한 지칭이었다. 『예기』 「학기」에서는 "옛적의 가르치는 것은 가에는 숙이 있고, 당에는 상이 있고, 술에는 서가 있고, 수도에는 학이 있었다(古之敎者, 家有塾, 黨有庠, 術有序, 國有學.)"라고 하여 숙을 가(家)라는 단위의 교육 기관으로 언급하고 있다.

우리나라에서도 숙사라는 표현이 사용된 것으로 보인다. 한국 최초의 근대적 교육사 연구자인 이만규는 『조선교육사』에서 서당(書堂)에 대해 언급하며 "서당 훈장(숙사(塾師))"이라고 표기하고 있다.

그러면 숙사는 어떤 사람들이었을까? 첫째 숙사는 특정 교육기관에 고용된 교사였다. 조선의 숙사는 종종 향촌(鄕村) 단위에 존재한 학사(學舍) 혹은 리숙(里塾)에 소속된 교사를 지칭하는 표현이었다. 숙종 대 인물인 유언민(兪彦民, 1709~1773)은 13세 때 죽리(竹里)에 소재한 학사(學舍)에서 수학했는데, 이때 그가 지은 글이 학사의 '숙사(塾師)'를 놀라게 하였다고 한다. 여기서 죽리 소재 학사(學舍)는 아마도 마을(里)의 주민공동체에서 운영하던 교육기관이라고 생각된다. 그러므로 이 경우의 숙사는 '학사'라는 지역 교육기관에 고용된 교사로 볼 수 있다. 연암(燕巖) 박지원(朴趾源, 1737~1805)의 경우도 있다. 박지원은 20세를 전후하여 이숙(里塾)에서 숙사에게 『상서(商書)』를 배웠다고 언급한다. 박지원이 수학했다는 이숙은 그 명칭으로 미루어 마을에서 설립했거나 적어도 특정 마을을 근거로 운영되는 교육기관이라고 생각된다. 이 경우의 숙사 역시 이숙에 고용된 혹은 소속된 교사라고 볼 수 있을 것이다.

한편 개인이 일정한 교육기관을 설치하고 여기에 숙사를 초청하여 가르치는 경우도 존재하였다. 이광정李光庭(1552~1627)이 지은 「가고서재(稼臯書齋)」가 여기에 해당한다. 이광정은 "자제들이 공부할 곳이 없다. 이에 서재(書齋) 세 칸을 짓고 숙사(塾師)를 정하고 마을의 자제들을 모아 공부하게 하였다.[3]" 가고서재는 이광정이 자신의

3) 「가고서재기稼臯書齋記」.

자제들을 가르치기 위해 마련한 교육공간을 마을 아이들에게도 개방한 것이라고 할 수 있다. 가고서재에서 교육한 숙사는 곧 가고서재라는 교육기관을 근거로 하여 가르치던 교사라고 하겠다. 유사한 또 다른 사례는 박승(朴承, 1520~1577)이 설립한 구고서숙(九皐書塾)이다. 박승은 구고서숙을 위해 규례(規例), 수신(修身)의 지침을 제정하고 숙의 운영 경비-塾財-를 마련하고, 운영책임자-有司-를 지정하는 등 체계화된 교육기관의 형태를 취하였다. 구고서숙에서도 숙사를 초빙하여 그로 하여금 생도들을 가르치게 했다. 구고서숙은 개인이 설립한 제도화된 교육기관이었다고 볼 수 있다.

그러나 조선의 숙사 중에는 특정 교육기관에 소속되지 않은 채 개인 교사로서 학생들을 가르치던 경우도 있었다. 조선후기 문집 중에는 특정 교육 기관이나 공간에 대한 언급 없이, "숙사를 따르며 배웠다(從塾師 學)"는 표현이 다수 나타난다. 조인영(趙寅永, 782~1850)은 자신의 집에서 수십 리 떨어진 곳에 거주하던 숙사에게 왕래하며 공부하였다고 한다. 그의 경우를 자세히 보자.

> 나이 17세에 스스로 한탄하기를, 내가 양친이 없이 사니 배우지 않으면 어떻게 자립하겠는가 하고 수십 리 떨어진 숙사를 따랐다(從塾師 於數十里外). 매일 갔다가 돌아왔다. 비록 눈비가 오더라도 그만두지 않았다.

조인영의 기록과 위의 기록들에는 숙사나 학사와 같은 향촌서당이나 개인이 설립한 교육기관에 대한 언급이 없다. 특히 조인영의 경우 수십 리 떨어진 곳에 위치한 특정 교육기관에서 공부했다고 표현하지 않고, 수십 리 밖에 살고 있던 숙사를 매일 방문하여 배웠다고 표현하고 있다.

이처럼 교육기관에 대한 언급이 없이 단지 숙사를 따라 배웠다고만 표현하고 있는 것은 무슨 이유일까? 이들 사례에서 언급된 숙사가 실제로는 교육기관에 고용되어 가르치는 교사들이었을까? 이 사례들에서 숙사가 반드시 교육기관에 소속된 교사였다고 보기는 어렵다. 이 자료 자체 및 자료의 맥락 어디에도 향촌서당이나 개인이 설립한 교육기관에 대한 언급이 전혀 없기 때문이다.

굳이 이들이 모종의 교육기관 혹은 향촌서당에 소속될 것이라고 보는 견해는 존재가 언급되지 않는 것을 가정한다는 점에서 오류이다. 더욱이 이 사례들이 교육을 실시한 주체를 교육기관이 아니라 숙사 개인을 중심으로 서술하고 있다는 점도 주목할 부분이다. 교육기관에서 배웠다고 하지 않고 숙사에게 배웠다고 기술하는 형태를 취하고 있는 것이다. 이것은 교육기관보다도 숙사라는 교사에게 초점을 맞춘 기술 방식이다. 이처럼 숙사를 교육의 주체, 주관자로 놓는 기술 방식은 이 사례들에서의 숙사가 반드시 교육기관에 고용된 이들이라는 추정의 타당성을 떨어뜨린다.

조선후기의 숙사가 반드시 교육기관에 소속된 교사만을 지칭하는 것은 아니었음을 보여주는 흥미로운 일화도 있다. 19세기 유학자 이남규(李南珪, 1855~1907)의 경우, 자신의 어린 시절 경험을 어머니의 행장에서 소개하고 있다.

> 내가 어릴 적의 일인데, 아버지께서는 항상 서울에 가서 생활하고 계셨다. 그래서 어머니께서 집에 숙사(塾師)를 모셔서 나에게 글공부를 시켰다. 그런데 혹시 스승이 그만 떠나야겠다고 하면, 어머니께서는 곧 나를 불러서 꾸짖기를, "이것은 네가 공부를 열심히 하지 않기 때문이다. 그래서 스승님이 절망하여 이처럼 떠나려고 하시는 것이다." 하고는, 인하여 식사를 물리치고 들지 않으셨다. 그래서 나는 두려워서 감히 놀지 못했으며, 스승님 또한 다시 돌아가겠다는 말을 하지 못하였다.

여기서 등장하는 이남규의 숙사는 그의 집에서 기숙하며 이남규 개인을 전담하여 가르치는 개인 교사에 해당한다. 이 때문에 숙사가 떠나려는 의사를 밝히자, 이남규의 모(母)가 이남규를 불러 그가 공부하지 않은 탓에 스승님이 떠나려 한다고 꾸짖은 것이다. 이것은 숙사란 명칭이 교육기관에 소속된 교사에 대한 호칭만이 아니라, 개인 집에 기숙하며 그 집 자제 한두 명을 전담하여 가르치는 사람에게도 사용되었음을 보여준다. 이것은 당시의 숙사가 반드시 교육기관에 소속된 교사에게만 한정된 호칭이 아니었음을 보여준다.

숙사가 반드시 특정 교육기관이나 시설에 소속된 교사일 것이라고 가정하는 것은 교사는 교육기관의 구성원이라는 현대적 상황 때문이라고 생각된다. 오늘날의 교사는 교육기관에 소속되어 있는 것이 자연스럽기 때문이다. 그러나 이런 교사의 존재양태는 현대의 공교육 체제하의 특성일 뿐이다. 이런 교사의 존재 양태가 어느 시대에나 적용될 수 있다고 보기는 어려울 것이다.

그러면 숙사는 어떤 역할을 하는 교사였을까? 일단 숙사는 기본적 한문학습을 지도하는 한편, 『소학(小學)』 등 유학 경전이나 역사서 등을 가르쳤다. 일부 숙사 중에는 시 짓기를 가르치거나 과거시험의 준비를 돕기도 하였다. 시 짓기, 곧 시작(詩作)을 가르치는 숙사도 존재했다. 유운(柳澐, 1485~1528)은 8세 때부터 숙사에게 수학하였는데, 이때 시를 지어 사람들을 놀라게 하였다고 한다. 이때 유운이 숙사에게 배운 내용에는 시의 작법이 포함되어 있었을 것이다. 숙사가 과거 공부를 도운 사례는 다음과 같다. 최흥원(崔興遠, 1529~1603)은 15세 때부터 숙사에게 수업하였는데, 이때 주로 배운 것은 과거시험을 대비한 공부(決科應俗之說)였다. 민우수(閔遇洙, 1694~1756) 역시 숙사에게 배우다가 20세도 되지 않아 소과에 급제하였고 이후에는 성균관에 머물며 공부하였다.

위의 사례처럼 숙사에게 일정 수준의 유학적 교양 등을 획득한 후 과거에 응시하기도 했지만, 과거에 뜻이 없는 인사들은 보다 학덕(學德) 있는 이의 문하(門下)에 들어가 유학 공부를 계속하였다. 퇴계 이황의 문인 정사성(鄭士誠)은 어려서 김유일(金惟一)·구백옹(具柏翁)을 숙사로 하여 배우다가, 퇴계의 문하에서 수학하게 된다. 김창흡(金昌翕)의 경우도 이단상(李端相)의 문하에 들어가기 전에 이미 한 숙사에게 수학했던 것이 분명하다.

> 정미년 봄 창흡이 동강에서 선생을 뵈었다. 소미통감을 배웠는데 동중서의 천도책에 이르자 선생님이 너는 성리명의(性理名義)를 아느냐고 물으셨다. "전에 숙사(塾師)에게 배웠으나 설명은 듣지 못했습니다" 하였다. 선생이 웃으며 "내가 너를 위해 그 요지를 말해주마" 하셨다.

김창흡은 이단상을, 자신이 숙사에게는 미처 배우지 못한 성리학을 가르쳐준 스승으로 묘사하고 있는 것이다. 이런 사례들은 초보적 수준의 유학 교양은 숙사에게 배운 후 보다 수준 높은 교육은 고명한 선생들의 문인(門人)이 되어 수학하는 당시의 관행을 보여주고 있다.

당시 숙사가 초보적 수준의 유학교육 담당자로 인식된 탓에 숙사의 지적 수준에 대해 희화화하는 사례 역시 없지 않다. 『야승』에서는 한 숙사가 '죽은 제갈량이 산 사마중달을 도망가게 했다(死諸葛走生仲達)'는 어구조차 풀이하지 못하는 우스운 사례를 소개하고 있을 정도이다.

> 한 숙사가 제자 4명을 가르쳤다. 촉한기를 배우는 자가 '死諸葛走生仲達' 부분에 이르렀다. 제자가 글 뜻을 물었다. 숙사가 말하기를 "너는 이 뜻을 모르느냐"하고 말하기를 "너의 글눈(文理)은 아직도 멀었다고 할 수 있다. 주

는 급히 가는 것이고 생은 해산한다는 뜻이니 이미 죽은 제갈이 급히 가서 중달을 낳았다는 것이다." 제자가 말하기를 "제갈은 남자인데 어찌 사람을 낳으며 또 이미 죽은 사람이 또한 갈 수 있습니까?" 하였다. 답하기를 "제갈은 삼대의 인물로 그 신통변화가 만일 이 정도가 아니라면 왜 그를 제갈량이라고 부르겠느냐."

그러나 당시 숙사가 교사로서 존경받지 않았다거나 하찮은 존재로 여겨졌던 것은 물론 아니다. 단지 하나의 문하(門下)를 형성한 고명한 스승에 비해 상대적으로 덜 존경받는 위치에 있었다는 의미일 뿐이다. 실제로 숙사에 대한 제자의 존숭 역시 미덕으로 간주되고 칭송받았다. 정덕희(鄭德儀)는 자신의 숙사 김해서(金海瑞)가 임종을 맞자 후사를 맡아 그의 장례를 치루어 줌은 물론, 비석까지 세워주는 정성을 보였다. 또한 숙사를 위해 심상(心喪)을 행한 경우도 있었다. 김종후(金鍾厚, ?~1780)는 평양에서 삼대 효자의 한 사람이었던 전복룡(田伏龍)의 묘갈명을 써주었다. 그 내용에 따르면 전복룡은 지극한 효자였을 뿐 아니라 자신의 어릴 적 숙사를 위해 심상을 행한 인물이었다. 김종후는 그를 매우 칭찬하고 있다. 이런 사례들을 통해 당시 숙사의 경우도 원칙상 고명한 스승과 마찬가지로 존경받아야 할 교사로 간주되고 있었다는 점을 확인할 수 있다.

조선후기 숙사들은 다양한 영역에서 다양한 형태로 초보적 수준의 유학교육을 주로 담당한 인사들로서, 생도들이 자신의 생활 거점을 떠나지 않고서 배울 수 있는 친근한 교사였다. 조선후기 지방관들 중에는 이런 숙사의 이점(利點)을 활용하여 자신이 담당하는 지역에서 유학 교육을 부흥시키려는 시도를 행하였다. 숙종 대 창성부사를 역임한 박동추(朴東樞)는 그가 담당한 지역에서 학행이 뛰어난 이를 골라 숙사로 삼고 예절을 가르쳐 교화의 효과를 거두었다. 보은 현감이었던 김상용(金尙容, 1561~1637)은 숙사를 선정하여 마을 아동 중 수재(秀才)들이 수업받게 하고 매달 초하루와 보름에 이들을 모아 시험을 치렀다. 덧붙여 상현서원을 설립해 경사를 토론하도록 하였다.

진안현감을 역임한 이홍(李泓)의 경우는 면마다 숙사를 두어 가르치게 하고 초하루와 보름에 마을 수재들을 향교에서 모아 강하게 하였다. 이현익(李顯益)의 경우도 진안현감(鎭安縣監)으로 재직할 때 숙사를 정해 읍자제를 가르치게 하였다. 숙사에게 배운 읍자제들은 다시 향교에서 모아 경사(經史)를 가르쳤다. 그리고 그중에서 우수한 자들은 현감인 이현익 자신이 직접 지도하였다. 이들은 지방관으로서 숙사와 기존

교육기관을 연계시키는 형태의 교육 진흥책을 시행한 인물들이었다.

지방관으로서 숙사를 보다 적극적으로 활용하고자 한 대표적 인물은 조현명(趙顯命, 1690~1752)이었다. 그의 「권학절목(勸學節目)」에는 다음과 같은 조항이 있다.

> 一 각 면(面)에 비록 훈장이 있더라도 일면(一面)의 거리 또한 수십리이다. 작은 경우도 8~9리 이상이어서 학생들이 아침저녁으로 왕래하며 수학할 수 없다. 훈장 또한 한 명 한 명 입으로 가르치기 어렵다. 각각 자신의 부형(父兄)이나 혹은 인근의 숙사(塾師)가 매일 가르치게 하고 매달 초하루와 보름 두 번 날을 정해 서원(書院)이나 혹은 산당山堂 등에서 모인다. 훈장과 학도가 문의를 강론하여 그 부지런하고 게으름을 살펴 본관에게 강한 결과 - 講紙 - 를 보고한다. 본관이 석 달 동안의 것을 합산하여 24획을 채운 자에게 지필묵 등을 상으로 준다.

조현명은 서원이나 향교 등에서 모든 생도들을 가르치는 것이 비효율적이라고 보고 일상생활을 함께 하며 가르칠 수 있는 부형이나 숙사의 역할에 주목하였다. 그리하여 평소에는 이들에게 지도를 받는 것을 원칙으로 하였다. 이것은 당시 숙사들이 부모와 마찬가지로 생도들을 가장 가까이에서 교육하는 역할을 하는 이들이었기 때문이었다. 조현명은 숙사와 부형들의 교육 활동에 기반하여 특별한 날에 서원 등에 생도들을 모아 교육하는 형태의 교육 진흥책을 추진하였던 것이다. 조현명의 이런 구상은 숙사라는 유학교육의 저변을 형성하고 있는 인물들이 있었기 때문에 실현가능하였다고 할 수 있다.

* 이 글은 『교육사학연구』 17집에 실은 「조선후기 숙사에 관한 시론」의 내용을 요약한 것이다.

3. 오래된 미래: 서당교육방법

서당은 오랜 역사를 가진 교육시설이다. 사적 교육시설(개인들이 만들고 운영한 교육시설이라는 의미)로 서당을 정의한다면, 서당의 역사는 오래전까지 거슬러 올라간다. 고구려의 경당을 이야기하는 것이 아니다. 경당도 물론 지역사회에서 운영한 사적 교육시설로 볼 수 있다. 내가 이야기하고 싶은 것은 경당이전에도 서당은 있었다는 것이다. 특정인이 학생들을 1명이라도 정기적으로 가르쳤다면 서당이다. 이런 관점에서 보면 서당은 경당 이전의 고구려 사회, 신라사회에도 존재했다.

서당이 오래된 교육제도라는 점은 이야기했다. 짧게 이야기한 이유는 이에 대해 별다른 반박이 관심이 있을 것 같지 않아서이다. 그러면 미래는 무엇인가? 서당이 우리 교육이 나아갈 미래를 보여줄 수 있는가? 이 이야기를 하려고 한다.

현재 한국교육은 매우 발전해 있다. 아마도 효율성의 측면에서 본다면 놀라운 수준에 이르렀다고 할 수 있을 것이다. 매시간 치밀한 계획에 따라, 1명의 교사가 20여명의 아이들을 가르치고 있다. 매시간 무엇을 해야 할지 목표도 정해져 있고, 학생들은 매일 등교하여 지정된 교육과정을 충실히 이수하도록 되어 있다. 또한 혹시나 학교에서 놓친 부분이나, 학습하지 못한 부분은 학원 등에서 추가로 학습할 수 있다.

내가 서술한 내용에 대해 많은 이들이 현재 학교교육이 가진 문제를 모른 체하고 있다는 생각을 할 수 있다. 그렇다. 모른 체했다. 사실 한국교육은 겉만 번지르르한 교육이다. 학생들은 마치 정해진 트랙을 도는 햄스터처럼 정해진 일정과 방식에 따라 학습한다. 자신이 하고 싶은 방법이나 속도에 따라 학습할 수 없다. 같은 학년 같은 반 학생들과 비교 당한다. 그리고 평균에 뒤처지면 문제가 있는 것처럼 여긴다. 당연히 평균에 뒤처지는 것에 대해 조바심 내는 것은 학부모들이다.

교사는 교사대로 힘들다. 아이들 한 명 한 명을 신경 쓰거나 배려해 주기 어렵다. 현재 한국 교육은 다수의 학생을 1명의 교사가 동시에 가르치는 교육방법을 채택하고 있기 때문이다. 학생들은 교사의 눈을 피해 자기만의 활동에 몰입하거나 수업 활동에 참여하지 않고 때로 저항도 한다. 이런 상황에서 교사들은 다양한 교수방식과 전략 등을 고민하거나 실천하고 있다.

그러면 서당의 모습을 살펴보자.

서당의 모습은 김홍도의 서당도를 자세히 보면 많은 것을 알 수 있다. 김홍도의 서당도의 묘사와 서당에 대한 기록 및 문헌조사 결과 상당 부분 일치한다. 일단 서당은 현재보다 적은 학생 수를 교사들이 지도하였다. 대부분의 서당은 10여 명 내외였고 이 학생들을 1명의 훈장(교사)이 가르쳤다. 1명의 교사가 담당할 학생 수가 현재보다 대부분 적었다.

학생 수도 현재보다 적었지만, 교수방법도 현재와 달랐다. 서당은 교사가 학생을 한 명 한 명 개별적으로 가르치는 방식을 채택하였다. 10명의 학생들에 대해 교사가 개별지도를 했던 것이다. 언뜻 비효율적으로 보이는 방식이다. 10명의 아이들을 개별지도 한다면, 1명이 교사의 지도를 받는 동안 다른 학생들은 방치되는 것은 아닌가? 그렇지 않았다. 훈장의 지도를 받지 않는 동안 아이들은 스스로 공부하거나 다른 학생들의 도움을 받아 학습했다.

서당에서의 개인별 학습은 단순했다. 학생들은 차례로 훈장 앞에 나아가 어제 배운 내용을 평가받았다. 훈장은 학생이 배운 내용을 잘 알고 있는지 확인했다. 때로는 암송을 하게 하거나 풀이를 하게 했다. 그렇게 해서 배운 내용을 잘 알고 있는 걸 확인하면 다음 내용을 가르쳤다. 이것이 끝나면 남은 시간 동안 학생은 배운 내용을 스스로 공부한다.

또한 학생들끼리 학습하는 전학이라는 방식도 이용하였다. 전학은 진도가 빠른 학생이 늦은 학생 1명을 맡아 지도하는 방식이었다. 매일 바뀌는 것이 아니라, 일정 기간 전담하여 가르쳤다. 예를 들어 창수가 준호를 맡았다면, 창수는 자신의 학습 시간 외에 틈이 날 때마다 준호를 가르쳐주거나 준호가 가진 질문을 해결해 주었다. 물론 창수가 해결해 주지 못한 질문은 다른 선배나 훈장이 해결해 주는 방식이었다. 이 방식은 학생들이 자신에게 맞는 속도로 학습할 수 있는 방법이었다.

전학이 가진 장점은 무엇일까? 우선 훈장이 아이들을 지도할 수 있는 시간을 확보해 주었다. 훈장은 창수를 가르치는 동안, 다른 아이들에게 신경을 덜 쓸 수 있었다.

또한 가르쳐주는 학생이나, 배우는 학생이나 모두 도움이 되었다. 가르치는 학생은 가르쳐 주는 과정에서 이전에 배운 내용을 복습할 수 있었다. 또한 배우는 학생은 자신에게 맞는 수준에서 배울 수 있었다. 가르치는 학생은 배우는 학생의 수준을 정확하게 알기 쉬웠고 그 학생에게 자신이 이해하는 수준에서 가르쳐줄 수 있었다.

전학은 결국 개별 학생 한 명을 도와주는 학생 한 명을 지정하는 제도였다. 이런 이유로 서당에 처음 입학한 학생들도 서당 생활과 분위기에 쉽게 적응할 수 있었다. 준호가 서당에 들어오면, 창수가 준호에게 말을 걸고 학습을 하는 상황이기 때문이다.

이외에 서당에서 학생들은 자신의 학습 속도에 따라 학습했다. 서당은 학년제도를 채택하지 않았다. 학생들은 정해진 교재들을 자신의 나이나 학년이 아니라, 자신의 속도로 학습했다. 다른 학생들의 진도나 학습 상황과 상관없이 자기의 공부를 채워나가는 형태였다.

이런 학습 방식은 완전한 개별화 수업은 아니었다. 학생들은 자유롭게 자신이 배우고 싶은 내용을 배우는 것은 아니었기 때문이다. 서당의 학생들이 반드시 배워야 할 내용은 이미 정해져 있었다.

학생들은 대체로 소학을 배우기 전에 한자학습서인 『천자문』, 『유합(類合)』 등을 배웠다. 그리고 때로 박세무와 민제인이 지은 『동몽선습』이나 율곡 이이가 지은 『격몽요결』 등을 익혔다. 이 책들은 기본적으로 소학이란 책을 학습하기 위한 책이었다. 소학은 유자징(劉子澄)이 스승 주희의 명을 받아 편찬한 책이다. 소학은 유자징이 완전히 새롭게 쓴 독립적 저술이 아니었다. 소학은 다수의 유학 경전에서 내용을 따와서 작성하는 방식을 채택하였다. 소학을 마치면 대학, 논어, 맹자, 중용 등의 사서를 배웠는데, 사서의 내용 중 상당부분이 소학에 포함되어 있었다.

서당에 다니는 학생들은 수업료를 지불해야 했다. 수업료는 강원도의 경우 1년에 쌀 1가마니(80kg) 정도였던 것으로 알려져 있다. 이 비용만으로 서당 운영이 어려웠기에 훈장들은 다양한 직업을 겸업하는 경우도 적지 않았다. 또한 지역사회의 여러 일들에 훈장이 참여하기도 하였다. 훈장은 아이가 태어나면 이름을 지어주고, 집을 새로 지으면 대들보에 붙이는 상량문을 써주었고, 결혼하는 사람이 있으면 택일과 궁합을 알아봐 주었고, 사람이 죽으면 지관으로서 좋은 묫자리를 찾아다녔다.

서당 풍속 중에 널리 알려진 것이 책거리(책씻이)이다. 책거리는 학생이 특정 교재, 예를 들면 천자문을 마쳤을 때 진행한 의례였다. 훈장이 “내일은 창수의 책씻이이다” 라고 말하면, 창수는 이 말을 부모에게 전달한다. 다음날 학부모는 떡, 술과 음식을 싸가지고 서당에 온다. 훈장은 학부모 앞에서 창수에게 천자문을 외우게 한다. 이 간단한 절차는 의도가 담겨 있다. 우선 훈장은 이 의례를 통해, 자신의 지도 능력을 뽐낸다. 학생은 학생대로 자신의 성취를 부모와 동료 학생들에게 자랑하는 기회를 갖는다. 부모는 부모대로 자식의 학업 상황을 확인할 수 있는 기회이다. 서당 아이들은 어떨까. 이날은 친구의 성장을 축하하면서 동시에 맛있는 간식을 먹을 수 있는 날이다.

조선시대 서당은 다양한 형태를 가지고 있어, 학교나 교육기관이라고 획일화해서 이해할 수는 없다. 서당 중에는 동계서당처럼 마을에서 운영하는 학교에 준하는 경우도 있지만, 숙사 1인이 일정 기간 학생 몇 명을 가르치는 경우도 서당으로 불렸기 때문이다.

이런 서당의 명칭이 사실상 초등단계 교육시설 교육기관으로 불리게 된 것은 일제강점기 「서당규칙」의 제정과 관련이 있다. 일제강점기에 일본의 교육당국은 민간에서 다양하게 이루어지는 초등단계 교육을 감독하기 위해 이를 서당으로 분류하고, 관련된 규제를 발표했던 것이다. 그것이 바로 「서당규칙」이었다. 「서당규칙」을 근거로 일본 교육당국은 조선의 민간 교육시설의 교육활동에 대한 규제를 할 수 있었다.

조선시대의 경우 서당의 숫자나 분포가 확인되지 않는다. 조선 정부가 이를 특별히 조사하지 않은 탓이다. 그러나 일본 총독부는 달랐다. 서당관리를 위해 서당현황을 조사 관리하였다. 일제 강점기 서당의 수, 서당 재학생 수, 지역 분포를 알 수 있는 이유는 일제가 서당에 대한 관리의 일환으로 조사를 진행했기 때문이다. 이 기록을 통해 대략 조선시대의 서당교육 상황을 짐작할 수 있다.

조선총독부에서 발간한 조선총독부 통계연보에 보면 서당은 다음과 같은 변화를 겪는다.[4] 서당은 1912년 18,238개, 학생 수 169,007명(여학생 349명), 교사 수 18,435명에서 꾸준히 증가한다. 그리고 1921년 학생 수가 최대에 이른다. 이 시기 서당 수는 24,193개(서당 수가 가장 많았던 시기는 1920년으로 25,482개였다), 학생 수는 298,067명(여학생 2,787명)이었다. 1921년 이후 서당의 재학생 수는 꾸준히 감소한다. 그 결과 1942년에는 3,052개의 서당과 153,784명(여학생 47,751명)이 되었다. 특이한 것은 서당 재학 남학생 수는 1921년 이후 꾸준히 감소하지만, 여학생 수는 꾸준히 증가한다는 것이다. 1912년 349명의 여학생이 서당에 재학했던 것이 1942년에는 47,751명이 된다. 서당 재학 여학생 수는 계속 증가 추세였다.

해방 후 서당은 어떻게 되었을까? 서당은 일시에 모두 사라져버렸을까? 그렇지 않다. 1945년 이후에도 서당은 한국사회에 계속 존치하면서 나름의 역할을 하였다. 초중등교육기관이 아직 충분히 보급되지 못한 시기인 1960년대 70년대까지 서당은 정규교육을 받지 못하는 학생들을 가르치는 역할을 했다. 초등학교에 다니지 못하는 학생들을 서당에서 교육했고, 중등학교 진학을 못 했지만 배움의 열망이 있는 청소년들도 서당에서 수학하였다. 1970년대 중반 이후 한국에서 초등과 중등교육기관의 수가 급증하면서 점차 서당의 정규 교육기관 보완기능은 약화되었다.

그러나 서당이 1970년대를 거치면서도 사라지지는 않았다. 서당은 앞에서 언급했듯이 초등수준의 교육을 담당하던 사적 교육기구이다. 교육기관이 아니다. 교육기구는

4) 오성철(2021), 「근대이후 서당교육의 사회적 특질」, 『한국초등교육』 제32권 제1호, 서울교육대학교, 25쪽 재인용, 원논문은 21-38쪽.

다양한 교육시설과 조직을 의미한다. 그런 시각에서 보면 지금도 서당은 우리 주위에 있다. 사설 학원이나 교습소가 바로 그것이다. 서당과 학원은 너무 다르다고? 서당은 본래 시대에 따라 다양한 교육내용을 가르쳤고 교육방식도 변화하였다. 조선시대의 교육내용과 교육방식을 사용하지 않는다고 해서 서당이 아니라고 할 수는 없다.

한국사회에서 서당으로 대표되는 사적 교육기구의 역사가 매우 길었고, 심지어 미래에도 여전히 살아남을 교육 기구이다. 서당은 한국 사회 구성원들이 오랫동안 가지고 있던 교육전통을 상징하는 교육기구라고 할 수 있다.

4. 조현명의 교육개혁

일반적으로 조현명의 권학절목은 향교를 중심으로 지방 교육을 개혁하려 했던 관학 중심의 교육체제 개혁안으로 이해되고 있다. 정만조는 이를 서원중심 지방 교육체제에서 관학, 곧 향교 중심의 교육체제로의 전환으로 해석한다.

> (조선후기) 동요해 가던 서원 중심의 교학체제를 대신하여 지방관의 주도하에 관학중심의 교학체제를 회복, 재건하고자 하는 성격을 지닌 것이었다.[5)]

정만조는 덧붙여 조현명의 개혁안이 당시 군현읍면이라는 지역 조직과 사숙・서원・향교・낙육재 등의 학교 제도를 결합시킨 것이라고 평가한다.[6)]

> 우선 주목되는 점은 교학 체제가 지방관의 적극적인 주관하에 관학 중심으로 조직되어 있다는 사실이다. 즉 상기의(권학절목) 1, 2, 3항을 종합해 보면 도(樂育齋) - 읍(鄕校: 都訓長) - 면(서원 산당: 면훈장, 각 면학도) - 리(私塾: 塾師, 學童)가 되는데, 이는 행정체계와 학제를 결부시킴으로써 교학체제의 일원화를 관학중심(官學中心)으로 도모한 것이었다.

5) 정만조(1987), 「영정조시대에 있어서의 향촌교학론 - 지방관의 흥학론에 대한 분석을 중심으로」, 『제2차 한일합동학술회의 한일근세사회의 정치와 문화』, (재)한일문화교류기금, 18쪽.
6) 정만조(1987), 「영정조시대에 있어서의 향촌교학론 - 지방관의 흥학론에 대한 분석을 중심으로」, 『제2차 한일합동학술회의 한일근세사회의 정치와 문화』, (재)한일문화교류기금, 16쪽.

윤희면도 이와 유사하게 조현명의 권학절목을 영조, 정조 대에 계속되는 향숙(鄕塾)－향교(鄕校)－감영(監營)－대학(大學)으로 이어지는 교육체계 확립의 시원(始原)으로 평가한다.[7)]

(조현명의 권학절목 이후) 도훈장, 면훈장을 선발하고 면리제(面里制)의 조직을 이용하여 향숙(鄕塾) - 향교(鄕校) - 감영(監營) - 대학(大學)의 체계로 된 교육 체계의 확립을 요구하는 내용의 상소가 영조, 정조 대에 계속 이어지고 있었다.

조현명이 낙육재를 수리하고 덧붙여 권학절목을 시행하게 된 배경으로 당시 영남지역의 정치적 환경과 이에 관련된 조현명 자신의 경험을 제외하고 이해하기 어렵다. 당시 영남 지역은 영조의 집권에 반대한 이인좌(李麟佐)의 난의 근거지로 지목되어, 조정으로부터 경계를 받고 있었다. 이 지역의 많은 유생들의 과거 응시가 정지되는 등 '무신난(戊申亂)'이 영남지역에 가져온 피해는 매우 컸다. 또한 조현명 본인이 1728년의 '무신난' 시 사로도순무사(四路都巡撫使) 오명힝(吳命恒)의 종사관으로 참여한 바 있었다는 점도 고려하면 영남지역에서 그가 교육개혁을 추진한 배경을 짐작할 수 있다. 실지로 그는 자찬 연보인 「자저기년」에서 권학절목의 시행 배경을 진술하였다.

영남은 시예(詩禮)의 지역이었으나 풍속이 쇠퇴하여 난역횡사(亂逆橫肆)하기까지 이르렀다. 그러므로 글을 지어 도의 사림들을 일러 깨우치고자 권학절목을 지었다.[8)]

무신난의 평정에 실제로 참여한 바 있는 조현명으로서는 자신이 담당하게 된 영남지역의 교화에 관심이 클 수밖에 없었던 것이다. 게다가 그가 경상도 관찰사로 부임한 시점이 사실상 무신난이 평정된 직후라는 점도 놓치지 말아야 한다. 그가 '권학절목'이 포함된 「통유도내사우문(通諭道內士友文)」에서 절절하게 언급하고 있는 것도 영남지역 풍속의 쇠퇴이다. 이것은 그의 권학절목 시행이 당시 영남 지역의 반 조정 분위기에 대한 대책임을 내비치고 있다.

7) 윤희면(1989), 『조선후기 향교연구』, 일조각, 190쪽.
8) 『귀록집歸鹿集』 권20 「자저기년」: 嶺南 以詩禮之鄕 風俗淪陷 甚至於亂逆橫肆 故發文通諭一道士林 著爲勸學節目.

조현명의 '권학절목'은 총 14개 조항으로 구성되어 있다. 각 조항의 주제는 다음과 같다.

(1) 도훈장의 선정
(2) 교임의 선정
(3) 각면 훈장의 선정
(4) 거재유생의 선정
(5) 각면학도의 선정
(6) 거재유생 및 각면학도의 명부 관리
(7) (생도들의) 교육의 단계
(8) (생도들의) 강학 교재와 회강시 평가 원칙
(9) 삼강이륜행실도의 강학(교화 책임자-지방교화)
(10) 과거시험의 준비
(11) 낙육재 생도, 거재유생의 선발
(12) 경전공부의 원칙
(13) 거쟁유생, 각면학도의 생활 지도
(14) 훈장 선발의 원칙

위의 목차를 유의하여 살펴보면 향교나 서원 등 교육기관을 기준으로 서술되지 않고, 도훈장, 교임, 면훈장, 낙육재생, 거재유생, 학도 등 교회자와 생도, 곧 인적 조직을 기준으로 서술되어 있음을 발견할 수 있다.

조현명 권학절목의 핵심내용은 다음과 같다.

(1) 읍에서 문학행의文學行誼로 명망이 뛰어난 자는 문과급제자, 남반, 생원, 진사, 유학을 따지지 않고 따로 한 사람을 택하여 도훈장都訓長으로 정하고 수령이 직접 가서 예로써 간곡히 청한다(一. 一邑中 有文學行誼名望最著者 毋論文, 南, 生, 進, 幼學 另擇一人 定爲都訓長 守令親往 以禮敦請).
(2) 이미 도훈장을 정한 연후에는 수령이 도훈장과 상의하여 따로 생원 진사 유학 중 문행을 갖춘 자를 교임校任으로 선정한다(一. 旣定都訓長 然後守令與都訓長相議 另擇生, 進, 幼學中有文行者 差定校任).
(3) 이미 교임을 정한 연후에는 도훈장과 교임이 상의하여 따로 각 면에서 문행이 뛰어난 자 한 사람을 택하여 각면 훈장으로 정한다. 큰 면은 수명으로 하고 면이 작아 합당한 인물이 없을 때는 부근에서 겸하도록 정한다(旣定校任 然後都訓長與校任相議 另擇各面中有文行者一人 定爲各

面訓長 大面則定數人 面小而無可合人 則從附近兼定).

(4) 도훈장과 교임, 면훈장 등은 상의하여 사족士族 중 15세 이상으로 총명단수하고 지행과 문재를 갖춘 자를 소읍은 5인, 중읍은 10인, 대읍은 15인을 따로 선택하여 향교에 들어가도록 권하고 관에서 양식과 물자를 지급한다. 교임이 권과를 전담하고 도훈장이 통령한다(一. 都訓長與校任, 面訓長等相議 別擇士族中十五歲以上聰明端秀有志行文才者 小邑五人 中邑十人 大邑十五人 或勸入鄕校 官給粮饌柴油 使校任專意勸課 而都訓長統領).

(5) 거재유생외에 사족, 중, 서를 막론하고 각 면에서 수를 한정하지 않고 따로 가르칠 만한 자를 택하여 각면 훈장으로 하여금 나누어 교도를 담당하게 한다(居齋儒生外 毋論士族中庶 各面勿限數 另擇其可敎者 使各面訓長 分掌敎導).

(7) 각 면(面)에 비록 훈장이 있더라도 일면(一面)의 거리 또한 수십 리이다. 작은 경우도 8~9리 이상이어서 학생들이 아침저녁으로 왕래하며 수학할 수 없다. 훈장 또한 한 명 한 명 입으로 가르치기 어렵다. 각각 자신의 부형父兄이나 혹은 인근의 숙사塾師가 매일 가르치게 하고 매달 초하루와 보름 두 번 날을 정해 서원書院이나 혹은 산당山堂등에서 모인다. 훈장과 학도가 문의를 강론하여 그 부지런하고 게으름을 살펴 본관에게 강한 결과 - 講紙 - 를 보고한다. 본관이 석 달 동안의 것을 합산하여 24획을 채운 자에게 지필묵 등을 상으로 준다(一各面雖有訓長 一面遠或數十里 小不下八九里 學徒不可朝夕往來受學 訓長亦難人人口授 各其父兄或比隣塾師 逐日課授 每月朔望兩次 約日期會於書院 或山堂等處 訓長學徒講論文義 考其勤慢 講紙報于本官 自本官通三朔合計 滿二十四畫者 自本官 以紙筆墨論賞).

(11) 거재유생은 그 문학을 시험하고 지행을 살펴 연말에 수령이 따로 추천한다. 영문에서 모아 고시한 연후 낙육재에 들어오는 것을 허락한다. 각면 학도 중 따로 재유를 대신할 자를 택한다(居齋儒生 試其文學 察其志行 歲末 守令別爲擧薦 自營門聚會考試 然後許入樂育齋 就各面學徒中 另擇升補於齋儒之代).

(14) 도훈장 이하를 초선할 때는 색목에 구애되지 말고 공론에 따라 힘쓰며 오직 문학과 명망을 위주로 한다(自都訓長以下抄選之際 勿拘色目 務從公論 唯以文學名望爲主).

도훈장은 해당 읍에서 문학(文學)과 행의(行誼)를 갖추고 명망이 있는 자 중에서 선발한다. 이때 그의 대과·소과 급제 여부 등 지위를 따지지 않는다. 도훈장을 선임할 때는 수령이 직접 찾아가 예로써 청한다. 이렇게 도훈장이 선임되면, 수령과 도훈장이 상의하여 교임(校任)을 선발하게 된다. 수령과 도훈장이 교임을 선정하는 것은 향교 내에서 도훈장의 지배력을 확보하여 거재 유생들의 원활한 향교 거재를 돕기 위한 것으로 생각된다. 이어 도훈장과 교임이 상의하여 각 면의 훈장을 선임하게 된다. 이때에도 지위보다는 문행을 갖출 것을 중요한 조건으로 규정하고 있다. 면훈장은 면의 크기에 따라 그 수가 1명 이상이 될 수 있고, 작은 경우는 다른 면의 훈장이 겸임하게 된다.

거재유생은 도훈장과 교임, 면훈장이 상의하여 해당 읍의 사족(士族) 중 15세 이상으로 총명하며 단정하고 지적이며 행동이 바르고, 글재주를 갖춘 자를 선발한다. 이때 읍의 크기에 따라 5인부터 15인까지 선택한다. 이들은 해당 읍의 사족을 대표하는 인재군(人才群)이라고 할 수 있다. 이렇게 선발된 거재유생들은 향교에서 기거하게 되며, 관에서는 이들의 식비 등을 지원한다. 이들의 직접적 지도는 교임이 담당하고, 도훈장은 이들을 통솔하게 된다. 거재유생 외에 각면학도라 하여 면내에서 지위를 따지지 않고 가르칠 만한 자를 고르고, 이들의 교육을 면훈장이 담당한다. 거재유생 중 일부가 낙육재로 승차하면 이들의 빈자리를 각면학도들 중에서 채우게 된다.

이런 조현명의 권학절목은 일견 낙육재(樂育齋) – 향교(鄕校) – 서원(書院) – 사숙(私塾)으로 이루어진 교육기관의 위계 체계인 것처럼 보인다. 그러나 조현명의 권학절목 체제를 현대의 공교육 체제와 유사한 위계적 학교 체제의 구축안으로 이해하기는 어렵다. 거기에는 다음과 같은 문제점이 있기 때문이다.

우선 조현명의 권학절목에는 서원 이하의 단계에 해당하는 교육기관(대체로 기초교육이나 아동 대상의 교육에 해당하는 영역을 담당하는 기관)이 설정되어 있지 않다. 단지 (7)조에서 부형(父兄)이나 인근의 숙사(塾師)에게 배운다는 담당 교사에 대한 언급만이 있을 뿐이다. 여기서 숙사는 조선후기 초보적 유학교육을 행한 이들에게도 붙여진 일반적 호칭으로서, 이들이 반드시 특정 교육기관에 속한 교사만을 의미하는 것은 아니었다. 즉 가장 기초적 교육 활동에 대한 언급(父兄·塾師)은 있지만, 그것을 시행하는 교육 '기관'에 대한 언급은 없는 것이다.

두 번째 문제는 (7)조의 내용 중 평소에는 부형과 숙사에게 배우고 월 2회 면훈장에게 배운다는 것은 사실상 동일한 시기에 진행되는 것이지 결코 부형과 숙사에게 배우기를 마친 후, 면훈장에게 나아가는 형태의 교육이 아니라는 점이다. 각면학도들은 부형과 숙사에게 수학하는 중에 월 2회 면훈장에게 지도를 받는다. 각면학도들은 부형과 면훈장 혹은 숙사와 면훈장에게 동시에 지도받는 것이지 사숙을 졸업한 후 서원이나 산당으로 승급하는 오늘날의 상급학교 진학(進學) 관행이 아니다.

세 번째는 각면학도 중에서 거재유생으로 올라가는 이들이 사족에 한정되어 있다는 점이다. 조현명의 권학절목에서 거재유생의 선발기준은 (4)조에 나타나 있듯이 읍의 사족 중에서 선발하게 되어 있다. 권학절목 (4)조에 따라 중인과 서인(中庶)의 경우 원칙상 거재유생이 될 수 없으므로, 거재유생의 낙육재 승보로 인해 생겨난 결원을 각면학도 중에서 선출하는 경우도 사족 출신들이 채우게 된다고 보아야 한다. 결국 신분적 제한이 남아 있는 것이다.

조현명 스스로도 자신이 행한 교육 개혁의 핵심을 교회자(敎誨者)－가르치는 자, 교수자－곧 훈장의 설치에서 찾고 있다. 그는 「자저기년」에서 권학절목 시행을 이만부와 이만 등을 세워 '훈장의 직무를 행하도록 한 것'이라고 요약하였다.

> 이어 노유(老儒)와 숙사(塾師)로 상주의 이만부, 안동의 이만 등을 일으켜 훈장의 직무를 행하도록 하였다. 상세한 것은 절목 속에 있다.9)

그는 여기에서 권학절목의 요점을 노유와 숙사인 이만부, 이만 등을 훈장으로 세웠다고 적고 있다. 그 스스로 권학절목의 핵심을 훈장을 세운 것으로 이해하고 있는 것이다.

조현명은 그중 상주지역의 식산(息山) 이만부(李萬敷, 1664~1732)와 안동(安東)지역의 이만(李槾, ?~?)을 매우 칭찬하고 있다. 이 두 사람 이외에도 안동 출신인 눌은(訥隱) 이광정(李光庭, 1674~1756) 역시 조현명 당시 도훈장으로 활동했던 것이 그의 문집을 통해 확인된다. 그의 문집에는 그가 조현명에게 편지를 통해 권학절목의 구체적 세부 지침에 대해 의견을 제시하는 편지가 남아 있고 그의 행장에도 그가 조현명이 경상도 관찰사로 재임할 때, 도훈장으로 활약했다고 기록되어 있다. 이 세 명의 도훈장은 조현명이 권학절목을 시행하는 과정에 참여하여, 시행 중 직면한 문제들에 대한 보완책을 제시하는 역할을 수행하였다.

그러므로 조현명의 권학절목 체제는 개인이 최하위의 교육기관에서 최고의 교육기관까지 오로지 학력이나 성적에 따라 순차적으로 승급하는 위계적 학교 체제로 보기 어렵다. 연구자는 조현명의 권학절목이 학교의 위계 체제를 갖추는 데 초점이 있었다기보다 도훈장과 면훈장이라는 교수자를 지정하고 이들을 중심으로 기존의 서원・향

9) 『귀록집(歸鹿集)』 권20 「자저기년(自著紀年)」.

교를 활용하려는 교육개혁안으로 이해하는 것이 적절하다고 본다.

도훈장과 면훈장 등의 훈장직이 조현명 당시 향교나 서원의 직책과 별개로 출발했다는 점과 당시인들이 조현명의 개혁을 입사(立師) 정책[10]으로 이해하고 있는 점, 거재유생의 강학 공간으로 향교만이 아니라 서원도 활용된 것 등은 조현명의 권학절목의 핵심이 특정 교육기관 자체의 개편을 통한 교육개혁안이 아니라, 훈장으로 대표되는 지역 교사의 지정에 있었다는 것을 잘 보여준다.

물론 이것은 권학절목이 향교나 서원과 무관한 교육 개혁책이었다는 의미는 결코 아니다. 권학절목 내에는 향교와 서원을 교육 공간으로 활용한다는 조항이 들어 있기 때문이다. 다만 내가 강조하는 것은 조현명의 개혁안이 향교나 서원 등 교육기관 운영에 대한 개혁안으로 환원되어 이해되어서는 안 된다는 점이다. 그의 개혁안은 지역 교육을 관장할 교사를 지정하고 그들이 담당할 지역 생도들을 선정한 위에 향교나 서원·산당, 사적 강학처 등 지역의 다양한 교육 거점을 활용하려는 지역 단위의 교육 개혁안이었다고 평가할 수 있다.

조현명의 개혁안은 위계적 학교체제 개혁안이 아니었다. 그는 세 명의 탁월한 영남 지역 유학자를 교사로 삼아 이들과 함께 하는 교육개혁안을 만들었다. 그리고 그것은 탁월한 교사 유무와 효율적 교육공간, 그리고 당시의 교육상황을 반영한 개혁안이었다. 또한 그의 교육개혁이란 교육기관 단위 개혁이 아니라, 교사라는 역할을 부여하고, 학생들을 지정하는 형식의 교육개혁이라는 점에서 특징이 있다.

10) 교사를 지정하고 역할을 부여하는 정책.

제 06 장

근대교육에서 현대교육으로

■ 이 장에서 다룰 질문들:
- 근대 교육에서 논란이 된 차별들은 무엇이 있었는가?
- 근대교수학습방식, 일제교수의 출현은 누가 주도했나?
- 근대화, 유럽식교육의 도입을 위해 조선 정부가 선택한 전략은 무엇인가?
- 사립학교들은 교육근대화 과정에서 어떤 기여를 했는가?
- 해서는 안 되는 교육은 무엇인가?
- 초등학교라는 이름은 어떻게 만들어졌나?

1. 교육에서의 차별

현실의 교육은 편향적이다. 교육은 그것이 이루어지는 사회적 맥락만큼의 편향(편견 Bias)을 가진다. 물론 교육은 본연의 가치나 공정성을 추구한다. 다만, 실제 교육이 이루어지는 과정에는 다양한 편향과 편견이 개입한다. 민주주의가 정착되고 개방적 시민사회가 형성된 경우도 이런 편향이 없는 사회는 찾아보기 어려울 정도이다. 이런 편향을 제거하는 것이 교육 본연의 가치와 공정성을 실현하는 하나의 방식일 수 있다. 교육 본연의 가치가 실현된 교육은 적어도 편향성을 갖거나 중시하지는 않을 것이기 때문이다. 교육분야의 편향은 과거부터 존재해 온 보편적 현실이다. 이 장에서는 지금도 한국교육에 존재하는 편향의 유래를 찾아본다.

먼저 종교적 편향이다. 종교적 자유가 헌법으로 보장된 한국사회에서 종교적 편향이라니? 공립학교에서 종교적 권장이나 포교가 금지되어 있는데 '무슨 소리냐'라고 생각하는 독자가 적지 않을 것이다. 맞다.

실제로 우리나라에서 1949년 발표된 교육법 제5조(법률 제86호)에서도 편견의 배제를 언급하였다.

> 제5조 교육은 교육본래의 목적에 기하여(맞추어) 운영, 실시되어야 하며 어떠한 정치적, 파당적 기타 개인적 편견의 선전을 위한 방편으로 이용되어서는 아니 된다. 국립 또는 공립의 학교는 어느 종교를 위한 종교교육을 하여서는 아니 된다.

특히 어떤 종교교육이든 국립과 공립학교에서는 엄격히 금지하였다. 현재의 교육법인 교육기본법에서도 여전히 동일한 문구가 남아 있다. 교육기본법 제6조에 교육의 중립성이란 이름으로 다음과 같은 규정이 있다.

> 제6조(교육의 중립성) ① 교육은 교육 본래의 목적에 따라 그 기능을 다하도록 운영되어야 하며, 정치적·파당적 또는 개인적 편견을 전파하기 위한 방편으로 이용되어서는 아니 된다.
> ② 국가와 지방자치단체가 설립한 학교에서는 특정한 종교를 위한 종교교육을 하여서는 아니 된다.

결국 우리나라 교육법 계열에서는 국립과 공립의 학교에서의 종교교육을 금하고 있을 뿐, 사립학교에 대해서는 동일한 조항을 적용하지 않고 있다. 사립학교의 경우는 종교교육 금지가 포함되지 않은 것이다. 여기에는 사립학교에 교육기회 부여의 책임을 부여한 것에서 찾을 수 있다. 국가재정의 부족으로 국립학교와 공립학교만으로는 충분한 교육기회를 보장할 수 없었고, 사립학교들의 설립을 적극 지원해야 하는 상황에서, 종교계열 사립학교의 종교 교육을 편견이라는 이유로 배제할 수는 없었던 것이다.

나의 경험을 비춰보면 소위 “미션스쿨”이라 불리는 중학교를 다닌 적이 있다. 이 학교에서는 성경 과목이나 예배시간, 혹은 일요일 종교활동 참여가 의무였다. 특히 종교활동에 참여한 증거로 “주보(교회에서 종교활동 전에 배포하는 종교활동 주별 안내문)”를 제출해야 했다.

한국사회에서 사립학교에서 종교적 자유에 대한 논란을 촉발시킨 사건은 2004년 있었던 사립 대광고등학교 종교활동 강요 논란이었다. 당시 대광고 3학년 학생이었던 강의석 씨가 학교 측의 재학생에 대한 종교활동 강요를 지적하고 이를 헌법상 종교의 자유를 침해한 것이라고 주장한 것이다. 그는 학교 측으로부터 퇴학 처분을 받기도 하였다. 한편 당시 대광고등학교 교목실장이었던 류상태 목사(49)는 강의석 씨를 지지

하는 입장을 서다가 사임하였다. 2007년 10월, 손해배상 청구소송에서 강의석 씨가 승소하면서 일단락되었다.

한국 사립학교에서의 종교교육은 변화를 맞이하게 되었다. 현재의 경우 대부분의 종교계열 사립 중등 및 고등교육기관의 경우 입학할 때 종교교육이나 활동에 대한 학생의 동의서를 받거나, 종교활동을 시행은 하되 강요하지 않는 형태로 변화하였다.

사실 이 문제의 근원은 한국에서 교육기회 확대시기에 종교계열 사립학교의 설립을 정부가 적극 지원하고(예산의 부족으로 중등교육기관을 국립이나 공립으로만 확충할 수 없었다) 암묵적으로 사립학교의 종교활동을 묵인해 준 결과였다. 사립학교 입장에서는 이전부터 보장된 교육권리로 보는 시각이 일반화되어 있었던 것이다.

종교와 교육의 밀착은 최근의 일이나 한국에서만 일어난 일이 아니다. 유럽의 경우 중세 이래 교육과 종교가 긴밀하게 밀착되어 있었다. 가톨릭은 당시 새로 발전하던 대학교육에 깊이 관여하였다. 단적으로 보면 당시 교사와 학생은 성직자로 취급되었을 정도였다. 한편 이런 상황은 가톨릭에 대한 저항운동인 종교개혁이 시작된 이후에도 계속되었다. 개신교단의 경우 종교적 목적의 무상교육과 의무교육운동이 확산되었다. 대표적 종교개혁가인 루터는 사실상 현재의 의무교육관념과 유사한 무상의무교육의 필요를 역설했다. 그는 모든 남녀 어린이들이 성경을 읽고 이해할 수 있는 수준의 교육이 필요하다고 주장했다. 교육의 목적이 여전히 종교적인 데에 있었던 것이다.

이후 유럽을 중심으로 종교와 교육의 분리가 점진적으로 이루어졌다. 프랑스 혁명 후 종교적 영향력이 점점 쇠퇴하였다. 종교와 정치의 분리를 계기로 종교와 교육 역시 분리되기에 이른 것이다. 물론 이런 변화는 점진적으로 이루어졌다.

민주주의를 표방하던 미국에서조차 교육에서 종교의 분리는 19세기에 들어와서야 논란과 논의가 시작될 정도였다. 미국사회는 종교적 박해를 피해 미국으로 이주한 초창기 개척민들의 문화에 기반하고 있었다. 그리고 이런 문화는 미국사회 전반에 영향을 주었다. 학교 역시 이런 문화에 기반하고 있었다. 학교에서는 개신교판 성경 킹제임스 성경을 읽고, 개신교 찬송가를 부르며, 기도문을 읊어야 했다. 거기에 반가톨릭적 내용의 교과서를 학습해야 했다.[1] 이런 상황은 19세기 초 뉴욕에 이주한 아일랜드계 가톨릭교도들의 반발을 불러 일으켰다. 이들은 미국사회에 정착하기 위해 자녀 교육에 관심을 기울였다. 그러나 이들이 보기에 공립학교가 무료로 운영된다는

1) 세라 먼데일, 세라 B. 패튼 저, 유성상 역(2014),『스쿨: 미국공교육의 역사 1770-2000』, 학이시습, 27쪽.

점을 빼면, 심각한 문제가 있었다. 공립학교 교육 내용이 반가톨릭적이라는 것이었다.

가톨릭 계열의 이민자들은 이에 대한 대안을 가톨릭 공립학교의 설립에서 찾았다. 개신교 교리에 따르는 공립학교가 가능하다면, 공적 자금으로 가톨릭학교를 설립하고 운영하는 데 사용해야 한다는 논리였다. 실제로 이들은 이런 생각을 행동으로 옮겼다. 가톨릭학교 설립과 운영 지원을 뉴욕시에 요구하기 시작했던 것이다. 그러나 이에 대한 개신교도들은 반발하였다. 이들은 가톨릭학교에 예산을 지원하면, 기존 공립학교의 예산이 삭감될 수밖에 없다는 사실을 인지했다. 이들은 가톨릭 학교에 대한 시 예산 지원에 반대했다.

관련해 1840년에는 뉴욕시청에서 이 문제를 둘러싼 토론회가 열리기까지 했다. 이 토론회에서 가톨릭교도들을 대변했던 존 휴(John Joseph Hughes, 1797-864) 주교는 공립학교의 개신교 편향 운영을 비판하고, 가톨릭 학교에 대한 교육비 지원을 요구했다.[2)]

존 휴 주교는 당시 다음과 같은 주장을 폈다.

> 우리는 아이들을 비종교적으로 훈련하고, 부모와 주교에 대한 믿음을 저버리게 강요하며, 가톨릭이라는 이름을 멸시하도록 교육하는 곳에 보내지 않을 것입니다. (중략) 나의 요지는 우리에게도 정당한 비율의 보통학교 예산을 달라는 것입니다![3)]

뉴욕시청의 토론회 후, 뉴욕의 학교장들은 가톨릭교도들이 불쾌해할 수 있는 교과서 내용을 찾아 제거하라는 명령을 받았다. 이후 뉴욕에서 학교에 등록하는 가톨릭 아이들의 수는 점점 증가했다.[4)]

2) 세라 먼데일, 세라 B. 패튼 저, 유성상 역(2014), 『스쿨: 미국공교육의 역사 17770-2000』, 학이시습, 28쪽.
3) 세라 먼데일, 세라 B. 패튼 저, 유성상 역(2014), 『스쿨: 미국공교육의 역사 17770-2000』, 학이시습, 29쪽.
4) 세라 먼데일, 세라 B. 패튼 저, 유성상 역(2014), 『스쿨: 미국공교육의 역사 17770-2000』, 학이시습, 30쪽.

한국사회의 경우, 조선시대까지는 유학이라는 준 종교(유학이 종교인가에 대해서는 논란이 있다)가 공식 학교교육과정의 핵심이었기에 조선 역시 종교적 편향이 학교에 내재했다. 당시 학교에 적을 둔 생도들은 소학을 비롯한 유학교재를 기본적으로 학습하였다.

한편 일제 강점기는 강점기대로, 학교 내에서 천황제의 강요를 위해 그리고 조선인들을 일본인으로 동화시키기 위해, 신도(神道), 즉 일본인들의 고유종교를 강요하였다. 소위 신사참배는 발로 그런 활동의 일환이었다. 신사(神社)는 신토가 신앙의 대상으로 삼는 800만의 일본 신들을 신도를 제사하는 곳이었다. 일제강점기 후반, 신토의 강요는 우리나라에서 개신교도들과 민족주의자들의 반발을 불러왔다. 특히 개신교도의 경우 신사참배 강요를 수용한 측과 거부한 측 사이의 갈등이 해방 후 촉발되기도 하였다.

1935년 5월에는 총독부 정무총감은 각 도지사에게 〈학교에서 경신숭조(敬神崇祖)의 념(念) 함양(涵養) 시설(施設)에 관한 건〉이라는 공문을 보냈다. 이 공문에서는 일선 학교에 '경신숭조(敬神崇祖: 신을 섬기고 조상을 숭배한다)'라는 명칭으로 신토(神道) 신앙을 강조하기 위해, 가미다나(神棚) 설치를 독려하였다. 같은 해 9월에도 총독부 학무국장이 〈학교직원의 경신사상(敬神思想) 철저에 관한 건〉이라는 공문을 통해, 학교직원들이 이 운동에 적극적으로 참여하도록 독려하였다.[5)]

총독부의 신사참배 강요와 학교에서의 신토 교육 강화에 대해 당시 기독교 계열 학교를 중심으로 반대 논의가 일어났다. 특히 개신교 세력이 강력했던 평양지역 개신교 계열 학교들의 반발이 거셌다. 1935년 평양의 개신교학교들을 중심으로 총독부의 신사참배 반대 논의가 일어나고 있었다. 개신교도들의 입장에서 신토를 숭상하거나 관련된 의례를 시행해야 한다는 것은 받아들일 수 없는 일이었다. 한편 이 문제에 대한 총독부의 입장은 간단히 말해, 신토는 종교가 아니다. 일본 법규상 그렇다는 것, 그리고 학교는 당연히 국가의 방침을 따라야 한다는 것이었다.

오노 총독부학무과장(大野, 總督府學務課長)은 이 문제에 대해여 다음과 같이 말했다.

> 이 문제는 극히 간단명료한 것이다. 즉 신사참배문제는 국가적 의식이요, 종교적 의식이 아니다. 그럼으로 신사에 참배치 아니한다는 것은 국가의식에 참배치 아니한다는 것이 된다. 그러타고 하면 일본영토 안에서 일본 국가의식

5) 『신편 한국사』 51 「민족문화의 수호와 발전」, 4) 침략전쟁기의 종교 이용·탄압정책(1931~1945).

에 참가치 아니하는 것은 결국 일본에 복종치 아니하는 것이 된다. 헌법상에도 신사는 종교가 아니라는 것이 명백하다. 이럼에도 불구하고 조선에 많은 공헌이 있는 기독교 선교사가 경영하는 학교들이 이 문제로 해서 철폐한다고 하는 것은 당국으로서는 알 수 없는 것이다.[6]

조선인 지원병 제도의 채용을 앞두고 1937년 12월에 조선총독부 학무국에서 마련하여 오노 정무총감과 미나미 총독에게까지 보고된 다음 자료는 식민지 교육의 내용과 의도가 무엇이었는지를 분명하게 보여준다.

조선에서 교육에 관한 방책

1. 조선에서 교육의 본지(本旨)는 일시동인(一視同仁)의 성지(聖旨)에 기초하여 교육에 관한 칙어(勅語)의 취지를 준봉(遵奉)함으로써 충량(忠良)한 황국신민(皇國臣民)을 육성(育成)하는 데 있다는 것은 말할 필요도 없다. 그렇지만 그 방법에서는 시세(時勢)와 민도(民度)를 잘 성찰하여 그것에 즉응하여 지도하는 것이 필요하다. 지금 조선에서 금후의 교육의 실제에서 강조하고자 하는 요점을 들면 (1) 황도주의(皇道主義), (2) 내선일체(內鮮一體), 즉 동화(同化), (3) 인고단련(忍苦鍛練)의 세 가지 점에 귀착한다. 전에 황국신민의 서사(誓詞)를 제정하고 기회 있을 때마다 반복 낭송시키고 또 황국신민 체조(體操)를 창정(創定)하여 항상 이를 실시하게 하고 있는 것은 필경 위 세 가지 점을 형식으로부터 정신으로 침윤(浸潤)하게 하고자 하는 방도에 불과하다.[7]

한편 학교에 존재했던 또 다른 편향성은 여성교육과 인종 차별의 문제이다. 여성교육에서의 편향이란 학교 교육에 내재되었던 여성과 여성교육에 대한 편향을 의미한다. 물론 이런 편향은 대체로 학교 밖 문화에 기인한다.

조선시대의 경우 여성교육은 가정에서 이루어지는 것이 보통이었다. 물론 이 시대 대다수의 남성과 여성 모두 높은 수준의 교육기회를 갖기 어려웠다.[8] 여성들은 가정 내에서, 가정의 경제적 수준, 문화적 수준에 따라 다양한 수준으로 학습했다. 일부

6) 『동아일보』, 「유예 요구에도 불응. 도 당국의 태도는 강경」, 1935년 12월 1일.
7) 김승태(2012), 「평양 삼숭(三崇)의 신사참배 거부투쟁과 폐교」, 『인문학연구』 Vol.42, 숭실대학교 인문과학연구소, 247쪽, －재인용, 大野綠一郎 文書, "(秘) "朝鮮에서 教育에 관한 方策", 1937.12.
8) 이 말은 한글교육조차 매우 저조했다는 의미는 아니다. 조선시대 한글 문해 수준이 결코 낮지 않다는 평가가 있다. 박종배의 학회 발표문 참조.

양반가나 양인가에서는 높은 수준의 문학적 재능이나 예술적 재능을 발휘한 이도 있었다. 유명한 이로 신사임당, 허난설헌 등이 있다.

그러나 여성들은 공식적 교육기관에 다닐 기회는 없었다. 성균관과 향교, 서원은 물론 서당에서도 여성은 학습할 수 없었다. 일본의 경우 에도시대 일부 테라코야에서 소수의 여성이 교육받은 사례가 있는 것과 다른 부분이다. 우리나라에서 여성교육이 교육기관에서 이루어진 것은 개화기에 이화학당(이화여자대학교의 전신)이 만들어진 이후였다. 그리고 갑오개혁 이후에는 드디어 여성들이 소학교에 다닐 수 있는 시대가 열렸다.

여성에게도 학교에 입학할 수 있는 기회가 주어졌지만, 여성은 학교교육에서 편견과 편향의 대상이 되었다. 우선 일정 기간 여성이 다니는 학교와 남성이 다니는 학교가 구분되어 있었다. 일종의 성별에 따른 분리였다. 대체로 분리는 공정함과 평등을 가장하지만, 실제로는 불평등과 차별을 내포하는 경우가 많다. 미국에서 흑인과 백인의 분리 교육이나 분리 생활이 그 예가 될 수 있다. 분리해야 할 합당한 이유가 없다면 분리해서는 안 된다. 차별을 공식화할 수 있기 때문이다.

한편 남성과 동일한 학교에 다니는 경우도 교육내용에서 차별이 있었다. 개화기조차 여성들에게 남성들과 다른 교과목을 배우게 했다. 물론 공통과목이 있었지만, 남자아이가 배워야 할 과목과 여자아이가 배워야 할 과목이 별도로 구분되어 있었다.

또 하나의 문제는 교육과정 내에 숨어 있는 차별이었다. 이것은 어느 과목을 배우게 하느냐 아니냐의 차원이 아니었다. 여성의 가정이나 사회역할을 암시하는 지문이나 삽화 자료들이 그것이다. 예를 들어 여성은 수학이나 과학은 못한다는 편견을 담은 내용이나, 가정을 묘사하면서 남성은 신문을 보고 여성은 요리나 육아 장면을 보여주는 식이다.

김순희가 5차 교육과정 국정교과서를 분석한 내용에 따르면, 교과서에 등장하는 남성의 비율이 여성에 비해 높았다. 남성 63.8%. 여성 36.2%. 또한 남성은 전 직종에 걸쳐 다양하게 종사하는 것으로 서술되었으나, 여성의 경우는 대부분 가사노동을 맡는 주부로 묘사되었다. 또한 가정에서의 남성 역할은 교육(54회), 꽃밭 가꾸기(11회), 음식 만들기 및 차리기(10회), 마중하기 및 마당 쓸기(8회)였고, 여성은 음식 만들기 및 차리기(79회), 교육(48회), 간호하기(19회), 장보기(16회) 등이었다.[9)]

9) 김순희(1995), 『국민학교 교과서에 나타난 성역할 내용에 관한 분석』, 연세대학교 석사학위논문.

현재, 학교 교육에는 이외에 또 어떤 편향이나 편견이 존재하고 있을까? 그리고 이 편향이나 편견은 어떤 점에서 문제일까? 우리나라는 1949년 교육법 제정 이후부터 꾸준히 교육에 관한 법률은 1940년대부터 편견과 차별, 편향을 계속해서 배제하였다. 그럼에도 현재의 학교와 학교교육에서 편견과 차별이 존재한다면, 그것의 이유에 대해서 성찰이 필요하다.

2. 일제교수-교사는 태양

21세기 현재 학교의 운영 모습은 다음과 같다. 학생들은 9시 전에 학교에 온다. 학생들은 지정된 교실이나 지정된 학급에서 교육과정에 규정된 학습내용을 한 명의 교사의 지도를 받는다. 학생들은 비슷한 연령대로 구분된 학년에 소속되며, 1년 단위로 학년 진급이 이루어진다. 학생들은 자기가 소속된 학급에서 때로 동료 학생들과 생활하며 학습한다.

교사가 다수의 학생을 학급에서 가르치는 방식을 제안한 인물은 요한 아모스 코메니우스(Johann Amos Comenius, 1592~1670, 이하 코메니우스)였다. 코메니우스가 17세기 인물이므로, 일제교수라는 교육 방식은 벌써 400년이 된 교육방식인 셈이다 코메니우스는 체코슬로바키아 출신의 개신교 신학자였다. 코메니우스는 개신교 성직자이면서도 교육에 대한 높은 관심을 가지고 있었다. 특히 코메니우스는 남녀 모두 교육대상이 되어야 한다고 주장했다.[10)]

개신교 성직자들은 대체로 교육에 깊은 관심을 가지고 있었다. 개신교 개혁자 중 한 명인 마르틴 루터(Martin Luther, 1483년~1546년) 때부터 개신교계에 있었던 사고방식을 계승한 것이기도 하였다. 마르틴 루터는 종교개혁 운동 과정에서 모든 아이들에 대한 강제 취학, 의무교육을 주장하였다. 실제로 코메니우스도 루터를 언급하며 모든 아이를 대상으로 한 교육의 필요를 정당화하려 하였다. 루터가 모든 마을과 촌락에 학교를 세워 남녀 모든 어린이를 교육하도록 강조했다는 것이다.[11)] 덧붙여 그는 당시의 교육 상황에 대해, 작은 촌락 중에 아직 학교가 없는 것이 있는 점과 학교가 세워진 경우도 부유층만을 위한 곳이라는 점을 문제로 지적하였다.

10) 정확실(1994) 역, 코메니우스 저, 『대교수학』, 교육과학사, 72쪽.
11) 정확실(1994) 역, 코메니우스 저, 『대교수학』, 교육과학사, 85쪽.

그러나 코메니우스가 가장 관심을 기울인 문제는 실용적이면서 효과적인 교육 방법이었다. 이 문제에 대한 사고의 결과물이 바로 『대교수학』이라는 저술이다. 코메니우스는 『대교수학』이라는 저술을 통해, 모든 교과를 가르칠 수 있는 효율적 교육방식을 제시하였다. 그는 『대교수학』의 목적을 이렇게 밝혔던 것이다. 이 책의 목적은 "모든 것을 모든 사람에게 가르치는 보편적 기술을 제시"하는 것이었다고 코메니우스는 언급한다. 그는 같은 책 서문에서 다음과 같이 『대교수학』의 저술 의도를 밝힌다.

> 교사는 덜 가르치고, 학생들은 더 배우며, 학교는 소음과 싫증과 부질없는 수고를 덜고 더 많은 여가와 즐거움의 확고한 발전이 있는 공간이 되며 기독교공동체는 어두움과 당혹과 분열이 줄어들고 그 대신 더 많은 빛과 질서와 화평과 안식을 얻게 되는 교수법을 찾고 발견하는 것이다(서문).

여기서 보듯이 코메니우스는 자신의 방법을 통해 높은 효율을 확보할 수 있을 것이라고 믿었던 듯하다. 학생들은 더 잘, 더 많이 배우며, 동시에 학교 교사들은 가르치는 수고를 덜 수 있을 것이라 기대한 것이다. 이 놀라운 방법은 무엇이었을까?

그는 또한 학교 자체의 효율성을 높이 평가하였다. 그는 효율적 교육을 위해 학교가 필요하다고 보았다. 그가 제시한 이유는 두 가지였다. 첫 번째 이유는 전문적 교사를 확보할 수 있다는 점이었다. 그는 당시 "자녀를 가르치기에 충분한 능력과 여가를 가지고 있는 부모가 거의 없기 때문에 전문적 교사가 필요하다"[12]고 주장한다. 두 번째 이유는 아이들을 집단에 포함시켜 교육할 때 더 효과적이라는 생각이었다. 그는 여러 아이들을 모아서 교육할 때 아이들이 더 잘 자란다고 강조한다. 재미있게도 코메니우스는 아이들을 모아서 가르치는 것을 "양어장에서 수천 마리의 물고기를 함께 키우거나 다수의 과실수를 함께 키우는 과수원이 효율적인 것[13]"을 근거로 든다.

하지만 코메니우스가 가장 관심을 기울인 부분은 교육방법이었다. 그는 당시 학교의 교육 상황에 대해 다음과 같이 지적한다. 학생지도 방법이 "너무나 엄격하여 학교는 소년들의 공포의 장소요, 지능의 도살장으로 여겨지며, 많은 학생들이 배우는 일과 학교가 싫어져서 기술공의 작업장이나 다른 직업을 찾아 간다."고 지적한다. 그리고 학교에 남아 있는 학생들조차(대부분 부모의 강요 탓으로 남는다고 코메니우스는 말

12) 정확실(1994) 역, 코메니우스 저, 『대교수학』, 교육과학사, 69쪽.
13) 정확실(1994) 역, 코메니우스 저, 『대교수학』, 교육과학사, 71쪽.

한다) 그 성취가 보잘것없다고 주장한다.[14)]

또한 교수방법 면에서도 비효율적임을 지적한다. "일 년에 학습할 수 있는 것을 5년, 10년 또는 그 이상의 연수가 걸리도록 마음을 붙들어 매어놓고 있다. 부드럽게 지능 속에 스며들게 할 수 있는 것을 가지고 강제적으로 집어넣는다. 아니 오히려 마음속에 쑤셔 넣고 두들겨 넣었다고나 할까. 마음에 선명하고 명료하게 깨닫게 할 수 있는 것을 가지고, 모호하게, 혼란되게, 복잡하게, 마치 까다로운 수수께끼인 것처럼 다루어 왔다."[15)]

이런 비판의 말미에 그는 자신의 교육방식을 다음과 같이 요약한다. "1) 채찍과 엄벌과 강요 없이 가능한 한 온유하게 그리고 자연스런 방법으로, 2) 학습한 것을 정확하게 인식하고 사용할 수 있도록 교육할 것이라고 약속한다."[16)]

보다 구체적으로 코메니우스는 자신의 교육방식의 기대효과를 소개한다. 매우 혁명적인 변화임을 보여주는 표현으로 이루어져 있다.

> 이 교육은 수고스럽지가 않으며, 쉽게 이루어질 것이다. 수업은 매일 4시간만 지속될 것이며 1인의 교사가 동시에 백 명의 학생을 가르치더라도 지금 한 명의 학생에게 소비되는 수고보다 10분의 1 정도의 수고밖에 들이지 않는 방법으로 이루어질 것이다.[17)]

이후 그는 교육과정의 구성과 배열, 제시 원칙 및 학급편성 등의 방식 등에 대해서도 구체적으로 서술한다. 특히 여기에서 두드러진 부분이 바로 일제교수라는 방식이다. 일제교수 방식은 한 명의 교사가 여러 학생들을 지도하는 방식이다. 현재 학급단위 교육방식과 유사한 것이라 할 수 있다.

그는 일제교수를 자연계에서 태양이 모든 사물을 비추고 장악하고 관리하는 양식에 비유한다. 일제교수 방식은 자연계를 모방한 것으로 태양은 교사를, 온갖 자연계의 사물은 학생들을 의미한다. 태양의 활동을 모방한 교육방식은 다음과 같은 조건을 갖추는 것을 의미한다.[18)]

---

14) 정확실(1994) 역, 코메니우스 저, 『대교수학』, 교육과학사, 86쪽.
15) 정확실(1994) 역, 코메니우스 저, 『대교수학』, 교육과학사, 86-87쪽.
16) 정확실(1994) 역, 코메니우스 저, 『대교수학』, 교육과학사, 90쪽.
17) 정확실(1994) 역, 코메니우스 저, 『대교수학』, 교육과학사, 90쪽.
18) 정확실(1994) 역, 코메니우스 저, 『대교수학』, 교육과학사, 175쪽.

> 각 학급에는 교사가 1명만 있어야 한다.
> 각 교과마다 1명의 저자의 책만이 사용되어야 한다.
> 전 학급에 같은 학습내용을 제공해야 한다.

코메니우스가 제시한 구체적 교수학습과정은 다음과 같다.[19)]

> 전체 학생을 10명씩 소집단으로 나누고, 각 집단마다 학생 1명이 통솔하게 한다. 그리고 이 대표학생도 그 위 계급의 학생을 통솔한다. 물론 그 학생의 위에는 더 높은 계급의 학생을 둔다.
>
> 교사는 절대로 개인대상의 수업을 하지 않는다. 학교 밖에서 사적으로든지, 학교 안에서든지 결코 안 되며, 오직 모든 학생을 동시에 가르칠 뿐이다. 그러므로 어떤 한 학생에게 가까이 가도 안 되며, 어떤 학생도 그에게 개별적으로 오게 하여도 안 되고, 오직 그 자리에 항상 머물러 있어야 한다. 마치 태양과 같이…

그리고 수업에서 교사들이 해야 할 구체적 전략으로 주의 집중, 재미있는 사례 소개, 매력적인 질문을 통한 흥미의 자극, 시각자료를 통한 주의 집중 유도를 언급한다. 또한 설명만으로 수업을 진행하지 않고 종종 학생들에게 지시나 질문을 해야 한다. "내가 방금 무엇이라고 했는지 이야기해 보라", "그 문장을 반복하라", "내가 어떻게 이 점까지 왔는지 이야기 해보라!" 등이다.[20)] 질문 시 답을 못하고 머뭇거리는 학생이 있으면 다음 학생에 질문하는 것을 반복한다. 이를 통해 학생들이 교사의 말에 더 집중하게 만들 수 있다. 잘 대답한 학생에게는 칭찬을 해주고 틀린 대답을 한 학생은 바로 고쳐주되 잘못된 이유도 알려주어야 한다.[21)] 마지막으로 수업이 끝날 때 학생들이 그날 수업 내용과 이전 학습 내용에 대해 무엇이든 질문하게 허용해야 한다.[22)]

매우 구체적인 지침으로 이루어진 그의 저술은 그가 실제로 이런 방식으로 교육해 본 경험이 있음을 보여준다. 실제로 해보지 않고는 할 수 없는 많은 제안들을 포함하고 있기 때문이다.

19) 정확실(1994) 역, 코메니우스 저, 『대교수학』, 교육과학사, 177쪽.
20) 정확실(1994) 역, 코메니우스 저, 『대교수학』, 교육과학사, 179쪽.
21) 정확실(1994) 역, 코메니우스 저, 『대교수학』, 교육과학사, 179쪽.
22) 정확실(1994) 역, 코메니우스 저, 『대교수학』, 교육과학사, 179쪽.

코메니우스의 교육방식이 전 세계에서 널리 활용하게 된 데에는 그가 강조했던 효율성이 적어도 외견상 거짓이 아니었다는 점, 실제 경험에 기초한 실제적 제안들이었다는 점에 있을 것이다. 그의 교육방식은 다수의 학생들을 동시에 소수의 교사들이 가르칠 수 있었다. 적은 비용으로 많은 학생들을 가르칠 수 있으므로 비용 면에서 효율적이며, 다수의 학생들을 동시에 지도하므로 학습 효율도 높은 것이다.

그러나 이 효율성 개념은 그림자 역시 가지고 있다. 일제 교수를 통한 수업방식은 교육의 질을 높이기 쉽지 않다. 개별 교수 방식에 비해 다수의 아이들의 충실한 성취를 보장하기 어렵다는 말이다. 아이들을 대상으로 맞춤형 교육이나 개별 학습이 어렵기 때문이다.

사실 현대 한국 사회에서도 이런 교수학습방식을 넘어서는 교육 방식에 대한 고민이 확산하고 있다. 그 경향을 보여주는 것 중 하나가, 대안학교 운동이나 홈스쿨링 운동이다. 이 운동에 동조하는 학부모들은 아이들 개개인에 맞는 교육 방식이나 방향을 추구하고 있다. 기존의 공교육체제에 대한 대안으로 이루어지는 이런 운동들은, 현재 한국교육의 상황에 대한 점검과 성찰이 필요한 시기가 된 것이 아닌가 하는 생각이 든다.

3. 근대시기 교육 유럽화 전략: 동도서기

한국은 정부 주도의 교육개혁이 빈번하게 이루어진 나라이다. 조선시대 이전에도 나름의 방식으로 교육정책 개편, 곧 교육개혁이 진행되기도 하였다. 이 글에서는 현재와 같은 교육체제를 만든 우리 정부의 교육개혁안들을 추적하며 그 의미와 한계를 생각해 본다. 여기서 교육개혁이란 중앙 정부 차원에서 의도를 가지고 시행한 교육 변경을 가리킨다. 그러므로 개인들의 노력이나, 지방자치단체 등에서 진행한 교육 개편은 포함하지 않는다.

여기서 중앙정부란 근대정부, 곧 유럽식 정치체제를 갖춘 정부만을 의미하지 않는다. 조선의 경우 정부, 의정부라는 말을 실제로 사용하였다. 또한 전국 단위에 미치는 행정력을 갖추고 있었다. 유럽이 중앙집권적 국가를 근대에 와서야 수립한 것과 차이가 있다. 그런 의미에서 이 절에서는 조선후기 근대적 교육을 도입하기 시작한 시기부터 국가주도 교육개혁에 대한 논의를 시작한다.

그러면 근대교육이란 무엇일까? 근대교육은 전 시대의 교육과 어떻게 다른가? 정재걸은 근대교육을 '교육기회의 보편화', '교육의 세속화', '교육의 민족주의화'라고 주장한다. 근대교육이 이전 교육과 달리 모든 사람에게 교육기회를 제공하고, 교육이 종교적 영향에서 벗어나며, 각 국가의 구성원이라는 민족주의적 교육 지향을 추구하게 된다는 것이다.

하지만 나는 이런 규정은 근대교육이 추구해야 할 목표를 제시하는 것이지, 근대교육의 출발점에서부터 이런 특징을 지닌다고 보지는 않는다. 오히려 현실적 근대교육의 기준은 유럽식 교육방식, 유럽식 교과, 유럽식 학교 체제에서 찾는 것이 적절하다. 왜냐하면 처음부터 바로 이 세 가지 성격이 교육현장에서 그대로 드러나지는 않기 때문이다.

1880년대부터 조선 정부 교육당국자들은 교육개혁의 필요를 실감하고 있었다. 1883년 원산에서는 주민과 관리들이 힘을 모아 원산학사를 설립했다. 원산학사에서는 문예반, 무예반으로 나누어 인재들을 교육하기 시작했고 이들이 가르치던 교과에는 전에는 없던 농업, 양잠, 채광 등 실용교과가 포함되었다. 원산학사는 민관이 새로운 교육의 필요를 실감하고 이를 실천에 옮겼다는 점에서 의미가 있다.

한편 선교사들이 곳곳에 유럽식 학교를 설립하고 있었다. 1886년 아펜젤러 목사는 배재학당을 시작으로 선교사들이 유럽식 교육을 소개하기 시작했다. 또한 인접 국가인 일본에도 유럽식 학교와 교육체제가 도입되고 있었다. 일본은 당시 모든 사람을 대상으로 하는 교육과 세계의 변화에 부응한 문명개화와 부국강병을 위한 근대교육을 표방하고 있었다.[23]

일본은 1872년 9월 5일에 학제의 성격과 구성을 담은 '문부성 포달 제13호 및 제14호'를 발포하였다. 여기에서 일본은 3단계의 학제, 곧 대학, 중학, 소학의 학교 체제 시행을 선언하였다.[24]

이런 대내외 상황 속에서 조선인들 중에도 유럽식 교육을 도입해야 한다고 생각하는 이들이 생겨났다. 실제로 당시 조선정부의 이런 상황을 보여주는 것이 고종의 1882년 8월의 교서이다.

---

23) 김정희(2019), 「일본 근대기 학제(學制)의 성립과정 －학제의 교육이념을 중심으로－」, 『한국일본교육학연구』 Vol.24 No.2, 한국일본교육학회, 27쪽.

24) 『학제백년사자료편(学制百年史資料編)』 일본 문부과학성 홈페이지.

기계를 제조하는 데 조금이라도 서양 것을 본받으면 바로 사교에 물든 것처럼 지목하는데, 이는 이해가 없기 때문이다. 그들의 종교는 사교이므로 마땅히 음탕한 음악이나 미색(美色)처럼 여겨서 멀리 하여야겠지만, 그들의 기계는 이로워서 진실로 이용후생(利用厚生)할 수 있으니 농기구·의약·병기·배·수레 같은 것을 제조하는 데 무엇을 꺼리겠는가! 그들의 종교는 배척하고 기계를 본받는 것은 사리에 어긋나지 않는다. 더구나 강약의 형세가 이미 현저한데 만일 저들의 기계를 본받지 않는다면 무슨 수로 저들의 침략을 막을 수 있겠는가! 안으로 정교(政教)를 닦고 밖으로 이웃과 수호를 맺어 우리나라의 예의를 지키고 부강한 각 나라들과 대등하게 태평성세를 누릴 수 있다면 어찌 아름답지 않겠는가![25]

고종은 여기에서 동도서기적 관점에서 유럽식 제도의 수용의 필요를 언급하고 있다. 동도서기적 관점이란 동도, 곧 동양의 도와 서양의 기의 병행을 의미한다. 동양의 도란 조선사회가 지향했던 유가적 가치를 의미하며, 서양의 기란 서양의 제도와 문물을 포함하는 개념이다. 이 두 요소가 사실상 다른 출발점을 갖고 있기에 융합이 가능한가는 어려운 문제였다.

근대 초기 고종을 비롯한 조선인의 대부분은 이런 동도와 서기가 융합이 아닌 병행, 공존의 가능성이 있는 것으로 받아들이는 경향이 있었다. 물론 동도와 서기의 병행, 공존은 본래 서양의 우월한 기술을 마지못해 받아들이면서도, 우리 고유의 것인 동도를 버리지는 말자는 소극적인 것이었다. 하지만 이런 관점이 아닌, 새로운 시각이 출현하였다.

그 시각은 동도의 가치를 적극적으로 해석하는 입장이었다. 이들은 동도를 이전부터 우리가 가진 것이어서 유지하자는 것이 아니라, 모종의 보편적 가치를 가진 것으로 해석하고자 하였다. 1822년 윤선학은 동도를 "온 천지에 영원히 변할 수 없는 이치"라면서 유학적 가치를 언급하였다.

아, 서법(西法)이 나옴에 기계의 정밀함과 국가를 부유하게 하는 방법에 있어서, 비록 주(周)나라를 흥성시킨 여상(呂尙)이나 촉(蜀)나라를 다스렸던 제갈공명(諸葛孔明)이라 하더라도 다시 그 사이에 참여하여 논하지 못하게 되었습니다. 군신(君臣), 부자(父子), 부부(夫婦), 붕우(朋友), 장유(長幼)의 윤

25) 『고종실록』, 고종 19년 8월 5일.

> 리는 하늘이 만들어 성품에 부여한 것으로 온 천지에 영원히 변할 수 없는 이치로 위에 있어서 '도(道)'가 됩니다. 백성을 편하게 하고 국가를 이롭게 하는 배, 수레, 병기, 농기는 밖에 나타나 '기(器)'가 됩니다. 신이 변혁하고자 하는 것은 바로 이 '기'이지 '도'는 아닙니다.[26)]

여기에서 윤선학은 동도, 곧 유학적 가치를 서양과 동양의 구분이 있을 수 없는 보편적, 이념적 실체로 선언한다. 그러면서 서양의 기를 이런 도의 실현에 도움을 주는 것으로 규정한다. 그는 이를 통해 동도와 서기, 전통적, 유학적 가치와 서양의 문물과의 괴리를 해소하려 하였다.

동도서기에 대한 신기선의 관점도 이를 이어받고 있다. 신기선은 도를 3강과 5륜을 포함한 유교윤리로, 기는 예악형정복식기명을 지칭하는 것으로 생각하였다.[27)] 그러면서 동양 사람들은 형이상에 밝아 그 도가 천하에서 뛰어나고, 서양 사람들은 형이하에 밝기에 그 기가 뛰어나다. 그러므로 동양의 도로써 서양의 기를 행한다면 지구의 5대주는 평정할 것도 못 된다[28)]고 주장한다.

이런 사고방식은 결국 동양에서 추구해 온 도의 가치를 긍정하는 것을 넘어 그것이 서양 문화까지 압도할 수 있는 보편적 이념이라는 점을 주장하고 있다. 이 점에서 동도와 서기의 병용이 가능하다는 것이다.

동도서기적 관점에서 유럽식 교육을 수용하기 위한 준비가 시작되었다. 그것을 보여주는 것이 바로 갑오개혁 시기에 이루어진 교육 개혁이라고 할 수 있다.

갑오개혁기 교육분야의 개혁은 크게 학제의 신설과 시행으로 볼 수 있다. 갑오개혁 시기 조선정부는 소학교, 중학교로 이루어진 학교 체제를 구성했다. 고등교육은 조선시대 최고 교육기관인 성균관을 개편하는 계획을 시행하였다. 소학교는 6년제로 중학교는 3년의 심상과, 4년의 고등과로 사실상 7년의 중등교육기간을 설정하고 있었다. 성균관의 경우는 기존 교육과정 외에 근대교과를 일부 적용하는 개편 방안을 마련하였다.

조선 정부는 교육에서 귀천의 폐지, 실용 교육의 강조, 덕양, 체양, 지양의 교육 등을 방향으로 설정하였다. 이 중 실용교육의 경우 그 의미가 명확하지는 않지만 대체로 유럽의 지식과 기술을 강조하는 것으로 해석할 수 있다.

하지만 당시 정부가 전면적으로 유럽식 교육을 수용한 것은 아니었다. 여전히 이전

26) 『승정원일기』, 고종 19년(1882년) 12월 22일 갑술.

27) 권오영(1982), 「동도서기론의 구조와 그 전개」, 『한국사시민강좌』 제7집, 일지사, 95쪽.

28) 권오영(1982), 「동도서기론의 구조와 그 전개」, 『한국사시민강좌』 제7집, 일지사, 79쪽.

의 문화적 전통은 계속 유지하려 하였다. 그것을 보여주는 것이 바로 덕양이다. 덕양의 내용은 다음과 같다.

> 덕양(德養)은 오륜(五倫)의 행실을 닦아 풍속의 기강을 문란하게 하지 말며, 풍속과 교화를 세워 인간 세상의 질서를 유지하고 사회의 행복을 증진시킬 것이다. 체양(體養)은 동작에는 일정함이 있어서 부지런함을 위주로 하고 안일을 탐내지 말며 고난을 피하지 말아서 너의 근육을 튼튼히 하며 너의 뼈를 건장하게 하여 병이 없이 건장한 기쁨을 누릴 것이다. 지양(智養)은 사물의 이치를 연구하는 데서 지식을 지극히 하고 도리를 궁리하는 데서 본성을 다하여 좋아하고 싫어하며 옳고 그르며 길고 짧은 데 대하여 나와 너의 구별을 두지 말고 상세히 연구하고 널리 통달하여 한 개인의 사욕을 꾀하지 말며 대중의 이익을 도모하라. 이 세 가지가 교육하는 강령이다.[29]

덕양에 표현된 오륜은 조선시대까지 중시되던 유학적 가치를 의미하는 것이다. 체양과 지양이 유럽식 사고를 반영한 것이라면 덕양은 이전의 가치체계를 계속 유지하려 한 것으로 볼 수 있다.

당시 사회에서 유행했던 동도서기라는 대응 전략과 맥을 같이하는 것이라 할 수 있다.

동도서기에 대한 이런 논의는 조선인을 비롯한 동아시아인들이 자신들이 추구해온 다양한 가치들을 유지해야 한다고 보면서도 현실적으로 서구 유럽의 기술을 수용해야 하는 상황에서 수립한 논리체계이다. 다만, 이들이 서구 유럽의 기술은 우수하고 동양과 조선의 문화는 후진적이라고 생각하지 않았다는 점, 상이한 가치체계를 가진 두 문명의 조화를 모종의 방식으로 도모했다는 점은 인류 전체 사고와 사상의 발전에 기여한 것으로 평가할 만하다. 내가 보기에 현재에도 만연한 타국의 교육정책을 무조건적으로 수용하거나, 한국 사회를 이런 교육정책의 실험체로 삼는 것보다는 매우 훌륭한 태도라고 말하지 않을 수 없다.

29) 『고종실록』, 고종 32년 2월 2일.

4. 20세기 초 사립학교 설립 노력

현재 우리나라의 사립학교는 공교육(초중등교육의 의미)에서 상당한 부분을 차지하고 있다. 2023년 현재 초등학교의 경우 전체 6,175개교 중 73개가 사립이다. 하지만 중학교의 경우는 3,265개교 중 623개교가 사립학교이다. 또한 고등학교는 2,379개교 중 945개교가 사립학교이다. 이 수치는 우리나라 교육 공식통계가 발표된 1962년 사립학교 수가 중학교 438개교(총 1,122개교 중), 인문계고등학교 167개교(총 338개교 중), 실업계고등학교 85개교(총 283개교 중)와 비교하면 사립학교 비중이 매우 감소한 것이다.[30] 우리나라가 본격적으로 공공 재정을 학교 설립 및 운영에 투자한 시기 이전에는 당연하지만 사립학교의 비중이 매우 높았다.

우리나라에서 사립학교의 비중이 매우 높았던 시기는 조선후기였다. 조선시대의 경우, 국가에서는 서울에는 사부학당과 성균관, 지방에는 각 군현에 향교를 두는 정책을 유지하였다. 국가에서 운영하던 이들 학교의 학생 수를 살펴보면, 사부학당 400명(각 100명씩), 성균관 200명 내외였고, 향교의 학생 수는 군현의 규모에 따라 학생 수가 90명에서 30명까지로 규정되었다. 조선시대 향교는 군현 단위에 1개교씩 설치하는 것이 원칙이었다. 따라서 향교의 수는 대략 320개 내외로 조선시대 내내 유지되었다. 변동이 있는 경우는 여러 이유로 특정 군현이 없어지거나 반대로 신설되고, 다른 군현에 통합되는 경우였다. 이 경우 행정구역의 편제를 따르는 향교의 수는 변화하였다. 하지만 조선후기까지 향교 수에서 큰 폭의 변화는 없었다.

이들 국가에서 운영하는 학교에 진학하지 못한 이들은 가정이나 서당, 혹은 개인적으로 선생을 선택하여 학습하였다. 이것이 조선 건국 후 초창기와 중기까지의 상황이었다. 그런데 조선중기 이후 서원이라는 사립학교가 등장하면서 이런 체제에 변화가 나타나기 시작하였다. 주세붕이 백운동서원을 창립하고, 이황이 서원을 통해 새로운 교육운동을 전개하려 한 덕분에 지방에서 서원의 보급이 이루어지고 있었다. 거기에 정부가 사액정책(본래 서원 이름이 적힌 액자를 내려주는 정책이었지만, 사실상 서원에 대한 정부의 인가와 세금 면제 등 재정 지원의 의미도 포함되어 있었다)과 각종 재정 지원을 확대하면서 서원의 수는 지속적으로 증가하였다.

서원의 증가 속도는 매우 놀라웠다. 지역민들은 자신들이 존경하는 인물을 제사하

30) 문교부(1964년), 『교육통계연보』.

고 본받기 위해 서원을 세우고, 서원에서 제사활동과 교육활동을 시행하고자 했기 때문이었다. 서원의 수는 지속적으로 증가하여 조선후기에는 향교보다 더 많은 수에 이르게 된다. 학자에 따라 서원 수 통계는 조금씩 다르지만 대체로 향교보다 2배에서 3배 정도 더 많은 것으로 추정된다. 대체로 서원의 수는 600~900개 정도로 알려져 있다. 즉 향교는 1개지만, 동일지역에 서원이 2개 혹은 3개씩 설립된 경우가 있었던 것이다. 이런 사립학교 설립 열풍은 지역민들의 교육열에 근거한 것이라고 할 수 있다.

개화기에 다시 한번 사립학교 설립 바람이 일어나게 된다. 개화기에 선교사들이 유럽식 학교를 설립하기 시작했다. 이 학교들도 사립학교였지만, 이런 선교사들의 유럽식 교육 보급에 자극된 지역민들과 부유층들은 자신들의 신념과 가치관을 전수할 수 있는 사립학교 설립에 매진하였다. 또한 당시 유럽 여러 강국들과 일본의 침탈에 저항하려는 동기 역시 사립학교 확산을 이끌었다. 일례로 1895년부터 사립학교 설립이 꾸준히 이루어졌고 20세기 초인 1910년대에는 거의 5,000여 개의 사학이 설립된 것으로 알려져 있다. 이 중 절반 이상은 일본의 방해로 인해 인가가 취소되면서 폐지되기도 하였다.

하지만 일제강점기에도 많은 사립학교들이 설립되면서, 나름의 교육목적과 가치를 실현하기 위해 노력하였다. 민족교육을 추구하던 사립학교나 종교계열의 학교들이 일제강점이라는 상황에서도 나름의 교육적 성과를 내고 있었다. 특히 일제강점기 미비했던 중등교육과 고등교육 영역에서 사립학교는 교육 기회를 제공하는 중요한 역할을 수행했다.

해방 직후에도 국가가 교육영역에 대한 재정 지원을 급속하게 확대할 수 없는 상황이었기에 우리나라 교육기회의 확대는 사립학교의 설립을 통해 이루어졌다. 해방 후 많은 사립학교들이 설립되었는데, 그중에는 많은 지역민들의 기부금을 기반으로 하여 설립된 경우도 있었다. 대표적인 경우가 광주광역시의 조선대학교를 들 수 있다. 조선대학교는 1946년 8월 조선대학교 설립동지회를 결성하였고, 이후 7만 2천여 명이 설립동지회에 참여하기도 하였다. 이는 일부 재력가만이 아니라, 다수의 지역민들이 참여한 학교 설립이라는 점에서 의미가 크다 하겠다.

이후 사립학교는 국가의 교육재정이 충분하지 않은 상황에서 실질적으로 교육기회를 확대하는 역할을 하였다. 국가는 사립학교 설립을 꾸준히 지원하였고, 사립학교 설립자들은 자신들이 추구하는 교육 가치를 실현하기 위해 사립학교 설립을 계속하였다.

사립학교가 확산되고, 공교육 영역에서 중추적 역할을 수행하면서 적지 않은 문제도 나타났다. 첫째 사립학교 운영의 비위 문제가 나타났다. 사립학교 운영자들이 비영리재단이라는 사립학교의 정체성을 도외시한 채, 이윤 추구와 사익을 확보하려는 경향이 일부 사립학교에서 나타났고, 사립학교에서 수학하는 학생들이 고스란히 그 피해를 받았다. 두 번째는 종교교육의 문제였다. 사립학교들은 나름의 교육목적을 실현하고자 설치한 것인 만큼, 설립자들이나 운영자들이 가진 가치관의 신념에 동조하지 않는 학생들의 경우 자신의 권리가 침해된다는 생각을 하게 되기 쉬웠다. 예를 들어 학교가 특정 종교를 추종하게 하거나 종교 행위를 강요한다는 불만이 일부 학생을 중심으로 나타났다. 특히 사립학교를 자기가 선택해서 입학한 것이 아닌, 학군 내 추첨 배정을 통해 학교가 결정된 학생들의 불만은 수긍할 만한 것이었다. 그러나 국가는 이 문제를 적극적으로 해결하는 정책을 현재까지도 펴지 못하고 있다. 이는 사립학교의 자율권을 보장해야 한다는 전제와 한국교육이 미비했던 시기 사립학교의 기여 또한 고려한 것으로 보인다.

최근에는 급격하게 출생률이 저하되면서 사립학교들의 경우 존립이 위태로운 상황에 이르기도 하였다. 특히 사립대학의 경우 그 영향을 더 크게 받고 있다. 일부 사립학교 법인은 청산절차를 밟고 있기도 하다. 출생률 저하로 인해 사립학교 중 특히 사립대학이 더 위태로워진 것은 왜일까? 여기에는 부적절한 국가교육정책의 탓도 있다.

1990년대 후반 우리나라 정부는 대학교육의 특성화와 질적 수준 제고를 위해, 대학설립 자율화 정책을 추진하였다. 이 정책을 대학설립준칙주의라고 부르는데, 간단히 말해 대학이 최소한의 교육여건만 갖추면 자유롭게 대학을 설립할 수 있게 하는 정책이었다. 당시 정책당국자들은 이를 통해 다양한 특성을 가진 대학들이 만들어지고, 대학 간의 경쟁을 통해 대학교육의 질이 높아질 수 있을 것으로 예측했다.

그러나 이런 예측은 결국 빗나가고 말았다. 새로 설립된 많은 사립대학들은 학생정원을 적극적으로 늘리면서도 교육 여건을 획기적으로 개선하는 데는 소극적이었다. 대학교육의 질을 높인다는 정책 의도가 잘 실현되지 못하고 있었다. 게다가 2000년대 이후 인구감소, 출생률 저하가 시작되면서, 교육당국이 기본적인 인구통계조차 확인하지 않았다는 비판이 있었다. 실제로 2010년대 중반부터 너무 많아진 대학의 구조조정을 정부가 선언하자, 사립대학에서는 "학교를 세우라고 한지 10년도 안 되어 다시 학교를 없애라고 한다"는 볼멘소리가 많이 나올 정도였다.

현재 사립학교는 학교교육 다양화 경향에 부응하여, 독자적인 교육 방향을 지향하는 경향을 강화하고 있다. 자립형 사립고와 대안학교들이 이런 경향을 선도하고 있다.

이들 학교들은 국공립학교와 다른 교육과정을 운영하거나 차별화된 특성을 강화하고 있다. 이를 통해 사학으로서의 정체성을 확립하고자 노력하고 있다. 한편 정반대의 현상이 사립학교 중 대학에서 나타나고 있다. 사립대학들은 출생률 저하로 인해 입학생의 수가 급감함에 따라 학교의 존속을 위해서 건학이념이나 본연의 교육 목표 달성보다 학교로서의 존속에 도움이 된다면 무슨 일이든 하는 상황에 이르고 말았다. 특히 대학 사이의 과도한 취업률 경쟁은 개별 대학의 특성이나 정체성을 구현하기보다, 오로지 취업에 도움이 되는 교육에 매진하는 문제를 드러내고 있다.

또한 일부 청산과정을 밟게 되는 사립대학의 경우는 그 청산 재산의 처리 문제가 난제가 되고 있다. 교육부 등에서 법률을 정비하고 있지만, 본래 비영리 법인이자, 공익을 위해 사회에 기증한 기관의 재산을 청산하여 다시 개인 재산으로 환원하는 것이 가진 다양한 문제들의 해결이 필요한 상황이다. 사립대학이 일반 기업은 아니기 때문이다.

한국에서 사립학교들은 국가가 충분히 제공하지 못한 교육기회를 보충하는 중요한 역할을 하였다. 이 과정에서 사립학교들은 자기만의 교육적 지향을 설정하고 추진함으로써 한국교육의 수준을 높이는 데 큰 기여를 하였다.

하지만 일부 사립학교의 경우 본래의 건학 이념에 충실하지 못하고 학교로서의 존속을 더 중시하는 경향도 나타내고 있고, 학교를 마치 개인의 사유물로 보는 경향이 점점 나타나 불법적인 학교 법인 매매, 법인 이사진의 교육권 침해 현상도 나타나고 있다. 이것은 사립학교라는 기관의 출발점이 잘못 설정된 탓이라기보다, 사립학교가 오랜 기간 존속하는 과정에서 설립자들의 의지나 이념은 약화되고, 교육 이외의 다른 논리가 개입하게 된 탓은 아닌가 하는 생각이 든다.

사립학교는 특정 개인이 주인이거나 이윤을 획득해야 하는 종류의 조직이 아니다. 사립학교는 소위 학교법인으로 불리는 비영리법인으로서 수익을 내서는 안 되며, 발생한 수익은 다시 학교에 투자되어야 하는 기관이다. 이런 학교의 운영권을 사고파는 것은 어불성설이며, 학교교육에 대한 정당한 지원 외에 법인이 학교 교원의 인사에 개입하거나 학교 재산을 전유하는 것은 매우 잘못된 행태이다.

이 점에서 종종 발생하는 사학에서의 소유권 논란과 전횡은 사립학교와 성격과 역할에 대한 잘못된 의식에서 기인한 것이라 하겠다. 매우 안타까운 부분이다.

5. 해서는 안 되는 교육: 일제 강점기교육

이 장에서는 과거에 실제로 있었던 나쁜 교육에 대한 검토를 통해 좋은 교육에 대해 성찰한다. 반면교사(反面教師)라는 말이 있다. 이 말은 모범이 되는 이나 경험을 통해 배우는 것이 아닌, 잘못된 사례, 경험, 인물로부터 바람직한 것을 배우는 형태를 지칭하는 표현이다. 우리가 역사적 탐구를 통해 얻을 수 있는 교훈도 여기에 해당한다. 이 글에서는 한국에서 실제로 시행되었던 교육 정책 중에서 나쁜 교육에 해당하는 사례들을 찾아본다.

좋은 교육이란 무엇인가. 사실 좋은 교육에서 좋음의 의미는 널리 합의된 것이 없다. 어떤 이는 좋은 교육을 학습자가 즐거운 교육, 어떤 이는 효율적인 수업, 어떤 이는 바람직한 내용을 가르치는 것 등 다양하다. 사실 좋은 교육에 대한 논의는 좋은 교육을 논의하는 범주 혹은 기준에 근거하여도 논의할 수 있다. 교육목표 면에서 좋음, 교육방법에서의 좋음, 교육과정에서의 좋음, 교사학생 관계에서의 좋음을 별개로 논의할 수도 있다. 독자들은 이를 감안하면서 과거 한국에서 시행된 교육사례를 검토하고 이를 통해 각 범주에서 좋음의 특성에 대해 성찰해 보기를 기대한다.

과거의 교육 사례 중 나쁜 교육으로 볼 수 있는 경우는 사회상과 관련해서 논의할 수 있다. 대체로 사회체제가 합리적이지 않거나 바람직하지 않을 때 그 사회에서 이루어지는 교육도 나쁜 것일 가능성이 높기 때문이다. 대부분의 경우 사회상이 학교 교육에도 그대로 반영되고, 사회의 문제가 학교의 문제로 그대로 구현되기 때문이다. 이 말이 학교가 사회와 동일한 성격을 띤다는 의미는 아니다. 학교가 사회와 유사한 성격을 띠는 것은 학교 구성원인 학생들이나 학부모, 교사들 역시 해당 사회, 해당 시대의 구성원이기 때문이다.

하지만, 나쁜 사회의 상황임에도 학교에서 교육적 판단과 도덕적 기준에 따라 적절한 대응을 할 수도 있다. 즉 사회에서 인종차별이 극심하더라도, 학교 내에서 인종차별의 잘못을 바로 잡으려 하거나, 학교 내에서 인종 차별을 금지하는 판단도 할 수 있다는 말이다. 이는 학교가 현재 사회를 그대로 반영하는 것이 아닌, 바람직한 사회와 가치를 실현하려는 목표도 지향할 수 있기 때문이다. 이는 학교 내의 교사공동체와 학생공동체 구성원들의 자기주도성이 강할 때 가능한 경우라고 할 수 있다.

본래의 논의로 돌아가 보자. 한국 역사에서 존재했던 나쁜 교육의 사례는 일단 가장 어두웠던 시대부터 찾아보는 게 현명할 것이다. 나는 그 시대를 일제 강점기라고 본다. 일제 강점기 교육을 살펴보며, 이 교육이 가진 문제들을 생각해보자.

일제 강점기라는 표현은 이전에 사용하던 일제시대(일본제국시대), 식민지 시기보다 일본 지배의 불법성과 문제를 적시한 표현이다. 일본 제국이 우리 공동체의 의사와 상관없이 지배한 것, 불법적 과정을 거쳐 지배한 것을 지적한 표현이 바로 일제 강점기이다. 이 시기 한국, 당시는 조선반도라고 불리던 곳에서 이루어진 교육을 개관해보고 이어서 당시 교육이 나쁜 교육으로 볼 수 있는 이유를 알아보자.

일제 강점기는 사실 1905년 통감부 시기부터 시작되었다고 볼 수 있다. 이때 대한제국의 외교권은 일본 제국에게 빼앗겼고, 일본은 사회 전반에 고문을 두어 간섭하는 방식을 취하였다. 교육 분야도 고문을 두고 간섭하는 방식은 마찬가지였다. 교육분야에서 나타난 변화 중 하나는 초등교육 기관의 명칭 변경이고, 다른 하나는 교육기간 단축이다. 세 번째는 일본어 수업의 필수화이다. 이 세 가지 변화는 통감부시기에 나타난 교육 분야에서 진행된 나쁜 교육 정책의 예이다.

일제 강점기 이전, 고종황제는 교육제도를 유럽식 형태로 변경하는 작업에 착수했다. 고종은 1894년의 갑오개혁과 1895년 교육입국조서라고 불리는 교육에 관한 교서를 발표를 통해 조선교육이 나아갈 방향을 분명하게 밝혔다. 이 교육입국조서에는 덕양, 체양, 지양이라는 새로운 교육목표들이 제시되었다. 덕양은 덕의 학습을, 지양은 지식의 학습을, 체양의 몸의 단련을 가리킨다. 또한 소학교와 중학교, 그리고 사범학교 및 각종학교가 설치되었다. 이 중 소학교의 경우는 초등교육을 담당하는 학교로서 본래 심상과 3년, 고등과 3년의 6년 과정으로 구성되었다. 중학교는 7년제로서 심상과 3년, 고등과 4년으로 결정되었다. 또한 고등단계의 교육을 위한 교육기관에 대한 논의와 준비가 이루어지고 있었다. 고등교육의 경우는 성균관을 유럽대학 제도로 개편하는 방안을 논의 중이었다.

그러나 일제 간섭이 시작된 통감부 시기 이후 이런 개혁안들은 변화를 겪게 되었다. 우선 초등교육 기관인 소학교는 그 명칭이 보통학교로 바뀌었다. 중등과 고등을 염두에 둔 소학교, 곧 첫 학교로서의 의미를 지닌 소학교에서 보통교육을 하는, 곧 대부분의 사람들이 학습하는 보통학교로 이름을 바꾼 것이다. 이런 이름의 변경은 초등교육이 곧 보통교육이고, 보통교육 이상의 교육은 비보통(非普通) 교육, 곧 특별한 사람들을 대상으로 한 교육이란 상징을 담고 있었다. 사실상 보통교육만으로 충분하다는 인식을 반영한 것이었다. 또한 보통학교의 수업연한(졸업을 위한 일반적 기간)도 6년에서 5년으로 단축되었다. 교육기간이 줄어든 것이다.

내가 이 시기 교육에 대해 나쁜 교육이라고 부르는 이유 중 하나가 교육기간의 단축이다. 물론 기간의 단축이 현실적이라고 변명할 수도 있다. 6년을 다니게 규정해도 어차피 일부 학생은 6년을 못 마친다는 논리이다. 당시 의무교육이나 무상교육이 아닌 상황에서 교육기간을 계속 6년으로 설정하더라도 교육비의 상당 부분을 학부모들이 부담했다. 이에 따라 일부 학생들은 분명 6년 수학을 마치고 졸업할 수 없었다. 그러나 국가가 교육비를 부담하고 있지 않은 상황에서 수학 기간 단축은 일부 학생들의 교육기회를 제한한 것일 수밖에 없다. 또한 당시의 시급하게 유럽식 교육제도를 수용해야 한다는 사회 분위기를 고려하면 이런 정책은 문제가 있었다.

또한 중학교 역시 교육기간이 5년으로 단축되었다. 이런 교육기간 단축은 결국 교육의 질이나 저변 확대에 교육당국이 관심이 없음을 보여주는 것이라고 할 수 있었다. 교육정책의 경우, 교육의 질 개선이나, 교육 수혜자 축소 방안은 나쁜 정책으로 볼 수가 있다. 물론 이런 평가는 종합적이어야 한다. 어떤 특징이 나타난다고 해서 반드시 그것이 나쁜 것은 아니다. 다만, 맥락과 상황이 교육의 질을 높여야 하거나 높일 수 있는데도 교육을 질을 낮추려 한다든가, 교육기회를 충분히 확대할 수 있는 여력(예산, 사회적 합의)이 있는데도 이를 하지 않는 경우는 바람직한 정책으로 볼 수 없다.

또한 일본어의 필수화도 눈여겨볼 부분이다. 당시 조선은 여러 강대국들의 이해관계가 얽힌 나라였다. 청나라, 러시아, 일본, 미국, 프랑스 등이 그 나라들이다. 또한 갑오개혁기 유럽식 교육의 수용이나 부국강병을 위해 유럽 여러 나라의 언어를 배워야 한다는 여론이 적지 않았다. 그런 맥락에서 소학교 교육과정에 외국어가 포함되었던 것이다. 그런데 통감부시기에 외국어가 일본어로 변경된 것이다. 이건 다시 말해 유럽이 아닌 일본을 모방의 대상으로 설정한 것이기도 하였다. 이젠 유럽국가가 아닌 일본과 긴밀한 관계를 형성해야 한다는 시사이기도 하다. 일본어의 필수화는 일제 당국의 한반도 지배의도가 담긴 정책이었다는 점에서 나쁨의 사례라고 할 수 있다.

일제강점기 교육에서 또 다른 나쁨은 학습자의 분리 조치에서 기인한다. 일제 강점기 조선에는 다양한 학습자들이 있었다. 조선인, 일본인이 그 대표적 유형이었다. 이 중 조선인과 일본인들은 다른 유형의 학기에 다녔다. 조선인은 조선교육령이 정하는 조선식 학교에, 일본인은 일본 교육법에 따라 설치된 학교에서 공부했다. 조선교육령 자체가 이런 분리를 전제로 한 정책이었다. 조선교육령은 일본이 조선에만 적용되는 교육법령으로 만든 것으로서, 일본의 교육법과 내용이 상이하였다. 일본은 조선 외에도 대만에서 「대만교육령」이라는 교육법령을 시행하였다. 이런 분리 자체는 일견 차별과 무관한 것으로 보이지만, 분리 중에 차별을 위장하고 있는 경우도 없지 않았다. 미국에서 과거 일부 주에서 실시했던 흑인학생과 백인학생의 분리 정책이 그 예이다. 이런 정책은 결국 백인과 흑인 학생들의 학습 경험에서 격차를 만들거나, 인종차별적 성향을 고착화시켰다는 점에서 문제가 있다. 이 말은 이런 제도의 존재 자체가 인종차별 자체를 정당화를 당연한 것으로 보여준다. 당시 이런 분리를 오히려 배려라고 주장하는 이들도 있지만, 두 가지 점에서 문제가 있었다. 하나는 분리된 두 인종의 교육여건, 곧 학습여건이 동일하지 않았다는 것이다. 동일지역 흑인들의 교육여건이 백인들의 그것보다 좋지 않았다. 또 하나는 이런 분리가 결국 두 인종이 다르며 공존할 수 없다는 이데올로기를 강요한다는 점이다. 분리가 결국 두 인종의 생활권의 분리를 관행으로 만드는 것이다.

조선에서 이루어진 일본인과 조선인의 분리 교육 정책은 이런 점에서 한계를 가진 것이었다. 그렇다면 만일 일본인과 조선인을 한 학교에서 교육한다면 어떻게 될까? 사실 이런 상황이 일제 강점기 후반에 나타났다. 일본은 조선인들의 요구에 따라, 원하는 경우 조선인들이 일본인 학교에 다닐 수 있게 하였다. 하지만 학교 내에서 민족 차별이 사라지지는 않았다.

흔히 이런 생각을 하기도 한다. 당시 일본인들 중에서 예의 바르고 선한 이들도 있었다고 말이다. 이것은 실제로 사실이다. 조선에 있던 일본인들 중 일부는 조선인들을 호의적으로 대했을 수 있다. 또한 실제로 폭력이나 착취를 하지 않는 이가 있었을 수 있다. 그러나 우리가 주목해야 할 것은 구조이다. 일부 선한 행위자가 있었더라도, 제도와 구조에 충실한 이도 있었기 때문이다. 인종차별이 극심했던 미국에도 일부 백인농장주들은 노예들을 인간적으로 대했던 경우가 있었다. 그러나 이런 사실들이 있다 해도 그것이 노예라는 제도나 인종차별을 정당화하거나 없었던 일로 만들 수는 없다.

다른 하나는 전체주의적 교육의 문제이다. 일제강점기는 전체주의적 관점에서 교육을 진행하였다. 일본 총독부에서는 조선인들이 자유로운 생각을 가지고 자기들만의 이상적 사회를 만들어 나가는 의지를 갖도록 지원하지 않았다. 총독부는 조선인들에게 일정한 삶과 사고의 방식을 강요했고, 이는 전형적인 전체주의적 발상이었다. 심지어 일제강점기 후반에는 황국신민이라는 의식을 강조하였다. 이 중 학생들에게 강조한 내용은 다음과 같다.

하나, 우리는 대일본제국의 신민입니다.
둘, 우리는 마음을 합하여 천황폐하에게 충의를 다합니다.
셋, 우리는 인고단련하여 훌륭하고 강한 국민이 되겠습니다.

이 내용을 보면 학생들에게 개인으로서 살아가는 것이 아닌, 일본 왕에게 충성하는 인간을 표방한다. 물론 우리가 공동체 구성원으로서 살아간다. 순전히 개인주의자로서, 사회의 일원으로서 살 수 없다. 하지만 개인주의자로서 공동체의 가치를 존중하며 자신의 자유를 누리는 것과 자신의 모든 삶과 행위를 왕이나 공동체에 복종하는 것은 다른 문제이다. 이 점에서 전체주의는 한계가 있다. 철저한 개인의 무시는 좋은 교육일 수 없다.

또 하나는 학생이 속한 공동체의 가치를 무시한 것을 들 수 있다. 학생들은 누군가의 자녀이다. 이들은 특정 가족 공동체, 지역 공동체, 민족 공동체의 일원이다. 그런데 학습자가 소속된 공동체의 가치가 무시된 교육을 한다는 것은 문제가 있다. 일제강점기의 경우는 조선인 공동체가 지향하는 가치나 목표, 바라는 교육내용을 가르치려 한 것이 아니라, 일본 제국의 목적과 가치를 강요하였기 때문이다. 그리고 당연히 이 가치는 당시 조선인 공동체가 일반적으로 지향하는 가치나 바람직한 모습은 아니었다.

한편 또 하나는 동화의 강조이다. 일제강점기의 동화는 조선인들에게 일본의 가치를 내면화시키거나 강요하는 과정을 의미한다. 공식 언어로 일본어를 사용하게 하고, 일본의 국민이라는 정체성을 강요하였다. 이런 동화주의는 식민주의라는 일본 행위의 결과였다. 어쩌면 물질적 재화나 용역만 수탈하는 방식이 아니라, 인간의 정체성까지 수탈의 대상으로 했다는 점에서 그 잔인함이 극심하다고 하겠다.

일제강점기 조선인들은 이민자가 아니었다. 식민지로 강제로 편입된 이들이었다. 즉 자발적 특정 국가의 소속이 된 이민자와 달리 이들은 대부분 일본의 식민지인이 되겠다는 자발적 선택을 한 적이 없었다. 물론 일부 친일파들은 여러 가지 이유로 이에 동의한 것처럼 행동했다. 일제강점기 동화주의는 강요된 동화라는 점에서 현재의 다문화국가의 상황과 동일하게 볼 수 없다. 일제강점기 교육은 학생이 속한 생활 공동체의 가치와 지향을 무시했다는 점을 들 수 있다.

일제강점기 학교에서 이루어진 교육방법은 어떻게 평가할 수 있을까? 물론 수업방식에서의 문제도 생각해 볼 수 있다. 그러나 수업방식과 별개로 교사의 태도와 학교의 분위기도 논의할 필요가 있다. 일제강점기 교사들은 억압적 분위기를 조성한 것으로 알려져 있다. 1910년대에 제복과 도검을 휴대하는 등 학생들에게 위협적 분위기를 조성한 것은 매우 유명하다. 교육현장에서 고압적 분위기를 어떻게 평가할 수 있을까? 억압적 교육분위기는 교육효과를 과연 증가시키는 것일까? 고압적 분위기는 물론 학생들의 학업성취를 높일 수 있다. 하나의 보상체계로 작용할 수 있기 때문이다. 불안이라는 부적 보상을 통해서 말이다. 하지만 효과가 있다고 해서 바람직한 것은 아니다.(효과가 있다는 것은 의도한 목적에 상응하는 결과를 얻는다는 의미이다)

다음은 교육목표의 좋음에 대해서 생각해 보자. 좋은 교육목표란 무엇일까? 일제강점기 교육은 우선 조선인들에게 조선인으로서의 정체성을 갖도록 하는 데 있지 않았다. 일본인, 정확히는 2등일본인이 되도록 교육하려 하였다. 학습자인 조선인들에게 2등일본인이라는 이질적인 정체성을 강요한 것이다.

교육내용의 면에서도 나쁜 측면이 무엇인지 고려해 볼 수 있다. 일단 일본어를 국어로 강조하고 조선어 교육을 최소화했다는 점을 문제로 지적할 수 있다. 이것이 조선인 학생들에게 필요하고 의미 있는 것인지 고려하여 평가해 볼 때 긍정적인 변화라고 결코 말하기 어렵다. 그 외에 다른 교과들과 교육과정의 문제도 적지 않으리라 보지만, 이에 대해서는 나의 능력을 넘어서기에 더 이상 논의하지는 않겠다.

다만, 여기서 생각해 볼 한 가지 문제는 일제 강점기 당시 교육체제 중 일본에도 적용된 전체주의적 교육 원칙은 일본인에게도 좋은 것일 수 없었다는 점이다. 전체주의적 교육으로 인해, 일반 일본인들의 경우 자신들의 인간으로서의 권리를 누리지 못했다고 평가할 수 있다.

6. 국민학교에서 초등학교로

우리가 사용하는 용어에는 나름의 서사가 담겨 있다. 초등학교라는 명칭도 나름의 서사를 담고 있다. 이 글에서는 초등학교에 담긴 서사를 통해 초등학교가 가진 의미를 되짚어 보고자 한다.

19세기 말부터 조선에 서유럽과 미국식 교육이 소개되기 시작하였다. 개신교 선교사들이 교회와 함께 학교 설립에 노력하였다. 이를 통해 유럽식 교육제도와 교육 방식이 점차 조선인들 사이에 알려지게 되었다. 개항장 중 하나였던 인천에서도 매우 일찍

선교사들에 의해 유럽식 초등교육이 싹트고 있었다. 19세기 말 인천 내리교회에서는 부설학교로 영화학당이라는 초등교육시설을 설치하여 아동교육을 진행하였다.

조선 정부도 새로운 교육 체제 도입에 관심을 가졌다. 조선 정부는 우선적으로 초등 단계교육기관의 설립에 관심을 가졌다. 조선 정부가 이때 처음 선택한 초등교육기관의 명칭은 소학교(小學校)였다. 소학교라는 명칭은 일본과 중국에서도 사용하던 초등 단계교육기관의 명치이고 했지만, 사실 조선시대까지 아동교육을 담당하는 서당 같은 학교를 소학小學이라 부르던 관행과도 잘 맞아떨어졌다. 조선정부는 6년제 소학교를 법제화한 후, 소학교 설립을 추진하였다. 이후 전국에 몇 개의 소학교가 만들어졌고, 소학교 교사를 양성하는 사범학교로 한성사범학교도 설립되었다. 소학교라는 용어는 조선의 교육전통을 계승하면서 유럽식 색채를 가미한 명칭이었다.

그러나 소학교라는 초등교육기관의 명칭은 오래가지 못하였다. 1905년부터 일본제국의 간섭이 노골화되면서, 소학교라는 명칭은 보통학교로 바뀌고 말았다. 이 변화는 단순한 명칭 변경으로 보이기 쉽다. 그러나 보통학교라는 용어는 소학교라는 용어와 다른 의미를 내포하였다. 보통학교는 보통의 교육, 곧 누구나 동일한 수준의 교육을 뜻하지만, 다른 면으로는 보통학교 이후의 교육은 필요 없다는 의미도 함축하고 있었다. 소학교라는 표현이 다음 단계의 교육, 곧 중등교육이나 고등교육에 대한 요구를 함축하는 것과 다른 것이다. 실제로 일본은 총독부를 설치해 조선을 강제로 통치하는 상황에서 조선인들의 고등교육과 중등교육 기회를 최대한 제한하는 정책을 유지했다. 보통교육 역시 일본 총독부 입장에서는 제한의 대상일 뿐 확대나 지원의 대상이 아니었다. 일본은 보통학교의 교육기간을 이전보다 축소하는 정책을 펼 정도였다. 통감부 시기 이후 조선의 보통학교 교육 기간은 4년으로 단축되기에 이른다. 그야말로 낮은 수준, 짧은 기간의 보통교육이 일제 교육당국의 방침이었다.

한편 일본제국은 군국주의를 노골화하면서 조선에서의 초등교육기관의 명칭을 일본과 동일한 명칭으로 변경하였다. 조선의 보통학교를 일본 초등교육기관의 명칭과 동일하게 소학교로 변경했던 것이다. 그리고 다시 1941년부터 일본에서 소학교 대신 초등학교라는 이름을 사용하기 시작하자, 총독부는 조선에서도 1943년부터 국민학교라는 명칭을 사용하게 하였다. 일본과 조선에서 국민학교는 황국신민의 학교를 의미하는 것이었다.

이처럼 학교 명칭을 일본과 조선이 동일하게 바꾸었지만, 일본과 조선의 초등교육에는 커다란 차이가 있었다. 일본이 초등단계 교육을 의무교육으로 시행하고 있는 것과 달리, 조선에서는 초등교육을 의무화하지 않았다. 일본은 20세기 초, 초등단계교육의 의무화가 완성되었지만, 총독부는 1945년까지 조선에서의 초등단계 교육 의무화를 적극적으로 추진하지 않았다. 국민학교로 명칭을 변경하여 황국신민의 도를 교육현장에서 강요하면서도 조선의 학습자들에게 의무교육이나 무상교육원칙을 적용하지 않았다. 조선의 학습자들은 자비로 황국신민이 되는 교육을 받아야 하는 상황이었던 것이다.

이런 상황에 극적인 변화를 가져온 것이 광복이었다. 광복 후 한국사회는 새로운 교육을 할 수 있는 기회를 갖게 되었다. 미군정 통치하 남한에서는 미국식 교육을 참고하면서 새로운 교육을 준비하는 이들이 생겨났다. 다른 사회 분야와 마찬가지로 당시 교육계에서도 일제 잔재 청산이 화두가 되었다. 일본의 전체주의 교육과 비교육적 교육에 대한 비판과 극복이 교육관계자들 사이에서 논의되었고, 새로운 교육으로서 민주적, 민족적 교육을 표방하는 새교육을 추구하는 이들이 생겨났다.

그리고 일제강점기까지 제약되어 있던 교육기회의 확대가 진행되었다. 해방 후부터 적어도 초등교육은 의무화한다는 방침이 교육당국의 핵심 정책이 되었다. 사실 초등교육의 의무화는 대한민국 임시정부의 교육 원칙이기도 하였다. 그러나 이런 새로운 교육에 대한 논의 중에 빠진 잔재가 있었다. 그것은 국민학교라는 초등교육기관의 명칭이었다. 일제 잔재 청산 과정에서 국민학교라는 이름은 일제잔재로 인식되지 못했던 것이다. 거기에는 국민이라는 표현이 가진 익숙함 탓일지 모른다. 일본은 패전 후, 초등교육기관의 명칭을 국민학교에서 소학교로 변경했는데도 말이다.

대한민국 정부 수립 후 교육당국은 학교 명칭 변경보다, 교육기회 확대에 관심을 기울였다. 한국전쟁이 있었음에도 초등단계 교육의 의무화 사업은 성공적으로 진행되었다. 초등단계 교육의 의무화는 일사 분란한 국가사업으로 진행되었다. 이에 따라 1959년에는 취학아동의 국민학교 취학률이 96%에 이르는 성과를 거두었다. 1960년대에도 학교 신설 및 학급 증설 등의 교육 투자가 지속되었다. 그러나 학급당 학생 수를 60명 이하로 줄이려는 계획은 쉽게 달성하지 못하였다. 이후에도 교육의 질보다 양, 곧 취학률 증대에 초점을 두는 시대가 계속되었다.

일제 잔재 청산 분위기가 다시 고조된 것은 광복 50주년을 맞으면서였다. 군사정권을 청산하고 출범한 문민정부는 광복 50주년에 커다란 의미를 부여했다. 정부 차원에서 일제 잔재 청산을 선언하였던 것이다. 일제 잔재 청산의 상징적 이벤트는 조선총독부 건물의 철거였다. 조선총독부는 1995년 당시 경복궁 바로 앞쪽에 위치하여 북한산과 경복궁을 가리고 있었다. 이 건물은 해방 후 한동안 정부 청사로 쓰이기도 하였지만, 문민정부 당시에는 국립중앙박물관으로 사용되고 있었다. 정부는 조선 총독부 건물은 철거하기로 결정하고, 광복 50주년 기념일인 1995년 8월 15일 조선 총독부 건물 철거를 시작했다. 일본과의 관계나 반발을 염려하는 이들도 있었지만, 한국 사회의 전반적 분위기는 총독부 건물 철거에 찬성하는 것이었다. 관련 여론조사에서도 정부가 국정을 잘하고 있다는 평가가 이어지고 있었다.

그런데 이런 상황에서 여론의 주목을 받은 또 다른 일제잔재가 있었다. 그것은 국민학교라는 잔재였다. 일상에 너무나 깊숙이 그리고 친숙하게 자리 잡고 있던 국민학교라는 이름에 대해 잊혔던 서사가 부각되었다. 국민이 사실은 황국신민의 줄임말이라는 것, 그리고 해방 후에도 이 이름을 한국사회가 부지중에 사용하면서 제대로 된 청산이 이루어지지 않았다는 것. 교육부는 국민학교 명칭변경을 결정하고, 국민학교 명칭 변경 공청회를 1995년 4월 20일 오후 4시 서울 YWCA에서 진행했다. 공청회 발제를 맡았던 서울대 신용하 교수는 국민학교 명칭의 대안으로 ① 초등학교, ② 기초학교, ③ 어린이학교, ④ 새싹학교, ⑤ 소학교를 제시하고 각 명칭의 장단점을 논의했다. 그는 초등학교라는 명칭이 초등교육, 중등교육, 고등교육의 3단계 방식에서 초등교육을 담당하는 학교라는 의미와 완전히 합치하는 점을 장점으로 들었다. 한편 소학교라는 명칭에 대해서 본래 갑오개혁기에 사용했다는 장점이 있다는 전문가도 있었다. 하지만 일제 잔재를 일소하려는 의도로 하는 사업인데, 현재 일본에서 사용 중인 표현을 똑같이 사용하면 일제 잔재 청산의 의의가 약화된다는 지적도 있었다. 이후 교육부는 일반인 1,600여 명에게 초등학교를 대체할 수 있는 적절한 명칭에 대한 설문조사를 실시했고, 그중 가장 많은 선택을 받은 이름이 초등학교였다.

1995년 8월 11일, 박용식 교육부장관은 공식적으로 국민학교 명칭 변경을 선언했다. 그는 "일제 잔재를 깨끗하게 청산하고 민족정기를 바로 세우기 위해"라고 국민학교 명칭 변경 목적을 밝혔고 새로운 학교 이름을 초등학교라고 명시했다. 이에 따라 각 국민학교의 간판, 직인, 교기 교체 사업이 진행되었다. 약 21억 원 정도가 소요되었다고 한다.

그리고 그로부터 거의 30년이 되어간다. 그런데 나는 초등학교라는 이름을 우리사회가 채택한 것에 대해 아쉬움을 가지고 있다. 초등학교 대신 소학교라는 이름을 채택했으면 어떠했을까? 우리가 근대교육을 시작하면서 처음 사용한 학교 명칭이면서 동시에 조선시대까지 아동교육의 전통의 맥을 잇는 표현이지 않은가. 조선 총독부 건물 철거를 통해 우리가 경복궁이라는 우리의 전통을 다시 부활시켰듯이, 국민학교를 대신하여 조선시대와 근대화의 맥을 잇는 소학교라는 표현을 부활시켰으면 어땠을까? 그렇게 되었다면, 일제 잔재 청산을 통한 전통의 복원이라는 서사를 초등교육기관의 명칭에 담아낼 수 있었을 것이다.

* 이 글은 인천시립박물관 『박물관풍경』 61호에 게재한 국민학교와 초등학교, 그 변화의 의미를 수정하여 작성한 것임.

제 07 장 현대 한국 교육의 형성

■ 이 장에서 다룰 질문들:
- 현재의 학제는 어떤 과정을 거쳐 형성되었는가?
- 해방 직후 새교육운동을 어떻게 평가할 것인가?
- 해방 후 한국사회의 교육기회확대 노력에는 어떤 것들이 있는가?
- 531교육개혁이 직면하게 된 개혁 중단의 위기는 무엇이었는가?
- 지금도 추진 중인 교육개혁에는 어떤 것들이 있는가?

1. 우리나라의 학제: 유럽교육 체제의 수용

우리나라는 19세기 말부터 새로운 교육체제를 받아들였다. 그 결과 3단계 학교등급 구분, 교육대상 확대, 학기제 및 학년제 운영, 교육방식의 일제교수화, 교육내용의 유럽화가 나타났다.

근대 직전까지 조선의 학제는 크게 2단계의 체제를 구축하고 있었다. 15세 이상의 성인들은 성균관, 향교, 서원 등에서 학습할 수 있었고, 15세 미만의 아동들은 서당이나, 가정에서 학습하였다. 이 중 성인 대상의 성균관, 향교는 국가가 설립 운영하는 학교였고, 서원은 민간에서 자율적으로 설립한 학교 체제였다. 그러나 서원은 국가에서 일정한 교육비 보조를 받았다. 사액서원이 된 경우, 공식적 인증과 감세 혜택, 노비와 토지, 도서 등도 지원받을 수 있었다.

한편 15세 미만 아동들의 교육은 국가 지원 대상은 아니어서, 국가 차원의 경제적 지원이나 보조가 이루어지지는 않았다. 이 학제에서 여성과 여아는 교육대상이 아니었고, 남성 노비를 비롯한 남성 천민들의 경우도 교육 기회를 갖기는 어려웠다. 그러나 노비, 천민, 여성이 공식적 교육기회를 갖지 못했다는 의미이지, 일부 여성, 노비, 천민들은 상당한 수준의 교양을 갖추고 학문적 성과를 내기도 하였다. 여성 교양인으로서는 신사임당, 허난설헌 등이 있고, 노비 출신 시인으로 정초부(鄭樵夫, 1714~1789)

가 알려져 있다.

계급과 성별의 차이 없이 교육해야 한다는 사고에 기반한 학교 체제가 출현한 것은 유럽의 교육 체제가 소개된 개화기였다. 선교사들은 교회를 세우고, 교회 부설학교 등에서 유럽식 교육을 남녀 모두에게 교육하기 시작했다. 또한 원산에서는 지역의 관리와 백성들이 원산학사를 세워 근대적 교육을 시작하기도 하였다.

조선 정부 역시 점차 새로운 교육에 관심을 갖게 되었고, 이를 위한 학교 체제를 마련하였다. 조선정부는 유럽의 일반적 학교 체제와 동일한 초등, 중등, 고등의 3단계 학교 체제 도입을 선언하였다.

이에 따라 초등－소학교, 중등－중학교, 고등－대학교(성균관)로 구분되는 학교 체제의 법제화가 이루어졌다. 가장 먼저 소학교 설치를 시작하였다. 1895년 7월 19일, 조선 정부는 칙령 제145호 「소학교령」을 발표하였다. 여기에 따르면 소학교는 심상과와 고등과로 구분하였다. 소학교의 심상과는 3년이었으며, 고등과도 3년이었다. 이 6년제 소학교에서는 수신, 독서, 작문, 습자, 산술, 체조를 심상과 교과목으로, 고등과에는 여기에 본국지리, 본국역사, 외국지리, 외국역사, 이과(과학), 도화를 추가하여 교수하였다. 여아의 경우는 고등과로 재봉을 가르쳤다.[1)]

소학교 교과 중에서 가장 중요한 교과는 수신이었다. 수신은 조선의 전통 일상 윤리 가치와 국왕에 대한 신민으로서의 충성과 헌신을 가르치는 교과였다. 당시 제정된 「소학교교칙대강」에 따르며, 수신 교과는 아동의 양심을 계도, 덕성을 함양, 인간 도리의 실천 방법을 가르치는 것을 목적으로 하였다. 이에 따라 심상과에서는 효제, 우애, 예경, 인자, 신실, 의용, 공검의 실천 방법과, 존왕 애국, 사기를 기르고 신민으로 국가에 대한 책무 등을 가르치게 하였다. 또한 여학생에게는 정숙의 미덕을 강조하였다.[2)]

수신 교과를 가르칠 때에는 이해하기 쉬운 속담과 소학의 가언과 선행 등을 예를 들어 가르치고 교사가 아동에게 모범을 보여 가르치는 방법을 활용하게 하였다.[3)]

이처럼 초등교육 제도와 초등교육과정 체제를 확립한 후, 조선 정부는 초등교사 양성을 위한 교사 양성 기관을 설립하였다. 1895년 4월 16일, 조선정부는 교사양성을 목적으로 하는 '한성사범학교'에 대한 법령을 발표하였다. 또한 1895년 7월 23일 학부령 제1호로서 「한성사범학교규칙」을 공포하였다. 이런 법규 내용에는 한성사범학교

1) 「소학교령」.
2) 「소학교교칙대강」.
3) 「소학교교칙대강」.

의 설립 목적, 입학, 시험, 교육과정, 학년제 등에 대한 규정이 포함되었다. 한성사범학교는 3년 과정의 본과, 6개월 과정의 속성과를 둘 수 있었다. 한성사범학교의 교과목은 수신, 교육, 국문, 한문, 역사, 지리, 수학, 물리, 화학, 박물, 습자 및 체조 등이었다.

한성 사범학교의 신학년은 7월 21일 시작하여, 이듬해 6월 15일에 종료하였다. 1학기는 7월 21일 시작하여 12월 25일에 끝났고, 2학기는 1월 16일 시작하여, 6월 15일 종료되었다. 학교 교육조직은 학교장 1인, 교관 2인, 부교관 1인, 교원 3인, 서기 1인으로 시작하였다(칙령 제79호, 1895년 4월 16일 발표). 학생 정원은 본과 100명, 속성과 60명이었고, 입학시험을 통과해야 재학할 수 있었다.

교과서는 재학생에게 대여하는 방식을 채택하였다. 또한 수업에 필요한 문구 등은 학교에서 학생에게 지급하였다. 한성사범학교는 본래 소학교 교원 양성을 위한 학교였지만, 시의에 따라 한성사범학교 졸업생이 다른 급의 학교 교원도 맡을 수 있게 목표를 설정하였다.[4)]

두 번째 단계인 중등교육의 경우는 초등교육 체제 확립 이후에 추진되었다. 1899년 4월 4일 조선 정부는 칙령 제11호로 「중학교관제」를 발표하였다. 중학교는 심상과는 4년, 고등과는 3년을 수학 연한으로 하였다. 이때 중학교 설립 장소를 해당 군의 향교를 이용하게 한 부분이 특이하다.[5)] 그 후 1900년 9월 3일 「중학교규칙」[6)]을 공포하여 심상과는 윤리, 독서, 작문, 지지, 산술, 경제, 박물, 물리, 화학, 도화, 외국어, 체조의 교과를 고등과는 독서, 산술, 경제, 박물, 물리, 화학, 법률, 정치, 공업, 농업, 상업, 의학, 측량, 체조의 교과를 가르치도록 하였다.

갑오개혁과 광무개혁을 거치면서 진행되던 유럽식 교육의 도입은 1905년을 기점으로 변화가 나타났다. 우선 초등교육기관인 소학교의 명칭이 보통학교로 변경되었다.[7)] 또한 심상과와 고등과를 통합하고 4년으로 단축하였다[8)]. 교과서는 학부에서 편찬한 국정교과서나 학부대신의 인가를 받은 책을 사용해야 했다. 교과목은 수신(修身), 국어(國語), 한문(漢文), 일어(日語), 산술(算術), 지리역사(地理歷史), 이과(理科), 도화(圖畫), 체조(體操)로 변경되었고, 여학생에게는 수예(手藝) 과목을 가르치게 하였다.[9)]

4) 「한성사범학교규칙」.
5) 「중학교관제」.
6) 「중학교규칙」.
7) 「보통학교령」.
8) 「보통학교령」.
9) 「보통학교령」.

이때 일본어가 보통학교의 정규교육과정에 포함된 것이 눈에 띈다. 이는 일본의 영향력이 확대되는 상황에서 나타난 모습으로 보인다.

당시 보통학교의 학기는 3학기제로 변경되었다. 1학기는 4월 1일부터 8월 31일, 2학기는 9월 1일부터 12월 31일, 3학기는 1월 1일부터 3월 31일이었다.[10] 학생 수는 학급당 50명 이하로 설정하였다. 수업은 오전 8시에 시작하여 오후 3시까지였다(겨울에는 오전 9시부터 오후 4시). 방학도 춘계 휴업, 하계 휴업, 동계 휴업이 있었다. 춘계 휴업은 4월 1일부터 4월 10일, 하계 휴업은 7월 11일부터 8월 31일, 동계 휴업은 12월 29일부터 1월 7일까지로 하였다.

중등교육기관인 중학교는 고등학교로 명칭이 변경되었다. 사소한 명칭 변경으로 보이지만, 그렇게 볼 수 없는 면이 있었다. 졸업 후 고등교육기관 진학을 전제로 한 중학교라는 명칭 대신, 최종 단계의 교육에 부여하는 고등교육이란 표현을 대학이 아닌 중등교육기관에 붙인 셈이었다. 이는 대학교육을 보급할 계획이 없거나 시급한 일이라고 보지 않았음을 보여준다.

일제강점기(1910~1945)에 접어들면서 교육 분야는 발전이라기보다는 현상유지나 왜곡, 제한이라고 표현해야 하는 모습이 나타났다. 우선 조선인의 공동체적 가치나 지향이 교육에 반영되지 않았다. 대표적으로 조선인들의 언어인 조선어는 관공립학교에서 교수어, 즉 학교의 교육활동에서 공식적으로 사용하는 언어로서의 지위를 잃었다. 조선어 수업(일제 강점기 국어를 한국어로 오해하는 경우가 있다. 그러나 이때 국어라는 명칭은 일본어를 가리켰다.) 외에는 모든 수업이 일본어로 진행되는 것이 원칙이었다.

또한 한국인과 일본인 사이의 분리 교육이 상당 기간 지속되었다. 분리라고 표현했지만 사실은 차별이었다. 조선과 일본의 교육제도가 동일하지 않았다. 일본은 일본의 교육법 체계를, 조선은 조선교육령이라는 조선에만 적용되는 교육법에 근거해 교육제도가 운영되었다.

한편 고등교육 기회의 제한도 주목할 만한 차별 요소였다. 총독부는 강점 직후부터 1920년대 중반까지 조선에서 고등교육을 제공하지 않았다. 물론 전문학교 등 중등 수준의 직업교육기관이 있었지만, 대학 수준의 교육기관으로 볼 수 없는 학교들이었다. 1920년대 중반에 이르러 총독부는 경성제국대학이라는 고등교육기관을 설립한다.

10) 「보통학교령시행규칙」.

경성제국대학은 조선에 있는 대학이었지만, 조선인만을 대상으로 한 대학은 아니었다. 경성제국대학 재학생 중 상당수가 일본인 학생이었고, 교수 역시 일본인 교수들이 대부분이었다. 어찌 보면 일본 제국의 여러 제국대학의 하나를 경성(서울)에 세운 것일 뿐이었다.

이런 대학 설립은 사실 조선인들의 교육분야에서의 요구에 대한 반응이었다고 보는 것이 적절하다. 조선인들은 강점 직후부터 꾸준히 대학교육 기관의 설립을 요구했고, 심지어 31운동 직후에는 민립대학설립운동이라 하여, 조선인 스스로 고등교육을 하기 위한 대학설립 운동을 조선인들이 적극적으로 진행하였다. 이런 상황에서 총독부는 조선인 자신들의 대학을 갖게 하는 대신, 경성제국대학이라는 총독부가 관할하는 고등교육기관을 설립한 셈이다. 이에 따라, 총독부가 조선의 고등교육에 대한 통제권을 확보할 수 있었고, 덧붙여 일본인 학생들도 취학할 수 있었다.

조선인들은 고등교육기관만이 아닌, 초등교육과 중등교육 기회의 확대 역시 요구하고 있었다. 그러나 총독부는 이에 미온적으로 대응하였다. 특히 초등교육의 경우, 일본에 비해 40년 이상 뒤처졌다고 보는 것이 타당하다. 일본은 20세기 초에 초등 단계의 취학률이 100%에 근접하였다. 하지만 조선의 초등교육은 광복 때까지도 이런 수준에 이르지 못했다. 학교 보급에 대한 지원도 매우 미온적이었다. 1930년대 중반 이후에야 3면 1교(3개 면에 1개의 초등학교를 두는 정책) 정책, 1930년대 후반에는 1면 1교 정책을 추진했을 뿐이다. 또한 교육비 지원도 많지 않아 대부분의 학생들은 수업료를 지불하고 초등교육을 받아야 했다.

학기제의 경우는 4월 초에 1학기가 시작하는 3학기 체제를 유지하였다. 4월 초에 1학기를 시작하며 여름 방학은 7~8월이었다. 2학기는 9월 초에 시작하였고, 겨울 방학은 12월 말부터 1월 초까지였다. 3학기는 1월 중순에 시작하여 3월 말까지 운영되고, 3월 말에 짧은 방학 후 4월 초에 다시 새로운 학기를 시작하였다.[11)]

1945년 미군정기가 시작되면서 이런 교육체제에 변화가 일어났다. 당시 남한의 교육정책의 방향은 미군정의 교육분야 자문기관인 조선교육심의회에 의해 제시되었다. 조선교육심의회는 홍익인간의 교육이념과 국민학교, 중학교, 고등학교, 대학으로 구성된 기본 학제를 제시하였다. 특히 일제 강점기 학제가 복선형이었던 것을 수정하여, 단선형의 6-3-3-4학제로 개편할 것을 제안하였다. 일제 강점기는 조선인 학교와 일본

11) 이 학기제는 현재 일본의 학기제와 동일하다. 일본의 경우, 한국보다 겨울 날씨가 온난하다. 그래서 겨울방학이 짧아도 되지만, 한국의 경우는 1월이 가장 추운 달이기에 난방비 문제가 있다.

인 학교, 그리고 중등학교 사이의 전학이나 진학에 제한이 적지 않았다. 학교의 교육과정과 방향, 체제가 달라 학생들이 자유롭게 진로를 변경할 수 없었다. 그러나 단선형을 채택함으로써 학생들이 중등단계에서도 진로 변경, 학교 변경이 가능해졌다. 물론 이것은 제도적인 부분이고, 실제로 중등학교 입학 경쟁이 매우 치열한 상황이었기에, 매우 탁월한 능력을 가진 사람이 아니면 중등학교 진학조차 어려운 시기가 1960년대까지 계속된다.

정부 수립 후 학제는 1949년 「교육법」(법률 제86호)에서는 국민학교 6년, 중학교 4년, 고등학교 2년 혹은 4년, 대학교 4년 혹은 6년의 체제로 결정되었다. 이 교육법은 1949년 12월 31일 공포(법률 제86호)되었다. 하지만 이듬해인 1950년 개정안에서는 국민학교 6년, 중학교 4년, 고등학교 3년으로 변경(1950년 3월 10일 공포 법률 제118호)하였다. 고등학교 수업 연한을 2년 내지 4년에서 3년으로 변경하였다. 그러다가 1951년에 공포된 개정 「교육법」(법률 제178호)에서는 "중등교육의 교육 정도를 높이기 위하여 중·고등학교의 학제를 3·3년제로 변경하였다."(1951년 3월 20일 공포, 법률 제178호).

중등교육의 정도를 높이기 위해서라는 의미는 가능한 많은 사람들이 중등교육을 이수할 수 있도록 하기 위해서라고 볼 수 있다. 1950년까지의 교육법에서 중등교육은 중학교 4년, 고등학교 2년, 3년, 4년 등의 수업 연한을 설정하고 있었다. 중학교의 수업연한이 4년이었던 것이다. 이를 3년으로 줄였고, 고등학교 역시 모두 3년으로 통일한 것이었다. 1950년 이전까지 중학교와 고등학교 교육 기간은 총 7년 내외로 결코 짧은 것이 아니었다. 그런데 "중등교육의 정도를 높이기 위해" 각 학교급의 수업연한을 중학교 3년, 고등학교 3년으로 총 6년으로 줄인 것은 결국 중등교육 수혜자의 수를 늘리기 위한 의도라고 할 수 있을 것이다.

이후 초등학교 6년, 중학교 3년, 고등학교 3년, 대학교육 4년 체제는 2024년까지 변화 없이 지속되었다. 그 사이, 일부 전문가나 정치인들이 학제를 변경하려는 시도를 하기도 하였지만, 실현되지 않았다. 학제 변경은 많은 재정 투자, 강력한 사회적 합의가 필요하기 때문에 쉽지 않다.

한편 미군정기에는 학기제 변경이 있었다. 1946년 9월부터, 9월에 학년이 시작하는 신학기제가 시작되었다. 이때 1년 3학기제가 폐지되고 대신 1년 2학기제가 도입되었다. 일본의 경우는 현재도 초중고 3학기제를 시행하고 있다. 한편 1949년 교육법 제정에 따라 학기제가 변경되어, 1학기 4월~9월, 2학기 10월~3월로 되었다.

1961년에 3월에 새 학기를 시작하는 현재의 체제로 변경되었다.[12] 당시 학기제 변경 이유에 대해 교육법에서는 다음과 같이 개정 이유를 밝히고 있다.

> 현행 학기는 4월 1일을 학년초로 하고 익년 3월 말일을 학년말로 하고 있는 관계로 하기방학과 동기방학이 각 학기 도중에 있게 되어 학기중도에 수업을 중단해야 하는 폐단이 있으며 또한 학습상 좋은 계절인 3월은 입학시험, 졸업행사 등으로 정상적인 수업을 시행할 수 없는 실정이므로 각급 학교의 학년초를 3월 1일로 하고 학년말을 익년 2월 말일로 하려는 것임.[13]

즉 기존 학기제에서는 여름방학과 겨울방학이 모두 학기 중간에 있어 학기 중에 학업을 중단하는 문제, 공부하기 가장 좋은 계절인 3월에 입학시험과 졸업 행사 등으로 학업을 수행하지 못하는 문제를 개정 사유로 제시한 것이다. 덧붙여 당시 교육당국에서는 새 학기를 3월에 시작함으로써 첫째, 학기를 마치고 방학을 하면 벅찬 숙제가 없어진다는 점, 둘째, 학기말시험을 방학 전에 치름으로써 그 사무를 방학 동안에 처리할 수 있다는 점, 셋째, 가장 추운 때인 1월과 2월을 방학시기로 하여 월동비를 절약하고 학생들의 건강을 해치지 않는다는 점을 들었다.[14] 이후 1962년부터 3월 학기제가 실시되었다.

그러나 이 학기제는 다시 1974년 논란이 된다. 1974년 당시 문교부는 1961년처럼 신학기를 4월에 시작하고, 3월에는 입학시험을 실시하는 방향의 변경을 계획하였다. 대신 여름 방학 기간을 줄인다는 것이었다.[15] 이는 1961년 이전으로 학기제를 되돌리는 변화라고 할 수 있었다. 그러나 준비 부족을 이유로 당시 교육정책 주관부서였던 문교부는 학기제 변경을 갑자기 보류하였다. 정확한 보류 사유는 알려져 있지 않다. 이후 다시는 4월에 시작하는 학기제로의 변경은 이루어지지 않았다. 학기제 변경이 보류가 아니라 폐기되었던 것이다. 이후 우리나라의 학기제는 변화 없이 현재에 이르고 있다.

우리나라의 학기제 변천을 정리하면 다음과 같다.

---

12) 1961.8.12, 법률 제680호.
13) 1961.8.12, 법률 제680호.
14) 『동아일보』, 학기제 변경, 각의서 결정, 1961.4.16.
15) 『동아일보』, 추위에 또 바뀌는 학기제 '3월 입시 4월 개학'의 언저리, 1974.5.17.

- 갑오개혁기: 1학기는 7월 21일 시작 12월 25일 종료, 2학기는 1월 16일 시작, 6월 15일 종료.
- 통감부 시기: 1학기는 4월 1일부터 8월 31일까지, 2학기는 9월 1일부터 12월 31일까지, 3학기는 1월 1일부터 3월 31일까지
- 일제강점기: 4월 시작하는 3학기제 유지
- 미군정기: 9월에 새 학년을 시작하는 2학기제로 변경
- 1949년: 교육법 제정에 따라 1학기 4월~9월, 2학기 10월~3월로 변경
- 1961년: 3월에 새 학기를 시작, 이듬해 2월 종료하는 제도로 변경

2. 미완의 교육개혁, 새교육운동

사회변화는 학교교육에도 지대한 영향을 미치곤 한다. 해방 후 한국사회는 일제의 강압적 지배를 벗어났고, 이것은 새로운 변화를 요구하고 있었다. 교육 분야의 경우도 변화에 대한 요구가 대두하고 있었다. 교육분야의 변화, 곧 개혁 과제는 일제교육 잔재의 청산이었다.

이런 맥락에서 오천석과 윤재천 등은 일제교육의 잔재 청산에서 교육방법의 혁신과 민주적 교육에 주목했다. 일제강점기, 조선에서의 학교교육은 전체주의적 성격을 강하게 띠고 있었다. 학교에서는 교과과정과 비교과과정을 통해 일본 천황에 대한 충성, 일본에 대한 헌신과 희생을 강조하고 있었다. 또한 교사와 학생의 관계는 위계적인 것이 당연하게 여겨졌다. 교사는 학생들에게 명령하거나 지시하는 존재였고, 학생들은 이런 교사들에게 복종해야 하는 상황이었다. 학교 교육은 일본제국의 이익을 위해 조선인들을 복종시키고 희생을 강요하는 사회제도로서 역할하고 있었다. 조선인들은 기나긴 일본제국의 지배를 받으면서, 전체주의적 교육 문화에 매우 익숙해 있었다.

당시 조선총독부를 대신해 통치를 담당한 미군정청은 학무국을 중심으로 나름의 교육정책을 추진하고 있었다. 다만, 미군정청은 한국 엘리트들의 도움을 받아, 학제 개편, 서울대학교 설립 등의 개혁 정책을 추진하고 있었다. 또한 초중등교육 영역에서는 교과서의 한글화, 교육과정 개편(일제 강점기 교육 내용 중 한국을 비하하거나 일본 지배를 합리화하는 내용의 삭제)을 추진하고 있었다. 또한 교사들 대상의 한글 연수도 진행 중이었다. 이런 조치들은 일제 강점기 조선에서 위축되어 있던 고등교육의 정상화, 학제 개편을 통한 학교 간 차별의 철폐, 교육과정을 조선에 맞게 조정하는

작업이었다.

한편 교육학자와 교사들 사이에서는 자발적인 교육개혁의 움직임이 일어나고 있었다. 오천석, 윤재천 등이 미국의 진보주의적 교육 방식을 도입해야 한다고 주장하고 나선 것이다. 교육학자로서 당시 진보주의 교육 도입에 앞장선 인물은 오천석(1901년~1987년)이었다. 오천석은 일제강점기에 드물게 미국에서 유학한 인물이었다. 그는 1919년 미국으로 건너가서 코넬대학(1925), 노스웨스턴대학(1927)에서 공부하고, 컬럼비아대학(1931)에서 교육학 분야 철학박사 학위를 받았다. 일제강점기에는 보기 드문 미국 유학파 교육학자였지만, 오천석은 일제강점기에는 별로 주목받지 못했다. 일본은 해외 유학보다는 자국에서 학문 훈련을 받은 이들을 더 높이 평가하는 분위기였고, 조선에도 그런 분위기가 팽배해 있었다. 그러나 해방 후 미군정이 38선 이남을 통치하자 상황이 달라졌다. 미군정청은 미국에서 공부한 오천석을 우대하여 당시 교육업무를 담당하는 학무국에서 중요한 역할을 담당하게 하였다.

오천석은 학무국에서 일하면서 한국사회에서 교육학자와 행정가로서 영향력을 확대하면서, 이를 기반으로 민주적 교육과 아동중심주의 교육의 실현을 강조하였다. 이는 당시 미국사회에서 큰 영향을 미치고 있던 진보주의 그리고 듀이의 교육방식을 도입하려는 시도였다. 오천석은 1946년 11월 『민주주의교육의 건설』을 출간하여 듀이(Dewey, J.)의 교육사상을 소개하였다. 그는 듀이의 교육사상을 아동중심교육과 생활중심교육, 경험중심 교육으로 해석하였다.

새교육운동의 보급에 앞장선 교육계의 또 다른 인물은 효제국민학교(孝梯國民學校) 교장 윤재천(尹在千)이었다. 윤재천은 『신교육서설(新敎育序說)』(1946년)이라는 책을 발간했다. 그는 이 책을 통해 민주적 절차에 의한 교육방법을 도입할 것을 주장하였다.

윤재천은 새로운 교수법 소개에도 힘을 기울였다. 윤재천은 당시 효제국민학교 교사들과 함께 새로운 교수법에 대한 연구를 진행했고, 그 결과를 1946년 10월 25일 각 학교 교장・교사・학부형・사범대학생 등 700여 명 앞에서 소개하였다. 여기에서 기존의 지식 전달식 교육방법에서 벗어나, 민주적 교육방법을 소개하였다. 그 방법은 아동들에게 문제를 제시하고, 이에 대해 아동들이 서로 충분한 토의를 거쳐 결론을 도출하면, 이에 대해 담당 교사가 판단하여 말하는 방식이었다. 이 방법은 민주적 교육방법으로 알려졌다.

한편 1948년 미국 교육학자들이 내한하여 진행한 연수도 새교육운동 분위기를 확산시키는 데 기여했다. 미국의 교육자들이 내한하여 1948년 8월 중앙교원훈련소(中央教育訓鍊所)에서 교사대상 연수를 진행하였다. 중앙교원훈련소는 당시 서울대학교 부속기관이었으며 연수를 주도한 것은 핸더슨 등 미국교사 및 교육전문가 11명이었다. 이 연수는 200명씩 2기로 나누어 53일간 진행되었다.

한편 서울사대부설국민학교에서도 새교육운동과 관련한 연구성과를 내놓았다. 서울사대부속국민학교에서는 김기서, 심태진 교장 등이 중심이 되어 "생활중심국민학교 신교육상"(1948년)을 발간했다. 이 책은 이 학교에서 수행한 생활중심교육의 성과를 모은 것이었다. 새교육운동가들은 프로젝트법, 문제해결법, 단원계획법 등을 제안하였다.

정부 수립 이후에는 문교부도 이 운동을 지원하였다. 문교부는 교육강습회, 민주교육강연회 개최, 『새교육』 잡지 발간 등을 통해 새교육운동을 일선학교에 확산시키려 하였다.

또한 사회생활과(Social Studies)의 설치도 당시 새교육운동의 성과였다. 1946년 '초, 중등학교 교과편제 및 시간배당'에 사회생활과가 포함되었다. 사회생활과는 일제강점기에는 없던 새로운 교과목으로서 사회문제 해결 능력을 지닌 우수한 시민양성이라고 하는 새로운 요구에 부응하기 위한 것으로 소개되었다. 그 교과는 이전에 분리되어 있던 지리, 역사, 공민과를 통합한 것이었다. 사회생활과 신설에 대해 오천석은 첫째는 주입식 교육이 아니라 아동중심·생활중심 교육을 실천하기 위해, 둘째는 (미국식) 민주주의 사회에 맞는 시민을 양성하기 위해 필요하다고 주장했다. 또한 김상필은 아동의 발달과정이나 경험을 무시하고 분과적 지식을 가르치는 데 몰두하였던 식민지 시대 교육의 부정적 유산을 극복하기 위해서 필요하다고 주장했다. 이들의 주장은 결국 민주사회의 실현과 일제 교육 잔재 청산을 위해 사회생활과의 신설이 필요하다는 것으로 요약할 수 있다.

그러나 새교육운동에 대한 비판도 없지 않았다. 비판의 요지는 한국교육 실정에 맞지 않는다는 것, 미국식 교육의 모방 대신 자생적 교육개혁이 필요하다는 지적이었다. 새교육이 한국교육실정에 맞지 않다는 이유로는 과밀학급 상황이 언급되었다. 당시 초중등학교에는 한 학급의 학생 수가 70여 명인 경우가 적지 않았는데 이런 상황에서 아동중심, 생활중심, 경험중심교육이 가능하다고 볼 수는 없었다. 새교육이 미국식 교육의 모방에 그치고 한국에 맞는 교육방식이나 원칙으로 보기 어렵다는 주장도 있었다. 특히 사회생활과의 경우 미국 일부 주의 사회생활과 교과서 내용을 번역,

재편집한 것에 그치고 있는 것도 문제로 지적되었다.

새교육운동은 교육당국, 교육자, 유명교육자가 주도한 교육방법 혁신 운동이었다. 하지만 그 영향은 일시적이었다. 일선 현장에서의 교육은 과거의 교육관행을 계속 유지하고 있었다. 현장에서는 지식전달식 수업, 강압과 훈육 중심의 수업이 이루어지고 있었고, 위계적 학교 문화 역시 크게 달라지지 않았다. 아직 민주적 교육이 학교에서 자리 잡지 못하고 있었다.

그러면 새교육운동이 성과를 지속하지 못했던 이유는 무엇일까? 그 이유에 대해 진보주의식 교육이론에 대한 충분한 검토나 이해 없이 미국의 이론을 그대로 도입, 교육현장에 적용했기 때문이라는 시각도 있다. 또한 새교육 실현에 중요한 민주적 학교문화 정착의 실패도 원인으로 들 수 있다. 민주적 교육을 위해서는 학교 내 구성원 간의 민주적 관계가 형성되어야 하는데, 이것은 단시간에 이루어질 수 없는 문제였다. 또한 한국 전쟁 발발로 인한 교육 개혁 추진력 상실도 들 수 있다. 1950년 한국전쟁의 발발로 3년간 한국교육은 새로운 발전을 도모할 수 없는 정체 상황으로 내몰렸다. 또한 한국전쟁 후 강화된 이념 갈등과 이념 선명화 정책은 사회의 민주화나 교육의 민주화보다, 사회 통합과 반공, 그리고 이에 부응하는 획일적 교육 반공교육을 합리화하고 있었다. 또한 한국사회의 민주화도 지체되면서, 민주적 교육을 지향하는 진보주의 교육이 설 자리는 점점 좁아졌다.

새교육운동은 몇 가지 자취를 한국교육에 남겼다. 우선 새교육운동은 꼭 필요하였지만 충실하게 진행되지 못했던 교육개혁이었다. 운동을 주도한 이들의 의욕은 높았지만 여건은 갖추어지지 않았고, 여건 개선도 성공하지 못하였다. 또한 현장에서 교육의 변화를 이끌어 내야 하는 교사들이 새교육을 이해할 수 있는 기회가 부족했다. 특히 다른 문화에서 생성되어 소개된 교육방식은 경험해 본 적 있는 교육을 실현하는 것과 습득 속도에서 차이가 클 수밖에 없었다. 당시 교사들은 경험해 보지 못한 다른 문화의 교육방식을 시행해야 하는 상황이었다. 또한 교육계 내의 필요나 논의, 공감에 기반한 개혁이 아니라 정치적, 사회적 목적에 의한 교육개혁이라는 점도 한계였다. 교육 외부의 필요에 따라 부과된 교육개혁이었으므로, 교육 밖의 지원이나 규제가 중단되면 더 이상 진행될 수 없는 개혁이었다. 한편 이런 방식의 교육개혁은 이후 한국 사회에서 빈번하게 나타난다. 국가가 교육개혁을 주도하는 관행이 고착화된 것이다. 이후에 이루어진 교육개혁 방식은 입시제도 개혁을 제외하면 거의 성공하지 못했다.

3. 열린교육운동

한국 현대 교육사는 대개 정부주도의 교육정책과 이에 대한 사회의 호응과 수용이라는 형태로 진전되었다. 정부가 모종의 교육정책을 시행하면, 민간에서 이를 신속하게 수용하여 실현하는 방식이었다. 정부도 일단 계획을 세운 후에는 기간 안에 목표를 달성할 수 있는 모든 방법을 활용했다. 이는 교육분야의 경우도 마찬가지였고, 적지 않은 성과도 내었다.

이와 반대로, 정부가 민간 주도의 교육운동을 교육정책으로 수용하여 확산시키려 한 경우가 전혀 없는 것은 아니다. "열린교육운동"이라 불리는 이 사건은 교육당국의 관심을 끌었고, 교육당국은 이를 일선 학교에 확산시키는 독특한 양상이 나타났던 것이다.

열린교육은 국외에도 있는 특정 교육방식이다. 대체로 개방적 태도와 환경, 그리고 학습자 존중을 중시하는 교육이다. 열린교육을 처음 도입한 것은 사립 초등학교였다. 서울의 운현초등학교와 영훈초등학교가 주도가 되어 1986년부터 "열린교육"이 소개되었다. 두 학교는 서울 소재 사립 초등학교로서 국공립 초등학교와 차별화된 교육을 제공하려는 의도를 가졌다. 이후 열린교육학회(처음에는 열린교육연구회)가 창립되어 열린교육에 대한 학문적 기반을 제공하고 실질적 확산에 기여하였다.

열린교육이 일선학교나 일부교사들의 제한적인 수업 개선 운동으로 끝날 수도 있었다. 그런데 교육부가 열린교육을 공교육이 나아갈 새로운 교육 방향으로 제시하면서 전국에 열린교육이 확산되기 시작하였다. 1993년 하반기 교육당국은 열린교육 시범사업 추진을 공지하였다. 서울에서 불암초등학교를 열린교육 시범학교로 지정, 운영하였다.[16)]

당시 열린교육은 개방형 건물구조로 상징되었다. "열린 건물 구조"와 "열린 공간"을 표방하며 열린교육을 시행하는 초등학교들은 건물 구조를 크게 변경했다. 예를 들어 교실과 복도 사이의 벽과 교실과 교실 사이 벽 제거를 통한 교실 크기 확대, 학생들이 서로 마주 보고 토론할 수 있도록 책상 배치, 칠판 대신 실물화상기, OHP 활용 등이 외형적 모습이었다. 또한 화장실을 수세식으로 개조하는 경우도 있었다. 왜냐하면 화장실이 이제 별도의 건물이 아니라, 학교 건물 내 교실 바로 옆에 설치되었기 때문이다.

16) 『조선일보』, 국민학교 「열린구조」로 바뀐다, 1993.11.10.

한편 열린교육은 교사의 지시만 기다리던 어린이들이 스스로 알아서 하는 자주성과 자신감을 갖게 하는 것을 지향하였다. 열린교육에서는 학생들이 스스로 하기, 학습 방식 다양화, 대화와 토론 학습 확대 등이 포함되었다.[17]

학교 건물 변경을 중시한 배경에 대해 열린교육 추진자들은 "기존의 학교 건물 배치가 가르치는 교사 중심이었다면, 열린교육은 배우는 학생 중심의 공간이다"는 점을 강조하였다.[18] 열린교육은 결국, 학교 교육을 가르치는 것 중심에서 배우는 것 중심으로, 학생이 성장하는 것을 돕는 기관으로 변경하려는 의도를 가진 것이었다.[19]

당신 열린교육운동을 주도한 교육자였던 이용숙은 열린교육의 목표를 즐거운 학교생활을 통한 아동의 전인적 발달이라고 설명하였다. 열린교육의 목적은 학교에서의 교과활동과 비교과활동을 통해 학생이 자기주도적 학습을 수행하고 이를 통해 기초기능, 창의성, 인성을 기르는 것이다. 그리고 열린교육의 조건으로 ① 개별화, ② 자율화, ③ 적극적 상호작용을 통한 교수－학습, ④ 다양화, ⑤ 융통성을 설정하였다.[20]

① 개별화: 학습내용, 학습방법, 학습속도와 평가의 개별화
② 자율화: 교사와 학생에게 교수 학습 선택의 여지 부여, 자기주도적 학습 추구
③ 적극적인 상호작용적 교수－학습: 학생의 능동적인 참여와 수업운영에 있어서의 교사의 적극적 역할(대집단과 소집단에서의 강의, 토론, 시범, 개별적 학습 및 소집단학습의 감독, 학생활동의 점검과 개별지도)
④ 다양화: 학습내용, 학습방법, 학습자료, 교실환경, 평가방법, 특별활동의 다양화
⑤ 융통성: 교육과정 구성, 수업운영, 공간구성 등에 있어서의 융통성

1990년대 후반은 한국교육계에, 교육개혁 열풍이 불던 시기였다. 1995년 5월 31일 발표된 교육개혁안(531교육개혁안이라는 재미없는 이름으로 불린다)을 계기로 새로운 교육, 교육의 질 개선과 다양성 확대, 학습자 중심을 표방하는 분위기가 고조되었던 탓이다. 이런 분위기 속에서 열린교육은 당시 교육당국으로부터 초등단계 교육에 부합하는 새로운 교육방식, 교육개혁 정신에 부합하는 교육으로 간주되었다. 중앙의

17) 『조선일보』, 국민학교 「열린구조」로 바뀐다, 1993.11.10.
18) 『한겨레』, '열린교육 열린학교' 아시나요, 1993.07.24.
19) 『한겨레』, '열린교육 열린학교' 아시나요, 1993.07.24.
20) 이용숙(1997), 「열린교육 개념의 재정립과 수업의 개선」, 『열린교육연구』 Vol.5 No.2, 한국열린교육학회.

교육당국(교육부)과 지방 교육당국(교육지원청 등)에서도 열린교육에 관심을 보이며 적극적 지원을 펼쳤다. 1996년부터 중앙교육당국은 열린교육을 역점사업으로 지정하고 열린교육 보급에 노력하였다.

교육당국의 열린교육 지원은 사업 예산 지원 방식을 통해 이루어졌다. 열린교육 시범학교 신청을 받은 후, 시범학교를 지정하고 특별 예산을 지원하는 방식으로 이루어졌다. 많은 초등학교들이 열린교육 시범학교로 지정되었다. 98년의 경우는 열린교육시범학교수가 94개였고 99년에는 70개교를 추가로 지정하였다. 전체 초등학교 비율에 비하면 아직 매우 낮은 비율이었다. 당시 열린교육은 초등단계 교육에서부터 우선 시행되었다.

열린교육에 대해 당시 여론은 양분되었다. 열린교육에 찬성하는 측에서는 기존의 닫힌 교육에서 벗어나 아이들의 창의성을 신장시킨다는 점, 지식정보화 사회에 부합하는 방식이라는 점, 학생들이 즐겁다는 점 등을 긍정적으로 평가했다. 하지만 현실적 이유로 열린교육에 선뜻 찬성하지 못하는 이들도 있었다. 이들은 대체로 학부모들이었는데 학업능력 저하, 더 정확하게는 대학입시에 불리하다는 우려를 표현하였다. 특히 당시 초등학교는 이전의 콩나물교실(70년대 60명 이상이었음)에서 벗어나 교실당 30명으로 줄어들며 쾌적해졌지만, 학생들의 학업 능력이 높아진다는 확신을 하기는 힘들었다. 게다가 1990년대 후반년도부터 초등학교에서 학업평가 기준이었던 수우미양가라는 5단계 학력 평가 제도가 폐지되었기 때문이다. 즉 초등단계에서 학생들의 학업 수준을 확인할 수 있는 방법이 특별히 없었던 것이다.

열린교육은 이후 중학교로 확대되고 고등학교에도 적용되기 시작했다. 그러나 열린교육에 대한 반발은 쉽게 수그러들지 않았다. 대학입시에 불리할지 모른다는 생각, 열린교육방식이 학업 능력 신장에는 도움이 되지 않는다는 입장을 가진 이들이 열린교육에 대한 우려를 표시했다. "열린교육세대"와 당시 교육부 장관의 이름을 딴 "이해찬세대"라는 호칭이 생겨날 정도였다. 이 표현들은 열린교육에 대한 불신을 담고 있는 것이었다.

한편 교사들은 열린교육 사업 수행 과정에서 어려움을 겪고 있었다. 열린교육을 저해하는 것이 바로 구시대적 행정이라는 지적이 교사들 사이에 회자되었다. 열린교육을 교육당국의 주도로 소위 "관주도로" 이루어지면서 교육당국의 지시와 간섭이 과도하다는 불만이 교사들 사이에서도 많았다. 한겨레신문에 실린 "열린교육을 저해하는 구시대 행정"이라는 기사는 이를 잘 보여준다.[21] 여기에 따르면 교육당국에서 각 학교에서 시행하는 열린교육 수업 장면을 비디오로 촬영해 제출하고, 매주 열린수업지도안을 1편씩 작성해 제출하라는 지시 등이 있었다.

이후 학교 붕괴 논란과 학력 저하 우려 등으로 인해, 2000년대 초반 이후부터는 열린교육이라는 표현이 학교 현장에서 점점 사라지게 되었다.

열린교육은 어떻게 평가할 수 있을까? 열린교육은 한국교육이 가진 문제에 대한 정확한 지적과 대안이었다. 그러나 이 말이 한국사회에 부합한다는 의미는 아니다. 열린교육은 한국 교육이 가진 근본적 문제에 대한 해결책을 결여하고 있었다. 그 문제는 학력주의와 이로 인한 서열화된 대학입시경쟁이다. 열린교육 방식은 대학입시 경쟁에 도움이 되기 어려웠고, 열린교육이 성공하기 위해서는 대학입시에 도움이 된다는 것을 보여주거나, 대학입시가 열린교육을 받은 사람들에게 유리하게 개편되어야 했다. 이런 여건이 마련되지 못한 채, 열린교육만으로 학부모들과 학생, 교사들의 동참을 이끌어 내려고 했던 시도는 불합리한 것이었다.

4. 1999년 학교붕괴론과 그 원인

학교붕괴는 1999년 교육계에 충격을 준 논란이었다. "학교붕괴"는 그 표현과 달리 학교 건물의 붕괴, 곧 물리적 사건을 의미하는 것이 아니었다. 학교붕괴 논란은 학생들이 달라졌고, 이로 인해 교사들의 사기는 저하되고 학교교육이 무너지고 있다는 위기론이었다. 1999년 교사들을 중심으로 제기된 학교붕괴 논란은 한국의 학교들이 이전과 다른 상황에 놓여 있다는 것을 전 사회에 알린 사건이었다. 이렇게 시작된 "학교붕괴" 논의는 1999년 당시 한국사회에 학교 교육에 대한 근본적 성찰을 요구하였다. 이 논의 과정에서 한국교육의 학력주의, 비민주성, 교권의 추락, 사회와 교육의 괴리 등 다양한 원인들이 논의되고, 해결 방안들이 쏟아져 나왔다.

한국 사회에서 학교붕괴 현상은 1999년 5월 7일 『경향신문』의 기사에 의해 일반에 알려지기 시작했다. 이 기사의 작성자 김종식 기자는 "무너지는 교실(1) 선생님 권위 속절없이 추락."[22]이라는 제목의 연재 기사를 실었다. 이 기사는 초등학교 교실에서 교사가 학생들의 생활 지도가 불가능해졌다며 심각성을 지적하였다. 김종식 기자는

21) 『한겨레』, 열린교육을 저해하는 구시대 행정, 1997.04.02.

22) 『경향신문』, 무너지는 교실(1) 선생님 권위 속절없이 추락, 1999.5.7.

이 현상의 의미를 교사 권위의 추락으로 해석하였다. 교사 권위가 추락하고 있고 이것이 문제라는 지적이었다. 이어지는 '무너지는 교실 2'부터 '무너지는 교실4' 기사에서도, 동일한 입장은 유지된다. 기사는 일관되게 교사의 권위에 대한 학생들의 도전을 지적하고, 교사의 체벌을 대체할 수 있는 규칙 제정 등의 필요를 주장하고 있다. 이 연속기사의 초점은 학교붕괴=교사 권위의 추락에 있었다.

당시 교육방송(EBS)이 제작한 "학교를 거부하는 아이들"[23] 편에서는 학생들의 교실 내 문제 행동을 집중적으로 소개하였다. 예를 들면 교사의 발문 무시, 잡담, 교실 이탈 등이었다. 특히 고등학교에서의 학교붕괴 현상이 심각하게 보고되었다. 조선일보는 "'교실'이 무너지고 있다 ① 수업시간 들락날락… 잠자고… 만화보고 고교생 80%가 '버려진 자식'"[24]이라는 기사를 실었다. 조선일보는 "고등학교 중에서도 특히 실업계 고등학교의 교실 붕괴 현상이 더 심각하다"[25]고 지적하였다.

당시 학교붕괴 현상이 과연 실재하는가, 당시 시점만의 특별한 문제인가에 대해서도 논란이 있었다. 왜냐하면 교육사를 보면 어느 시대나 교사들의 학생들에 대한 불만이 빈번하게 표현되고 있기 때문이다. 학교붕괴도 이런 상황을 언론과 일부 교사들이 과장한다는 것이었다. 김원중은 1991년과 1999년 MBC 청소년백서 내용 비교를 통해 학교붕괴 당시 학생들의 행동이 이전과 근본적으로 달라졌다고 볼 만한 근거는 없다고 평가하였다.[26] 김정원의 경우도 학교붕괴라는 개념이 당시 교육 현실에 부합하는지 의문을 던진다. 그는 학생들이 학교교육을 거부하는 것이 아니라 교과서, 참고서 읽기에 불과한 학교 수업, 별다른 원칙 없이 만들어지고 바뀌면서 지키기를 강요한 학교규칙에 대한 학생들의 거부가 본질[27]이라는 것이다. 김정원은 당시 상황을 학교붕괴라는 거창한 현상이라기보다는 교수학습과정의 실패, 학생 생활지도 방식의 한계가 노출된 것으로 보았다.

그러나 많은 교사들의 생각은 달랐다. 이들은 학교붕괴가 전국적으로, 대부분의 학교에서 진행되며 이전과 양상이 심각히 다르다고 보았다. 1999년 진행된 한국청소

23) 한국교육방송(1999), 『ebs와이드』, 학교를 거부하는 아이들.
24) 『조선일보』, '교실'이 무너지고 있다 ① 수업시간 들락날락… 잠자고… 만화보고 고교생 80%가 '버려진 자식', 1999.8.24.
25) 『조선일보』, 실업고의 교실붕괴, 1999.8.30.
26) 김원중(2000), 「'교실붕괴'의 교육심리학적(?) 분석」, 『교육인류학연구』 3권 2호, 교육인류학회, 93쪽.
27) 김정원(2002), 「학교는 붕괴하고 있는가: 학교의 일상을 통해 본 학교붕괴의 실체」, 『교육학연구』 40권 3호, 한국교육학회.

년연구원의 설문 조사에 따르면 당시 교사들은 학교붕괴 현상의 실재에 대해 교사들은 87%(매우 많다 38.1%, 약간 있다 48.6%)가 신문과 방송에서 말하는 학교붕괴 현상이 자신의 학교에도 존재하다고 답했다.[28] 한편 학생들의 경우는 동일한 질문에 71%(매우 많다 20%, 약간 있다 50.8%)가 답했다.[29] 당시 학생들에 비해 교사들이 더 많이 학교붕괴가 존재한다고 믿고 있었다.

정부차원의 학교 붕괴 현상에 대한 보고서는 한국청소년개발원이 1999년에 시행한 연구가 처음이었다. 한국청소년개발원에서는 학교붕괴를 크게 세 영역으로 구분하여 정의하였다. 그 영역은 수업붕괴, 학생 생활지도의 붕괴, 학교기능의 붕괴이다. 세부 내용은 다음과 같다.[30]

> 수업붕괴란 곧 수업의 실패 혹은 불능을 의미한다. 여기에는 다음과 같은 행동이 포함된다.
>
> - 교사 측에서 이해할 수 없는 학생들의 수업 중 행동
> - 학생 측에서 이해되지 않는 교사들의 교수 행위
> - 수업에서 교사-학생의 상호 작용 실패
> - 수업에서의 교사 통제력 불능
> - 학생들의 지나칠 정도의 낮은 학습 의욕
> - 의미 없이 이루어지는 교수-학습 행위
> - 학교 지식에 대한 근본적 회의
>
> 학생생활지도붕괴란 학생 지도의 실패 혹은 불능을 의미하며 다음과 같은 상황이 포함된다.
>
> - 지나칠 정도의 낮은 생활지도 효능감
> - 교사의 지도에 대한 학생들의 적극적 저항
> - 상벌 수단의 무력화
> - 학생들의 높은 결석률과 중도 탈락
> - 늘어나는 학교에서의 학생 일탈 행동
>
> 학교기능의 붕괴란 학교기능의 총체적 마비를 가리킨다. 여기에는 다음과 같은 상황이 포함된다.

28) 윤철경, 이인규, 박창남(1999), 『학교붕괴 실태 및 대책 연구』, 한국청소년개발원, 46쪽.
29) 윤철경, 이인규, 박창남(1999), 『학교붕괴 실태 및 대책 연구』, 한국청소년개발원, 64쪽.
30) 윤철경, 이인규, 박창남(1999), 『학교붕괴 실태 및 대책 연구』, 한국청소년개발원, 11-12쪽.

- 학교 규범 질서의 붕괴
- 학교장의 민주적 리더십 부재
- 교육적 효과에 연결되지 않는 교사 잡무의 증가
- 서류 작업으로 끝나는 일련의 교육개혁 실천
- 교사들의 심각한 소진, 높은 이직률, 집단 사보타주
- 교사와 학생(학부모) 간의 심각한 적대감
- 결과로서 학생들의 심각한 학습 결손의 누적, 총체적 교육 기능 마비

학교 붕괴 현상의 원인에 대해 몇 가지 의견들이 있었다.

가. 사회구조적 문제: 근대적 공교육제도와 새로운 세대와의 충돌

학교붕괴를 사회 구조의 문제로 보는 시각이었다. 김민은 학교붕괴의 원인을 세대 간의 문화적 갈등구조에 초점을 두면서, 세대차를 야기한 다양한 요인을 지적한다.[31)] 그는 학교붕괴의 원인으로 '정보화 사회로의 편입과정', 세대차를 심화시킨 '고도로 압축 성장해 온 학교의 근대화 과정', '포스트모더니즘의 영향'을 지적하였다.[32)] 그는 학교가 위계적 질서와 획일성으로 포장되어 있어 새로운 세대의 변화를 수용하기 어려운 근대적 공간임을 강조한다.[33)] 결국 학교붕괴의 원인을 근대의 소산인 공교육기관과 새로운 사회구조로 인해 형성된 청소년 세대와의 문화 충돌에서 찾았다.

조한혜정은 학교붕괴를 획일적 사회를 지향하는 근대 기획의 실패라고 주장한다.[34)] 학교붕괴의 현상은 근대화 과정의 산물로서, 결국 근대 기획이 실패했음을 보여주는 것으로 이해한다. 따라서 학교에 대한 기존의 고정관념에서 과감하게 벗어나, '학교에 안 가도 된다'는 상상을 할 수 있어야 대안도 찾아지고 학교체제도 바꾸어 낼 수 있다는 것이다.[35)]

전종호 역시 학교가 새로운 사회구조와 부합하지 않는다는 점을 지적하였다. 그는 당시의 학교 모델이 정보화로 표현되는 후기산업사회에 유효하지 않다고 말한다. 국

31) 김민(2000), 「'학교붕괴', 신화인가 현실인가?」, 『교육인류학연구』 3권 2호, 교육인류학회, 20쪽.
32) 김민(2000), 「'학교붕괴', 신화인가 현실인가?」, 『교육인류학연구』 3권 2호, 교육인류학회, 20쪽.
33) 김민(2000), 「'학교붕괴', 신화인가 현실인가?」, 『교육인류학연구』 3권 2호, 교육인류학회, 20쪽.
34) 조한혜정(1999), 「근대의 보편적 양상으로서의 학교붕괴와 한국적 특수성」, 『학교붕괴』, 서울: 푸른나무.
35) 조한혜정(1999), 「근대의 보편적 양상으로서의 학교붕괴와 한국적 특수성」, 『학교붕괴』, 서울: 푸른나무.

가수준에서 교육과정을 결정함으로써 학생들을 교육현장에서 소외시켰다는 것이다.[36] 국가가 교육과정의 수준, 내용, 조직 방법, 평가 방법 등을 결정하는 국가주의적 교육과정 체제를 학교붕괴의 원인으로 본 것이다. 또한 교사와 기성세대들이 소비자본주의 시대를 살아가는 청소년들의 세계와 의식을 이해하지 못하는 세대 차이도 원인으로 지적하였다.[37] 덧붙여 교육행정당국의 관료주의로 인한 공급자 위주의 교육시행이 학생들의 필요와 욕구에 부합하는 교육을 방해한 데에서도 학교붕괴의 원인을 찾았다.[38]

학교붕괴를 사회구조의 문제로 보는 관점은 학교붕괴 현상에 내재한 근본적 기반을 해명하려고 한 시도로 볼 수 있다. 하지만 왜 1999년 학교붕괴 현상이 표출되었는지, 그리고 이전 시기에는 왜 학교붕괴 담론이 제기되지 않았는지에 대해서는 답을 못한다.

나. 교육제도의 경직성

학교붕괴의 원인을 교육제도가 획일화되어 다양성이 부족한 경직성으로 보는 입장도 있었다. 교사들은 학교붕괴 원인을 교육제도의 경직성과 교육부의 정책 실패에서 찾았다. 1999년 전교조에서 진행한 설문조사에 따르면 교사들은 교실붕괴의 원인을 교육제도의 경직성이라고 응답한 비율이 40.6%였다.[39]

한편 학생들은 전교조의 동일 설문에서 교실붕괴의 원인에 대해 주입식 교육(40.0%) 관행, 교육제도의 경직성(36.5%)을 가장 많이 선택하였다. 다른 설문인 윤철경, 이인규, 박창남의 설문에서도 학생들은 학교붕괴의 원인으로, ① 학생들 생각이 어른들과 너무 다르기 때문(51.6%), ② 학교가 너무 융통성 없고 학교활동이 다양하지 못함(46.0%), ③ 교육부가 교육정책 잘 못 펴기 때문에(30.9%), ④ 억지로 외우는 공부를 시키기 때문에(24.1%) 등 순으로 높은 비중(중복응답)을 차지했다.[40] 학생들 응답에

36) 전종호(1999), 「학교붕괴 현상에 대한 교육주체의 의식 조사 연구」, 『학교를 어떻게 살릴 것인가: 학교붕괴의 원인과 진단』, 전국교직원노동조합 참교육실천위원회 토론회.
37) 전종호(1999), 「학교붕괴 현상에 대한 교육주체의 의식 조사 연구」, 『학교를 어떻게 살릴 것인가: 학교붕괴의 원인과 진단』, 전국교직원노동조합 참교육실천위원회 토론회.
38) 전종호(1999), 「학교붕괴 현상에 대한 교육주체의 의식 조사 연구」, 『학교를 어떻게 살릴 것인가: 학교붕괴의 원인과 진단』, 전국교직원노동조합 참교육실천위원회 토론회.
39) 『조선일보』, 교사 78% "교육붕괴 현상 심각", 1999.10.1.
40) 윤철경, 이인규, 박창남(1999), 『학교붕괴 실태 및 대책 연구』, 한국청소년개발원.

서 학교교육의 경직성에 관련된 ②와 ④ 답변이 적지 않은 비중이었다.

김성열, 고창규의 경우도 학교붕괴의 원인으로 학생의 흥미와 욕구를 충족시키지 못하는 학교의 경직성을 언급한다.[41] 이들은 학교라는 공교육체제가 당시 사회 구조와 부합하지 않다고 지적한다. 공교육체제가 모방한 소품종 대량생산체제 방식[42]이 새로운 사회와 세대에게 적합하지 않다는 것이다.

다. 교육정책의 실패

학교붕괴와 관련해 교육정책 미흡 혹은 실패를 원인으로 보는 시각이 교사와 교육 전문가들 사이에는 많았다. 앞의 전교조 설문에서 교육부의 정책실패 원인으로 지적한 교사들의 비율이 31.4%였다.[43] 윤철경, 이인규, 박창남의 연구에서도 교사들의 58.3%가 '교육부의 부적절한 교육정책'을 학교붕괴의 원인으로 지적하였다.[44]

일부 연구자도 교육당국의 정책 시행 미숙에서 찾는다. 윤정일은 학교붕괴의 원인으로 교원정년 단축, 대학입시 정책의 일관성 결여, 교육재정의 대폭 감축, 학교공동체의 약화를 들었다. 교원정년 단축을 둘러싸고 나타난 고연령 교사 무능 담론, 교원 경시 풍조, 다수 교사의 명예퇴진 등을 원인의 하나로 본다.[45] 그는 또 다른 원인으로 대학입시 정책의 일관성 결여로는 수행평가제 도입, 대학입학전형제도의 잦은 변경 등을 든다. 윤정일은 교육재정이 GNP 5% 수준에서 4.3%로 삭감되며 교육의 질적 수준이 저하되었다고 본다.[46] 학교공동체의 약화와 관련해서는 담임 선택제, 학부모의 교원평가제, 학생체벌 금지 등의 수요자 중심의 교육개혁과 교원노조 합법화에 따른 교원들 간의 갈등 확산과 교직 사회 안정성 저하도 원인으로 언급한다.[47]

심성보도 교육정책 추진과정의 미흡을 원인의 하나로 언급한다. 집단따돌림 문제에

41) 김성열, 고창규(2000), 「'교실붕괴'와 교육정책: '교실붕괴' 담론 분석을 중심으로」, 『교육인류학연구』 3권 2호, 교육인류학회, 165쪽.

42) 김성열, 고창규(2000), 「'교실붕괴'와 교육정책: '교실붕괴' 담론 분석을 중심으로」, 『교육인류학연구』 3권 2호, 교육인류학회, 172쪽.

43) 『조선일보』, 교사 78% "교육붕괴 현상 심각", 1999.10.1.

44) 윤철경, 이인규, 박창남(1999), 『학교붕괴 실태 및 대책 연구』, 한국청소년개발원, 47쪽.

45) 윤정일(1999), 「학교교육 붕괴의 종합 진단과 대책」, 학교 바로 세우기 실천 연대 주최, 한국교원단체총연합회 주관 토론회.

46) 윤정일(1999), 「학교교육 붕괴의 종합 진단과 대책」, 학교 바로 세우기 실천 연대 주최, 한국교원단체총연합회 주관 토론회.

47) 윤정일(1999), 「학교교육 붕괴의 종합 진단과 대책」, 학교 바로 세우기 실천 연대 주최, 한국교원단체총연합회 주관 토론회.

대해 정부가 학교마다 폭력신고센터를 설치하는 식으로 대응하여, 학교의 교육적 기능보다 치안적 기능에 더 힘을 실어주었다[48]는 것이다. 그는 이를 계기로 학교의 교육적 기능이 소멸되기 시작하였다고 주장한다. 그는 정부당국의 교육개혁 추진방식도 문제로 지적한다. 밀어붙이기식 교육개혁과, 체벌과 촌지 문제로 인한 교사들의 학생 통제력 저하와 학생지도 포기를 언급한다.[49]

김원중도 교육부의 정책 시행 미숙이 학교붕괴를 유발한 것으로 본다. 그는 학교붕괴의 원인으로 첫째 부적절한 교육정책으로 인한 교사들의 사기 저하, 둘째 체벌금지에 따른 학생 통제 불능으로 판단한다.[50]

그는 1990년대 후반 부적절한 교육정책 시행에 대해 매우 자세하게 언급하고 있다. 그는 1998년을 "교권 추락의 해"라고 표현하고, 이때 발표된 교원정년단축, 촌지추방, 체벌 금지, 부적격교사 수업 제한 및 퇴출, 교장 교감 평가제, 수행평가 실시, 참교사인증제, 학생의 담임교사 선택제, 수습교사제, 성과급제, 피크임금제, 자격갱신제, 순회교사제, 기간제 교사 확대 등을 언급한다. 이들 정책들이 교사들의 사기 저하와 의욕 상실을 불러왔다는 것이다.[51]

이어 체벌금지에 따른 학생 통제 불능에 대해서, 그는 "대안 없는 체벌 전면 금지 조치가 학교 붕괴에 결정적이었다"고 주장한다. 그는 그 근거로 윤철경 등의 학교붕괴 실태조사에서, 학생들이 무서운 선생님 수업시간에는 대부분 조용히 수업을 한다고 답변한 것을 제시한다.[52]

라. 531교육개혁

교육당국의 교육정책 실패가 아닌, 531교육개혁과 관련시켜 원인을 파악한 이들도 있었다. 이환기는 교육개혁의 일환으로 추진된 열린교육을 학교붕괴의 원인으로 이해

48) 심성보(1999), 「학교붕괴 현상에 대한 공동체주의와 자유주의, 포스트모던주의와 대화민주주의 해석과 통합적 도덕교육의 모색」, 『초등도덕교육』 5권, 한국초등도덕교육학회, 161쪽.
49) 심성보(1999), 「학교붕괴 현상에 대한 공동체주의와 자유주의, 포스트모던주의와 대화민주주의 해석과 통합적 도덕교육의 모색」, 『초등도덕교육』 5권, 한국초등도덕교육학회, 162쪽.
50) 김원중(2000), 「'교실붕괴'의 교육심리학적(?) 분석」, 『교육인류학연구』 3권 2호, 교육인류학회, 113쪽.
51) 김원중(2000), 「'교실붕괴'의 교육심리학적(?) 분석」, 『교육인류학연구』 3권 2호, 교육인류학회, 113쪽.
52) 김원중(2000), 「'교실붕괴'의 교육심리학적(?) 분석」, 『교육인류학연구』 3권 2호, 교육인류학회, 119쪽.

한다.[53] 이환기는 학교붕괴와 열린교육을 연결시켜 논의한다. 그는 학교붕괴를 학생의 지적 능력 저하와 도덕적 타락 현상으로 규정한다. 그리고 이 두 문제가 결국 제대로 된 지식교육의 약화에 원인이 있다고 주장한다.[54]

이런 현상을 만들어낸 것이 열린교육이라는 입장이다. 목영해 역시 학교붕괴와 열린교육과의 관련성을 언급한다. "기존의 질서 있고 체계 있는 교사중심 수업을 교육당국이 강제적으로 열린교육이라는 이름으로 파괴하고 왜곡시킨 결과가 교실붕괴"[55]라는 것이다. 그는 1995년에서 1997년 사이에 열린교육이 초등단계 교육에 도입되었고, 이 초등학생들이 중고등학교에 진학하면서 1999년의 교실붕괴가 일어났다고 추론한다. 열린교육이 학교붕괴 현상의 주요 원인이라는 것이다.

심성보는 531교육개혁의 미흡한 추진과정에서 학교붕괴의 원인을 찾기도 한다. 특히 그는 교육당국이 531교육개혁 차원에서 지원한 열린교육에 대해서도 권위주의 교육을 벗어나게 하는 자유주의적 교육개혁운동으로 평가하면서도, 그것이 서머힐적 무한자유주의적 교육의 무정부화 경향을 노정시킨 것을 중요한 요인으로 지적한다.[56]

『조선일보』는 학교붕괴에 대해 교사들과 전문가들을 인용하여, 한국 학교붕괴의 시발점을 1995년 김영삼 정부의 교육개혁을 들기도 하였다. 열린교육 또는 수요자 중심 교육을 기치로 든 교육개혁안은 지식중심 반복 학습의 전통 교육방법론을 밀어냈으며, 학교의 풍경을 학생위주로 일변시켰다는 것이다. 그리고 이 기본틀은 김대중 정부의 교육정책에서도 변함이 없다는 주장이었다.[57]

* 이 글은 『학교교육연구』 7권 1호에 실은 「1999년 학교붕괴 논란의 원인과 논의」를 요약한 것이다.

53) 이환기(2004), 「열린교육의 관점에서 본 '교실붕괴' 현상」, 『교육연구』 제21집, 춘천교육대학교 초등교육연구소.

54) 이환기(2004), 「열린교육의 관점에서 본 '교실붕괴' 현상」, 『교육연구』 제21집, 춘천교육대학교 초등교육연구소, 25쪽.

55) 목영해(2002), 「교육전통 역학구도의 변화와 교실붕괴의 관련성 연구」, 『교육사상연구』 제11집, 교육사상연구회, 49쪽.

56) 심성보(1999), 「학교붕괴 현상에 대한 공동체주의와 자유주의, 포스트모던주의와 대화민주주의 해석과 통합적 도덕교육의 모색」, 『초등도덕교육』 5권, 한국초등도덕교육학회, 161쪽.

57) 『조선일보』, 열린교육과 학교붕괴, 1999.10.20.

5. 학교붕괴 후 한국교육의 변화

1999년 시점에서 교육당국은 학교붕괴 논란에 대해 공식적 해결책이나 언급을 최대한 피하고 있었다. 기존에 추진하고 있던 교육개혁의 효과가 드러나면 문제들이 해결될 수 있다는 기대를 가지고 있었던 것으로 보인다. 이런 당시 분위기를 양승실 등은 다음과 같이 표현한다.[58)]

> 학교교육의 붕괴 또는 위기 논의가 정부당국에 대하여 그리 큰 반향을 일으키지 못했다. 정부는 이미 수년 전부터 추진하고 있던 교육개혁을 지속적으로 추진하는 것으로 이러한 논란에 대하여 간접적으로 응답하고 있었기 때문이다. 문제의 심각성을 인정한다고 하더라도 새삼스럽게 별도의 대응책을 모색할 필요까지는 느끼지 못했던 것으로 보인다(양승실 외).

1999년 교육당국은 531이래의 교육개혁을 지속적으로 추진하는 것이 학교붕괴 논란의 대책으로 충분하다고 판단했던 것이다. 그러나 세기가 바뀐 후 2001년부터 교육당국은 나름의 개혁안들을 추진하게 된다.

가. 학교붕괴 종합 대책: 학교교육내실화 사업

교육당국은 세기가 바뀐 후 학교붕괴와 관련한 총체적 해결책은 "학교교육 내실화 사업"이었다. 학교교육 내실화 사업은 국책 교육연구기관들인 한국교육개발원과 한국교육과정평가원, 한국직원능력개발원, 한국교육학술정보원이 참여하는 공동연구로 시작되었다. 2001년부터 2007년까지 관련 사업을 교육부 주도로 수행한다.

이 중 2001년 진행된 한국교육개발원의 "학교교육 내실화 방안 연구"는 학교붕괴와 원인과 대책을 망라하여 제시하고 있다. 이 보고서에 제시한 학교붕괴의 원인은 크게 8가지이다. 첫째, 학생의 학습과 교육과정 운영이 괴리, 둘째, 학교 안에서 민주적인 풍토가 미성숙, 셋째, 교사를 교육개혁 대상으로 삼은 조치들과 교사 권위 유지가 어려운 환경 넷째, 교사 전문성 신장을 위한 지원체제 미흡, 다섯째, 전시적 형식주의적 학교 행정 관행, 여섯째, 교사 1인당 학생 수 과다 등 열악한 교육여건, 일곱째,

58) 양승실, 이혜영, 류방란, 이종태(2001), 『학교교육 내실화 방안 연구』, 한국교육개발원, 5쪽.

하향식 교육 정책 추진, 여덟째, 학벌주의와 학력주의 풍토로 인한 명문대학 진학 요구 과다였다.

한국교육개발원이 제안한 학교교육내실화 방향은 다음과 같은 방안을 제시하였다.

① 학생의 의미 있는 학습 경험을 돕는 교육과정을 운영한다.
② 학교 부적응 학생 지도를 위하여 학교에 상담 전문가를 배치하고 교사들의 상담 전문성을 제고한다.
③ 교원의 교육 역량 신장과 결집을 위하여 교원경력기록부를 도입하고 교사의 요구에 부응하는 연수 기회를 제공하며, 교과 장학 지원 연계망을 구축한다.
④ 교사의 교과 전문성 신장을 실질적으로 지원하기 위하여 학습지원 센터를 구축하고, 교과 교육과 학교 운영을 위한 전문 컨설팅을 제공한다.
⑤ 학생들의 요구와 선택을 반영하고, 학교 나름의 교육과정을 운영할 수 있는 다양한 학교를 운영한다.
⑥ 새로운 사회의 요구에 부응할 수 있도록 학교교육의 기능을 다각적으로 재정립하고 평생 학습 기관과 역할을 분담하고 연계한다.
⑦ 학력주의와 학벌주의 풍토를 개선하기 위하여 기업체 연수 인프라를 활용하여 학부모 교육 체제를 구축하며, 다양한 의사소통 통로를 동원하여 개선을 위한 방안을 논의하고 상시 제안제도를 활성화하도록 한다.

요약하면, ①은 학교 교육과정의 개선, ③과 ④는 교사의 전문성 강화, ②와 ⑤는 학생의 선택권 부여와 지원 강화, ⑥과 ⑦은 평생교육 확대와 학벌/학력주의 개선이다.

나. 학교이탈 청소년 문제 대책: 대안교육프로그램 추진과 지원

1999년 이후 대안학교 정책도 학교붕괴 논란에 대한 대책이었다. 당시 학교붕괴의 해결책으로 대안교육 활성화와 학교 밖 청소년에 대한 적극적 지원 정책을 언급한 이들이 적지 않았기 때문이다. 대안학교는 주류 학교의 대안이 되는 학교 형태를 가리킨다. 해당 사회의 주류가 되고 있는 학교 체제와는 다른 교육과 체제를 지향하는 학교들을 모두 대안학교(alternative school)라 할 수 있다. 우리나라의 경우는 흔히 공교육체제와 상이한 특정 형태의 초중등학교를 지칭하는 의미로 사용되고 있다.

대안학교가 본격적으로 제도화된 것은 1997년이었다. 대안학교 제도화는 1997년 10월부터 특성화고교라는 이름으로 시행되기 시작하였다. 특성화고교는 직업교육분야에서 조기 교육을 진행하는 형태와 대안교육 형태로 구분되어 있었다. 이 특성화고 제도는 교육개혁위원회 개혁안의 일부였다.

1998년 1월 8일에는 간디학교(경남 산청), 영산성지고(전남 영광), 양업고(충북 청원), 한빛고(전남 담양), 경주화랑고(경부 경주), 원경고(경남 합천)가 대안학교로 인가받고 동년 3월부터 운영되기 시작하였다. 이미 학교붕괴 논란 이전부터 이들 학교에 대한 지원이 시작되고 있었던 것이다.

교육당국이 대안학교를 적극적으로 지원한 것은 2003년 참여정부 시기부터였다. 2003년 교육부는 "학생의 다양한 교육적 욕구를 반영할 수 있는 학교교육의 내용 체제 부족으로 학교교육의 신뢰 저하"를 해결하기 위해 대안교육프로그램 확대를 추진하였다. 2003년 한 해 동안 교육부는 대안교육프로그램개발비를 80개교에 지원하였다.

다. 교사 사기와 교직 신뢰 저하 대책: 교직사회 안정과 전문성 강화

1999년 교육부는 교직정년단축과 병행하여, 교직사회 안정화 노력을 진행하였다. 교직사회 안정화 대책에는 교직발전종합방안이 대표적이다. 교직발전종합방안 마련 과정에서 교육당국은 평교사 우대 정책이라는 점을 강조했다. 『경향신문』은 1999년 12월 24일 당정교직발전종합방안 시안을 언급하면서 다음과 같이 소개한다. "내년부터 학생교육에 전념하는 평교사를 우대하기 위한 수석교사제가 도입되고, 8년까지 재직이 가능했던 교장임기제가 폐지될 전망이다". 교직발전종합방안 시안에는 수석교사제를 비롯하여, 교사의 사기를 높이려는 교원 자율 연수 휴직제, 교원 장기해외유학제 등이 포함되어 있었다.[59)]

사실 교직발전종합방안이 처음 논의된 것은 1999년이 아닌, 1998년부터였다. 1998년 11월 16일에는 교육부장관 담화를 통해 교직발전종합방안의 시행을 예고했다. 고전은 이런 교직발전종합방안 시행의 정책배경으로 김영삼 정부 시기 교육개혁위원회의 "품위 있고 유능한 교원양성"과 "교직사회 활성화를 위한 교원정책의 개혁"을 들고 있다. 교직발전종합방안은 531교육개혁의 연장선에 있는 정책으로 볼 수 있다.

59) 고전(2001), 「'교직발전종합방안' 수립과정에 대한 평가」, 『교육행정학연구』 19권 3호, 교육행정학회, 108쪽.

교육부는 1999년 교직사회 안정화를 위해 초등교원 부족 해소에도 힘을 기울였다. 초등교사 신규채용확대와 중등자격자 및 기간제 교사 충원을 통해 퇴직으로 인해 부족한 초등교원을 확보하였다. 또한 교원들의 연금 삭감 의혹과 관련한 교단 동요를 막기 위해 노력하였다. 그 결과 1999년도에는 교원 중 명예퇴직을 신청한 교원 중 18.4%인 921명이 철회하게 된다. 교육부는 이를 교직안정화 실적으로 자평하기도 하였다.

2000년 교육부 중점 추진과제의 목표에도 교직사회 안정화 계획에 포함되었다. 교직사회 안정화 대책은 교직사회의 침체 분위기의 조기 쇄신 대책, 교원의 전문성 신장 및 사기 앙양을 위한 수석교사제, 자율연수 휴직제, 교장연임제 추진, 기타 교직 위상 제고로 구성되었다. 덧붙여 교원의 교육활동 보장을 위해 경찰 개입으로부터의 보호 체제 구축, 학교분쟁조정위원회를 통한 학부모와의 마찰 방지가 포함되어 있다.

2001년의 경우 교육인적자원부 교육개혁 사업 영역에 교원사기 앙양 정책이 포함되었다. 교원사기 앙양 정책은 교사의 기본급 비율 상향과 학급담당 수당 인상 등으로 구성되었다. 이에 따라 학급담당수당이 6만원에서 8만원으로, 보직교사 수당이 3만원에서 5만원으로 인상되었다. 또한 교원 전문성 신장을 위한 연수 기회 확대 사업으로 장기 해외유학제, 자율연수휴직제, 민간기업체 교원파견제가 실시되었다.

2002년에도 교육인적자원부는 교원 전문성 제고 및 사기 진작 정책을 수립하였다. 여기에는 2001년부터 추진된 교사 연수 기회 확대 사업과 학급담당수당 및 보직교사 수당 인상이 계속 포함되었다. 또한 교원의 정책결정 과정 참여를 확대하기 위한 현장 교원자문팀 편성, 범사회적인 교원 존중 풍토 조성 사업이 계획되었다.

그러나 교사 처우 개선 정책 외에 교사에게 체벌권을 돌려주거나 권위를 제고하는 정책은 시행되지 않았다. 물론 교사 보호를 위해, 2000년에 경찰 개입으로부터의 교원 보호, 학부모와의 갈등 방지를 위한 학교분쟁조정위원회가 설치되었다. 그러나 이 정책들은 교사에게 체벌권을 돌려주거나 새로운 권위를 부여하는 조치가 아닌, 방어적 지원 조치였다. 이후 교사들의 체벌권 폐지는 그대로 확정되었다. 적극적 의미의 교권 회복, 정확히는 학생통제권의 회복 정책은 시행되지 않았다.

또한 김덕중 장관의 예언처럼, 2002학년도 대학입시안이 계획대로 진행됨으로써 고교과정에서 교사들의 학생 평가권은 신장되었다. “교사들의 말을 듣지 않고는 대학에 갈 수 없는 시대”가 도래하였던 것이다. 대학에 가려는 의사가 명확한 학생들은 김덕중 장관의 말처럼, 학교생활에 충실할 수밖에 없었다. 교사의 학생생활기록부

작성 권한은 교사의 학생 통제력을 뒷받침하였다. 그리고 학교붕괴 논란 당시 우려되었던 대학에 진학할 의사가 없는 학생들은 어떻게 통제하느냐는 문제 역시, 대안학교와 대안교육프로그램의 확대로 일정 부분 해소되었다.

라. 교수학습과정 및 생활지도 붕괴 대책: 교육과정 개정 및 고교 다양화 특성화 정책

교실붕괴, 곧 교수학습과정과 생활지도 영역의 위기에 대해서, 교육당국은 교육과정 개정과 고교 유형의 다양화정책을 통해 대응하였다. 교육과정 개정은 7차 교육과정을 통해 교육내용과 교육방법을 개선하는 것이었다. 고교 유형의 다양화 정책은 기존의 일반고와 실업고로 구분하던 방식에서 벗어나 자립형 사립고, 특성화고, 특수목적고등학교, 영재고 등으로 다양화하는 것이었다.

2001년에는 고등학교의 다양화, 특성화 정책으로 자립형 사립고 시범운영과, 통합형 고교 시범운영이 시작되었다. 2002년에도 고등학교 체제의 다양화 사업이 계속되었다. 자립형 사립학교 시범운영이 전년에 이어 계속되었다. 또한 특성화고(41교), 예체능계고(35교), 농어촌지역 고교(666교) 등을 자율학교로 운영하게 하는 형태의 고교 체제 다양화 사업이 진행되었다. 2003년도에도 고교급 다양화 사업도 계속되었다. 2003년에 자율학교 33교가 추가되었고, 특성화고 8교를 비롯한 영재고, 특목고, 자립형 사립고가 설립되었다.

2002년도에는 교육과정과 수업 영역에 관련된 정책들도 추진되었다. 2002년의 초중등 기초교육 내실화 정책의 방향은 "새로운 교육과정 정착(Software), 교육여건 개선(Hardware), 교원전문성 제고와 사기진작(Humanware)을 총체적으로 추진함으로써 공교육 내실화를 촉진"하려는 것이었다. 교육과정 개정 추진과 학급당 학생 수 감축 등 교육여건 개선, 그리고 교사들의 사기 진작을 통한 공교육 내실화를 목표로 하였다. 여기에서 새로운 교육과정은 제7차 교육과정을 의미하며 교육부는 이 해에 고교 1학년에게 제7차 교육과정 적용을 시작하였다. 또한 현장중심 교수-학습방법 개선을 위한 지원체제 구축 사업으로 시도교육청단위에서의 교수학습지원센터 시범운영, 전국 단위 교수학습자료 데이터베이스 및 포털사이트 구축을 준비하였다. 이는 교수법 개선에 관련된 지원 정책이었다.

마. 학교붕괴 후 한국교육과 531교육개혁론

531교육개혁의 일환으로 시행되거나 시행 준비 중이었던 대책들은 모두 1999년에 시작될 학교붕괴 논란에서 제기된 문제들에 대한 해결책에 해당했다.

실제로 학교붕괴대책인 학교교육 내실화 사업들은 7개 중, 1개를 제외하면 교육개혁위원회의 방향과 일치한다. 학교교육내실화 방향은 7개 중 ① 학생의 의미 있는 학습 경험을 돕는 교육과정을 운영, ③ 교원의 교육 역량 신장과 결집, ④ 교사의 교과 전문성 신장을 실질적으로 지원, ⑤ 학생들의 요구와 선택을 반영하고, 학교 나름의 교육과정을 운영할 수 있는 다양한 학교를 운영, ⑥ 새로운 사회의 요구에 부응할 수 있도록 학교교육의 기능을 다각적으로 재정립하고 평생 학습 기관과 역할을 분담하고 연계, ⑦ 학력주의와 학벌주의 풍토를 개선 등이 교육개혁의 방향과 일치한다. 학교교육내실화 사업 중 ② 학교 부적응 학생 지도를 위하여 학교에 상담 전문가를 배치하고 교사들의 상담 전문성을 제고한다는 것을 제외하면 모두 531교육개혁안의 내용에 이미 포함된 것이었다.

이쯤에서 우리는 학교붕괴 논란이 가진 의미를 다시 한번 생각해 보아야 한다. 나는 이것을 통해 531교육개혁을 주도했던 이들이 몇 년 뒤의 상황을 놀라울 정도로 정확하게 예측했다는 점을 말하려는 것이 아니다. 여기서 알 수 있는 합리적 사실은 이미 1990년대부터 교육관련 전문가들은 한국교육이 가진 고질적 문제를 인지하고 있었고 선택할 수 있는 선택지가 많지 않았다는 것뿐이다. 학교붕괴 논란은 한국교육이 가진 고질적 문제를 보여준 극적인 사건이었다. 교육과정의 획일성, 획일화된 학교체제, 강압적 학교문화는 한국교육의 오래된 관행이었다. 531교육개혁은 이런 고질적 한국교육의 문제를 해결하기 위한 노력이라고 볼 수 있었다. 그러나 학교현장에서는 아직 준비가 되어 있지 않았다.

물론 이와 관련해 생각해 볼 수 있는 점이 531교육개혁이 한국사회에 던진 선도적 영향이다. 531교육개혁은 한국교육이 이후 어떻게 나아가야 할지 방향을 제시함으로써 영향을 미쳤다. 이런 새로운 방향 제시는 학생들에게도 교육에 대한 새로운 입장을 취하게 만들었다. 자기주도성과 개방성을 강조하는 열린교육의 확산, 체벌금지 논란 등이 그 예라 할 수 있을 것이다. 학교붕괴는 531교육개혁이 있었기에 발생한 건전한 논란이었다.

학교붕괴 논란이, 이후 한국교육에 미친 영향은 간단히 말해, "531교육개혁의 가속화"이다. 앞에서 보았듯이 학교붕괴 논란이 제기한 문제들의 해결책은 결국 531교육개혁 이래 추진된 교육제도의 경직성 완화, 교육과정의 다양화, 교사의 전문성 강화일 수밖에 없었다. 이 점에서 학교붕괴 논란에서 일부 교사와 전문가들이 교육정책 혹은 교육개혁의 실패가 원인이라고 보았지만, 역설적으로 531교육개혁을 가속화하는 비계(飛階)가 된 사건으로 이해할 수 있을 것이다.

학교붕괴 논란은 한국교육을 새로운 방향으로 이끄는 동인이 되는 사건이 아니었다. 학교붕괴 논란은 한국교육이 가진 고질적 문제들을 노출시켰고, 이에 대한 교육계의 고민을 불러 일으켰다. 학교붕괴 논란은 1990년대 후반 교육개혁의 와중에 제기되어, 교육개혁에 가속을 부여한 사건이었다. 학교붕괴의 해결책은 1995년 이래 교육개혁위원회에서 제안한 한국교육개혁의 방향과 다른 것이 아니었다. 1999년은 '531교육개혁'으로 표현되는 교육개혁이 지속적으로 수행되던 시기였다. 531교육개혁은 해방 후 취학률의 상승에 초점을 두었던 교육개혁과 달리 교육의 질과 방향에 대한 고민을 담고 있었다. 경직된 학교 교육제도를 개선하여, 학교교육의 다양화를 추구하고 교육의 질을 높이려는 개혁안이었다. 교육의 질 제고를 위해 교육과정 개선, 학교체제 다양화, 학교문화 개선, 교사의 전문성 강화를 표방하고 있었다. 2000년 이후 학교붕괴와 관련 교육정책들은 531교육개혁의 방향을 그대로 지속한 것이거나 구체화한 것이었다. 이런 의미에서 학교붕괴 논란은 교육개혁의 와중에서 새삼스럽게 위기감을 노출시킨 사건이었지만, 결과적으로 531교육개혁으로 표현된 교육개혁에 힘을 실어준 사건이었다.

* 이 글은 『학교교육연구』 8권 1호에 실은 「학교붕괴 논란 후 한국 교육 정책의 진전」을 요약한 것이다.

6. 대안학교의 확산

가. 대안학교의 개념과 유래

대안학교는 주류 학교의 대안이 되는 다양한 학교 형태를 가리킨다. 주류 학교와는 다른 교육 방식과 체제를 채택한 학교라는 의미에서 대안적 학교(alternative school)

라고 부를 수 있다. 우리나라의 경우는 공교육과는 다른 교육목표, 교육철학, 교육과정, 교육방법을 채택하고 있는 학교들을 대안학교라고 부른다.

공교육과 다른 교육을 한다는 점만 같을 뿐, 사실상 대안학교 사이에는 커다란 간극이 있다. 대안학교들의 교육과정, 교육목표, 학교 운영 방식 등이 각각 다르다. 규모나 형태도 제각각이다. 소규모에서 대규모, 가정 형태 학교부터 공식 학교까지 스펙트럼이 넓다.

현재 교육법에서 대안학교란, "학업을 중단하거나 개인적 특성에 맞는 교육을 받으려는 학생을 대상으로 현장 실습 등 체험 위주의 교육, 인성 위주의 교육 또는 개인의 소질·적성 개발 위주의 교육 등 다양한 교육을 하는 학교"[60]이다. 법규에는 학업 중단 학생이 대상임을 강조하고 있지만, 우리나라 대안학교 학생들을 "학교 부적응학생"이라고 말할 수는 없다. 오히려 대안학교의 대안성은 공교육기관이 제공하지 못하는 교육을 제공하는 데에서 찾아야 한다.

나. 해외의 대안학교들

대안학교는 오랜 역사를 가지고 있다. 최초의 대안학교는 영국에서 시작된 서머힐이다.

1) 영국의 서머힐

20세기 초 영국의 교육운동가 니일(A. S. Neil)은 서머힐이라는 새로운 학교를 설립했다. 그는 학교에 대한 사고의 전환을 실제로 실현하고자 하였다. 그것은 학생을 학교에 맞추지 않고, 학교가 학생에 맞춰야 한다는 사고였다. 이런 사고에 근거해 학생들이 자유롭게 원하는 학습과 성장을 할 수 있는 학교로서 서머힐을 설립하였다. 1921년 영국 서포크(Suffolk) 지역에서 서머힐은 시작되었다. 이 학교에는 유치원생부터 중등학생까지 재학하고 있다. 학생 전원 기숙사 생활을 원칙으로 하고 있다. 이후 서머힐과 같은 새로운 학교들이 전 세계에 출현하였다.

서머힐은 아이들이 행복한 학교를 표방하였다. 행복한 학교는 학생이 행복한 학교이며, 학생들이 자유로운 학교라는 것이 서머힐의 철학이다. 서머힐의 설립자인 니일

60) 『초·중등교육법』 제60조의 3 대안학교.

은 자유주의적 교육관, 아동중심주의적 교육관을 강조한다. 이런 그의 교육관은 장자크 루소 이후 확산된 아동중심주의와 맥락을 같이하고 있다. 다만 서머힐의 특이점이 있다면, 이런 아동중심주의적 교육관을 적용한 학교를 성공적으로 만들어냈다는 점에 있다. 서머힐에서는 학생들은 남에게 피해를 주지 않는 범위 내에서 최대한의 자유를 누린다. 심지어 학생들은 정규 수업에 들어오지 않을 자유 혹은 권리도 보장받고 있다.

하지만 서머힐에서 학생들을 방치하는 것은 아니다. 서머힐 학생들은 자율권을 갖지만 이런 자율권도 학교 공동체가 정한 규칙에 의해 성립된다. 서머힐의 학교 규칙은 매주 목요일 열리는 전체 회의에서 결정된다. 그런데 이 전제 회의에는 유치원 과정 학생을 비롯한 모든 학생과 교직원이 참여한다. 물론 교장과 교사들도 이 회의에 참여한다. 그렇다고 이 회의가 겉으로만 민주적 의사결정일 뿐, 교장이나 교사들이 주도하는 것은 아니다. 교장과 교사 역시 학생과 동일하게 1표만 행사할 수 있기 때문이다.

서머힐은 2022년 100주년을 맞이하였으며, 2024년 현재도 학생이 행복한 학교로서 세계적 명성을 유지하고 있다.

2) 일본 도쿄 슈레

1980년대 일본에서는 부등교학생의 급증과 이지메라고 부르는 학교 폭력 현상으로 인해 공교육 기관의 교육이 논란이 되었다. 부등교학생이란, 학교의 등교를 거부하는 학생을 지칭하는데 이들은 다양한 이유로 공교육에 참여하기를 거부하였다. 한편 이지메는 괴롭힘을 뜻하는 일본어로, 학생들 사이에서 일어나는 집단적 괴롭힘을 의미한다. 이지메로 인해 많은 학생들이 고통받는 사례들이 늘면서, 이에 대한 대안을 공공학교가 아닌 다른 곳에서 찾으려는 이들이 생겨났다.

도쿄 슈레(Tokyo Shure)는 이런 생각을 가진 이들에 의해 시작되었다. 1985년 오쿠치 게이코 등의 학부모들은 이지메 문제에 대한 대안을 새로운 학교 형태에서 찾았다.[61]

도쿄 슈레는 “학생이 자기 자신으로서의 자아를 누리는 곳”이 되도록 강제나 경쟁이 없는 학교, 함께 공부하는 것도 되지만 혼자서 학습하는 것도 가능한 자유로운 학교이다. 또한 이런 원칙에는 차이에 대한 존중의 정신도 담겨있다. 즉 자기와 다른 타인을 있는 그대로 존경하는 것을 의미한다.

61) 『한겨레』, 오쿠치 게이코 인터뷰, 1999.05.20.

도쿄 슈레 역시 서머힐과 동일하게 학생들에게 많은 자율권을 부여하는 것을 원칙으로 하고 있다.[62] 도쿄 슈레에서는 학생들이 모든 것을 스스로 결정한다. 학교에 일주일 중 며칠을 등교하며, 무엇을 배울 것인지 모두 학생들이 선택하게 한다. 도쿄 슈레 학생들은 다양한 교과 수업을 듣는 것 외에도, 실행위원회를 구성하여 자유롭게 활동한다. 실행위원회는 일종의 학생들의 연구모임으로 학생들은 협력하여 목표를 세우고 이를 달성하기 위한 활동을 실천한다.

현재 도쿄 슈레는 고교과정으로는 네 곳의 프리스쿨을 운영하고 있다. 여기에서는 부등교학생들을 대상으로 고교자격도 취득할 수 있게 돕고 있다. 현재 운영되는 고등학교 과정은 도쿄 슈레 오지王子, 도쿄 슈레 오사카, 도쿄 슈레 신쥬쿠新宿, 도쿄 슈레 류잔流山이다. 현재까지 도쿄 슈레를 졸업한 학생들은 1,500명 정도이다.

3) 미국 차터스쿨

미국에서는 차터스쿨이라는 형태로 대안학교 보급이 이루어졌다. 차터스쿨은 학교 수준에서 자율적으로 운영되는 공립학교를 의미한다. 차터스쿨은 다른 공립학교들과는 달리 지역의 학교구에서 계획되고 운영되는 것이 아니라 학부모, 교육자, 지역사회 인사들과 같은 설립자에 의해 계획되고 운영된다. 차터스쿨 운영자는 학교 운영상의 광범위한 자율권을 부여받아서 재정, 인사, 교육과정, 교수방법 등을 자율적으로 운영할 수 있다. 차터스쿨의 핵심은 학교 운영상의 자율권을 학교의 운영자에게 부여하되, 차터에 명시되어 있는 학교교육의 성과에 대한 책임을 강하게 요구한다는 점이다.[63] 대표적인 학교인 메츠고교(The Metropolitan Regional Career and Technical Center)는 1996년 가을 50명의 신입생을 받고 운영을 시작했다. 당시 프로비던스의 빌딩을 임대하여 운영을 시작하였다[64] 메츠고교는 일반 사회와 분리되지 않으면서 학생 개개인을 중시하는 학교를 표방한다.[65] 특히 사립학교가 아니라, 주정부의 지원을 받는 공립 대안학교라는 특징이 있다. 현재 메츠고교는 미국 교육 혁신의 대안을 제시하는 학교로 평가되고 있다.

메츠고교에는 교사, 교과서, 수업 시간표가 없다. 학생들은 교사 대신 조언자(advisor)

62) 강대중(2010), 『대안학교는 학교가 아니다』, 학이시습, 209쪽.
63) 정제영, 신인수, 이혜숙(2009), The effectiveness of charter school: Synthesizing standardized mean-changes, *KEDI Journal of Educational Policy* Vol.6 No.1, 한국교육개발원, 102쪽.
64) https://www.themethighschool.org 참조.
65) 강대중(2010), 『대안학교는 학교가 아니다』, 학이시습, 197쪽.

나 멘토, 학부모들에게 배운다. 주 5일제 학교지만, 월수금 3일만 등교하고 화요일과 목요일은 시내 각지로 흩어져 관공서, 고아원, 동물원, 연구소, 병원, 시민단체, 건설현장 등에서 인턴으로 일하며 배운다.[66] 메츠고교를 비롯한 차터스쿨은 우리나라의 특성화고등학교의 모델이 되었다.

4) 한국의 대안학교

우리나라에서 대안학교가 만들어진 것은 1990년대이지만, 1990년대 후반, 교육부에 의해 특성화고등학교 인가가 시작되면서 그 수가 더욱 늘었다. 하지만 역사를 살펴보면 국가가 운영하거나 통제하는 학교가 아니라 민간에서 자율적으로 교육하려는 학교가 적지 않았다. 일제의 침략이 노골화되고 있던 1900년대 초 세워진 수많은 사립학교들도 이런 학교로 볼 수 있다. 이 학교들은 민족주의 교육을 강조하며 외세의 침략에 저항하려 하였다.

현대 한국사회에서 최초의 대안학교가 간디학교인가, 성지학교인가에 대한 논란이 있다. 실제로 성지학교에서는 국내 최초의 대안학교라는 입장을 취하고 있다.[67] 성지고등학교는 1977년 고등공민학교 낙성식을 갖는 등 학교 설립을 위한 준비를 진행하였다. 이렇게 해당 학교의 창립시점을 기준으로 하면 성지학교가 최초의 대안학교일 수 있을 것이다. 하지만 대안학교로서의 성격을 갖게 된 시점을 기준으로 하면, 이야기는 달라진다. 1990년대 후반 특성화고등학교 인가를 성지고등학교를 비롯한 간디학교, 한빛고등학교 등도 함께 받았기 때문이다. 특성화고등학교가 대안학교의 한 형태이므로, 대안학교로서의 특성을 지니게 된 것을 기점으로 하면, 이들 학교가 모두 최초의 대안학교라고 할 수 있을 것이다.

다. 한국 대안학교 유형과 유형별 교육과정의 특성

대안학교의 규모와 설립 형태, 교육목표, 교육과정은 매우 다양하다. 이런 이유로 대안학교를 유형화하는 것은 쉽지 않다. 우선 규모의 경우, 일반 공립학교처럼 다수의 학년, 다수의 학급으로 이루어진 경우도 있지만, 전체 학생 수가 10명이 채 되지 않는 소규모 학교도 존재한다.

66) 강대중(2010), 『대안학교는 학교가 아니다』, 학이시습, 196-207쪽.
67) http://yssj.hs.jne.kr 성지고등학교 홈페이지.

대안학교의 설립 형태 역시 다양하다. 초창기에는 사립학교법인을 설립하여 대안학교를 운영하는 경우가 대부분이었으나, 2000년대 이후에는 공립학교에서 대안교육을 실시하는 새로운 유형이 등장하였다. 또한 학교가 아닌 특정 시설에서 프로그램 형태로 대안교육을 실시하는 경우도 있다. 혹은 이런 제도적 기반은 거의 없이, 몇몇 학부모들이 공동육아 형태로 대안교육을 실시하였다.

대안학교의 교육목표 역시 다양하다. 생태주의를 지향하는 학교가 있는가 하면, 학교 나름의 교육목표를 설정하고 운영하는 경우도 있다. 발도르프 학교 등이 그 예이다. 발도르프 학교는 루돌프 슈타이너의 '인지학'이라는 교육철학에 입각하여 운영되고 있다. 몸, 마음, 머리의 조화로운 발달을 추구한다. 특히 예술을 활용한 교육에 초점을 두고 있다.

흔히 우리나라의 대안학교는, 시행하는 교수학습의 성격에 따라 크게 네 가지 형태로 구분할 수 있다. 자유학교형 대안학교, 생태학교형 대안학교, 재적응학교형 대안학교, 고유이념 추구형 대안학교가 그것이다.[68)]

자유학교형 대안학교는 영국의 서머힐처럼, 학생들에 대한 통제나 교사중심교육이 아닌 아이들의 잠재 가능성과 자유를 중시하는 교육을 시행하는 학교들이다.[69)]

생태학교형 대안학교는 자연친화적 삶과, 노동과 기술 교육, 그리고 지역사회와의 결합을 중시하는 학교들이다. 생태학교들이 추구하는 생태주의는 생명사상, 생명주의, 자연주의 등으로도 불린다. 인간중심적 사고를 함의하고 있는 '환경'이라는 말 대신, 인간을 자연의 일부로 보려는 "생태계"라는 말을 사용한다.[70)]

재적응학교형 대안학교는 학교 부적응 학생을 주된 대상으로 하는 학교이다. 일반학교에서 퇴학 혹은 자퇴하거나, 적응에 어려움을 겪는 학생들을 대상으로 하는 학교이다. 1990년대 후반 특성화고로 인가 받은 대안학교 중에 이런 유형의 학교가 적지 않다.[71)]

고유 이념 추구형 대안학교는 학교 나름의 독특한 교육 이념과 방식을 추구하는

68) 이종태(1999), 「대안교육의 철학적 기초 탐색(1) – 생태주의 교육 이념을 중심으로」, 『한국교육』 26호, 한국교육개발원, 16쪽.
69) 이종태(1999), 「대안교육의 철학적 기초 탐색(1) – 생태주의 교육 이념을 중심으로」, 『한국교육』 26호, 한국교육개발원, 16쪽.
70) 이종태(1999), 「대안교육의 철학적 기초 탐색(1) – 생태주의 교육 이념을 중심으로」, 『한국교육』 26호, 한국교육개발원, 3쪽.
71) 이종태(1999), 「대안교육의 철학적 기초 탐색(1) – 생태주의 교육 이념을 중심으로」, 『한국교육』 26호, 한국교육개발원, 16쪽.

학교들이다. 이들 학교들은 설립 목표와 교육 목표를 나름대로 설정하고 여기에 충실한 교육을 하며, 이런 교육에 동의하는 학생들을 모집하여 교육한다.[72]

한편 대안학교는 인가받은 학교와 비인가학교로 구분할 수도 있다. 교육부에서는 대안학교 중, 신청학교를 대상으로 심사를 거쳐 인가하고 있다. 교육부 인가는 곧 해당학교 학생들의 학력 인증을 의미한다. 예를 들어 인가받은 대안학교를 졸업한 경우, 그 대안학교의 학교급의 졸업 학력을 취득한 것으로 인정하고, 상급학교 진학이 가능하게 되어 있다. 비인가의 경우도 해당 학생이 별도의 절차를 거쳐 학력을 인정받을 수 있다. 다양한 절차가 있지만 가장 대표적인 것이 해당 학교급 검정고시 시험 합격이다.

대안학교는 학교급에 따라, 구분도 가능하다. 상당수 대안학교는 특성화고등학교나 특성화중학교에 포함된다. 즉 중등 대상의 학교들인 것이다. 하지만 초등학교나 초중등통합학교 형태의 대안학교도 존재하고 있다.

라. 공교육 체제하 대안학교의 위상

공교육은 시민혁명 이래 모든 시민을 대상으로 한 공통교육을 표방해 왔다. 처음에는 남자아이에서 여자아이까지, 백인에서 흑인까지 단계적으로 교육대상을 확대해 왔다. 의무교육체제는 강제 취학으로 정착되어, 취학 연령에 도달한 아이들은 공사립 학교에 취학이 강제되었다. 이런 공교육 체제의 취지는 물론 시민들에게 최소한의 교양과 역량을 갖추게 하여 시민으로서의 자질과 역할을 할 수 있게 한다.

이로 인해 공교육체제는 몇 가지 특성을 지닌다. 나병현은 공교육제도의 특징을 보편성, 평등성, 의무성, 무상성, 전문성 이념으로 요약한다.[73] 이 중 보편성은 공교육이 모든 사람을 대상으로 특수한 교육이 아닌 보편교육을 제공한다는 것을 의미한다. 누구나 알아야 할 내용을, 교육을 통해 전달하고 그것을 통해 사회와 국가를 하나로 통합하는 것이 공교육의 이상이다.[74] 그리고 이런 보편성의 가치를 실현하기 위해

72) 이종태(1999), 「대안교육의 철학적 기초 탐색(1)－생태주의 교육 이념을 중심으로」, 『한국교육』 26호, 한국교육개발원, 16쪽.
73) 나병현(2001), 「학교교육의 위기와 공교육 이념의 재검토」, 『아시아교육연구』 Vol.2 No.2, 서울대학교 교육연구소, 153쪽.
74) 나병현(2001), 「학교교육의 위기와 공교육 이념의 재검토」, 『아시아교육연구』 Vol.2 No.2, 서울대학교 교육연구소, 144쪽.

국가차원에서 공통의 교육과정을 부과한다.[75] 공교육의 평등성은 인간은 모두 평등하다는 정신에 기초한다. 이런 평등의 실현을 위해 교육의 기회 균등을 강조하였고, 이를 취학기회를 동일하게 제공하는 것으로 제도화되었다. 동일한 내용을 동일한 기간 동안 교육하면 평등을 실현할 수 있다고 본 것이다.[76] 공교육의 의무성은 학습자인 학생의 교육받을 의무, 부모가 학습자를 교육할 의무, 국가가 국민을 교육할 의무를 의미한다. 대체로 이런 교육의무로, 강제 취학으로 해석되고 있다.[77] 다만 이런 강제 취학 조치에 대해 논란이 있다. 취학할 곳이 반드시 공립학교여야 하는가 하는 문제가 그것이다. 부모가 다른 학교나 시설에 취학시키거나, 혹은 재택교육(home schooling)을 실시하는 것이 부당한가 하는 문제이다. 실제로 미국의 일부 주에서는 재택교육을 인정하고 있다.[78] 공교육의 전문성은 교사의 전문성으로 흔히 해석된다.[79] 공교육기관의 교사는 자격을 가진 사람이어야 하며, 이 자격을 국가나 이를 대리한 전문교육기관에서 부여하는 것을 의미한다. 우리나라의 교원 양성 체제가 여기에 해당한다.

한편 대안학교의 경우는 위에서 언급한 공교육의 특성들을 가지고 있지 않다. 먼저 공교육이 지향하는 보편성을 추구하지 않는다. 우선 대안학교는 보편적 교육내용이 아닌, 학생이 배우고 싶은 교육과정과 내용을 추구한다. 이에 따라 대안학교의 교육과정은 일반 공사립 학교와 다르다. 또한 대안학교 역시 전체 사회나 국가의 공동체적 가치의 추구를 일차적 교육목표로 삼지는 않는다.

두 번째로 공교육의 평등성 역시 대안학교들이 추구하는 가치가 아니다. 학생들에게 동일한 기간 동안, 동일한 내용을 가르쳐야 한다는 원칙에 수용하지 않는다. 학생들은 자신이 필요한 만큼 배우거나, 자신에게 필요한 내용을 배우기 때문이다.

세 번째, 대안학교에 적용되는 의무성도 다르다. 대안학교 지지자들은 의무교육에서의 의무성을 인가된 국공립 사립학교 취학만으로 간주하지 않는다. 이들은 취학의무를 인가학교에 취학하는 것만이 아니라, 모종의 교육기회에 참여하는 것으로 해

75) 나병현(2001), 「학교교육의 위기와 공교육 이념의 재검토」, 『아시아교육연구』 Vol.2 No.2, 서울대학교 교육연구소, 144쪽.

76) 나병현(2001), 「학교교육의 위기와 공교육 이념의 재검토」, 『아시아교육연구』 Vol.2 No.2, 서울대학교 교육연구소, 147쪽.

77) 나병현(2001), 「학교교육의 위기와 공교육 이념의 재검토」, 『아시아교육연구』 Vol.2 No.2, 서울대학교 교육연구소, 149쪽.

78) 나병현(2001), 「학교교육의 위기와 공교육 이념의 재검토」, 『아시아교육연구』 Vol.2 No.2, 서울대학교 교육연구소, 149쪽.

79) 나병현(2001), 「학교교육의 위기와 공교육 이념의 재검토」, 『아시아교육연구』 Vol.2 No.2, 서울대학교 교육연구소, 149쪽.

석한다. 즉 인가받지 않은 학교인 대안학교나 재택교육도 교육을 한다는 점에서 거기에서 학습하는 아동들은 취학한 것으로 보아야 한다는 입장이다. 이에 따라 대안학교들에 대해 인가된 학교와 마찬가지 수준의 정부의 교육비 지원을 요구한다.

네 번째, 공교육의 무상성은 대안학교에서도 대부분 공유하는 가치이다. 의무성과 관련된 해석과 연결되는데, 대안학교 역시 취학의 한 형태이므로, 공립 사립학교와 동일하게 교육비 지원을 받아야 한다고 보며, 이를 통해 무상성을 실현하려 한다. 다만 현재 대부분의 사립 대안학교들은 정부의 교육비지원이 없거나 부족하여, 학부모들에게 교육비를 징수하고 있다.

다섯 번째, 공교육에서 중시하는 교사 전문성, 곧 공적 교사 자격 인증을 대부분의 대안학교는 수용하지 않는다. 대안학교들은 교사자격증을 소지하지 않은 이도 교사로 채용하거나 교육활동에 참여시킨다. 종종 지역사회 구성원이나 학부모들이 교사로서 역할하기도 한다.

한편 대안학교들은 학교 형태 역시 공교육기관들에 비해 자유롭다. 대안학교 중에는 상당수가 학교 운동장을 가지고 있지 않다. 공사립학교 설립 기준에 따르지 않기 때문이다. 또한 대안학교들 중에는 자체 건물을 소유하지 않고, 교실이나 기숙사를 임대하여 사용하기도 한다. 소규모의 대안학교의 경우는 가정집을 개조하여 운영한다.

또한 대안학교들 중에는 공교육기관의 6-3-3-4의 학제를 따르지 않는 경우도 있다. 예를 들어 발도르프학교들의 경우 1학년~3학년, 4학년~6학년, 7학년~8학년 체제로 운영하기도 한다. 상급과정의 경우는 9학년~11학년으로 운영하기도 한다.[80)]

공교육과 대안교육을 비교해 보면, 언뜻 대안교육이 공교육과 정반대의 교육으로 오해할 수도 있다. 하지만 엄밀히 보면, 대안교육은 공교육의 가치나 지향을 부정하기보다, 공교육과 다른 가치를 지향한다고 보아야 할 것이다. 대안교육의 존재는 공교육이 잘못되었다는 것을 증명하기보다, 공교육과 다른 교육이 가능하다는 것으로 이해할 수 있다. 대안교육은 현재 공교육에서 제공하지 않는 교육목표와 교육과정을 제공함으로써, 학부모와 학생들의 선택지를 넓혀 주고 있다. 필자는 그런 의미에서 강제취학 원칙을 인가받은 공립학교와 사립학교들로 제한하는 것은 부당하다고 본다.

대안학교가 학부모나 학생들에게 공교육과 다른 교육을 받을 기회를 제공한다는 점도 긍정적인 요소이다. 하지만 대안학교는 이외에도 긍정적 역할을 한다. 그것은

80) 안양발도르프학교 홈페이지(http://www.awschool.kr) 참고.

기존 공교육체제가 가진 모순을 지적하고 개선을 요구한다는 점이다. 공교육은 보편교육과 평등교육을 지향한다. 공교육을 거부하고, 대안교육을 선택하는 사람들이 많아진다는 것은 공교육의 보편교육과 평등교육의 가치와 모순된다. 공교육 제공자는 공교육에 대한 불만과 요구들을 적극적으로 반영하여 개선해야 할 책무가 있다. 대안학교의 취학을 허락하는 수준의 소극적 변화가 아닌, 공교육 체제의 교육철학과 교육방식, 교육과정을 재검토하는 적극적 노력이 필요하다. 이런 의미에서 대안교육은 공교육이 나아가야 할 방향을 보여준다. 대안학교는 공교육의 체제 개편을 요구하는 촉매라고 할 수 있다.

7. 역량중심교육과정 도입

한국사회의 가장 심각한 문제로 흔히 언급되는 것이 학력주의 혹은 학벌주의이다. 학력주의는 어느 단계의 학교를 졸업했는지를 중시하는 관행을 의미하며, 학벌주의는 특정학교-대개 명문학교, 일류학교라고 불린다-출신을 선호하거나, 이 졸업생들끼리 담합이나 특권을 향유하는 관행을 가리킨다. 학력주의와 학벌주의는 일제 강점기 이래 매우 오랫동안 유지되어 온 관행이고, 그것이 가진 문제점에 대해 오랜 기간 인식해 왔음에도 불구하고 없어지지 않은 관행이다.

내가 역량중심교육과정 이야기를 하기 전에 갑자기 학력주의 이야기를 하는 이유는 무엇인가? 역량중심교육과정은 학력주의 문제를 해소할 수 있는 방안의 하나로 볼 수 있기 때문이며, 개인적으로 꼭 성공하기를 바라는 교육과정이기 때문이다.

우리나라교육과정에 역량 개념이 명시적으로 반영된 것은 2015개정 교육과정부터이다. 이 교육과정에 홍익인간이라는 목표를 구체화한 네 가지 인간상과 함께 여섯 가지 역량이 교육의 목표로 명시되었다.

2015개정교육과정에서는 홍익인간을 1) 자주적인 사람, 2) 창의적인 사람, 3) 교양 있는 사람, 4) 더불어 사는 사람이라고 규정하였다. 그리고 이런 인간상을 구현하기 위해 학교교육 전 과정에서 기르려는 핵심역량을 다음 6가지로 표현하였다.

가. 자아정체성과 자신감을 가지고 자신의 삶과 진로에 필요한 기초 능력과 자질을 갖추어 자기주도적으로 살아갈 수 있는 자기관리 역량

나. 문제를 합리적으로 해결하기 위하여 다양한 영역의 지식과 정보를 처리하고 활용할 수 있는 지식정보처리 역량

다. 폭넓은 기초 지식을 바탕으로 다양한 전문 분야의 지식, 기술, 경험을 융합적으로 활용하여 새로운 것을 창출하는 창의적 사고 역량

라. 인간에 대한 공감적 이해와 문화적 감수성을 바탕으로 삶의 의미와 가치를 발견하고 향유하는 심미적 감성 역량

마. 다양한 상황에서 자신의 생각과 감정을 효과적으로 표현하고 다른 사람의 의견을 경청하며 존중하는 의사소통 역량

바. 지역 · 국가 · 세계 공동체의 구성원에게 요구되는 가치와 태도를 가지고 공동체 발전에 적극적으로 참여하는 공동체 역량

2015개정교육과정에서 역량중심교육과정을 도입하면서 학력주의를 없애겠다고 시작한 것은 아니었다. 역량중심교육과정이 처음 도입될 때, 강조된 것은 모종의 활동을 성공적으로 수행할 수 있는 일종의 능력인 역량을 키워줄 필요가 있으며, 이런 역량을 키워주는 방식으로 교육과정을 개편해야 한다는 것이었다. 역량은 특정일을 수행할 수 있는 능력을 지칭하는 개념으로, 그 일과 관련한 지식이나 기술, 태도 등을 포괄한다. 교육과정평가원에서는 역량을 "다양한 현상이나 문제를 효율적으로 혹은 합리적으로 해결하기 위해 학습자에 요구되는 지식 기술 태도의 총체"라고 한다.[81] 예를 들어 의사소통역량이라고 하면, 개인과 개인의 의사소통과 관련된 지식도 있고, 기술이 있으며, 특정 태도도 가지고 있어, 성공적으로 타인과 의사소통할 수 있는 총체적 능력을 지칭했다. 특정 역량을 가진다는 것은 실제로 그 일을 할 수 있다는 의미이다.

이쯤에서 학력주의에서 중시하는 학력이 단순히 그 개인이 밟은 이력일 뿐, 그가 특정 직무나 역할을 잘할 수 있다는 근거가 아니라는 주장을 떠올려 보자. 학력은 그의 과거 경력에 대해 보증하는 것일 뿐, 실제로 그가 할 수 있는 일을 보증할 수 없다. 반면 역량은 일의 수행에 직접 관련된다는 점에서 그 개인이 주어진 일을 잘할 수 있는지 보여주는 기준처럼 보인다.

이 점에서 역량 개념은 학교나 교과의 요구나 기준보다는 사회나 기업의 필요에 초점을 둔 개념일 수밖에 없었다. 사회생활이나 회사 기관에서 필요로 하는 역량이 무엇인지 분석하여 학교에서 그 역량을 갖추게 하는 것이 중요하다. 한국의 경우,

81) 이광우 외(2009), 『미래 한국인의 핵심 역량 증진을 위한 초중등학교 교육과정 비전연구(Ⅱ)』, 한국교육과정평가원, 15-16쪽.

이를 후기산업사회에 부합하는 역량, 지식정보화 사회에 부합하는 역량이라는 형태로 강조하였다.

처음 역량 중심 교육과정 이야기가 나왔을 때, 교육계에서 교육이 본연의 역할을 못하고 산업계의 도구가 될 수 있다고 우려한 이유가 여기에 있다. 교육이 그 자체의 기능과 역할이 있다고 보는 입장에서는 역량중심 교육이 결국 산업계의 요구를 학교가 수용하여 여기에 부응한 것으로 보였던 것이다. 지금도 이것에 대해서는 논란이 있다. 역량중심교육을 반대하는 이들의 대표적 논리가 이것이다.

실제로 마이클 영(Michael Young)의 경우, 역량중심교육과정을 경제적 도구주의이면서 지식의 가치를 평가 절하한다는 지적을 하기도 하였다. 역량중심교육과정이 아무래도 이전보다 교과지식이나 학문 자체의 가치를 중시하지 않기 때문이다.

또한 어떤 이들은 한국사회에서 전면적 역량중심교육을 시행하는 것이 타당한지 의문을 제기하였다. 역량중심교육을 전 교육과정에 적용하고 있는 나라는 찾아보기 쉽지 않기 때문이다.

또한 한국사회의 입시체제는 바뀌지 않은 채 역량을 교육목표로 삼는다고 해서 근본적으로 달라질 수 있느냐는 지적도 있다. 수능시험이나 대학입시에서 학생들의 열강을 정확하게 측정하지 못하기 때문에, 겉으로 보이는 표면적 역량 일부만 중시된다는 지적도 있다.

역량중심교육과정이 현장 교육을 실질적으로 바꾸고 있는지 의문이라는 지적도 있다. 일부 교사들은 역량중심교육과정이 도입되면서 성취기준이 교육과정 문서에 추가되었을 뿐, 실제 수업은 이전과 다른 게 없다는 지적을 한다.

한편 또 다른 비판은 과연 역량을 길러 줄 수 있는 특별한 교수학습전략이 있느냐 하는 지적도 있다. 역량은 단순한 능력을 넘어 실제로 특정일을 할 수 있는 경우 그것을 가지고 있다고 평가한다. 그런데 우리가 교육을 통해 실현할 수 있는 것은 특정 지식이나 기술 태도를 구체화, 체계화해서 가르치는 것 외에 다른 방법이 있는가이다. 일반적 교수학습 방식과 상이한 역량중심교육을 하는 독특한 교수학습전략이 무엇인가라는 문제가 남는다.

또한 역량을 가졌는지 아닌지 평가하는 작업이 단시간에 이루어질 수 없다는 점도 고려할 사항이다. 특정 역량을 충분한 정도로 갖추고 있는지 확인하기 위해서는 오랜 관찰과 평가가 필수적이다. 그런데 학교 교육 상황에서 역량을 평가할 수 있는지 의문이며, 역량 평가 방식을 개발하는 것도 쉽지 않다.

내가 보기에 역량중심교육과정은 학교교육에서 이루어진 교과내용이 어떤 의미가 있는지 보여주는 한 가지 논리이다. 학교에서 배우는 수많은 내용들이 결국 학습자가 직장에서, 사회에서 제 역할을 하는 데 필요한 역량을 키워준다는 것이다. 이는 학교교육내용이 왜 중요한지 보여주는 한 가지 방법이다. 그러나 우려되는 바도 있다. 미분, 적분을 배우는 이유가 그 자체가 목적이 아니라, 미분, 적분이 아닌 다른 상황의 문제를 합리적으로 해결할 수 있는 역량을 키워주기 위한 것이며, 윤동주의 "쉽게 쓰여진 시"를 배우는 이유가 그 시에 대한 이해가 아니라 심미적 감성 역량을 키워주기 위해서라고 말하는 것으로 충분한가 하는 의문이 남는다. 여전히 역량이 수많은 교과 내용을 결국 효용적 시각으로 환원하는 문제를 만들어 내고 있는 건 아닌가 하는 의문이 든다.

현재 2022개정교육과정에서도 여전히 6대 핵심역량은 교육과정을 통해 구현해야 할 목표로 설정되어 있다. 다만 2015개정교육과정과 조금 달라졌다. 무엇이 달라졌는지 찾아보기 바란다.

2022개정교육과정의 핵심역량

가. 자아정체성과 자신감을 가지고 자신의 삶과 진로를 스스로 설계하며 이에 필요한 기초 능력과 자질을 갖추어 자기주도적으로 살아갈 수 있는 자기관리 역량

나. 문제를 합리적으로 해결하기 위하여 다양한 영역의 지식과 정보를 깊이 있게 이해하고 비판적으로 탐구하며 활용할 수 있는 지식정보처리 역량

다. 폭넓은 기초 지식을 바탕으로 다양한 전문 분야의 지식, 기술, 경험을 융합적으로 활용하여 새로운 것을 창출하는 창의적 사고 역량

라. 인간에 대한 공감적 이해와 문화적 감수성을 바탕으로 삶의 의미와 가치를 성찰하고 향유하는 심미적 감성 역량

마. 다른 사람의 관점을 존중하고 경청하는 가운데 자신의 생각과 감정을 효과적으로 표현하며 상호협력적인 관계에서 공동의 목적을 구현하는 협력적 소통 역량

바. 지역・국가・세계 공동체의 구성원에게 요구되는 개방적・포용적 가치와 태도로 지속 가능한 인류 공동체 발전에 적극적이고 책임감 있게 참여하는 공동체 역량

8. 한국의 교육개혁1: 교육기회 확대

일제강점으로부터의 해방은 교육분야에도 커다란 변화를 가져왔다. 1945년 9월 미군에 의한 통치, 곧 미군정이 시작된 후 한국교육에 대한 체제 개편이 이루어졌다. 이 중에는 학제와 학기, 고등교육확대, 초중등학교 보급 등이 포함되었다. 특히 미군정 이후, 한국의 초등교육의 취학률은 비약적으로 상승하였다. 일제강점기 46% 정도였던 국민학교 취학률이 1946년에는 56%, 1947년에는 65%로 확대되었던 것이다. 1년에 약 10% 취학률 성장이라는 놀라운 현상이 나타난 것이다.

한국 전쟁이 끝난 직후에도 정부는 초등단계 교육의 의무화 사업은 꾸준히, 일사분란하게 진행했고, 드디어, 1959년에는 취학아동의 국민학교 취학률이 96%에 이르는 성과를 거두었다. 1960년대에도 학교 신설 및 학급 증설 등의 교육 투자가 지속되었다. 이런 놀라운 취학률 상승은 대한민국정부 수립 후 이루어진 대표적 교육개혁사례라고 할 수 있다. 이를 통해 더 많은 시민들이 교육받을 수 있게 되었기 때문이다.

그러나 교육계에는 고질적인 문제도 남아있었다. 상급학교 진학을 위한 경쟁이 과다한 것과 거기에 기인한 여러 문제들이었다. 국민학교에서 중학교로의 입학 경쟁이 극심하였던 데다가, 중학교 입시 준비 부담을 입시지옥이라고 표현할 정도였다. 당시 대한뉴스에서는 시험지옥이라는 표현을 사용하기도 하였고, 시민들 사이에서는 국6병이라는 말이 유행하기도 하였다. '국6병'이란 국민학교 6학년 학생들의 힘든 상황을 표현한 것이었다. 당시 6학년 학생들은 6시간도 수면을 취하지 못하고 입시 준비에 매달렸다.

시험지옥이라는 상황은 1960년대 중반 무즙파동과 창칼파동을 겪으며 시민들 사이에서 중학교 입시 개선에 대한 요구가 높아졌다. 이에 드디어 교육개혁이 이루어진다.

그것은 중학교 입시를 없애고, 무시험 추첨을 통해 중학교를 진학하도록 하는 중학무시험검정제였다. 당시 문교부장관이었던 권오병은 이 제도를 교육개혁으로 언급하며, 이 개혁은 결코 후퇴하지 않을 것이라 선언하였다. 일부에서 다시 명문중학교를 허용하는 방향으로 돌아갈 것이라는 여론이 있었기 때문이었다. 권오병의 지적대로 이 개혁은 그대로 유지되어 현재까지 이르고 있다.

중학교 입시 부담이 완화되자, 이제 고등학교 입시 경쟁이 치열해졌다. 너도 나도 명문고등학교 입시에 매달렸고, 이는 다시 중학생들의 입시 부담 과중 현상으로 나타났다. 정부는 이번에도 개혁의 칼을 들었다. 고교 평준화라는 이름의 고등학교 추첨 배정을 시작한 것이다. 이에 입시부담은 중학생에서 고등학생으로 옮겨갔다.

연이은 중학교 입시, 고등학교 입시제도 개혁은 많은 이들의 부담을 줄여준 것이었다. 그러나 이런 개혁들은 완전한 것은 아니었다. 여전히 대학입시 경쟁은 치열한 상태로 남아 있었기 때문이다.

1970년대까지 입시제도 개혁이라는 교육개혁은 정부가 주도한 것이었다. 그러면 정부는 어떤 이유로 이런 교육개혁에 적극적이었을까? 물론 여기에는 경제발전을 위한 인력 양성이 동기였다는 의견도 있다. 또한 시민들의 여론에 부응하기 위한 정책이었다는 평가도 있다. 한편 그 외에 당시 권력자 아들의 입학시기와 개혁이 일치한다는 점에서 비공식적 의도에서 개혁 동기를 찾는 경우도 있다. 다만 이 경우 명확한 증거는 없고 정황만이 있을 뿐이다.

1980년 드디어 대학입시와 관련한 개혁안이 발표된다. 1980년 7월 30일 국가보위비상대책위원회에서는 대학입시와 과외교습금지를 포함한 교육개혁안을 발표하였다. 이를 730교육개혁안이라고 부른다. 그중 대표적인 내용은 다음과 같다.[82)]

① 1981학년도부터 대학입시 본고사를 폐지하고, 출신 고등학교의 내신 성적과 예비고사 성적으로만 대학입학자를 선발한다.
② 초 · 중 · 고등학교의 교과목 수를 줄이고, 또 그 수준도 낮추는 방향으로 교육과정을 조정한다.
③ 대학의 졸업정원제를 실시하여 신입생은 정원보다 일정수를 더 입학시키고, 졸업정원은 인가된 정원으로 한정한다.
④ 대학은 전일제수업을 실시하여, 시설과 인력을 최대한 활용한다.
⑤ 대학입학인원을 연차적으로 확대한다.
⑥ 교육방송의 운영을 개선하여, 교육전용방송을 실시한다.
⑦ 개방대학 제도를 개설한다.
⑧ 방송통신대학을 5년제로 하고, 교육대학을 4년제로 한다.
⑨ 교육세를 받아서 교육재정을 확보한다.
⑩ 대학시설을 확충하고 교원의 처우를 개선한다.
⑪ 정부, 산업체의 고용정책을 개선하는 등 장기 대책과 사회 대책을 추진한다.
⑫ 과열과외 해소를 위한 전 국민운동을 전개한다.

82) 피정만(2010), 「한국교육의 발전」, 『한국교육사이해』, 하우.

이 중 많이 알려진 것은 본고사 폐지와 고교내신강화, 졸업정원제, 그리고 전면적 과외교습금지였다. 본고사 폐지로 인해, 이제 대학에서는 필답고사를 출제할 수 없었고, 국가에서 출제하는 예비고사 점수와 고교내신 성적을 활용하여 입학생을 선발하게 하였다. 또한 입학정원을 급격하게 늘릴 수 있도록, 졸업정원제, 곧 입학정원은 확대하고 대신 졸업할 수 있는 인원을 관리하는 정책 변화를 발표하였다. 그리고 대학입시로 인한 과열 과외 문제를 해소한다는 명분으로 초중고 재학생의 과외교습을 전면 금지하였다. 이외에 당시로서는 매우 빠른 교육방송 시행도 눈여겨볼 부분이다. 교육방송 시행은 과외 교습을 대체할 수 있는 방법이었으며, 당시 컬러텔레비전 보급을 앞당길 정도로 파급효과가 컸다.

본고사 폐지는 이후 대학입시의 중요한 원칙으로 자리 잡아, 이후에도 계속해서 대학이 출제하는 필답형 교과목 시험은 금기가 되고 있다. 한편 졸업정원제의 경우는 이후 졸업정원제를 통해 입학한 학생들의 저항이 극심해지면서 폐지되었다. 이에 따라 대학의 입학정원만 증가하게 되었다.

전면 과외금지 조치는 한국 사회에도 커다란 변화를 가져왔다. 방학을 맞아 학원 수강에 등록했던 학생들은 환불을 받아야 했고, 이후부터 초중고 재학생들의 학원교습은 금지되었다. 학원 과외 교습이 가능한 것은 재수생뿐이었다. 또한 현직 교사들의 과외 교습도 금지되었다. 대다수의 시민들은 이 방침을 과외교습 전면 금지로 이해하였다.

하지만, 과외금지 조치와 과외 유발 원인의 하나였던 본고사 폐지에도 불구하고, 과외 교습은 사라지지 않았다. 공식적으로는 재수생 학원강습 외에는 사라졌지만, 은밀하게 불법 과외 교습이 나타나기 시작했다. 예를 들면 4촌 이내의 친족끼리는 과외교습이 가능하다는 방침이 있자, 과외 선생을 누나나 형, 언니 등으로 속여 이웃들의 눈을 피했고, 심지어 입주과외라 하여 과외선생을 집에서 함께 생활하는 방식으로 과외교습을 하기도 하였다. 또한 공직자들의 경우, 과외교습을 하는 것이 알려지면 '옷을 벗어야' 하는 상황에 이르렀다.

이에 따라 과외 교습은 매우 위험한 행위가 되었고, 이 위험에 대한 대가를 지불해야 했기에 과외교습비는 이전부터 높아졌다. 고액과외가 다시 성행했던 것이다. 과외 교습 금지에도 일부 사람들을 중심으로 은밀하게 이루어지는 상황은 오히려 계층 불평등을 심화하는 요소이기도 하였다. 당시 언론 등에서 이런 불법 비밀과외를 파렴치한 행위, 이웃을 외면하는 행위, 사회정의를 훼손하는 행위로 격렬하게 비판하기도 하였다.

730교육개혁을 시행한 5공화국은 다른 조치에 비해, 과외교습 금지를 정권교체기까지 유지하였다. 일단 당시 시민들의 찬성 비율이 매우 높았기 때문이었다. 그러나 조금씩 과외 교습의 범위를 넓혀주면서 전면과외 교습의 방침은 약화되기 시작했다. 예를 들면 대학생의 과외교습을 허용하는 정책을 펴면서 1980년대 후반부터 대학생 과외가 확산되었다.

과외금지 조치는 이후 2000년대 초 헌법재판소에서 위헌 판결을 하면서 결국 폐기되었다. 헌법재판소는 과외금지 조치가 개인의 학습권을 침해할 수 있다는 취지에서 헌법에 위배된다는 취지의 선고를 하였다. 이후 한국에서는 다시는 전면 과외금지 조치는 나타나지 않았다. 대신 사교육 완화 조치라고 불리는 학원 교습비 규제, 학원 강습 시간제한 등의 형태로 사교육 문제에 대한 대응이 이루어지고 있다.

내가 보기에 730교육개혁은 국가보위비상대책위원회라는 초법적 기구가 정치적 목적 아래 급진적 방식으로 추진한 교육개혁이었다. 당시 집권층은 취약한 정권의 정당성을 시민들이 선호하는 정책을 펼침으로써 만회하고자 했다. 또한 군대 조직의 집행과 동일하게, 상명하복, 기계적 정책 집행 전략을 통해 급진적 변화를 시도했다. 이는 정치권력이 강력한 통제력을 발휘하는 때는 효과를 거둘 수 있었다. 그러나 점차 정치권력의 약화와 함께 급진적 개혁에 대한 반발이 나타났다. 졸업정원제에 대한 대학생들의 반발이나, 과외교습에 대해 개인의 학습권 침해라는 이야기가 나오기 시작한 것이 그 예이다. 730교육개혁이 선택한 교육개혁 의제들이 잘못되거나 부적절하다고 보기는 어렵다. 실제로 1994년에야 이루어진 730교육개혁에 대한 교육학계에서의 평가도 주로 정치적, 급진적 개혁에 대한 비판이었지, 본고사 폐지를 포함한 대학입학정원 확대, 과외교습 금지, 교육방송 확대와 평생교육 확대는 비판 대상이 되지 않았다. 1994년에서야 교육학자들이 지적한 730교육개혁의 문제는 정치적 목적에 경도된 것, 급진적 일방통행식 개혁 방식에 대한 비판이 대부분이었다.

내가 보기에 730교육개혁은 권위적 정부가 추진할 수 있는 교육개혁 방식의 전형이었다. 당시 정부는 교육개혁에 대한 시민들의 의제를 인지하고, 이를 급진적으로 시행하고 반대나 저항은 불평이나 부도덕한 것으로 매도했다. 개혁에 대한 반발은 억누르고, 개혁을 위한 긍정적 제안들 역시 수용하지 않았다. 하지만 이 개혁이 한국교육에 지대한 영향을 미친 것은 분명하다. 730교육개혁을 통해 한국교육의 양적 성장, 즉 취학률 제고라는 목표는 대학수준 교육까지 거의 달성되었다.

9. 한국의 교육개혁2: 교육의 질적 개선

1990년대 중반, 김영삼 대통령의 취임으로 시작된 문민정부는 새로운 방향의 교육개혁을 준비하고 있었다. 취학률 제고로 대표되는 교육기회의 양적 확대라는 교육개혁 방향과 달리 교육의 질적 수준 제고를 개혁의 방향으로 설정하였다. 문민정부는 정부 출범 직후 교육개혁위원회를 발족시키고 대학교수 중심을 위원들을 위촉하였다. 이때 참여한 대표적 인물이 서울대 철학과 교수였던 이명현, 교육학과 교수였던 이돈희, 문용린, 김신일 등이었다. 교육개혁위원회는 대통령 자문위원회로서의 위상을 지니고 있어, 교육부와 긴밀한 관계를 형성할 수 있었다. 또한 교육부는 교육부대로 산하의 교육개발원을 활용하여 교육개혁 수행을 위한 정책 아이디어를 현실화하고 있었다.

1995년 교육개혁위원회는 드디어 새로운 한국교육의 방향을 제시하는 교육개혁안을 발표하였다. 발표일은 5월 31일이었는데, 우리나라의 작명 센스에 따라 이 개혁안은 이후 531교육개혁안이라고 불리게 된다. 당시 교육개혁안 수립과 시행에 관여한 이돈희는 1995년부터 추진된 교육개혁의 방향을 신교육체제의 수립으로 보았다. 이돈희는 신교육체제 수립을 위한 교육개혁의 기본방향을 크게 열린교육 체제 구축과 수요자 중심 교육이라고 명명하였다. 그에 따르면 열린교육 체제에서 열림은 "누구나 언제 어디서나 원하는 교육을 받을 수 있는 체제를 의미하며, 모든 국민이 자아실현을 극대화할 수 있는 교육복지국가(Edutopia) 건설을 지향하는 것을 의미한다. 열린교육 체제란 대체로 평생교육체제를 중심으로 한 개혁 방안으로 평가할 수 있다. 학교교육과 관련한 열림은 중등교육에 적용되는 것으로서 일반계, 실업계와 특수목적 고등학교 간의 전학을 쉽게 하고, 교육과정이 다양화, 특성화되어 학습자에게 다양하게 열려 있는 것을 의미하였다.

한편 수요자 중심교육의 의미는 일반적 의미와 다른 부분이 있다. 이돈희는 수요자 중심교육을 학생들의 요구를 무조건적으로 충족시켜 주는 교육으로 바라보지 않는다. 그는 수요자 중심교육을 다음과 같이 규정한다.

> "수요자 중심의 교육이란 수요자의 주문에 응한다는 의미로서가 아니라, 교육받는 대상의 실제적 능력과 잠재적 가능성에 비추어 요청되는 교육적 필요를 충족시킨다는 뜻으로 이해되어야 할 것이다."

즉 학부모나 학생이 원하는 교육적 욕구를 무조건적으로 충족시키려는 것이 수요자 중심교육은 아니라는 것이다. 수요자 중심교육의 최종 판단은 교육전문가인 교사가 갖는다. 학부모와 학생의 교육적 요구는 교사들이 고려해야할 사항일 뿐이다.

531교육개혁에서 공교육체제의 개혁 방향은 기존 공교육의 경직성을 완화하고, 다양성을 지향하는 것으로 이해할 수 있다. 물론 이 다양성에는 고교급 학교유형의 다양화 및 대안학교의 허용과 같은 학교의 다양화 정책과 선택중심교육과정의 추가로 표현되는 교육과정 영역의 개선이 포함되어 있었다. 이 정책제안은 531교육개혁안의 "초중등학교 교육과정 개편 및 운영의 내실화" 영역에 포함되어 있다.

한편 초중등영역과 관련한 531교육개혁안의 또 다른 한 축은 교사의 전문성 신장 및 사기 앙양이었다. 여기에는 교원양성기관과 관련한 개혁안을 제외하면 대체로 교사의 전문성을 강화하고 교사의 사기 앙양을 위한 조치들로 되어 있다.

6. 초중등학교 교육과정 개편 및 운영의 내실화: 실천위주의 인성교육 강화, 교육과정의 개선 및 운영의 다양화, 신교육과정 편제 도입, 선택교육과정 도입에 따른 수능제도의 개선, 교육과정위원회 구성 및 학교조직 개편 권장, 교원과정평가원 설치 등
7. 교원의 전문성 신장 및 사기 앙양: 교원양성기관 교육과정 개편 및 교원 임용제도 개선, 교원연수 강화 및 연수기관 선택권 부여, 능력중심 승진 및 차등보수체계로의 개선, 교원자율 출퇴근제의 시범 실시, 특별연구교사제 도입, 교원양성기관에 대한 평가인정제 도입, 교육대학의 체제 개혁, 대학원수준에서의 교원양성, 교육전문직 자격 및 임용제도 개선, 교원현장 연구비 지급제도, 교원복지관련 기관의 기능 확충, 교원복지 활성화 등[83)]

교육개혁위원회의 주요 개혁과제 영역 중 "6. 초중등학교 교육과정 개편 및 운영의 내실화"는 학교제도의 경직성 문제와 교수학습과정의 문제에 대한 의미 있는 해결책을 포함하고 있었다. 그리고 "7. 교원의 전문성 신장 및 사기 앙양" 대책은 교사들의 사기를 높이는 복지관련 대책과 교사들의 전문성을 신장하는 양성 및 연수체제 개선안이 포함되었다.

초중등학교 교육과정 개편 및 운영의 내실화 정책들의 경우는 7차 교육과정 도입과 열린교육시행으로 나타났다. 또한 평준화 고교체제를 대체하여 다양한 고등학교 체제

83) 교육개혁위원회(1998), 『한국교육개혁백서』, 교육개혁위원회, 245쪽.

허용과 대안학교 허용, 학력고사를 대신한 수능체제 개혁도 이때 추진되었다. 열린교육은 이 책의 별도의 장에서 다루었다.

7차 교육과정의 경우는 이전의 교육과정과는 전혀 다른 방향을 지향하고 있었다. 우선 국가에서 개별 학생의 교육과정을 규정하던 방식에서 벗어나 학생들이 자신이 학습할 교육과정을 선택할 수 있도록 교육과정을 개편하였다. 국민공통교육과정과 함께 선택중심교육과정을 허용하여 고교 2학년과 3학년에서 학생들이 교과선택을 할 수 있게 하였다. 이는 기존의 경직된 고등학교 교육과정 체계를 제도면에서 개편한 것이면서, 학생들에게 교과선택권이 있음을 제도적으로 보장해 준 것이었다. 또한 수준별 교육과정이라는 이름을 기본과정, 심화과정, 보충과정을 시행할 수 있게 하였다.

수준별 교육과정은 수준별 이동수업이라는 형태로 나타났는데, 특정 교과별로 학생들의 수준을 나누고, 각기 자기 수준에 맞는 분반에서 공통교과를 이수하는 형태였다. 그런데 이런 방식에 대해 많은 불만이 제기되었다. 우선 내신 성적 등급 부여문제가 있었다. 예를 들어 하급반 고득점자의 경우 내신등급을 어떻게 부여해야 하는지, 고급반 저득점자의 등급은 어떻게 부여해야 하는지 논란이 되었다. 이런 제도의 미비와 함께, 저급반 학생들에 대한 교사들의 보이지 않는 무시, 저급반 학생들 스스로의 낙인 효과 등이 비교육적이라는 비판이 있었다. 결국 수준별 이동 수업은 이후 점차 사라졌다.

대학입시와 관련해서는 학력고사를 대신해 만들어진 수학능력시험의 확대와 학생부전형 도입을 선언하였다. 수학능력시험은 기존의 대학입시 학력평가 시험인 학력고사가 단편적 암기 위주의 평가와 전 과목평가라는 문제를 해결해야 한다는 취지에서 1990년대 초 시작되었다. 단편적 암기 능력이 아닌, 고등사고력을 평가하겠다는 취지에서 다양한 상황과 자료에 대해 생각하고 답하는 형식의 시험이 개발되었다. 시험범위도 교과서에 한정되지 않는 시험 방식이었다. 교개위는 본고사를 폐지하고, 수능시험 성적과 학교생활기록부를 기본자료로 한 대학입시 실행을 결정하였다.

그 외에 학교운영위원회의 설치를 통한 학부모들의 학교 교육 참여 기회 확대를 시도하였다. 이후 학교운영위원회는 정착되어 현재에 이르고 있다. 이를 통해 학부모들이 개인적으로 학교교육에 참여하거나, 자신의 자녀 위주로 학교교육에 참여하던 양상이 변화되었다. 학부모 대표가 학교운영에 대해 의견을 내는 체제가 된 것이다. 또한 교사 위원도 학교운영위원회에 소속되면서 일반 교사들의 요구가 학교교육에 반영될 수 있는 체제가 갖추어졌다.

한편 교원의 전문성 신장 및 사기 앙양이라는 교사 부문의 정책 개편은 말 그대로 교사들이 전문성을 강화하고 교직에 대한 만족감을 높이려는 정책으로 기획된 것이었다. 이를 통해 이전에 없었던 교사 자율연수나 수석교사제가 도입되었다. 그러나 이런 교사에 대한 지원 정책은 531교육개혁을 추진하던 시기, 교육부의 다른 정책들로 인해 많은 어려움에 부딪히게 된다. 그 정책들은 촌지수수금지 조치, 체벌 금지, 교원 정년 단축, 공무원 연금개혁 조치들과 맞물리면서 한동안 성과를 내지 못하게 된다.

531교육개혁은 급진적이 아닌 단계적 방식을 밟았다. 531교육개혁안은 문민의 정부에서 기획했지만, 그 시행은 김대중 대통령의 국민의 정부에서 담당했다. 그런데 국민의 정부가 추진했던 교육개혁 정책 중 촌지수수금지 조치, 체벌금지, 그리고 교원 정년단축은 당시 사회적 논란이 되었다.

국민의 정부는 교사들의 촌지수수를 근절하겠다고 선언하였다. 촌지를 받는 교사를 퇴출시키겠다면서, 학교 안에 촌지 신고센터를 설치하였다. 이에 대해 일부 교사들은 촌지수수 자체는 잘못이지만, 신고센터를 학교 내에 설치하여, 자진 신고 외에 타인신고를 받는 것은 교사집단을 범죄 집단처럼 대하는 것이라고 반발했다.

또 다른 정책은 체벌 금지였다. 당시 교육개혁위원회에서는 학교 내에서 체벌을 폐지하겠다는 방침을 언론에 발표하였다. 당시 대부분의 학교에서 체벌이 만연한 것은 사실이었다. 체벌 폐지는 교육 원칙으로서 문제는 없었다. 그러나 체벌 폐지 시행방식은 적절했다고 보기는 어렵다. 교사들에게 체벌외의 학생지도 방식에 대한 대안이 제공되지 않은 상태인 데다가, 학급당 학생 수가 초중고 대부분 50명을 넘어서는 상황이었기 때문이다. 학부모들 역시 체벌금지가 당시 교육상황에 맞지 않는다는 문제 제기를 하고 있었다. 게다가 체벌 교사를 학생들이 경찰에 신고하고, 또 출동한 경찰이 수업 중인 교사를 연행하는 사건이 발생하면서 교사들의 반발이 거세졌다. 교직단체들은 수업권 침해와 교권 침해라며 비판했다. 이런 과정에서 체벌금지는 점차 없었던 일로 되어가며 학교 내 체벌에 대한 방침은 확정되지 못하였다. 이에 따라 많은 학교에서 여전히 체벌은 사라지지 않았다.

교사 정년 단축 역시 논란을 일으켰다. IMF 체제 후 한국의 직업 상황에 변화가 나타났다. 평생직장이라는 개념이 사라지고, 실업과 취업 불안정 상황이 나타났다. 많은 회사가 도산하고, 이에 따라 평생직장으로 생각하던 회사에서 쫓겨난 시민들이 적지 않았다. 그러면서 공무원인 교직에 대해서도 "철밥통"이라는 원색적 비난이 나타났다. 공무원들은 잘하든 못하든 65세까지 정년을 다 채울 수 있는 상황이 당시 달라진 취업환경과 맞지 않다는 지적이었다. 정부는 이런 여론을 수용하여, 교사들의 정년단축을 논의하기 시작했고, 결국 65세였던 교사정년을 62세로 단축하기로 결정했다. 당연히 교사들은 반대하였다. 다른 직업 비해 교사들의 급여가 낮았기에 정년이 65세인 것이 그나마 교직 유인 요건이었기 때문이다.

거기다가 공무원 연금지급 방침을 바꾸는 연금개혁안이 시행되면서 초등교사를 중심으로 명예퇴직 바람이 불었다. 1999년 많은 국공립 교사들이 연금 삭감을 피하기 위해 명예퇴직을 신청하였다. 1999년 한 해만 약 3만 명의 교원이 명예퇴직을 신청했다. 이 중 초등교원들의 명예퇴직 신청 비율이 높았다. 이에 따라 당시 교육부는 전체 초등교사인원의 10%에 달하는 명예퇴직 교사를 어떻게든 붙잡거나 퇴직한 초등교사 인원만큼 충원해야 어려운 과업을 담당해야 했다.

531교육개혁은 정부가 새로운 사회에 맞게 교육을 개혁하겠다는 의지를 표현한 개혁안이었다. 특히 이전의 교육개혁이 관심을 갖지 않았던, 교육의 질 개선과 다양화에 초점을 둔 개혁안이었다. 그러나 이 개혁안은 교육을 통해 사회 체제를 바꾸려는 정책 경향을 띠었다는 점에서 성공여부가 불확실한 시도였다. 대체로 교육은 후행적일 때 개선이 이루어지기 때문이다. 교육을 통해 특정 문제를 바꾸려고 하더라도, 그 문제가 사회의 변화 속도와 맞지 않으면 그 효과를 기대하기 어렵다. 교육은 3차 산업 중심인데, 사회가 여전히 제조업 중심의 단계에 머물고 있다면 교육효과를 볼 수 없다. 531교육개혁은 지식정보화 사회, 세계화 사회라는 새 시대에 맞는 교육개혁 방향을 설정하였다. 그러나 당시 한국 사회는 2차 산업이 주류를 이루고 있어 531교육개혁의 성과를 누릴 수도 없고 공감하는 이들도 적은 상황이었다. 교육이 사회를 너무 앞서 나갔던 것이다.

이런 상황은 비단 531교육개혁이 이루어진 1990년대의 상황만은 아니다. 현재도 마찬가지이다. 교육개혁과 사회의 다른 영역과의 속도 차이가 존재하며, 종종 상충하기도 한다. 이 경우 교육개혁안이 선택할 수 있는 방안은 두 가지이다. 하나는 사회가 변화한 후 그 변화를 수용하는 것이고 다른 하나는 사회 미래를 예측하고 거기에 맞게 교육개혁을 추진하는 것이다. 하나 더 있다. 사회 변화와 상관없이 교육 내의 문제에 주목하여 교육을 개혁해 나가는 것이 그것이다.

10. 미래대비교육의 문제

미래는 모두의 관심사이다. 무지의 영역이기 때문이다. 무지는 불안으로 이어져서 사람들은 무언가 미래에 대한 대비책을 찾는다. 어떤 이들은 무지 속에서 기회를 발견하려 한다. 이런 태도는 부모나 교사, 혹은 학습자 자신에게도 강하게 나타난다. 부모와 교사들은 아이들이 현재보다는 미래를 준비하며 살기를 바란다. 아이들이 지금 재미있게 느끼거나 궁금한 일을 탐구하기보다, 그 시간에 부모나 교사들이 보기에 더 의미 있어 보이고, 미래에 유용할 것 같은 내용을 학습하라고 주문한다. 수학문제 풀이나 영어 단어 외우기, 혹은 어떤 종류의 능력 키우기를 요구하는 식이었다. 이렇게 미래에 대비하기 위해 현재, 곧 지금 무언가를 가르쳐야 한다는 태도를 미래대비교육이라고 부르기로 하자.

미래대비교육은 오래전부터 존재했다. 원시시대에도 성인들은 후속 세대가 어른이 된 후 필요할 것 같은 기술이나 지식을 가르쳤다. 그리고 그 내용은 대체로 성인세대인 자신들이 축적한 지식과 경험, 기술이었다. 그것들은 때로는 목축기술, 때로는 농경기술, 때로는 상업기술이었다. 이후 현재까지도 미래대비교육은 강력한 영향력을 발휘한다.

미래대비교육이나 미래대비학습이 오랜 기간 강력한 영향력을 가진 이유는 부모와 교사들이 그 필요를 절감하고 있었다는 것도 있지만, 학습자가 자신의 교육 문제에 의견을 제기할 수 있는 위치에 있지 않았던 점도 작용하였다. 학습자들은 부모와 교사들이 제시하는 미래에 대해 정확한 지식이 없었고(미래에 대한 정확한 지식은 사실 부모나 교사도 가지고 있지 않다), 혼자서 그 대안을 찾을 수도 없었다. 학습자들이 자신이 받은 미래대비교육이나 학습이 가진 문제를 자각하게 될 때쯤 그들은 이미 성인 세대가 되었다. 이제 학습자 스스로도 문제나 어려움을 겪으면 으레 미래대비교육이 미래대비학습을 하지 않은 데에서 원인을 찾는다. “어렸을 때 공부 좀 더 열심히 할 걸”, “내가 대학에 갔었더라면…” 이런 식의 태도를 취하기 쉽다. 자신의 성공이나 실패의 원인을 미래대비교육 혹은 학습의 유무에서 찾는다.

그럼에도 미래대비교육의 문제를 자각한 이들이 없지 않았다. 고대 그리스 소크라테스는 학습자 자신의 자기주도적 학습능력에 주목하여, 앎이란 진리에 대한 ‘회상’의 결과임을 강조하였다. 그리고 그 앎의 근원을 미래 사회가 아니라, 인간의 선천적 본성과 진리에서 찾았다. 소크라테스는 인간이 무언가를 학습한다는 것은 인간이 태어나기 전부터 알고 있던 것을 떠올리는 과정이라 주장했던 것이다. 그의 주장은 교육이 미래가 아니라 과거, 정확히는 진리의 세계에 관련되어 있음을 보여주었다.

동양에서는 맹자가 성선설과 조장(助長) 불가론을 통해 미래대비교육의 폐해를 지적하였다. 맹자는 사단의 확충을 주장한 성선설과 조장에 반대하는 일화를 통해 미래대비 교육이 가진 문제점을 제시했다. 조장이라는 일화를 보자.

> 송나라 사람이 벼의 싹이 자라지 않음을 안타깝게 여겨 뽑아 놓은 자가 있었다. 그는 녹초가 되어 집에 돌아와 가족들에게 말했다. 오늘은 매우 피곤하다. 내가 벼의 싹을 도와서 자라게 했다고 하였다. 아들이 달려가 보니, 벼의 싹은 이미 말라 있었다.[84]

맹자는 이 구절은 교수자의 기준과 의도에 따라 타인을 성장시키려 하는 태도를 비꼬고 있다. 여기서 농부는 교수자로, 벼는 학습자의 상징으로 볼 수 있다. 교수자는 자신의 기준에 따라 벼의 싹을 잡아당긴다. 그러나 이 교수자의 이 행위는 오히려 학습자의 성장에 치명적 위해를 가하게 된다. 벼의 싹이 말라 죽는 것이다. 조장의 일화는 교수자가 자신의 기준을 학습자에게 강요하는 문제를 지적한 것으로 해석할 수 있다.

장 자크 루소는 미래대비교육의 문제를 보다 명확하게 제시하였다. 루소는 당시 교육이 아이들의 자연적 발전을 가로막는다고 판단하였다. 그는 부모와 교사들이 조급한 마음에 아이의 발달 단계를 무시하고 가르치거나, 미래에 필요하다고 생각하는 기술, 지식을 아이들에게 가르치는 것을 비판했다. 그의 미래대비교육 비판은 자연성에 어긋난다는 측면과 비효율성의 측면에 초점을 두었다. 미래대비교육이 결국 아이들의 발달단계(발달단계의 엄밀한 개념은 이후 심리학 분야의 발전을 기다려야 한다. 하지만 루소는 경험에 기반하여 인간의 발달 주기를 나름대로 구분하고 이를 활용하고 있다)에 맞지 않게 가르친다는 점에서 자연성에 위배된다. 그리고 미래대비교육이 목적하는 결과 곧 학습자의 변화를 실현하기 어렵다는 점에서 효과적이지 못하고, 자연적 발달에 비해 많은 노력이 든다는 점에서 능률적이지 못하다. 그 결과 미래대비교육은 비효율적 교육이 된다.

---

84) 『맹자』「공손추상」.

자연에 어긋나는 인위적 교육은 온갖 조급한 심리의 결과였다. 부모와 교사들은 아이들이 자신들이 생각하는 어른스럽게 되기를 기대했고, 이를 위해 자신들이 필요하다고 판단한 내용을 가르쳤다. 루소는 부모와 교사들에게 아이들의 자연적 발달을 도와주는 소극적 교육을 강조했다. 루소의 소극적 교육이 방임주의는 아니다. 소극적 교육을 '하는' 부모나 교사는 아무것도 하지 않은 채 아이들의 성장을 기다리지 않는다. 소극적 교육자들은 학습자의 성장을 돕기 위해 다양한 경험을 제공한다. 그들의 교육 활동은 세밀하게 계획된 것이며 의도적이다. 매우 인위적 교육이다. 다만 루소가 이를 실현하는 방법이 주입이나 훈계, 강의가 아니다. 아동의 직접적 감각과 경험에 의존한다. 루소는 부모나 교사가 아동기 학습자들이 경험을 통해 스스로 성장하도록 돕는 것으로 충분하다고 본다.

미래대비교육을 주장하는 이들의 교육 방법과 교육내용은 교수자 중심적이다. 학습자들이 지금 원하는 것을 확인하기보다, 이미 결과 혹은 목표를 알고 있는 어른의 입장에서 교육 내용과 방법을 선택한다. 성장의 과정보다는 결론, 곧 성장점의 도달을 중시한다. 학습자들의 시행착오는 가능한 줄여주려 한다. 실패를 건너뛰고 이상적 결과만을 계속 얻어가는 것이 효율적이기 때문이다.

이처럼 미래대비교육을 중시하는 이유가 학습자에 대한 성인들의 배려에 기반한 경우도 있지만, 전체 사회를 위해 이런 교육을 해야 한다는 입장인 경우도 있다. 이 경우는 학습자보다도, 학습자가 소속된 사회를 위해 학습자에게 미래를 대비하라고 요구한다. 전체 사회를 위한 미래대비교육이 강력한 영향력을 발휘하는 경우가 많다.

현대에 나타난 전체 사회를 위한 미래대비교육에는 크게 세 가지 유형이 있다. 발전교육론, 정보화 사회 대비 교육론, 4차 산업혁명 대비 교육이 그것이다. 이 세 유형은 한국사회의 교육에도 영향을 미쳤다. 이하에서는 한국사회에서 이 세 유형의 교육이 한국사회에 미친 영향을 살펴본다.

발전교육론은 사회 발전을 위해 학교교육의 양적 확대와 질적 향상을 강조한다. 이 입장은 20세기 중반부터 많은 개발도상국가에 영향을 준 이론이다. 이 입장은 교육이 사회발전, 특히 경제발전에 기여할 수 있다고 믿고, 선진국에 비해 뒤처진 개발도상국가의 관심을 끌었다. 우리나라 역시 이 이론에 동조한 교육학자나 정책당국자가 적지 않았다. 오천석을 비롯하여 정범모 등이 이 입장에 서있었다. 오천석의 경우, 민주적 사회로의 발전과 경제 발전을 위한 교육을 강조하였다. 해방 후부터 한국교육계에 지대한 영향을 미쳤던 오천석은 민주주의와 경제발전을 위한 교육정책을 지향하였고, 그의 이런 입장은 당시 한국사회 여론 주도층들의 공감을 얻었다.[85] 오천석의 경우는 발전 교육론적 시각에 깊이 공감한 인물로 평가할 수 있다. 그는 민주적 사회의 형성과 민족성의 개조를 위한 교육을 중시하였다. 물론 그가 개인을 민족이나 국가를 위해 희생해야 할 존재로 본 것 같지는 않다. 하지만 해방 후 초등교육부터 중등, 고등으로의 순차적 교육기회 확대 정책은 이런 견해에 호응하는 정책들이었다. 낮은 수준의 기술에 의존하던 시대에는 초등교육 확대를 적극 지원했고 이후 좀 더 수준 높은 숙련 기술이 필요해지는 시기에는 중등교육 확대 정책에 초점을 두었던 것이다. 그리고 현재는 고등교육에 중점을 두는 식의 교육정책을 펼치고 있다.

두 번째, 정보화 사회 대비 교육론은 1990년대 후반부터 한국사회에서 논의되기 시작했다. 당시 한국사회에서는 다가오는 새로운 세기, 곧 21세기의 특성에 대한 논의가 활발했다. 21세기 사회를 표현하던 표현은 지식정보화 사회 혹은 지식정보화 사회였다. 지식정보화 사회란 컴퓨터와 정보기술의 발전을 토대로 한 사회로서, 공산품을 대량생산하여 이익을 얻는 것이 아니라 정보와 기술을 활용하여 경제적 이익을 획득하는 사회를 의미하였다. 당시 개인용 컴퓨터 기술의 발전과 보급, 인터넷 활용의 확산은 새로운 시대가 도래했음을 상징하고 있었다. 지식정보화 사회는 컴퓨터 활용과 인터넷 정보 기술의 활용이 중요한 사회이므로 이런 기술에 적합하게 교육체제를 바꾸어야 한다는 주장이 빈번하게 나타났다.

지식정보화 사회를 새로운 지식의 창출이 경제적 이익과 직결되는 사회, 자신만의 특별한 기술을 가진 사람만이 직업 세계에서 생존할 수 있는 사회, 인터넷 혁명사회, 세계화 등으로 예측하는 이들이 많았다. 조선일보사의 경우 제너럴리스트Generalist는 필요 없는 세상, 재택근무 증가, 인센티브와 스톡옵션이 보장되는 작은 기업 선호를 예측하기도 하였다.[86] 김송일은 "정보화 사회에서의 학교교육은 단순한 정보의 수집자가 아니라 정보와 기술을 분석, 평가, 종합하여 취사선택하고 이론화하며 행동전략을 만들어 낼 수 있는 능력을 구비한 인재를 양성해야 한다"고 보았다.[87] 2000년대 초 권이종은 정보화 사회의 교육은 공급자 중심의 산업사회의 교육과 달리, 교육 소비자 중심의 교육을 제공해야 한다고 보았다. 그가 말한 소비자 중심의 교육은 개별화된

85) 유성상, 유은지, 박인영(2016), 「국가발전에 관한 오천석과 정범모의 교육발전 논의 비교: 한국의 교육발전론 비평」, 『아시아교육연구』 17권 2호, 서울대학교아시아교육연구소, 1-32쪽.

86) 조선일보편집국(2000), 『세계 석학들이 본 21세기』, 조선일보사.

87) 김송일(2001), 「21세기 정보화 사회와 학교교육」, 『사회과학논집』 Vol.11 No.2, 울산대학교 사회과학연구소, 126쪽.

교육서비스 제공, 능동적 학습참여 및 문제해결, 통합적・창의적 사고 증진, 다양한 학습자원 및 경험학습, 역동적・개방적 분위기로 요약된다. 또한 산업사회 교육이 학교라는 공간에 한정된 것과 달리 정보화 사회에서는 학교교육과 원격교육이 공존하는 상황이 되어야 한다고 보았다. 간단히 말해 정보화 사회는 학습자중심의 교육체제가 돼야 한다는 것이다.[88] 같은 시기 김송일도 미래 사회 대비를 위해 한국의 학교교육이 정보화 대처 능력을 함양, 개방적 교육체제 확립, 교육정보화 인프라 구축, 학생중심의 교수학습 방법 혹은 자기주도적 학습 지원, 컴퓨터 윤리와 인성교육 강화 등을 주장하였다.[89]

세 번째 유형인 4차 산업혁명론은 2024년 현재에도 강력한 담론이다. 4차 산업혁명은 클라우스 슈바프(Klaus Schwab)가 2015년에 주장한 개념이다. 그는 이 개념을 통해 기존의 산업방식, 곧 생산방식과 다른 형태의 생산방식이 도래할 것임을 예측하였다. 그와 관련해 인공지능을 통한 생산 방식 변화를 강조하였다. 4차 산업혁명론에 대해 많은 국가에서 대응이 나타났다. 우리나라의 경우도 4차 산업혁명에 대비해야 한다는 목소리가 거세졌다. 산업계의 대응을 강조하는 이들도 있었고, 이런 경우 늘 그래왔듯이 교육계의 대응이 필요하다는 주장도 제기되었다. 2017년 이후 한국교육정책이나 교육과정 관련 논문 및 저술 보고서에 연구의 필요성을 논의하는 부분에서 매번 등장한 것이 바로 4차 산업혁명시대 대비였다. 미래교육 주장의 핵심은 현재 한국교육으로는 미래사회에 대비할 수 없다면서 새로운 교육목표, 새로운 교육내용, 새로운 교육방법을 강조했다. 현재의 한국 교육을 "산업 사회형 교육체제"로 진단하고 이런 산업 사회형 교육체제는 4차 산업혁명시대에 나타나는 직업 환경 변화에 대비할 수 없다고 단언한다.[90] 현재 한국사회의 교육이 산업사회의 대량생산 방식 특성인 표준화, 규격화, 정형화에 상응하는 형태를 띠고 있다는 것이다.[91] 4차 산업혁명시대에 부합하는 교육의 방향으로는 다양성, 창의성, 의사소통능력, 문제해결 능력 강화를 제시한다. 학습자들이 이런 '미래' 능력들을 갖출 수 있도록 교육을 변화시켜야 한다는 논리다.

이런 미래대비교육 유형들이 가진 문제는 무엇일까. 우선 미래 예측의 확실성에

88) 권이종 외(2001), 『신교육사회학탐구』, 교육과학사, 480쪽.

89) 김송일(2001), 「21세기 정보화 사회와 학교교육」, 『사회과학논집』 Vol.11 No.2, 울산대학교 사회과학연구소, 115-135쪽.

90) 국제미래학회(2017), 『대한민국 미래교육보고서－제4차 산업혁명시대』, 광문각, 168쪽.

91) 국제미래학회(2017), 『대한민국 미래교육보고서－제4차 산업혁명시대』, 광문각, 168쪽.

대한 비현실적 가정을 한다. 이들은 미래를 정확하게 예측할 수 있고, 여기에 대응하는 특별한 방법이 필요하다고 믿는다. 그러나 지금까지 대부분의 미래 예측은 그리 성공적이지 못했다. 완벽하지 않았다. 자연현상이 아닌, 인간사의 문제에는 인과 관계가 잘 나타나지 않는다. 항상 적용되는 법칙 같은 것이 존재하지 않는다는 것이다. 중력이 항상 어느 곳에서나 작용하는 것과 다르다. 때로 많은 사람이 예측하는 일이 그대로 일어나지 않는 경우도 있다(설과 추석 전후 고속도로 교통상황 예측이 대표적이다. 밀릴 것으로 예상되는 시간에 덜 밀리며, 한산할 것 같은 시간에 북적거리기 일쑤이다). 미래에 대한 예측을 정확하게 하는 것은 매우 어렵다.

그럼 미래에 대비하는 방법은 없는가. 그것은 현재의 삶을 충실하게 사는 것이다. 현재의 충실한 삶이란 무엇인가. 특별한 것이 아니다. 현재 자신이 접하는 문제를 잘 해결해 나가고 이를 통해 성장하는 것이다. 이 문제가 때로 학교 공부일 수도 있고, 가정의 문제일 수도 있고, 직장에서의 일일 수도 있다. 그 외의 어려운 문제, 예측할 수 없는 문제들은 사실상 대비가 어렵다.

두 번째는 미래대비교육에 의해 학습자의 자기결정권이 무시될 수 있다는 것이다. 즉 학습이 학습자의 미래를 위해서가 아니라, 사회의 미래, 풍요를 위해서 강요될 수 있다. 이 경우 학습자들은 삶의 주체가 아니라, 사회를 위한 도구로 전락하는 문제가 생긴다. 이것은 현대 민주주의사회에서는 심각한 문제일 수밖에 없다. 민주주의 사회에서 교육은 학습자의 성장을 지원하는 일로 재정의되어야 한다. 이렇게 보면 미래 사회를 위해 학습자를 바꾸려는 생각은 민주주의사회에 부합하는 교육과는 거리가 있다. 민주주의 사회에서 교육이 해야 할 일은 학생들이 스스로 미래를 선택하고 결정할 수 있는 능력을 키워주는 것이다. 학생들 스스로 미래가 어떤 모습을 갖추어야 하는지 결정하고 이를 만들어 갈 수 있는 능력과 자격을 가지고 있음을 깨닫게 해야 한다.

그러면 미래대비교육이 필요 없는가? 교육을 개선할 필요는 없는가? 나 역시 학습자들이 문제해결능력, 의사소통능력, 창의적 사고, 자기주도적 태도, 공동체 역량 등을 길러줘야 한다고 믿는다. 그리고 현재 한국교육이 소위 이런 미래 역량을 충분히 키우고 있다고 확신하지 못한다.

그러나 기존의 한국교육이 이런 교육을 중시하지 않았다는 것에는 동의할 수 없다. 물론 이런 의도가 충분하게 실현되지 못했던 것과는 별개로 말이다. 이전에도 한국교육을 비롯해, 교육을 고민하던 이들도 학생들이 다양한 능력을 갖추고, 창의적으로 문제를 해결하며, 유연하게 사고하는 것이 중요하다는 것은 잘 알고 있었다. 여기에 해당하는 이들이 루소, 듀이, 진보주의자들, 학습자중심주의자들이다. 다만, 이것이 현실의 상황에서 여러 가지 이유로(교육여건, 부모들의 태도, 국가의 이중적 태도, 학력주의 등) 실현되지 못했을 뿐이다. 그렇다면 문제는 간단하다. 이런 장애들을 제거하는 것이 미래 대비를 위한 선결과제이다. 무엇이 학생들의 자유로운 성장을 가로막는지 파악하고 제거해야 한다. 이런 장애물을 제거한 후 본래 하려고 했던 학습자를 존중하는 교육, 소통하는 교육, 학습자의 성장을 돕는 교육을 하면 된다. 이것이 사실상 미래대비를 위한 교육이다. 미래 대비를 위해 새로운 교육과정, 새로운 교수방법만을 들고 나와서는 안 된다. 좋은 교육이 지금까지 실현되지 못했던 이유를 알고 이를 해소하는 것이 미래에 대비하도록 학습자를 돕는 진정한 방법이다.

참고문헌

조선일보
경향신문
동아일보
한겨레
『국어』
『논어』
『맹자』
『삼국사기』
『삼국유사』
『소학』
『예기』
『오륜행실도』
『승정원일기』,
『신편 한국사』
『야승』
『유하집柳下集』
『고종실록』
『귀록집歸鹿集』
『율곡전서』
『중용』
『화서집(華西集)』

강대중(2010), 『대안학교는 학교가 아니다』, 학이시습.

강미정(2015), 「설화 〈아기장수〉와 관련지어야 하는 실패와 성공의 이야기들」, 『문학치료연구』 Vol.36, 한국문학치료학회.

강유리(1996), 「〈아기장수〉 설화 연구: 이데올로기 수용의 관점에서」, 『한국고전연구』 Vol.2, 한국고전연구학회.

강은해(2009), 「동아시아 아기장수 설화의 전승과 그 사회 교육적 의미: 한국 · 일본 · 베트남 설화를 중심으로」, 『동북아 문화연구』 Vol.1 No.20, 동북아시아문화학회.

강준만(2006), 『한국현대사산책 1990년대편』 2권, 인물과사상사.

고전(2001), 「'교직발전종합방안' 수립과정에 대한 평가」, 『교육행정학연구』 19권 3호, 교육행정학회.

교육개혁위원회(1998), 『한국교육개혁백서』, 교육개혁위원회.

국제미래학회(2017), 『대한민국 미래교육보고서 - 제4차 산업혁명시대』, 광문각.
권오영(1982), 「동도서기론의 구조와 그 전개」, 『한국사시민강좌』 제7집, 일지사.
권이종 외(2001), 『신교육사회학탐구』, 교육과학사.
김기석(1999), 『교육역사사회학』, 교육과학사.
김기수(1994), 『자녀교육을 위한 철학』, 지식산업사.
김대식(2003), 「숙종조 배사논쟁에 나타난 사림의 사제관계 인식」, 『교육사학연구』 제13집, 교육사학회.
김대식(2007), 「조선후기 숙사(塾師)에 관한 시론(試論)」, 『교육사학연구』 Vol.17 No.1, 교육사학회.
김대식(2007), 「귀록(歸鹿) 조현명(趙顯命)의 훈장제(訓長制) 시행과 그 변용」, 『한국교육사학』 29권 2호, 한국교육사학회.
김대식(2012), 「율곡(栗谷) 이이(李珥)의 공부론(工夫論)에서 학습자의 태도 - 도덕 교육의 측면에서」, 『초등교육연구』 Vol.25 No.1, 한국초등교육학회.
김대식(2014), 「교육사, 어떻게 가르쳐야할까 - 서사로의 전환 - 」, 『한국교육사학』 Vol.36 No.1, 한국교육사학회.
김대식(2020), 「삼국시대 중국식 학교 도입 이전 교육과 교사」, 『학교교육연구』 제5권 제 1호, 경인교육대학교 학교교육연구소.
김대식, 박주형(2022), 「1999년 학교붕괴 논란의 원인과 논의」, 『학교교육연구』 7권 1호, 경인교육대학교 학교교육연구소.
김대식(2023), 「학교붕괴 논란 후 한국 교육 정책의 진전」, 『학교교육연구』 8권 1호, 경인교육대학교 학교교육연구소.
김대식(2024), 「서사적 역사 연구 방법을 활용한 교육사학 연구방법론」, 『학교교육연구』 9권 1호, 경인교육대학교 학교교육연구소.
김동구(1989), 「중앙교육훈련소의 교원재교육과 새교육 운동에 관한 연구」, 『西原大學論文集』 Vol.23 No.-, 서원대학교.
김민(2000), 「'학교붕괴', 신화인가 현실인가?」, 『교육인류학연구』 3권 2호, 교육인류학회.
김성열, 고창규(2000), 「'교실붕괴'와 교육정책: '교실붕괴' 담론 분석을 중심으로」, 『교육인류학연구』 3권 2호, 교육인류학회.
김송일(2001), 「21세기 정보화 사회와 학교교육」, 『사회과학논집』 Vol.11 No.2, 울산대학교 사회과학연구소.
김순희(1995), 『국민학교 교과서에 나타난 성역할 내용에 관한 분석』, 연세대학교 석사학위 논문.
김승태(2012), 「평양 삼숭(三崇)의 신사참배 거부투쟁과 폐교」, 『인문학연구』 Vol.42, 숭실대학교 인문과학연구소.
김신정(2017), 「〈아기장수〉설화 속 부모의 피해자서사 연구 - 『한국구비문학대계』의 "질만한데 지기" 유형을 대상으로 - 」, 『한국문학이론과 비평』 Vol.76, 한국문학이론과비평학회.

김원중(2000), 「'교실붕괴'의 교육심리학적(?) 분석」, 『교육인류학연구』 3권 2호, 교육인류학회.
김정원(2002), 「학교는 붕괴하고 있는가: 학교의 일상을 통해 본 학교붕괴의 실체」, 『교육학연구』 40권 3호, 한국교육학회.
김정희(2019), 「일본 근대기 학제(學制)의 성립과정 - 학제의 교육이념을 중심으로 - 」, 『한국일본교육학연구』 Vol.24 No.2, 한국일본교육학회.
김창현(2003), 「아기장수설화에 나타난 한국 민중들의 생명관」, 『인문과학』 Vol.33, 성균관대학교 인문과학연구소.
나병현(2001), 「학교교육의 위기와 공교육 이념의 재검토」, 『아시아교육연구』 Vol.2 No.2, 서울대학교 교육연구소.
나병현(2002), 「공교육의 의미와 교육의 공공성 문제」, 『한국교육』 Vol.29 No.2, 한국교육개발원.
목영해(2002), 「교육전통 역학구도의 변화와 교실붕괴의 관련성 연구」, 『교육사상연구』 제11집, 교육사상연구회.
박현순(2009), 「17세기 과거 관리의 정비-응시자 증가와 관련하여-」, 『조선시대사학보』 49집, 조선시대사학회.
손인수(1969), 『한국인과 교육사상』, 교단사.
심성보(1999), 「학교붕괴 현상에 대한 공동체주의와 자유주의, 포스트모던주의와 대화민주주의 해석과 통합적 도덕교육의 모색」, 『초등도덕교육』 5권, 한국초등도덕교육학회.
안경식(2020), 「신라시대의 과학기술 교육」, 『2020한국교육사학회 연차학술대회 자료집』, 한국교육사학회.
양승실, 이혜영, 류방란, 이종태(2001), 『학교교육 내실화 방안 연구』, 한국교육개발원.
오성철(2021), 「근대이후 서당교육의 사회적 특질」, 『한국초등교육』 제32권 제1호, 서울교육대학교.
오천석(1964), 『한국신교육사』 교육과학사.
유동식(1975), 「한국무교의 역사와 구조」, 연세대 출판부.
유성상, 유은지, 박인영(2016), 「국가발전에 관한 오천석과 정범모의 교육발전 논의 비교:한국의 교육발전론 비평」, 『아시아교육연구』 17권 2호, 서울대학교아시아교육연구소.
윤정일(1999), 「학교교육 붕괴의 종합 진단과 대책」, 학교 바로 세우기 실천 연대 주최, 한국교원단체총연합회 주관 토론회.
윤철경, 이인규, 박창남(1999), 『학교붕괴 실태 및 대책 연구』, 한국청소년개발원.
윤희면(1989), 『조선후기 향교연구』, 일조각.
이강훈(2003), 「신국가건설기 '새교육운동'과 생활교육론」, 『역사교육』 88집, 역사교육연구회.
이광우 외(2009), 『미래 한국인의 핵심 역량 증진을 위한 초중등학교 교육과정 비전연구(II)』, 한국교육과정평가원.
이기동(1976), 「신라화랑도의 기원에 대한 일고찰」, 『역사학보』 69, 역사학회.
이길상(2017), 「서구 교육이론의 한국적 수용 양상 - 해방 이후 진보주의 교육사상을 중심으로 - 」, 『한국교육사학』 Vol.39 No.3, 한국교육사학회.
이만규(1988), 『조선교육사1,2』, 풀빛.
이상록(2000), 「미군정기 새교육운동과 국민학교 규율 연구: 일제말기 국민학교 규율과의 비교를 중심으로」, 『역사와 현실』 Vol. - No.35, 한국역사연구회.
이상호, 김안국(2018), 「학벌주의와 사회정의」, 『동향과 전망』 130호, 한국사회과학연구소.
이윤미(2014), 「콩도르세의 자유주의적 공교육 개혁론의 시사점」, 『한국교육사학』 Vol.36 No.3, 한국교육사학회.
이용숙(1997), 「열린교육 개념의 재정립과 수업의 개선」, 『열린교육연구』 Vol.5 No.2, 한국열린교육학회.
이종태(1999), 「대안교육의 철학적 기초 탐색(1) - 생태주의 교육 이념을 중심으로」, 『한국교육』 26호, 한국교육개발원.
이지혜, 이재신(2009), 「영재들의 메타인지와 자기주도적 학습능력 간의 관계: 자기결정성 학습동기의 매개효과」, 『중등교육연구』 57(1), 중등교육학회.
이환기(2004), 「열린교육의 관점에서 본 '교실붕괴' 현상」, 『교육연구』 제21집, 춘천교육대학교 초등교육연구소.
인천시립박물관(2024), 『박물관풍경』 61호.
전종호(1999), 「학교붕괴 현상에 대한 교육주체의 의식 조사 연구」, 『학교를 어떻게 살릴 것인가: 학교붕괴의 원인과 진단』, 전국교직원노동조합 참교육실천위원회 토론회.
정동준(1999), 「콩도르세의 사회 및 교육 일고」, 『서양사학연구』 3, 한국서양문사학회.
정만조(1987), 「영정조시대에 있어서의 향촌교학론 - 지방관의 흥학론에 대한 분석을 중심으로」, 제2차 한일합동학술회의 한일근세사회의 정치와 문화, (재)한일문화교류기금.
정인승(1957), 「이독기원의 재고찰」, 『이희승선생송수기념논총』, 일조각.
정진성(2006), 「경성제국대학의 입학 및 졸업 기회의 차등적 배분」, 『식민권력과 근대지식: 경성제국대학연구 심포지움』, 규장각.
정확실(1994) 역, 코메니우스 저, 『대교수학』, 교육과학사.
조동일(1987), 「설화편」, 『한국학기초자료선집 - 고대편 - 』, 한국정신문화연구원.
조선일보편집국(2000), 『세계 석학들이 본 21세기』, 조선일보사.
조한혜정(1999), 「근대의 보편적 양상으로서의 학교붕괴와 한국적 특수성」, 『학교붕괴』, 서울: 푸른나무.
중앙대학교 출판국(1974), 『문교사』, 중앙대학교 교육문제연구소.
최성철(2017), 「역사와 서사」, 『韓國史學史學報』 Vol.0 No.35, 한국사학사학회.
피정만(2010), 『20세기 서당교육연구』, 하우.
피정만(2010), 『한국교육사이해』, 하우.
한국교육방송(1999), 『ebs와이드』.
한상인(2014), 「중용(中庸) 수도지교修道之敎에 대한 주희朱熹의 이해 변화 연구」, 『한국교육사학』 Vol.36 No.4, 한국교육사학회.

행정안전부국가기록원(2017), 『국가기록원소장 주요 정책기록 해설집』 V, 행정안전부국가기록원.

국외도서

Carol Lauritzen & Michael Jager 저, 강현석 외 역(2007), 내러티브 교육과정의 이론과 실제, 학이당.

D. G. Mandelbaum (1973), "*The study of life history: Gandhi*", Current Anthropology, 177-206쪽.

Garrison, D. R. (1997), *Self-directed learning: Toward a comprehensive model*, Adult Education Quarterly 48(1).

Knowles, M. (1975), *Self-directed learning: A guide for learners and teachers*, Chicago: Follett Pub. Co.

Marten Roy Prak (2006), *Craft Guilds in the Early Modern Low Countries: Work, Power and Representation*, Ashgate Publishing.

로널드 B. 토비아스 저, 김석만 역(2012), 『인간의 마음을 사로잡는 스무 가지 플롯』, 풀빛.

세라 먼데일, 세라 B. 패튼 저, 유성상 역(2014), 『스쿨: 미국공교육의 역사 1770-2000』, 학이시습.

스콧 피츠제럴드 저, 박찬원 역(2009), 『벤자민 버튼의 시간은 거꾸로 간다 - 그리고 또 다른 재즈 시대 이야기들』, 펭귄클래식, 웅진씽크빅.

S. N. Kramer 저, 박성식 역(2000), 『역사는 수메르에서 시작되었다 - 인류 역사상 최초 39가지』, 가람기획.

W. Boyd 저, 이홍우, 유한국, 박재문 역(1987), 『보이드의 서양교육사』, 교육과학사.

Xenophon 저, E. C. Marchant, & G. W. Bowersock 역, *Constitution of the Lacedaimonians.* https://www.perseus.tufts.edu/hopper/

王炳照, 郭齊家, 劉德華, 何賤夏, 高奇(1992), 『簡明中國教育史』, 북경사범대학출판사.

까오밍스 저(1995), 오부윤 역, 『한국교육사연구』, 대명출판사.

와타나베 마나부 저, 교육사학회 역(2010), 『와타나베의 한국교육사』, 문음사.

와타나베 마나부, 아베 히로시 편집(1986년), 『일본식민지교육정책사료집성(조선편)』 63권 별집, 동경: 용계서사.

학제백년사자료편(学制百年史資料編), 일본 문부과학성 홈페이지.

제 2 부

교육철학

교육철학은 한마디로 '교육'이라는 대상을 '철학'이라는 방법으로 탐구하는 학문이다. 철학적인 태도의 가장 기본적인 특성은 현재 이루어지고 있는 사태, 내가 몸담고 있는 상황, 내가 수행하고 있는 행위나 활동 그 자체에 대해서 한발 물러서서 성찰하는 것이다. 철학 이외의 것들이 현재 일고 있는 사태에 매몰되어 그것과 함께 어우러져 진행될 때, 철학은 그 사태로부터 한발 물러서서 그것 자체의 성격을 파악하려 한다. 교육철학은 '교육'이라 불리는 인간 활동 그 자체를 대상으로 그것의 본질적인 성격 내지 의미를 탐구하는 활동으로 이루어진다.

교육철학은 교육의 본질을 탐구하는 활동이므로, 반대편에서 말하면, 그것은 통상 '교육'이라 불리는 활동들에 뒤섞여 있는 온갖 비본질적인 요소들을 분간해 내고 그것들을 비판적으로 논의하는 일을 그 중요한 요소로 삼는다. 교육철학은 교육을 교육 아닌 것과 구분하는 것에 항시 주의를 기울인다. 교육은 우리 앞에 객관적으로 존재하는 실체가 아니다. 그것은 우리가 어떤 관점을 통해서 바라보는가에 따라 있기도 하고 없기도 하며, 이런 모양을 띠기도 하고 저런 모양을 띠기도 한다. 교육에 종사하는 사람들이 교육에 대해서 올바른 관점을 갖는 것이 중요한 이유가 여기에 있다.

교육철학은 우선은 교육이라 불리는 인간 활동의 모양을 파악하는 일로부터 시작해서 그것이 바람직하게 이루어져야 하는 방향을 제시하는 일을 그 기본적인 기능으로 한다. 그러므로 교육철학을 공부하지 않으면 우리 앞에서 일어나는 다양한 인간 활동들 중에 어떤 것이 교육이고 어떤 것이 교육이 아닌지를 분간할 수 없다. 어떤 것이 교육인지를 스스로 분간해 낼 수 없음에도 불구하고 자기 아이를, 자기 학생을, 시민들로 이루어진 공동체를, 교육하는 일을 수행할 때, 오도된 의견들에 이끌려 잘못 판단하고 행할 위험이 상존한다.

오늘날 우리 주변에서 흔히 학교교육을 혹은 경제적인 관점에서 혹은 기술공학적인 관점에서 배타적으로 접근하는 일들은 바로 교육철학적인 안목이 부족하기 때문에 발생하는 일들이다. 교육을 전문적으로 행하고자 하는 사람들이 이 같은 오류를 범한다면 그것은 실로 어처구니없는 일이 아닐 수 없다. 교육이 무엇인지에 대해서 제대로 된 개념을 지니고 있지 않을 때, 교육이 제대로 수행될 리 없는 것은 물론이고 이런저런 비교육적인 요구들로부터 교육의 참된 가치를 지켜낼 수도 없다. 교육철학은 궁극적으로 교육을 교육답게 수행하기 위한 실질적인 노력을 지향한다.

교사 교육의 역사를 간단히 살펴본 후에 우리 논의는 철학의 기본적인 의미와 그것에 비추어본 교육철학의 성격을 다룰 것이다. 그 이후 제시된 주제들이 결코 교육철학의 내용을 모두 포섭한다고는 할 수 없다. 목적은 다만 그 논의 사례들을 통해 교육에 대한 철학적 사유 습관을 기르는 것, 교육철학적인 안목을 구비하는 것이다.

제 08 장 교사 교육과 교육철학

제1주제 교사 교육의 역사와 교직의 본질적 성격

■ 이 절에서 다룰 질문들:
- 고 · 중세 사회에서 교사들에 대한 인식은 어떠했는가?
- 교사가 되는 데는 전문적인 훈련 과정이 필요한가? 무엇 때문에?
- 교사 양성 과정에서 가장 중요한 요소는 무엇인가?
- 교사는 어떤 점에서 '전문인'이라 할 수 있는가?

앞으로 이 책에서 여러 차례 다시 언급하겠지만, '교육'이라 지칭하는 전문적인 활동은 인간 사회에 문자가 발명되고 그것으로 지식이 기록되고 확산되는 일과 함께 발달했다. 일상인들의 수준에서는 감당할 수 없을 정도로 지식이 축적되어 고도화되고, 그래서 그런 지식을 전문적으로 연구하고 전수하는 일에 종사하는 사람들이 필요하게 되었다는 사실은 교육의 발달 역사에서 대단히 중요한 대목이라 하겠다. 교육을 다루는 학문들이 바로 이 사람들, 곧 '교사'들에 주목하고 이들의 전문적인 활동에 대해 논의하는 일을 중요하게 여겨야 하는 것은 바로 이 때문이다. 이 장에서 우리는 학생을 가르치는 일에 종사하는 사람들, 곧 교사라 불리는 사람들을 기르는 일이 인류 역사에서 어떻게 이루어져 왔는지를 간략하게 검토할 것이다. 어떤 일이든지 그것의 역사를 공부하는 것은 현재에 그 일을 제대로 수행하고 실천하기 위함이다. 우리는 장의 말미에서 뛰어난 교사가 되는 데 가장 중요한 요소는 무엇인지를 제안할 것이다.

1. 고대 사회 교사들의 지위

고대 세계에서 교사들의 지위와 명망은 지금보다 훨씬 높았다. 이 시대 교사들의 자질을 결정하는 주된 요소는 가르칠 내용에 대한 지식수준이었다. 교사들의 명예 수준 또한 그들이 가르치는 지식의 중요성에 따라 결정되었다. 이런 사회에서는 지식인들이 높은 명망을 유지했을 것이고, 그 지식인들이 바로 교사들이었다. 고대 사회에서는 사제(司祭)들만이 글을 읽고 쓸 수 있었는데, 이 사제들이 곧 교사들이었으므로 교사는 일반인들의 존경 대상이었다. 사람들 대부분이 문맹(文盲)인 사회에서 글을 읽고 쓸 수 있는 사람들이 대접을 받았다는 주장에 그다지 심각한 근거가 필요할까. 그래서 예컨대 고대 인도에서 최고 계급인 브라만들은 곧 사제 계급이자 교사들이었고, 고대 중국에서 교사들은 정부 관료들 다음으로 대중의 존경을 받는 사람들이었으며, 유대인들은 자기 부모보다 더 교사들을 (영혼의 부모로서) 존경했다. 고대 헬라스 사회에서는, 예외적으로, 사제들이 아니라 시인들이 교사였지만 이들 역시 사람들로부터 존경을 받았다는 점은 마찬가지다.

그런데 일반인들의 지식수준이 높아지면서 교사들의 지위도 변했다. 글을 읽고 쓸 수 있는 사람들이 소수였고 그들은 바로 그 이유 때문에 일반인들로부터 존경을 받았다면 이제 거꾸로, 글을 읽고 쓸 수 있는 사람들이 점차로 늘어남에 따라 이들의 지위에 변화가 왔을 것이라는 점은 충분히 추론할 수 있다. 고대 헬라스는 후기로 갈수록 문해력(文解力)이 일반인들 사이에서 확대되고 그 결과로 교사들에 대한 대우도 점차 낮아졌다. 이런 현상은 특히 초보적인 문해력을 가르치는 교사들에게서 더 흔하게 나타났고, 갈수록 이들에게 지급되는 보수(報酬)도 열악해졌다. 플라톤은 대화편『법률』에서 이런 수준의 수업은 외국인들에게 맡길 것을 주장하기도 했다(Brubacher, 1966: 466). 실지로 고대 헬라스나 이후 로마 귀족들 사이에서 이런 일은 '파이다고그'라 불린 노예들이 담당하기도 했다. 예외적으로 스파르타인들이나 또는 기원전 1세기 퀸틸리아누스 같은 학자들은 아이의 보모나 선생을 선택할 때는 신중을 기해야 한다고 주장하기도 했지만, 대체로 고대 헬라스나 로마에서 아이들을 가르치는 교사들의 대우는 개선되지 않았다. 이들은 낮은 보수와 함께 학부모들의 비난에 시달려야 했다. 고대 헬라스-로마 세계에서 '교사'는 궁핍과 빈곤의 대명사로 전락하게 된다.[1)]

1) 그러나 고등교육 수준에서는 사정이 많이 달랐다. 철학과 수사학을 가르치는 교사들은 보수 면에서나 사회적 지위 면에서나 상당히 높은 대우를 받았다. 물론 수사학(修辭學)을 가르쳤던 소피스트

교사들에 대한 대우가 낮았던 또 다른 이유는 이들이 학교 바깥에서 일어나고 있는 변화에 둔감했다는 점에서 찾을 수 있다. 학교 밖에서의 삶은 빠르게 변하고 있는데도 교사들의 가르침은 그런 변화를 제때 반영하지 못하고 기존의 관례를 답습하는 식으로 이루어지는 경우가 많았다는 것이다. 또한 중국 같은 곳에서 목격되는 바와 같이, 공직에 진출하려다 실패한 사람들이 달리 할 수 있는 일이 별로 없어서 교사가 되는 경우가 많았다는 점도 이들에 대한 대우가 낮았던 이유로 언급될 수 있다. 그리고 마지막으로 교수 방법에서의 발전이 없었다는 점에도 주목할 필요가 있다. 오랜 세월 동안 교수 방법이라고 해 봐야 기껏해야 암기가 전부라고 할 수 있을 정도였고, 많은 경우 가르침의 기술은 일종의 천부적인 재능으로 간주되었다. 그래서 이론적으로나 경험적으로나 교수 기술에 대한 연구는 더디게 이루어질 수밖에 없었다.

2. 중세 대학에서의 교사 준비 과정

교사를 기르는 전문적인 교육은 중세 대학에서 최초로 이루어졌다. 중세 대학에서의 '학위'는 곧 가르칠 자격을 의미했는데 법학, 신학, 의학에서 'doctor'는 원래 '교사'를 의미하는 말이었다. 이는 'doctor'의 어원이 되는 라틴어 'docere'가 곧 영어 'teach'를 의미하는 단어였다는 점에서 알 수 있다. 또한 예술 분야에서 'master'라 불리는 지위는 그 분야 교수들에게 요구되는 것으로서, 곧 교수 자격을 의미하는 것이기도 했다. 교사를 'schoolmaster'라고 하는 것은 바로 여기서 유래한 것이다.

중세 대학의 교수가 되기 위한 준비 과정에서 가장 중요한 것은 일차적으로 가르치는 내용에 대한 숙달이었다. 중세 전 기간을 통해 학교교과의 표준으로 자리 잡은 '칠(七) 자유교과'가 그 주된 내용이었다. 선생이 학생을 가르칠 때 사용했던 방법은 'docendo discere', 곧 'learning by doing'이 유일했다. 중세 대학에서 교수가 되고자 하는 후보들은 첫째, 특별히 주어지는 강의 실습 기회를 통해서, 그리고 둘째, 논쟁에 참여하는 기회를 통해서, 교수 경험을 쌓았다.

중세 대학에서 학위 취득은 곧 교수 자격을 의미했는데, 이 자격은 해당 대학이

들이 처음부터 그런 좋은 대우를 받았던 것은 아니다. 그들도 처음에는 대중으로부터 존경을 얻는데 어려움을 많이 겪었는데, 그것은 그들이 돈을 받고 가르쳤다는 점 때문이다. 자유인들의 세계에서 돈을 받고 일을 하는 것은 곧 명예를 포기한다는 말과 크게 다를 바 없었기 때문이다.

위치한 도시의 교회 주교가 수여했다. 그러나 세월이 흐르면서 교회의 권한이 축소되고 그에 반해 국가, 곧 세속 정부의 영향력이 커지면서 학위 수여 권한도 국가로 이양되었다. 교회로부터든 국가로부터든 학위를 취득한 사람들은 추가적인 시험 없이 해당 도시 범위를 넘어 어디서든 가르칠 수 있는 권한을 부여받기를 원했다.

또한 중세 시대는 최초로 교수들의 조직이 출현한 때이기도 하다. '우니베르시타트'라고 하는 것이 그것인데, 이는 일종의 길드(guild) 또는 조합과 같은 것이었다. 장인들의 조합에서 숙련공에게 마스터 자격을 수여하듯이, 대학—우니베르시타트—에서 학사 학위를 수여한 것이다. 그리고 이들은 자기들이 수여한 자격이 공적인 인정을 받도록 하기 위해 그 기준을 항상 높이 유지했다.

3. 형식적 교사 훈련의 시작

중세 후기와 르네상스 시대 대학에서 제공한 교수 훈련 과정은 비교적 수준 높은 교수들을 양성해 내는 일을 했다. 그러나 중등 수준으로 초점을 옮기면 얘기는 많이 달라진다. 인문주의자들 중에 비토리노나 슈트름 같은 훌륭한 교사들도 있었지만, 대체로 보아 교사들의 수준은 낮았다고 보아야 한다. 이를테면 16세기 영국의 외교관이자 학자인 엘리엇은 자신의 유명한 저서 『통치자론』의 한 챕터를 다음과 같은 탄식으로 시작한다. "오 신이시여, 우리 시대 얼마나 많은 아이들의 선량함과 명민함이 저 무지한 학교 선생들에 의해서 소멸되어야 합니까"(Brubacher, 1966: 470). 한편, 유사한 시대를 활동한 프랑스 인문주의자 몽테뉴는 자신의 저서 『현학에 관하여』에서 교사들의 무지가 아니라 그들의 지나치게 현학적인 태도를 지적한다. 심지를 기름 속에 너무 깊이 담갔을 경우 그을음이 생기는 것처럼, 과도한 지식을 자랑하는 교사는 자신의 바로 그 태도 때문에 흉한 얼룩을 발산할 위험이 언제든지 있다. 뿐만 아니라 몽테뉴는 교사들이 애용하는 고담준론과 구시대적인 언어를 지적하면서, 그들의 교수 방법이 학생들의 일상적인 삶과 얼마나 동떨어져 있는지를 질타한다.[2)]

이 같은 교사들의 낮은 수준은 적지 않게는 교수 이론 또는 교육학의 결여에서 초래된 것이라고 할 수 있다. 심지어 17~8세기에 이르기까지, 교수 능력은 타고난

2) Vittorino de Feltre / Johann Sturm / Sir Thomas Elyot, *The Boke Named the Governor* / Michel de Montaigne, *Of Pedantry*.

Juan Luis Vives

재능이 아니면 어쩔 수 없다는 식의 믿음이 계속되었다. 그 이전 시대까지 교육을 담당했던 사람들이 대부분 성직자였다는 점, 그리고 가르치고 배우는 내용에 대한 학생 측에서의 깨우침은 곧 신의 은총과 맞닿아 있다는 믿음 등이 크게 작용한 결과라 할 수 있다. 그러나 이런 경향은 16세기 스페인의 위대한 학자이자 교사인 비베스[3]에 와서 전환기를 맞는다. 비베스는 자신의 저서 『학문론』에서 교사는 앞선 교사들의 업적을 관찰함으로써 교수의 기예를 획득할 수 있다고 주장한다(Brubacher, 1966: 471). 그는 실제로 수많은 다양한 교사들을 관찰하고 그들 경험을 조합함으로써 그 어떤 교수의 규칙 같은 것들을 유추해 내고자 했다.

이와 같은 경험적 노선을 따라 괄목한 만한 진전이 이루어졌는데, 여기에 기독교 단체들—예수회와 기독교형제단—이 큰 공헌을 한다. 이들 교단의 성직자들은 각기 자신들의 교수 경험을 일련의 규칙으로 형식화해 내는 데 큰 성과를 보인다. 예수회는 자신들의 성과를 『학습계획』이라는 책으로 묶어 냈는데, 이들은 특히 인문주의 학교 또는 중등학교 수준에서 훌륭한 교사들을 길러내는 데 큰 성과를 이루었다. 한편 17~8세기를 거치면서 초보적인 지식을 가르치는 일에도 사람들의 관심이 일기 시작했는데, 여기서 가장 주목할 만한 움직임을 보인 것은 기독교형제단이다. 이 교단의 창시자이기도 한 들라살레는 빈곤층 사람들의 생활을 개선하는 데 특별한 관심을 두었는데, 그는 이 일을 교단 형제들에게 교수 기술을 준비시키고 실습시킴으로써 수행하고자 했다.[4]

4. 독일(프로이센)에서의 교사 훈련

교사들에게 전문적인 훈련이 필요하다고 여기고 그것을 위한 실제적인 처방을 제공한 것은 독일이 최초다. 독일(프로이센)은 18~9세기, 교사 훈련의 토대를 마련하는 데 가장 선도적인 역할을 한 국가로 인정되고 있다(Brubacher, 1966: 473). 독일의

3) Juan Luis Vives. (1493-1540)

4) *Ratio Studiorum* / St. Jean Baptiste de la Salle.

교사 훈련 과정은 나중에 미국의 '사범학교(normal school)'의 모델이 된다.[5] 두 가지 정도를 주목할 만한데, 하나는 제도적으로 정부가 나서서 지원을 했다는 점이고 다른 하나는 교사 훈련 과정을 19세기 페스탈로치의 원리에 따라 조직했다는 점이다.

독일 최초의 교사 훈련 기관은 프랑케가 1706년 할레(Halle)에 설립한 '교사 학교'다 (Taylor, 2009: 2). 교사 학교에 관한 프랑케의 아이디어들은 할레대학 학생들 중에 한 사람이었던 헤케르에 의해 계승되는데, 헤케르의 열정은 이후 프리드리히 2세(1740~1786 재위)로부터 지원을 끌어내는 성과를 내게 된다. 교사 자격을 갖추려면 교사 학교에서 훈련 과정을 반드시 이수해야 한다는 규정도 프리드리히 2세 재위 기간 중에 시작되었다. 19세기의 첫 25년 기간 동안에 그 이전시대보다 훨씬 엄격한 규정들이 시행되게 되는데, 이 시기 즈음에 오면 학교 교사들은 공무원의 지위를 갖게 되고 따라서 그들의 임명 또한 국가—곧 정부—의 승인을 통해 이루어지게 된다.[6]

Johann Heinrich Pestalozzi

이 시대 독일 교사들이 누렸던 명망은 반드시 그들이 국가적인 지원을 받았다는 점에서만 유래하는 것은 아니다. 그 점과 더불어 국가가 제공한 교사 양성 기관(Lehrer-Seminar)에서 질 높은 훈련 과정을 거쳤다는 점도 그들의 명망을 뒷받침하는 한 가지 중요한 요소가 되었다. 이들 기관은 3년제로 운영되었고 학교당 평균 60명 정도가 재학했는데, 입학 자격은 초등학교를 졸업한 자들에게 주어졌다. 졸업 후에 초등학교에서 가르칠 사람들이었으므로, 주요 교육과정은 그들이 가르치게

5) 영미권에서 설립된 최초의 공식적인 교사 양성 기관이라고 할 수 있는 'Normal School'을 우리말 '사범학교'로 번역하는 것이 정확한지 하는 문제가 제기될 수 있다. '사범학교'는 1872년에 일본의 메이지 정부가 학제를 반포하면서 시작한 일본 최초의 교사양성기관 명칭이다. 실질적으로는 1894년에, 그리고 제도적으로는 1895년에 시작된 우리의 사범학교—한성사범학교—는 일본의 사범학교를 모델로 했거나 그것을 참조해서 시작되었다고 보는 것이 맞을 것 같다(유근직 · 이은송, 2000: 4; 임후남, 2003: 272; 한용진, 2006: 104). 문제는 일본이 1871년에 문부성을 설치하고 그 이듬해 학제를 반포하면서 설립한 '사범학교'가 영미권의 'Normal School'을 번역해서 만든 말인지 하는 점인데, 이 점은 아직 확인이 되지 않았다. 다만 이 시기 메이지 정부가 근대적인 교육시스템을 마련하면서 프랑스와 독일을 참조했다는 점(이권희, 2011: 164), 그리고 그 시기가 영미에서 Normal School이 상당한 수준으로 발전하고 있던 시기라는 점 등을 통해 둘 간의 관계를 간접적으로 추측하는 일은 불가능하지 않다.

6) August Hermann Francke / '교사 학교'라고 번역한 Seminarium Praeceptorum을 단어 그대로 번역하면 'teachers school'이다. Seminary는 특히 사제나 성직자들을 기르는 학교를 가리킨다. / Johann Julius Hecker.

될 초등학교 교과 지식들을 확실하게 이해토록 하는 것으로 이루어졌다. 그리고 그 밖에 체조와 몇 가지 악기를 다루는 법을 함께 익히는 것이 권장되었다. 교육 방법은 이론보다는 관찰과 실습이 주를 이루었다.

독일의 교사 학교들은 정부가 스위스 출신의 위대한 교육자 페스탈로치[7]의 업적을 학교 운영에 적극적으로 반영하는 방침을 세우면서 최고의 시대를 맞게 된다. 페스탈로치의 위대성은 그간에 경험과 상식에 의존해서 수행하던 교수 활동을 이제 과학과 철학 이론을 토대로 수행토록 했다는 점에 있다. 그 결과 교수 활동은 기술적으로 대단히 전문적이고 복잡한 활동이 되었다. 교사들이 교과 내용만을 숙지하는 것으로는 충분치 않게 되었다는 것이다. 그것과 함께 그들은 급속도로 확대되고 있던 교수법 분야에 관한 지식, 곧 교육학적인 지식에 익숙해져야 했다. 그리고 이 교수법적인 지식들이 갈수록 전문적이고 복잡하게 진화하면서 그것을 익히는 교사들에게도 고도의 역량을 요구하게 되었다. 결과적으로 교사 학교에 진학하는 입학생들의 수준도 높아졌고, 이는 장기적으로는 초등학교 교사들의 사회경제적 지위의 상승으로 연결되었다. 이런 과정들을 거치면서 독일 교사 학교의 교육과정도 풍부해졌다. 교수법의 토대가 되는 심리학뿐만 아니라 그 밖의 다양한 학문적 지식들이 교육과정에 추가되었다. 학생들은 문학과 정치사에 관한 광범위한 독서 외에, 자연철학과 자연사를 공부할 수 있게 되었다. 그리고 수학과 음악, 소묘 또한 중요시되었다.

5. 미국 교사 교육: 사범학교(師範學校 Normal School)의 등장

미국에서의 교사 교육은 본격적으로는 19세기에 독일로부터 영향을 받으면서 시작된다. 주정부의 지원을 받는 교사 양성 기관의 필요성이 가장 강하게 제기되었고 또한 그것을 가장 성공적으로 실천했던 곳은 매사추세츠주였다. 매사추세츠주에서는 그간에 침체되어 있던 공립보통학교(common school)를 되살려야 한다는 공공의 요구가 강했고 그것이 주정부가 지원하는 교사 양성 기관의 설립으로 이어졌다. 가령 이 시대에 유행한 슬로건인 “As is the teacher so is the school”에서 우리는 그 같은 관심을 읽을 수 있다. 이 구호는 ‘학교의 질은 교사의 질만큼이다’ 또는 ‘교사의 수준이 학교의

7) Johann Heinrich Pestalozzi. (1746-1827)

수준을 결정한다' 정도로 번역될 수 있겠는데, 그만큼 침체된 학교를 살리는 데는 우수한 교사를 공급하는 것이 관건이 된다는 말이겠다. 더불어, 침체된 것은 공공학교이므로 주정부가 설립하고 지원하는 형태의 사범학교를 설립하는 방향으로 움직임이 전개되어 나갔다.

위 슬로건을 제창한 장본인인 브룩스는 이 움직임을 주도해 나간 인물이기도 한데, 그가 염두에 두고 있었던 독일의 교사 양성 기관은 이제 미국 내에서도 서서히 인지도를 높여가고 있었다. 특히 프랑스 철학자 쿠쟁의 관련 보고서가 영어로 번역 출판된 것이 큰 영향을 미치게 된다. 한 가지 흥미로운 것은 1839년에 매사추세츠주 최초의 사범학교가 출범했을 때 그 명칭이 독일어 'Seminar'나 영어 'seminary'가 아니라, 쿠쟁이 자신의 논문에서 사용했던 단어, 곧 영어로는 'model(모범)'을 뜻하는 프랑스어 'normal'이었다는 점이다.[8)]

Horace Mann

1839년 매사추세츠주 정부는 미국 최초의 사범학교(normal school) 설립을 위한 법률을 제정하게 된다. 저 유명한 만[9)]의 노력에 힘입어 마침내 주립 사범학교가 출범한다. 사범학교의 교육과정은 기존 아카데미의 "영어 교육 코스"에서 가르치던 문법, 스펠링, 작문, 산술, 대수, 기하, 생리, 성경, 음악, 소묘에 덧붙여, 교수 기법과 학교 경영에 관한 강의가 포함되었다. 홀의 『학교 관리 강의』와 특히 뉴욕주 올바니(Albany)에 설립된 주립 사범학교의 초대 교장이었던 페이지의 『교수의 이론과 실제』가 당시 학생들이 많이 읽은 교수법 책이었다. 그런데 이런 책들에서 처방하는 교수 방법은 엄밀히 과학적인 것들이 아니라 단지 경험들에서 성립된 '주먹구구식'이었다. 이 책들은 페스탈로치 방법들에서 영향을 거의 받지 않았고, 결과적으로 이들 사범학교는 독일의 Lehrer-Seminar를 본떠 만든 것이기는 했지만 페스탈로치 교수법을 적용하는 것과 관련해서는 그다지 성공적이지 않았다.[10)]

페스탈로치의 교수 이론은 1860년 뉴욕주의 오스웨고(Oswego)에 사범학교가 설립될 즈음에 와서야 비로소 미국의 사범학교들에 유행하기 시작한다. 오스웨고 사범학

8) Charles Brooks / Victor Cousin.

9) Horace Mann. (1796-1859)

10) Samuel Read Hall, *Lectures on School-keeping* / David Perkins Page, *The Theory and Practice of Teaching.*

교의 초대 교장으로 알려져 있는 쉘던[11]은 영국을 통해 알려진 페스탈로치의 교수법을 소개했다. 그런데 영국에서는 페스탈로치의 '실물교수' 기법을 유달리 강조했기 때문에, 오스웨고에서 가르쳤던 교수법도 그것의 형식적 측면에 치우치는 경향을 보였다. 학생들은 실물을 통한 교수 기술은 재빠르게 익혔지만 그 이면에 깃들어 있는 그것의 이론과 정신에는 소홀함을 보인 것이다. 그럼에도 불구하고 그것의 파급력은 미국 전역에서 대단했다.

사범학교에 미친 또 다른 영향은 19세기 말 헤르바르트주의자들의 영향이었다. 오스웨고 사범학교가 페스탈로치의 이론을 확산시키는 데 중심적인 역할을 했다면, 헤르바르트의 사상은 일리노이주 노말(Normal)에 설립된 사범학교를 중심으로 전파되었다. 이곳을 통해서 미국인으로서 위대한 헤르바르트주의자로 불린 가모라든지 맥머리 형제 등이 명성을 쌓아가게 된다.[12]

20세기로 접어들면서는 사범학교에서 전문적인 내용들이 다루어지기 시작한다. 대표적인 것이 기본 교육이론들인데, 이 명칭으로 어떤 곳에서는 교육철학을, 또 거의 대부분의 사범학교에서는 교육심리학을 개설한다. 교육사도 대부분의 사범학교에서 개설한 과목에 해당하는데, 사실 교육사는 이 시기 가장 널리 알려진 교육학 분야였다고 할 수 있다. 그리고 또 하나는 교수 이론과 기술을 섞어서 일종의 옴니버스 형태로 개설된 교수법 강의였다.

6. 사범대학(Teachers College)으로의 전환

19세기 말이 되면 사범학교는 미국 학교 시스템의 한 부분으로 정착한다. 초등학교뿐만 아니라 고등학교 교사들도 사범학교에서 배출되기에 이른다. 그런데 한 가지 넘어야 할 장애물이 있었는데, 그것은 곧 예비교사들에게 제공되는 훈련의 질을 높이고 그 기간을 늘리는 일이었다. 현실적으로는 학사학위를 획득한 교사들을 보유함으로써 인가를 얻으려 하는 고등학교들도 있었다는 점이 이런 경향을 부추기기도 했다. 1890년경을 기준으로 보았을 때, 사범학교 입학생의 65%가 초등학교 교육밖에 받지 못했고 단지 20%만이 고등학교를 졸업한 사람들이었다. 대부분의 사범학교는 재학

11) Edward A. Sheldon.

12) Charles De Garmo / Charles McMurry, Frank McMurry.

기간이 1년에서 4년 사이였는데, 이는 해당 사범학교가 어느 정도의 고등학교 교육과정을 운영하는가에 따라 달랐다. 그러나 어느 경우든 고등학교 과정을 완료한 학생들에게 2년 이상의 과정은 제공되지 않았다. 교수 기술의 중요성이 나날이 증대되고 있었다는 점을 고려하면, 졸업 후 대학에 진학할 고등학생들을 가르치는 교사들에게 이 정도 훈련은 결코 충분치 못한 것이었다.

1890년 뉴욕주는 주 최초의 사범학교(Albany)를 뉴욕 주립 사범대학(New York State Normal College)으로 재편한다. 미시간주도 1903년 입실란티(Ypsilanti)에 최초의 주립 사범대학(state teachers college)을 설립한다. 뉴욕주는 이 사범대학의 졸업자들에게 교육학(pedagogy) 학위를 수여했는데, 이 때문에 주 평의원회(State Board of Regents)는 이 대학의 교육과정을 전통적인 대학 교육과정과 달리 순수 전문 코스들로 구성되도록 했다. 그러나 시간이 지날수록 고등학교 교사들에게도 학문적 소양이 필요하다는 점을 인식하게 된 주 평의원회는 이 대학에 교육학과 함께 자유학문들로 구성된 4년제 코스를 개설하고 졸업자들에게는 문학사(BA) 학위를 수여하는 것을 인가하게 된다.[13)]

사범학교(normal school)가 사범대학(teachers college)으로 진화하는 흐름은 고등학교 교사 양성에만 국한되지 않았다. 이 흐름은 1908년 전미교육협회(National Education Association, NEA)의 지지를 얻어 초등학교 교사 훈련에까지 확대된다. 그리고 일단 이 전환이 시작되자 그것은 미국 전역에서 빠른 속도로 이루어진다. 제1차 세계대전 직후인 1920년대에는 미국 전역에 사범대학이 46개, 사범학교가 137개였던 것이, 8년 후 경제공황 직전 시기에 이르면서 이 수치가 역전되어 사범대학이 137개, 사범학교가 69개로 된다. 이제 주된 문제는 사범대학으로 전환된 사범학교들이 새 이름에 걸맞게 그 내용 면에서도 재편되었는가 하는 점이다. 말하자면 추가된 2년 과정이 양적으로만 그렇게 된 것이 아니어야 한다는 점이었다.

또 한 가지, 사범대학의 급속한 성장은 그와 동시에 이들 대학들의 수준을 균일하게 높게 유지하기 위한 표준화의 문제를 제기했다. 전미교육협회는 사범학교들이 사범대학으로 전환하는 것을 독려했는데, 그와 함께 입학생들의 자격을 고등학교 졸업자로 할 것, 전체 과정을 4년제로 해서 교직에 대한 새로운 요구들에 대처할 수 있도록

13) 그런데 한편으로 이런 흐름은 전통적인 자유 학예 대학(liberal arts college)들의 반발을 사게 된다. 전문학교 졸업생들에게 자유교육의 전통과 연결되어 있는 문학사 학위를 수여한다는 점을 용납하지 못한 것이다.

할 것, 그리고 교육 자체를 연구하는 학과들을 설치할 것 등을 제안했다. 이런 변화가 있는 동안에 관련 조직들도 변화를 겪게 되는데, 19세기에 조직된 전미교육협회의 사범학교 분과와 20세기에 조직된 전미 사범학교 교장협의회가 제1차 세계대전 후에 미국 사범대학 협회(American Association of Teachers Colleges, AATC)로 통합된다.

미국 사범대학 협회는 1926년에 회원대학의 승인을 위한 일련의 중요한 기준들을 채택한다. 그것에 따르면 사범대학이라 함은 전적으로 교사 훈련을 목적으로 운영되는 4년제 대학으로 정의된다. 입학 자격은 고등학교를 졸업한 자에게 부여되며, 졸업을 위해서는 기존의 대학들과 같이 120학점을 이수하도록 했다. 또한 한 대학이 갖추어야 할 전임교원의 수와 그들의 학위, 그리고 1인당 강의 시수에 대해서도 규정을 정했고, 이와 더불어 사범대학들이 각기 실습학교와 도서관을 갖추도록 했다. 협회는 심지어 대학 건물의 표준까지 정했으며 학생들에게 재정적인 지원을 적극적으로 하지 않는 대학들은 그것 자체로 교육 프로그램의 부실을 입증하는 것이라고 언명하기도 했다.

7. 문과대학(교양학부)과 종합대학에서의 교사 훈련

19세기 말에 일었던 논쟁을 잠깐 돌아보면, 교사의 높은 자질에 대한 요구가 강해짐에 따라 보다 수준 높은 교사 훈련을 어디서 담당할지, 다시 말하면 고등사범학교(higher normal school)에서 그것을 담당할지, 아니면 대학이나 종합대학에서 교육에 대한 전문적인 연구(professional study of education)에 관심을 두어야 할 시점이 도래했는지의 문제를 중심으로 치열한 논쟁이 전개되었다. 고등사범학교의 아이디어는 결국 사범대학(teachers college)으로 귀결되었다는 점은 바로 위에서 언급했고, 이제 마지막으로 우리가 할 논의는 교육에 관한 전문적인 연구와 관련된 코스들을 기존의 대학과 종합대학에 도입하는 일이 어떻게 전개되었는지 하는 것이다.

대체로 말하면 초창기부터 (오늘날에 이르러서까지도) 교육에 관한 전문적인 연구는 대학에서 그다지 적극적인 환영을 받지 못했다. 그러나 20세기가 도래하면서, 듀이와 쏜다이크 같은 사람들이 교육에 대한 철학적, 과학적 연구를 전개하면서 교육을 전문적으로 연구하는 일에 대한 확신이 형성된다. 여러 가지 제약들에도 불구하고 교육에 대한 전문적인 연구는 서서히, 그러나 착실히 대학과 종합대학교에서 학문적인 기반을 확보해 나간다. 질 높은 중등학교 교사에 대한 요구가 증대된 것과 함께 교육에 대한 과학적, 철학적 연구 성과들이 이전의 장벽을 뚫어내는 데 핵심적인 역할을 했던 것이다. 이미 1852년에 인디애나 대학이 최초로 교육학을 고급 학문들의 반열에 포함시켰고, 아이오와주와 미시간주의 주립대학들이 그 뒤를 따랐다. 그리고 19세기가 끝나기 전에 하버드와 예일에서 교육학 관련 코스들이 철학이나 심리학 등과 같은 학과의 하위분과로 개설되고, 20세기 첫 10년이 지나기 전에 중서부의 주립대학들에서는 교육학 관련 학과들을 묶어 독립된 대학들(schools of education)로 개편하기에 이른다.[14)]

교육학이 고급 학문으로 발돋움하는 데 있어서 가장 획기적이었던 사건은 아마도 1892년에 컬럼비아 대학교에 사범대학이 설치된 일일 것이다. 이곳은 원래 뉴욕교사양성대학(New York College for the Training of Teachers)로 출발한 곳인데, 그 목적은 법대나 의대가 법관이나 의사를 양성하는 것과 같은 레벨의 수준 높은 교육을 실시하는 것으로 삼았다. 사람들은 이 대학이 머지않아 대학원 수준에서 그 주된 성과들을 낼 것으로 예견했는데, 아닌 게 아니라 컬럼비아 TC는 대학원 수준에서 교육에 관한 역사적, 철학적, 과학적 연구물들을 생산하는—이런 것들은 19세기는 결코 찾아볼 수 없는 것들이었다—선도적인 역할을 해내게 된다.

8. 교사 교육을 둘러 싼 대논쟁

이제 마지막으로 미국에서 교사 교육에 관해서 20세기 중반에 이르기까지 이어져 오고 있는 한 가지 대단히 해소되기 힘든 논쟁을 살펴보기로 하겠다. 지금까지 논의해 온 바와 같은, 그 수준을 높이기 위한 지난한 노력들이 있었음에도 불구하고, 1930년대 말 세계대전이 발발할 시점에 와서도 여전히 교직은 학문적 직업으로 대우받지를 못했다. 그뿐만 아니라 대학에서 교육학을 가르치는 교수들조차도 학자들의 공동체 내에서 전통적인 의미에서의 학자로 대우받지 못했다. 더불어 20세기 중반을 온통 지배했던 동서냉전 체제는 전 국가적인 차원에서 교사들의 애국심을 의심하는 풍토로 이어지기도 했다. 가장 심각한 것은 20세기 전반기를 거쳐 오면서 형성된 교육 관련

14) John Dewey / Edward Lee Thorndike.

기조들이 소련에서 먼저 성공한 인공위성 발사 때문에 결정적인 위기를 맞게 되었다는 점이다.

교사 교육에 대한 수많은 불만과 항의가 빗발쳤는데, 그것들은 모두가 결국은 교사 교육의 반지성주의(anti-intellectualism)를 질타하는 쪽으로 수렴되었다. 그 비판은 두 가지로 요약될 수 있었다. 하나는 교사가 되려는 학생들에게 자유학문적 지식이 결여되어 있다는 것이었고, 다른 하나는 교육학 관련 개설 과목들 간에 중첩되는 내용이 많고 또한 그 수준이 대단히 얕다는 것이었다. 그리고 그와 함께 이 과목들 중에 많은 것들이 단순히 '방법' 관련 과목들로서, 좁디좁은 실제적 처방들만으로 가득 차 있다는 것이었다. 다시 말하면 그것들이 이론적인 또는 지적인 내용들을 심하게 결여하고 있다는 점이었다. 심지어 어떤 사람들은 교육학은 '학문'이 아니라고 혹평하기까지 했다. 교육학은 심리학, 역사, 철학, 사회학 등을 토대로 성립한 것이므로 그 자체 고유한 내용이나 방법이 없으며, 따라서 학문 목록에서 그것을 삭제해야 한다는 주장이었다.

교사 교육에서의 이와 같은 반지성주의를 개선하기 위해 다양한 정책들이 제안되었다. 예일 대학 같은 곳에서는, 교육학은 그 자체로 독립된 학문적 기반이 없다는 생각을 수용하고, 교육학의 기초적인 분야들—교육심리학, 교육철학, 교육사, 교육사회학—을 각각의 모학문들과 긴밀하게 연계시킴으로써 교사 교육을 계속해 나갔다. 그러나 이런 처방에도, 입장을 바꾸어 놓고 보면, 동일한 난점이 있을 수밖에 없었는데, 그것은 예비교사들이 각 학문들을 열심히 배웠다고 하더라도 교육 문제들에 관해서도 그들이 동일한 정도의 역량을 발휘할 것이라고 보장할 수 없다는 것이었다. 한편 많은 다른 대학에서는 교육학도 하나의 학문으로 성립될 수 있다고 보거나, 또는 그렇지 않다고 하더라도 적어도 그것은 심리학, 철학, 역사, 사회학과 같은 기초학문을 활용하는 하나의 전문적인 분야가 될 수 있다고 보았다. 이는 흡사 한편에 의술 또는 의료(medicine)와 다른 편에 해부학, 생리학 등과 같은 의학(medical sciences) 간의 관계와 같다고 할 수 있다. 아무튼, 어느 쪽이든 간에, 교사를 양성하는 일은 학문을 전공하는 사람들과 전문가를 양성하는 사람들 모두가 함께 관여해야 하는, 그들 모두의 책임이 되었다. 이와 같은 양측 간의 협동적인 노력은 상호 간의 이해를 증진시켰고 그 결과 오랜 세월 지속되어 온 반감은 서서히 해소되어갔다. 하버드 대학 같은 곳에서는 이런 맥락에서 하나의 특별한 학위—M.A.T. master of arts in teaching—를 개발해서 수여하기도 했다.

9. 교사는 폭넓은 학문적 지식을 갖춘 자유교양인이어야 한다!

우리는 교사 교육의 역사를 다룬 이 장을 마무리하는 즈음에서 최근 우리 사회에서 한 가지 경향으로 나타나고 있는, 교사 양성 과정에서 학문적인 교과들의 중요성에 대한 인식이 점차로 약해지고 있는[15] 문제를 언급하지 않을 수 없다. 그것이 발전해 온 역사에 비추어 보면, 교사 양성 과정의 성립은 크게 두 가지 질문을 대상으로 해서 중요한 인식 전환이 이루어졌기 때문에 가능했다고 볼 수 있다. 그 하나는 교사들을 양성하는 별도의 훈련 과정이 필요한가 하는 질문이다. 교사 양성은 초등학교 수준에서 먼저 이루어졌다. 이 점은 동서양 어디서나 마찬가지다. 초등학교 아동을 가르칠 교사가 먼저 필요했고 그래서 그 급의 교사를 기르는 과정이 먼저 출현한 것은 자연스러운 일이었다고 할 수 있다. 그렇다면 초등학교에서 아이들을 가르칠 선생들에게 필요한 것들은 무엇인가? 가장 먼저 들 수 있는 것은 초등학교 교과 지식에 대한 이해다. 그런데 초등학교 교사를 희망하는 사람들은 이미 바로 그 초등학교 과정을 이수한 사람들이다. 그렇다면 그런 사람들을 대상으로 해서 별도의 훈련 과정이 왜 필요하겠는가? 초등학교를 졸업한 사람들을 불러서 다시 그 초등학교를 다니고 있는 아이들을 가르치게 하면 될 것 아닌가? 그러나 교사 양성 과정이 하나의 독립된 과정으로 발전해 온 역사는 바로 이 점에 관한 인식 전환을 출발점으로 해서 시작된다. 그리고 여기에 이론적인 토대로 작용한 것이 18~9세기 유럽의 교수학(또는 교육학)이었다. 페스탈로치와 헤르바르트의 학문은 초등학교에서 배운 교과 지식을 갖추고 있는 그 점만으로는 교직을 수행하는 데 충분치 않다는 주장을 뒷받침하는 이론이 되었다. 교과 내용을 아는 것과 그 교과 내용을 성장의 각 단계에 맞추어 가르치는 일은 전혀 다른 일이라는 인식, 그리고 후자를 위해서는 특별한, 그리고 전문화된 지식이 필요하다는 인식이 교사 양성 과정의 발전에 대단히 중요한 지도리로 작용했다고 할 수 있다.

또 하나의 질문은, 그렇다면 교사가 되는 데는 앞으로 자기가 가르쳐야 할 교과 내용에 대한 지식을 갖추는 일, 그리고 그 지식을 아동에게 가르치는 데 필요한 기법들에 대한 지식을 갖추는 일이면 충분한가 하는 것이다. 다시 교사 양성 과정의 역사를 돌아보면, 교육이라는 활동에 종사하는 직업인으로서 갖추어야 할 바로 그 '교육'에 관한 지식이 그 폭과 깊이에 있어서 지속적으로 확대되어 왔음을 확인할 수 있다.

15) 예컨대 박제일 · 조희성(2005), 우한솔(2015) 참조.

'교육학'은 페스탈로치와 헤르바르트의 이론과 연결되는 좁은 의미에서의 '페다고지(pedagogy)'만이라고 할 수 없다. 특정 지식을 특정 연령대의 아이들에게 효과적으로 가르치는 교수기법만이 교사들이 갖추어야 할 전부가 아니라는 것이다. 교육이라는 활동의 본질적인 성격, 그것의 역사, 사회적인 맥락에서 제도화된 교육의 움직임 등등을 모두 포괄하는 지식을 교사들은 반드시 갖추지 않으면 안 된다는 인식이 전개되어 왔다는 것이다. 넓게 말해 '교육이론'이라고 지칭되는 '이론적인' 교육학 지식들이야말로 수준 높은 교사가 되는 데 반드시 필요한 지식이라는 인식은 교사 양성 과정의 발전사에서 또 하나의 굵직한 전환기를 제공했다.

오늘날은 누구나, 그리고 우리 사회에서도 마찬가지로, 초중등학교 교사를 기르는 과정은 대학(교) 교육 과정이라는 점을 인정한다. 대학이라는 교육기관은 어느 한 직업분야에서의 전문인을 기르는 과정만을 담당하는 기관이 아니다. 특히 미국에서의 'college education'은 폭넓은 사고를 할 줄 아는 자유교양인을 기르는 교육을 가리킨다. 만약 '교사 교육'이라는 것이 '대학 교육'의 수준에서 이루어져야 한다는 점을 인정한다면, 우리는 그 과정을 통해서 길러지는 교사들 또한 폭넓은 사고 능력을 지닌 자유교양인이어야 한다는 점 또한 인정할 수밖에 없다. 폭넓은 사고 능력을 지닌 자유교양인으로서의 교사는 특정 교과를 가르치는 데 필요한 교과내용에 관련된 지식, 그리고 그것을 자기 학생의 수준에 맞게 가르치는 교수 기법에 관한 지식과 더불어, '교육'이라 칭하는 인간 활동의 전반을 과학적, 철학적으로 이해하고 처방하는 데 필요한 지식을 함께 갖추지 않으면 안 된다. 현재 우리 교육과정은 이에 덧붙여 교양과목이라는 이름으로 자유교양 학문들도 이수토록 하고 있다. 교사가 될 사람이라면 이들 모두에 관한 폭넓은 지식을 소유하고 있어야 한다는 것이다.

10. 교사 교육의 반지성주의적 경향 극복을 지향하며

피터즈는 교육철학 수업에서 흔히 활용되는 교육사상사적 접근을 두고 다음과 같이 조언한 바 있다. 플라톤이나 루소, 듀이 같은 사람들의 교육사상을 다룰 때라 하더라도 그들의 사상 자체가 수업의 일차적인 내용이 되지 않도록 해야 하며, 그들의 사상을 읽고 쓰고 하는 일이 수업을 통째로 지배하는 식이 되지 않도록 해야 한다는 것이다(Peters, 1977: 147). 위대한 교육사상가들의 사상이라 하더라도 그것들을 반드시 우리

교육의 실천적인 문제들과 연결 지어 다루는 과정이 없다면 그것들은 별 의미가 없다는 것이다. 그런데 사실 더 우려스러운 것은 최근에 목격되는, 이것과 정반대의 상황이다.

우리 초등학교 고학년 교육과정에 실과 과목이 있고 그 내용 중에 뜨개질 단원이 있다. 초등학교 예비교사들은 당연히 뜨개질 실습 과정을 이수해야 할 것이다. 교육철학 수업 시간에 와서까지 짬짬이 뜨개질을 하고 있는 교육대학 3학년 학생들을 보고 뜨개질이 왜 초등학교 교육과정에 포함되어 있는지를 물었다. 학생들은 대부분 대답을 하지 못했다. 어떤 학생들은 손가락 근육을 단련하기 위해서라는 기상천외한 답변을 내놓기도 했다. 중학교 기술·가정 과목에는 바지 만들기 단원이 있다고 한다. 동료 교수의 중학생 아들이 하루는 학교에서 바지 만들기를 배우고 온 날, 교육학자인 어머니에게 씩씩대며 항변했다고 한다. 자기는 왜 학교에서 바지 만들기를 배워야 하는지 모르겠다고, 요즘 바지를 직접 만들어서 입고 다니는 사람들이 어디 있냐고. 모르긴 해도 담당교사가 단원의 목표—나아가 실과(기술·가정) 과목 전체의 목표—를 제대로 알려주지 않았거나 아이들이 납득할 수 있는 방식으로 설명해 주지 않은 모양이다. 이런 일이 왜 생기는가?

우리나라 고등학교 수학은 대단히 어렵다. 아니 굳이 고등학교 수학이 아니라 중학교 과정에 있는 이차방정식만 하더라도, 그것을 아이들이 왜 배워야 하는지를 현장의 교사들은 제대로 이해하고 아이들이 납득할 수 있게 설명해 주는가? 대학 강의실에서 예비교사들과 현직교사들을 상대로 수업을 해 온 바로 추측하면, 우리나라 초중등학교 교사들 중에 그렇게 많은 아이들이 그렇게도 싫어하는 수학 공부를, 왜 해야 하는지를 제대로 이해하고 있는 교사는 별로 없는 것 같다. 학교 교과목들 중에 가장 오래된 과목 중 하나인 수학을, 그것을 가르치고 배우는 교사와 학생들은, 이유도 알지 못한 채로 그렇게 고생스럽게 가르치고 배우고 있는 것이다. 왜 그렇겠는가?

위 사례들에서 교사가 학생들에게 제대로 된 교과교육의 목적을 납득시키지 않은 것은 그 교사에게 각각의 내용들을 소재로 수행하는 자신의 교육활동과 관련해서 이론적인 이해가 없기 때문이다. 초등학교 과정에서 뜨개질을 가르치고 배우는 일, 중학교 과정에서 바지 만들기와 이차방정식을 가르치고 배우는 일 등, 나아가 이런 것들을 포함해서 우리가 학교에서 가르치고 배우는 모든 교과지식들은 그 어떤 목적을 실현하기 위해 가르치고 배우는 것들이다. 그러나 현장의 교사들은 그런 목적을 모르고도 교과수업을 진행하는 데 스스로 별다른 장애를 겪지 않는다. 교과 내용은 국가교육과정으로 주어지고 그것을 가르치는 자잘한 테크닉들도 다양한 경로로 제공되기 때문이다. 조금 더 열정 있는 교사들은 거기에 추가로 아이들이 재미있게 그 내용들을 배울 수 있도록, 이런저런 외적인 방법들을 동원할 것이다. 그러나 대부분의 경우는 자신들이 그런 내용을 왜 가르쳐야 하는지, 그것을 아이들이 왜 배워야 하는지, 질문하지 않는다. 그런 질문이 없이도, 교직을 수행하는 데 별다른 불편이 없기 때문이다.

최근 들어 교육과 관련된 인간 활동 영역들에서 학문적인 지식의 중요성이 점차로 약화되고 있는 것은 비단 우리만의 문제가 아닌 것 같다. 이미 지난 세기말부터 영미권을 포함해서 전 세계적으로 이런 현상이 두드러지게 진행되어 왔다고 말하는 학자들이 많다(Clark, 2013: 137). 윌슨(John Wilson)은 1989년에 발표된 자신의 논문에서 이와 같은 현상을 '몰지성화(沒知性化, de-intellectualization)'라고 지칭하고, 특히 교육철학이 대부분의 교사 양성 기관들에서 주변화되고 있는 현상이 그것의 가장 확실한 징후라고 지적한다(Wilson, 1989: 24-25). 앞에서 인용한 적이 있는 윈치도 예비교사 교육에서 교육철학의 중요성에 대한 인식이 점차 사라져가고 있는 현상을 지적하고 있다(Winch, 2012: 318-319). 그에 따르면 교육철학은 1960년대부터 80년대에 이르는 짧은 기간 동안 영국 교사 교육계에 중요한 영향을 끼쳤으나 최근에 이르러서는 거의 빈사 상태에 놓였다고 해도 과언이 아닐 정도가 되었다.

그런데 윈치는 이런 지적과 함께 또 한 가지 사실에 주목하는데, 그것은 교사 양성 과정을 대학교육 과정으로 운영하는 것에 대한 회의적인 주장들이 일고 있다는 점이다. 말하자면 교사 교육 과정에서 교육철학의 주변화는 곧 교사 교육이 대학교육 수준에서 이루어지고 있는 것에 대한 부정적인 목소리와 맥을 같이 해 왔다는 사실이다. 앞에서 우리는 교사 양성 제도의 발전은 교육심리학을 비롯해서 교육철학, 교육사, 교육사회학 등의 기본 교육이론들의 발전과 그 궤를 같이해 왔다고 했다. 교육학의 발전이 곧 교사 양성 제도의 발전으로 연결되었다는 것인데, 지난 세기말부터 이제 그와 정반대의 상황이 전개되고 있다는 것이다. 곧 교사 양성 과정에서 특히 교육철학을 비롯한 기본 교육이론들의 주변화는 고등교육의 일환으로 수행되어 온 교사 양성 과정에 대한 비판적 의견들과 맞물려 진행되어 온 것이다. 두 가지 현상 간에 뚜렷한 상관관계가 존재한다는 것이다. 우리도 그 물결을 맞고 있는 것인가? 만약 그것이 한국의 교육과 교사 사회에 결코 긍정적이지 않은—틀림없이 그렇다—흐름이라면, 우리는 어떻게 해야 할 것인가?

얼마 전 한때 국내에 북유럽 국가 핀란드 교육에 관한 담론들이 봇물을 이루었던

적이 있다. 너도나도 핀란드 교육의 우수성을 소개하고 우리 교육을 그것과 비교하면서 개선책을 제안하는 것들이었다. 그런데 핀란드 교육의 우수성을 구성하는 요소들이 여럿 있었지만, 그 가운데 가장 중요한 요소이자 지금 우리 논의와 관련해서 가장 주목할 만한 것은 그 나라의 교사들에 관한 것이었다. 교육이 잘 되려면 교사가 우수해야 할 것이라는 점은 두말할 필요가 없다. 우수한 학교를 만드는 데는 우수한 교사를 양성하는 일이 관건이 된다. 그러므로 핀란드 학교교육이 우수하다면 그것은 필시 그 나라 학교의 교사들이 우수하기 때문이라고 해서 결코 틀릴 것이 없다. 그래서 그런지 핀란드 교사 교육에 대해서도 최근까지 많은 담론이 이어지고 있는 것 같다.

핀란드 교사 양성 과정은 우리의 그것과 비교하면서 잠깐만이라도 훑어본 사람이라면 혀를 내두를 정도로 예비교사들에게 많은 학점 이수를 요구한다. 유치원 교사를 제외하면 우리의 초중등학교 교사에 해당하는 사람은 모두 석사과정을 마쳐야 한다는 점도 그렇고, 특히 우리의 교육학—"교과교육학"이라는 것 말고—에 해당하는 과목들을 학점 수로 했을 때 우리 경우보다 네 배 이상 이수해야 한다는 점이 그렇다. 우리는 "교직과목"이라는 이름으로, 현장 실습을 제외하면 고작 18학점을 이수하면 되지만, 핀란드에서는 (2013년 헬싱키 대학 기준) 우리의 초등교사에 해당하는 학급담임교사는 학사과정에서 47학점,[16)]석사과정에서 27학점, 총 74학점의 교육학 과목을, 그리고 우리의 중등교사에 해당하는 과목전담교사는 자기가 담당하게 될 교과와 관련한 전공 학문으로 석사학위를 취득한 후에 추가로 교사 양성 대학에서 40학점의 교육학 과목을 이수케 되어 있다(정도상, 2013: 9-19). 특히 눈에 띄는 부분은 이 중에 연구법 관련 과목들이 큰 비중을 차지하고 있다는 점인데, 그러니까 교사가 될 사람들은 반드시 교육학 연구를 수행하고 논문을 작성해야 한다는 것, 다시 말하면 교육을 주제로 학문적 연구를 수행할 역량을 갖추어야 한다는 것이다.

우수한 교사를 양성하는 데 가장 필요한 것은 무엇인가? 현재 우리나라의 예비교사들이 교사 양성 기관에서 교사 교육 과정을 이수하고 2급 정교사 자격증을 취득한 후에 임용시험을 거쳐서 현장교사로 발령받는 과정을 다소만이라도 관심 있게 들여다본 사람이라면, 그리고 최근 10여 년 기간 중에 현직에 임용된 젊은 교사들의 수준을 그 이전 교사들의 그것과 냉정하게 비교해 본 사람이라면, 현재 우리 교사 교육의

16) 세부적인 내용에 있어서는 다를 수 있지만 핀란드 학급담임교사과정은 모든 대학에서 교육학 기초 25학점과 교육학 전공 35학점, 총 60학점을 이수하도록 하고 있다(정도상, 2013: 10). 본문에서 47학점이라고 한 것은 이 60학점 중 실습 오리엔테이션 3학점과 학사학위논문 10학점을 제외한 학점 수이다.

개선을 위해 참으로 필요한 것이 무엇인지를 간파하는 일은 그리 어렵지 않을 것이다. 가장 심각한 문제는 나날이 저하되어 가고 있는 예비교사들과 현직 교사들의 지식수준이다. 이들을 참으로 교육에 전문적인 소양을 지닌, 그래서 단순한 기능인이 아니라 자율적인 전문인으로서 미래 한국 사회의 학교교육을 주도적으로 이끌 사람들로 양성하려 한다면 교사 양성 과정에서 교육학 관련 과목 이수 학점을 현재보다 대폭 늘리는 것과 함께, 사회 전반적으로 교사들을 현장전문가로서만이 아니라 교육에 관한 학문적 소양을 풍부하게 갖춘 교양인으로 인식하는 일이 반드시 필요하다.

제2주제 철학의 의미와 교육철학의 성격

■ 이 절에서 다룰 질문들:
- 사고(思考, thinking)란 무엇인가?
- 신화의 시대, 사고와 담론은 어떻게 이루어졌는가?
- 철학적 사고는 어떻게 시작되었으며 무엇을 대상으로 하는가?
- 교육철학은 무엇을 탐구하는 학문이며 그것은 왜 필요한가?

이 장에서 우리는 '철학'이라는 학문의 고유한 의미와 기능은 무엇인지, 그리고 그것에 비추어 보았을 때 '교육철학'은 또한 무엇을 하는 학문인지의 문제를 논의할 것이다. 철학은 기원전 6세기경 고대 헬라스에서 시작되었다. 처음 출발할 때 그것은 자연에 대한 탐구, 곧 자연은 무엇으로 만들어졌으며 또한 그것은 어떤 원리로 움직이는지에 대한 탐구였다. 그러던 것이 기원전 5세기경 아테네 사회에 소피스트들과 소크라테스가 등장하면서 그 탐구 영역이 비단 자연만이 아닌 인간 삶으로 확대된다. 철학자들은 인간 삶을 대상으로 그것의 본질적인 성격과 목적 등은 무엇인지를 탐구하기 시작했다. 교육철학은 말 그대로 교육이라는 인간 활동을 철학적으로 탐구하는 학문이다. 그러므로 그것은 '교육'이라 불리는 인간 활동은 본질적으로 어떤 성격을 지니며 어떤 목적을 추구하는 활동인지를 가장 핵심적인 주제로 삼는다. 교육이라는 활동이 원래 갖고 있는 의미, 그것이 원래 추구하는 내적 목적은 무엇인지를 탐구하는 일이 왜 중요한지는 분명하다. 오늘날 우리 사회에서 교육이 제 자리를 찾지 못하고 갈팡질팡하는 것도 바로 이 일이 제대로 이루어지지 못하고 있기 때문이다.

1. 철학 이전 시대 인간의 사고: 신화적 사고

'철학(哲學)'은 19세기 말에 활동한 일본인 학자 니시 아마네(西周)가 만든 용어다. 니시 아마네가 '철학'이라는 말로 번역한 영문 단어는 philosophy이다. 다른 서양어들—Philosophie, philosophie, philosofia 등—과 마찬가지로 이 용어는 헬라스어 '필로소피아'[17]에서 왔다. '필로소피아'는 '사랑하다'는 뜻의 '필레인'과 '지혜' 또는 '지식'이라는 뜻의 '소피아'가 합쳐진 말로, 말 그대로 '지혜를 사랑하는 일'을 의미한다. 오늘날 '철학'은 하나의 특정 학문 영역—과학이나 공학이 아닌 것—을 가리키는 말로 쓰이지만, 고대 헬라스적인 맥락에서 그것은 자연계와 인간 활동에 대한 사고 전체를 통틀어 지칭하는 말이었다.

철학이란 무엇인가? 어떤 활동을 가리켜서 우리는 철학이라고 하는가? 이 문제에 접근하기 위해 우리는 먼저 인간 사고(思考)라는 것은 무엇인지를 짧게나마 언급하지 않을 수 없다. 인간은 사고하는 동물이며, 바로 이 점이 철학의 성격과 대단히 긴밀하게 관련되어 있기 때문이다. 그 어떤 대상에 대해서 '사고한다' 또는 '생각한다'는 말은 무엇을 의미하는가? 사람들은 어떤 경우에 생각을 하는가?

John Dewey

20세기 미국 철학자 듀이[18]는 '사고(thought)'라는 말의 용법, 또는 그것의 의미를 네 가지로 구분하고, 그 가운데 특히 반성적 사고(reflective thinking)에 주목한다(Dewey, 1933: 3-9). 그에 따르면 인간의 반성적 사고는 일종의 '갈래 길 상황'에서 시작된다. 사람들이 사고를 시작하는 것은 여러 선택지들 중에 어느 것을 선택해야 할지 애매한 상황을 맞닥뜨렸을 때다. 평탄한 외길을 걷고 있는 사람에게 적어도 자기가 갈 방향에 대해서는

17) 이 말은, '철학자'를 가리키는 '필로소포스'와 함께, 피타고라스 학파에서 처음 사용된 것으로 알려져 있다.

18) John Dewey. (1859-1952)

별다른 사고가 필요치 않다. 나그네는 그저 걷고 있을 뿐이다. 그런데 아무 생각 없이 길을 걷고 있던 그 앞에 두 갈래 길이 나타난다. 나그네는 둘 중에 하나를 선택해야 한다. 이 상황에서 나그네가 취할 수 있는 태도는 두 가지일 것이다. 망설임 없이 어느 한 편을 택해서, 선택한 그 길이 자기가 향하고 있는 목적지로 연결될지 아니면 엉뚱한 곳으로 연결될지에 대한 별다른 분석 없이, 가던 길을 계속 가거나, 아니면 둘 중에 어느 길을 택해야 목적지로 빠른 시간 내에 편안히 갈 수 있을지를 고민할 것이다. 전자의 경우 제대로 된 의미에서의 사고가 개입될 여지는 없다. 오직 후자의 경우에만 반성적인 사고가 필요한 것이다. 요컨대 인간 사고는 난관에 봉착했을 때, 장애물을 만났을 때, 그것의 해결을 위한 노력으로 시작된다는 것이다.

진정한 의미에서의 사고는 흐르는 물처럼 진행되는 우리 의식이 그 어떤 미해결의 순간을 만났을 때 비로소 시작된다. 물론 그 난관을 여전히 미해결로 남겨두고 지나갈 수도 있겠다. 그러나 그럴 경우 그 어려움은 지속적으로 남아 사람들의 삶을 괴롭힐 것이다. 인류 역사는 이와 같은 문제 해결의 역사였다고 해도 크게 오류가 없을 것이다. 인간 사고는 삶을 영위하면서 맞닥뜨리는 당혹감, 혼란, 의문 등에서 시작된다. 사고는 자연발생적이거나 우발적으로 일어나는 사건이 아니다. 또한 그것은 그 어떤 '일반적인 원리'를 따라 이루어지는 과정도 아니다. 사고는 그것을 야기하는 것, 그것을 촉발시키는 그 무엇이 있기 때문에 이루어지는 것이라는 말이다(Dewey, 1933: 12).

우리 주변에서 일어나는 여러 사건들이 다만 자연스러운 일상에 불과하다면, 그리하여 별다른 의구심을 느낄 필요 없이 당연시되는 사건들의 연속에 불과하다면, 그에 한해 우리는 굳이 그것들에 우리 관심을 집중시켜 사고를 전개할 필요를 느끼지 않는다. '일상에 묻혀' 사는 사람들이라면 주변에서 일어나는 일들을 그저 있는 그대로 받아들이고 그것들에 대해 별다른 문제의식을 갖지 않는다. 만약 인류 역사가 이처럼 일상의 연속에 불과했다면 학문이니 철학이니 하는 것들도 발생하지 않았을 것이다. 그러나 세계는 사람들에게 그 같은 평온한 일상을 허락하지 않았다. 사람들의 삶 자체도 다양한 형태로 스스로에게 스트레스를 주었으며, 오늘날과는 비교할 수 없을 정도로 훨씬 더 사람들 삶에 근접해 있었던 자연세계는 종종 감당키 힘든 재해와 신비로움으로 사람들을 당황케 했다.

아이가 자라면서 주변세계에 대해 서서히 눈을 떠간다. 그러다가 태어나서 한 번도 경험한 적이 없는 엄청난 비바람이 몰아치고 오금을 저리게 할 정도로 큰 소리가 하늘 이편에서 저편까지 이어지는 빛줄기와 함께 머리 위로 쏟아진다. 밝은 대낮에 갑자기

하늘이 어둑어둑해지면서 하늘 가운데 떠있던 해가 사라진다. 집채만 한 파도가 몰려와 해안가 마을을 쑥대밭으로 만들어버린다. 아이는 도대체 이런 일이 왜 일어나는지 도무지 알 길이 없다. 급기야 마을에서 가장 나이가 많고 경험이 풍부한 어른을 찾아가 묻는다. 그 어른은 자신이 어릴 적 들었던 이야기들을 다시 이 아이에게 들려줌으로써 아이가 겪고 있는 당혹감, 혼란, 의문들을 해소해 줄 것이다. 사실 그 이야기는 오랜 시간을 거쳐 자신이 속해 있는 공동체 구성원들이 자기들의 삶과 세계를 설명하는 방식으로 전해내려 온 것들이다. 그리고 그 이야기들이 일련의 체계를 이루어 사람들의 신념으로 자리 잡게 된다.

호메로스
(기원전 8세기경)

고대인들이 지녔던 이 같은 신념들은 그 깊이에서나 넓이에서나 오늘날 우리들이 지닌 것들에 비해 결코 모자라지 않은 것들이었다. 그리고 앞서 말한 바와 같이 그런 신념들은 고대인들 나름의 문제의식과 그것을 해결하기 위한 사고 과정을 거쳐 획득된 것들이었을 것이다. 오늘날 우리가 겪고 있는 여러 다양한 문제들, 우리들 삶의 문제들과 우리 주위를 둘러싸고 있는 세계에 관한 문제들을 고대인들도 유사한 형태로 겪었을 것이고, 오랜 시간을 거쳐 그것들을 이해하고 설명하기 위한 그들 나름의 체계를 만들어냈을 것이다. 대개는 공동체 내 권위를 지닌 사람들을 중심으로 구성원들 스스로의 삶과 주변 세계를 설명하는 이야기들이 생성되고, 후대를 거치면서 일정한 체계를 갖추어 정착되었을 것이다. 후대 사람들은 자신의 삶과 주변의 자연세계에 대해서 의문이 생겼을 때 이 이야기들을 참조해서 이해하고 다시 그것들을 당대 주변사람들이나 후손들에게 전해주었을 것이다. 문자가 없었을 때 그 이야기들은 사람들의 입을 통해 제한적으로 전달되었겠지만, 마침내 문자가 발명되면서 그것들은 더욱 광범위하고 권위 있는 신념으로 사람들의 마음을 지배하게 되었을 것이다.

서양 역사에서 문자화되어 가장 체계적으로 전해 내려오는 '이야기 체계'를 우리는 고대 헬라스 신화[19]에서 찾아볼 수 있다. 우리는 '신화(神話)'라는 번역어를 쓰고 있지만, 사실 그 원어 '뮈토스'는 보다 넓은 의미를 지닌다. 그것은 "자연이나 인간 세계의

19) 일반적으로 우리가 알고 있는 가장 오래된 헬라스 신화의 전거(典據)는 호메로스의 『일리아스』와 『오디세이아』, 헤시오도스의 『신통기』와 『노동과 나날들』이 대표적이다.

경이적이고 신비적인 현상을 바탕으로 신들이나 영웅들의 활동으로 구성된 이야기"이며, 그 속에는 "당대의 사회, 문화를 배경으로 당대인들의 '삶의 현장'이 전개됨과 아울러, 제기된 문제에 대해 그 시대적 합리성을 토대로 한 해답이 제시"(송병구, 2003: 163)되었다. 헬라스의 신화는 우리가 다음에서 거론하게 될 '철학'이 등장하기 이전에 사람들의 삶과 자연세계를 설명하는 유일한 담론체계였다. 말하자면 철학, 역사 등등이 분화되기 이전에 이 모든 것들이 미분화된 채로 한데 섞여 '전해 내려오는 이야기' 체계였던 것이다(이정우, 2011: 46). 고대인들은 인간 삶의 여러 연유(緣由)들과 자연세계의 변화무쌍한 움직임들을 이들 이야기 속에서 전개되는 신과 영웅들의 활동, 그들 간에 벌어지는 사건들을 통해 이해했다. 이러한 뮈토스적인 사고는 기원전 6세기경에 철학자들이 등장하여 그것에 강력한 도전장을 내놓을 때까지 헬라스 사람들의 마음을 지배했었다고 할 수 있다. 아니 일반적으로 말해서, 신화적인 사고는 그 이후에도 오랫동안, 심지어 현재에도, 인간 사고와 신념에 막대한 영향을 미치고 있다고 해야 할 것이다.

2. 철학자들의 등장과 자연철학의 탄생

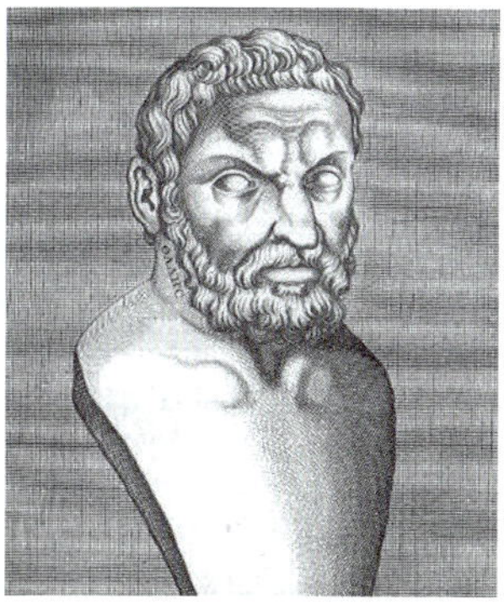

탈레스
(기원전 624~546)

철학자들의 등장과 철학적인 사고의 전개는 뮈토스적인 세계에 하나의 대안적인 전통이 형성되는 계기를 제공했다. 콘포드도 지적하고 있듯이, 헬라스 철학의 역사는 탈레스에서 시작된다(Cornford, 1932: 5). 기원전 6세기경 소아시아(지금의 튀르키예) 서남부 해안 밀레토스라는 도시 출신의 탈레스는 동방을 여행하던 중에 이집트인들이 그다지 정교하지는 않지만 토지를 측량하는 기술을 갖고 있다는 사실을 발견하게 된다. 우리가 흔히 알고 있듯이 이집트는 나일강의 범람으로 인해 매년 토지 구획이 뒤죽박죽되고 그때마다 원래대로 구획을 복구해야 하는 일이 발생한다. 이런 '실제적인' 필요 때문에 이집트인들은 직사각형의 면적을 계산하는 방법을 알고 있었던 것이다. 그런데 주목해야 할 점은 그 장면을 대할 때 탈레스가 취했던 태도다. 헬라스인이었던 탈레스는 강의 범람을 걱정할 필요가 없었고 따라서 토지 측량이라는

'실제적인' 필요는 그의 관심이 아니었다. 그럼에도 불구하고 탈레스는 직사각형의 면적을 구하는 방법에 관심을 가졌다. 결국 토지 측량에 사용되었던 '방법'이 토지 측량이라는 '실제적인' 필요로부터 분리되어 기하학으로 일반화된 것이다.

점성술의 경우에도 마찬가지다. 고대 바빌로니아인들은 사람들 삶은 천체의 지배를 받는다고 믿었다. 그래서 바빌로니아 제사장들은 오랜 세월을 거쳐 별의 움직임을 관찰하고 기록했다. 바로 그것으로 인간사를 예측하고자 했기 때문이다. 그렇다면 헬라스인들은? 바빌로니아인들이 천체의 움직임을 기록한 것은 그것을 통해서 인간사를 예측하기 위함이었으나, 헬라스인들의 관심은 오직 별들의 움직임 자체에만 있었다. 바로 그 덕택에 탈레스는 기원전 585년에 있었던 소아시아 지방의 일식을 예측할 수 있었던 것이다.

철학의 시작에 관한 지금까지의 설명은 우리에게 적어도 다음 세 가지를 말해준다. 첫째는 철학적 사고는 그 이전의 뮈토스적인 사고와의 차별화로부터 시작되었다는 점이다. 앞에서도 언급했듯이 철학이 생기기 이전 고대 헬라스 사회에는 뮈토스만이 존재했었다. 그런데 기원전 7~6세기경의 변화된 헬라스 사회 분위기 속에서 탄생한 철학[20]은 기존의 뮈토스적 사고에 대항하는 패러다임으로 자리를 굳히게 된다. 뮈토스와 필로소피아 간에 일종의 대립 구도가 형성된 것이다.

> 전해 내려오는 이야기로서의 뮈토스가 이제 새롭게 형성된 지성(知性)의 눈에는 더 이상 설득력 있게 다가오지 않았다. 태양의 운동은 아폴론이 마차를 타고 가는 것이라는 식의 이야기가 당대에 새롭게 형성된 교양층에게 더 이상 호소력을 가지지 못한 것이다. 이런 상황에서 당대 대중의 대부분과 극소수의 지식인들=철학자들 사이에 갈등이 발생하게 된다(이정우, 2011: 46).

사실 철학이 등장하고 나서도 대중에게는 뮈토스가 훨씬 더 강하고 광범위한 호소력을 지니고 있었을 것이고—이는 오늘날도 마찬가지라고 할 수 있다—따라서 사람들은 여전히 뮈토스적인 시각으로 주변세계와 자기 삶을 이해했을 것이다. 그러나 철학은 그 같은 대중적인 사고나 상식과의 결별을 요구했다. 이제 철학자들은 자연세계의

20) 이 시기 헬라스 사회는 한편으로는 정치적·심리적 허무주의가 심화되고 있었고, 다른 한편으로는 식민지 건설이나 무역 등을 통해 경제적 안정을 이루어가고 있었다. 자연철학은 이와 같은 역설적 상황에서 탄생했다(이정우, 2011: 45).

움직임을 신들의 활동을 통해서 이해하고 설명하는 것이 아니라, 자연세계 그 자체의 성격과 그 움직임의 원리를 밝혀내는 일을 통해서 설명하고자 한다. 태양의 움직임은 더 이상 그것을 주관한다고 믿었던 특정 신의 행위를 통해 설명할 일이 아니다. 태양은 그 자체로 움직임의 원리를 지니고 있고 그것에 따라 움직이고 있을 뿐이다. 다른 모든 자연물들도 마찬가지다. 그렇다면 우리가 밝혀내야 할 것은? 그것의 속성과 그 움직임의 원리가 아니겠는가. 바로 '로고스'를 탐구하는 것이 철학자들이 할 일이다.

둘째는 초기의 철학은 '퓌시스', 곧 자연세계를 대상으로 한 사고였다는 점이다. 지금 시각으로 보면 인간의 개별 행위와 삶이라는 문제 또한 대단히 중요한 철학적 문제로 간주되지만, 헬라스에서 철학이 출현했을 당시 그 주요 탐구 대상은 인간 행위나 삶의 문제가 아니었다. 인간 행위와 삶이 철학의 문제로 부각된 것은 아테네에 소피스트들과 소크라테스가 등장하고 나서부터이며, 이는 철학의 역사에서 대단히 중요한 분기점이 된다. 사실 우리의 관심인 교육철학의 성격을 탐구하는 일도 자연철학으로부터 인간 행위에 대한 탐구로의 관심 전환이 있었기 때문에 가능한 일이 되었다고 할 수 있다. 소피스트들과 소크라테스가 등장하기 이전에 철학은 시시각각 변화하는 자연세계의 본질 또는 그것의 항구적인 속성이 무엇인지를 탐구하는 활동이었다. "소크라테스 이전 철학의 가장 특징적인 점은 그 무엇보다도 우주—코스모스—에 대한 무한한 호기심이었다"(Guthrie, 1975: 22). 앞에서 철학은 정치적·심리적 허무주의를 배경으로 탄생했다고 한 적이 있거니와, 최초의 철학자들은 그와 같은 허무주의를 극복하기 위해 "우주의 질서, 영원한 자연을 찾았고 그것이 자연의 철학, 본성의 철학"(이정우, 2011: 53)을 낳은 것이다.

철학의 시작과 관련해서 우리가 주목할 만한 셋째 논제는 철학은 요즘 말로 이른바 '실제적' 목적과 전혀 상관없이 시작되었다는 점이다. 앞서 우리는 인간 사고는 그 어떤 문제를 해결하려는 필요에서 시작된다고 했다. 초기 인간들에게 가장 절박했던 문제는 생존의 문제, 쉽게 말해서 '먹고 사는 것' 또는 위기로부터 벗어나는 것 등과 같은 문제들이었을 것이고, 따라서 그들의 사고는 일차적으로 이런 문제들을 해결하기 위한 목적에서 전개되었을 것이다. 고대 이집트인들이 직사각형의 면적을 계산해 내는 방법을 발견해 낸 것은 나일강의 범람으로 쓸려가 버린 토지 경계를 다시 복구하기 위한 필요 때문이었고, 고대 바빌로니아인들이 천체의 움직임을 수 세기를 거쳐 기록했던 것은 자신들의 운명을 예측하기 위해서였다. 그들의 '지식'은 자신들의 '생존' 문제를 해결하기 위한 필요에서 생긴 것이었다는 말이다. 그런데 탈레스가 이들의 지식을 대한 태도는 사뭇 달랐다. 탈레스에게는 흐트러진 토지 경계를 복구해야 할 필요도, 개인의 운명을 예측해야 할 필요도 없었다. 그에게는 일차적으로 직사각형의 계산법, 천체의 움직임이 지니는 패턴들에 대한 '순수한' 호기심이 있었을 뿐이다. 철학의 시작은 바로 이러한 '순수한 지적 호기심'에서 비롯된 것이었다고 할 수 있다.

3. 인간사(人間事)에 대한 관심으로의 확장

고대 헬라스 자연철학의 발생에 대한 지금까지의 설명은 철학은 어떻게 시작되었는지, 철학적 사고의 특성은 무엇인지를 이해하는 데는 중요한 실마리를 제공하지만, 사실 우리 논의의 쟁점인 교육철학의 성격을 파악하는 데는 그다지 큰 도움이 되지 않는다. 왜냐하면 교육이라는 것은 인간 활동의 한 가지를 가리키는 이름이고, 자연철학적인 프레임으로는 그것을 이해하고 설명하는 데 한계가 있을 수밖에 없기 때문이다. 따라서 교육철학의 성격을 이해하기 위한 우리의 노정은 철학적 사고의 흐름에 있어서 한 가지 중요한 전환점을 필요로 한다. 그리고 이 전환점은 기원전 5세기 중엽 아테네에 등장한 일군의 새로운 사상가들에 의해 제공된다. 한편으로는 '소피스트'[21] 라고 불린 순회교사들과 또 한편으로는 소크라테스가 그들이다.

콘포드에 따르면, 소크라테스 당대에 그를 가장 잘 알았을 법한 세 명의 저자들—플라톤, 크세노폰, 아리스토텔레스—은 한 가지 점에서 공통된 의견을 보인다. 소크라테스는 자신의 청년 시절, 자연철학의 방법과 그 결과물들에 환멸을 느낀 이후 다시는 '세계의 근원'이 무엇인지의 문제 따위는 거론하지 않았다는 것이다(Cornford, 1932: 29). 소크라테스는 왜 자연철학에 환멸을 느꼈을까? 콘포드에 따르면, 소크라테스의 제자 중 한 명이었던 크세노폰은 소크라테스가 자연철학을 거부했던 이유를 두 가지로 설명한다. 하나는 그것의 독단성이요, 또 하나는 그것의 무용성이다.

첫째, 자연철학이 독단적이라는 지적은 요즘 식으로 해석하면 그 주장들이 제대로 된 타당한 근거 없이 제시되고 있는 점을 겨냥한 것이라고 할 수 있다. 말할 필요도 없이 오늘날 자연세계는 과학자들의 탐구 대상이다. 17세기 이후 발전된 '과학적인 방법'은 과학적인 주장들이 대단히 엄밀한 방법상의 기준을 만족시킬 것을 요구한다.

21) 헬라스식 원래 발음은 '소피스테스'.

소크라테스
(기원전 470~399)

그 방법상의 기준을 만족시키지 못하는 주장은 흔히 비과학적인 주장들이라 해서 그 타당성을 인정받지 못한다. 소크라테스 또한 그와 유사한 문제의식을 가지고 있었다고 할 수 있다. 우주의 원질에 대한 자연철학자들의 주장들은 서로 간에 일관성도 없을 뿐더러,[22] 더 심각하게는 이들의 주장이 그 어떤 실험적인 방법을 통해서도 증명될 수 없는 사변(思辨)의 결과일 뿐이라는 점이었다. 가령 최초의 소피스트로 알려져 있는 프로타고라스는 신들이 존재하는지 그렇지 않은지, 그리고 그들이 어떻게 생겼는지에 대해서 확실하게 알 수 없으며, 그것은 사안 자체의 불분명함 때문이기도 하지만 우리 삶이 너무 짧기 때문이라고 말한다. 필시 소크라테스도 데모크리토스가 주장한 원자들에 대해서 이와 유사한 발언을 했을 법하다. 지식의 확실성을 추구하는 것으로 치면 둘째가라면 서러워할 소크라테스에게 이들의 주장은 결코 호소력을 지닐 수 없었을 것이다. 소크라테스에게 가장 중요한 것은 '안다는 것'은 무엇이고 반대로 '알 수 없다는 것'은 또 무엇인지를 분명하게 하는 일이었으며, 그 점에서 명확한 근거도 없이 '아는 체하는 것'은 대단히 위험한 일이었다. 철학을 하는 사람이라면 모름지기 자연현상을 설명한다고 하는 자들에게 그 설명들에 사용되는 개념들은 어디서 온 것들이며 그것들은 참으로 타당한 것인지를 따져 물어야 하는 것이었다.

자연철학에 대한 소크라테스의 둘째 지적, 곧 자연철학의 무용성에 대해서는 다소의 추가적인 설명이 필요하다. '무용하다'거나 '유용하다'는 말은 반드시 '그 무엇에 비추어' 그러하다는 말이기 때문이다. 크세노폰이 이 점을 말했을 때 사실은 그 자신도 그 말이 무엇을 의미하는지를 정확하게 알지 못했던 것 같다. 우리는 앞에서 자연철학자들의 관심은 그 어떤 '실제적 목적'을 이루는 데 있지 않았으며, 이 점이 철학을 출발하게 하는 동인이 되었다고 했다. 그렇다면 자연철학의 '무용성'은 결함이라기보다 오히려 그것의 장점이라고 해야 할지 모른다. 기실 천체를 연구하는 일을 이후 기상을

22) 초기 자연철학자들이 탐구한 것은 '아르케'—우주의 원질 또는 근원, 원리—였다. 소크라테스 당대의 철학자였던 엠페도클레스는 우주는 네 개의 원소—물, 불, 공기, 흙—를 뿌리로 해서 구성되었다고 주장했고, 또한 데모크리토스는 원자들로 이루어졌다고 주장했다. 물론 이런 방식의 설명은 선대의 탈레스(물), 아낙시만드로스(아페이론), 아낙시메네스(공기), 피타고라스(수), 헤라클레이토스(불) 등을 거쳐서 계속된 전통이었다.

예측하거나 왕조의 몰락이라든지 전쟁에서의 승패를 예언하는 일과 분리시킨 것은 그들로 하여금 사고를 한층 자유롭게 수행할 수 있게 했었을 것이고, 그만큼 풍부하고 왕성한 사고를 촉진시키는 역할을 했었을 것이다. 그럼에도 불구하고 소크라테스가 자연철학을 '무용하다'고 한 것은 그것이 우리 사람들의 주된 관심, 사람들이라면 가장 관심 있어 할 법한 것들, 곧 인간에 관한 지식, 올바른 삶의 방향에 관한 지식과 그다지 상관없는 것들이라고 보았기 때문이다(Cornford, 1932: 32). 소크라테스의 관심은 '지금 여기서' 이루어지고 있는 인간 삶의 목적은 무엇인가 하는 것이었다.

소크라테스가 활동했던 시기를 기준으로 해서 헬라스 철학이 새로운 국면을 맞게 되었다는 점은 거스리에서도 발견된다(Guthrie, 1975: 17). 헬라스 철학은 크게 보면 두 가지—여기에 비판적인 측면까지 포함하면 세 가지—로 구분되는 측면을 통해서 파악할 수 있는데, 그 하나는 사변적인 또는 과학적인 측면이요, 다른 하나는 (윤리적인 것과 정치적인 것을 포함하는) 인간사적(人間事的, practical)인 측면이다. 전자는 물론 우리가 앞에서 논의한 자연철학을 가리킨다. 자연철학이 인간 삶의 배경이 되는 대우주, 곧 매크로코즘(macrocosm)을 설명하려는 노력이었다면, 인간사적 철학은 그러한 매크로코즘 속에서 삶을 영위하는 인간 자신, 곧 마이크로코즘(microcosm)에 대한 탐구라고 할 수 있다. 그것은 인간의 본성, 세계 속에서 인간이 차지하는 위치, 그리고 다른 인간과의 관계를 탐구하는 학문이었다. 자연철학이 우주의 본질이 무엇인지에 대한 순수 호기심에서 비롯되었던 것과 달리, 인간사적 철학은 그야말로 인간 삶, 인간 행위는 어떻게 이루어져야 하는지, 그것들은 어떻게 하면 좋아질 수 있는지를 찾으려는 노력이었다.

물론, 사상의 흐름이라는 것이 늘 그러하듯이, 자연철학에서 '인간철학'으로의 전환이라는 사건도 칼로 무를 썰듯이 앞의 것이 완전히 종료되고 나서 뒤의 것이 새로 시작되는 그런 식은 아니었을 것이다. 가령 헤라클레이토스의 영혼론이나 크세노파네스의 문명 비판, 데모크리토스의 윤리학 등과 같이 자연철학자들에게도 단편적이기는 하지만 인간과 문화에 대한 통찰들이 존재했었던 것이 사실이다(이정우, 2011: 189). 그러나 기원전 5세기경 헬라스 세계가 페르시아와의 전쟁으로 인해 일대 변화를 겪으면서 인간 행위에 대한 사고는 예전의 자연세계에 대한 것에 못지않은 수준으로 심화되고 체계화된다. '인간 행위에 대한 철학(philosophy of human conduct)'—우리 행위를 일련의 체계적인 지식과 이론을 토대로 수행케 하고자 하는 노력—이라고 부를 수 있는 것이 기원전 5세기 말에 이르러 등장하게 된 것이다(Guthrie, 1975: 17).

그런데 이즈음에서 우리가 주의해야 할 사실 하나가 있다. 소크라테스 당대에 자연 세계에 대한 사변적 철학 경향에 대한 반발이 있었고, 앞서 우리는 그 예를 소크라테스 자신의 경험을 빌려 언급했었다. 그러나 자연철학에 대한 그와 같은 반발, 그리고 그로 인한 인간철학으로의 관심 전환이 비단 소크라테스로부터 시작되었던 것은 아니다. 시기적으로 말하면 그 같은 동향은 소크라테스가 출현하기 이전에 이미 형성되고 있었다고 할 수 있다.[23] 이 새 움직임은 헬라스 세계가 페르시아와의 전쟁에서 승리를 거둔 후 그 중심지로 떠오른 아테네에 일군의 새로운 사상가들이 출현함으로써 이루어지기 시작했다. 기원전 5세기 중후반 아테네에 등장한 이들 새로운 사상가들을 교육사가들은 공통적으로 '소피스트'라는 이름으로 지칭한다. 헬라스 철학의 '인간철학적' 흐름으로의 전환, 다시 말하면 거스리의 용어로 '휴머니즘을 향한 반발(the reaction towards Humanism)'은 이들 소피스트들의 등장과 연결되어 있다(Guthrie, 1975: 66). 사실은 소크라테스의 철학 자체도 이들 소피스트들의 사상을 배경으로 할 때라야 제대로 이해될 수 있다. 이제 우리 논의는 이들 소피스트들의 가르침을 때때로 소크라테스의 그것과 비교하면서 검토하는 쪽으로 가닥을 잡아나갈 것이다. 우리 논의는 교육철학의 성격을 밝히는 작업과의 관련 속에서 그들의 사상이 우리에게 어떤 시사점을 제공하는가에 집중될 것이다.

4. 인간철학적 개념으로서의 아레테

보이드에 따르면 '소피스트'라는 말은 하나의 일반명사로서 그 이전부터 있어왔으나, 기원전 5세기경에 이르러 좀 더 특수한 대상을 가리키는 이름으로 쓰이게 된다(Boyd, 2008: 55). 델로스 동맹의 맹주로서 페르시아 전쟁을 승리로 이끌었던 아테네에 전쟁이 끝난 후 아테네 외부 헬라스 지역에서 다수의 전문교사들이 입국한다. 이들은 아테네 젊은이들 중에 특히 공직에 진출해서 정치가로 성공하려는 이들에게 그에 필요한 자질, 곧 연설로써 대중을 설득하는 기술을 주로 가르치는 사람들이었다. 예나 지금이나 타인을 상대로 하여 웅변으로 그들의 감성을 사로잡음으로써 사람들을 자기

23) 보이드에 따르면 최초의 소피스트로 알려져 있는 프로타고라스는 기원전 450년에 아테네에 나타났다(Boyd, 2008: 55). 커퍼드는 그것을 기원전 460년경으로 보고 있으며 444년에 아테네에서 상당히 유명해졌을 것으로 본다(Kerferd, 1981: 74). 아무튼 소크라테스(469-399)는 그들 소피스트들이 왕성하게 활동하고 있을 때 청년기를 보냈을 것이다.

편으로 만드는 일은 정치가로서 갖추어야 할 중요한 자질이라 할 수 있겠다. 소피스트들은 정치적 야망을 가진 아테네 젊은이들에게 문학과 수사학을 가르침으로써 그들을 뛰어난 정치가로 키우는 일을 업으로 삼은 사람들이었다. 이 외국인 순회교사들이 아테네에 등장함으로써 아테네의 교육과 학문은 비약적으로 발전하게 된다.

앞에서도 언급한 바 있듯이 소크라테스라는 저 위대한 철학자는 이들 소피스트들과의 논쟁을 통해서 부각된 인물이라 해도 크게 틀림이 없다. 플라톤의 대화편 내용은 대부분이 이들 소피스트들과 소크라테스 간의 논쟁으로 구성되어 있기 때문이다. 소피스트들과 소크라테스의 견해 차이, 그리고 그들 간에 이루어진 논쟁들은 헬라스 철학이 꽃을 피우는 데 텃밭을 제공했다고 할 수 있다. 플라톤의 대화편을 통해서 우리가 배워 온 기원전 5세기 이후의 헬라스 철학은 여러 다양한 인간사적 주제들에 대한 소피스트들과 소크라테스의 논쟁이 없었다면 형성될 수 없었을 것이라고 보아도 무방하다. 그런데 이들 간의 논쟁에서 다루어졌던 주제들 중에 아마도 우리에게 가장 잘 알려진 것은 흔히 우리말로 '덕(德)'이라고 번역되는 것에 관한 논쟁일 것이다. '덕은 가르침의 내용으로 간주될 수 있는가' 하는 질문을 포함해서 '덕은 지식이다'는 소크라테스의 주장은 기원전 5세기 후반과 플라톤의 초기 대화편에서 대단히 중요하게 다루어진 주제 가운데 하나였다(Kerferd, 1981: 131). 그런데 이 논쟁에 등장하는 '덕'이라는 용어는 교육철학의 성격을 고찰하는 현재 우리 논의에서 대단히 중요한 용어가 된다.

'덕'이라는 단어는 헬라스어 '아레테'의 번역어다. '덕'이라는 우리말 단어는 영문 번역어 'virtue'를 직역한 결과로 생긴 말인 것 같다. 그런데 커퍼드도 지적하고 있듯이 (Kerferd, 1981: 131) 이 영문 번역어 virtue는 그 헬라스어 원어 '아레테'의 의미, 그리고 그것을 둘러 싼 논쟁의 중요성을 이해하는 데 방해 요소로 작용할 가능성이 있다. 우리말 '덕'도 그렇지만 영문 'virtue'는 통상 인간의 도덕적 품성이나 자질을 가리키는 말로 쓰이기 때문이다. 문제는 원래 '아레테'의 쓰임이 비단 인간의 도덕적 측면만을 가리키는 데 있지 않았다는 점에 있다. 다시 말하면 이 말은 인간 활동 전반에, 나아가서는 인간의 의도가 개입해서 성립하는 기능 일체에, 두루 쓰였던 말이라는 것이다. 이 말의 헬라스어적 의미에 대한 박종현의 설명은 다음과 같다.

> 우리는 모든 사물을 부류 또는 종류에 따라 나눌 수 있다. 부류에 따라 나뉜 사물들에는 그것들 나름의 좋은 또는 훌륭한 상태가 있겠다. 물론 이

경우의 '훌륭한 상태'란 대개 기능(ergon)의 관점에서 본 것이다. 그것을 헬라스인들은 aretē(goodness)라 했다. 부류 또는 종류의 관점에서 보아 어떤 것이 좋거나 훌륭하면 agathos(good)하다고 하는데, aretē는 agathos의 명사형이다. agathos에 중성 정관사가 붙어서 추상명사로 되면 to agathon(the good), 즉 좋음 내지 선(善)이 된다. 그러니까 aretē는 사물들의 부류 또는 종류에 따른 '훌륭한 상태', '훌륭함', '빼어남', '…다움', 그리고 특히 기능면에서의 '능함'을 의미하는데, 이를 사람에 적용하면, 직업이나 성별, 나이에 따라 aretē의 의미는 달라질 수 있다. 예를 들어, 군인다움, 여자다움, 제화공으로서의 훌륭함, 정치가로서의 훌륭함 또는 정치가다움 등의 경우처럼 (Guthrie, 2000: 22 옮긴이 주).

인간이 만든 모든 사물은 제각기 나름의 용도를 지니고 있고, 그 용도에 충실할 때 우리는 그것을 '좋은 …'이라고 칭한다. 나름의 '좋음'을 발휘할 때 그 사물은 아레테를 발휘하고 있는 것이 된다. 그런데 아레테는 사물에만 적용되는 것이 아니다. 오히려 그것은 사람들이 종사하는 직업이나 활동에 적용될 때 그 의미가 한층 분명해진다. 누구든지 특정한 직업을 갖고 그에 해당하는 일을 수행한다. 활동에 적용되었을 때 아레테는 그 활동을 수행하는 사람의 속성—해당 활동을 수행하는 데에서의 탁월성 또는 훌륭함—을 가리키는 개념이 된다. 어떤 일이든지 그것을 '잘' 수행하는가 그렇지 못한가를 말할 수 있다. 그리고 그에 따라 그 일을 수행하는 사람을 '훌륭한 …', '우수한 …', '탁월한 …'으로 칭한다. 예컨대 훌륭한 축구 선수는 어떤 사람인가? 축구 경기가 어떤 것인지를 아는 사람이라면 누구든지 어떤 선수를 가리켜 훌륭한 축구 선수라고 할지를 판단할 수 있다. 그리고 반대로 훌륭한 축구 선수는 어떤 선수인지를 알려면 우리는 반드시 축구 경기라는 것은 어떤 스포츠인지를 알아야만 한다. 이와 같이 인간이 종사하는 직업이라면 그 어떤 직업이든지 그 직업에서의 내적 탁월성의 기준을 갖고 있다. 그것에 따라서 그 일을 행하는 사람의 훌륭함, 곧 아레테의 정도를 우리는 판단할 수 있다.[24)]

한 활동 영역에서 아레테를 발휘한다는 것은 말 그대로 그 활동을 '잘' 수행한다는 것을 의미한다. 그런데 한 활동을 '잘' 수행하기 위해서 우리가 갖추어야 할 것들 중에 빠져서는 안 될 것이 하나 있다. 그것은 그 활동이 어떤 활동인지에 대한 앎이다.

24) 물론 우리는 그 어떤 특정 직업에 종사하는 사람으로서만이 아니라 한 사람의 '인간'으로서 발휘하는 아레테 또한 논할 수 있다. 아레테를 '덕'이라고 번역하는 것은 아마도 이 관점이 적용되었기 때문인 것 같다.

여기 한 축구 선수가 있다. 이 선수는 참으로 뛰어난 축구 선수가 되고자 한다. 축구 선수의 아레테, 곧 훌륭한 축구 선수의 요건은 무엇인가? 정확한 패스와 강력한 슈팅 능력, 순간적인 돌파력, 정교한 볼 드리블 감각, 그라운드 전체를 읽는 안목, 90분 내내 지칠 줄 모르는 체력 등등을 갖추고 있어야 할 것이다. 그런데 이것들만으로는 축구 선수로서의 아레테를 갖추었다고 할 수 없다. 앞에서 열거한 여러 가지 능력들—패스와 슈팅, 드리블 능력 등등—을 제아무리 잘 갖추고 있다 하더라도 그가 만약 축구라는 것이 무엇인지를 알지 못한다면? 축구를 잘 한다는 것이 무엇인지, 축구라고 불리는 활동 또는 축구 경기가 추구하는 목적은 무엇인지를 제대로 파악하고 있지 못한 선수가 있다면 우리는 그를 가리켜 훌륭한 축구 선수라고 하기 망설여진다. 소크라테스가 '아레테는 지식'이라고 한 것은 바로 이 점을 지적한 것이라고 할 수 있다. 말하자면 그 어떤 활동을 수행하면서 그 활동의 수행 원리, 그것이 지니는 가치, 그것이 추구하는 목적이 무엇인지를 알지 못하는 경우, 그런 사람을 두고 결코 우리는 아레테를 갖추었다고 할 수 없다는 것이다. 그렇다면 그 어떤 활동 영역에서 갖추어야 할 그 '지식'이라는 것은 어떤 것인가?

5. 내적 가치(목적)와 외적 가치(목적)

그 어떤 사물이든 그것이 존재하려면 그것만의 고유한 목적을 지녀야 한다. 우리 주변의 물건들 가운데 자연물을 제외하면 그 어떤 물건이든 그것을 만든 우리 인간의 필요가 그 물건이 존재하기 이전에 먼저 있었다. 모든 사물은 각각 인간의 그 같은 필요를 충족시키기 위해서 존재한다. 창은 적의 신체를 꿰뚫어 적의 공격력을 무력화하기 위해 만들어진 것이고, 방패는 그것을 방어하기 위해 만들어진 것이다. 마찬가지로 망치는 딱딱한 표면에 못을 박기 위해 만든 것이고, 펜은 흰 여백에 글씨를 쓰기 위해 만든 것이다. 앞에서 말했듯이 사물은 각기의 용도를 지니고 있고 그 용도를 얼마나 잘 수행하는가에 따라 그 우수함이 결정된다. 그러므로 좋은 물건을 만들려면 우리는 그 물건이 존재하는 목적—그것의 용도—을 제대로 파악하고 있지 않으면 안 된다. 좋은 시계는 어떤 시계인가? 우리에게 시각을 정확하게 알려주는 시계가 아니겠는가. 좋은 시계를 만들고자 하는 장인이라면 이 목적을 정확하게 알고 있어야 한다. 대개의 경우 사물의 '가치'는 그것이 수행하는 이 같은 기능상의 목적에 그것이 얼마나 합치하는가에 따라 결정된다. 하루에 일 분이 틀리는 백만 원짜리 시계보다 하루에 십 초가 틀리는 십만 원짜리 시계가 더 좋은 시계라는 것을 우리는 안다. 시계의 목적은 우리에게 정확한 시각을 알려 주는 것이고, 따라서 비싼 시계보다 정확한 시계가 더 좋은 시계라는 것을 우리는 알고 있기 때문이다. 그러므로 한 사물의 아레테는 그것의 원래 목적을 얼마나 충실히 실현하고 있는가를 가리키며, 또한 그 정도에 따라 그 사물의 '가치'가 결정된다고 할 수 있다. 그런데 여기서 다소의 사고를 필요로 하는 문제가 하나 발생한다.

시계는 원래 우리에게 시각을 정확하게 지시해 주는 기능을 수행하라고 만들어진 물건이다. 그런데 그것을 작게 만들어서 우리 몸의 일부에 착용하고 다니게 되면서 시계는 하나의 장신구로서의 기능을 갖게 되었다. 장신구는 말 그대로 몸을 치장하는 데 쓰이는 물건이다. 시계가 반지나 귀고리 등이 지닌 목적을 수행하게 되면서 그것에 또 하나의 기능이 첨가된 것이다. 우리가 쓰는 물건들 중에는 이런 것들이 대단히 많다. 그것의 원래 기능에 여타의 기능들이 부가되는 것이다. 장신구는 화려한 것일수록 좋고, 따라서 가격이 비싼 것일수록 좋은 것으로 간주된다. 바로 위 문단에서 언급했듯이 '비싸다'는 점이 시계의 아레테를 결정하는 일차 요인이 아니었음에도 불구하고, 이제 그것이 장신구로서 부가적인 기능을 수행함에 따라 그 기능이 시계의 '좋음'을 판단하는 기준으로 작용하게 된 것이다. 사람들이 시계를 차고 다니지만 모두가 그것의 원래 목적을 위해서 차고 다니는 것은 아니지 않겠는가. 이런 경우 시계는 적어도 두 가지 상이한 아레테를 지니게 된다. 하나는 시계 본연의 아레테이고, 또 하나는 장신구로서의 아레테이다. 만약 장신구의 아레테가 그것의 가격과 비례하는 것이라면, 이제 시계는 가격이 비쌀수록 '좋은' 시계가 된다. 나아가 정도가 심해질 경우, 이 두 아레테 간의 순서가 뒤바뀌는 경우도 발생한다. 그리하여 사람들은 시계를 시각을 알기 위해 차는 것이 아니라 몸을 치장하기 위해, 또는 부를 과시하기 위해 차고 다니게 되는 것이다. 앞의 것을 시계가 원래 추구했던 바를 의미한다는 점에서 '본질적 목적'이라고 하고, 뒤의 것을 이후에 첨가된 것이라는 점에서 '비본질적 목적'이라고 할 수 있다.

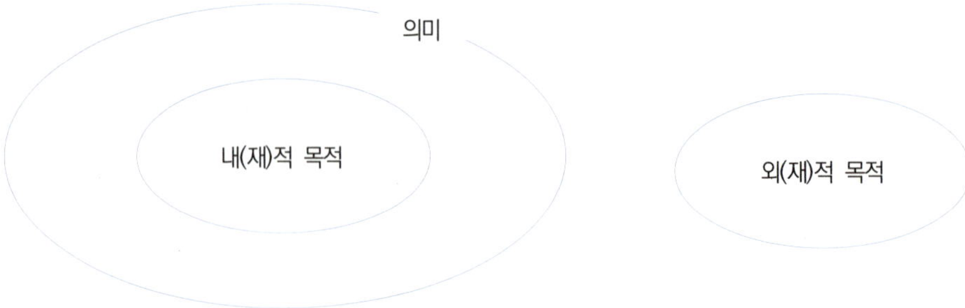

'본질적 목적'과 '비본질적 목적'은 흔히 '내적 목적'과 '외적 목적' 또는 '내재적 목적'과 '외재적 목적'이라는 말로 설명되기도 한다. 여기서 '내적' 목적이라는 말은 목적이 논리적으로 그 사물의 원래 의미 '안'에 있다는 뜻에서 붙여진 이름이라 할 수 있다. 마찬가지로 '외적' 목적이라는 말은 목적이 그 사물의 원래 의미 바깥에 있다는 뜻에서 붙여진 이름이다. 여기서 '바깥에 있다'는 말은 곧 원래 의미와 논리적으로 아무런 관련이 없다는 점을 공간적 비유를 써서 표현한 것이다. 마치 파리채를 가려운 등을 긁는 데 쓰기도 하고 말 안 듣는 아이 종아리를 때릴 때 쓰기도 하는 것처럼, 사물은 우리가 그것을 어떻게 사용하는가에 따라 다양한 용도를 갖기 마련이다. 그러나 그럼에도 불구하고 그것의 내적 목적과 외적 목적을 구분하는 것은 그 사물들은 각기의 원래 쓰임이 있고 우리는 그것을 항상 고려할 필요가 있기 때문이다. 그 목적들 간에 혼동이 생길 경우, 한 사물이 원래 어디에 쓰이는 물건인지를 잊게 될 것이고, 결국 세계는 뒤죽박죽될 가능성이 있다. 시계가 그 장신구로서의 용도—비본질적 목적—로 더 비중 있게 쓰일 경우, 그것의 원래 아레테는 점차로 잊히게 될 것이고, 결국 그것은 다른 물건이 되고 말 것이 아니겠는가. 시계가 다른 물건이 된다는 말은 곧 '시계'가 없어진다는 말과 같다. 시계가 없어진다는 말은 시각을 정확하게 준수하고자 하는 인간 세계의 한 가지 중요한 활동이 없어진다는 말과 같다. 그리고 이 말은 곧 '시계'를 만드는 장인의 활동이 불필요해진다는 말과 같다. 인간 활동의 범위가 그만큼 축소되고, 그만큼 인간 세계의 규모가 왜소해지는 것이다.

지금까지는 사물의 예를 통해 '아레테는 지식'이라는 말의 의미를 설명했지만 이 설명은 그것 그대로 인간 활동들에도 적용된다. 인간이 수행하는 모든 활동은 그 어떤 고유한 목적을 성취하기 위해서 수행된다. 합리적 사고 능력을 지닌 인간은 자기가 수행하는 활동은 어떤 목적을 추구하는 것인지를 알고 있고, 그 목적에 비추어 자기 활동의 의미를 규정한다. 그 어떤 활동을 특정의 이름으로 지칭한다는 것은 그것의 종류를 그 이름을 사용해서 다른 것들과 구분한다는 말과 같다. 그러므로 특정한 이름으로 불리는 활동은 그 종류별로 그것이 추구하는 바의 목적을 갖는다. 활동의 목적이 불분명할 때 우리는 그 활동이 무슨 활동인지를 알 수 없다. 활동의 의미는 곧 그 활동이 추구하는 목적으로부터 나오는 것이기 때문이다. 모든 활동은 이처럼 그 활동 고유의 목적에 비추어 성립된 탁월성의 기준을 갖고 있고, 그 기준에 따라서 '잘한' 것인지 '잘못한' 것인지가 판가름된다. 따라서 한 활동에서 탁월성을 발휘하려면 반드시 그 활동의 의미를 알아야 하며, 활동의 의미를 안다는 것은 그 활동의 원래 목적, 그것의 원래 기능을 안다는 것을 뜻한다.

사물의 경우에서와 마찬가지로 활동에서도 내적 목적과 외적 목적의 구분은 성립한다. 어떤 활동이든 인간이 행하는 활동은 그 활동 본연의 목적을 갖는다. 한 활동을 특정한 이름으로—축구, 바둑, 농사, 어업, 건축, 기악, 물리학, 역사학 등등—지칭한다는 것은 각각의 목적을 다른 활동의 목적과 구분해서 특정화한다는 말이다. 한 활동이 다른 활동과 구분되는 것은 그것의 목적이 다른 활동의 목적과 다르기 때문이다. 동일한 목적을 추구하는 활동은 그에 한해서 동일한 활동이라고 할 수 있다. 이와 같이 각 활동에 고유한 그 활동만의 목적을 일컬어 우리는 그 활동의 '본질적 목적' 또는 '내(재)적 목적'이라고 칭할 수 있다. 요컨대 한 활동에서의 아레테를 발휘하려면 그 활동이 무슨 활동인지를 알아야 하고, 그 활동이 무슨 활동인지를 안다는 말은 곧 그 활동의 내적 목적이 무엇인지를 안다는 말과 같다.

그런데 인간사(人間事)는 그처럼 늘 깔끔하게 전개되지 않는다. 한 활동의 의미는 그것의 내적 목적에 비추어 규정되고 그 점에서 내적 목적은 그 활동에 일종의 출발점을 제공하는 것이 사실이기는 하지만, 모든 활동들이 반드시 그 활동들의 원래 목적을 실현하는 방식으로 이루어지는 것은 아니다. 그 원래 목적과 상관없이, 사람들은 흔히 그것을 다른 목적을 성취하는 데 활용하곤 한다. 하나의 활동이 그것의 원래 목적이 아닌 다른 목적을 달성하는 데 활용될 때, 그것은 그 '다른 목적'의 도구나 수단이 된다. 만약 축구 선수가 자신이 종사하는 활동, 곧 축구를 그 원래 목적—축구에서의 아레테를 성취하는 것 또는 간단히 축구를 잘 하는 것—을 성취하기 위해서가 아니라, 그 밖의 다른 목적—돈을 버는 것, 유명해지는 것, 병역을 면제 받는 것 등—을 실현하는 데 활용하려 한다면 이제 축구는 그에게 돈이나 유명세나 병역 면제 등의 다른 목적을 실현하는 데 동원된 수단이 되는 것이다. '수단화'니 '도구화'니 하는 말들은 그 어떤 활동이 그것의 원래 목적 이외의 다른 목적, 곧 외적 목적을 이루는 데 사용될 때 발생하는 현상을 가리킨다.

한 활동이 그것의 내적 목적이 아닌 다른 목적들—외적 목적들—을 실현하는 데 사용될 경우 어떤 문제가 발생하는가? 한 가지 활동이 여러 가지 목적을 이루는 데 사용된다는 점은 그 활동의 적용 범위가 확대된다는 뜻이고, 따라서 더 좋은 것 아닌가? 그렇지 않다. 한 활동이 그 본래 목적이 아닌 다른 목적의 수단이 된다는 말은 그 활동 자체의 의미가 변질된다는 말과 같고 나아가 그 활동의 가치가 다른 활동의 가치에 의해 규정된다는 말이 된다. 내적 목적과 외적 목적을 구분하려는 노력은 한 활동의 본래 의미를 지키고자 하는 노력과 다르지 않다. 두 개념이 수단과 목적으로 연결될 때, 수단은 목적에 종속된다. '수단'의 가치는 그것이 '목적'을 달성하는 데 얼마나 효과적인가에 따라 결정된다. 그러므로 한 활동이 수단적 가치를 지닐 때 그것의 의미는 그것을 통해 달성하도록 되어 있는 목적에 따라 결정될 수밖에 없다. 그것이 원래 추구하던 바의 목적과 상관없이, 그것의 원래 아레테와 상관없이, 이제 외적으로 연결된 목적을 얼마나 효과적으로 달성하는가에 따라 그것의 가치가 결정된다는 것이다. '수단적 가치'라는 말이 의미하는 바가 이것이다. 한 활동의 가치가 단지 그것과 의미상 아무런 관련이 없는 다른 목적을 달성하는 일에 의해 결정될 때, 사람들은 그 활동의 의미 자체를 그 외적 목적과의 관련에 따라 규정하려고 할 것이다. 결국 그 활동이 원래 의미했던 바, 곧 그 활동을 시작할 때 그것이 의미했던 바는 점차로 잊히고, 외형은 유사하되 엉뚱한 목적을 추구하는 기괴한 형상만이 남게 되는 것이다. 이런 일이 심화되면 사람들의 삶은 뒤죽박죽되고, 그 배경이 되는 인간 세계 또한 혼란스러워지게 되는 것이다.

6. 교육철학: 교육다움에 대한 탐구

지금까지의 논의가 교육철학의 성격을 밝히고자 하는 우리 논의와 어떻게 관련되는지를 추측하기는 그다지 어렵지 않다. 짧게 말하면 교육철학은 '교육'이라 지칭하는 인간 활동의 아레테를 탐구하는 학문이다. 그것은 일종의 철학적 탐구이고, 그 대상은 교육이라 불리는 인간 활동이며, 그 목적은 교육 활동의 내적 목적, 곧 그것의 고유한 의미를 밝히는 것이다. '교육철학'이라는 학문이 하나의 독립된 학문영역으로 성립된 후, 그 학문에 종사해 온 사람들, 곧 교육철학자들은 각기 나름의 방법들을 동원해서 교육활동의 아레테, 교육활동의 내적 목적이 무엇인지를 밝히고, 또한 그것을 실현하려면 어떤 방법들이 동원되어야 하며, 교육이 여타의 비교육적인 목적들에 봉사하는 용도로 잘못 활용되지 않도록, 말하자면 그것이 '도구화'되지 않도록 하려면 어떤 노력들이 필요한지를 탐구해 왔다.

모든 학문적 탐구는 질문으로 시작한다. 문제에 봉착하지 않는 한 사고는 시작되지 않는다고 했던 것처럼, 질문을 갖지 않는 한 학문적 탐구는 시작되지 않는다. 교육철학이 다루는 질문을 가장 짧게 진술하면 그것은 '교육이란 무엇인가' 하는 질문이 된다. 사실 '교육철학'이라고 불리는 학문 활동의 전부는 이 지극히 간단해 보이는 질문에 대한 해답을 구하기 위한 것이라고 해도 크게 틀림이 없다. 지금 맥락에서 우리가 우선 할 일은 첫째 이 질문의 기본적인 성격을 파악하고, 둘째 '교육'이라고 지칭되는 활동은 수많은 인간 활동들 중에 어떤 카테고리에 포함되는 활동이며, 셋째 그것의 내적 목적을 밝힌다는 말은 무슨 말인가를 따져 보는 것이다.

첫째, 교육철학적 질문으로서의 '교육이란 무엇인가' 하는 질문은 일종의 규범적 또는 처방적 질문이다. 이 질문은 겉보기에는 대상이 지니는 특성을 객관적으로 기술하라는 일종의 과학적 질문처럼 보이지만, 그것은 사실은 교육이 이루어져야 할 이상적인 모습은 어떤 것인지를 묻는 질문이다. 규범적(normative) 질문은 말 그대로 'norm'이 무엇인지를 묻는 질문이므로, 이 질문은 대상의 '있는 그대로'의 모습, 곧 과거에 그것은 어떤 모양으로 이루어졌으며 또한 지금은 어떻게 이루어지고 있는지를 묻는 질문이 아니다. 인간이 수행하는 활동이라 하더라도 그것의 사실적인 모양을 기술(記述)하는 것도 학문적 탐구의 내용이 될 수 있다. 교육 활동을 과학적으로 탐구하는 교육학들—교육심리학, 교육사회학 등—은 이 일을 전문적으로 수행하는 학문들이라 할 수 있다. 그러나 교육철학은 교육활동의 사실적인 모양을 기술하는 활동이 아니다. 그것은 교육이 어떻게 해야 하는지를 처방하는 활동이다. 그 어떤 활동을 '교육'이라는 이름으로 지칭하려면 그것이 어떻게 수행되어야 하는지를 적극적으로 제시하는 것이 교육철학이 하는 일이라는 것이다.

둘째, 교육철학적 질문으로서의 '교육이란 무엇인가' 하는 질문에 등장하는 '교육'은 고대 헬라스적 맥락에서 '프락시스'에 해당하는 활동이다. 프락시스는 인간 대 인간이 만나 이루어지는 활동, 사람을 상대로 하는 활동을 가리킨다. 말 그대로 '인간사(人間事)'에 해당하는 활동이라고 할 수 있다. 정치적 활동, 법률 활동, 의료 활동, 도덕적 활동 등이 이 범주에 속한다. 그렇다면 교육은? 교육이야말로 가장 대표적인 프락시스라고 할 수 있다. 교육은 교사와 학생이 만나서 이루어지는 활동이기 때문이다. 가르쳐야 할 학생이 없는 교사, 또는 자신이 배워야 할 교사가 없는 학생이라는 말은 다 같이 논리적 모순을 유발한다. 교육 활동은 반드시 가르치는 자와 배우는 자가 만나 상호 간에 이루어지는 활동이지 않으면 안 된다. 어찌 보면 너무도 당연한 사실인 것 같지만, 찬찬히 우리 주변을 돌아보면 반드시 그렇지 않다. 교육 활동을 테오리아나 포이에시스로 간주하는 경우가 허다하기 때문이다. 그러나 그와 달리 교육철학은 교육을 프락시스로서 탐구한다.

셋째, 교육철학적 질문으로서의 '교육이란 무엇인가' 하는 질문에 대해 해답하는 일은 그것의 내적 의미, 내적 가치, 내적 목적을 분석하는 일로 이루어진다. 모든 인간 활동은 각기의 아레테를 발휘할 때 그 의미가 드러난다. 그리고 각 활동의 아레테는 그 활동 고유의 내적 기준에 비추어 그것을 가장 탁월하게 수행한 상태를 가리킨다. 교육에 종사하는 사람, 곧 가르치는 사람이나 배우는 사람은 마땅히 교육에서의 아레테를 추구해야 한다. 교육에서의 아레테를 추구함으로써 자신들이 수행하고 있는 교육 활동을 가장 교육답게 수행할 수 있기 때문이다. 교육의 의미, 가치, 목적을 밝히는 과정에서 가장 주의해야 할 점은 그것을 교육이 아닌 다른 것과의 사실적 관계를 통해서 규정지어서는 안 된다는 점이다. 교육의 의미, 가치, 목적을 경제적인 것, 사회적인 것, 정치적인 것, 기술적인 것 등과의 관련을 통해서 규정하려는 시도를 흔히 목격할 수 있다. 국가적인 차원에서 공교육 시스템의 운영 목적을 '국가경쟁력의 제고' 등으로 삼는 경우, 또는 개인적인 차원에서 입신출세를 학교공부의 목적으로 삼는 경우 등이 그 전형적인 예에 해당한다. 앞에서도 지적했던 것처럼 한 대상의 목적을 그것과 개념적인 관계가 없는 다른 가치로 삼을 경우, 그것은 도구화되고 점차로 그것의 성격은 그 목적이 요구하는 방향으로 변질된다. '교육이란 무엇인가' 하는 질문을 탐구하는 교육철학적 활동은 교육 그 자체의 의미, 가치, 목적을 분명히 드러냄으로써 바로 이 같은 주객전도(主客顚倒) 현상을 방지하고 바로잡아 나가는 활동이다.

제 09 장

교육의 본질적 의미를 향해서

[제3주제] 분석적 교육철학과 교육의 개념적 기준 논의

■ 이 절에서 다룰 질문들:
- '교육철학'이라는 용어는 통상 어떻게 쓰이고 있으며, 그것의 전문적 쓰임은 또 어떠해야 하는가?
- 분석철학의 문제의식은 무엇이며, 그렇다면 분석적 교육철학은 무엇을 탐구하는 학문인가?
- 피터즈의 세 가지 '교육의 개념적 기준'의 의미는 각각 무엇인가?
- 교육의 세 가지 개념적 기준은 교육을 어떻게 하라는 말이며 또한 교육은 무엇을 조심하라는 말인가?

하나의 독립된 학문으로서의 교육철학은 20세기 중반에 시작되었다. 물론 고대나 근대에도 교육을 '철학적으로' 탐구한 경우가 없었던 것은 아니지만 당대에 그것을 '교육철학'이라는 이름으로 지칭했던 것은 아니다. 오늘날 우리가 교육철학이라 지칭하는 학문은 20세기 중반에 스스로를 '교육철학자'로 인식하는 학자들이 등장하고, 또 그런 학자들이 모여 학회를 구성하고 학술지를 발간하면서 성립한 학문을 일컫는다. 이 같은 현대교육철학은 좀 더 구체적으로는 서구에서 분석철학이 유행하고 그 방법을 특히 교육을 탐구하는 데 사용하는 철학자들이 등장하면서 하나의 독립된 학문으로 전개된다. 이 장에서는 이 흐름을 '분석적 교육철학'이라 지칭하고, 그것이 어떤 모습으로 형성되었는지와 함께, 그 중심적인 역할을 수행한 영국인 철학자 피터즈의 '교육의 개념적 기준' 담론을 논의한다. 피터즈의 이 담론은 교육을 연구하고 실천하는 사람들에게 교육에 대한 철학적 사유와 논의는 어떻게 이루어지는지를 보여주는 하나의 좋은 사례가 될 수 있다.

1. 교육철학의 전통적인 모습들

현재 우리 논의의 맥락에서 '교육철학'은 하나의 독립된 학문을 가리키는 이름이지만, 전통적으로 많은 사람들에게 그것이 반드시 그랬다고만은 볼 수 없다. '철학자'가 무엇을 하는 사람인지를 물으니 '사주팔자 보는 사람'을 떠올리더라는 말이 있지 않은가. 이 정도는 아니라고 하더라도, '교육철학' 또는 '교육철학자'라는 말은 현재 우리 의도와는 다르게 대단히 광범위하게 사용되어 온 말이다. 필립스는 전통적으로 교육철학이라는 학문 영역을 구성해 온 것들을 다음과 같은 대략 다섯 가지 정도의 내용들로 정리한다(Phillips, 2008).

첫째는 이른바 '의사(擬似) 철학자'들에 의해 생산된 지식들이다. '의사 철학자'들은 말 그대로 철학자와 비슷한, 그러나 진짜 철학자는 아닌, 철학자 흉내를 내는 사람들을 가리킨다. 삶의 의미라든지, 사회 정의의 성격이라든지, 교육의 목적이나 학교교육과정의 기초, 그리고 그것의 종교적 의미 등에 대해서 나름의 방식으로 사고하고 그 결과를 정리해 놓은 사람들을 가리켜 우리는 상식선에서 철학자라는 이름을 붙일 수 있을지 모른다. 그러나 학문으로서의 철학은 이 정도로는 불충분하다. 학문으로서의 철학은 예컨대 인식론, 형이상학, 도덕철학, 논리학, 과학철학 등과 같은 영역에서 전문적인 훈련을 받은 사람들을 가리킨다. 아무튼 앞의 부류에 속하는 사람들이 예를 들면 의무교육에 대해서, 교육개혁에 대해서, 또는 공교육기관에서의 종교교육에 대해서, 학교교육과정의 몇몇 구체적인 내용들에 대해서, 이런저런 입장들을 취하고 자신의 그런 입장을 뒷받침하기 위해서 나름의 근거를 조직해 놓을 수 있겠다. 흔히들, 그리고 꽤 오랫동안 이런 내용들이 교육철학이라는 용어로 지칭되어 왔다고 볼 수 있다.

둘째는, 첫째 부류와 다소 유사하기는 하지만, 그 주장들이 보다 치밀하고, 그리고 그것을 주장한 사람들이 교육실제에 종사하는 사람들—교사나 학교교장—이거나 또는 유관 분야에서 눈에 띄는 업적을 쌓은 경우—종교지도자나 정치가, 저널리스트—에 해당한다. 이 경우 그들의 지식은 가끔 철학적인 문제를 언급하기도 하지만 대체로 볼 때 학문적 기여도는 이렇다 하게 찾아볼 수 없다. 교육철학을 넓은 의미에서 다룰 때 이들 내용은 '교육사상'이라는 이름으로 다루어지는 경우가 많다. 이를테면 영국 럭비학교(Rugby School) 교장을 역임한 토마스 아놀드라든지, 감리교 설립자 존 웨슬리, 뉴먼 추기경, 생물학자 헉슬리, 서머힐 학교의 설립자 니일, 미국 제3대 대통령 토마스 제퍼슨, 벤자민 프랭클린, 그리고 예수 그리스도에 이르기까지, 말하자면 위인들의 교육에 대한 생각들을 체계적으로 정리해 놓은 것이 여기에 해당한다.

셋째는 철학자는 아니지만 자기들의 교육이론—가령 인간 발달이나 학습에 대한 이론들—을 탐구하면서 틀림없이 철학적이라고 할 수 있는 주장들을 채택하거나 적극적으로 제시하는 경우를 가리킨다. 행동주의 심리학자 스키너, 발생적 인식론을 제시한 피아제, 사회심리학자 비고츠키 등이 이 부류에 포함된다. 그런데 이들의 이론을 토대로 작용하고 있는 철학적 가정들은 필립스가 보기에 지금까지 그다지 심각하게 다루어지지 못했다. 그간의 교육철학은 이들의 이론을 그 중요도에 비해 부당하게, 소홀하게 취급해 왔다는 것이다. 필립스는 만약 철학의 임무가 대상에 대한 이차적인 분석과 반성에 있다고 하면 이들의 주장들을 교육철학 영역에서 과감하게 다룰 필요가 있다고 주장한다.

넷째는 위의 셋째 경우와 대조적으로 교육철학 영역에서 그 중요도에 비해 지나치게 중요하게 취급되어 온, 그리고 그 점에서 교육철학이 무엇인지를 탐구하는 사람들에게 혼란을 가져다준 내용들이다. 대표적으로 이른바 '주류 철학자'들이 교육에 대해 자신의 개인적인 의견을 피력해 놓은 경우들이 여기에 해당한다. 이를테면 저 유명한 분석철학자 러셀이 진보주의 교육에 대해 쏟아 놓은 찬사들은 반드시 철학적인 것이라고만은 볼 수 없는, 종종은 교육에 대한 개인적 편견들이 뒤섞여 있는 주장들이었다(러셀은 부인과 함께 진보주의 학교를 운영한 적이 있다). 로크, 칸트, 헤겔 등도 이 부류에 포함된다고 할 수 있다.

그리고 다섯째는 보다 전문적이고 형식화된 형태로 성립한 교육철학의 영역에 포함시킬 수 있는 내용들이다. 대표적으로 플라톤, 루소, 듀이가 여기에 해당하며, 특히 20세기 후반 이후 교육철학이 하나의 독립된 학문으로 성립된 후 열거할 수 있는 '교육철학자'들—영국의 피터즈, 허스트, 미국의 셰플러—을 이 부류에 포함시킬 수 있다.

위 다섯 부류를 열거하는 필립스의 어조에서도 읽을 수 있듯이 필립스는 물론 이 가운데 다섯 번째를 본격적인 교육철학의 내용으로 삼고자 한다. 나머지 것들 대부분은 교육철학을 하나의 독립된 학문으로 간주할 때 오히려 그것의 정체성을 이해하는 데 방해가 될 여지가 있는 것들이라고 할 수 있다. 우리의 목적은 교육철학을 하나의 학문으로 이해하고 한 가지 학문적 활동으로서 교육철학을 수행하는 일이므로, 교육철학이라는 말의 재래적인 용법이나 상식적인 용법들로부터 다소 초연해질 필요가 있다. 그러므로 우리들 일상에서 예컨대 '아무개 교육감은 참 훌륭한 교육철학을 지닌 분'이라든지, '그 사람의 교육철학은 내 교육철학과는 상반된다'든지 하는 등의 어법에서 사용되는 교육철학이라는 말은 현재 우리 논의의 맥락과는 별 상관이 없다고 볼 수 있다. 우리 논의의 대상은 하나의 독립된 학문으로서의 교육철학이기 때문이다. 하나의 독립된 학문으로서의 교육철학은 20세기 중반에 와서 비로소 뚜렷한 모습을 띠기 시작한다.

2. 분석적 교육철학의 성립

정확하게 말하면 20세기 중반 이전에는 '교육철학'이라고 지칭할 만한 학문이 존재하지 않았다고 보는 것이 맞다. 우리가 흔히 '교육사상가'라고 부르는 사람들이 있기는 했지만, 그리고 이들의 교육사상이 교육철학 연구의 한 주제로 간주되는 것이 사실이기는 하지만, 이들이 당대에 스스로를 교육철학자라고 여기고 하나의 학문 활동으로서 교육철학을 탐구했던 것이라고는 보기 힘들다. 필립스의 설명에서도 지적했듯이, 철학자나 교육실천가들이 교육에 대한 자신들의 생각을 산발적으로 언급했던 적은 있겠으나, 그것들이 교육에 대한 체계적이고 정교한 이론 체계로 발전되었던 것이라고는 할 수 없기 때문이다. 그러나 20세기 들어 상황이 달라진다. 20세기 들어 교육사, 교육심리학, 교육사회학 등의 영역에서 교육에 대한 사고가 특화되어 전개됨에 따라 인간의 본성, 지식의 본질과 토대, 교육의 목적과 실제를 위한 도덕성의 본질 등에 대한 연구가 보다 체계적으로 이루어질 필요가 있다는 점과 함께 이들에 대한 철학적 탐구의 중요성이 점차로 인식되기 시작한다(Hirst, 1998: 2). 학문으로서의 교육철학이 성립되기 위한 분위기가 무르익기 시작한 것이다.

우리는 앞에서 교육철학은 교육에 대한 철학적 사고라고 했다. 그러므로 이 시기 어떤 철학 방법이 지배적인 영향을 행사하고 있었는지를 고찰할 필요가 있다. 교육철학은 아직 독자적인 정체성을 갖지 못한 상태였으므로, 이른바 그것의 '모학문(母學問)'인 철학계의 동향으로부터 실질적인 영향을 받을 수밖에 없었을 것이기 때문이다. 20세기 초 서양 철학계는 로크, 버클리, 흄 등에 의해 지속되어 온 경험주의적 전통이 무어와 러셀로 이어지면서, 철학적 탐구 방법으로서의 분석적 방법의 중요성이 부각된다. 이른바 '분석철학'의 시대가 도래한 것이다.

Ludwig Wittgenstein

분석철학은 1930년대 이른바 후기 비트겐슈타인[1)]에 이르러 큰 전환점을 맞게 된다. 이전에는 경험적 세계와의 관계를 통해 규정되던 언어의 의미가 후기 비트겐슈타인에 와서는 다른 방식으로 규정되게 된다. 이제 언어의 의미는 그것이 어떻게 사용되는가에 따라 규정된다. 동일한 단어나 명제라 하더라도 그것이 쓰이는 맥락에 따라서 다른 의미를 지닐 수 있다. 문법적으로는 의미가 불분명한 문장이나 어구라 하더라도 그것이 쓰이는 맥락에 따라 여러 가지 풍부한 의미를 지닐 수 있다. 그러므로 이제 분석적 방법은 이전과 같이 문장을 그보다 작은 단위나 요소로 쪼개는 것이 아니다. 그것은 문장이 어떤 맥락에서, 우리 삶의 어떤 상황들 속에서, 그것을 사용하는 사람들의 어떤 삶의 형식들 속에서 쓰이는지를 펼쳐 보이고, 그것들과의 관계 속에서 문장의 의미를 탐색하는 것이다. 이러한 후기 비트겐슈타인의 이른바 '언어 사용 이론'은 20세기 중반 이후 철학 전반에 광범위한 영향을 미쳤고, 그 방법을 채택한 교육철학자들에 의해 교육철학이 하나의 학문으로 성립하는 데 중요한 토대를 제공하게 된다.

분석적 교육철학의 성립은 아무래도 영국 교육철학자들의 공으로 돌리는 것이 옳을 것 같다. 그리고 그들 중에 피터즈는 이론적으로나 제도적으로나 분석적 교육철학이 그 기초를 확립하는 데 중심적인 역할을 한 사람이라고 할 수 있다. 1964년 발간된 *Education as Initiation*과 1966년의 *Ethics and Education*—『윤리학과 교육』(2003)—을 통해서 피터즈는 '교육'이라는 개념을 세밀히 분석하고, 그 같은 교육의 내용과 교육 행위가 일관적이고도 합리적인 방식으로 수행되는 데 토대가 되는 윤리적, 사회적 원리를 분석한다.

피터즈의 학문적 영향력은 1960년대 이후 계속되고 그가 재직했던 런던 대학을 중심으로 그의 동료와 후계자들로 구성된 하나의 인맥을 형성하게 된다. 이 흐름 속에서 분석적 교육철학은 지속적으로 계승, 발전하게 된다. 그리고 피터즈가 미국 하버드 대학의 셰플러[2)]와 교류하면서 분석적 교육철학은 미국에서도 활발히 연구되는 계기를 맞게 된다.

1) Ludwig Wittgenstein. (1889-1951)
2) Israel Scheffler. (1923-2014)

분석철학의 영향으로 치자면 영국보다는 약간 뒤쳐졌다고 할 수 있지만, 교육철학 그 자체에 대한 관심으로 치면 미국이 오히려 영국보다 앞섰다고 하는 것이 옳을 것 같다. 미국은 듀이라는 탁월한 교육철학자의 활약으로 일찍부터 교육 자체에 대한 철학적 탐구의 필요성이 일었고, 실지로도 당대 교육 현안들에 대한 구체적이고도 활발한 철학적 논쟁들이 이루어졌다. 그러나 듀이의 영향력은 한편으로는 그의 프래그머티즘을 토대로 교육에 대한 본격적인 철학적 논의가 이루어지는 계기를 마련해 주기도 했지만, 다른 한편으로는 그 영향력이 너무도 강력하고 지속적인 것이라서 여타의 철학 방법들에 대한 관심이 소홀히 취급되는 결과를 초래하기도 했다. 허스트는 여러 가지 이유들—철학적인 것뿐만 아니라 제도적, 사회적, 정치적인 이유들—때문에 미국에서는 교육에 대한 보다 광범위한 철학적 탐구가 듀이 이후 오랜 기간 동안 심화, 발전되지 못했다고 지적한다(Hirst, 1998: 2).

그러나 후기 비트겐슈타인의 영향으로 형성된 분석철학적 경향은 1960년대 이후 미국에서도 대단히 큰 움직임을 형성하게 된다. 위에서 언급한 셰플러가 이 같은 움직임을 형성하는 데 핵심적인 역할을 했다고 할 수 있다. 셰플러는 피터즈 못지않게 인식론적인 관점에서 교육의 목적과 수단의 정당성을 분석하는 데 집중했다. 교수활동은 학습의 과정으로서, 그리고 그 자체로 하나의 교육 목적으로서, 이성을 개발하는 데 도움을 주는가? 상대주의와 정치적으로 적극적인 태도는 어떤 점에서 이러한 합리성의 이념을 위협하는가? 교육 관련 언어를 분석하는 일은 이데올로기와 이념적 슬로건이 가져다주는 효과를 탐지해 낼 수 있는가? 대체로 말하면 교육철학 방법으로서의 개념적 분석에 대한 믿음은 오히려 미국이 영국보다 더 강했다고 말할 수 있다.

분석적인 방법은 영어권 국가들에서 교육철학자들의 활동을 거의 한 세대 동안 지배하도록 할 만큼 그 영향력이 컸다. 분석적인 방법은 어떤 점에서 그렇게 오랫동안 많은 교육철학자들의 방법으로 사용되었는가? 첫째, 이 시기 교육철학은 스스로의 정체성을 형성하는 단계에 있었으며 분석철학의 논의 방식이 이러한 필요를 충족시켜 주는 면이 없지 않았다. 앞에서도 언급한 것처럼 분석적인 방법은 언어가 갖고 있는 불분명한 점들을 분명하게 해 주는 기능을 한다. 분석철학의 이런 기능이 교육철학이 하나의 학문으로 독립하는 데 반드시 필요한 논의들을 제공해 주었던 것이다. 둘째, 분석적 방법의 등장은 특히 미국에서 교육철학을 이른바 '존 듀이의 망령'으로부터 벗어날 수 있게 했다. 앞에서도 언급했던 것처럼 듀이라는 탁월한 교육철학자 덕에 미국에서 교육에 대한 철학적 탐구의 전통이 일찍 시작되었지만, 반면에 그의 영향이 너무 컸던 나머지 꽤 오랫동안 여타의 철학 방법에 대한 관심들이 적극적으로 등장할 수 없는 결과가 초래되기도 했다. 분석적인 방법으로 인해 미국 교육철학은 진보주의로부터 독립할 수 있었다는 것이다. 셋째, 분석적 방법은 교육을 철학적으로 다루고자 하는 사람들로 하여금 기존의 방법, 다시 말하면 흔히 우리가 '~~주의'식 접근으로 지칭하는 방법들과 결별할 수 있도록 해 주었다. 여기서 '~~주의'식 접근이라고 하는 것은 전통 철학의 입장들—이를테면 실재론, 관념론, 경험론—을 다소간 상세하게 설명한 다음에 그것들이 지니는 교육적 함의를 추적하는 식의 방법을 일컫는다. 앞에서 필립스의 설명을 통해 지적했듯이 이런 방법은 하나의 독립된 학문으로서 교육철학을 연구하는 사람들에게는 더 이상 호소력을 갖지 못하게 되었다. 통상 '~~주의(~~ism)'로 표현되는 특정 철학적 입장을 먼저 기술하고 그 다음에 그것이 우리의 교육활동에 관해 제공할 수 있는 의미들을 추출해 내는 방식은 학문적으로도 나태한 방법일 뿐만 아니라 교육을 철학에 종속되게 할 우려가 있다. 교육철학은 이제 기존의 철학 이론들로부터 교육실천적 함의를 이끌어 내는 활동으로서가 아니라, 교육의 목적이라든지 교육의 실제 그 자체에 대해 '철학적으로 사고하는' 일로서 그 의미를 지니게 된다.

분석철학은 1960년대 들어 미국에서 셰플러와 영국에서 피터즈가 활약하면서부터 영미 교육철학계의 지배적인 경향으로 자리 잡는다. 셰플러에 따르면 분석적 교육철학은 "분석철학과 교육학의 접목"(임현식, 1998: 25)으로, 간단히 말하면 교육이라는 대상에 관한 언어들을 분석철학적인 방법으로 탐구하는 학문이라고 할 수 있겠다. 마치 분석철학이 전통철학에 대하여 개념적인 분석을 가했던 것과 마찬가지로, 분석적 교육철학은 기존 교육사상들의 "신념, 판단 및 논의의 가정들을 형성하고 있는 개념적 장치를 명료화하고 개념들의 일관성과 타당성의 검토를 통해 언어의 혼란으로 인해 빚어진 교육 문제를 제거하는 일에 관심을 둔다"(임현식, 1998: 25).

3. 피터즈의 '교육의 개념적 기준들'

피터즈[3]는 1960년대와 70년대 초 영국 교육철학계에서의 분석적인 방법을 이끌었던 학자로 평가된다. 이 시기 분석적 교육철학은 피터즈의 주도하에 다음 세 가지

3) Richard Stanley Peters. (1919-2011)

R. S. Peters

방향으로 이루어졌다(White & White, 2001: 17-8). 첫째, 이 시기 교육철학은, 당연한 말이겠지만, 교육과 관련된 개념(또는 용어)들에 주목하여 그들 간에 어떤 의미상의 관계가 있는지를 탐구했다. 물론 기존에 비트겐슈타인이나 라일[4] 같은 철학자들이 이 분야에서 지대한 공헌을 한 것이 사실이나, 특히 교육적인 개념들 가운데 많은 것들은 '일반 철학'의 관심 영역 바깥에 있었고 따라서 교육철학자들의 그 같은 노력이 빛을 발할 여지는 언제든지 있었다고 할 수 있다. '교육', '교수(教授)', '훈련', '학습', '발달', '주입(indoctrination)' 등의 개념이 당시 이들 교육철학자들의 분석 대상이었던 개념들이다.

둘째, 당시 영향력 있는 교육이론들, 예컨대 아동중심주의 발달 이론 등에서 개념적으로 분명치 않은 점이나 철학적으로 모호한 주장들을 발견해 내고 그것들을 명확히 하는 일을 이 시기 교육철학이 담당했다. 교육이론들 중에는 그것들의 '모학문'—심리학, 사회학 등—에서 성립된 관점을 교육활동을 설명하는 데 활용하는 것들이 많고, 그 과정에서 용어의 의미를 미처 명확히 하지 않은 채로 이론을 성립시킨 경우가 적지 않았을 것이다. 교육철학은 일종의 '메타 이론'—이론에 대한 이론—으로서, 유관 학문에서 사용된 그 같은 불분명한 용어들의 의미를 분명하게 정리하는 일을 담당했던 것이다.

그리고 셋째, 이 시기 영국 교육철학은 기존의 '일반 철학'에서 이루어졌던 개념 분석의 성과들을 교육적인 이슈들을 연구하는 데 적용하기도 했다. 이를테면 정신이나 마음과 관련된 개념들에 대한 철학적 분석 결과는 상상력의 개발이라든지 정서교육 같은 실천적 관심과 연결되었다. 지식, 신념, 진리, 증거 등이 서로 어떻게 관련되는지에 대한 연구는 교실 차원에서 학습과 교육과정의 문제 등과 연결되었다. 그리고 윤리학적 영역에서 도덕적인 원리의 의미와 그것의 정당화는 곧 도덕교육의 문제라든지 또는 좀 더 광범위하게는 교육의 목적과 개념 그 자체를 탐구하는 데 적용되었다.

다음에서 살펴보려 하는 피터즈의 '교육의 개념적 기준'은 바로 이러한 교육철학 흐름에서 가장 중요한 대목들 가운데 하나로 간주될 수 있다. 그리고 이 논제와 관련된

4) Gilbert Ryle. (1900-1976)

피터즈의 관점은 국내에서는 뭐니 뭐니 해도 1966년에 발간된 *Ethics and Education* (『윤리학과 교육』) 제1장에 등장하는 내용으로 대표된다. 아래에서 우리는 통상 '교육의 세 가지 개념적 기준'으로 알려진 피터즈의 논제를 살펴볼 것이다.

우리는 앞서 교육철학은 '교육이란 무엇인가?' 하는 질문을 다루는 학문이라고 한 바 있다. 그런데 이 질문을 철학적인 질문으로 한정한다고 하더라도 이 같은 성격의 질문에 답하기 위한 노력이 비단 20세기에 와서 처음으로 수행된 것은 결코 아닐 것이다. 아니 '~~은 무엇인가' 하는 형태의 질문과 그에 대한 탐구 과정으로서의 철학은 전형적으로는 고대 헬라스의 소크라테스에서 이미 완성된 모습으로 이루어졌다고 할 수 있다. 플라톤이 기술하고 있는 소크라테스는 소피스트들을 포함하여 아테네 시민들을 상대로 하여 '~~은 무엇인가?' 하는 질문을 제기하고, 그 어떤 경우에도 부정할 수 없는 그것의 일반적 의미를 귀납적으로 추론해 나가는 과정을 여러 차례 시연하고 있다. 만약 소크라테스식 방법을 그대로 따른다면 '교육이란 무엇인가?' 하는 질문에 대한 우리의 반응은 교육의 '정의'를 명확하게 진술하고 그것이 모든 사례에 들어맞는지 아닌지를 검토하는 식이 될 것이다. 그러나 피터즈가 '교육'의 개념을 다루는 방식은 이와는 상당히 다르다.

이른바 '후기 비트겐슈타인'의 관점에 따르면 한 단어의 의미는 그것의 쓰임으로 규정된다. 그리고 그 단어의 쓰임은 언제 어디서나 동일한 것이 아니라 그것을 누가 어느 때, 어느 경우에 쓰는가에 따라 약간씩 차이를 보인다. 그러나 그렇다고 하더라도 그 쓰임들 간에 '어느 정도의' 유사성은 존재한다. 마치 한 가족의 구성원들이 약간씩 닮기는 했지만 완전히 똑같지는 않은 것처럼. 단어의 의미, 곧 그것의 쓰임은 한 가족의 구성원들처럼 서로 간에 엇비슷하므로, 우리는 그들 가운데 어느 하나를 콕 집어서 그 단어의 핵심적 의미, 또는 일반적 의미라고 할 수 없다. 그 어떤 경우에든 모두 적용되는 '본질적' 의미나 '핵심적' 의미 같은 것은 존재하지 않는다.

우리가 이와 같은 후기 비트겐슈타인의 관점을 받아들인다면 바로 위에서 언급한 것과 같은 소크라테스식 정의(定義)는 이제 쓸모없어지는가? 여기서 피터즈의 대단히 독특한 관점이 개입된다. 모든 경우에 두루 적용되는 의미를 일반적으로 정의하는 것은 불가능하다. 그러므로 '교육'의 일반적인 의미를 정의하는 일 또한 불가능하다. 그러나 그렇다고 해서 '교육'이라는 말 자체가 아무렇게나 쓰여도 된다는 의미는 결코 아니다. '교육'의 일반적 의미를 정의하는 일은 불가능하지만 일상에서 사람들은 여전히 '교육'이라는 말을 사용하면서 그에 관련된 삶을 살고 있다. 사람들은 교육을 받고 있고 또한 하고 있으며, 교육받은 사람과 교육받지 못한 사람을 구별한다. 일상인들의 삶 속에서 '교육'이라는 말은 여전히 그 용도를 유지하고 있다는 것이다. 그렇다면 '교육'이라는 용어를 대상으로 한 '분석'은 어떤 모습으로 진행되는가?

피터즈는 교육을 '정의'하고자 하는 것이 아니라, 그것을 '개념적 기준'으로 간주한다. "교육은 특별한 활동이나 과정을 꼬집어서 지칭하는 것이 아니라 활동이나 과정이 갖추어야 하는 기준을 명시하는 것이다"(Peters, 2003: 23). 그것은 그 어떤 구체적인 활동을 가리키는 이름이 아니라 그 구체적인 활동을 통해서 이루어지는 그 무엇을 가리키는 말이다. 이를테면 우리는 '수학을 가르친다'고 말하지, '수학을 교육한다'고 말하지 않는다. 교육은 '수학을 가르치는 활동'을 통해서 이룰 수 있는 그 무엇이지, 수학을 가르치는 활동 그 자체를 가리키는 말이 아니라는 것이다. 요컨대 피터즈는 소크라테스가 하고자 했던 일을 그 원래 의도는 어느 정도 유지하면서 그 성격을 달리해서 수행하려고 했다고 할 수 있다. 이제 '교육'을 대상으로 우리가 해야 할 일은 그것의 '개념적 기준'을 밝히는 것이다. 우리는 어떤 경우에 '교육을 한다'거나 '교육을 했다'거나 '교육을 받는다'거나 '교육을 받았다'는 말을 쓰는가? 그 어떤 활동을 가리켜 '교육'이라는 말로 칭하려면 그 활동은 어떤 기준들을 만족시켜야 하는가?

피터즈는 우선 '교육'을 라일의 이른바 '과업어(task-word)'와 '성취어(achievement-word)' 구분에 적용한다. 영어의 동사들 중에는 의미상 '과업'을 나타내는 단어들과 '성취'를 나타내는 단어들이 있다. 전자는 단어 자체가 그 어떤 행위를 가리키는 경우이고, 후자는 단어의 의미 속에 그 무엇인가를 성취했음이 나타나 있는 경우이다. 이를테면 looking(주시하다), running(달리다), reasoning(추리하다), listening(경청하다) 같은 단어들이 전자에 속하고, finding(발견하다), winning(승리하다), concluding(결론짓다), hearing(들리다 또는 감지하다) 같은 단어들이 후자에 속한다. '교육(education)'이라는 단어는 어느 경우에 해당하는가? 결론부터 말하자면 '교육'은 이 두 가지 모두에 해당한다. 그리고 각 경우에서 그것의 개념적 기준이 상이하게 드러난다. 다음에서 설명할 교육의 세 가지 개념적 기준들 가운데 첫째와 둘째 기준은 성취어로서의 교육에 적용되고, 셋째 기준은 과업어로서의 교육에 적용된다고 할 수 있다. 첫째와 둘째 기준에 따라 교육은 말 그대로 그 어떤 것을 성취한 상태를 가리키고, 셋째 기준에 따라 그것은 그 과정 자체가 특정한 기준을 충족시킬 것을 요구받는다.

4. 교육의 규범적 기준

첫째 기준은 규범적 기준이다. 위에서 말했듯이 '교육'은 라일이 구분한 성취어에 해당한다. 그런데 피터즈는 '교육'은 성취어들 가운데서도 특수한 경우에 해당한다고 말하고 있다. '발견하다', '승리하다', '결론짓다', '들리다' 등의 단어는 어쨌든 그 무엇인가를 성취했다는 의미를 지니고 있기는 하나, 그 성취한 것이 가치 있다는 것이라거나 아니면 도덕적으로 부적절한 것이라는 의미를 반드시 지니지는 않는다. 그러나 '교육'의 경우에는 사정이 다르다. '교육한다'는 말은 무엇인가 가치 있는 것을 추구한다는 것을 함의하고 있고, '교육되었다'거나 '교육받았다'는 말은 무엇인가 가치 있는 것이 전달되었다는 것을 의미한다. 가치 있는 것이 전달되었으므로 교육을 받는 측에서 보면 그 가치 있는 것을 받아들여서 그것이 표방하는 태도를 습득했다는 것을 뜻한다. 따라서 "어떤 사람이 교육을 받았으나 하등 좋은 방향으로 달라진 것이 없다고 말한다든지, 자기 아들을 교육하면서 아무런 가치 있는 것도 가르쳐 주지 않았다고 말하는 것은 논리적 모순"(Peters, 2003: 23)이다.

그런데 여기서 몇 가지 논의를 요하는 부분이 있다. 교육의 규범적 기준은 그 어떤 활동이 교육이라고 불리려면 '무엇인가 가치 있는 것'을 추구하는 활동이어야 한다는 점은 말하고 있지만, 그 가치의 내용에 대해서까지 특정한 주장을 하고 있는 것은 아니다. 교육을 통해서 전달되는 그 가치 있는 것이 어떤 근거에서 가치 있는 것인지, 그것을 가치 있는 것이라고 판단할 기준은 구체적으로 무엇인지, 그 기준을 올바른 기준으로 볼 근거는 무엇인지의 문제는 별도의 논의를 통해 밝혀져야 할 문제라는 것이다. 사실 이 부분은 그 교육을 행하는 사회와 그 시대적 배경에 따라서 달리 규정되어야 할 부분이라고 할 수 있겠다. 아무튼 교육은 무엇인가 가치 있는 것을 가르치고 배워서 가치 있는 상태로 되었다는 것을 뜻한다.

그런데 피터즈의 이 논점을 충분히 이해하려면 다소의 추가적인 분석이 필요하다. 여기에 등장하는 '가치 있다'는 말의 뜻이 그리 간단하지가 않기 때문이다. 원칙적으로 말해서 모든 사물이나 행위는 그 나름의 가치를 지니고 있다고 보아야 한다. 앞선 장에서 우리는 인간이 만든 사물, 또는 인간이 행하는 행위는 모두 그 어떤 기능적 본질을 지니고 있고, 그것이 그 사물 또는 활동의 존재 목적이 된다고 말한 바 있다. 이를테면 우산의 존재 목적은 비 오는 날 우리 몸이 빗물에 젖지 않도록 해 주는 것이고, 바로 이 점이 우산의 가치라고 볼 수 있다. 우리가 돈을 주고 우산을 구매하는 것은 바로 그 가치를 필요로 하기 때문이다. 너무 낡았거나 파손되어서 우산이 그 기능을 제대로 수행하지 못할 때, 다시 말해서 우산이 '우산으로서의' 가치를 상실했을 때, 우리는 그것을 버린다. 인간의 활동도 마찬가지다. 도자기를 빚는 일이나 화약을 제조하는 일도 그것이 가져다주는 효과를 통해 모종의 가치를 생산하는 활동들이라고 할 수 있다. 이처럼 가치라는 것은 나름의 기준에 따라 사물이나 활동이 발휘하는 효과를 가리키는 것이므로, 그 어떤 사물이나 활동이든 그것이 가져다주는 효과를 필요로 하는 곳이라면 가치를 지니게 된다고 보아야 한다. 피터즈가 말하는 '무엇인가 가치 있는 것'도 이와 같은 가치를 염두에 둔 것인가?

'가치'라는 말이 위에서 든 것들보다 훨씬 복잡한 용도로 쓰이는 경우들이 있다. 우리는 몇 가지 물질을 섞어 폭발물을 만드는 행위가 충분한 가치를 지니고 있다고 하더라도 그것이 훨씬 더 중요한 가치를 훼손할 것을 우려하는 경우가 많다. 그것이 지니는 가치, 곧 폭발물로서의 가치로 인해서 사람들이 해를 입는 사태가 생길 수 있기 때문이다. 한 사물이나 행위가 그 나름으로 대단히 소중한 가치를 갖고 있음에도 불구하고 그것을 배척해야 하는 경우는 어떤 경우인가? 그것으로 인해 상위의 가치가 훼손되는 경우가 바로 그런 경우다. 그러므로 여기서 우리는 '가치'라는 것들도 다양한 종류가 있으며 그것들 간에 위계가 존재한다는 점, 다시 말하면 보다 더 중요한 가치가 있고 보다 덜 중요한 가치가 있다는 점을 받아들일 수밖에 없다. 특정한 가치를 추구하는 활동을 하고 있을 경우, 그것으로 인해서 다른 더 중요한 가치가 훼손될 가능성은 언제든 존재한다는 것이다. 그러므로 교육은 무엇인가 가치 있는 것을 추구하는 활동이라고 했을 때에도, 그 추구하는 가치가 다른 가치와 어떤 관련을 맺을 것인지에 대해 포괄적인 사고를 할 수 있어야 한다는 점을 포함해야 할 것이다(오로지 현재 행하고 있는 일의 가치에만 관심을 지닌 채, 그것이 다른 가치를 실현하거나 훼손할 가능성에 대해서는 무관심한 태도는 이하에서 언급하게 될 '훈련받은' 사람의 태도에 해당한다). 추구하는 가치가 소극적으로는 더 중요한 가치를 훼손하지 않도록 하고, 또한 적극적으로는 더 중요한 가치를 추구하는 일에 도움이 되도록 하는 일이 필요하다. 아무튼 교육의 '규범적 기준'을 통해서 우리는 '나쁜 것'을 가르치고 배우는 일을 교육의 범위에서 제외할 수 있게 되었다.

5. 교육의 인지적 기준

둘째 기준은 인지적 기준이다. 이 기준은 말 그대로 지식과 관련된 기준이다. 성취어로서 '교육을 받았다'고 말할 수 있으려면 해당되는 내용에 관한 앎을 갖추어야 한다는 것이 이 기준이 요구하는 사항이다. 항간에 '생활의 달인'들을 소개하는 TV 오락프로그램이 있기도 하지만, 이들 '생활의 달인'들은 교육받은 사람과 별 상관이 없다. 단순히 그 어떤 특별한 기술에 통달한 사람을 가리켜 우리는 '교육받은 사람'이라고 칭하지 않는다. 교육받은 사람에게는 그 이상의 것이 요구된다.

> 교육받은 사람이 되는 데는 또한 일군의 지식과 모종의 개념 구조를 가지고 있어서 기술이나 방법상의 요령을 잡다한 사실의 집합 이상으로 끌어 올릴 수 있어야 한다. 말하자면 사실을 전체적으로 조직하는 원리에 관하여 다소간의 이해를 가지고 있어야 한다는 뜻이다. 우리는 단순히 여러 가지 정보를 많이 가지고 있는 사람을 교육받은 사람이라고 부르지 않을 것이다. 교육받은 사람이 되려고 하면 또한 사물이 왜 그렇게 되어 있는가 하는 '이유'에 관하여 다소간의 이해를 가지고 있어야 한다(Peters, 2003: 33).

피터즈는 화이트헤드[5]의 용어를 빌려 교육받은 사람이 갖추어야 할 지식은 '무기력한 지식'이어서는 안 된다는 점을 지적한다. 지식이 '무기력하다'는 말은 지식이 그것을 갖춘 사람의 구체적인 삶에 유의미하게 작용하지 못한다는 것을 비유적으로 표현한 것이다. 지식을 갖추기는 했지만 그것이 나에게 별 영향력을 지니지 못하는 경우는 적어도 두 가지다. 하나는 그 지식이라는 것이 파편화되어 있는 경우이다. 우리는 흔히 지식답지 못한 지식을 가리킬 때 '단편적(斷片的)인 지식'이라는 말을 사용한다. 단편적인 지식은 말 그대로 그 지식이 체계를 이루지 못하고 따로따로 분절되어 있는 것을 뜻한다. 이것저것 '아는 것'은 많지만 그것들이 어떻게 체계를 이루어 인간과 그를 둘러싸고 있는 세계를 타당하게 설명하고 그것들에 의미 있게 작용하는지를 모를 때 우리는 이런 말을 써서 그것을 비난한다. 또 하나는 그 지식이라는 것이 그것에 대한 내 태도와 별 상관이 없는 경우이다. 모름지기 지식이라는 것은 객관적인 세계를 설명하거나, 다른 사람들과의 관계에서 행위의 방향을 지시해 주거나, 생활에 필요한

5) Alfred North Whitehead. (1861-1947)

물건을 만드는 방법을 알려 주는 기능을 한다. 간단히 말하면 지식은 인간의 삶 전체를 그 속에 담고 있다고 할 수 있다. 그런데 그런 지식을 가진 사람이 그것을 자신의 삶과 별 상관없는 것으로 간주할 때 지식은 생명력을 잃을 수밖에 없다. 지식이 내 삶과 유리되는 것이다. 내가 갖춘 지식이라 하더라도 그것이 내 삶과 별 상관이 없을 때 그것에 헌신한다거나 그것을 소중히 여기는 태도가 생길 리 없다.

인지적 기준은 또한 교육받은 사람에게 '폭넓은 안목'을 가질 것을 요구한다. '폭넓은 안목'을 가진다는 것은 어느 한 분야에서 전문성을 지니고 있다고 했을 때 그것이 삶의 다른 분야들과 어떻게 관련될 것인지에 대해 포괄적인 식견을 갖는다는 것을 뜻한다. 교육받은 사람은 그 어떤 특정 분야에서의 전문가를 지칭하는 말이 아니다. 핵물리학계에서 세계 최고의 권위를 인정받은 사람이라 하더라도 자기의 전문성이 사람들의 삶에 어떤 영향을 줄 수 있는지를 고려하지 않는다면 결코 교육받은 사람이라고 할 수 없을 것이다. 그리고 이 점에서 교육은 반드시 '전인교육(全人教育)'일 것을 요구한다. 그것이 제아무리 고차원의 것이라 하더라도 부분적인 기능에 숙달되는 것만으로는 '교육받은 상태'의 조건을 충분히 만족시킬 수 없다.

피터즈는 어느 한 분야에서 전문성을 기르는 일을 가리켜 '훈련(training)'이라고 칭하고 그것을 교육과 명백히 구분하고 있다. '교육'이 폭넓은 신념체계를 다루는 것임에 비해, '훈련'은 어느 한 분야에서의 제한된 기술이나 사고방식을 길러주는 일을 가리킨다. '훈련'이라는 말이 일상에서 어떻게 사용되는지를 검토하면 이 점은 비교적 분명히 드러난다. '교육받았다'는 말과 달리 '훈련받았다'는 말은 항상 그 어떤 특정한 상황을 전제로 한다.

> 어떤 사람이 '훈련'을 받았다고 하는 경우에는 '무엇을 하기 위한', '무엇을 위한', '무엇으로서의', '무엇에 있어서의' 훈련인가를 묻는 것이 적절하다. '일반적으로' 훈련받는다는 것은 있을 수 없기 때문이다... 그러나 '교육'의 경우에는 사정이 아주 다르다. 우리는 어떤 특수한 목적이나 기능이나 사고방식과 관련해서는 '교육받은 사람'이라는 말을 쓰지 않는다. 군인, 역사가, 요리사는 교육받은 사람일 수도 있으나 그들은 전쟁을 위하여, 역사가로서, 또는 요리하는 직업에 알맞도록 '교육'되는 것은 아니다. '교육은 전인을 기른다'는 말은 곧 교육은 그 어떤 전문화된 기술이나 활동이나 사고방식을 가르치는 일이 아니라는 소극적인 강조점을 나타내고 있다(Peters, 2003: 40).

6. 교육의 과정적 기준

셋째 기준은 과정적 기준이다. 우리는 여기서 '과정적 기준'이라는 용어를 썼지만, 이 기준을 가리키는 피터즈의 용어는 '교육적 과정의 기준들'이다. '과정적 기준'이라는 말을 사용하는 것은 앞의 두 기준—규범적 기준과 인지적 기준—과 상응하는 형태로 조어(造語)를 하기 위한 것이었다고 할 수 있다. 이하에서 '과정적 기준'이라는 용어를 사용하기는 하되 그 원래 용어는 '교육적 과정의 기준들'이라고 이해하는 것이 좋겠다. 이 기준은 앞의 두 기준이 성취어로서의 교육에 대한 것이라면, 이제 과업어로서의 교육에 대한 것이다. 성취어로서의 교육이 갖추어야 할 기준을 만족시켰다고 하더라도 그 성취를 이루는 과정 자체가 이하에서 다루는 기준을 만족시키지 못할 때 우리는 그것을 가리켜 '교육'이라고 칭할 수 없다는 것이 이 기준의 요점이다.

'전통적인 교육 방법'이라는 말이 있다. 그다지 엄밀히 정의되어 있지는 않지만, 통상 17세기 이후 근대적인 교육사상가들이 '학습자' 요소를 교육이론의 중요한 내용으로 논의하기 시작하면서 그에 반대되는 기존의 교육 방법들을 한데 묶어서 지칭하는 용어라고 할 수 있다. 말하자면 수업 상황에서 '학습자'의 심리적 상태를 고려하지 않는 방법들이 대체로 이 용어가 가리키는 것에 해당한다. 그 무엇인가 가치 있는 것을 전달했고 또한 그것을 전달받은 학생에게 포괄적인 지적 안목이 생겼다고 하더라도, 만약 그 과정이 이른바 '전통적인 방법'을 통해 이루어질 가능성은 언제든지 있다. 전달하는 내용과 그 과정을 학생이 어떤 마음으로 대하는지와는 상관없이, 예컨대 체벌과 같은 강제적인 수단을 동원해서 억지로 배우게 할 수도 있는 것이다.

교육 사태에서 '학습자' 요소를 고려해야 한다는 생각이 극단적으로 표현된 이른바 '아동중심주의'는 그 같은 전통적인 교육관에 대한 저항으로 형성된 사조라고 할 수 있다. '과정적 기준'에 대한 피터즈의 논의가 아동중심주의에 대한 언급으로 시작되는 것을 보면 피터즈 또한 아동중심주의의 문제의식에 어느 정도는 공감하고 있는 듯하다. 다만 피터즈는 교육내용의 가치에 대한 아동중심주의자들의 몰인식에는 결코 찬성하지 않는다. 요컨대 피터즈는 아동중심주의가 교육내용의 가치를 등한시하는 데는 동의하지 않지만, 전통적인 방법에 대해 그것이 제기하고 있는 문제의식에는 어느 정도 공감하고 있는 것으로 보인다. 과정적 기준 또한 이 '학습자 요소에 대한 고려'와 연결된다.

'과정적 기준'에 접근하기 위한 가장 직접적인 질문은 '교육받은 사람만 만들어 낼 수 있다면 그 어떤 상호활동이라도 교육이라고 할 수 있는가' 하는 것이다. 제아무리 고귀한 내용을 전달했다고 하더라도, 그리고 그것을 전달받은 결과로 포괄적인 지적 안목이 형성되었다 하더라도, 그것을 전달하는 과정 자체가 비교육적이라고 할 수 있는 경우는 어떤 경우들인가? 조건화나 세뇌 같은 경우가 여기에 해당한다. 개를 무서워하도록 조건화시킨다든가, 최면을 걸어 어떤 일을 하도록 하는 경우, 우리는 이런 것들을 가리켜 교육이라고 하지 않는다. 왜 그런가? 두 경우가 '교육적 과정의 기준'에 어긋나는 것은 조건화되었거나 최면에 걸린 아이는 자신이 무엇을 배웠는지, 무엇을 이해했는지를 의식하지 못하기 때문이다.

앞에서 우리는 교육은 반드시 가치 있는 것을 전달해야 하고, 교육받은 결과로 학생이 포괄적인 지적 안목을 지니고 그것에 헌신하는 태도를 갖도록 해야 한다고 했다. 그런데 교육의 과정적 기준은 그런 성취를 이루도록 하는 과정에서 성취한 그 무엇은 반드시 학생 자신이 파악해야 할 무엇으로 제시되어야 한다는 점을 요구한다. 학생 스스로 무엇을 배우고 있는지를 이해하지 못할 경우, 우리는 결코 그에게서 그 과정에 대한 자발성을 기대할 수 없다. 요컨대 과정적 기준에 따라 우리는 그 어떤 상호활동 과정이 '교육'으로 불리려면 한 가지 필요조건으로서, 그 과정에 참여하고 있는 학생들이 "자기가 무엇을 배우고 있고 무엇을 하고 있는지 알며 자기가 도달해야 할 기준이 어떤 것인가를 파악"(Peters, 2003: 53)하고 있어야 한다는 점, 그리고 그 점에서 그 과정에 자발적으로 참여하고 있어야 한다는 점을 요구할 수 있다.

7. 교육의 개념적 기준이 지니는 실천적 의미

지금까지 제시된 교육의 세 가지 개념적 기준들은 각각의 교육이 성립하기 위한 필요조건이다. 다시 말해 이 세 기준들 가운데 어느 하나라도 만족시키지 못할 경우 그 활동은 '교육'이라는 용어의 사용 기준에 미달된다는 것이다. '교육'이라는 용어의 사용 기준에 미달된다는 말은 그 활동을 가리켜 '교육'이라는 용어를 쓰면 안 된다는 말과 같다. 세 기준을 모두 충족시킬 때 비로소 그 활동은 '교육'이라는 용어로 지칭될 수 있다는 것이다. 그런데 여기서 우리는 이 같은 태도를 확장하여 그것의 '실천적 의미'를 해석해 낼 필요가 있다.

교육의 개념적 기준을 따지는 논의는 단순히 '교육'이라는 용어의 의미를 다루는 논의라고 볼 수도 있지만, 좀 더 적극적으로는 교육이 이루어져야 할 모습을 처방하는 논의로도 볼 수 있다. 지금까지 우리는 피터즈의 논의를 따라 그야말로 '교육'이라는 말의 의미를 그것의 쓰임새를 토대로 규정하는 것처럼 전개해 왔다. 그러나 이 말은 어쨌든 인간의 활동과 관련된 말이고, 따라서 그 말을 쓸 때는 항상 그것과 관련된 활동을 염두에 둘 수밖에 없다.

우리는 그냥 우연히 이루어지고 있는 그 어떤 활동을 앞에 두고, 그것을 가리켜 '교육'이라는 말로 불러야 할지 아니면 다른 말로 불러야 할지를 고민하고 있는 것이 결코 아니다. 대개의 경우 교육은 의도적으로 이루어지며, 대단히 광범위한 사회적 관심 속에서 공공 정책의 형태로 추진된다. 우리는 사전에 교육을 계획하고, 그것을 위해 제도적인 장치를 정비하며, 인력과 예산을 투입한다. 우리는 교육을 '교육'으로서 실행하고자 한다는 것이다. 그리고 그것이 실행되고 있는 중에도 응당 그렇게 힘들게 추진하는 사업이 참으로 '교육적으로' 진행되고 있는지를 묻고, 만약 그렇지 않다면 그것이 '제대로' 진행되도록 하기 위해 다방면의 노력을 기울이려고 하지 않겠는가. '교육의 개념적 기준들'은 바로 이러한 맥락에서 사고와 실천의 방향을 제공해 줄 수 있다. 지금까지 피터즈의 논의를 공부한 사람이라면 적어도 다음 세 가지 기준을 통해서 그 활동을 참으로 교육적인 활동으로 수행할 수 있을 것이다.

① 교육은 가치 있는 것을 전달함으로써 그것에 헌신하는 사람을 만들어야 한다.
② 교육은 지식과 이해, 그리고 폭넓은 지적 안목을 길러주어야 하며, 이것들은 무기력한 것이어서는 안 된다.
③ 교육은 교육받는 사람의 의식과 자발성을 전제로 해야 한다.

제4주제 교육의 항구적 이념, 인문주의

■ 이 절에서 다룰 질문들:
- '인문주의'의 이상은 언제, 어디서 비롯되었는가?
- 고대 헬라스 교육 이념으로서의 인문주의는 무엇을 추구하는 이념인가?
- 파이데이아를 후마니타스라고 지칭한 데는 키케로의 어떤 문제의식이 있었는가?
- 고전적 의미에서의 인문학과 인문주의는 우리 시대에 어떻게 새롭게 해석되어야 하는가?

우리말 '교육(教育)'에 해당하는 가장 오래된 서양어는 헬라스어 '파이데이아'다. 그런데 헬라스 세계가 로마인들에게 정복된 후에 바로[6]와 키케로[7] 같은 학자들은 헬라스인들이 파이데이아라는 말로 가리키던 것을 '사람이 되게 하는'이라는 뜻의 라틴어 후마니타스(humanitas)라는 말로 지칭했다. 후마니타스는 독일어 후마니스무스, 영어 휴머니즘의 어원이므로, 어원만을 참조해서 보더라도 '교육은 곧 휴머니즘'이라는 말이 된다. 휴머니즘은 인간 존중의 이념이자 인간다움을 추구하는 정신을 가리킨다. 교육을 탐구하는 사람들이 가장 기본적으로 고려해야 할 점은 바로 이것, 곧 교육은 인간다움을 기르는 일이라는 점이다. 교육철학을 교육이라는 인간 활동의 본질을 탐구하는 학문이라고 했을 때, 그것의 출발점은 교육은 인간을 대상으로 한다는 점이며, 그것이 탐구해야 할 핵심적인 문제는 그렇다면 그 인간다움이란 무엇이며 그것을 어떻게 기를 것인가 하는 것이 된다.

1. 인문주의와 후마니스무스

교육은 '인간을 기르는 일'이다. 여기서 '인간'은 물론 생물학적 존재로서의 인간을 가리키는 말이 아니다. 인간은 누구나 생물학적 존재로서의 인간으로 태어나지만 교육을 받지 않으면 참된 의미에서의 인간으로 성장할 수 없다. 인간으로 성장한다는 말은 곧 생물학적 존재로서의 인간이 그야말로 '인간다움'을 갖춘 인격체로 자라난다

6) Marcus Terentius Varro. (기원전 116-27)
7) Marcus Tullius Cicero. (기원전 106-43)

는 것을 의미한다. 겉으로 보기에는 정상적인 교육을 거쳤음에도 불구하고 한 사람의 인격체로서 갖추어야 할 모습을 보이지 못할 때, 사람들은 그 사람에게서 발견되는 '인문적 교양'의 결핍을 거론하거나 그가 받았던 교육적 환경에서의 '인문학의 홀대'에 주목한다. 사람들의 상식 속에 '교육'이라는 활동과 '인문주의' 또는 '인문학' 간의 개념적 관련이 존재하고 있음을 방증하는 것이라 할 수 있다.

서양 전통에서는 이 '인간을 기르는 일'을 가리키는 말로 오래전부터 '휴머니즘'이라는 말을 사용해 왔다. 19세기 유럽의 역사가들이 14세기 이후 유럽에서 이루어진 문예부흥 운동이 추구한 이념을 가리키는 말로 사용하기 시작한 이 용어는 그보다 2,000년쯤 전인 고대 헬라스 시대와 헬레니즘 시대, 그리고 그것을 계승한 기원전 1세기 고대 로마 학자들의 사상에서 시작된 이념이다.

교육학 용어로서의 '인문주의'는 두말할 필요 없이 서양어를 번역한 것이다. '인문주의'의 원어에 해당하는 서양어는 독일에서 최초로 사용되기 시작했다(곽차섭, 1985: 182; 김창환, 2007: 42; 박준철, 1998: 3; Birus, 1994; Cooke, 2008).[8] 이 말은 독일의 신인문주의 시대 바이에른의 학교개혁가로 활동한 니트함머[9]가 1808년에 출간한 저서에 처음 등장한다. 『우리 시대 교육이론에서 범애주의와 인문주의 간의 논쟁』[10]이라는 제목의 이 저서에서 니트함머는 독일 중등학교의 교육과정을 고전을 중심으로 새롭게 편성할 것을 계획하고 그것을 '후마니스무스'로 지칭한다.

18세기에서 19세기로 넘어가는 시기 유럽은 계몽주의가 지배하는 시대였다. 교육사상의 흐름과 관련해서 이 시대는 특히 루소[11]의 혁명적인 생각들이 실제적 차원에서도 광범위한 영향력을 행사하던 때였다. 1774년에 바제도[12]가 세운 범애학교(汎愛學校, Philanthropinum)는 루소의 생각을 토대로 한 새로운 교육 운동을 그 선봉에서

8) 위키피디아의 기사에 따르면, 이 용어 자체가 문헌에 등장한 것은 이보다 훨씬 앞선 프랑스에서였다. 프랑스 계몽주의 시대인 1765년에 발간된 한 정기간행물에서 작자미상의 한 기사는 다음과 같이 쓰고 있다: "인간성에 대한 보편적인 사랑... 그러나 우리들 사이에서 지금까지는 이름 없이 존재해 온 이 덕목을 이제 우리는 감히 '휴머니즘(humanisme)'이라고 부르고자 한다. 마침내 그토록 아름답고 절실한 것을 가리키는 이름이 존재해야 할 시기가 도래했으므로." 1830년대 중반에 이르면 영어권에서도 이런 의미에서의 'humanism'이 쓰이게 된다. https://en.wikipe dia.org/wiki/Humanism.

9) Friedrich I. Niethammer. (1766-1848)

10) *Der Streit des Philanthropinismus und Humanismus in der Theorie des Erziehungs-Unterrichts unserer Zeit.*

11) Jean-Jacques Rousseau. (1712-1778)

12) Johann Bernhard Basedow. (1724-1790)

실천하고자 한 대표적인 경우였다. 사람들은 바제도의 학교가 추구한 이념을 범애주의(汎愛主義)라고 지칭했다. 루소의 자연주의 교육의 원리에 따라 계몽사상의 사해동포주의적 인간애를 실천하려는 교육사상(신차균 외, 2006: 255)이라는 의미에서 이 말로 지칭한 것이다. 교육 내용에 있어서 바제도를 비롯한 범애주의자들은 실제 생활상의 기능을 중시하고 사회 현실에 관련된 학습의 필요성을 강조했다. 모든 학습은 실생활에 유용해야 하며 생활을 위한 준비가 되어야 한다고 생각했던 것이다(신차균 외, 2006: 256).

그러나 바로 이 점과 관련해서 니트함머는 생각을 달리했다. 범애주의자들의 생각에 일부 공감하면서도—가령 학습자들을 자율적인 존재로 보아야 한다는 점 등—니트함머는 고전 교육과 정신적인 것에 대한 범애주의자들의 반감에는 동의할 수 없었다. 니트함머는 범애주의자들은 시민으로서 갖추어야 할 예절을 가르치는 대신에 아이들을 '건강한 새끼 동물들'로 기르려고 한다고 비난했다(Cooke, 2008). 니트함머가 내세우는 후마니스무스는 범애주의와 달리 자율적 존재로서의 인간이 지닌 정신적 본성에 주목했다. 참된 가치는 물질세계로부터의 독립에서 오는 것이라고 니트함머는 주장했다(Birus, 1994).

'후마니스무스'는 19세기 중반에 접어들면서 하나의 역사학적 개념으로 사용되기 시작한다. 독일의 역사학자이자 문헌학자인 포이그트[13]는 1859년에 발간된 자신의 저서 『고전적 고대의 부활 또는 후마니스무스의 첫 세기』[14]에서 이 용어를 르네상스 휴머니즘, 곧 14세기 이탈리아에서 발흥한 고전 연구의 부활 운동을 가리키는 말로 사용한다(김창환, 2007: 43). 그리고 이후 후마니스무스(이하 휴머니즘)은 르네상스 시대를 탐구하는 용어로서뿐만 아니라 이 시대가 모방하고자 한 기원전 1세기 고대 로마 학자들의 정신을 지칭하는 용어로 널리 쓰이게 된다.

2. 번역어 '인문주의'

교육적인 맥락에서 휴머니즘은 '인문주의(人文主義)'라고 번역되는 것이 가장 적절하다. '인문주의'라는 번역어에서 가장 주목해야 할 글자는 '문(文)'이다. 휴머니즘을

13) Georg Voigt. (1827-1891)

14) *Wiederbelebung des classischen Alterthums oder das erste Jahrhundert des Humanismus.*

'휴먼-이즘'이라는 의미에서 단순히 '인간주의'라고 직역한다든지, 아니면 '인간을 근본으로 삼는 주의'라는 의미에서 '인본주의'라고 번역하는 데는 이렇다 할 특별한 이유가 불필요할지도 모르겠다. 그러나 그것을 '인문주의'라고 번역할 때는 얘기가 달라진다. 번역어의 원어인 서양어 단어에는 들어있지 않은 글자인 '문'이 들어가 있기 때문이다. '인문'이라는 말에 무언가 특별한 뜻이 있을 것이고, 그 뜻과 원어 '휴머니즘'이 의미하는 것 사이에 모종의 연결점이 있었을 것이라고 우리는 추측할 수 있다. 그들이 누구였건 간에 '인문주의'라는 번역어를 사용하기 시작한 사람들은 바로 이 점에 주목했었을 것이다.

'人文'이라는 말이 등장하는 가장 오래된 문헌은 『주역(周易)』이다.[15] 『주역』의 비괘(賁卦)에서 우리는 '인문'의 가장 이른 용례[16]를 찾아볼 수 있다(임형택, 2011: 150). 여기서 '문'은 "어떤 것이 그것의 본성—법(法), 리(理)—에 따라 드러나는 것, 그 본성에 따라 드러나는 것이 빛나고 아름다우며 선하다는 것"(임헌규, 2015: 80)을 의미한다. 『주역』에서 말한 '문'을 주자(朱子)는 음양효(陰陽爻)가 섞인 모습으로 파악했다(백은기, 2013: 9). '문'은 원래 사물이 어울린 모습이나 무늬, 결(紋)을 지칭했는데, 그래서 아름다운 상태를 문채(文采)라 이른다(임형택, 2011: 150). 그러므로 '인문'은 "인간이 인간의 본성으로부터 아름답고 선하게, 그 결(理)과 길(道)을 따라 표장(表章)되고 현상하는 사태"(임헌규, 2015: 80)를 지칭한다.

이 '인문'에 대응되는 개념은 '천문(天文)'과 '지문(地文)'인데, 전자는 곧 천상에 빛나는 태양을 비롯해 달과 별들의 찬란한 형상을 가리키고 후자는 지상에 수놓인 산천과 초목이며 금수의 형형색색으로 어울린 형상을 가리킨다(임형택, 2011: 151). 그런데 여기서 한 가지 주의할 점은 이 모든 경우에 '문'은 사물의 어울린 모습이나 무늬를 가리키지만 둘 간에는 중요한 차이점이 있다는 사실이다. 천문이나 지문에서의 '문'은 말 그대로 천지자연의 있는 그대로의 현상을 뜻하지만, 인문에서의 '문'은 인간의 작위(作爲), 곧 인공(人工)이 가해져서 형성되는 것이라는 점이다. 인간의 무늬, 곧 '인문'은 어떻게 드러나며 우리는 그것을 어떻게 알 수 있는가?

천문과 지문은 말 그대로 하늘의 무늬, 땅의 형상이므로 우리는 그것을 눈으로 관찰

15) 'culture'의 번역어로 쓰이고 있는 '문화(文化)'도 『주역』에서 차용한 것이다(백은기, 2013: 7). 이 번역어는 메이지 시대 일본인 작가 쓰보우치 쇼요(坪內逍遙, 1859~1935)가 처음 쓰기 시작한 것으로 알려져 있다.

16) 文明以止 人文也. 觀乎天文 以察時變, 觀乎人文 以化成天下(문명이지 인문야. 관호천문 이찰시변, 관호인문 이화성천하).

함으로써 알 수 있다. 그렇다면 인문은 어떤가? 인문이 천문이나 지문과 가장 크게 다른 점은 그것은 자연 그대로의 것이 아니라는 점이다. 인문은 그 주체가 되는 사람이 힘들여 이룬 결과로 나타나는 것이다. 옛사람들은 대개 시서예악(詩書禮樂)을 인문의 정수로 생각했다(임형택, 2011: 152). 예컨대 『주역정의(周易正義)』에서 공영달은 인문을 '시서와 예악'이라 했으며, 『주역집해(周易集解)』에서 간보는 그것을 '문장(文章)'이라 했다(백은기, 2013: 10). 사람의 무늬는 사람이 발휘하는 문장과 글씨, 예법과 음악을 통해서 드러난다는 것이다. 이하에서 다시 언급하겠지만, 서양어 후마니스무스가 번역어 인문주의의 원어라면, 또한 그것의 원어에 해당하는 라틴어 '후마니타스'라는 말이 쓰인 고대 로마의 키케로 시대에 인간으로서 갖추어야 할 이상적인 모습을 언어에 관한 학문인 수사학을 통해 실현하려 했다는 점을 고려하면, 양자 간에는 그야말로 기막힌 일치가 존재한다고 아니할 수 없다.

3. 마루의 고전적 인문주의

앞서 언급했듯이, '인문주의'로 번역되는 휴머니즘은 19세기 중반 독일 학자들에 의해서 14세기 이후 이탈리아 르네상스의 특징을 가리키는 역사학적 개념으로 사용되기 시작했다. 물론 이탈리아 르네상스 시대의 특징을 가리키는 말로서의 인문주의라는 개념을 둘러싸고 이 방면 역사학자들이 치열한 논쟁을 벌여 온 것도 사실이지만,[17)]그들 대부분은 적어도 14세기 중반부터 이후 약 한두 세기에 걸쳐 고대의 문화를 배우고 익히려는 경향이 존재했고 이러한 지적 흐름이 휴머니즘이라는 용어로 범주화될 수 있다는 점을 공통적으로 인정한다(임병철, 2009: 189). 다시 말하면 르네상스 휴머니즘을 중세와의 차별화를 근거로 한 시대 전반적 이데올로기로 해석하건, 아니면 그 시대 특정 부류의 사람들만이 공유하고 추진했던 학문 또는 문화 운동으로 해석하건, 양편은 모두 이 시대 사람들이 보인 고전적 학문에 대한 관심에 주목한다는

17) 예컨대, 크리스텔러(Paul Kristeller)와 그의 관점을 잇는 이른바 '크리스텔러 학파' 역사가들은 르네상스 휴머니즘을 서양 문화 속에 내재한 수사학적 전통의 한 단계로서 고전에 근거하여 인문 과정을 옹호하려는 하나의 특정한 학문적, 교육적 운동으로 파악하는 반면에, 부르크하르트(Jacob Burckhardt)에서 바론(Hans Baron)과 가린(Eugenio Garin) 등으로 이어지는 전통적인 견해는 휴머니즘을 르네상스 시대 전반을 지배한 통시적 이념으로, 중세로부터의 단절을 가져온 근대적 인간 철학의 전조로 파악한다. 르네상스 휴머니즘에 대한 다양한 관점들, 그리고 그들 간의 논쟁에 대해서는 곽차섭(1985)과 임병철(2009) 참조.

점에서 공통된 의견을 보인다는 것이다. 르네상스 휴머니스트들이 배우고자 한 고전 학문은 일차적으로는 그들 자신의 조상인 키케로[18]의 학문을 가리킨다. 그러나 우리는 또한 키케로마저도 헬레니즘의 수혜자였다는 점에 주목하지 않을 수 없다.

20세기 프랑스 역사학자 마루[19]는 자신의 저서 『고대교육사』[20]의 제2부 끄트머리에서 한 챕터를 할애하여 그 제목을 '고전적 인문주의(Classical Humanism)'로 달고 그것으로 고대 헬라스 교육 전반의 성격을 규정짓는다(Marrou, 1964: 296-308). 마루가 보기에 고대 헬라스 문명 전체의 핵심은 교육이요, 그 점에서 고대 헬라스 문명을 '파이데이아' 문명이라고 불러서 크게 틀림이 없다. 또한 마루는 기원전 1세기 고대 로마학자인 키케로와 바로가 이 말을 '후마니타스'라는 라틴어로 번역했다는 사실도 잘 알고 있다. 후마니타스라는 라틴어가 결국 휴머니즘이라는 말로 번역되었으므로, 고대 헬라스 문명 전반의 성격을 인문주의라는 말로 규정짓는다 해도 크게 틀림이 없다는 점을 마루는 잘 알고 있었을 것이다.

마루에 따르면 고대 헬라스 교육이 추구했던 이상을 한마디로 요약하면 바로 '휴머니즘'이라는 말로 요약될 수 있다. 고대 헬라스 교육은 그 본질에 있어서 헬라스식 삶의 방식으로의 입문을 의미했는데, 그것은 곧 아이들을 야수가 아닌 인간으로서, 야만인이 아닌 헬라스인으로서 삶을 영위하도록 한다는 것을 뜻했다. 헬라스인으로서 삶을 영위하는 일은 자율성을 지닌 개인으로서의 품성을 유지하되, 개별성을 넘어서는 전체의 가치 또한 잊지 않는 것을 의미했다. 헬라스인들은 스스로를 다른 모든 것의 가치를 재는 기준으로 간주했다. 헬라스인으로 성장한다는 것 자체가 곧 완전성을 갖춘다는 것을 의미했기 때문이다. 파이데이아는 바로 이와 같은 완전한 인간, 완성된 품성을 갖춘 인간을 기르는 일을 의미했다. 마루는 고전적 인문주의가 추구했던 이러한 인간상을 네 가지로 구분해서 제시한다.

첫째, 파이데이아가 추구한 인간은 아동이 아닌 성인(成人)으로서의 인간을 가리킨다. 물론 요즘 시각으로 볼 때 아동심리학의 부재 때문이었다고도 할 수 있을지 모르지만, 아무튼 헬라스 교육의 목적은 '아동을 발달시키는' 데 있었던 것이 아니라 '성인을 기르는' 데 있었다는 것이다. 아동기의 의미는 다른 데 있는 것이 아니라 다만 성인기를 향해 가고 있다는 점에 있었다. 그러므로 교육이 추구하는 가장 적절한 목표

18) Marcus Tullius Cicero. (기원전 106-43)
19) Henri-Irénée Marrou. (1904-1977)
20) *A History of Education in Antiquity*.

는 아동이나 청소년이 아니요, 심지어 전도유망한 청년도 아니었다. 그것은 오직 탁월한 성인으로 자라게 하는 것이었다. 아이를 가르치는 유일한 목적은 그 아이로 하여금 스스로를 넘어서도록 하는 것이었다.

둘째, 파이데이아는 전인(全人, the whole man)을 기르는 것을 목적으로 삼았다. 교육과 훈련은 공히 반드시 '일반적인 것'이어야 했다. 말 그대로, 그것은 지적인 능력을 기르는 것에만 과도하게 경도되어서는 안 되었다는 말이다. 우리말에도 '전인을 기른다'는 말이 있다. 전인은 어느 한 쪽으로 그 속성이 치우치지 않은 인간형을 가리킨다. 파이데이아가 기르려고 했던 전인은 신체와 영혼, 감각과 이성, 기질과 마음 사이에서 균형을 잘 갖춘 인간을 의미했다. 완전한 인간은 자신이 지닌 두 가지 본성, 곧 자신의 신체적 능력과 정신적 능력을 동시에 똑같이 함양한 인간을 가리켰다. 헬라스인들은 한편으로는 기예를 갖춘 인간으로, 또 한편으로는 현명함을 갖춘 인간으로 성장하기를 바랐지만, 이 둘은 동시에 추구되었다. 그들이 추구한 인간은 언어에 능숙해서 세련된 문구로 타인을 설득할 줄 아는 인간이었으며, 그와 동시에 인간과 우주의 비밀을 익히 알고 있어서 그것을 기하학적 정확도로 그려낼 줄 알 뿐만 아니라 그것으로부터 삶의 규칙을 연역해 낼 줄 아는 인간이었다. 물론 이 같은 헬라스적 전인이 현실에서는 결코 존재한 적이 없었다고 하더라도, 그것은 헬라스인들 모두가 결코 잊은 적이 없는 이상이었다.

셋째, 파이데이아는 도덕성을 대단히 중요하게 여겼다. 인간이 종사하는 여러 다양한 직종이 있지만, 그들 직종을 불문하고 갖추지 않으면 안 될 것이 있다면 그것은 바로 '도덕성'이다. 고전주의는 문필가를 기르는 것 또는 예술인을 기르는 것 또는 과학자를 기르는 것을 목적으로 삼지 않았다. 고전주의가 목적으로 삼은 것은 곧 '인간', 모종의 이상적 기준을 만족시키는 방식으로 삶을 사는 '인간'을 기르는 일이었다. 고대 헬라스인들에게 '아이들을 훈련시킨다'는 말은 본질적으로 '아이들을 도덕적으로 훈련시킨다'는 말을 의미했다.

넷째, 파이데이아는 기술자에 반대되는 의미에서의 '인간'을 기르고자 했다. 고전적인 교육은 인간 그 자체에 관심이 있었지, 이런저런 직업들에 종사하게 될 기술자를 양성하는 데는 관심이 없었다. 그리고 이 점에서 그것은 대부분의 현대 사회에서 목격할 수 있는 '교육'이라는 것들과 가장 첨예하게 구분되는 일이었다고 할 수 있다. 이는 과학기술이니 테크놀로지니 하는 것들의 침투로 특징지어지는 오늘날 사회와 그것이 요구하는 '전문가 양성 과정'으로서의 교육을 떠올리면 그다지 이해하기 어렵지 않다.

고대 헬라스의 교육은 테크닉과는 아무런 상관이 없었으며 기술자 양성을 위해서는 참으로 쓸모없는 과정이었다고 할 수 있다. 교육이라는 과정이 기술의 발달을 가져올 수 있다는 사실을 그들 또한 몰랐을 리 없다. 그러나 그들은 그저 그것을 거부했다. 파이데이아의 목적은 인간 그 자체에 있었으며, 그것이 기르고자 한 인간은 그 어떤 상황에 처해서건 어느 한 편으로 치우치지 않는 능력을 발휘할 줄 아는 인간이었다.

그런데 고대 헬라스의 교육이 이런 식의 이상을 통해서 이런 식의 인간을 기르고자 했다면 우리는 한 가지 질문을 제기하지 않을 수 없다. 도대체 무엇을 가르침으로써 그런 이상을 실현할 수 있겠는가 하는 것이다. 이상적으로 말하자면 모든 것을 가르쳐서 그것들에 능숙하도록 해야 할지 모르지만, 고대인들의 접근 방식은 그것과 다소 달랐다. 그들은 놀랍게도 웅변—로고스—을 특별히 강조했다. 언어는 그 어떤 문화나 문명에서건 사람들 간의 접촉과 소통을 보장하는 최고의 도구로 간주된다. 그리고 바로 이 점이 고대인들로 하여금 그것을 최고의 인문교과로 삼도록 한 이유가 되었다고 할 수 있다. 고전적 휴머니즘은 거듭 반복해서, 그 어떤 형태의 정부(政府)도, 그 어떤 분야의 지식이나 기술도, 그 자체로 목적이 되어서는 안 된다고 말한다. 왜냐하면 그것들은 바로 사람들이 만들어낸 것이며, 따라서 오로지 사람들을 위해 봉사하도록 되어 있는 것들이기 때문이다. 그것들 모두가 봉사해야 할 최고의 가치는 무엇인가? 그것은 다름 아니라 바로 '인간성'인 것이다.

4. 헬레니즘 시대와 키케로

이제 우리는 그 시대 순서에 따라 고대 로마를 다루게 된다. 여타의 시각에서도 그러하겠지만 특히 르네상스 역사가들이 제시한 '인문주의'를 탐구하는 사람들에게 고대 로마의 중요성은 두말할 필요조차 없다. 왜냐하면 르네상스 인문주의의 모태가 바로 이 시대에서 발견되기 때문이다. 르네상스 시대 이탈리아에서 활동한 '우마니스타'들은 기원전 1세기에 활동한 자신들의 조상을 본받고자 했다. 그들이 추구했던 가치를 추구했고, 그들이 가르치고자 했던 것들을 가르치고자 했다는 점 때문에 이들은 '휴머니스트'로 불렸다. 이하에서 우리가 다룰 문제의 핵심은 이 시대 가장 위대한 학자로 칭송되는 키케로를 중심으로 한 로마 학자들에 의해서 고대 헬라스의 이념과 학문들이 어떻게 로마로 전승되었는지 하는 것이다.

기원전 5세기 이후 페르시아와의 전쟁을 승리로 이끈 후 번성했던 헬라스 도시국가들은 기원전 4세기 이후 점점 세력이 약화되고, 결국 헬라스 전체의 패권은 기원전 4세기 말 필리포스 2세 지배하의 마케도니아로 넘어간다. 그러나 필리포스 2세의 치세도 오래가지 못하고, 이후 헬라스 세계는 그의 아들이자 후계자인 알렉산드로스에 의해 큰 변화를 맞는다. 후대 역사가들은 대개 알렉산드로스의 동방 원정이 그의 사망으로 인해 종료되는 시점인 기원전 323년부터 로마가 헬라스를 병합하는 기원전 146년까지를, 또는 더 길게는 이집트의 프톨레마이오스 왕조가 멸망하는 기원전 30년경까지를 '헬레니즘 시대'라 부른다. 서양고대교육사에 관해서는 "여전히 대안 없는 고전"(김경현, 2015: 103)이라고 지칭되기도 하는 마루에 따르면 우리가 '고전주의 교육(classical education)'이라고 말할 때 그것이 진짜로 의미하는 바는 '헬레니즘 시대 교육(Hellenistic education)'을 뜻한다(Marrou, 1964: 139). 여기서 우리가 관심을 두어야 할 부분은 이 이후 고대 로마로 이어지는 고전적 휴머니즘의 전통 또한 헬레니즘 시대 교육의 산물이라는 점, 그리고 그것을 계승한 고대 로마의 휴머니즘 또한 헬레니즘 시대 교육의 전통을 발전적으로 이어받은 로마 학자들의 노력이 낳은 산물이라는 점이다.

헬레니즘 시대는 요즘 말로 하면 '융합의 시대'라고나 할 만한 시대였다. 고전기 헬라스의 문화가 알렉산드로스가 정복한 지역의 문화들과 한데 어우러져 대단히 복잡다단한 문명적 현상들을 낳은 시대가 바로 이 시대이다. 그렇다면 이 시대에 헬라스 파이데이아의 전통은 어떻게 되는가? 헬레니즘 시대 헬라스 도시들이 파이데이아를 중시했음을 말해주는 증거들은 도처에서 발견된다(김경현, 2015: 107). 기존의 폴리스들이 자치권을 상실하고 그 주민들의 이른바 '바르바로이' 세계로의 이주와 정착이 광범위하게 이루어졌으므로, 이들 이주민 헬라스인들에게는 낯선 세계 속에서 헬라스적 정체성과 생활 방식을 지키는 일이 중요한 과제로 등장했을 것이고, 이 일을 위해 체계적으로 파이데이아를 수행할 필요가 발생했었을 것이다. 이 시대 도시들이 공교육에 관심을 갖고 투자를 아끼지 않은 것도 바로 이 이유에서였을 것이다. 미성년 단계인 초중등 수준의 교육은 각 가정에 맡겨졌지만, 성년이 되는 14세부터 20세까지의 교육—예비시민(에페보스)에 대한 고등교육—은 학교교육의 몫이었다.

이 시대 학교교육과 관련해서 두 가지 정도를 언급할 만하다. 첫째는 예체능 교과들의 퇴조 현상이다. 전문적인 음악가와 운동선수들의 출현이 그 원인으로 지목되는데, 이들 전문적인 예체능인들이 주로 하층 계급에 속하는 사람들이었다는 점에서, 원래부터 귀족주의적인 성격이 있었던 학교교육이 이들 교과를 점점 멀리하게 되었다는 점은 충분히 이해할 만하다. 둘째는 수사학의 계속되는 강세 현상이다. 마루는 고전기 헬라스 시대에 한편에서는 이소크라테스의 수사학 교육과 다른 편에서는 플라톤의 철학 교육이라는 두 개의 전통이 성립되어, 말하자면 고전주의 시대를 떠받드는 거대한 두 기둥으로 작용했다고 기술한다(Marrou, 1964: 135). 그러나 헬레니즘 시대 고등교육의 대세는 역시 수사학 교육이었다. "로마 제정기까지 헬레니즘 시대 내내 철학과 수사학 사이에 재연된 논쟁은 현실과 무관한 고전주의의 산물이거나 철학의 무기력한 시비에 지나지 않았다. 통상 철학은 입문자에게 일상생활과의 단절을 요구하거나 학파별로 폐쇄적인 결사를 구성하는 경우가 흔해서, 대체로 소수 문화로 머물렀다"(김경현, 2015: 110). 요컨대 고등교육 단계의 여왕은 수사학이었고, 고등교육은 사실상 문학 공부를 통해 궁극적으로 웅변술을 키우는 수사학에 집중되었다.

Marcus Tullius Cicero

이런 배경 위에서 키케로가 등장한다. 때로 헬레니즘 시대는 사상의 암흑시대로 여겨지기도 하지만,[21] 사실은 이 시대에도 고전기 헬라스 철학을 잇는 여러 학파들이 존재했고 이들 학파들 간에 치열한 철학 논쟁들이 벌어졌다는 점에서 사상적으로 대단히 역동적인 시대였으며 찬란한 시대였다고 할 수 있다. 그리고 그 같은 사상적 찬란함을 전승받는 데 가장 핵심적인 역할을 한 인물은 단연 키케로였다. 키케로는 기원전 106년에 태어나서 기원전 43년에 사망했으므로 로마가 헬라스 세계를 병합하는 시점, 곧 헬레니즘 말기를 살았던 사람이다. 키케로는 헬레니즘 시대 철학을 이해하는 데 가장 중요한 인물이라 할 수 있는데, 만약 키케로라는 인물이 없었다면 우리는 헬레니즘 철학이 지닌 중요 내용을 파악할 수 없었을 것이고 따라서 이 시대는 여전히 암흑시대로 남았을 것이기 때문이다. 그는 헬레니즘 시대의 정치가이자 철학자이며, 근 220여 년간에 걸쳐 발달한 헬레니즘 철학을 조망할 수 있는 위치에 있었던 사람이다(김용민, 2009: 97).

21) 이는 그 전 시대 플라톤과 아리스토텔레스 같은 철학자들이 너무 엄청난 업적을 남겼기 때문에 그 이후의 철학자들이 이 두 거장의 그늘에 가려 제대로 평가를 받지 못했다는 점, 그래서 그 결과 이 시대를 '아류 후계자들의 시대' 또는 '아리스토텔레스 사후 쇠락의 시대' 등으로 간주하는 경향들이 있었기 때문이다(김용민, 2009: 96).

우리 관심의 대상은 이런 인물이 헬라스 파이데이아의 이념을 계승하여 오늘날 우리가 '인문주의'라고 지칭하는 이념을 체계화했다는 점이다. 헬레니즘 사상을 이해하려면 키케로를 통하지 않으면 안 되고, 마루는 고전주의 교육이라는 것은 바로 헬레니즘 시대 교육을 가리킨다고 했으므로, 결국 고전주의 교육의 핵심은 키케로를 통해서 드러날 수밖에 없다고 보아야 한다.

5. 파이데이아와 후마니타스

기원전 3세기 중엽 이전의 로마인들은 무식했다. 이 당시 로마인들은 삶의 경험이나 고민을 작품으로 남겨야 하겠다는 생각조차 품지 못했다. 그러다가 제1차 포에니전쟁이 끝나고 외부와의 접촉이 확대되면서 비로소 로마인들은 헬라스의 위대한 문화와 대면하게 되었고 그 후 거대한 문화적 충격 속에서 헬라스를 모방하는 데 열중했다(정기문, 2012: 104). 기원전 2세기 로마가 헬라스를 정복한 사건, 그것을 풍자적으로 표현한 호라티우스의 저 유명한 시 구절은 이제 누구나 한 번쯤은 들어보았을 법한 것이 되었다. "정복당한 헬라스가 그 야만적인 정복자인 로마를 오히려 사로잡았고 라틴 세계에 학문과 예술을 가져다주었다"(Boyd, 1964, 2008: 80). 정복자인 로마인들을 오히려 사로잡은 헬라스 문명 중에 파이데이아의 이념이 빠졌을 리 없다. 그래서 기원전 2세기 이래 로마는 열광적으로 헬라스의 파이데이아를 수입한다(정기문, 2012: 110).

헬라스의 파이데이아를 로마가 수입하면서 그것의 명칭을 '후마니타스'라는 말로 했다는 점은 서양교육사가들 사이에서는 일반적인 견해다. 헬라스어 파이데이아는 흔히 우리말 '교육'에 해당하는 가장 오래된 서양어 단어로 알려져 있다.[22] 어원적으로는, '아이를 기르다'는 뜻의 '파이데우오(παιδεύω)'—'파이스(παῖς)'는 '아이'라는 뜻이다—에 접미사 '-ἰα̃'가 붙어서 만들어진 단어다. 말 그대로 '아이를 기르는 일'이라는 뜻이다. 한편 라틴어 '후마니타스'는 키케로가 기원전 62년에 작성한 자신의 연설문 『시인(詩人) 아르키아스를 변호하여』[23]에서 처음으로 사용한 것으로 알려져 있다(박

22) 애거에 따르면 이 말은 기원전 5세기에 처음으로 등장했다(Jaeger, 1965: 4). 물론 이 경우 그것은 역시 '아이를 기르는 일'이라는 정도의 협소한 의미로 쓰였을 것이다. 그것이 '교육'이라든지 '교양'이라든지 하는 등의 의미로 사용된 것은 훨씬 이후—헬레니즘 시대—의 일이다.

23) *Pro Archia Poeta.*

영희, 2011: 109).[24] 간혹 동시대 로마학자 바로[25]와 함께 거명되는 경우가 있는데(예컨대 Marrou, 1964: 142), 이는 키케로와 바로가 실지로 막역한 친구 사이로서 평생을 학문적 동지로 함께 삶을 살았던 점에서 그렇기도 하고, 또한 서기 2세기 라틴 문학가이자 문법학자였던 겔리우스[26]의 이 부분에 관한 증언 때문이기도 하다. 겔리우스는 『아티카의 밤들』이라는 자신의 저서에서 후마니타스라는 말의 기원에 대해 증언하고 있는데 그 대략적인 내용은 다음과 같다.

> 라틴어 단어들을 처음 만들었고 이 단어들을 제대로 사용할 줄 알았던 옛 어른들은 '후마니타스'라는 말을 일상적인 의미로서가 아닌, 헬라스인들이 '파이데이아'라고 부른 것을 가리키는 용어로 사용했다. 나는 이 용어들을 유익하고 선하며 좋은 학문을 배우는 교육 또는 교양을 가리키는 말로 사용하고자 한다. 이런 학문들을 진심으로 열망하고 추구하는 자들이야말로 가장 인간적인 자들이라 할 것이다. 왜냐하면 이런 학문에 열정을 갖는 것과 그것을 배우고자 함은 모든 생물 중 인간만이 할 수 있는 일이기 때문이다. 그것을 후마니타스—인간다움—라고 부른 것도 바로 이 때문이다. 옛 어른들은 모두 이 말을 이 의미로 사용했는데 다른 어떤 이들보다도 바로와 키케로가 그랬고, 모든 책들이 이를 명백하게 증명하고 있다(안재원, 2010: 99).

겔리우스의 위 증언은 파이데이아와 후마니타스에 대해서 우리에게 적어도 두 가지를 알려준다. 하나는 헬라스인들이 파이데이아라고 불렀던 활동을 이제 로마인들은 후마니타스라고 부르게 되었다는 점이고, 다른 하나는 이들 로마인 중에 바로와 키케로가 가장 대표적인 사람이었다는 사실이다. 그런데 키케로는 파이데이아를 번역하기 위해 후마니타스라는 말을 사용하면서도 로마인들의 전통적인 덕목들—가령 부모를 존경하고 신중히 행동하며 근엄하고 우직하게 자신을 제어하는 것 등—을 먼저 생각했다. 그리고 이것들 위에 헬라스의 교양과 설득, 매력과 호의를 첨가한 새로운 개념의 인간성의 이상—이성에 의해서 자신을 통제할 줄 알며, 동시에 교양과 언어의 유창

24) '후마니타스'가 키케로의 이 연설문에서 최초로 사용되었는지의 문제는 별도로 확인이 필요한 문제일 것 같다. 왜냐하면 안재원이 키케로의 저작들 중에 이 말이 등장하는 것들로 제시한 목록에는 그 이후에 쓰인 「연설가에 대하여」(기원전 55년), 「국가론」(기원전 51년) 등뿐만 아니라, 그 훨씬 이전(기원전 80년)에 쓰인 「섹스투스 로키우스 변호」도 포함되어 있기 때문이다(안재원, 2010: 99).

25) Marcus Terentius Varro. (기원전 116-27)

26) Aulus Gellius. (대략 125-180)

함을 두루 갖춘, 최고의 지적, 도덕적 인간—을 창출한 것이다(박영희, 2011: 111).

물론 파이데이아의 입장에서 본다면 후마니타스를 옹호하고 있는 듯한 목하의 논의가 파이데이아를 부당하게 홀대하고 있는 것이라고 항변할 수도 있겠다. 예컨대 마루는 파이데이아를 어떻게 기술했던가? 파이데이아야말로 헬라스의 이념 그 자체이며 인간적 이상의 완전한 구현체다. 그것은 인간의 마음이 충만하게 발달한 상태이며, 그 점에서 참된 인간으로 성장한 인간의 교양을 가리키는 개념이다. 그러나 시대가 많이 변했다. 헬레니즘 말기에 들어서면서 그와 같이 찬란했던 파이데이아의 모습들이 차츰차츰 스러져갔을 것이다. 자연과 인간을 대상으로 한 찬란했던 헬라스 학문들은 대부분이 '기술' 수준으로 전락했고 참된 인간성을 기르는 일과의 연결고리를 상실해 갔다. 키케로의 문제의식은 바로 여기에 있었다. 파이데이아를 대면하면서 키케로는 기술이 아닌 인간 중심의 교육을 기획했고, 인간을 교육하기 위해서 인간성을 탐구했으며, 사람답게 사는 법에 대해 치열하게 반성과 고민을 거듭했던 것이다(안재원, 2010: 100).

6. 스투디아 후마니타티스

앞서 언급한 키케로의 『시인 아르키아스를 변호하여』는 오늘날 우리가 '인문학'이라고 번역하는 '스투디아 후마니타티스'라는 용어가 처음 등장하는 문헌이기도 하다. 키케로는 이 연설문에서 법률가인 자신이나 시인들은 모두 인간을 문명으로 이끄는 지식을 공부하는 사람들이라는 점에서 공통점을 갖고 있다고 지적하고, 사회에 대한 시인의 필요성을 '스투디아 후마니타티스'라는 관점에서 역설하려 한다는 말로 연설을 시작한다(박영희, 2011: 109). 그 변론의 요점은 아르키아스 같은 시인, 곧 '인문' 일을 하는 사람들을 추방해서는 안 된다는 것이었다. 정신과 영혼에 생기를 불어넣어 주는 일을 하는 사람들을 당장 쓸모가 없다고 해서 추방하는 사회는 더 이상 사람 사는 곳이 아닌 야만의 세계와 다름이 없다(안재원, 2009: 148).

변론문에서도 밝히고 있는 것처럼 키케로는 시인 아르키아스에 대해서 일종의 '동업자 의식'을 갖고 있었다고 할 수 있다. 자신과 시인이 공통적으로 종사하는 일은 무슨 일인가? 그것이 바로 '스투디아 후마니타티스'인 셈이다. 이 변론문의 제2장에 등장하는 키케로의 다음과 같은 주장은 이 학문의 목적은 무엇인지를 우리에게 말해

주고 있다. "인간을 인간답게 해 주는 목적에 봉사하는 모든 학문은 서로가 서로를 묶는 공통의 연결 고리를 가지고 있고, 마치 혈연에 의해 연결된 것인 양, 상호 결속되어 있다"(안재원, 2009: 149). 다시 말하면 이들 학문의 목적은 바로 '인간을 인간답게 해 주는 것'이라는 것이다. 이 목적에 봉사하는 학문들을 가리켜 그는 '스투디아 후마니타티스(인간성 연구 또는 인문학)'라고 한 것이다. 그렇다면 키케로가 특별히 이런 명칭을 사용한 이유는 무엇인가?

앞에서 헬레니즘 말기 교육 상황을 간단하게 언급한 바 있다. 헬레니즘 초기 교과과정은 원래는 예체능 교과를 포함하는 '일반 교육'의 성격을 유지하고 있었다. 그러나 시간이 지날수록 예체능 교과목들은 빠르게 퇴조했고, 수학과 천문학도 소홀히 취급되었다. 고등교육 수준에서 철학은 소수에 의해 그 명맥이 유지되었고, 대체로 수사학이 계속해서 교육의 주도권을 장악했다. 그러나 그 수사학(또는 웅변술)마저도 도시공동체의 실무와 공익에 연관된 것이 아니라 찬양연설이 주류를 이루었고, 그것을 위해 정해진 틀에 따라 비현실적 논제로 훈련하는 '수사학을 위한 수사학'으로 변질되는 경향을 보였다(김경현, 2015: 111). 게다가 로마에서 학교 교육을 담당한 교사들은 대부분이 헬라스에서 붙잡혀 온 노예 출신 학자들이었고, 대단히 엄격하고 체계적인 문법 교육을 강조했다. 노예 출신 문법 선생들은 한편으로는 생존을 위해서, 다른 한편으로는 자신들이 운영하는 학교의 특성화를 위해서 문법 교육의 체계화와 전문화를 시도했다(안재원, 2010: 96-7). 그러나 바로 이런 경향들로 인해 정작 '인간성'이라는 가치는 소홀히 취급될 수밖에 없는 결과를 초래하고 말았다. 키케로는 바로 이 점을 질타하고 있는 것이다.

수사학은 원래 가장 인간적인 학문이었다. 이소크라테스에 따르면 수사학이 원래 추구하는 바, 곧 진정성을 갖춘 말을 통해 타인과 의사를 주고받는 일은 인간이 향유해 온 모든 문화와 교육의 원천이 된다. 이 능력 덕택에 인간은 가치 있는 것과 그렇지 않은 것을 구분할 수 있을 뿐만 아니라 앞의 것을 권장하고 뒤의 것을 논박할 수 있다. 수사학적 능력, 곧 훌륭한 연설을 행하는 능력이야말로 인간에게 허용된 건전한 이해와 판단의 능력을 입증하는 지표다. 그런데 이런 수사학이 키케로 시대에 와서 타락한 양상을 보인다. 아니, 수사학만이 아니라 그 어떤 학문이든 그것이 원래 지녔던 성격을 벗어나서 변질될 가능성은 언제든지 있으며, 그때마다 오히려 인간성을 훼손하는 방식으로 탐구될 위험성은 언제든지 있다. 키케로는 바로 이 점을 걱정했던 것이다.

우리는 '학문'이라는 하나의 말로 지칭하지만, 사실은 이 하나의 말로 지칭하는 학문의 세계는 대단히 다양한 모양으로 대단히 다양한 대상을 다루는 인간 활동이다. '철학'이라는 이름으로 처음 등장했을 때 그것은 '진리'를 탐구하는 활동이었다. 그러나 마루도 염려하고 있듯이(Marrou, 1964: 90), 철학을 탐구한다는 사람들의 '과도한 전문화'는 비인간화를 초래할 수 있다. 그들이 탐구한다고 하는 '진리'의 세계는 그 자체로 특별한 가치를 지니고 있을지 모르지만, 다른 한편에서 보면 그것이 도대체 '인간 삶'이라는 것과 무슨 관계가 있는지 의아할 정도인 경우도 없지 않다. 위대한 철학자 소크라테스는 바로 그런 의아함을 공식적으로 표출한 사람이다. 소크라테스는 최초로 "학문을 하늘의 세계에서 도시(국가)로 끌어내렸고 또한 집안으로 끌고 들여온 사람이다. 그는 삶(vita)에 대해서, 사람 사는 법(mores)에 대해서, 선과 악에 대해서 따지고 캐물었다"(안재원, 2009: 151). 소크라테스가 의도했던 바는 앎과 삶을 연결 짓자는 것, 삶의 영역 안에서 앎의 문제를 논의하자는 것, 삶을 앎의 대상으로 삼자는 것이었다.[27)]

철학과 수사학의 만남, 곧 삶의 길잡이로서 철학을 추구했다는 점에서 키케로는 소크라테스 철학의 계승자라 할 수 있다(안재원, 2009: 153). 인문학은 '삶에 대한 앎'의 개념을 기초로 성립한 학문이다. 그리고 '삶에 대한 앎'을 배우는 일, 곧 인문적 교양을 추구하는 일은, 그 누구 말마따나 사치나 장식이 아니라, 삶의 필수요 강제다.

> "삶에 대한 앎"을 배우는 일, 곧 인문 교양은 삶의 장식이 아니라 삶의 강제(necessarium)이다. 그것이 장식이 아니라 강제인 것은 삶의 어느 중요한 순간에 삶을 결정짓는 지혜로 작동하기 때문이다. 또한 인간이 다른 사람과 더불어 살아야 하는 존재이기에 삶을 사는 법을 배우는 것의 강제는 필요하다. 바로 이러한 삶의 강제라는 필연성에 기초한 것이 인문학이다. 더불어 사는 가운데에서 발생한 문제들, [그와 같은] 난국을 헤쳐 나가기 위해서는 의분과 열정만 가지고서는 안 되기 때문이다. 거기에는 앎이 있어야 한다. 그런데 그 앎은 "사람살이를 알려주는 앎(studia humanitatis)"이어야 한다(안재원, 2009: 153-4).

키케로는 삶에 대한 앎은 필수라고 주장한다. 잘 알려져 있는 것처럼, 키케로가

27) 그러나 우리가 알다시피 삶의 영역이 앎—소크라테스적 또는 플라톤적 의미에서의 앎—의 대상이 될 수 있는지의 문제는 쉽게 판단 내릴 수 있는 문제가 아니다. 이 문제는 소피스트들과 소크라테스 간의 논쟁에 중요한 주제가 된다.

추구하는 이상적인 인간은 '교양을 갖춘 연설가'이다. 키케로는 『연설가에 대하여』에서 크랏수스와 스카이볼라라는 인물 간의 대화를 통해 그 앎들에 대해서 대체적으로 말해주고 있다. 그것들은 연설가라면 필수적으로 알고 있어야 하는 것들로 묘사되고 있는데, 곧 인간의 본성에 대한 것, 인륜(人倫)에 대한 것, 사람들의 마음을 일어나게 하고 가라앉히는 방법에 대한 것, 역사에 대한 것, 상고(上古) 시대에 대한 것, 국정을 돌보는 일에 대한 것, 그리고 심지어는 시민법에 대한 것 등으로 열거되고 있다. 요즘 사용하는 학문 이름으로 다시 쓰면 그것들은 윤리학, 심리학, 수사학, 역사학, 정치학, 법학 등으로 지칭되는 것들이라 할 수 있다. 이들 학문은 1,500년이 지난 후에 르네상스 휴머니스트들에 의해 문법, 수사학, 시, 역사, 도덕철학이라는 다섯 개의 교과로 계승된다.

7. 인문주의: 삶에 대한 지적 탐구

'인문주의'는 영문 단어 '휴머니즘'이라는 그 외연이 대단히 넓은 말의 번역어이기도 하나, 그것을 교육학 고유의 개념으로 사용하고자 하는 사람이라면 이 말과 관련된 그것의 사상사적 맥락을 참조하지 않으면 안 된다고 생각된다. 인문주의는 말 그대로 '인간성을 추구하는 것'을 가리키는 말이지만, 그것이 구체적으로 무엇을 가리키는지의 문제는 결코 쉽게 해결될 수 없는 난해함을 안고 있다. 인문주의에 대한 통상적인 논의들에서 노출되는 의미상의 느슨함이나 불분명함을 해소하는 길은 그것에 대한 논의를 역사적 맥락 안에서 전개하는 것이다.

교육에 대한 논의를 서양교육사의 맥락에서 연구하는 사람들은 대개 고대 헬라스 시대로부터 연구를 시작한다. 이른바 '교육의 세기(the pedagogical century)'라 불리는 기원전 5세기 중엽에서 기원전 4세기 중엽에 이르는 시기(Kimball, 1986: 14)는 서양사에서 교육과 학문이 가장 풍성했던 때라고 할 수 있을 것이다. 고대 헬라스의 '파이데이아'는 이때 그 토대가 마련되었다. 이 시기 소피스트들과 소크라테스 사이에서 이루어진 학문적 논쟁은 학문 탐구의 대상이 자연세계에서 인간 삶으로 전환되도록 함으로써 인문주의의 뿌리가 되었다. 인문주의는 결국 인간 삶을 지적 사유의 대상으로 삼은 데서 출발했다고 볼 수 있다.

물론 고전기 헬라스의 파이데이아는 인간 삶을 다루는 학문들만으로 수행되지는 않았다. 교육과 학문이 본격적으로 인간 삶을 그 내용으로 하게 된 것은 키케로로 대표되는 기원전 1세기 로마 학자들에 의해서였다. 키케로는 헬라스인들이 파이데이아라는 말로 지칭하던 것을 후마니타스라는 라틴어로 지칭하고, 이상적인 인간으로서 삶을 살아가는 데 필수적으로 요청되는 앎을 교육의 내용으로 삼을 것을 주장했다. '인문주의'의 원어인 라틴어 후마니타스가 비로소 역사에 자리를 잡은 것이다. 14세기 르네상스 휴머니스트들의 학문은 바로 키케로가 '인문학'—스투디아 후마니타티스—으로 삼은 것들의 재현이라 할 수 있다.

글을 마무리하면서 두 가지 정도를 언급하고자 한다. 하나는 교육이 헬라스의 파이데이아 전통에서 로마의 후마니타스 전통으로 전승되는 과정에서 그것이 내용으로 삼은 학문의 범위가 축소되었다는 점을 우리는 인정할 수밖에 없다는 점이다. 고대 로마 전통의 인문교육은 고대 헬라스 전통의 자유교양교육에 비해 그 폭이 좁아졌다는 것이다. 그것이 추구하는 인간상에서도 그러했고 교과의 수에서도 그러했다. 이는 키케로 같은 로마 학자들이 당대 추구되었던 인간상의 의미를 명료화하는 과정에서 불가피하게 발생할 수밖에 없었던 것이다. 그러나 다른 한편에서 보면 학문들 가운데 인간 삶을 주제로 탐구되는 것들, 곧 '인문학'이라 지칭되는 학문들의 지위를 확고히 함으로써 인간 사유의 세계에서 '인간다움' 또는 '인간성'을 하나의 독특한 주제로 구분해 내는 전통이 또한 키케로에 의해서 형성되었다고 할 수 있다.

다른 하나는 그렇다면 '인문학'의 범주에서 제외된 학문들의 가치는 우리 교육에서 어떻게 정당화할 것인지의 문제가 좀처럼 풀기 어려운 난제로 제기될 수밖에 없다는 점이다. 달리 말할 필요도 없이 오늘날 학교교과들 중에 수학이나 과학, 논리학 같은 것들은 그 중요성에서 오히려 다른 학문과는 비교할 수 없을 정도로 중요한 과목들로 간주되는 것들이다. 그 과목들이 왜 그렇게 중요한 것들로 간주되고 있는지의 문제도 중요한 문제이지만 그것과는 별도로, 그것들의 교육적 가치를 어떻게 정당화할지의 문제는 우리가 보다 체계적으로 탐구해야 할 또 하나의 문제가 된다고 하겠다.

제 10 장 교과와 지식

[제5주제] 자유교과의 역사와 현대 자유교육의 이념

■ 이 절에서 다룰 질문들:
- 현대 학교교과 체계는 언제 시작되었고 어떻게 전개되어 왔는가?
- 서양 전통의 맥락에서 '인간다움'은 어떻게 규정되었으며, 그 인간다움은 어떻게, 다시 말해 무엇을 통해, 기르려고 했는가?
- '자유인'은 오늘날 민주화된 사회의 특성에 비추어 볼 때 어떤 사람을 의미하는가?
- '자유교과'를 가르치고 배우는 일을 '자유교육'이라 했을 때, 그것은 현대적인 관점에서 어떻게 새롭게 규정되어야 하는가?

교육은 인간다움—인간성 또는 인성—을 기르는 일이다. 이 말을 이해하려면 적어도 두 가지 질문이 해결되어야 한다. 하나는 교육을 통해 길러야 할 그 '인간다움'이란 무엇을 가리키는지 하는 것과, 또 하나는 그렇다면 그 인간다움은 어떻게 기를 것인지 하는 것이다. 우리는 이 장에서 학교교육의 전통 속에서 인간다움은 어떻게 규정되어 왔는지, 그리고 그것을 기르는 데 어떤 프로그램이 동원되어 왔는지를 역사적 관점에서 검토할 것이다. 학교교육의 관점에서 보면 우리가 추구하는 '인간다움'은 자유인으로서의 삶을 그 핵심으로 삼는다. 그리고 그 자유인의 삶의 내용은 2,000년이 넘게 학교에서 가르치고 배워 온 '자유교과' 속에 들어있다.

1. 인간다움의 의미와 그것에 이르는 방법

교육은 곧 휴머니즘이므로, 교육의 의미를 그 가장 근본적인 차원에서 정의하면

'인간을 인간답게 하는 일'이 된다. '교육은 인간을 인간답게 하는 일'이라는 말은 무슨 말인가? 우리는 누구나 사람으로 태어났지 않은가? 사람으로 태어난 존재를 또다시 사람으로 기른다는 말은 동어반복 아닌가? 그렇지 않다. 교육이 기르려고 하는 사람다움은 태어날 때부터 자연적으로 타고나는 속성이 결코 아니다. 우리는 누구나 사람으로 태어나지만, 교육이 기르려고 하는 사람다움은 그런 자연적 속성을 가리키는 말이 아니다. 태어날 때 인간은 그저 생물학적 의미에서의 인간일 뿐이다. 그런 생물학적 존재로서의 인간으로 하여금 참으로 인간다움을 갖춘 한 사람의 성숙한 인격체로 성장토록 하는 일, 이 일이 교육의 본질이다.

'인간다움'을 갖추었다는 말은 무슨 뜻이며 그것은 어떻게 이루어지는가? 교육에 종사하는 사람이라면 항시 염두에 두어야 할 질문인 '교육이란 무엇인가' 하는 질문은 가장 먼저 이 질문과 연결된다. 그런데 인간다움이란 무엇이며 그것은 어떻게 길러지는가 하는 이 질문은 언뜻 보면 두 개의 분리된 해답을 구하는 것처럼 보이지만, 사실 그것은 하나의 대답을 향한 질문이라고 보아야 한다. 인간다움은 무엇인지의 문제는 그 자체로 인간다움은 어떻게 길러지는지의 문제라는 것, 바꾸어 말하면 인간다움이란 어떻게 길러지는지에 답하는 일이 곧 그 인간다움은 무엇인지에 답하는 일이 된다는 것이다. 그렇다면 인간다움을 기르는 일은 어떤 일인가 하는 문제에 우리는 어떤 방법으로 접근해야 하는가? 인간 삶의 역사를 참조하는 것이 가장 적절한 방법이다.

서양 역사에서 교육에 대한 최초의 서술들은 대개 기원전 5세기 중엽에서 4세기 중엽까지의 고대 헬라스를 조명한다. 이 시기는 특히 교육과 문명의 역사에서 대단히 중요한 시기인데, 사상가에 따라서는 그것을 '교육의 세기(the pedagogical century)'라고 부르기도 한다. 이 시기 중에 이후 2,500년간 인류가 향유하게 될 교육과 문명의 근간이 마련되었다고 보기 때문이다. 기존에 퓌시스를 탐구하던 철학이 '인간행위의 철학'으로 확장된 것도 이 시기 중의 일이었고, 아테네 사회에 등장한 저명한 소피스트들과 아테네인 철학자 소크라테스가 인간 삶의 여러 측면들을 주제로 치열한 논쟁을 벌인 것도 이 시기 중의 일이었으며, 화이트헤드[1]가 유럽 철학의 본문이라 칭한 플라톤 철학이 꽃을 피운 것도 이 시기 중의 일이었다. 소피스트들과 철학자들은 모두 선생들이었으므로 이들의 사유와 담론에서 교육이라는 인간사가 큰 비중을 차지했음은 물론이다. 우리가 여기서 주목하려는 것은 인간다움을 기르는 일의 방법이 되는

1) Alfred North Whitehead. (1861-1947)

것, 곧 교육의 내용이 되는 지식들이 또한 이 시기를 기점으로 형성되었다는 점이다.

인간다움은 어떻게 길러지는가 하는 문제가 곧 인간다움은 무엇인가 하는 문제와 직결된다고 했다. '인간다움'—또는 인간성, 인성—이라고 했으므로 그것은 이 세상에 존재하는 생명체들 중에 인간 아닌 것들의 특성과 구별되는 그 무엇이라야 한다. 인간도 동물이기는 하지만 특히 그것은 동물적인 속성들과 구별되는 그 무엇일 필요가 있다. 다른 동물에게서 찾아볼 수 없는 속성이라야 인간다움이라 할 수 있지 않겠나. 기원전 5~4세기 헬라스인들은 그것을 이성적 사유와 담론 능력에서 찾았다. 이성적으로 사고하는 능력, 그리고 타인과 담론을 주고받는 능력은 다른 동물이 갖지 못한 인간만의 속성이라는 것이다. 그런데 이 능력들은 인간이 자연적으로 타고난 것들이 아니므로 그것들을 갖추는 데는 특별한 노력이 요청된다. 요컨대 이성적 사유와 담론 능력은 특별히 마련된 과정을 거쳐서 형성되는 것이요, 그 능력들을 갖추려면 각각에 해당하는 지식을 습득하지 않으면 안 된다는 것이다. 헬라스 시대 지식인들은 사람들이 이성적 사유와 담론 능력을 갖추는 데 필요한 지식들을 마련했다. 크게 보면 그것들은 철학자들의 지식과 수사학자들의 지식으로 나뉠 수 있는데, 헬레니즘 말기 로마 학자들은 이 지식들을 '자유학문' 또는 '자유교과'로 지칭하게 된다.

2. '자유교과'의 고대 로마적 기원

'자유교과(自由教科)'는 영어 'liberal arts'를 번역한 말이며, 영어 liberal arts는 라틴어 '아르테스 리베랄레스(artes liberales)'를 번역한 말이다. 이 단어는 기원전 84년에 키케로가 쓴 『발명에 대하여』[2]에 처음 등장한 것으로 알려져 있다(Kimball, 1986: 13).[3] 여기서의 '리베랄레스'는 정치경제적인 의미에서 '자유인의' 또는 '자유인에 관한'이라는 의미를 갖는다. 그러므로 '자유교과'는 노예가 아니라는 뜻에서의 '자유인'을 위한 교과를 가리키는 말이라고 할 수 있다. 이 시대에 노예와 구분되는 자유인의 특성은 역시 고대 헬라스 시대의 그것과 특별히 다를 바가 없었다. 그것은 간단히 말해 소극적으로는 생산 노동에 얽매이지 않는 여유를 소유한 것, 그리고 적극적으로

2) *De Inventione*.

3) 이 인용은 물론 이 말을 만든 사람이 키케로라는 말은 아니다. 킴볼 역시 같은 곳에서 이 점을 지적하고 있다. 한편 파커는, 별다른 수식어 없이 다만 키케로가 이 말을 '사용했다(employ)'고 쓰고 있다(Parker, 1890: 417).

는 학문을 탐구할 수 있는 여가를 소유한 것이었다. 자유교과는 일단은 이런 특성을 지닌 자유인 계급에 속한 사람들이 행했던 활동들과 관련 있는 학문들을 가리키는 말이라고 할 수 있다. 그 어떤 활동에 종사하려면 그에 맞는 지식이 필요하다는 점은 달리 설명이 필요치 않을 것이다. 고대 자유인들이라고 해서 마냥 놀고먹기만 했던 것은 결코 아니다. 노예라고 불린 사람들에게 그에 맞는 활동이 있었고 그에 맞는 지식이 있었던 것과 꼭 마찬가지로, 자유인이라고 불린 사람들에게도 또한 그에 맞는 활동과 지식이 있었을 것이다. 자유교과는 바로 후자에 속한 사람들을 위한 지식 체계를 가리키는 말이었다.

자유교과는 그것이 5세기 초에 일곱 개의 학문으로 지정될 때까지 여러 다양한 형태로 조합되어 나타났으나, 그 교과체계에 대한 최초의 설명은 기원전 1세기 로마 학자 바로에 의해 이루어졌다. 보이드에 따르면, "바로는 일반적으로 자유학과에 관한 최초의 포괄적인 저서를 쓴 사람으로 인정되고 있다"(Boyd, 2008: 110). 보이드가 말하고 있는 그 저서는 지금은 전해지지 않는 『신자유학문』[4]인데, 바로는 이 책에서 문법, 수사학, 변증법(논리학), 기하, 산수, 천문학(점성학), 음악, 의술, 건축 등, 아홉 개의 학문에 대해서 두루 논의한 것으로 알려져 있다. 고대 헬라스 교육의 이상이 로마로 수용되기 시작한 것은 기원전 218년부터 201년까지 벌어진 제2차 포에니 전쟁 직후였다. 그 초기에 로마 젊은이들에 대한 교육은 헬라스인 교사들에 의해 헬라스어로 이루어졌으나, 이후 라틴어로 쓰인 텍스트를 사용해서 라틴어로 이루어지는 교육이 빠른 속도로 확산된다. 그리고 여기에 키케로와 바로 같은 학자들이 가장 큰 공헌을 한다. 『신자유학문』은 위에 열거한 아홉 개의 학문들 각각에 대해서 바로가 쓴 논문들로 구성되었는데, 이는 명백히 고등교육 수준의 수사학 학교 이전 단계, 곧 중등학교 수준에서의 교과교육을 위한 것이었다(Abelson, 1906: 4-5).

3. '칠 자유교과' 체계의 형성

헬레니즘의 영향을 받은 로마 학교들은 퀸틸리아누스 이후 한동안은 그 실제적 효력을 유지했지만, 3세기 말에 이르러 점차로 쇠퇴하기 시작한다. 학문은 당대 현실과

4) *Disciplinarum Libri Novem*.

의 직접적인 연관성을 잃고 점차 그 깊이를 잃어갔다. 천박성과 얄팍함이 서서히 이들 학문을 잠식해 갔고, 그 결과로 대부분의 로마 학교들은 그 교육과정 면에서 편협해진다. 그런데 여기서 주목할 점은, 이 시대 로마 학교의 교육과정은 헬라스에서 전해진 교과들을 피상적으로 공부하는 수준을 벗어나지 못했지만 5세기 초에 이르면 문법, 수사학, 변증법, 산수, 기하, 음악, 천문학이라는 일곱 개 교과목으로 구성된 교육과정이 이교도 학교들의 표준으로 받아들여지게 된다는 사실이다. 칠 자유교과를 기술하는 문헌들이 흔히 가장 기본적인 자료로 삼는 카펠라[5]의 저서 『학문과 웅변의 결혼』[6]이 이 시기에 쓰였다는 점은 이 일곱 개 교과가 이 당시 학교의 표준적인 교과목으로 사용되었다는 주장을 뒷받침하는 근거가 된다.

『학문과 웅변의 결혼』

아마도 칠 자유교과의 기원을 탐구하는 사람들에게 가장 중요한 문헌이라고 할 수 있을 카펠라의 『학문과 웅변의 결혼』은, 보이드에 따르면, 중세 전 기간을 통해 비상한 인기를 누렸다. "그 책은 높은 수준의 학문을 가르치는 것으로 자처한 여러 학교의 가장 일반적인 교과서였으며, 여러 시기에 정말로 뛰어난 학자들이 그 책의 주석서를 썼다"(Boyd, 2008: 140). 바로의 『신자유학문』을 본뜬 것이 분명한 이 책은 총 아홉 권으로 이루어졌는데, 첫 두 권은 우화의 형식으로 된 서문에 해당하고 나머지 일곱 권 각각에서 문법, 변증법, 수사학, 기하, 산수, 천문학, 음악을 설명하는 내용으로 되어 있다. 바로의 책에는 포함되어 있는 의술과 건축을 제외시킨 이유에 대해서 카펠라는 이 두 학문은 순수하게 물질적인 것을 다루는 학문이고 그 점에서 세속을 초월한 대상들을 다루는 자신의 책에는 어울리지 않기 때문이라고 말하고 있다(Abelson, 1906: 7). 아벨손은 카펠라의 생애가 거의 알려진 바가 없다는 사실로 미루어 볼 때 이 사람을 칠 자유교과 체계를 처음으로 고안해 낸 사람이라고는 볼 수 없고, 따라서 그의 이 저서는 다만 당대의 표준적인 경향을 대변해 주고 있는 것이라고 보아 크게 틀림이 없다고 주장한다(Abelson, 1906: 6-7). 아무튼 5세기에 이르러 로마 제국의 공공학교 교육과정은 칠 자유교과라는 고정된 형태로 수립된다.

그러나 칠 자유교과가 이교도 학교들의 표준적인 교과 체계로 성립되는 과정은 그

5) Martianus Minneus Felix Capella. (생몰 연대 미상. 대략 5세기)

6) *De Nuptiis Philologiae et Mercurii.*

반대편, 곧 기독교인들의 관점에서 보면 도저히 용납할 수 없는 과정이었다. 2~4세기를 거치는 기간 동안, 다시 말하면 헬라스 학문들과의 경쟁 관계가 유지되고 있는 동안, 기독교 성직자들은 이 학교들에서 가르치는 학문들을 강한 적대감으로 대했다. 급기야 4세기 말에 이르면 로마 제국 전역에서 공공학교는 심각하게 약화되고 그와 함께 고대 헬라스에서 전승된 학문들 또한 쇠퇴한다. 그런데 역설적으로, 이러한 공공학교의 소멸은 다시 자유교과가 회생하는 계기가 된다. 5세기 즈음에 이르러 공공학교가 더 이상 교회에 위협이 되지 않는다는 점을 알게 된 성직자들은 이제 이전만큼 자유교과에 대해서 적대감을 가질 필요가 없게 된 것이다. 공공학교가 소멸하고 난 뒤, 다시 말하면 기독교 교회의 성직자들이 유일한 지식인층을 형성했던 시대에, 자유교과들은 이들 성직자들에 의해서 다시 탐구된다. 여기에 동원된 논리는 카펠라의 칠 자유교과 연구를 신학을 공부하는 준비 과정으로 활용하자는 것이었다. 그리고 이 일에 가장 큰 공헌을 한 인물은 초기 기독교 교회의 대표적인 교부 아우구스티누스[7]였다.

Aurelius Augustinus Hipponensis

아우구스티누스는 그 자신 칠 자유교과 프로그램의 창안자는 아니었지만 그것이 기독교 세계에서 보편적으로 수용되는 데 누구보다도 큰 역할을 한 사람으로 간주되고 있다. 아벨손은 아우구스티누스의 저서 『재고록』[8]과 『고백록』[9]의 내용을 참조하여 그가 천문학을 제외한 나머지 여섯 개 자유교과에 대한 논술을 썼다고 말하고 있고(Abelson, 1906: 8), 보이드는 아우구스티누스가 스무 살쯤에 자유교과 연구에 착수하여 그것들에 관한 여러 편의 논술을 쓰기 시작했고 실지로 완성한 것은 문법에 관한 것뿐이지만 이후에 논리학, 수사학, 음악, 기하, 산수, 철학에 관한 서론을 썼다고 말하고 있다(Boyd, 2008: 139). 한편 웨스트는 아우구스티누스에 관한 관련 학자들의 연구를 종합해 볼 때 그가 자유교과의 수를 일곱 개로 정했다는 것, 그것들을 일정한 순서로 열거했다는 것, 그리고 각각의 교과에 관해 그 자신 잘 알고 있었다는 점은 분명하다고 주장한다(West, 2011: 4). 다만 아우

7) Aurelius Augustinus Hipponensis. (354-430)

8) *Retractationes*.

9) *Confessiones*.

구스티누스의 목록에는 카펠라의 목록에는 포함되었던 천문학 대신에 철학이 포함되어 있는데, 그것은 아우구스티누스가 점성학을 불경스러운 학문이라 하여 혐오했고 그것을 자신이 가장 중요한 학문으로 여겼던 철학으로 대체하고자 했기 때문이다.

아우구스티누스 같은 권위자에 의해 세속학문인 자유교과가 기독교 성직자들에 의해 활발히 탐구되는 계기가 마련되기는 했지만, 아우구스티누스 역시 '칠 자유교과'라는 명칭을 사용했는지, 그리고 이 일곱 개 교과를 하나의 체계로 다루었는지는 불분명하다. 아우구스티누스와 동시대에 카펠라가 자신의 저서에서 일곱 개의 자유교과를 하나의 체계로 다루기는 했지만, 카펠라의 이 저서는 그것이 자아내는 이교도적 분위기 때문에 일반적으로 받아들여지지 못했다(Boyd, 2008: 149). '칠 자유교과'라는 용어가 기독교인들 사이에서 처음으로 사용된 것은 6세기 초 카시오도루스[10]에 의해서였다(Abelson, 1906: 9). 카시오도루스는 성서를 연구하기 위한 도구교과로서 자유교과가 갖는 필요성에 대한 아우구스티누스의 주장을 지지하면서, 자신의 저작에서 지식의 7중 구조를 새롭게 강조하고 그것을 '지혜가 그 집을 짓고 일곱 기둥을 다듬었다'는 성서 구절과 관련지음으로써 그것에 종교적인 의미를 부여했다(Boyd, 2008: 149; Abelson, 1912: 9; Brubacher, 1966: 446).

카시오도루스가 칠 자유교과—이 교과들의 목록은 카펠라의 그것과 일치한다—를 언급하면서 그것을 잠언 9장 1절에 나오는 이 구절과 연결 지었다는 점은 대단히 큰 의미를 띤다. 그것은 한편으로 이 시대 지도층 기독교인들 사이에서 세속 학문을 기독교 교육과정과 통합시켜야 할 필요성에 대한 공감대가 형성되었다는 것과 또 한편으로 그 학문의 수가 일곱이라는, 100년 이상 지속되어 온 사실이 성서에 의해서 비로소 뒷받침되었다는 것이다. 그리하여 아우구스티누스와 함께 카시오도루스에서 수립된 칠 자유교과의 권위는 이 교과 체계가 이후 근 900년 동안 중세 교과의 표준으로 정착하게 되는 데 충분한 토대를 제공하게 된다. 이들의 노력으로 말미암아 이교도 교과 체계가 중세 지식인들 세계에 자리 잡는 과정이 최종적인 완성을 이루게 된 것이다. 카시오도루스 시대 이후 칠 자유교과는 철학과 신학을 공부하기 전, 그 준비 과정으로서 공부해야 할 교과들을 가리키는 고정된 용어로 널리 사용되게 된다.[11]

10) Magnus Aurelius Cassiodorus Senator. (약 485-585)

11) '칠 자유교과'는 흔히 '삼학(三學, trivium)'과 '사과(四科, quadrivium)'로 구분되어 지칭된다. 앞의 것은 언어와 관련된 교과들—문법, 수사학, 논리학—을 가리키고, 뒤의 것은 나머지 산수, 기하, 천문학, 음악을 합친 교과들을 가리킨다. 이 두 용어를 누가 처음으로 사용했는가에 대해서는 학자마다 약간 다른 견해들이 존재한다. 웨스트는 음악, 산수, 기하, 천문학을 합쳐서 지칭하는

4. 자유교육의 이념

교육의 본질적 성격과 학교교육의 기원을 공부하는 사람들에게 '자유'라는 용어는 대단히 특별한 의미를 지닌다. 앞에서 우리는 자유인들의 학문을 가리키는 '자유교과'를 다루었지만, 현대에 와서 교육철학자들은 다시 '자유교육'이라는 개념을 통해 학교교육의 본질적 성격을 규정하는 전통을 형성해 왔다. 자유교과와의 관련하에서 말한다면 자유교육은 자유교과를 가르치고 배우는 교육이라 해야 하겠지만, 또한 그것은 원래부터 자유인들의 삶과 밀접히 연결되어 있다는 점에서 자유인을 대상으로 한 교육 또는 자유인을 기르는 교육이라는 의미를 지니기도 한다.

'자유교육'은 영어 'liberal education'을 번역한 말이다. 서양교육사를 연구하는 학자들은 대개 이 자유교육의 기원을 고대 헬라스 철학자들, 특히 아리스토텔레스의 관점에서 찾는다. 그리고 이들이 참조하는 문헌은 단연 아리스토텔레스의 『정치학』이다. 이 책의 제8권 첫머리에는 한 가지 중요한 구분이 등장한다.

> 자유교과와 비자유교과는 구분되어야 마땅한데, 교육은 학습자를 기계적인 존재로 되지 않게 하는 그런 지식들만으로 이루어져야 한다는 점은 분명하다. 기계적인 교과라 함은 자유인들의 신체, 영혼, 또는 지력을 선을 사용하고 발휘하도록 하는 데 적절치 않은 일체의 기예와 학문들을 가리킨다는 점을 우리는 알고 있어야 한다. 바로 이 이유 때문에 우리는 우리의 신체를 열등한 상태로 만드는 활동들, 돈을 벌기 위해 하는 직업들을 모두 기계적인 것이라고 지칭하는 것이다. 이런 것들은 우리 마음에서 여가를 앗아가며, 그것을 낮은 수준으로 끌어내리는 결과를 초래한다. 심지어 자유교과들 중에도 어느 특정 수준까지만 획득하는 것은 자유인들에게 부적절하지 않지만 그 수준을 넘어서 과도하게 몰입하거나 지나치게 세밀하게 추구할 경우 해가 될 위험이 있는 것들이 있다(Brubacher, 1966: 445-446).[12]

'사과'라는 용어는 카시오도루스와 동시대 사람이었던 보에티우스(Boethius, 481-525)가 처음 사용했다고 주장한다. 또한 이후에 등장한 '삼학'도, 그에 따르면, 이 시대부터 사용되었던 것으로 추측된다(West, 2011: 5-6). 한편 아벨손은 이 두 용어는 6세기에서 7세기로 넘어가는 시대를 살았으며 당대 가장 학식 있는 사람이었던 세빌리아의 주교 이시도레(Isidore of Seville)가 '칠자유교과'라는 말과 함께 사용했다고 쓰고 있다(Abelson, 1912: 9).

12) 브루베이커의 이 인용은 J. Burnet, *Aristotle on Education* (London: Cambridge University Press, 1913)에서 재인용한 것이다.

브루베이커가 인용한 위의 영어 번역문에서 '자유교과와 비자유교과(liberal and illiberal subjects)'라고 되어 있는 부분은 천병희의 국역본에서는 '자유민에게 적합한 활동과 자유민에게 적합하지 못한 활동'으로 번역되어 있다.[13] 말하자면 사람들의 활동은 자유인들이 종사하는 활동과 비자유인들이 종사하는 활동으로 구분되고, 각각을 위한 교과들 또한 서로 구분되어야 한다는 것이 아리스토텔레스의 생각이었다고 할 수 있다.[14]

여기서 주목할 점 하나는 '자유인'이라고 지칭되는 사람들은 어떤 사람들이었는지 하는 것이다. '자유교육'에서 '자유'로 번역되는 영어 'liberal'의 어원이 되는 라틴어 '리베르(liber)'는 말 그대로 '자유로운'—free—이라는 뜻이다(Brubacher, 1966: 445). '자유로움'의 조건은 여러 가지일 수 있겠지만, 고대 헬라스 시대 맥락에서 그것은 정치경제적인 의미를 띠고 있었다. 그러므로 이 시대 '자유교육'은 곧, 노예들에게 적합한 교육이 아닌, '자유인'들에게 적합한 교육을 가리키는 말이었다고 해석될 수 있다. 고대 헬라스 시대 자유인들은 도시국가의 시민으로서, 피선거권이 있었고 관직에 진출할 자격이 있었으며 무기를 소지할 수 있었다. 이런 사람들에게 필요한 교육이라면 당연히 그런 자격이나 권리를 소유하지 못한 노예 계급 사람들이 받는 것과는 완전히 다른 종류의 것일 수밖에 없었을 것이다. 그런데 아리스토텔레스는 이들에게 제공되어야 할 교육의 내용을 대단히 독특한 방식으로 규정하고 있다.

고대 헬라스의 자유인들은 노예들에게는 허용되지 않는 특권을 소유하고 있었다. '스콜레'가 그것이다. 스콜레의 개념은 자유인들에게 필요한 교육, 곧 자유교육의 성격을 이해하는 데 대단히 중요한 요소가 된다. 스콜레는 우선은 그 번역어—leisure, 여가(餘暇)—에서 알 수 있는 것처럼 생산 노동의 필요에서 해방된 상태에서 수행하는 활동을 의미한다. 생산 노동은 인간이 그 동물적 삶을 이어가는 데 필요한 물자를

13) 헬라스어 원전을 국역한 천병희의 역서 중에 해당 부분의 내용은 다음과 같다: "아이들이 유용한 것 가운데 꼭 필요한 것을 배워야 한다는 것은 의심할 여지가 없지만, 유용한 것이라고 해서 다 배워서는 안 된다. 활동은 자유민에게 적합한 것과 자유민에게 적합하지 못한 것으로 양분되기 때문이다. 그래서 분명 유용한 활동에 참여하되 그로 인해 직공(banausos)—범속한 인간 또는 비속한 인간—이 되지 않을 만큼만 참여해야 한다. 우리는 자유민의 몸과 혼과 마음을 탁월함을 추구하고 실천하는 데 쓸모없게 만드는 활동과 기술과 학습을 '직공다운' 것이라고 간주해야 할 것이다. 이런 것들은 여가를 빼앗고 생각을 비속하게 만들기 때문이다. 또한 자유민에게 어울리는 지식도 어느 정도까지 아는 것은 자유민답지만, 너무 세세한 부분까지 파고드는 것은 앞서 말한 것과 같은 해악을 끼치기 십상이다"(Aristoteles, 2009, 427-8).

14) 당대 현실에 제한해서 말한다면 학교교육은 자유인들의 전유물이었으므로 '비자유교과'니 '비자유인들을 위한 교과' 같은 것이 실지로 존재했을 것 같지는 않다.

만들어 내는 활동을 가리킨다. 흔한 말로 '먹고 사는 일'이 여기에 해당한다고 할 수 있다. 생산 노동 또는 다른 말로 '생계를 유지하는 활동'은 그것을 수단으로 해서 그 어떤 다른 목적을 달성하는 활동이다. 생산 노동의 가치는 그것이 가져오는 특정한 효과를 통해 실현된다. 다른 것을 생산하기 위한 도구로서의 가치를 지니므로 그 활동 자체는 그것을 통해 이루려는 목적에 비해서 열등한 지위를 가질 수밖에 없다. 위 인용문에서 아리스토텔레스가 '기계적인 것'이라고 한 것들, 곧 우리의 신체를 열등한 상태로 만드는 활동들, 돈을 벌기 위해 하는 직업들이 이에 해당한다.

스콜레는 우선은 고도로 지적인 활동을 가리키는 말로 해석되지만 이것만으로는 그것의 뜻을 온전히 설명할 수 없는 것도 바로 이 때문이다. 브루베이커는 아리스토텔레스적인 의미에서 자유교육은 그 무엇보다도 강한 지적인 성격을 지니고 있었다(Brubacher, 1966: 446)고 말하고 있지만, 기실 그것의 성격을 그 지적인 점만으로 설명하는 것은 충분치 않다. 스콜레가 자유교육과 연결되려면 그 지적인 성격이 대단히 독특한 방식으로 규정되지 않으면 안 되기 때문이다. 지적 활동들 중에는 자유로운 것들도 있겠지만 또 어떤 것들은 자유롭지 못한 것들도 있다고 해야 하지 않겠는가 하는 것이다. 위 인용문에서 읽은 아리스토텔레스의 관점을 참조하면, 지적인 활동이라고 하더라도 그것이 그 어떤 다른 목적을 위한 수단이 될 경우에는 자유인들에게 적합하지 않다. 지력이라고 하더라도 유용한 결과를 낳을 목적으로, 다시 말하면 도구적 지성의 형태로 발휘되는 것이라면 그것은 스콜레의 범주에서 제외된다. 스콜레는 그 가장 참된 의미에서 "육체가 일상의 번잡스러운 일로부터 해방되어 마음이 그 어느 때보다 활발하게 살아 움직임으로써 진리 혹은 실재를 만나게 되는 상태"(김종건・임병덕, 1998: 56)와 같은 것이다. 스콜레가 목적으로 삼는 것이 있다면 그것은 오로지 그와 같은 실재에 대한 앎뿐이다. 그 앎을 통해서 또다시 성취해야 할, 그것보다 상위에 있는 목적 같은 것은 없다는 것이다. 스콜레, 곧 자유인들에게 적합한 지적 활동은 오직 '그 자체를 위해서' 수행되는 지적 활동이라야 한다. 그리고 자유인들이 받아야 할 교육, 곧 자유교육은 그것에 참여하는 사람들로 하여금 바로 이런 활동을 수행토록 하는 교육을 가리키며, 자유교과는 바로 그런 교육을 위해 사용되는 교과나 학문을 가리킨다.

5. 현대 자유교육의 이념

아리스토텔레스의 이념에 비추어 자유교육의 성격을 규정하려는 시도는 19세기 이후 특히 영미권 학자들에 의해 꾸준히 전개되었다. 이하 우리 논의에서 좀 더 비판적으로 논의되겠지만, 사실 『정치학』에서 제시된 자유인에 대한 아리스토텔레스의 견해는 당대 헬라스 사회의 현실을 포괄적으로 반영한 것이라고 할 수 없다. 아리스토텔레스는 역시 플라톤의 제자였고, 비록 그의 사상에 소피스트적 사상들과의 절충적인 면이 없지 않았다 하더라도, 그는 여전히 철학적 전통에 몸을 담고 있었던 사람이라고 보아야 한다. 그리고 이런 입장이 자유인에 대한 그의 생각에 반영되어 있었다고 보는 것이 옳다고 생각한다. 고대 헬라스 시대 자유인들이 스콜레를 향유하고 있었다는 점은 사실이라고 해야 할 것이나, 스콜레라는 것이 자유인들의 삶 전체를 대변하고 있었다고는 할 수 없다. 자유인들이 종사했던 활동에는 정치적인 것이나 군사적인 것, 종교적인 것도 있었다고 보아야 하기 때문이다. 그러므로 자유인들에게 적합한 활동이나 그들이 받아야 할 교육에 대한 아리스토텔레스의 관점에는 역시 철학적 전통에서 연유한 편견이 개입되어 있었다고 보아야 한다.

자유인들의 삶, 그리고 그와 관련된 지식의 성격 등에 대한 아리스토텔레스의 관점은 19세기 영미권에서 자유교육의 이념이 재등장했을 때 그에 관한 논의를 주도했던 사상가들의 주장에도 상당 부분 반영되어 있다. 현대적인 의미에서 자유교육의 이념에 대한 논의 흐름은 19세기 영국의 가톨릭 신학자이자 추기경을 역임한 뉴먼[15]의 저서 『대학의 이념』[16]에 의해 부상(浮上)한다. 아일랜드 가톨릭 대학교의 설립에 앞서, 그리고 그 대학의 초대 총장을 지내면서 작성한 강연문과 논문들을 엮어 발간한 이 저서에서, 뉴먼은 영국의 대학 교육이 추구해야 할 이념의 핵심적인 요소로서의 '자유교육'에 주목했다(Ker, 2011: 20). 간단히 말하면, 대학은 자유교육을 실시하는 곳이라는 것, 그리고 그 자유교육은 지력을 함양하는 것, 지적 탁월성을 추구하는

15) John H. Newman. (1801-1890)

16) 1873년에 발간된 뉴먼의 *The Idea of a University*는 두 권의 책을 묶어 만든 책이다. 하나는 1852년 발간된 *Discourses on the Scope and Nature of University Education*인데 이 책은 아일랜드 가톨릭 대학교(Catholic University of Ireland)의 설립에 앞서 뉴먼이 행한 강연문을 엮은 것이고, 또 하나는 1859년 발간된 *Lectures and Essays on University Subjects*로서 뉴먼이 이 대학의 초대 총장으로 재직하는 중에 집필한 강연문과 논문을 모아 엮은 것이다. 뉴먼의 『대학의 이념』은 21세기 접어든 오늘날에도 대학 교육에 관한 고전으로 간주된다(Ker, 2011: 20).

것을 목적으로 하는 것(Mulcahy, 2011)이라는 것이 그 주장의 핵심이다.

신분 계급에 대한 고려가 없을 뿐, 뉴먼의 생각은 아리스토텔레스의 관점을 토대로 하고 있다는 것이 사람들의 일반적인 해석이다. 두 가지 정도를 그 근거로 제시할 수 있다. 첫째, 뉴먼은 아리스토텔레스가 '자유인'이라고 한 것 대신에 '신사(紳士, gentleman)'라는 용어를 썼고, 이 말을 아리스토텔레스가 노예에 대립시켜 사용했던 것과 흡사하게 사용했다(이돈희, 1999: 59). 마치 육체노동에 종사하는 일이 노예들의 일이고 자유교육은 그런 일과는 상관없는 일이라고 했던 것처럼, 대학의 임무는 신사를 기르는 일이며 이 일은 실업교육이나 직업교육과 구별된다고 뉴먼은 주장했다. 둘째, 자유교육의 목적을 지력의 함양 또는 지적 탁월성의 추구라고 한 뉴먼의 입장은 인식론적으로 아리스토텔레스의 형이상학적 실재론을 토대로 한 것이었다(Mulcahy, 2008: 220). 지식은 실재에 대한 기술(旣述)이요, 설명이다. 그것을 구성하고 있는 수많은 요소들은 서로 간에 유기적으로 결합되어 있다. 인간은 그들 요소 각각을 포함해서 그들 간의 관계를 파악함으로써 그것을 이해한다. 그러므로 지식을 소유하고 있다는 말은 곧 그런 지식으로 표현되는 세계를 총체적으로 이해하고 있다는 말과 같다.

『대학의 이념』에서 제시된 대학 교육에 대한 뉴먼의 입장은 현대 대학 교육의 성격과 자유교육의 이념에 대한 이후 논의에 토대를 제공했다고 할 수 있다. 특히 자유교육을 '지식 탐구를 통해서 마음을 형성하는 일'로 규정한 그의 입장은 지식의 가치를 정당화하고 지식을 가르치고 배우는 일을 자유교육의 주요한 임무로 간주하는 주장들에 버팀목으로 작용했다. 뉴먼은 자유교육을 지식을 탐구하는 일로 규정하는 것과 함께 그러한 자유교육의 실천을 위해 세 가지 학문을 제시했다. 그에 따르면 지식 탐구는 실재에 접근하는 가장 확실한 통로이며 이를 위해서는 특별히 세 가지 학문, 곧 문학과 과학과 신학이 탐구되어야 한다(Mulcahy, 2008: 220).

자유교육에 대한 강조는 20세기 중반 미국에서도 목격된다. 우리에게 '파이데이아 제안(提案)'으로 잘 알려진 아들러[17)]가 허친스[18)]와 함께 수행한 일련의 사업이 그 한 예로 언급될 수 있겠다. 아들러는 자신이 시카고 대학에 재직하던 시절, 총장이었던 허친스와 함께 『서양 세계의 위대한 저서들』 시리즈[19)]를 발간하고 그것의 기본적

17) Mortimer Adler. (1902-2001)

18) Robert Hutchins. (1899-1977)

19) *Great Books of the Western World.* 이 시리즈는 초판이 1952년에 총 54권으로 발간되었는데, 74명의 위대한 저자들의 저작 443편으로 구성되었다. 1990년에 발간된 제2판은 총 60권으로

인 목적을 자유교육의 이념을 실현하는 데 두었다. 아들러에 따르면 학교교육의 기본은 일반교육이자 자유교육이며, 또한 비전문교육이자 비직업교육이다. 『위대한 저서들』이 대학교육 수준에서의 자유교육을 위한 것이었다면, 초중등 교육과 관련하여 아들러는 '파이데이아 제안'이라는 프로그램을 통해서 자유교육의 방법을 제시한다. 그에 따르면 학생들은 언어, 문학, 수학, 과학, 사회과 등으로 조직화된 지식을 배워야 하며, 몇 가지 기본적 지식들—읽기, 쓰기, 말하기, 듣기, 셈하기, 문제 해결, 관찰하기, 추정하기, 측정하기, 비판적으로 사고하기—을 획득해야 한다. 그리고 이 수준에서의 자유교육은 이후 위대한 저서들에 대한 공부와 창의적인 활동들을 통해 확장되어야 한다(Mulcahy, 2011).

1960년대 들어서 자유교육의 이념과 그것의 실현을 위해 제시된 교과 목록은 1960년대 중반 영국의 허스트[20)]가 '지식의 형식들' 개념을 통해 전개한 자유교육 논의로 대표된다고 말할 수 있다. 허스트에 따르면 지식이라는 것은 단순히 정보를 쌓아놓은 것이 아니다. 그것은 인류가 오랜 역사를 통해 성취해 온, 경험을 이해하는 복잡한 방식이다(Hirst, 1965: 122). 지식은 우리의 경험을 이해하는 방식이므로, 그것은 곧 사람들이 자기 스스로를 포함한 주변 세계를 대하는 여러 다양한 태도를 그 속에 반영하고 있다. 우리 마음이 세계를 대할 때 취하는 여러 가지 태도들—상상하고 분석하고 비판하고 부정하고 승인하고 등등—은 사실은 이들 각각에 해당하는 지식을 학습한 결과로 우리 마음이 발휘하는 행위의 양태들이라 할 수 있다. 지식을 학습하지 않으면 마음은 개발될 수 없다. 마음을 개발한다는 말은 사실은 지식을 획득한다는 말을 비유적으로 표현한 것에 불과하다고 할 수 있다. 허스트는 이들 지식을 일곱 개의 형식들로 열거하고, 자유교육을 그것들을 공부함으로써 마음을 개발하는 일로 규정한다. 1965년 논문에서 허스트는 그들 지식의 형식들을 수학, 자연과학, 인간과학, 역사, 종교, 문학과 순수예술, 철학으로, 그리고 1966년 논문(Hirst, 1966)에서는 과학, 수학, 역사, 도덕, 미학, 철학, 종교로 열거한다.

구성되었다.

20) Paul H. Hirst. (1927-2020)

6. 자유인을 위한 교육, 그리고 현대인의 두 가지 존재 속성

오랜 옛날부터 학문과 교육은 자유인의 전유물이었다. 자유를 누릴 수 없는 사람에게 학문과 교육은 허용되지 않았으며, 그 학문과 교육은 그것에 참여하는 사람들로 하여금 자유인이 될 것을 요청했다. 자유인들의 삶과 연결된 자유교육의 이념과 그것의 실현을 위한 자유교과 체계는 현대 들어서도 서양 학교교육의 목적과 그 교육과정의 골격을 이루고 있고, 우리의 학교교육과정도 큰 틀에서는 이것들로 구성된 교과체계를 토대로 하고 있다고 보아야 한다. 그런데 바로 이 점이 오늘날 우리 학교교육에 관한 대단히 중요한 문제와 연결되어 있다.

정의상 인간다움을 기르는 일을 의미하는 교육이 자유교과를 가르치고 배우는 일에서 시작되었다는 점은 우리에게 몇 가지 풀기 어려운 문제들을 제공한다. 우선 그것은 학교교육은 기본적으로 귀족적인 성격을 지닌다는 점을 말해 준다. 고대 헬라스 사회 자유인들은 그 정도에서는 달랐겠지만 나날이 생산노동에 종사할 필요가 없는 유산계급 사람들이었다. 생활을 유지하는 데 필요한 기본적인 것들은 노예나 여타 일꾼들이 해결해 주었으므로, 이 시대 자유인들은 생계를 유지하기 위한 생산노동의 필요에서 벗어나 있었다. 노동할 필요가 없었던 헬라스 시대 자유인들이 누렸던 여가, 곧 '스콜레'는 헬라스와 로마 학자들에 의해 학문 활동을 가리키는 말로 사용된다. 아리스토텔레스 같이 철학적 전통에 속한 학자들에게 그것은 사변적(思辨的) 학문 활동을 가리키는 개념이었으나, 이 말은 사실은 기원전 5~4세기에도 그랬고 헬레니즘 시대를 거쳐 로마로 전승되면서 라틴어 '스콜라(schola)'가 되는 내내 여러 다양한 학문 활동—문법, 수사학, 수학, 철학—을 가리키는 말로 두루 사용되었다. 우리는 흔히 '바쁘게 먹고 사느라 공부할 여가가 없었다'고 말하거나 또는 '생각할 여유를 달라'고 말한다. 여기서의 '여가'나 '여유'—영어로는 leisure—가 곧 고대 헬라스 사회 자유인들이 누린 스콜레에 해당한다. '학교'의 영어 단어 '스쿨(school)'은 바로 이 '스콜레'에서 왔는데, 학교에서 이루어지는 일이 원래부터 자유교과를 가르치고 배우는 일이라는 점에서 보면 적절한 명칭이라 하겠다.

그렇다면 학교라는 곳, 그리고 그곳에서 이루어지는 교육이라는 활동은 시쳇말로 '먹고 사는 일' 또는 생계를 위한 경제 활동과는 상관없는 것이었다고 말할 수 있겠다. 옛날 자유인들은 이런 일에 종사하지 않아도 문제가 없었다. 따로 그런 일들을 전담해서 챙겨 주는 사람들이 있었기 때문이다. 그러나 오늘날은 사정이 완전히 달라졌다. 특히 우리와 같이 적어도 정치적으로나 사회적으로 평등 사회를 지향하는 사회에서는, 극소수의 사람들을 제외하고는, 누구나 생산노동과 경제 활동에 종사하지 않고는 삶을 이어갈 수 없다. 옛날에는 여가를 소유한 계급과 노동에 종사하는 계급이 나뉘어 있었지만, 오늘날은 사람들 모두가 이 두 가지 활동을 동시에 수행해야 한다. 그러니까 현대인은 자유인이면서 동시에 직업인의 삶을 살아야 한다는 것이다.

그런데 자유교과로 구성된 교육과정을 운영하는 공공학교를 다니는 우리들은 둘 중에 어느 쪽에 더 관심이 많은가? 교육의 본질을 고려하면 마땅히 학교교육은 학생들이 자유인으로 성장하는 것, 인간다움을 갖추도록 하는 일에 집중해야 한다. 그러나 자본주의적 속성이 강한 우리 사회에서, 그리고 학력(學歷)과 학벌이 개인의 사회경제적 지위에 큰 영향을 미치는 우리 사회에서, 이는 참으로 실현키 힘든 과제가 아닐 수 없다. 학생들 본인이나 그 학부모들, 그리고 이들의 사적(私的) 기대를 더 충분히 반영하는 것이 학교교육을 민주화하는 길이라고 믿는 정치인들과 관료들에게, 학교교육은 돈 잘 버는 직업에 진출하는 통로일 뿐이며 인재를 양성하고 인력이나 심지어 인적 자원을 공급하는 수단일 뿐이다. 그러나 이 같은 학교교육의 도구화는 우리 사회 전반과 교육 영역 모두에게 심각한 현실적 부작용을 초래한다. 오늘날 우리 사회 학교교육과 관련된 문제의 근본적인 원인은 바로 여기에 있다고 말해도 과언이 아니다. 무엇을 어떻게 해야 할 것인가?

[제6주제] 교과 내용의 두 차원: 지식의 형식들과 사회적 활동들

■ 이 절에서 다룰 질문들:

- 이른바 '전기 허스트'와 '후기 허스트'는 어떻게 구분되는가?
- '지식의 형식들' 논의는 교과교육 전문가로서의 교사들에게 어떤 관점을 제공하는가?
- '프랙티스'는 무엇을 가리키는 개념인가?
- 교과를 '프랙티스로서 가르치라'는 요청은 교과를 어떻게 가르치라는 말인가?

앞장에서 우리는 현대 학교교과의 뿌리라 할 수 있는 자유교과 체계가 발달해 온 역사와 함께 현대적인 개념으로서의 자유교육 논의가 영미 교육철학계에 자리 잡는 과정도 살펴보았다. 이 장에서는 현대 자유교육론을 대표하는 학자라 할 수 있는 허스트의 관점을 좀 더 자세하게 다루어 볼 것이다. 허스트[21]는 피터즈와 더불어 영국 교육철학계를 대표하는 학자로 알려져 있다. 국내에서는 한때 교육철학 논의의 단골 메뉴로 각광받아 온 '자유교육'의 개념적 기반을 다진 사람으로, 교육철학을 공부하는 학생들이 반드시 익히지 않으면 안 되는 이론을 제공한 학자로 평가된다. 허스트는 자유교육의 의미를 '지식의 형식들(forms of knowledge)'의 중요성을 통해서 설명했는데, 이 논의들이 국내에서는 학문중심 교육과정을 이론적으로 뒷받침하는 논거로 활용되기도 했다. 그리고 1990년대 들어 '지식의 형식들'에 대해 이전에 자신이 펼쳤던 논점들을 다소간 유보하면서, 그 대안으로 '사회적 활동들(social practices)'이라는 개념을 제시한다. 우리는 이 장에서 한편으로 '지식의 형식들' 개념을 통한 허스트의 자유교육론을 이해하는 일과 함께, 다른 한편으로 그의 '사회적 활동들' 개념을 교과교육의 방법적 원리로 재해석하는 논의를 제시할 것이다.

1. 자유교육과 지식의 성격

허스트는 1965년 발간된 자신의 논문[22]에서 그 제목이 시사하는 바와 같이 자유교육의 의미를 지식의 성격을 토대로 규정짓고자 한다. 그의 이 논문은 이후 영미권 교육철학의 전통 속에서 하나의 큰 축을 형성하게 된다. 그리고 이른바 '학문중심' 교육과정 또는 '교과중심' 교육과정을 강조하는 경향과 함께 일종의 시너지 효과를 발휘하면서 그 중요성에 탄력을 받게 된다. 교육에서 '지적인 것'을 강조하는 경향, 곧 '주지주의적' 경향은 직간접적으로 자유교육에 대한 허스트의 주장과 연결되어 있다고 할 수 있다. 자유교육을 일곱 가지 종류의 지식을 가르치는 일로 규정지은 허스트의 입장은 어쨌거나 80년대, 심지어 90년대에 이르기까지 우리의 교육철학적 논의를 풍성하게 하는 데 큰 공헌을 한 것으로 평가할 수 있다.

1965년 논문에 나타난 허스트의 입장들 중에 우리가 주목해야 할 문제들 가운데

21) P. H. Hirst. (1927-2020)

22) "자유교육과 지식의 성격(Liberal Education and the Nature of Knowledge)".

하나는 허스트가 자유교육의 의미를 규정하는 데 사용한 '지식'이라는 것들은 어떤 성격을 지닌 것들인가 하는 점이다. 마틴에 따르면, 이 논문에서 허스트가 주장하고 있는 바의 요점은 자유교육을 '지식과 이해를 획득하는 일'로 규정하는 데 있다(Martin, 1981: 268). 허스트의 이 논의는 고대 헬라스적인 관점—플라톤의 인식론적 실재론—을 제시하는 일로부터 시작한다.

고대 헬라스적인 관점은 크게 두 가지로 요약될 수 있다. 하나는 인간의 특성에 대한 규정이다. 인간은 지구상의 다른 동식물들에서 찾아볼 수 없는 특성을 지니고 있는데 그것은 바로 마음을 갖고 있다는 점이다. 마음은 본질상 지식을 추구한다. 이는 마치 폐는 숨 쉬는 일을 하고, 눈과 귀는 보고 듣는 일을 하는 것과 같다. 지식을 추구하는 일은 좋은 삶을 추구하는 일의 핵심을 이룬다. 따라서 인간은 마음을 통해 지식을 추구함으로써 좋은 삶을 살고자 한다. 이것이 인간 존재의 본질이며, 인간이 마땅히 따라야 할 삶의 핵심적인 모습이다.

다른 하나는 지식에 대한 실재론적(實在論的) 관점이다. 플라톤을 포함해서 고대 헬라스 철학자들은 지식은 변하지 않는 것을 대상으로 하는 것이고, 그 점에서 지식 그 자체도 변하지 않는 것이라고 생각했다. 우리 앎의 대상은 변하지 않는 것이거나, 변한다고 하더라도 일정한 패턴에 따라 변하는 것이어야 한다. 대상이 아무런 일관된 형식도 없이 무작위로 끊임없이 변한다면 우리는 그 대상에 대해서, 다만 그것은 변한다는 사실 말고는, 아무것도 알 수 없다. 개별 사물은 일단은 우리의 감각 기관에 포착되지만, 그것을 '알려면' 여러 개별 사물들이 서로 공유하고 있는 일반적 형식을 추론할 수 있어야 한다. 그리고 이 일은 바로 우리 마음의 가장 핵심적 능력인 이성이 담당하는 기능이다. 인간의 마음은 이성을 올바르게 사용함으로써 사물의 본질적 성격을 알 수 있고, 무엇이 궁극적으로 참된 것이며 변하지 않는 것인지를 파악할 수 있다. 그리고 이는 지식을 획득한 사람은 더 이상 사물의 이런저런 기만적 외양이나 불분명한 의견과 믿음에 휩쓸리지 않는다는 것을 의미한다.

현대 자유교육론자들의 관점이 참조하고 있는 고대 헬라스적 맥락에서의 자유교육은 바로 이런 의미에서의 지식을 획득하는 일을 가장 중요한 요소로 삼는 것이었다. 그것은 다양한 시공간적 맥락에 따라 시시때때로 변화하는 개별자들에 대한 관심도 아니었으며, 그 어떤 다른 목적을 이루는 데 필요한 쓸모 있는 기능들을 전수하는 과정과도 거리가 멀었다. 자유교육은 인간의 변덕스런 의견들과 별개로 존재하는, 변하지 않는 대상에 대한 사변(思辨) 활동이었으며, 그 점에서 고대 헬라스적 의미에서의 '테오리아', 곧 '이론적 활동'[23]에 해당하는 활동이었다. 고대 헬라스 시대 이 같은 교육은 사실상 노예가 아닌 자유인을 위한 교육이라는 점에서도 자유교육이었지만, 그것보다 더 중요한 의미에서 그것은 인간의 마음을 그 본질적 성격에 따라 자유롭게 기능하도록 하는 교육이라는 점에서, 이성을 오류와 환상으로부터 자유롭게 하고 행위를 그릇됨으로부터 자유롭게 하는 교육이라는 점에서 자유교육이었다.

물론 허스트가 자유교육에 대한 이러한 고대 헬라스적 관점을 모두 고수했던 것은 아니다. 그것의 기반이 되는 형이상학적, 인식론적 실재론은 현대에 들어 더 이상 사람들의 지지를 받지 못하고 있으며, 이 점에 대해서는 허스트 또한 공감하고 있는 듯하다. 기실 1965년 논문을 통해 허스트가 하려고 했던 일은 고대 헬라스적인 의미의 자유교육을 그것이 토대로 하고 있던 형이상학적, 인식론적 실재론에 의존하지 않고 되살려 내는 것이었다. 허스트는 이 일을 '지식의 형식들' 개념을 부각시킴으로써 해내고자 한다. "자유교육의 의미는 이제 전적으로 지식의 형식들을 통해서 규정되지 않으면 안 된다"(Hirst, 1965: 122)는 것이다. 그렇다면 허스트는 '지식의 형식들'을 어떻게 설명하고 있는가? 다음에서 우리는 '지식의 형식들'에 대한 논의를 두 가지로 나누어서 진행할 것이다. 첫째는 허스트의 관점 속에서 읽을 수 있는 '지식'이라는 것의 성격에 대한 것이고, 둘째는 그것을 굳이 '형식들'이라고 지칭하는 이유에 대한 것이다.

2. 지식의 형식들

허스트에 따르면 지식은 단순히 정보의 수집물이 아니라 인간이 성취해 온, 경험을 이해하는 복잡한 방식이다(Hirst, 1965: 122). 지식은 우리의 경험을 이해하는 방식이므로, 그것은 곧 사람들이 자기 스스로를 포함한 주변 세계를 대하는 여러 다양한 태도를 그 속에 반영하고 있다. 우리 마음이 세계를 대할 때 취하는 여러 가지 태도들—상상하고 분석하고 비판하고 부정하고 승인하고 등등—은 사실은 이들 각각에 해당하는 지식을 학습한 결과로 우리 마음이 발휘하는 행위 양태들이라 할 수 있다. 지식을 학습하지 않으면 마음은 개발될 수 없다. 마음을 개발한다는 말은 사실은 지식을

23) 고대 헬라스적 의미에서의 '이론적 활동'은 현대적인 의미에서의 이론적 활동과는 많이 다른 활동이었다. 현대적인 의미에서 이론적인 활동은 '이론에 관한 활동' 또는 '이론을 다루는 활동' 등의 의미를 지니지만, 고대 헬라스적인 의미에서 이론적인 활동은 신이 창조한 세계, 곧 인간의 의도와 상관없이 존재하는 세계에 대한 관조 활동 내지 사변 활동을 의미했다.

획득한다는 말을 비유적으로 표현한 것에 불과하다.

지식은 공적인 성격을 띠고 있으므로 여러 사람들이 공통된 것으로 인지할 수 있으며 학습을 통해서 전수되고 획득된다. 인간이 하는 경험은 원래 사사로운 것이지만, 이들 경험은 사람들이 공통적으로 이해하는 상징체계를 통해 지식으로 전환된다. 원래 사적인 영역에 속해 있던 개인의 경험은 지식으로 전환됨으로써 이제 다른 사람들이 인지할 수 있는 공적인 것으로 확장된다. 동일한 개념 체계를 공유하고 있는 사람들은 그 개념 체계를 통해서 서로의 경험을 공유할 수 있게 된다. 선대(先代) 사람들은 자기들의 경험을 언어화하여 지식으로 성립시키고, 후대 사람들은 그 지식을 학습함으로써 자기들의 마음을 개발해 나가는 것이다. 지식을 매개물로 해서 세대 간에 의사소통이 이루어지고, 우리는 그것을 가리켜 교육이라고 부른다.

그런데 여기서 또 한 가지 중요한 논제가 등장한다. 허스트는 이러한 지식을 그냥 '지식'이라고 하지 않고 굳이 '지식의 형식들'이라고 부른다는 점이다. 인간 경험은 여러 다양한 모습으로 이루어져 왔고 그에 따라 그것을 이해하는 데도 여러 다양한 형태의 지식이 필요하다는 점은 누구나 수긍할 수 있다. 그러나 허스트는 지식에 여러 다양한 '종류들'이 있다는 정도에 그치지 않고, 그 각각을 '형식'이라는 말로 지칭함으로써 좀 더 특별한 의미를 부여한다. 모든 지식은 서로 구분되는 '형식'으로 구조화되어 있으며(Hirst, 1966: 42), 개별 '지식의 형식'은 그 각각이 공적인 상징체계를 사용하여 우리들 경험을 구조화한 것이다(Hirst, 1965: 128).

지식의 형식들은 다음과 같은 네 가지 특징을 보인다. 첫째, 지식의 형식들에는 각각에 독특한 핵심적 개념들이 있다. 이를테면 자연과학에서 중력, 가속도, 수소, 그리고 수학에서 수, 미분, 적분 등이 그런 것들이다. 둘째, 각 지식의 형식은 그것에 속하는 이들 개념이 유기적으로 연결되어 있고 그 결과 하나의 독특한 논리적 구조를 이룬다. 이처럼 독특한 방식으로 구조화된 개념 체계들은 다른 개념 체계들과 뚜렷이 구분된다. 예컨대 물리학에서 사용되는 용어와 진술들은 역사학에서 사용되는 그것과 뚜렷이 구분되는데 이는 각각에 특유한 논리적 구조 때문이다. 셋째, 지식의 형식들은 상징을 사용하여 만들어진 표현들이므로 각각에 해당하는 인간 경험들을 타당하게 표현하고 있는지를 검증할 수 있다. 특히 자연과학이라 불리는 형식에서 이 일은 대단히 중요한 부분을 차지한다. 넷째, 지식의 형식들은 그 각각에 해당하는 인간 경험들을 제대로 표현하고 있는지를 검증하는 데 필요한 기준들과 함께, 해당 경험 영역을 탐구하는 데 필요한 기술과 기법들을 포함하고 있다. 자연과학의 다양한 연구 기법들과 문학적 표현 기법들이 여기에 해당한다.

지식의 형식들은 각각에 독특한 용어와 개념, 그리고 그것들의 논리적 연결로 이루어진 진술들뿐만 아니라, 그것이 대상으로 하는 인간 경험 영역을 탐구하는 기법까지 포함하고 있다는 점에서, 우리가 통상 '학문'이라고 지칭하는 바로 그것들과 크게 다름이 없다. 허스트는 1965년 논문에서 이 같은 지식의 형식 또는 학문으로 일곱 가지—수학, 자연과학, 인간과학, 역사, 종교, 문학과 순수예술, 철학—를 열거하고 있다. 1966년 논문에서 제시한 목록—과학, 수학, 역사, 도덕, 미학, 철학, 종교—도 대동소이하다. 지식이 발전해 온 역사는 이들 논리적으로 독특한 형식들이 점진적으로 분화해 온 역사이며, 각각의 형식은 나름의 개념 체계와 타당성 검증의 기준을 제공함으로써 인간 경험에 대한 나름의 이해 방식을 제공해 왔다. 지식은 모두 지식의 형식들로 구분되어 우리에게 제시되므로, 지식을 배운다는 것은 바로 이러한 지식의 형식들을 배운다는 것을 의미한다.

3. 지식의 형식들이 갖는 '이론적 특성', 그리고 '실제'와의 관계

지식의 형식들에 대한 허스트의 설명에서 다음 두 가지에 주목할 필요가 있다. 하나는 '지식의 형식들'이 지니는 (허스트의 의미에서) '이론적(theoretical)' 특성이고, 다른 하나는 그것들을 배우는 일이 (허스트의 의미에서) '실제적(practical)' 사태에서 일어나는 것들을 이해하는 데 선결 요건으로 작용한다는 생각이다.

허스트는 지식을 그냥 '지식'이라고 하지 않고 굳이 '지식의 형식들'이라고 함으로써 그것들은 공적으로 승인되고 공유되는 상징 매체로 표현되어 있다는 점을 부각시킨다. 각각의 지식은 형식으로 존재한다는 말은 각각의 지식은 특유한 개념 체계와 논리적 구조로 이루어져 있다는 점에 주목하라는 뜻이다. 지식은 개인의 사유 속에서 암묵적으로 이루어지는 단계를 넘어 공적인 상징체계로 표현되었을 때, 다시 말하면 형식을 갖추었을 때, 비로소 교육적 의미를 지닐 수 있다. 학습자는 하나하나의 형식으로 조직되어 있는 지식을 배움으로써 각각의 형식이 표현하는 인간 경험을 이해할 수 있다. 자유교육이 추구하는 것은 학습자를 각 학문을 구성하는 개념, 논리, 진리 기준에 침잠(沈潛)시킴으로써 그 학문이 대변하는 인간 경험을 이해하는 안목을 기르는 것이다. 요컨대 자유교육에서는 학습자로 하여금 일단 일곱 가지 학문의 '언어'에 익숙하도록 하는 일이 가장 중요한 일이 된다. 개인의 지식이 성장한다는 말은 곧 이들 학문의 개념 체계와 타당성 검증 기준들에 점진적으로 숙달한다는 말과 같다(Hirst, 1965: 132).

영문 'theory'의 번역어로 사용되는 '이론'이라는 말은 흔히 부호나 상징, 또는 언어로 표현된 명제들의 결합체를 가리키는 말로 쓰인다. 언어는 본질적으로 추상이다. 언어로 표현되었다는 말은 이미 언어 이전에 구체물로 존재하는 그 어떤 것을 추상했다는 것을 의미한다. 추상은 구체물이 지닌 여러 다양하고도 자잘한 속성들을 제거하고 한 통속으로 묶을 수 있는 대상들의 공통적인 속성만을 추려 내는 과정을 가리킨다. 이는 플라톤적인 의미에서 지식이 성립하는 과정과 크게 다르지 않다. 지식은 시공간을 점유하고 있는 구체적인 개별자들이 공통적으로 지니고 있는 속성을 가려낸 결과로 성립하므로, 지식화된 것—idea 또는 form—은 더 이상 시공간을 점유하지 않으며 따라서 변하지도 않는다. 이론을 이 같은 의미로 사용할 때 우리는 항상 이론 이전에, 추상화 또는 지식화 또는 이론화되기 이전의 사태나 상태를 가정하게 된다. 위에서 개별자 또는 구체물이라는 말을 썼지만, 많은 경우 우리는 그러한 사태나 상태를 일러 '실제(practice)'라는 말로 가리킨다.

허스트 자신은 자유교육을 '교육 일반'과 동일시하는 것은 아니라는 점을 밝히고 있지만(Hirst, 1965: 136; Hirst, 1974: 96), 그럼에도 불구하고 우리는 그가 자유교육, 곧 지식의 형식을 가르침으로써 마음을 개발하는 교육을 대단히 중요시하고 있다는 점을 쉽게 읽을 수 있다. 장차 무엇을 하려는 사람이건 간에 일곱 가지 지식의 형식들을 배우는 일은 그의 삶 전체가 좋은 삶이 되도록 하기 위해 반드시 거쳐야 하는 과정이다. 말하자면 '이론적' 지식을 배우는 일은 좋은 삶의 '실제'를 영위하기 위한 선결 요건이 된다는 것이다. 만약 그의 생각이 구체적인 삶의 사태—실제—와 그것에 대한 이해 방식들—이론—간의 구분을 상정하고 있다면, 우리는 여기서 또한 허스트가 실제와 이론을 어떻게 관련 맺고 있는지를 미루어 짐작할 수 있다. 이론의 각 영역—일곱 가지 지식의 형식들—을 잘 배우면 그것이 결국에는 삶을 합리적으로 사는 데 기반이 된다. 삶의 실제는 그 삶을 사는 주체의 이해를 바탕으로 시작되는 것이고, 따라서 그것을 이해하는 일이 선행해야 하며 이 일은 지식의 형식들을 익히는 일로부터 시작된다. 각각의 지식의 형식이 제공하는 방식으로 인간 경험을 이해하게 되면 학습자는 결국 자신의 경험 또한 그에 상응하는 방식으로, 다시 말하면 합리적으로, 조직할 수 있게 되는 것이다.

4. '지식의 형식들'에서 '사회적 활동들'로

허스트의 1965년 논문은 국내에서 영미권의 분석적 교육철학을 연구하던 사람들에게 상당히 오랜 기간 동안 흥미로운 공부 거리를 제공해 주었고, 특히 20세기 초 미국에서 유행했던 탈주지주의적 경향—진보주의 교육 또는 생활적응 교육—에 거부감을 느꼈던 학자들에게 그것에 대한 저항의 이론적 근거를 마련해 주기도 했다. 그의 자유교육관, 지식의 형식들과 연결된 여러 개념적 요소들은 그것을 적극적으로 수용하는 편에서나 아니면 그에 반대하는 편에서나 꽤 흥미로운 논의들을 유발하는 재료로 작용했다. 그런데 그러던 중에 1990년대 들어 허스트 본인으로부터 전혀 '허스트답지 않은' 논제가 발표되었다. 1993년에 발간된 자신의 정년 기념 논문집에 게재한 논문(Hirst, 1993)을 통해서 지난 6~70년대 자신이 주장했던 자유교육에 대한 기본적인 관점들과 상당히 다른 관점을 표명한 것이다. 허스트의 이 논문—"교육, 지식, 그리고 프랙티스들(Education, Knowledge and Practices)"—이 발표된 후, 그의 변화된 관점은 기존 '지식의 형식들' 논제만큼이나 국내에서 활발히 논의되기 시작했다.

"교육, 지식, 그리고 프랙티스들"(Hirst, 1993)은 1960년대 이후, 그러니까 영미권에서 교육철학이 하나의 독립된 학문으로 성립한 이후, 영국 교육철학계가 보인 연구 동향에 대한 회고록이자, 최근 이루어져 온 새로운 연구 동향에 대한 분석이다. 허스트에 따르면 1960~70년대 영국 교육철학은 그 당시 영국 철학계를 지배하고 있던 분석철학적 기법과 엄격한—또는 경직된—합리주의(hard rationalism)를 배경으로 출발했다. 그러나 세월이 흘러 이 두 경향은 쇠퇴했고 그에 따라 교육철학도 심각한 변화를 겪지 않을 수 없었다. 1965년 논문에서 제시했던 지식의 형식들 개념, 그리고 그것을 통해서 규정되었던 자유교육의 성격에 대해서 이제 허스트는 상당히 다른 입장에 서게 된다. 교육은 일차적으로 지식을 가르치고 배우는 일에 관한 것이라기보다는 '사회적 활동들(social practices)'을 가르치고 배우는 일에 관한 것이라는 생각으로 바뀌게 된 것이다.

허스트의 관점 전환은 그간에 있었던 서양 철학 전반의 변화에 대한 허스트의 반성이 낳은 결과라고 할 수 있다. 그리고 그 중심에는 여러 이론적 학문들의 성격에 관한 그의 변화된 생각이 자리 잡고 있다. 시기를 막론하고 허스트가 지녔던 관심은 합리적 교육 활동의 개념을 확립하고자 하는 것이었다. 그런데 그의 초기 저작들에서 허스트는 교육철학, 교육사회학, 교육심리학 등과 같은 이론적 학문들로부터 실제적인 이론(practical theory)을 개발함으로써 이 일을 이룰 수 있다고 믿었던 것 같다. 여러 학문들로부터 각각의 학문이 대상으로 하는 활동의 원리를 도출할 수 있다고 보았던 것이다. 활동을 합리적으로 수행하려면 그에 관한 학문을 획득하는 일이 반드시 선행해야 한다는 생각이 허스트를 지배하고 있었으며, 바로 이 생각의 연장선상에서 '지식의 형식들' 논제와 자유교육에 관한 일련의 주장들이 제시되었다고 할 수 있다.

그러나 세월이 흐르면서 허스트의 생각은 바뀌게 된다. 자신이 탐색하려 했던 바로 그 일은 결코 가능한 일이 아니라고 생각하게 된 것이다. 활동의 원리를 학문으로부터 도출하는 일은, 물론 초기에도 그리 쉬운 일이었던 것은 아니지만, 후기에 와서는 아예 논리적으로 가능하지 않은 일로 된다. '실제적인' 이론—또는 활동을 위한 이론—은 활동 그 자체의 내적 목적에 비추어 활동 그 자체를 점진적으로 갈고닦아 나감으로써 개발되는 것이며, 따라서 보다 합리적인 활동을 구성해 내려면 우리는, 마치 건물을 짓는 것처럼, 맨 아래 바닥에서부터 시작하여 위로 쌓아 올라가지 않으면 안 된다. 활동을 합리적으로 수행하려면 그에 해당하는 학문 또는 이론을 먼저 습득해야 한다는 이전 생각이 부정된 것이다.

5. 학문과 활동의 관계에 대한 허스트의 새 입장

앞에서 언급한 것처럼, 시대를 막론하고 허스트의 관심은 합리적 교육활동의 원리를 개발하는 것이었다. 허스트의 관점에서 보면 '교육이론'이라는 것도 결국에는 일종의 '프랙티스'로서의 교육 활동을 합리적으로 수행하기 위한 원리를 제공하는 데 그 일차적인 목적이 있다. 이 일을 이루어내기 위해 교육이론은 여러 기성의 학문들이 지금까지 성취해 놓은 다양한 이론적 지식들을 활용한다. 교육심리학, 교육사회학 등과 같은 교육이론은 기존의 심리학, 사회학 등과 같은 사회과학의 연구 결과를 활용한 결과로 성립한 것들이다. 그리고 여기에 그치지 않고 역사나 철학, 또는 그 밖의 많은 학문 분야들이 교육이론의 범위를 넓히는 데 활용될 수 있다. 요컨대 교육이론은 여러 다양한 '일차' 학문들을 '교육'이라고 지칭하는 활동 영역에 응용하여 그 활동이 합리적으로 수행되도록 하기 위한 원리를 개발하는 지식이다.

그러나 1970년대 들어 허스트는 이 입장에 대해 회의적인 태도를 갖게 된다. 교육이론이 여러 일차 학문들의 연구 성과를 활용하여 성립한 것이라는 생각은 이전과 다름이 없으나, 이들 일차 학문들—심리학, 사회학, 철학 등—이 인간 활동의 원리들과 어떻게 연결될 수 있는지는 그리 쉽게 결론 내릴 수 있는 문제가 아니라는 것이다. 사회과학이든 철학이든 인간 활동을 대상으로 한 것이라 하더라도 이들 학문이 제기하는 질문은 본질적으로 이론적인 것들일 수밖에 없다. 각 학문 영역에서 얻어진 결론들은, 비록 교육 활동에 관한 것이라 하더라도, 성격상 여전히 사회학적이고 심리학적이며 역사적인 결론들일 뿐, 결코 그 자체로 교육 활동을 위한 원리들일 수는 없다. 허스트가 든 예를 그대로 인용하면, 심리학자, 사회학자, 또는 철학자가 이를테면 학교에서 학생들을 분반하는 방법이라든지 체벌 사용이라든지 하는 문제들을 다룰 때, 그들은 각각 이들 장면에서 문제가 되는 심리학적, 사회학적, 철학적 이슈들을 다루는 것이지, 그 어떤 공통된 문제를 다루는 것이 아니다(Hirst, 1998a: 137). 각기의 학문은 실제의 복잡성을 각기의 고유한 개념 체계로 추상하여 다룰 수 있을 뿐이다. 그 어떤 학문 영역이든지 우리가 '교육'이라고 칭하는 활동 사태 전체를 온전히 다루지는 않으며, 따라서 그만큼의 간극이 양자 간에 존재할 수밖에 없는 것이다.

학문은 구체적 사태를 온전히 대변하지 못한다는 생각, 구체적 활동의 사태는 이론으로 기술될 수 없는 부분을 항상 포함한다는 생각은 사실 오래전부터 주장되어 온 여러 철학자들의 시각의 연장선상에 있는 생각이다. 허스트 또한 이 점을 염두에 두고 있었고, 자신의 주장을 뒷받침하는 여러 철학자들의 개념들을 언급하고 있다. 라일의 이른바 '명제적 지식(knowing-that)'과 '방법적 지식(knowing-how)' 간의 구분, 오우크쇼트의 '기술적 지식(technical knowledge)'과 '실천적 지식(practical knowledge)' 간의 구분, 일체의 인간 활동에 존재하는 '암묵적 요소'에 대한 폴라니의 지적 등은 인간 활동에는 끝내 언어로 형식화하여 표현할 수 없는 측면이 있다는 점, 따라서 행위를 합리적으로 수행하는 일은 언어로 표현되어 있는 학문을 익히는 일 그 이상을 행위 주체에게 요구한다는 점을 지적하는 입장들이라 할 수 있다.[24] 요컨대 합리적 교육 활동을 개발하려면 우리는 그것에 대한 학문—이론적 지식—들로부터 시작할 것이 아니라, 현재 이루어지고 있는 활동 그 자체를 고찰하는 일로부터 시작해야 한다는 것, 활동이 이루어질 때 그 활동 속에 실지로 구체화되어 있는 규칙과 원리, 그리고 활동을 수행하는 당사자들 스스로가 자기 활동의 성격을 규정짓고 또한 무엇을 해야

24) Gilbert Ryle, Michael Oakeshott, Michael Polanyi.

할지를 결정할 때 채택하는 지식, 신념, 원리로부터 시작해야 한다는 것이다.

합리주의 모델에 대해 이처럼 허스트가 부정적인 시각을 갖게 된 데는 현대 철학 연구물들의 영향이 크게 작용했다(Barrow & White, 1993: 6). 낡은 합리주의 모델은 이론과 활동 간의 관계를 규명하는 데 충분치 않다는 그의 견해는 매킨타이어, 윌리암스, 테일러, 케케스 등의 영향을 받아 형성된 것이다.[25] 허스트는 또한 1993년 논문의 후주(後註)에서, 행위 주체로서의 개인, 그들의 활동, 그리고 좋은 삶의 의미 등을 이해하는 데 아리스토텔레스주의적 시각의 영향을 깊게 받았음을 인정하고 있다. 여기에 하버마스[26] 비판이론의 영향까지 합쳐져서 이른바 '후기 허스트'의 관점은 '전기 허스트'의 그것과 사뭇 다른 형태로 전개된다. 그리고 그 핵심은 '이론적 지식'에 부여되었던 왕관이 박탈되었다는 점이다.

허스트 스스로 고백하고 있는 것처럼, 전기 허스트 이론의 주된 오류는 이론적 지식을 건전한 실천적 지식의 발전과 개인의 합리적 발달을 위한 논리적 토대가 되는 것으로 보았다는 점, 그리고 이 생각의 적용으로, 이론적 형태의 지식들을 교육하는 일을 그 밖의 것을 교육하는 일에 궁극적인 기초가 된다고 본 점이다(Hirst, 1993: 197). 허스트의 관점 내에서 '이론'과 '활동의 사태(또는 실제)'는 항상 쌍으로 붙어 다니므로, 그간에 이론에 주어졌던 무게중심이 이제 활동 쪽으로 옮겨 간 것이라 할 수 있다. 그리고 이 생각이 확대되어 결국에는 교육 전반에 대한 그의 생각 또한 큰 폭으로 바뀌게 된다.

> [허스트의 주장은] 단지 교육에서 실천적 지식이 더 일차적이라는 점을 주장하는 데 그치지 않고, [학생들을] 일체의 지식, 태도, 감정, 덕목, 기능, 기질과 관계 등을 포함하고 있는 구체적이고도 실질적인 사회 활동들의 복합체로 입문시킴으로써 개인의 발달을 이루는 일이 더 일차적이라는 점을 주장하기 위한 것이다. 교육에 가장 근본적인 것은 건강한 삶을 사는 것이며, 바로 이 활동들이야말로 개인의 건강한 삶을 구성하는 요소들이 된다(Hirst, 1993: 197).

전기 허스트가 교육의 핵심을 지식의 형식들을 가르치고 배움으로써 마음을 개발하는 데서 찾았다면, 후기 허스트는 학생들을 구체적이고도 실질적인 활동의 복합체로

25) Alasdair MacIntyre, Bernard Williams, Charles Taylor, John Kekes.
26) Jürgen Habermas.

입문케 함으로써 그들이 건강한 삶 또는 좋은 삶을 살도록 하는 데서 교육의 핵심을 찾았다.

6. 프랙티스[27]의 사회적 성격

후기 허스트 이론을 대하는 사람이 가장 먼저 제기할 만한 질문은 그의 변화된 관점에 가르치고 배워야 할 내용이 분명하게 제시되어 있는가 하는 것이다. 전기 허스트—지식의 형식들 담론—의 입장에서는 가르치고 배워야 할 내용이 비교적 뚜렷했다. 허스트로 하여금 1965년 논문을 발표하도록 만든 동기가 구체적인 교육 내용을 제시하는 일이었던 만큼, 전기 허스트에서는 교육 사태에서 가르치고 배워야 할 것이 무엇인지를 분명히 지적할 수 있었다. 그것은 바로 '지식의 형식들'이다. 이 일곱 개 지식의 형식들은 예컨대 학교에서 무엇을 가르쳐야 할 것인지를 묻는 이들에게 달리 의심의 여지가 없는 해답을 마련해 주었다. 후기 허스트에서는 어떤가? '사회적 실제로의 입문' 또는 '사회적 활동의 전통으로의 입문'이라는 논제로부터 학교에서 가르쳐야 할 것은 무엇인지에 대한 해답을 적어도 이전만큼 분명하게 얻을 수 있는가?

이전처럼 분명하게 꼭 집어서 이러이러한 것들을 가르쳐야 한다고 말하고 있는 것은 아니지만, 1993년 논문에서 허스트는 그러한 구체적인 내용이 선정되어야 할 기준 또는 경로는 어느 정도 제시해 주고 있다고 말할 수 있다. 그의 주장을 요약하면 다음과 같다. 첫째, 교육은 개인이 '좋은 삶'을 살도록 해야 한다. 좋은 삶은 역시 합리적 성격을 유지해야 한다(여기까지는 전기와 크게 다를 바가 없다). 둘째, 그런데 합리적 삶으로서의 좋은 삶은 사회적 관계망 속에서 발전되어 온 전통을 기반으로 할 때에만 성립할 수 있다. 좋은 삶의 의미가 개인적 차원에서 규정된다고 할지라도 그것은 결국에는 사회적으로 구성된 합리적 활동에 종사함으로써 획득될 수밖에 없다. 셋째, 그러므로 교육 내용은 일차적으로 특정한 구체적 사회 활동의 영역으로 학생을 입문시키는 것으로 이루어져야 한다. 그러한 활동들은 '사회적으로' 발전되거나 형성된 것들로서, 해당 사회를 구성하는 사람들이 개인적으로나 집단적으로 종사하는 행위의 패턴

27) 허스트에서 프랙티스(practices)는 언어화 또는 명제화되기 이전에 인간들이 수행하는 생생한 삶의 사태, 그 속에서 이루어지는 사람들의 일차적인 활동들을 가리킨다. 그 점에서 우리말 번역어로는 그것의 정태적인 측면—인간현상—에 주목할 때는 '실제', 그것의 동태적인 측면에 주목할 때는 다소 어색하기는 하지만 '활동'이라는 말을 사용해도 무방할 것 같다.

들이다. 전기 허스트의 '지식의 형식들'을 대체하는 후기 허스트의 '사회적 활동들'은 인간의 행위, 지식, 판단, 성공의 기준, 가치, 기능, 기질, 덕목, 감정 등, 기실 인간의 능력이 개입하여 이루어지는 모든 성취물들로부터 얻을 수 있는 요소들이 복잡하게 상호 연결된 꾸러미들이다(Hirst, 1993: 195). 말하자면 후기 허스트에서 교육 내용은 인간이 종사하는 활동 일체를 가리킨다고 해도 틀린 말이 아니다.

그런데 이들 활동들 가운데 구체적으로 어떤 활동의 세계로 학생들을 입문시켜야 하는지는 그 학생들이 기존에 어떤 사회에 속해 있는지에 따라 결정된다. 개인이 속해 있는 사회의 특성과 별도로, 그 어떤 추상적이고도 보편적으로 독립된 이성이 있어서 그것에 의해 학습자가 입문해야 할 활동 영역이 결정된다는 식의 생각을 이제 허스트는 인정하지 않는다. 허스트가 '활동(practices)' 앞에 굳이 '사회적(social)'이라는 수식어를 붙인 것도, 이들 활동들은 개인이 홀로 수행할 수 있는 것이 아니라 오직 다른 사람들과 함께, 말 그대로 사회적 관계의 망 속에서 수행할 수 있는 것들이라는 점과 함께, 가르쳐야 할 활동들은 사회적으로 결정된다는 점을 말하기 위해서였다고 할 수 있다. 그것을 '사회적' 활동이라고 한 것은 예컨대 정치적 활동, 종교적 활동, 경제적 활동, 예술적 활동 등등과 그것을 구분하기 위한 것이 아니라, 그것은 그야말로 특정한 사회를 배경으로 그 속에서 성립된 활동들이고, 따라서 어떤 활동을 가르쳐야 할지는 교육 활동을 수행하는 당사자들이 어떤 사회에 속해 있는지에 따라 결정된다는 점을 일러주기 위한 것이라고 보아야 한다.

물론 학습자가 성장해 갈수록, 어떤 활동들을 선택할지는 점차로 학습자의 개인적 필요에 더 크게 영향을 받겠지만, 그렇다고 하더라도 여전히 그 학습자는 자기가 속한 사회의 테두리를 결코 벗어날 수 없다고 보아야 한다. 그리하여 허스트에 따르면 학습자는 자신에게 주어진 일상의 물리적, 개인적, 사회적 맥락 속에서 합리적인 삶을 살아갈 수 있도록 하는 데 필요한 '기본적인 활동들'—예컨대 신체적 건강과 안전 유지, 재산과 금전의 기본적 관리, 타인과의 효과적 의사소통 행위와 개인적인 또는 보다 넓은 사회적 관계 유지 등(Hirst, 1996: 173)—로부터 시작해서, 개인적인 차원에서 각자의 합리적 삶을 구성하는 데 활용되는 대단히 선택의 폭이 넓은 여러 다양한 '선택적인 활동들'을 거쳐, 개인의 삶이 점차로 그 합리적 특성을 심화시켜 나가는 데 필요한 '선진적인 활동들'로 나아가게 된다. 마지막 범주의 활동들은 앞의 두 범주 활동들에 대한 비판적 반성 활동이라는 점에서 이차적인 성격을 띤다. 이론적인 활동 또는 학문적인 지식을 추구하는 활동들은 이러한 이차적인 활동들로서, 비교적 소수의 사람들에게서만 주요한 요소로 취급될 법한 활동들이다. 요컨대 인간 일반이 종사하는 수많은 활동들 가운데 어떤 것들을 가르쳐야 할지의 문제는 일단은 학습자가 속해 있는 사회적 맥락을 참조하여 결정할 수밖에 없다. 개인은 항상 그 어떤 특정한 사회적 맥락 속에서 삶을 영위하므로, 그가 성장하는 중에 배워야 할 활동들은 바로 그가 속한 사회적 맥락이 결정해 준다.

7. 허스트 관점의 재구성

후기 허스트를 이해하는 데 있어서 그 출발점이 되어야 할 것은 인간 존재를 이해하는 허스트의 새로운 관점이다. 바뀐 허스트에 따르면 인간에게는 원래부터 주어진 자연적 욕구와 필요, 곧 신체적, 심리적, 사회적 욕구와 필요가 있다. 인간 삶은 간단히 말하면 이러한 욕구와 필요를 충족시켜가는 과정이다. 사람들이 수행하는 여러 다양한 활동들—practices—은 그러한 욕구와 필요를 충족시키기 위해서 집합적인 노력을 기울인 결과로 성립된 것들이다. 실제와 이론의 의미 또한 인간 존재와 그들의 삶에 대한 이와 같은 이해 방식 속에서 접근되지 않으면 안 된다.

후기 허스트의 관점이 전기의 그것과 많이 다르다고는 하지만, 크게 바뀌지 않은 것이 한 가지 있다. 그것은 이론과 실제 각각의 의미에 대한 허스트의 입장—이 둘 간의 관계를 보는 그의 입장은 앞에서 이미 말한 바와 같이 후기에 와서 많이 달라졌다—이다. 그것을 토대로 허스트의 입장을 재구성해 보면 다음과 같이 기술될 수 있다.

(1) 논리적으로나 시간적으로나 우선은 실제 현상이나 사태 또는 활동이 먼저 존재한다. 여기서 '먼저' 존재한다는 것은 인간의 사고가 이루어지기 이전에 존재한다는 의미다. 인간 사고는 자연 현상을 대상으로 해서 이루어지기도 하고, 인간이 개입해서 이루어지는 사태 또는 인간이 수행하는 여러 활동들을 대상으로 해서 이루어지기도 하지만, 허스트는 이들 간에 구분을 두지 않는다. 또한 허스트는 인간 활동들 중에서도 사회적 활동과 기술적(技術的) 활동, 곧 다른 사람들과 교섭하는 활동과 생명 유지에 필요한 물건을 생산하는 활동 사이에도 구분을 두지 않는다. 자연 현상이든, 사람들 간에 이루어지는 활동이든, 물건을 생산하는 활동이든,[28] 이들은 '실제'로서 그에

28) 인간 활동을 이처럼 세 가지로 구분한 것은 아리스토텔레스의 구분법에 따른 것이다.

대한 인간 사고가 이루어지기 이전에 존재한다.

(2) 그 다음에 그러한 실제에 대한 인간의 이해와 사고가 있다. 사람들은 그들의 눈앞에 펼쳐진 자연현상—이후에는 이른바 '인간현상'까지 포함해서—에 대해서 그것이 왜 그런 모양으로 전개되는가를 이해하고자 하며, 또한 그들의 활동을 그 어떤 목적에 맞도록 하려면 어떤 방향으로 수행해야 하는가를 사고해 왔다. 그리고 그러한 이해와 사고의 결과를 부호와 상징체계를 사용하여 지속적으로 축적해 왔다. 이러한 과정을 거쳐 축적된 지식은 이후에 이루어지는 이해와 사고가 보다 깊고 타당하게 전개되도록 하는 기능을 한다. 전기 허스트는 이 지식을 일곱 가지 형식으로 구분하고 그것을 가르침으로써 인간의 마음을 개발하는 일을 자유교육의 핵심으로 간주한다. 이 일곱 가지 지식에는 자연현상에 대한 과학적 지식—물리학과 같은 자연과학—도 포함되고, 인간현상에 대한 과학적 지식—사회학, 역사학 등과 같은 사회과학—도 포함되며, 인간 활동에 대한 목적론적 진술체계들—도덕, 철학—도 포함된다. 허스트는 이 일곱 가지 지식의 형식들을 가리켜 '이론적 지식'이라고 부른다.

(3) 따라서 허스트가 말하는 '이론'은 사고가 이루어지기 전에 이미 존재하는 '실제'에 대해 인간의 사고가 이루어진 후에 그 결과로 성립된 명제들의 체계를 가리키는 말이다. 허스트가 여러 곳에서 '이론적 지식'과 '명제적 지식(propositional knowledge)'을 동일한 것을 가리키는 말로 쓰고 있는 것을 보면 이 점을 알 수 있다. 이론적 지식 또는 명제적 지식을 다루는 인간 능력을 가리켜 '이성'이라고 하며, 적어도 전기 허스트에 있어서 이 능력은 인간의 다른 모든 능력들의 기초가 되는 것으로 간주되었다. 그러므로 행위를 합리적으로 수행하려면 우리는 먼저 이러한 이론적 지식들을 가르치고 배워야 한다.

(4) 그러나 후기 허스트에 와서 이들 이론적 지식과 인간 활동 간의 관계가 불분명해졌다. 곧 지식을 가르치고 배운다고 해서 그에 해당하는 활동이 합리적으로 이루어진다고 보장할 수는 결코 없다는 것이다. 왜 그런가? 실제, 그 가운데서도 특히 인간의 활동과 그것을 대상으로 해서 이루어진 지식 간에는 간극이 존재하기 때문이다. 지식을 이루는 언어는 결국 구체물을 추상한 부호 체계이며, 따라서 구체적으로 이루어지는 실제를 온전히 대변하지 못한다. 지식을 제아무리 정교하고 세밀하게 기술한다고 하더라도 그것은 결코 실제를 완벽하게 재현하지 못한다. 지식이라는 것 자체의 성격이 원래 그렇기 때문이다. 오우크쇼트의 'practical knowledge', 라일의 'knowing-how', 폴라니의 'tacit knowledge' 등의 개념을 통해 우리는 이 점을 확인할 수 있다. 그렇다

면 이는 인간 이성의 불완전성을 노출하는 것인가? 여기서 후기 허스트의 추가적인 논지가 개입된다.

(5) 전기 허스트와 후기 허스트 간의 중요한 차이점 중 하나는 후기에 와서 인간 이성의 활동 무대가 대폭 확장되었다는 점이다. 허스트의 원래 관점에서 이성은 일단은 실제를 대상으로 사고하고 이해하는 데 작용하는 능력이었다. 구체적인 실제에서 그 형식들을 도출해 내는 일이야말로 이성의 가장 고유한 영역이었으며, 그 점에서 플라톤적 의미에서의 '에피스테메'를 성립시키는 것이 이성의 역할이었다. 말하자면 이성이 하는 일은 대상들이 지닌 공통적인 속성을 걸러내어 그것으로부터 '이치(理致)'를 추출해 내는 것이다. 이는 구체로 존재하는 대상의 세계를 추상하여 언어화할 때 불가피하게 겪을 수밖에 없는 과정이라고 할 수 있다. '변증(辨證)' 또는 문답의 과정을 통해서 귀납적으로 이끌어 낸 것들이 이에 해당한다. 언어화된 지식이 말 그대로 '논리적(論理的)' 성격을 띠는 것은 이 때문이다. 그런데 후기에 와서 이 같은 인간의 합리적 능력은 비단 언어화된 지식 또는 명제적 지식의 영역에만 국한되지 않고, 대상이 언어화 또는 명제화되기 전의 상태, 곧 실제 그 자체에서도 작동하는 것으로 파악된다. 위 문단에서 오우크쇼트, 라일, 폴라니 등이 개념화한 영역이 여기에 해당한다. 허스트는 여기에 주목하고 이 영역에서도 이성은 충분히 그 능력을 발휘한다고 생각하게 되었다. 뿐만 아니라 이 영역에서 작용하는 이성은 실제를 명제화하는 데 작용하는 이성보다 훨씬 더 원초적이고 포괄적인 방식으로 작동하는 이성이다. 인간은 자연적 욕구와 필요를 지닌 존재이고, 그가 삶을 살면서 수행하는 활동들은 모름지기 구체적인 삶의 세계에서 그와 같은 신체적, 심리적, 사회적, 정서적 욕구와 필요를 충족시킴으로써 좋은 삶을 영위하는 것을 목적으로 수행된다. 인간을 인간답게 하는 것들은 일차적으로 실제에서 이루어지는 활동들이다. 그렇다고 하면, 실제의 영역에서 작용하는 이 이성이야말로 이런 의미에서의 인간 존재, 인간 삶의 성격에 더 적합한 이성이다. 허스트는 이 이성을 앞의 '이론을 성립시키는 이성'—이론적 이성—에 대비하여 '실제에서 작용하는 이성'이라는 의미에서 '실제적 이성(practical reason)'이라고 부른다(Hirst, 1996: 170; Hirst, 1998b: 18; Hirst, 2002: 129-30).

8. '프랙티스' 개념의 교육적 의미

후기 허스트의 관점에서 '실제'와 '이론'의 의미는 기실 우리들 일상에서 일반적으로 통용되는 그것의 의미와 크게 다르지 않다. 흔히 우리는 이론은 실제와는 다른 것이라고 말하고, 그 근거로 실제는 그야말로 진짜로 존재하는 것인 반면에 이론은 그것을 언어화한 것에 지나지 않는 것이라는 점을 든다. 이론을 통해 사실을 설명하거나 또는 그것을 기반으로 미래에 일어날 일들을 예측하려 할 때, 통상 우리는 이론은 이론일 뿐이고 실제 또는 현실은 그것과 다를 수 있다는 점을 상정하고 둘 간의 불일치를 어느 정도는 당연하게 받아들인다.

후기 허스트 또한 이런 불일치를 수용한다. 그러나 그 불일치는 이제 더 이상 하나의 문제점으로 간주되는 것이 아니라, 오히려 실제 영역의 독립성을 부각시키기 위한 근거로 작용한다. 허스트에 있어서도 이론은 이론이고 실제는 실제이지만, 이제 더 이상 실제는 이론을 통해서 수행될 것이 아니라 그 자체의 원리에 따라 수행될 수 있다. 실제 그 자체로부터 형성된 지식—실제적 지식—이 있고 그것을 대상으로 하는 이성—실제적 이성—도 있다. 그리고 이들 실제적 지식, 실제적 이성은 실제적 삶을 사는 활동가들(practitioners)에게서 그 가장 전문적인 형태를 찾아볼 수 있다. 실제의 제일선에서 활동을 직접 수행하는 활동가들의 생생한 지식이야말로 그것 그대로 교육의 내용이 되어야 한다는 것이 후기 허스트의 주된 주장들 중에 하나인 것도 이 때문이다.

프랙티스 개념을 기반으로 한 후기 허스트의 교육이론은 사실은 '무엇을 어떻게 가르쳐야 할 것인가' 하는 종합적인 질문의 관점에서 탐구될 필요가 있다. 다소 거친 표현이기는 하지만, 만약 이 질문에 대해 후기 허스트는 '교과를 프랙티스로서 가르쳐야 한다'고 대답했다면, 이 말은 곧 가르치고 배워야 할 것은 그것이 어떤 영역의 것이든 간에 우리 지적 활동의 산출물로서의 정지되어 있는 지식 그 자체가 아니라, 그런 지식이 있게 한 우리의 지적 활동이어야 한다는 말을 뜻한다. 우리는 우선은 지식 그 자체를 소재로 해서 교육 활동을 시작할 수밖에 없지만, 그것이 제대로 이루어지려면 그 지식이라는 것들을 말하자면 시쳇말로 '소장용'으로서가 아니라, 각 지식에 해당하는 활동들을 위한 수단 혹은 매개물로서 다루어야 한다. 그리고 그 점에서 프랙티스는 '정지된 지식'의 상대어인 셈이다.

제 11 장

지식의 성격과 교육

[제7주제] 두 가지 지식과 두 가지 교육: 플라톤과 이소크라테스

■ 이 절에서 다룰 질문들:
- 학교교과를 구성하는 지식의 기원은 무엇이며, 어떤 구체적 인간 활동을 위한 것인가?
- 플라톤은 어떤 지식을, 어떤 방법을 통해 추구했는가?
- 이소크라테스는 또한 어떤 지식을, 어떤 방법을 통해 추구했는가?
- 이 두 가지 지식은 교육활동을 실천하는 일에 관해 어떤 의미를 제공하는가?

앞선 세대가 자라나는 세대를 교육하고 훈련하는 일이 언제부터 시작되었는지는 모르겠지만, 그것이 일정한 형식을 갖추고 이루어지기 시작한 것은 문자가 발명되고 그 문자로 인간들의 여러 다양한 경험을 기록할 수 있게 되면서부터였다고 할 수 있다. 문자 사용에 따른 경험의 축적은 해당 경험의 수준을 심화, 확장시켰고 그 결과 세대 간에 경험을 전수하고 전수받는 일이 개별적인 차원에서는 불가능한 단계에 이르게 했다. 그리고 그와 더불어, 축적된 경험 그 자체를 대상으로 한 사유가 전문성을 띠면서 그것을 체계화하는 것과 함께 후속 세대에게 전수하는 일을 전담하는 사람과 공간이 생겨났다. 학교라고 불리는 교육 기관의 출현은 문자를 통한 지식의 축적과 그 축적된 지식의 확대와 전수의 필요성에서 비롯된 것이라고 할 수 있다. 그러므로 한 시대, 사회의 교육은 어떠했는가를 이해하는 데는 그 시대, 사회를 산 사람들은 어떤 지식을 향유했는가를 탐구하는 일이 관건이 된다. 이 장에서 우리는 현재 우리의 학교에서 가르치고 배우는 교과 지식들은 언제, 어디서, 누구에 의해, 어떤 동기로 시작되었는지를, 두 가지 전통을 참조하면서 논의할 것이다. 대상의 본질이 무엇인지를 탐구할 때 가장 중요한 일은 그것의 기원을 따지는 것이다.

1. 지식의 형성과 교육의 시작

서양 맥락에서 교육의 기원을 연구하는 적절한 출발점은 고대 헬라스, 그중에서도 도시국가 아테네다(Boyd, 2008: 30). 특히 '교육의 세기(the pedagogical century)'라고 칭하기도 하는 기원전 5세기 중엽부터 4세기 중엽에 이르는 근 일백 년의 기간은 이후 인류가 경험하게 될 문명과 교육의 역사에서 대단히 특별한 의미를 지닌다. 바로 이 시기 중에 이후 2,500년간 인류가 향유하게 될 지식의 근간이 마련되었기 때문이다. 교육이라는 인간 활동은 지식의 축적이 없었으면 가능하지 않았을 것이므로, 교육의 기원과 발전 역사를 탐구하는 사람에게는 서양의 학문적 지식에 기반이 된 이 시기가 대단히 중요하다.

'교육의 세기'에 고대 헬라스인들은 이전과는 다른 새로운 지식의 도래, 새로운 지식인들의 등장으로 일종의 지적 계몽을 경험한다. 새로운 시대를 맞이한 헬라스 젊은이들은 성격이 다른 두 가지 비전을 통해 성장의 기회를 경험했다. 한 부류의 청년들은 공공생활에 참여할 준비를 갖추고자 하는 청년들로서, 이들은 '소피스트'라 불린 웅변교사들에게서 연설 능력을 전수받아 당시 발달된 민주정을 구가하던 아테네 사회에서 정치적 명성을 얻으려는 사람들이었다. 다른 한 부류는 기원전 6세기경부터 형성된 이른바 자연철학의 전통을 따르면서 학문을 그 자체의 가치로 추구하려는 젊은이들이었다(Boyd, 2008: 56).

각각의 청년 집단을 가르치는 교사들도 물론 갈려 있었으니, 그 교사 집단들은 지식이라는 것 자체의 성격에서부터 그것을 가르치고 배우는 활동의 방식까지 다르게 규정했다. 기원전 4세기에 이르러, 초기에 이 두 집단을 이끌었던 지식인들은 두 사람의 아테네인 교사, 이소크라테스와 플라톤이 각각 설립한 학교를 중심으로 교육 활동을 수행해 나갔다. 이 두 아테네인은 한편에서는 프로타고라스와 고르기아스 같은 초기 소피스트들의 상대주의적, 회의주의적 지식관과 또 한편에서는 소크라테스가 물려준 보편적, 절대적 지식관 위에서, 서로 강력한 라이벌 구도를 형성했다. 이 두 사람의 위대한 교사가 형성했던 관계를 한 역사가는 고전기 교육의 전통을 떠받치고 있는 두 개의 거대한 기둥에 비유하기도 한다(Marrou, 1964: 135).

이소크라테스와 플라톤은 동서양을 막론하고 학문과 교육을 공부하고자 하는 사람들에게 가장 중요한 인물로 간주된다. 인간 삶을 대상으로 해서 성립하는 '지식'이라는 것, 그리고 그것을 탐구하고 전수하는 방법에 관한 이들의 견해는 교육을 대상으로 한 사유에 기초를 제공한다. 이 둘 간에 지식의 성격과 그것을 가르치고 배우는 활동을 규정짓는 방식을 두고 발견되는 차이점은 교육이 무엇인지에 대한 우리 사유가 시작되는 기점이 된다.

2. 인간 삶을 대상으로 한 사유의 시작: 소피스트들과 소크라테스

한자어로 '철학(哲學)'이라 칭하는 필로소피아는 원래는 사람들의 행위와 삶을 대상으로 한 사유 체계가 아니었다. '뮈토스'—전해 내려오는 이야기—가 지배하던 사회에서 그 대항 세력으로 등장한 철학은 원래는 자연계를 대상으로, 그것의 원질이라든가 그 운행의 원리 등을 탐구하는 활동이었다. 그러던 것이 인간사(人間事)를 대상으로 그 영역이 확장된 데는 특별한 계기가 작용했다. 기원전 5세기 헬라스 세계에서 활동했던 시식인들이 이 계기를 만드는 데 결정적인 역할을 한 것이다.

기원전 5세기 헬라스 사회에서 활동했던 지식인이라면 우리는 단연 소크라테스[1]를 떠올린다. 기실 오늘날 우리가 '철학'이라 칭하는 학문 전통은 그 제자 플라톤의 저작들을 통해서 형성된 것이고, 플라톤의 그런 사상 체계는 바로 소크라테스라는 위대한 스승이 없었다면 가능하지 않았을 것이기 때문이다. 그런데 소크라테스의 역할들 가운데 특히 주목할 것은 그 전까지 있어온 헬라스 자연철학의 전통이 바로 소크라테스 시대에 와서 일대 전환점을 맞게 된다는 점이다.

소크라테스

콘포드는 오늘날 서구 과학이 발전한 데 기반을 제공했다고 할 수 있는 이른바 '자연철학'이 이오니아 지방 출신의 철학자들에 의해 대단히 활발하고 광범위하게 탐구되고 있었음에도 불구하고, 그들의 그런 활약이 소크라테스가 보기에는 그다지 만족스럽지 못했었다는 점을 지적한다(Conford, 1932: 29). 소크라테스의 주된 문제의식은 이른바 우주의 원질을 탐구하는 이들은 우리 인간이 삶을

1) Σωκράτης. (기원전 470-399)

살아가는 데 전혀 도움이 되지 않는 말들만 하고 있다는 점에 있었다. 자연철학자들과 달리 소크라테스는 인간의 관심사, 곧 사람이 개인으로서 또는 시민으로서 훌륭해지려면 어떠해야 하는지 등과 같은 문제들을 논해야 한다고 주장했다. 이런 분야에서의 지식을 갖추어야만 비로소 고귀한 인격을 지닌 자유인으로서 살 수 있으며, 반대로 이런 분야에서의 무지는 사람을 노예와 하등 다를 바 없는 존재로 전락시킨다는 것이다. 철학이 밝혀내야 할 것은 태초에 우주는 어떻게 시작되었는가, 그것의 원질은 무엇인가 하는 등의 문제가 아니다. 소크라테스는 이제 철학은 인간 삶의 근본적인 목적은 무엇인가, 우리는 하루하루 일상을 어떻게 살아야 하며 매 순간 어떻게 행위해야 하는가 등을 주된 탐구 주제로 삼아야 한다고 주장했다.

이처럼 학문의 관심 영역을 인간 삶과 행위로 옮겨 놓은 일은 소크라테스가 이룬 가장 중요한 공적이라 할 수 있다. 그런데 우리가 여기서 주의할 점이 있는데, 그것은 이 일이 반드시 소크라테스 혼자만의 공적이라고는 할 수 없다는 점이다. 소크라테스 이전에 이미 '소피스트'라 불린 지식인들이 인간 삶과 행위들에 대한 학문적, 교육적 담론의 문을 열었고, 소크라테스의 철학적 공헌 또한 이들의 선진적 주장들을 대상으로 해서 펼쳐진 것이었기 때문이다. 신학문을 아테네에 소개한 소피스트들이 아니었다면 소크라테스의 그 집요한 철학적 사유 또한 가능하지 않았을 것이다. 기존의 헬라스 학문 전통에 소피스트들은 어떤 변화를 가져왔는가?

최초의 소피스트로 알려져 있는 프로타고라스가 아테네에 처음 나타난 것은 소크라테스가 스무 살이 되던 해인 기원전 450년이다. 이후 수많은 소피스트들이 아테네로 계속해서 모여들었고, 그로부터 반세기가 지나기 전에 이들은 아테네의 학문과 교육을 거의 완전히 석권하다시피 한다(Boyd, 2008: 55-6). 소피스트들은 그들 자신의 특정한 학파를 구성했던 것은 아니지만 적어도 한 가지 점에서 공통적인 속성을 갖고 있었는데, 그것은 그들이 아테네 젊은이들에게 삶을 사는 기술을 가르치는 전문적인 교사들이었다는 점이다. 그들이 주로 가르쳤던 것은, 거스리의 용어를 빌리면, '아레테'의 습득이었다(Guthrie, 1975: 66). 소피스트 교육의 주제가 아레테였다는 점, 그리고 이 용어의 의미와 그것을 가르치고 배우는 일의 성격을 두고 소피스트들과 소크라테스 간에 치열한 논쟁이 벌어졌다는 점은 당대 지식인들 사회에서의 철학적 담론의 주요 소재가 이제 더 이상 우주의 원질 등과 같은 것이 아닌, 인간 삶과 행위에 관한 것으로 전환되었음을 보여 준다 하겠다.

그런데 인간 삶을 탐구했다는 점, 그리고 그 점에서 이들의 학문이 '휴머니즘을 향한 반발'로 나타났다는 점과 함께 우리가 주목해야 할 소피스트들의 특징이 또 하나 있다. 그것은, 삶의 지혜를 탐구하고 가르치는 일을 업으로 삼았다는 점 때문이겠지만, 소피스트들에게 학문적 태도 면에서 한 가지 공통된 관점이 발견된다는 점이다. 그것은 곧 절대적 지식에 대한 불신(Guthrie, 1975: 66)이다. 소피스트들이 공통적으로 절대적 지식에 대해 회의적인 태도를 갖고 있었다는 점은 헬라스 철학 전반을 이해하는 일과 관련해서 대단히 중요한 의미를 띤다. 그것은, 아이러니컬하게도, 소크라테스와 플라톤으로 이어지는 철학자들의 사유는 바로 절대적 지식에 대한 소피스트들의 회의적인 태도와의 대결을 통해 형성된 것이기 때문이다.

3. 플라톤의 실재론적 지식관: 소크라테스적 문제의식의 계승

당시 일반적인 아테네인들이 보기에 소크라테스도 한 사람의 소피스트였겠지만, 소크라테스는 여타 소피스트들과는 분명 다른 사람이었다. 앎의 바탕을 개인의 감각과 지각에서 찾았던 소피스트들과 달리 소크라테스는 명백히 그것들을 넘어서는 데서 앎의 본체를 찾으려 했으며 그 점에서 원래 의미에서의 철학[2]을 몸소 실천한 인물이었다. 감각적으로 경험하는 구체적 사물들이나 현상들 이면에서 그것들을 그러하도록 하는, 말하자면 '본질' 같은 것에 대한 물음을 지속적으로 제기했다는 면에서 소크라테스는 자연철학자들의 사유를 잇고 있다고 할 수 있다(이정우, 2011: 219). 청년 시절 자연학에 대해 환멸을 느꼈다는 사실을 그 제자들의 증언에서 확인할 수 있지만, 다른 한편 우리는 인간 삶과 행위를 대상으로 한 소크라테스의 사유에서 그 방법적 원리는 자연철학자들의 그것과 일치하고 있다는 점을 발견할 수 있다. 소피스트들에 의해 해체되었던 헬라스적 본질주의가 소크라테스에게서 부활하고 있음을 목격하게 된다는 것이다(이정우, 2011: 219).

소크라테스의 가장 확실한 제자였으므로 플라톤[3]은 바로 그 같은 소크라테스의 의지를 물려받았을 것이다. 거스리는 플라톤이 자신의 학문적 생애에서 가장 중요하게 갖고 있었던 동기는 바로 소크라테스의 죽음으로 자신에게 남겨진 그들 소크라테

2) 전통적으로 '필로소포스(철학자)'와 '필로소피아(철학)'라는 용어는 피타고라스 학파가 만든 것으로 알려져 있다(Thompson, 1868: 145). 이 말에는 피타고라스 학파가 추구했던 지적 활동과 그것의 결과로 생산된 앎의 의미가 들어있다.

3) Πλάτων. (기원전 428-348 또는 424-348)

스적 과업을 계승하는 것, 그리고 그 과업을 실천하는 중에 제기될 수밖에 없을 질문들에 대한 해답을 내놓는 것이었다고 지적한다(Guthrie, 1975: 81). 플라톤의 철학적 과업은 스승 소크라테스가 논박하고자 했던 소피스트들의 상대주의와 회의주의를 극복하는 하나의 포괄적 사상 체계를 확립해 내는 것이었다. 플라톤에 의해 헬라스 철학은 도덕적 측면과 형이상학적 측면이 통합되는 국면을 맞게 된다(Guthrie, 1975: 87).

플라톤

플라톤의 이데아론을 다루기 전에 '지식'이라고 불리는 것의 성립과 관련해서 다음과 같은 생각들이 있을 수 있다. 가장 첫 단계로서 우리는 '감각'이라고 불리는 것을 생각해 볼 수 있다. 사물과 사물의 움직임들로 이루어진 세계는 우선은 감각을 통해 인식된다고 주장해 보겠다. 감각이 없으면 외부 세계를 인식할 수 없다고 말하는 것이 상식적이지 않겠는가. 그런데 우리는 여기서 한 가지, 감각을 통한 인식도 일종의 인식이라는 점에 주의를 기울여야 할지 모른다. 감각은 우리 신체가 갖고 있는 감각 기관이 소리나 빛 등의 외부에서 주어지는 자극을 받아 그것을 화학적인 신호로 바꾸어 우리 뇌에 전달함으로써 이루어진다. 감각이 이루어지는 데 뇌의 활동이 필요하다는 말은 바꾸어 말하면 감각적 인식은 순수하게 감각기관의 작동만으로는 이루어질 수 없다는 점을 뜻한다. 감각기관의 작동으로 비로소 자극을 감지하는 것은 사실이지만 또한 그것만으로 감각작용이 일어난다고 할 수 없다. 대상을 '인식한다'는 말은 그것을 그 무엇인가로 인식한다는 말이고, 그 점에서 그것은 일종의 앎이 동반되는 활동을 가리킨다는 것이다. 그런데 여기에 한 가지 생각해 볼 문제가 있다.

그것은 인식을 이처럼 감각으로부터 시작하는 활동으로 설명할 경우에 이른바 주관성의 문제가 개입될 여지가 항상 존재한다는 점이다. 외부 세계로부터 오는 자극에 대한 느낌은 사람마다 제각각일 수 있으므로, 감각적 인식은 주관적이라고 할 수밖에 없다. 같은 시각에 같은 장소에서 부는 바람에 어떤 이는 춥다고 하고 또 어떤 이는 포근하다고 말하는 경우처럼. 감각적 인식의 이 같은 주관적 특징은 바로 소크라테스가 프로타고라스의 인간척도설을 언급하면서 문제 삼은 부분이다(『테아이테토스』 151d-152c). '앎은 다름 아니라 지각'이라는 테아이테토스의 발언에 대해서 소크라테스는 앎과 관련해서 프로타고라스도 그런 방식으로 설명했다고 지적하면서 그것을 인간척

도설이라 지칭한다. 앎은 주관적일 뿐이라고 말할 때 우리는 그와 동시에 그것은 상대적으로 성립할 뿐이라는 점을 함께 말할 수밖에 없게 된다. 그러니까 앎이라는 것은 주관적으로 성립하므로, 나의 앎과 타인의 앎은 서로 다를 수 있으며 나아가 그 가운데 어떤 앎이 더 올바른 앎인지는 말할 수 없게 되는 것이다. 소크라테스의 철학적 논박이 문제 삼는 가장 중요한 부분이 바로 이 부분이다.

그렇다면 어떻게 해야 할 것인가? 앎에서의 객관성 또는 객관적 앎을 확보할 수 있는 길은 없겠는가? 감각적 인식이 그 주관적 특성 때문에 상대주의를 피할 수 없다면 그것을 예방할 수 있는 길은 무엇이겠는가? 앎을 감각으로부터 분리해서 규정하면 되지 않겠는가. 그렇다면 감각과 무관하게 성립하는 앎이란 어떤 앎이며, 그것은 어디에서 오는가?

19세기 독일 철학자 헤르바르트[4]를 참조하면, 우리는 사물을 그 자체로 알 수 없다. 사물은 표상을 통해 우리에게 알려진다(Boyd, 2008: 415). 표상은 마음을 구성하고 있는 단위를 나타내는 개념(이환기, 1995: 51)이므로, 우리 앎은 그와 같은 표상들의 집합체가 되는 셈이다. 그런데 헤르바르트에 따르면, 표상의 집합체로서의 마음은 내부에서 형성·발전되는 것이 아니라 외부에서 형성된다. 다시 말하면 우리가 사물을 인식하는 일은 표상이라 불리는 일종의 매체를 통해서 가능한데, 그 표상들은 외부에서 형성된 것이라는 점이다. 어찌 보면 앎이라는 것은 우리의 주관적 활동이지만 그 기원은 바깥에 있다는 것, 곧 객관의 작용이 있어야 가능하다는 것이다. 우리 앎의 기원은 우리 바깥에 있다는 점은 플라톤 지식론의 한 가지 중요한 요소가 된다.

4. 플라톤의 지식론: 이데아론

플라톤의 사상 체계를 담고 있는 대화편들은 철학의 거의 모든 주제들을 총망라하고 있고, 이들은 그 각각에서 대단히 다양한 주제들을 대단히 복잡하게 다루고 있다. 그러나 그럼에도 불구하고 이들 대화편 전체에 걸쳐 일관되게 나타나는, 그 점에서 그의 사유 전반을 꿰뚫고 있는 테마가 존재하는데, 그것은 이데아론이다(이정우, 2011: 240-1). 그의 이데아론은 존재론이자 인식론이다. 플라톤은 이데아론을 통해서 지식

4) Johann Friedrich Herbart. (1776-1841)

이라는 것은 무엇이며 그것은 무엇을 대상으로 하는 것인지를 밝히고자 한다. 그의 철학 체계 내에서 이데아는 곧 지식의 대상이자 동시에 그 지식이 성립하기 위한 근거가 된다. 이데아라는 개념은 플라톤 존재론의 핵심을 이루는 것인 만큼 이것을 이해하는 일이 플라톤적 지식관을 이해하는 데 관건이 된다.

플라톤은 선대 학자들에게서 앎의 대상은 시공간을 초월해서 존재하는 영원불변하는 대상이어야 한다는 점을 배웠다. 그리고 그는 그것을 피타고라스 학파의 수학적 사유와 결합시킴으로써 스승 소크라테스가 이루려고 했던 과업, 곧 인간사적 영역에서의 철학적 사유—도덕적 영역에서의 절대적 기준에 대한 탐구—의 가능성을 개진할 수 있었다. 플라톤에 따르면 앎의 대상, 곧 정의(定義) 가능한 대상은 '존재한다'고 말할 수 있다. 존재하는 것이므로 그것들은 감각적 대상으로 이루어진 세계—가시계 또는 현상계—가 아닌 곳, 시간과 공간을 초월한 세계에 존재한다. 이 세계에 존재하는 것들을 가리켜 플라톤은 '이데아'—εἶδος idea 形相—들이라고 말하고 그것들로 이루어진 세계를 '이데아계'라고 말한다. 사물의 이데아들은 우리의 관념 속에 존재하는 것이 아니다. 그것들은 우리의 주관과 독립해서 존재하며, 뿐만 아니라 그것들로만 이루어진 세계가 따로 존재한다. 지식의 대상은 이 이데아들이며, 지식은 곧 이 이데아들에 관한 것이다. 이를 좀 쉽게 설명할 수는 없겠는가?

이데아론이 담고 있는 아이디어는 우리의 일상 언어생활에 이미 붙박여 있다(Guthrie, 1975: 89-90). 예컨대 우리는 종류가 다른 두 가지 대상을 두고 동일한 형용사를 붙여 수식한다.[5] 술과 신발은 완전히 다른 사물이지만 우리는 그 둘을 가리켜 '좋은 술', '좋은 신발'이라고 한다. 또는 돌과 책임은 완전히 다른 대상을 지칭하는 말들이지만 우리는 그 둘을 두고 '무거운 돌', '무거운 책임'이라고 한다. 이 경우들에서 우리는 각각 좋음과 무거움의 관념 같은 것이 있어서, 이 말들이 비록 다른 대상을 가리키는 말과 연결됨에도 불구하고 동일한 의미를 갖는다고 말한다. 그렇지 않고 만약 '좋은 술'에서의 '좋은'과 '좋은 신발'에서의 '좋은'에 의미상 공통의 기반이 없다면, 그리고 '무거운 돌'에서의 '무거운'과 '무거운 책임'에서의 '무거운'에 의미상 공통의 기반이 없다면, 우리는 이런 말들을 사용해서 타인과 의사소통을 전혀 할 수 없게 된다. 이와 같은 의미상의 공통된 기반을 가리켜 우리는 '좋음'의 관념 또는 개념, '무거움'의 관념 또는 개념이라고 부를 수 있다. 그런데 플라톤은 바로 그와 같은 공통의 기반은 양쪽

5) 플라톤의 이데아 개념은 자연적인 것뿐만 아니라 도덕적인 것, 심미적인 것에 다 적용된다(Nettleship, 2010: 200).

이 모두 '좋음'의 이데아에 참여하고 있기 때문이라고 주장한다.[6] 좋은 술과 좋은 신발은 모두 '좋음'의 이데아에 참여하고 있기 때문에 '좋은~~'이라고 지칭되는 것이며, 무거운 돌과 무거운 책임도 또한 둘 모두가 '무거움'의 이데아에 참여하고 있기 때문에 '무거운~~'이라고 지칭될 수 있다는 것이다.

아름다운 밤과 아름다운 산은 둘 모두 아름다움의 이데아에 참여하고 있기 때문에 아름다운 것이다. 그렇다면 밤과 산을 공통적으로 아름답게 하는 아름다움의 이데아는 어디에 있나? 그것은 이데아계에, 다른 모든 이데아들과 함께, 존재한다. 그것을 과학적으로 증명할 수는 없는가? 결코 그럴 수 없다. 이데아들과 이데아계는 시간과 공간을 점유하고 있지 않기 때문이다. 시공간을 초월해 있는 세계의 존재를 과학적으로 증명하는 일은 가능하지 않다. 그리고 과학적으로 증명되지 않는, 시공간을 초월해 있는 존재이므로, 그것은 이미 시공간 속에서 삶을 살아 온 우리의 실존적 사유 습관으로는 결코 납득하기가 쉽지 않다. 이데아들과 이데아계는 우리에게 구체물들로 이루어져 있는 물리적 세계, 가시계이자 현상계에 대한 일상적인 인지를 넘어서는 사유, 곧 형이상학적(形而上學的) 사유를 요구한다.

사물의 이데아는 이데아계에 존재하는 것이지만, 항상 이 세상의 구체물들과 밀접하게 연결되어 있다. 플라톤의 용어로 말하면, 현상계의 구체물들과 이데아계의 이데아들은 서로 결합[7]되어 있다. 그리고 이 결합은 어느 방향에서 보는가에 따라 두 가지 용어로 불린다. 아름다운 것들은 아름다움의 이데아에 관여하며 또한 아름다움의 이데아는 아름다운 것들에 임재(臨在)한—또는 구현된—다(이정우, 2011: 254, 257). 아름다운 밤과 아름다운 산이 모두 아름다운 것은 그 둘 모두가 아름다움의 이데아에 관여하기—반대편에서 말하면 아름다움의 이데아가 밤과 산에 임재하기—때문이다. 그런데 구체물과 이데아의 결합 방식을 가리키는 두 용어에서 읽을 수 있듯이, 결합되어 있는 둘 가운데 진짜는 이데아 쪽이다. 아름다운 것들은 아름다움의 이데아에 관여함으로써 비로소 아름다울 수 있으며, 아름다움의 이데아가 그것들에 임재하기 때문에 비로소 아름다울 수 있는 것이다. 요컨대 이데아는 구체물이 그 어떤 특정의 구체물이 되도록 하는 원천, 또는 그렇게 인식되도록 하는 근거가 된다. 이데아를 상정하지 않으면 현상계를 이루는 사물들은 그 어떤 성질도 지닐 수 없으며 우리

6) 이하에서 '관여'—메텍씨스—의 관계.

7) 결합, 관여, 임재(또는 구현)에 해당하는 헬라스어 원어는 각각 코이노니아(κοινωνία), 메텍씨스(μέθεξις), 파로우시아(παρουσία)이다.

는 그것들에 대해서 결코 알 수 없다. 대상에 대한 앎은 곧 그것의 이데아에 대한 앎이며 무엇에 대해서건 간에 '안다'는 말은 곧 그것의 이데아를 알고 있다는 말이 된다.

그렇다면 감각적 인식은 플라톤적인 앎을 획득하는 데 아무런 역할도 하지 못하는 것인가? 구체물들로 이루어진 세계, 종종 현상계(現象界)니 가시계(可視界)니 하는 세계와 그것에 대한 우리의 감각적 인식은 어떤 위치를 차지한다고 보아야 하는가? 한 가지 분명한 점은 플라톤에 있어서 세계는 두 개로 구분되어 있어서 한 쪽은 우리 감각의 소관—가시계—이고, 다른 쪽은 우리 이성의 소관—가지계(可知界)—이라는 식의 접근은 그다지 타당한 접근이 아니라는 점이다. 네틀쉽은 이런 식의 접근을 "의사(疑似) 플라토니즘(bastard Platonism)"이라 칭하고 이런 식의 이해를 경계해야 한다고 조언한다(Nettleship, 2010: 272). 플라톤 자신은 감각적인 것과 가지적인 것 사이에 날카로운 구분선을 긋지 않는다. 감각적인 것은 가지적인 것의 외양 또는 영상 또는 암시라는 점, 그리고 그 점에서 양쪽은 서로 필연적으로 연결되어 있다는 점을 지속적으로 말하고 있기 때문이다(Nettleship, 2010: 272).

시간상으로 보면 세계에 대한 우리 경험은 우선은 감각적인 것에서부터 시작된다. 감각의 대상은 존재하는 것도 아니지만 그렇다고 해서 존재하지 않는 것도 아니다. 그것은 앎의 궁극적 대상인 것은 아니지만, 그리고 참된 앎을 향해 가는 우리의 노정을 방해할 가능성을 항상 갖고 있지만, 그렇다고 해서 완전한 거짓이거나 허상인 것은 결코 아니다. 그러나 또 다른 한편, 단순감각이건 아니면 그런 단순감각을 다수 결합시켜 놓은 것이건, 감각의 수준에서는 참된 지식에 도달할 수 없다는 것이 플라톤의 주장이다. 우리의 지식이 이 수준에 머물게 될 때 그것은 보편성과 절대성이 결여된 주관적 의견—'독싸'—에 불과하게 된다. 철학자는 우선은 감각으로부터 시작하지만 그가 궁구해야 할 지식은 결국에 그것을 뛰어넘어 감각적 사물들을 그러하도록 하는 원인, 곧 이데아 자체에 대한 것—'에피스테메'—으로 나아가지 않으면 안 된다. 플라톤적인 입장에서 말하면 이것이야말로 교육이 궁극적으로 다루어야 할 지식이 되는 셈이다.

5. 지식 탐구의 방법: 변증법

플라톤의 저작 속에서 이데아들과 그것들로 이루어진 세계에 대한 참된 지식은 변증법이라 불리는 사유 방법을 통해 성취될 수 있는 것으로 설명되고 있다. 변증법—디알렉티케—이라는 용어의 원래 의미는 질문하고 대답하는 논의의 기술 또는 과정, 곧 다른 사람에게 어떤 사물을 설명하고 그 사람으로부터 그 사물에 대한 설명을 끌어내고 이해할 수 있게 되는 것을 가리킨다(Nettleship, 2010: 274). 타인에게 말을 하는 행위라는 점에서는 같지만, 변증법은 논쟁술—에리스티케—이나 변론술—레토리케—과는 구분된다. 논쟁술은 허위를 서슴지 않고 주장하는 경쟁자들이 택하는 것으로서 어떻게든 승부와 이익이 목적이요, 변론술은 법정이나 집회에서 대중을 상대로 그들을 설득하는 것을 목적으로 하는 기술이다(송영진, 1997: 44). 그와 달리 변증법은 사물과 행위와 가치의 이데아를 파악하는 것을 목적으로 하는, 지식 탐구의 방법이다. 그것은 가령 아름다움을 추구하는 사람에게, 사람들의 외모에서의 아름다움, 연설의 아름다움, 제도의 아름다움, 학문의 아름다움 등을 넘어서는, 아름다움 그 자체—아름다움의 이데아—를 알도록 하는 방법이다(홍윤경, 2006: 48). 사물의 이데아를 안다는 말은 곧 그것을 정의할 수 있다는 말과 같다. 그러므로 변증법은 그 어떤 주어진 사물의 정의(定義)에 도달하려는 체계적인 방법이다(Nettleship, 2010: 281). 사물을 정의한다는 말은 무슨 말인가?

플라톤의 대화편에서 소크라테스의 대화는 질문으로 시작한다. 그의 질문은 크게 두 가지 형식을 취하는데, 하나는 'X란 무엇인가'라는 형식을, 또 하나는 'X는 Y인가'라는 형식을 취한다. 둘 가운데 대화편에서 우선적으로 강조되고 더 중요한 것은 'X란 무엇인가'라는 형식의 질문이다(송영진, 1997: 29). 가령 '우정 또는 사랑이란 무엇인가', '정의란 무엇인가', '용기란 무엇인가', '절제란 무엇인가', '경건이란 무엇인가' 등이다. 그런데 이런 질문들을 통해서 소크라테스가 얻고자 하는 답변은 우정, 정의, 용기, 절제, 경건 등에 해당하는 경험적 사례들의 나열이 아니다. 소크라테스가 요청하고 있는 것, 곧 그의 '정의 내리기'가 요청하고 있는 것은 다양한 경험적 사례들에 공통적으로 들어 있는 그것들의 본질을 일반적인 형식으로 진술해 내라는 것이다.

그것이 여러 경험적 사례들에 공통적인 속성을 일반화해 내는 과정이라는 점에 착안하면, 변증법적 사유는 귀납적 추론의 전형으로 간주될 수도 있다. 그런데 이것이 그리 간단치가 않다. 가령 용기의 정의를 그것의 사례들—용기 있는 행위들—로부터 귀납해 낸다고 할 경우, 우리에게 우선 요구되는 사항은 용기 있는 행위로 간주되는 사례들을 수집하는 것일 텐데, 당장 이 순간부터 우리는 용기라는 것이 무엇을 의미하는지를 알지 않고는 그 사례들을 수집하는 일이 가능하지 않음을 알게 된다. 용기 있는 행위들을 수집하려면 논리적으로 그보다 먼저 용기라는 것이 무엇인지를 알고 있어야 한다는 것이다. 그래서 우리는 변증법적 사유는 순수하게 귀납적 추론만을 가리킨다고 할 수 없다는 점에 주의해야 할 필요가 있다.

지식의 방법이라는 측면에 주목해서 보면 변증법은 종합—쉬나고게—과 분리—디아이레시스—라는 이중의 과정으로 되어 있다(Nettleship, 2010: 279). 여기서 종합과 분리는 각각 과학적 탐구방법으로서의 귀납적 추론과 연역적 추론에 해당한다. 그러므로 변증법이라는 탐구 방법은 귀납과 연역이라는 두 가지 형태의 논리적 추론 과정이 역동적으로 결합해서 진행되는 활동이라고 할 수 있다. 그런데 변증술에서 귀납과 연역은 어느 하나가 다른 것에 앞서 이루어지고 그 다음에 또 다른 것이 이루어지고, 하는 식으로 전개된다고 볼 수 없다. 종합과 분리가 변증법적 탐구의 두 측면인 것은 사실이지만, 그래서 탐구자는 전자에 따라 여러 사례들로부터 시작해서 그 사례들 모두에 편재하는 단일성에 도달하거나 또는 후자에 따라 하나의 원리나 법칙이 어떻게 다수의 구체적인 사례들로 나뉠 수 있는지를 보는 것은 사실이지만, 이 두 가지 과정은 따로따로 이루어지는 것이 아니다. 종합과 분리는 변증술에서 이루어지는 탐구 행위를 두 가지 방향에서 기술한 그것의 두 측면이므로, 사실은 변증술을 구사하는 탐구자에게서 이 두 과정은 통합되어 수행된다고 하는 것이 더 적절할지 모른다.

변증법의 핵심적인 포인트는 그것은 대화를 통해서 이루어진다는 점이다. 종합과 분리는 변증법적 대화 속에서 대화 쌍방 간에 반복해서 수행된다. 대화는 결코 허공에서 시작되지 않는다. 모든 대화는 그 어떤 주제에 관해서, 그 주제가 논란의 대상이 될 때, 시작된다. 그 논란의 시발점은 특정의 사례를 특정의 이름으로 지칭하는 일, 그 일이 갖는 불분명함과 불완전함이다. 변증법적 대화는 불분명하고 불완전한 지식, 또는 통속적인 지식—독싸—을 문제 삼는 것에서부터 시작된다. 통속적인 지식은 특정의 사례에 잘못된 이름을 부여하는 것, 바꾸어 말하면 특정의 이름을 잘못된 사례에 적용하는 데서 발생한다. 한편으로 특정의 사례에 잘못된 이름을 부여했을 경우에 변증법적 탐구자는 타당한 귀납적 추론을 통해 그것의 오류를 지적할 것이고, 다른 한편으로 특정의 이름을 잘못된 사례에 적용했을 경우에 그는 타당한 연역적 추론을 통해 그 오류를 포착해 낼 것이다. 이런 과정의 반복을 통해 완전한 지식에 이르게 되었을 때, 다시 말하면 사물을 정의하게 되었을 때, 그것은 곧 사물에 대한 정확한 개념을 갖게 되었다는 것을 의미한다.

우리는 정의(定義)를 왜 하는가? 왜 개념을 획득하고자 하는가? 인간의 삶은 항상 그 무엇인가를 실천하는, 행함의 과정으로 이루어져 있다. 우리는, 자율신경계의 작용으로 발생하는 그야말로 동물적인 행동들[8]을 제외하면, 항상 그 무엇인가를 수행한다. 그러므로 그러한 그 무엇들이 무엇인지를 제대로 규정하는 일이야말로 인간적 삶에서 가장 중요한 일이라 하겠다. 삶을 살면서 자기 행위가 어떤 행위인지, 어떤 목적을 추구하는 행위인지를 알지 못한다면, 그것은 결코 이성적 존재로서의 삶이라고 할 수 없다. 정의로운 삶을 살려고 하는 사람이라면 반드시 '정의'는 무엇인지를 알아야 할 것이고, 용기 있는 삶을 살려고 하는 사람이라면 반드시 '용기'는 무엇인지를 알아야 할 것이다. 행위나 가치의 정의에 도달하는 일, 그것의 개념을 획득하는 일은 그 행위를, 이런저런 통속적인 의견들이 지시하는 대로가 아니라, 참으로 그 행위를 가리키는 이름에 적절한 방식으로 수행하기 위해 반드시 필요한 일이다.

6. 이소크라테스: 당대 지식인들에 대한 비판

국내 교육철학계에서 플라톤 연구들에 가려서, 특히 그가 서양 고전기 문명과 교육의 발달에 끼친 영향력[9]을 고려했을 때, 그 이론적 중요성을 제대로 평가받지 못한 사람이 있다. 그는 플라톤보다 열 살 정도 나이가 많은 수사학자이자 웅변 교사인 이소크라테스이다. 앞에서 우리는 플라톤의 '철학적' 지향은 지식에 관한 소피스트적 주관주의와 상대주의에 대항하면서 형성되었다는 점을 지적한 바 있다. 소크라테스의 관심은 도덕이나 정치 등과 같은 인간사적(人間事的) 영역에도 절대적 기준이 존재하며 그것을 그 당사자인 인간들이 알아낼 수 있다는 것이었고, 지금까지 논의된 이데아론은 제자 플라톤이 그 같은 스승의 열망을 존재론적, 인식론적 체계로 발전시킨 것이었다. 이 즈음에서 한 가지 질문이 제기될 수 있는데, 그렇다면 그 이후 소피스트들의

8) 엄밀히 말하면 그러한 동물적인 행동들도 우리가 의식하지 못하는 가운데 그 어떤 목적을 성취하기 위한, 의도적 행위라고 해야 할지 모르겠다.

9) 서양 고대교육사에 관해서는 '여전히 대안 없는 고전'(김경현, 2015: 103)이라고 불리기도 하는 마루(Henry I. Marrou)는 고전기 교육에 끼친 이소크라테스의 영향에 대해서 다음과 같이 말하고 있다(Marrou, 1964: 120). "전체적으로 보았을 때 기원전 4세기 헬라스와 그 이후 헬레니즘 시대, 그리고 고대 로마의 교육을 담당했던 사람은 플라톤이 아니라 이소크라테스였다. 흡사 트로이의 목마 속에서 나타난 것처럼, 고전기의 주류 문화적 전통이 그것이 지닌 탁월성에서뿐만 아니라 그 결함에서까지도 빛을 지고 있는 그 모든 교사들과 교양인들, 고귀한 이상주의자들과 평범한 도덕주의자들, 수준 높은 문장가들과 유창한 달변가들이 출현했는데, 이는 모두 이소크라테스의 영향 때문이었다."

관점은 어떻게 되었나 하는 것이다. 그들의 감각주의, 주관주의, 상대주의는 플라톤의 절대주의적 관점의 기세에 눌려 점점 사라져갔다고 보아야 하는가, 아니면 그 나름으로 플라톤의 그것에 비견되는 하나의 학문적 흐름을 유지해 갔는가? 이 질문에 답하려면 당대 플라톤의 강력한 라이벌로서, 지금까지 논의해 온 것과는 사뭇 다른 지식관과 교육관을 제시한 이소크라테스에 주목해야 한다.

이소크라테스

이소크라테스[10]는 소피스트다. 이 시대를 다룬 연구물들은 이소크라테스를 "참된 소피스트이자 소피스트 교육 운동의 완성자"(Jaeger, 1944: 48), "진정한 소피스트"(양태종, 1989: 54), "소피스트를 넘어선 소피스트"(김헌, 2007), "소피스트학의 완성자"(Fuhrmann, 2012: 30) 등으로 평가한다. 그러나 또한 그는 당대 여느 소피스트들과 다른 특징을 보였다. 소피스트로서의 이소크라테스를 이해하려면 한편에서 그와 플라톤을 비교하는 것과 함께 다른 편에서 그를 당대의 다른 소피스트들과 비교해 보는 것이 필요하다. 플라톤과 같은 아테네인이었으므로 이소크라테스 또한 소크라테스로부터 영향을 받았을 것이라고 쉽게 추측할 수 있다.

이소크라테스는 두 사람의 위대한 교사로부터 영향을 받았는데, 한 사람은 시칠리아 출신의 고르기아스였으며 또 한 사람은 소크라테스였다(Norlin, 2016: 191-198). 고르기아스로부터 이소크라테스는 웅변은 주제면에서 범헬라스적인 광범위한 것을 다루어야 하며 형식면에서 시(詩)에 못지않게 예술적이어야 한다는 점을 배웠으며, 소크라테스로부터는 윤리학에 대한 강조와 도덕성에 대한 깊은 열망을 배웠다. 그 방식—존재론과 인식론—에 있어서는 차원을 달리했지만, 아테네 사회가 도덕성을 회복해야 한다는 점을 줄기차게 주장했던 점에서는 이소크라테스나 플라톤이나 다를 바가 없었다.

이소크라테스가 도덕성을 강조했다는 점은 그가 당대 유행하고 있었던 수사학 학교 교사들을 강하게 비난했다는 데서 목격할 수 있다. 아테네에서는 이소크라테스가 학교를 설립하기 이전부터 이미 많은 소피스트들이 수사학을 가르치고 있었다. 민주정

10) Ἰσοκράτης. (기원전 436-338)

을 실시하는 당시 아테네 사회에서 정치적으로 출세하려면 말로써 다른 사람을 설득하는 능력을 갖추는 것이 중요했는데 이런 능력을 수사학 학교에서 가르쳤던 것이다. 그런데 그런 수사학 학교 교육이 이소크라테스 당대에 와서 드물지 않게 타락한 양상을 보이고 있었던 것 같다. 그 타락의 핵심은 바로 그들 학교에서 가르치는 수사학의 비도덕성, 나아가 부도덕성이었다(김봉철, 2004: 147). 이소크라테스는 수사학이 부도덕한 이익을 얻는 수단으로만 가르쳐지고 있다는 것, 특히 법정에서 상대방을 논쟁으로 격파하는 기술로만 가르쳐지고 있다는 당시의 비판에 대해서 공감하고, 한편 자신의 수사학 학교를 그런 타락한 것들과 차별화하고자 노력했다. 그리고 이 점에 한해서는 플라톤과 입장을 공유하고 있었다고 말할 수 있다.

그러나 플라톤과의 공통점은 그 정도에 그친다. 다른 모든 점에서 이소크라테스는 플라톤과 관점을 달리했다. 그리고 그러한 입장 차이는 바로 이소크라테스는 한 사람의 소피스트였다는 사실과 연결된다. 이소크라테스는 타락한 수사학 학교 교육을 비난하는 것과 함께, 사변적이고 비실제적인 이론 교육도 비난한 것으로 알려져 있다(김봉철, 2004: 141). 「소피스트들에 대하여」에서 이소크라테스는 이런 교육에 종사하는 교사들을 '논쟁주의자'라고 지칭하고 그들을 가리켜 말싸움에 온전히 시간을 투자하는 교사들이라며 질책한다. 여기서 이소크라테스가 말하는 논쟁주의자 또는 논쟁학파는 특정한 학파를 가리키는 고유명사는 아니고, 다만 실생활과 유리된 추론, 이론적이고 사변적인 논구, 논쟁을 위한 논쟁만을 일삼는 사람들을 두루 지칭하는 명칭이었다(김봉철, 2004: 142). 넓게 보면 이 범주에는 이소크라테스와 경쟁 관계에 있었던 플라톤을 포함해서 이른바 소(小) 소크라테스 학파(the minor Socratics)에 속하는 사람들이 포함되어 있었다(Jaeger, 1944: 59; 김봉철, 2004: 143). 이소크라테스가 이 부류 교사들에 반대했던 한 가지 중요한 이유는 이들이 행한 위선이다. 이소크라테스가 보기에 진리를 추구한다고 하는 이들의 주장은 모두 거짓말에 지나지 않았다. 그의 입장에서 볼 때 이들이 추구한다고 주장하는 진리라는 것은 사실은 인간의 능력 한계를 벗어나는 것이었기 때문이다. 그들은 자기들에게서 배우기만 하면 삶을 어떻게 살아야 할지를 모두 알게 될 것이며 그런 지식을 통해서 행복한 인생을 향유하게 될 것이라고 선전하고 있지만, 이소크라테스가 보기에 이런 주장들은 타당하지 않다.

이소크라테스에 따르면, 모든 상황에서 예외 없이 우리에게 행복과 성공을 보장해 주는 그런 것들이 무엇인지를 가르쳐 주는 학문은 존재하지 않는다.

인간 삶은 너무도 복잡하기 때문에 그 어느 누구도 자기 행위가 가져다줄 결과를 정확하게 예측할 수 없다. 미래는 보이지 않는 그 무엇이다. 교육이 할 수 있는 일은 (지식과 대비되는 의미에서의) 건전한 판단력을 길러 삶의 우연적 요소들에 직면했을 때 풍부한 기략으로 대처하여 대개의 경우 성공에 이르도록 하는 것이다(Norlin, 1929: 162-3).

이소크라테스의 이런 태도 이면에는 소 소크라테스 학파 교사들이 말하는 '지식'이라는 것에 대한 심각한 문제의식이 자리 잡고 있었다고 할 수 있다. 그 문제의식은, 거슬러 올라가면, 앎과 그것의 대상에 대해 초기 소피스트들이 갖고 있었던 회의적인 태도와 연결된다.

7. 이소크라테스의 수사학적 지식관

우리는 앞에서 고대 헬라스의 철학은 기원전 5세기에 이르러 새로 등장한 지식인들에 의해 일대 전환기를 맞게 된다고 말했다. 자연에 대한 탐구에서 시작된 고대 헬라스의 학문적 사유가 인간 삶과 행위로 그 탐구 영역을 옮아가게 된 것이다. 그런데 그 같은 '휴머니즘을 향한 반발'은 두 가지 방향으로 전개되었다. 하나는 이른바 철학적 전통이라 부를 수 있는 방향이고, 다른 하나는 수사학적 전통이라 부를 수 있는 방향이다. 철학적 전통은 소크라테스와 그 제자들에 의해서, 그리고 수사학적 전통은 소피스트들에 의해서 전개되었다. 그런데 이 두 전통에서 인간 삶을 다루는 방식이 많이 달랐다. 플라톤으로 대표되는 철학적 전통은 그 대상은 인간 삶이었지만 여전히 그 방법에 있어서는 자연철학적 사유 프레임을 계승하는 쪽이었다. 이 전통에서 지식은 오직 '존재하는 것'에 대해서만 성립하는 것이었다. 존재는 보편적이고 영원하며 변하지 않는 것이므로 그것을 대상으로 성립한 지식 또한 시공을 초월하여, 모든 상황에서 동일하게 적용되는 그런 것이어야만 했다. 그런데 문제는 이런 식으로 규정되는 앎이라는 것 또는 지식이라는 것이 참으로 인간 삶에도 적용될 수 있는지 하는 것이다. 플라톤적 앎과 소피스트적 앎, 철학적 지식과 수사학적 지식의 차이는 바로 이 지점에서 발생한다.

존재의 개념, 그리고 그것에 관한 지식의 개념은 인간 삶을 대상으로 했을 때도 성립하는가? 고르기아스는 그런 것은 결코 없다고 말했다. '그런 것은 없다'는 말은 달리 말해 '그런 것에는 관심이 없다'는 말로 해석될 수 있다. 말하자면 소피스트들은 철학자들이 관심 있어 하는 것에 별 관심이 없었다는 것이다. 이들은 존재하는 것이 어떤 것인지, 존재는 어떻게 규정되는지, 어떤 형식으로 존재하는지 등에 관심이 없었다. 존재 자체가 이들에게는 그다지 관심거리가 아니었다는 말이다. 소피스트들의 관심은 존재가 아니라 그런 것인 듯싶은 것, 인식과 진리가 아니라 아는 듯싶은 것, 참인 것으로 여겨지는 것이었다(한석환, 2003: 82). 그리고 이런 소피스트들의 관점은 이소크라테스에서도 그대로 재현된다. 왜 이소크라테스는 플라톤에서의 이데아 같은, '존재하는 것'에 대해서 관심이 없었는가? 사람들의 행위로 이루어지는 '실천적 삶'에 대한 관점이 플라톤과는 완전히 달랐기 때문이다. 인간 삶은 자연계의 법칙들과 같은 원리에 의해 전개되는 그런 것이 아니라는 생각, 사람살이는 영원불변하는 원칙을 적용함으로써 이루어지는 그런 것이 아니라는 생각이 이소크라테스에게 있었기 때문이다.

도덕적, 윤리적, 정치적 영역 등—아리스토텔레스의 용어로 '프락씨스'로 이루어지는 영역—은 자연계—퓌시스—와는 다르게 움직이는 세계요, 그러므로 자연계와는 다른 방식으로 접근해야 한다는 주장은 오늘날에는 그다지 특별난 주장이 아니다. 동서양 모두 형이상학적 규범이 꽤 오랜 기간 사람들의 삶을 지배한 때가 있었지만, 포스트모더니즘이니 다문화주의니 하는 등의 관점이 널리 퍼져 있는 오늘날의 시각에서 보면, 인간 삶을 그 어떤 보편적이고도 변하지 않는 객관적인 원리에 따라 수행하도록 하고 또 그것에 비추어 예측할 수 있다고 보는 입장은 설득력을 갖기 힘들다. 그만큼 이소크라테스의 생각은 오히려 시대를 앞서간 것이었다고 할 수 있다. 이소크라테스는 수학이나 천문학 같은 정밀과학을 그다지 중요한 교과목으로 생각하지 않았는데, 그것은 이런 과목들은 인간사(人間事)와 아무런 관계가 없는 것들이며 기껏해야 정신 도야를 위한 가치 정도밖에는 갖고 있지 않다고 생각했기 때문이다(Norlin, 2016: 201). 중요한 것은 역시 사람들이 어떻게 생각하는가 하는 것—독싸—이요, 그 사람들의 생각을 어떻게 변화시킬 것인가 하는 것—웅변 또는 수사학—이었다.

플라톤에서 철학자들이 사랑하는 지식, 곧 에피스테메는 존재하는 것—이데아들—에 대해서 성립하는 것이었다. 감각적 경험의 대상은 존재하는 것이라고 할 수 없으므로 그런 것들은 에피스테메의 내용이 될 수 없다. 구체적인 대상은 다른 것과의 관계에 따라서 상대적으로 이랬다저랬다 한다. 또한 때에 따라서 이럴 때는 아름답게 보이던 것이 또 저럴 때는 추하게 보이기도 한다. 이 같은 상대적이고 주관적인 앎은 에피스테메가 될 수 없다. 이런 앎을 가리켜 플라톤은 독싸라고 하고, 그것을 불완전한 것으로 보았다. 구체물은 이데아의 그림자이자 모사품이다. 그것은 진짜로 존재하는 것—실재(實在)—이 아니다. 지식은 진짜로 존재하는 것만을 대상으로 하므로, 구체물에 대한 감각 경험의 수준에서 성립하는 독싸는 지식이라고 할 수 없다.

그러나 동일한 용어가 이소크라테스에서는 인간에게 허용된 유일한 지식을 가리키는 용어로 사용된다. 이소크라테스에 있어서 독싸는 단지 무책임한 의견에 불과한 것이 아니라 인간사적인 경험에 기반을 둔 효용성 있는 이론을 의미한다. 인간 행위들로 이루어지는 사태는 어쩔 수 없이 불확실성과 우연성을 띨 수밖에 없는데, 독싸는 이런 세계를 대상으로 해서 인간이 행하는 판단과 통찰의 능력이다. 그 같은 인간적인 영역에 에피스테메를 추구한다고 하는 정밀과학은 적용되지 않는다.

인간에게 허용된 지식은 독싸밖에 없다는 점은 곧바로 수사학(修辭學, rhetoric)이라 불리는 담론의 기술이 갖는 중요성과 연결된다. 인간사를 대상으로 한 지식, 그것을 '실천적 지식'이라고 한다면 이런 지식은 항상 말 그대로 우리의 실지 행위를 전제로 하는 지식이다. 그런데 우리의 실존은 예외 없이 그 어떤 특정한 시간적, 공간적 상황 속에서 이루어진다. 상이한 시간적, 공간적 상황에서는 상이한 행위가 요구될 수밖에 없다. 동일한 이름으로 불리는 규범이라 하더라도 서로 다른 상황에서는 서로 다른 형태로 수행될 것이라고 기대하는 것이 상식적이다. 그렇다면 상이한 상황에서 상이한 형태로 이루어지더라도 그것들의 공통적인 속성에 주목하고 그것들을 하나의 이름으로 부르는 일이 더 중요한가, 아니면 두 경우의 행위를 공통된 이름으로 부르건 그렇지 않건, 각각의 행위가 각각의 상황에 적절한 형태로 이루어졌는지를 따지는 것이 더 중요한가? 플라톤적 에피스테메는 서로 다른 상황적 맥락에서 각각의 상황에 더 적절한 것이 어떤 것인지를 알려주지 못한다. 왜냐하면 그런 구체적인 경험의 세계는 에피스테메의 탐구 영역이 아니기 때문이다. 그럴 경우 우리는 무엇을 통해서 각각의 상황에 적절한 행위를 결정지을 수 있는가? 바로 이 대목에서 수사학의 필요성이 제기된다.

수사학은 연설에 관한 학문이다. 연설의 목적은 말로 타인을 설득하는 것이다. 타인을 설득하는 일은 이미 성립해 있는 그 어떤 일반적 원리를 그 타인에게 일방적으로 적용함으로써 이루어질 수 있는 일이 아니다. 일반적 원리이기 때문에 그것은 그 사람이 처해 있는 특정 상황과의 연관성을 결여할 수밖에 없다. 그런 일반적 원리만을 가지고는 대화 상대를 설득할 수 없다. 그 사람이 어떤 처지에 처해 있는가를 고려하지 않고 오로지 보편적으로 성립해 있는 규범만을 적용한다면 그것은 강요와 다름이 없게 된다. 거짓말은 그 어떤 경우에도 해서는 안 되는 것인가? 그렇지 않다고 보아야 하는 것 아닌가. 요컨대 연설가는 자신이 행하는 연설이 반드시 그것이 이루어지는 상황에 적절하도록 해야 한다는 것이다. 다양한 상황들에 가장 적절한 것이 무엇인지를 파악하고 그것에 대응하는 것은 연설가가 지녀야 할 가장 중요한 능력들 가운데 하나다. 그리고 이런 능력은 구체적으로 전개되는 다양한 상황들을 가능한 한 많이 경험하고 그 각각의 상황에서 가장 효과적인 연설의 기법이 무엇인지를 시행착오 과정을 통해서 익힘으로써 기를 수밖에 없다.

8. 수사학 교육

이제 마지막으로 이소크라테스의 수사학 교육에 관해 기술하는 일이 남았다. 이소크라테스 수사학 교육의 핵심적인 요소들은 이미 이소크라테스가 주장하는 지식의 성격 속에 다 들어있다. 이는 플라톤에서 지식 탐구 방법으로서의 변증법의 성격이 그것을 통해 획득하고자 하는 지식의 성격 속에 다 들어있는 것과 같다. 다시 말하면 변증법이 무엇인지가 이데아는 무엇인지의 문제 자체로부터 나온 것과 꼭 마찬가지로, 수사학 교육의 방법 또한 이소크라테스가 추구하는 지식이 무엇인지의 문제 자체로부터 나온다는 것이다. 이소크라테스가 추구했던 지식은 연설 또는 웅변이라는 활동의 필요성이 성립하는 데 근거가 되는 지식이었으며, 인간사의 실존적 다양성이 전제되어 있는 지식이었다. 그런 지식을 추구하는 교육이라면 그것 역시 인간사의 실존적 다양성을 충분히 고려하는 형태가 될 수밖에 없을 것이다.

「안티도시스」는 이소크라테스의 연설문 스물한 편 가운데 대표적인 교육연설문으로 분류되고 있는데, 이 연설문에서 그는 자신이 가르치는 교양을 '철학'으로, 자신을 '철학자'로 지칭한다. 이소크라테스 당대에 '필로소피아'라는 용어는 어느 특정 학파의 전유물이 아니었다(김봉철, 2004: 151). 사람들은 이 명칭을 두고 서로 경쟁했으며, 서로 다른 종류의 사람들이 저마다 철학자라는 타이틀을 얻기 위해 싸웠다(Nettleship, 2010: 211). 기원전 4세기 아테네는 여러 교사들이 각자 자신의 필로소피아를 교육목표로 내세우고 경쟁하는, 말하자면 교사들의 대결장이었다(김봉철, 2004: 151). 그런 대결 구도를 이끌고 있었던 학교는 역시 플라톤의 학교와 이소크라테스의 학교였다.[11] 플라톤이 수학, 기하학, 천문학 같은 정밀과학을 통해 보편적이고도 절대적인 지식을 추구하는 일을 철학이라고 했다면, 이소크라테스는 수사학 공부를 철학이라고 지칭했다. 필로소피아는 이소크라테스 당대에는 사변적이거나 추상적인 사고와 그다지 분명하게 연결되어 있지 않았다. 그것이 사변적인 과학을 가리키는 말로 쓰이게 된 것은 플라톤과 아리스토텔레스의 영향 때문이기도 하고, 아테네가 망해가면서 정치적인 삶이 점차 소멸되고 그와 함께 사람들 간에 수사학의 가치를 높이 보았던 경향이 사라졌기 때문이다(한기철, 2014: 189).

교양을 추구하는 일에 대해 당대 아테네 일반인들이 갖고 있던 반목을 지적하면서 이소크라테스는 자신의 철학 교육—수사학 교육—이 대단히 중요한 것이라는 점을 설파한다. 교육은 왜 중요한가? 당연한 말이겠지만 국가의 통치권은 나이 든 세대로부터 젊은 세대로 이양되는 것이고 이 승계 과정은 끝없이 계속되므로, 그 통치권을 이양 받을 젊은이들을 교육하는 일은 국가의 운명을 결정짓는 대단히 중요한 일이 된다(「안티도시스」 174). 인간의 본성은 신체적인 것과 정신적인 것이라는 두 부분으로 이루어져 있는데, 이 중에 정신적인 것이 더 중요하다는 점은 누구나가 인정하는 사실이다. 예로부터 선조들은 인간의 마음을 단련시키기 위한 교과를 만들어 전수해 주었는데 그것이 곧 철학이다. 철학 교사가 하는 일은 학생들에게 마음이 표현되는 담론의 형식들을 가르치는 것이다. 그러므로 철학 교육을 받는 학생은 우선은 그 첫 단계에서 담론의 형식이나 원리를 교사로부터 배우는 일이 반드시 필요하다. 그러나 학생 입장에서 볼 때 그것보다 더 중요하고도 필수적인 일이 있다. 그것은 그런 형식이나 원리들을 구체적인 현장 경험을 통해 숙달시키는 일이다. 이 부분이 이소크라테스 수사학 교육에서 우리가 반드시 주목하지 않으면 안 될 부분이 된다.

훌륭한 연설가가 되는 데는 실제적 훈련과 경험이 중요하다는 사실은 교육에 관한 이소크라테스의 생각 가운데 핵심을 차지한다. 수사학의 기본 원리를 학습하는 일은 수사학 교육의 일부에 지나지 않는다. 그것 외에 학생들은 다양한 사례들을 분석하는 일, 연설문 작성과 관련해서 풍부한 연습을 행하는 일, 동료들과 여러 차례 서로 경합해 보는 일, 그리고 집단적으로 비판적 토론을 행하는 일 등을 경험해야 한다(Johnson, 1959: 34). 이소크라테스가 연설의 원리를 마음으로 익히는 일과 함께 그것을 직접

11) 이소크라테스의 수사학 학교는 기원전 390년경에, 플라톤의 아카데메이아는 기원전 387년경에 설립되었다.

실행해 보는 일을 중요하게 여겼던 것은 원리를 익히는 것만으로는 완전한 지식에 도달하지 못한다는 생각을 그가 갖고 있었기 때문이다. 원리를 아는 것은 훌륭한 연설을 행하기 위한 최소한의 요건에 불과하다. 원리를 아는 것만으로 훌륭한 연설가가 될 수 있다고 생각하는 것은 웅변술을 마치 알파벳을 배우는 일과 같이 기계적인 암기를 통해 습득될 수 있는 것으로 보는 것과 같다. 문자를 사용하는 기술과 달리 웅변술은 특정한 상황에의 적합성, 스타일의 적절성, 그리고 표현의 독창성을 두루 갖추었을 때에라야 비로소 좋은 것이라고 할 수 있다(「소피스트들에 대하여」 12). 그 어떤 원리라 하더라도 웅변가가 고려해야 할, 청중들이 처한 다종다양한 상황들을 모두 포괄할 수는 없다. 탁월한 웅변가가 될 사람에게 실제 경험이 무엇보다 중요한 것은 바로 이 때문이다.

왜 인간은 담론의 기술을 갖추어야 하는가? 이소크라테스는 담론의 기술이야말로 인간을 인간이게 하는 가장 핵심적인 특징이라고 주장한다. 사람들이 모여 사는 삶의 터전, 그것을 운영하는 데 필요한 제도들, 인간의 사고와 행동 등, 모든 것은 바로 그것으로부터 나온다(한기철, 2014: 195). 「안티도시스」 253-257에서 이소크라테스는 담론의 기술을 익혀야 하는 이유를 다음과 같이 설명하고 있다. 인간의 본성적인 능력에는 여러 가지가 있지만 그것들 중에 인간이 누리는 대부분의 축복을 가져다준 근원은 바로 담론 능력이다. 인간은 다른 동물들에 비해 여러 능력들에 있어서 뒤떨어지지만 여타 동물이 소유하지 못한 바로 이 능력 때문에, 곧 서로를 설득하고 각자가 원하는 바를 서로에게 명료하게 납득시키는 이 능력 때문에 야생동물들의 삶을 극복했을 뿐만 아니라, 또한 집단을 이루어 도시를 건설하고 법을 제정했으며 예술을 발전시킬 수 있었다. 인간이 만든 제도들은 모두 이 연설 능력의 도움으로 성립되었다고 해도 과언이 아니다. 왜냐하면 바로 그것에 의해 정의로운 것과 부정의한 것, 고귀한 것과 비천한 것을 판단하는 법령들이 제정될 수 있었으며, 그 법령들이 있었기 때문에 인간이 함께 어울려 사는 일이 가능했기 때문이다. 우리가 나쁜 것을 논박하고 좋은 것을 권장할 수 있는 것도 바로 이것에 의해서다. 이것을 통해서 우리는 무지한 자들을 교육하고 지혜로운 자들을 식별한다. 훌륭한 연설을 행하는 능력은 건전한 이해의 능력을 입증하는 가장 확실한 지표이며, 진실되고 적법하고 정의로운 담론은 탁월성과 성실성을 지닌 영혼의 외적 표상이다. 공공장소에서 연설을 행하면서 타인을 설득하는 데 사용하는 것과 동일한 주장의 방식을 우리는 사고를 행할 때에도 사용한다. 대중 앞에서 연설을 행할 수 있는 사람을 가리켜 유창한 웅변가라고 부른다면, 그 어떤 문제에 관해서 자기 마음속에서 능숙하게 논쟁을 벌일 수 있는 사람을 가리켜 우리는 현인으로 간주한다. 요컨대 우리가 우리의 지력을 사용해서 행한 것들 중에 웅변의 도움 없이 이룬 것은 아무것도 없으며, 우리의 모든 행위에서뿐만 아니라 우리의 모든 사고에 있어서도 웅변은 우리의 안내자요, 최고의 지혜를 소유한 사람들이 가장 빈번하게 활용하는 능력이 된다.

9. 교육 실천에의 함의

'지식'이라는 하나의 용어로 지칭되지만, 사실 지식에는 여러 상이한 종류의 지식들이 있고 그 각각을 가르치고 배우는 활동도 서로 다르게 이루어진다고 보아야 한다. 우리 논의에서 두 가지로 구분해서 다루어진 지식은, 아리스토텔레스의 용어로 말한다면, 한 쪽은 '이론적인 지식'이요, 다른 한 쪽은 '실천적인 지식'으로 불릴 수 있다. 이론적인 지식은 말 그대로 '이론학'—테오레티케—이 탐구하는 지식으로서 존재하는 것이 무엇인지에 관한 지식이고, 실천적인 지식은 말 그대로 '실천학'—프락티케—이 탐구하는 지식으로서 인간적인 좋음과 잘 행위하는 것이 어떤 것인지에 관한 지식이다.[12] 플라톤과 이소크라테스의 차이는 이 두 가지 지식과 그 각각의 대상은 무엇인지에 대한 관점의 차이에서 연유한다고 말할 수 있다. 그것이 이론학이건 실천학이건, 대상은 공통적으로 인간사다. 인간사(人間事)는 말 그대로 사람들 사이에서 이루어지는 일들을 가리킨다. 그러므로 관건은 사람들 사이에서 형성되는 행위 영역들—도덕, 윤리, 정치 등—은 이론학의 대상인가 아니면 실천학의 대상인가 하는 것이 된다.

플라톤 입장에서는 인간사라 하더라도 그것은 이론학의 대상이 되어야 한다. 인간사를 규정하는 원리들이 존재하며 그것들이 존재하는 한, 우리는 이론적인 탐구를 통해 그것들의 형상을 밝혀내야 한다. 이데아라 불리는 이 존재들은 시간과 공간을 초월해서 동일하게 성립하는 것들이어야 한다. 그러나 반면에 이소크라테스 입장에서는 인간사는 자연학적인 방법으로 탐구할 수 없는 영역이다. 실천학은 다원적 존재론을 전제로 하며, 인간적인 영역에 관한 비결정론적 시각을 토대로 한다. 이 입장에 따를 때, 인간 행위에 관한 담론들은 그 행위를 수행하는 인간들이 삶을 사는 시간적,

12) 아리스토텔레스는 이 둘 외에 '제작학'—포이에티케—까지 포함해서 학문을 세 가지로 분류한다 (손윤락, 2016: 74).

공간적 맥락을 반드시 고려해야 한다. 그러므로 이소크라테스는 시공을 초월해서 존재하는 절대적이고도 보편적인 진리를 추구하는 대신 특정의 국면에서 구성되는 맥락적 지식을 추구한 소피스트들의 반토대주의적 맥락주의의 전통(최종렬, 2004: 282)을 계승하고 있다고 할 수 있다.

그러나 교육 활동에 종사하는 사람 입장에서 보면, 지식의 성격을 플라톤적 이론학의 시각에서 접근하는 것과 병행해서 이제는 이소크라테스적 실천학의 시각에서 탐구하는 노력이 더 절실하게 요청된다고 하겠다. 17세기 이후 서양 철학은 '이론 중심' 철학이 지배하는 쪽으로 그 경향이 굳어져 버렸으며, 그러나 철학을 공부하는 사람은 그 나머지 절반, 곧 '프랙티컬 필로소피'라고 지칭되는 흐름에 주목할 필요가 있다는 툴민[13]의 주장(Toulmin, 1988: 338)처럼, 우리는 적어도 플라톤에 기울였던 관심만큼 이제는 이소크라테스의 수사학에 비추어 지식의 성격과 그것의 교육을 탐구하는 쪽으로 관심을 기울이는 일이 필요하다.

플라톤의 이데아론과 이소크라테스의 수사학은 지식 교육에 있어서 서로 배타적인 관계로 파악되어야 하는가? 결코 그렇지는 않다. 에피스테메로서의 지식이 인간 삶에 있어서 우연적인 것, 특수한 것, 시대와 상황 종속적인 것, 개별적인 것들에 대해서 충분한 앎을 우리에게 제공하는 데 불충분한 것은 사실이지만, 그렇다고 해서 인간 삶의 영역에서 보편성과 객관성의 요소를 전적으로 배제하는 일도 바람직하지 않다. 이럴 경우 우리는 자칫 이른바 보수적인 세력이 포스트모더니즘이나 다문화주의 같은 현대적 경향을 비난할 때 흔히 내세우는 안 좋은 의미에서의 상대주의에 빠질 수 있다. 상대주의는 원래 대상을 바라볼 때 그것과 관련을 맺고 있는 여러 다양한 요소들과의 관련하에 그 대상을 판단하라는 이념이다. 그러나 그 주문이 극단에 치우칠 때 그것은 그야말로 '아무 것이나 상관없다'는 식의 무정부주의를 초래할 수 있다. 이런 위험을 방지하려면 우리는 일종의 혼합주의 또는 절충주의적인 태도를 취할 필요가 있다.

첫째, 대상의 본질이라는 것을 상정하는 일은 전혀 그릇된 태도가 아니다. 우리의 일상적 언어 생활은 이 점을 증명하고 있다. 이미 앞에서 살펴본 것처럼, 그 같은 본질을 상정하지 않으면 인간사는 성립할 수 없다. 왜냐하면 인간사가 성립하는 데 가장 기초가 되는 언어적 의사소통 자체가 가능하지 않기 때문이다. 둘째, 그러나 그 본질이라는 것을 보편적이고 객관적이며 영원불변하는 것으로 보는 것은 타당한

13) Stephen Toulmin. (1922-2009)

관점이 아니다. '본질'이라고 지칭하지만 그것은 다른 모든 것과 마찬가지로 공동체적 기반을 근거로 해서 성립하는 것이다. 지식이라고 하는 것 자체가 그런 것이지 않겠는가. 요컨대 인간의 앎은 무엇이고 그것은 어떻게 성립하는지의 문제에 대해서 우리는 플라톤과 이소크라테스 각각에서 장점들을 두루 취해서 접근하는 것이 바람직하다 하겠다.

제8주제 교과교육의 방법적 원리: 듀이의 프래그머티즘

■ 이 절에서 다룰 질문들:
- 교육은 지식의 발달과 함께 시작되었지만, 또한 그것 때문에 위험을 겪기도 한다. 무슨 뜻인가?
- 듀이의 프래그머티즘이 지향하는 바는 무엇인가?
- 언어는 교육에 없어서는 안 될 요소이지만 또한 교육은 그것 때문에 잘못될 수도 있다는 말은 무슨 말인가?
- 교과를 활동으로 가르치라는 말의 뜻은? 그리고 그 일의 중요성에 비추어 보았을 때 교사의 전문성은 어떻게 규정되는가?

보이드는『서양교육사』를 시작하는 첫 문단에서, 인류 역사에 문명이 생겨나면서 이전과는 완전히 다른 새로운 형태의 교육이 등장했는데 이 새로운 교육은 바로 문자의 발명과 기록에 기초를 둔 사회제도가 탄생했기 때문에 가능했으며, 이후 교육은 문자를 배우는 일과 그것을 장사와 정치, 학문에 활용하는 일들로 이루어지게 되었다고 설명하고 있다(Boyd, 1952; 이홍우 외 역, 2008: 30). 교육이 문자를 익히고 그것으로 기록된 문서를 읽고 또 쓰는 일로 되면서 일상생활을 유지해 가는 데 필요한 기술을 전수하는 수준을 넘어 보다 전문적인 성격을 띠게 되고, 그 결과 그 일을 전담하는 곳, 곧 학교가 출현하게 되었다는 것이다. 그러니까 오늘날 우리가 '교육'이라 칭하는 활동은 문자가 발명되어 그것으로 지식을 기록하게 되면서 비로소 시작되었다고 보면 틀림이 없다. 그런데 바로 이 점이 교육의 한 가지 항구적인 난점과 연결된다. 우리는 이 장에서 문자로 대표되는 상징 또는 부호 체계가 종종 우리의 교육적 삶을 그르친다는 점, 그리고 오늘날 우리 학교교육은 온통 그 같은 그릇된 '지식 교육'에 지배당하고 있다는 점을 지적하는 것과 함께, 20세기 미국 교육철학자 듀이[14]의 프래그머티즘을 참조해서 그런 사태를 극복하는 일은 어떻게 이루어져야 할지를 논의한다.

1. 교육은 세계에 관한 앎을 추구하는 일이다

교육은 교과의 형태로 조직되어 있는 지식을 가르치고 배우는 일이다. 그리고 그 점에서 그것은 그 자체로 지식 교육이다. 종종 인성 교육이니 인격 교육 같은 것을 들고 그것을 지식 교육과 달리 수행되는 것으로 말하는 경우들이 있지만, 이는 타당한 관점이 아니다. 교육은 배우는 자가 인성과 인격을 갖추도록 하는 일이라는 점은 맞지만, 이 일은 결코 지식 교육과 별도로 이루어질 수 있는 일이 아니다. 지식 교육이 아니라면 '인성'이나 '인격'을 기르는 일은 가능하지 않다고 보아야 한다. 교육은 그 자체로 지식 교육이므로, 교육이 잘못 되고 있다는 말은 곧 지식 교육이 잘못 되고 있다는 말이요, 교육을 제대로 해야 한다는 말 또한 지식 교육을 올바로 해야 한다는 말로 이해해야 한다. 교과 지식이라는 것이 성립되지 않았다면 교육이라 불리는 인간 활동의 전통은 여전히 일상적 경험의 전수나 훈육 수준을 벗어나지 못했을 것이다.

교육은 교사, 학생, 교과라는 세 요소로 이루어지는 인간 활동이다. 교육의 의미를 한 문장으로 기술하면, 그것은 교사가 학생에게 교과를 가르침으로써 그 학생으로 하여금 인간다움—또는 인간성 또는 인성—을 갖추도록 하는 일이다. 이 세 요소 중에 어느 하나라도 빠지면 교육은 이루어질 수 없다. 간혹 교사의 가르침이 없어도 학생들은 수많은 것을 배운다고 말하는 경우가 있지만, 엄밀히 말하면 이는 올바른 진술이 아니다. 이는 교사로 특정하기가 애매할 뿐 교사의 가르침을 대신하는 수많은 요인들이 개입함으로써 학생의 배움이 이루어진다는 점을 비유적으로 표현한 말일 뿐이다. 그 어떤 것이든, 가르침의 요소가 동반되지 않는 상황에서 학생의 배움은 결코 일어나지 않는다.

또한 항간에는 지식 교육 때문에 교육이 잘 이루어지지 않는다고 말하는 경우들이 있다. 지식 교육이 아이들의 인성을 기르는 데 도움이 되지 않거나 심한 경우는 오히

14) John Dewey. (1859-1952)

려 그것을 방해하기도 한다는 것이다. 그러나 이 또한 교육에 관한 올바른 진술이 아니다. 가르치고 배울 것, 다시 말하면 '교육 내용'이 없이는 그 어떤 교육 활동도 이루어질 수 없다. 교육학의 주된 탐구 대상인 형식 교육에서 교육 내용의 전형(典型)은 지식으로 이루어진 교과를 가리킨다. 요컨대 교육이라 지칭하는 인간 활동의 실체는 교사와 학생이 교과라 칭하는 지식을 가르치고 배우는 일이며, 그것의 목적은 학생으로 하여금 인간다움을 갖추도록 하는 데 있다. 교육이 제대로 이루어지지 않았다는 말은 이 일이 제대로 이루어지지 않았다는 말이며, 이는 곧 학생이 인간다움을 갖추도록 하는 목적을 달성하는 데 실패했다는 말이다.

교과는 지식으로 이루어져 있다. 학생이 인간다움을 갖추었다는 말은 그 학생이 교과를 잘 배웠다는 말과 같다. 바꾸어 말하면 이는 교과를 잘 배우지 않으면 결코 인간다움을 갖출 수 없다는 말과 같다. 12년간의 초중등교육 과정을 이수했으나 제대로 된 인간성을 갖추지 못한 경우를 우리 주변에서 흔히 볼 수 있거니와, 이는 그 기간 중에 교과를 가르치고 배우는 일이 제대로 이루어지지 않았기 때문이다. 우리의 학교교육이 보이는 가장 핵심적인 문제는 바로 이 일에서 비롯된다.

2. 지식 교육은 늘 잘못될 수 있다

반복컨대, 교육은 '인간다움', '인간성', '인성'을 기르는 일이요, 이는 교과를 가르치고 배우는 일을 통해 이루어진다. 그러므로 교과는 인간다움, 인간성, 인성의 내용이 되는 셈이다. 앞에서 말한 것처럼, 교육은 교사가 아이들에게 교과를 가르침으로써 그 아이들로 하여금 인간다움—또는 인간성 또는 인성—을 갖추도록 하는 일이다. 아이들 편에서 말하자면, 아이들은 교사에게서 교과를 배움으로써 인간다움을 갖추게 된다. 교육을 두고 제기되는 일체의 문제는 이 일이 얼마나 잘 이루어지고 있는가 하는 것과 관련된다. 교육이 문제투성이라는 말은 여러 다양한 이유들로 인해 이 일이 제대로 이루어지지 않고 있다는 말과 같다.

교과를 가르치고 배우는 일이 제대로 수행되지 않는 것을 가리켜 우리는 '교육과정이 파행적으로 운영된다'고 표현한다. 우리 학교교육 현실에서 학생들 당사자나 학부모들이나 더러는 심지어 교사들까지도 교과 공부의 의미를 평가에서 높은 점수를 얻는 것에서 찾을 때 학교 교육과정은 파행적으로 운영될 공산이 커진다. 시험에서 높은 점수를 얻기 위한 공부는 교과 공부의 원래 목적인 인간다움을 기르는 것과 상관없이 이루어질 수 있기 때문이다. 아니 오히려, 공부의 원래 의미와 목적을 방기할 때, 시험 점수를 높이기 위한 공부는 훨씬 효과적으로 이루어질 수 있을지 모른다. 교육철학은 이 경향에 저항해야 할 뿐만 아니라, 교과 공부가 이루어지는 올바른 방법은 무엇인지를 분석하고 처방하는 일을 중요한 임무로 삼는다.

두말할 필요 없이, 교과는 지식으로 이루어져 있다. 그런데 이 '지식'이라는 것을 어떻게 이해하는지에 따라 교과 공부의 의미 또한 크게 달라진다. '지식(知識)'이라는 한자말도 그렇지만, 그것에 해당하는 영어—knowledge—는 '알다'의 명사형 '앎'이라는 뜻이다. '앎'은 우리의 사고 행위를 가리킨다. 지식은 원래 인간의 사고 작용 그 자체를 가리키는 말이다. 인간의 사고는 항상 그 어떤 대상에 관한 것이다. 대상이 없는 사고는 가능하지 않다. 인간 사고의 대상은 가장 넓게 말하면 인간 삶이 이루어지는 터전, 인간을 둘러싸고 있는 환경이라 말할 수 있다. 인간은 자기 삶의 전경과 배경을 대상으로 쉼 없이 사고를 수행한다. 본성적으로 여러 다양한 욕구를 지니고 태어난 인간은 이들 욕구를 충족키 위해 환경과 부단히 상호작용한다. 이 상호작용 과정에서 욕구 충족을 방해하는 요소들이 발생하기 마련이고, 그런 문제 상황을 해결키 위해 인간은 사고를 수행한다. 유사한 문제 상황들이 반복되면 그 문제 상황들을 해결키 위해 또한 유사한 형태의 사고가 수행될 것이다. 이런 과정을 거치면서 인간 사고는 일종의 패턴화된 앎, 형식화된 경험으로 정착된다.

세대가 반복되는 일은 모든 생명체가 지닌 공통적인 속성이다. 그런데 인간은 다른 동물과 달리 세대가 반복되면서 주변 환경에 대한 경험의 수준이 점차로 발전하는 특징을 보인다. 세대는 반복되지만 인간은 매번 동일한 수준으로 환경을 대하지 않는다. 이 일이 가능한 것은 이전 세대의 앎이 이후 세대에게 전수되기 때문이다. 만약 부모의 앎이 자식에게 전수되지 않는다면 그 자식은 부모가 겪었던 문제 상황들을 늘 그 부모의 수준에서밖에는 해결하지 못할 것이다. 그러나 부모는 자신이 겪었던 문제 상황들을 해결하기 위해 수행했던 경험을 자식에게 전수함으로써 자식이 동일한 문제를 보다 개선된 방법으로 해결하도록 해 준다. 이전 세대의 앎이 이후 세대에게 전승되는 이 과정은 기록 매체가 발명되면서 비약적으로 발달한다. 가족이나 친척 등에게만 가능했던 지식 전수 과정이 문자를 사용하게 되면서 그 이전에는 도저히 불가능했던 범위로, 그리고 오랜 기간을 걸쳐, 가능하게 된 것이다. 문자 또는 이에 상응하는 부호 체계의 발달은 교육이라는 인간 활동이 비로소 공적(公的)인 수준에서 수행되게 하는 전기를 제공했다.

교육은 문자로 이루어진 지식을 사용해서 시작된다. 교육은 선대가 문자 등과 같은 부호 체계로 남긴 앎의 결과물을 갖고 시작한다. 문자가 있음으로 해서 지식은 지속성과 확장성을 갖게 되었다. 지식이 문자로 기록되고 문자로 전달됨으로써 교육은 전문성과 함께 공적 성격을 갖게 되었다. 그런데 다른 한편에서 보면 교육이 문자로 된 지식을 가르치고 배우는 일로 이루어졌다는 점이 또한 교육의 가장 치명적인 난점을 배태하는 요인이 되기도 한다는 점에 우리는 주목할 필요가 있다. 그 난점이란, 문자로 기록된 지식과 인간이 원래 수행했던 구체적 경험으로서의 사고 행위 간의 분리다.

인간의 실제 경험은 결코 문자로 완벽하게 기록될 수 없다. 그래서 인간 사고의 과정은 결코 문자를 통해 완벽하게 재현되지 않는다. 문자 등의 부호 체계는 아무리 정교한 것이라 하더라도 근원적으로 인간의 구체적 삶으로부터 추상된 것이다. 만약 앎을 전수하는 과정이 앎이 일어나는 실제 삶의 사태와 함께 이루어진다면 그 앎과 삶은 분리되어 다루어질 가능성이 적다. 그러나 교육이 전문화되면서 오로지 문자로 기록된 지식만을 다루는 일이 가능해졌다. 문자로 기록된 지식은 짧은 시간에 많은 양을 전수하는 일이 가능하게 했다. 그러나 전수해야 할 지식의 양이 늘고 그 수준이 높아지면서 문자로 기록된 인간 경험은 점차 그 실제 사태와 멀어졌다. 문자화된 지식의 존재는 교육이 고도로 전문화되도록 하기는 했지만, 다른 한편으로 지식이 삶의 구체적인 사태로부터 분리될 위험성의 초래라는 대가를 치르고 만 것이다.

20세기 미국 철학자 듀이는 문자, 부호, 상징 체계가 갖고 있는 그와 같은 위험성을 정확하게 알고 있었다. 매체는 원래 그것이 지시하는 대상과 연결되어 있을 때 비로소 의미를 지닌다. 그러나 적지 않은 경우 매체는 그 대상으로부터 독립해서 그것 자체만으로 다루어지기도 한다. 듀이는 바로 이 점을 누구보다도 잘 알고 있었고, 특히 그런 사태가 학교에서 일어나지 않도록 해야 한다고 경고했다. 매체의 발명은 인류가 야만 상태에서 문명 상태로 나아가도록 했고 상징 체계는 우리 경험의 폭을 한없이 확장시켜 주기도 하지만, 다른 한편으로 그것은 우리 경험의 성격을 예상치 못한 방향으로 변질시킬 위험을 항상 안고 있다는 것이다.

교육은 앎의 깊이와 넓이를 확장해 가는 과정이다. 흔히 '지식 교육'이라는 말이 있고, 이 말을 통해서 교육의 협소한 단면을 지적하는 담론들이 유포되고 있는 것 같다. 그러나 정확하게 말하면 교육은 그 자체로 지식 교육이라고 하는 것이 맞다. '인성 교육'이 교육의 한 종류를 가리키는 말이 아닌 것과 같이, '지식 교육'은 교육의 한 하위 개념으로서 교육의 한 가지 종류를 가리키는 개념이 결코 아니다. 문제는 지식 교육이 형해화(形骸化)되는 것, 지식은 원래 우리의 구체적 삶으로부터 나온 것이지만 그것을 가르치고 배우는 과정에서 우리의 삶과 동떨어진 것으로 변질되는 것, 그래서 결국에는 교육을 통한 앎의 형성이 그 주체들의 실질적인 삶으로 연결되지 못하는 것에 있다. 교육철학은 바로 이 문제를 바로잡기 위한 이론적 처방을 제시하는 것을 중요한 임무로 삼는다. 프래그머티즘에 대한 이해는 이 일에 접근하는 한 가지 중요한 방편을 제공한다.

3. 프래그머티즘의 지식관

프래그머티즘(Pragmatism)은 19세기 후반 미국에서 형성되어 20세기 중반 분석철학에 그 지배적인 자리를 내주기 전까지 미국 철학계를 주도했던 사상적 흐름이다. 우리나라에서도 사실은 오래전부터 많은 학자들이 연구를 해 왔으나, '실용주의'라는 어색한 번역어를 통해서 다루어지거나[15] 아니면 프래그머티즘 그 자체로서보다는 듀이라는 철학자의 교육사상으로 소개되어 왔다. 프래그머티즘이 듀이에 와서 가장 발달된 형태를 보인 것이 사실이고 뿐만 아니라 듀이에서 그것이 교육과 가장 체계적인 형태로 연결된 것이 사실이기는 하다. 그러나 여기에서 우리가 프래그머티즘에 관심을 두는 것은 그것이 듀이의 사상이라는 점 때문이 아니라, 지식 교육과 관련해서 이루어지는 우리 교육 활동에서 발생하는 한 가지 중요한 문제에 대해 그것이 그 해답의 실마리를 제공하고 있다고 생각하기 때문이다.

프래그머티즘의 기본적인 관점은 이른바 '전통적인' 지식관에 대한 도전이다.[16] 이

15) '실용주의'라는 용어를 프래그머티즘의 우리말 번역어로 어색하다고 한 것은 '실용주의'라는 말이 지니는 의미의 불분명함 때문이다. 이 번역어는 프래그머티즘을 이해하는 데 도움이 되기보다는 오히려 그것에 대한 오해를 자아낼 위험이 있다. 프래그머티즘을 '실용주의'로 번역하는 데서 오는 문제에 대해서는 이돈희(1992), 엄태동(2001) 참조.

16) 프래그머티즘이라는 용어는 사실 매우 다양한 주장들을 포괄적으로 지칭하는 이름이다. 테이어는 프래그머티즘의 기본적인 논제를 다음과 같은 여섯 가지로 요약한다(Thayer, 2005). ① 실재는 가변적이라는 것과 지식은 그와 같은 가변적 실재에 적응하고 그것을 통제하는 도구로 기능한다고 보는 관점, ② 비판적인 탐구 활동에 있어서 고정된 원칙과 이성적 추론보다 실지 경험을 우선하는 것으로 보는 관점, ③ 우리가 지닌 아이디어, 신념, 진술 등의 의미는 그것을 실지로 사용해 보고 적용해 본 결과로 따라오는 실험적 또는 실천적 효과에서 온다고 보는 관점, ④ 진리는 검증의 과정에서 발견되는 것, 따라서 그것은 진술이 검증되었을 때, 또는 아이디어가

관점은 프래그머티즘이라는 이름 아래 포섭되는 다양한 주장들을 꿰뚫는 주된 요소로 작용한다. 지식에 대한 전통적인 관점은 '안'과 '밖'의 구분—실재론적 가정—을 가장 큰 특징으로 한다. 우리 앎의 대상은 우리 마음 '밖'에 존재하는 것이고, 그것에 대한 우리의 앎은 우리 '안'에서 이루어진다. 근대 철학자들은 대부분 이 둘 사이에 어떤 작용이 이루어지는지를 문제 삼았다. 지식에 관한 근대 철학자들의 사고는 기본적으로 실재의 구성에 관한 데카르트[17]의 가정에서 출발한다. 실재는 두 가지 실체로 구성되어 있는데 그 하나는 *res extensa*, 곧 공간을 점유하는 실체이고, 다른 하나는 *res cogitans*, 곧 앎의 주관으로서의 우리 마음이다. 모든 지식의 문제는 이 둘 간의 작용, 곧 비물질적 마음이 어떻게 물질적 세계와 접촉하는가 하는 문제에서 비롯된다. 근대 철학자들, 심지어 적지 않은 현대 철학자들까지도 이 문제를 철학이 해결해야 할 가장 중요한 문제로 간주해 왔다. 그리고 이 문제의식을 토대로 철학자들은 대단히 오랜 기간 동안 하나의 고유한 논의 흐름을 형성해 왔는데, 그것을 가리켜 우리는 '인식론(epistemology)'이라고 부른다(Biesta & Burbules, 2003: 10). 우리가 '인식론'이라고 지칭하는 철학의 한 갈래는 기본적으로 앎의 대상(또는 객체)와 앎의 주체를 분리한 데서 생긴 결과라고 할 수 있다.

철학 이론을 교육에 적용하는 데 익숙한 사람이라면, 지식 교육의 문제는 바로 이와 같은 인식론적 문제를 탐구하는 일을 통해 해결될 수 있다고 생각할 것이다. 아닌 게 아니라 교육철학의 내용을 구성하는 많은 부분은 멀리는 플라톤의 형상에 관한 개념에서부터 로크[18]의 인식론을 설명할 때 동원되는 이른바 '백지설'에 이르기까지, 실재론적 가정을 토대로 한 지식론으로 이루어져 있다. 아이러니컬하게도 근대 인식론의 역사가 그와 같이 복잡하고 풍부했던 것은 원래 그것의 출발점이 되었던 가정 그 자체가 잘못된 것이었기 때문이라고 할 수 있다. 그러나 '교육학적 지식론(또는 지식 교육론)'이 이러한 인식론적 가정을 극복하지 못한다면 교육철학은 결국에 철학 이론의 한 가지 응용으로서의 지위를 넘어설 수 없게 된다. 이 문제의 해결을 위해서 프래그머티즘은 우리에게 어떤 안목을 제공하는가?

지식에 대한 논의의 맥락에서 프래그머티즘의 혁신적인 점은 그것이 올바른 지식에

성공적으로 작용했을 때 바로 그것을 가리킨다고 보는 관점, ⑤ 관념을 행위의 도구 또는 계획으로 보는 관점, ⑥ 실재에 대한 우리의 해석은 바로 우리의 관심과 필요에 대한 그것의 효과 또는 유용성에 의해 정당화된다고 보는 관점.

17) René Descartes. (1596-1650)

18) John Locke. (1632-1704)

대한 판단 기준을 제공했다는 점뿐만 아니라, 그러한 지식, 관념 혹은 앎을 얻는 일은 어떻게 가능한가 하는 것에 관심의 초점을 둔다는—이 점에서 그것은 대단히 '교육학적'이다—데에 있다. 잘 알려져 있는 것처럼, 프래그머티즘의 '시조(始祖)'라고 불리는 퍼스[19]는 개념의 의미는 그것이 가져다주는 효과로부터 발생한다고 주장했다. 의미의 차이는 결과에 있어서의 차이와 같은 말이다. 두 개념이 동일한 결과를 초래한다면 그 두 개념의 의미 또한 동일하다. 개리슨과 니만(Garrison & Neiman, 2003: 21)에 따르면 퍼스의 이 주장이야말로 프래그머티즘 철학의 출발점이 된다. 이른바 '실천에 대한 강조'는 퍼스의 바로 이 주장에서 오는 것이라고 보아도 무방하다. 개념이 가져다주는 결과는 그 개념을 사용해서 그에 해당하는 행위를 직접 해 봐야 확인할 수 있는 것이기 때문이다. 진리라는 것은 실험과 실증, 그리고 실천을 통해 증명되고 검증되어야 하며, 경험을 통해 확인되고 실생활에 유용한 결과를 주는 것이 더 유의미하고 유용한 것이다(김동식, 2002: 55). 프래그머티즘이 경험, 결과, 행동을 중요시하는 것은 바로 이러한 그것의 지식관 때문이다. 그리고 이 관점은 듀이에 가서 보다 완성된 형태를 갖추게 된다.

C. S. Peirce

4. 듀이의 교육적 지식론

지식에 대한 듀이의 관점이 종래의 전통적 지식관과 다른 점은 그것이 지식과 그것의 획득의 관계를 완전히 뒤바꾸어 놓았다는 데 있다. 종래의 '인식론적 관점'은 지식을 이미 객관적으로 존재하는 것으로 가정하고, 자기와 상관없이 존재하는 그 지식을 '인식'의 주체가 획득하는 일이 어떻게 이루어지는지를 규명하는 데 관심이 있었다. 그러나 듀이의 '반인식론적(反認識論的) 관점'은 양자의 순서를 완전히 거꾸로 파악한다. 먼저 오는 것은 지식의 획득 과정이고, 지식이라는 것은 그것을 획득하는 일로부터 그 가능성이나 타당성의 근거를 제공받게 된다. 데카르트의 인식론이 기본 가정으

19) Charles Sanders Peirce. (1839-1914)

John Dewey

로 삼고 있었던 주관과 객관, 또는 마음(mind)과 대상 간의 분리가 듀이에 와서는 폐기되는 이유가 바로 여기에 있다. 이제 중심에 두어야 할 것은 앎의 대상과 분리되어 있는 마음이 아니라, 삶을 영위하는 인간 유기체와 그것을 둘러싼 환경 간에 끊임없이 이루어지는 상호작용이다. 환경에 대한 인간 유기체의 쉼 없는 작용 활동, 그에 대해 환경으로부터 되돌아오는 반작용, 그리고 그것에 대해 다시 이루어지는 유기체의 재작용, 이 일련의 과정에 대한 언급을 배제하고는 지식에 대한 그 어떤 타당한 논의도 결코 이루어질 수 없다. 듀이 프래그머티즘의 핵심적인 요소 가운데 하나—앞에서 제시한 퍼스의 의미 이론과 일관된 것으로서—는 실재는 반드시 유기체의 활동, 또는 '행함'의 결과로서만 스스로를 드러낸다고 보는 관점이다.

환경에 대한 유기체의 활동, 그리고 그 결과로서 지식이 생기는 이 일련의 과정은 일회성으로 끝나는 과정이 아니다. 끊임없는 환경과의 교섭 작용을 통해서, 환경과의 역동적인 균형을 유지하기 위한 끊임없는 노력을 통해서, 우리는 일정한 행위 패턴—듀이 용어로는 '습관'—을 습득하게 된다. 습관을 습득하는 과정은 기본적으로 일종의 시행착오의 과정이다(Biesta & Burbules, 2003: 11-2). 우리는 그 어떤 것을 행함으로써 환경에 영향을 미치게 되고, 끊임없이 그 같은 우리 행함이 초래한 결과들을 겪게 되며, 다시 우리 스스로를 그것에 적응시키게 된다. 이런 과정이 계속해서 반복됨으로써 결과적으로 우리는 환경을 변화시킴과 동시에 우리 스스로를 변화시켜 나간다.

그런데 여기서, 우리는 환경과 오로지 시행착오 과정을 통해서만 상호작용하는 것이 아니다. 이전에 이루어진 일련의 행함을 통해서 우리는 습관을 형성하게 되고, 이제 그렇게 형성된 습관은 우리가 이전과 유사한 환경을 접했을 때, 그것을 실지로 해보지 않고도 그 결과를 예측할 수 있게 해 준다. 실지로 해보지 않고도 환경과 교섭해 보는 것—일종의 '시뮬레이션'—은 상징이나 기호를 사용함으로써 가능하다. 듀이가 '사고'라고 지칭한 이 활동을 통해서 우리는 해당 활동이 가져다줄 결과를 실지로 겪지 않고 그것을 시도해 보는 일이 가능하다. 상징을 통한 활동, 곧 사고는 환경의 작용에 대한 우리의 반응이 보다 정확하고 '지적인' 형태로 이루어지도록 한다. 그러나 상징을 통해서, 말하자면 사고 속에서 해 본 우리 활동이 그 상황에서 진짜로 적절한 반응인지 아닌지는 어디까지나 그 활동을 실지로 해 봄으로써 알 수 있다는 것은 물론이다. 그리고 이 같은 인간의 지적 활동은 세월을 거치면서 축적되고 또 여러 형태의 부호 체계로 기록되었다. 문자—또는 이후 그것에 준하는 여러 다양한 형태의 매체—를 사용한 기록은 우리에게 그 같은 지적 활동의 유산들이 세대를 거쳐 전해지는 획기적인 혜택을 가져다주었다.

상징 체계가 우리에게 가져다준 혜택은 실로 막대하다. 일상에서 이루어지는 구체적 경험의 세계에 갇혀 있던 사람들은 상징 체계의 도움으로 이제는 다른 사람들이 이전에 했던 수많은 경험의 유산들을 공유할 수 있게 되었다. 매체의 사용을 통해서 사람들은 자신이 직접 경험해 보지 않고도, 다시 말하면 '간접적인' 경험을 통해서 자기 경험의 폭을 이전과는 비교할 수 없을 정도로 확장시킬 수 있게 되었다. 전쟁에 직접 참가해서 그 고난과 위험을 겪어 보지 않아도 우리는 사진이나 영화 등을 통해 전쟁의 고통과 잔인함을 '어느 정도' 알 수 있다. 금강산을 직접 가보지 않고도 우리는 정선(鄭敾)의 진경산수화를 통해 그 아름다움을 '어느 정도' 감상할 수 있다. 어떻게 보면 인간이 일생을 통해서 하는 경험의 상당 부분은 이 같은 간접적인 경험이다. 우리는 많은 경우 얼마나 세계적이고 풍부한 매체를 소유하고 활용하느냐를 통해 한 사회의 문명 수준을 판가름하기도 한다. "야만 상태에서 문명 상태로 나아온 한 단계 한 단계는 모두, 순수하게 직접적인 경험을 확대해 주고 또 그것을 오직 기호나 상징으로밖에 표현될 수 없는 것들과 연결시켜 줌으로써 그 의미에 깊이와 폭을 더해 주는 매체의 발명에 의존해 왔다"(Dewey, 1987: 359). 그런데 문제는 우리 경험의 폭을 한없이 확장시켜 준 이러한 상징 체계가 다른 한편으로 우리 경험의 성격을 예상치 못한 방향으로 변질시킬 위험을 항상 안고 있다는 점이다.

5. 언어의 교육적 위험성

상징 또는 부호는 항상 그 어떤 구체물에 대한 것이다. 상징의 의미는 그것이 나타내는 그 구체물에서 온다. 문자는 그것이 표현하는 대상과의 연결을 유지하고 있을 때에 한해서 유의미하다. 그런데 다른 한편으로, 상징은 원래 그것이 표현하고자 하는 것으로부터 의미를 부여받지만, 전자는 후자와의 사이에서 어느 정도의 거리를 유지함으로써 일종의 '상대적 자유'를 누린다. 어찌 보면 인간의 사고는 상징이 지닌 이와 같은 상대적 자유 때문에 가능한 것이라고도 할 수 있다. 그러나 상징이 지닌 그러한 상대적 자유는 종종 그것 자체로 성립하는, 말하자면 '절대적 자유'로 둔갑할 위험을 늘 안고 있다.

> 상징이 진정한 의미에서 사물을 대표하지 못할 위험은 언제나 있다. 다시 말하면 상징을 하는 언어적 매체가 눈앞에 없는, 멀리 떨어진 것을 불러 일으켜서 참으로 현재의 경험 속에 들어오도록 하는 것이 아니라, 언어적 매체 그 자체가 목적이 되는 것이다. 학교의 정규교육은 특히 이 위험에 빠지기 쉽다. 그리하여 그 결과로, 학교에서 문자 교육이 시작되는 것과 동시에, 보통 '학교 공부'라고 하는, 단순히 책으로 하는 공부가 너무나 보편적인 현상으로 나타나게 된다(Dewey, 1987: 360).

상징, 부호, 문자 등으로 표현된 정보 체계가 그것 자체만으로 존재하는 것처럼 이해되는 일은 비단 오늘날에만 있는 일이 아니다. 서유럽 교육의 역사를 되짚어 보면, 인간의 지적 활동이 이른바 '암흑기'를 벗어나 고대에 누렸던 그 화려했던 인간성을 회복하려고 했을 때, 근대인들은 그리 오래지 않아 고대 자유인의 인간성을 담고 있었던 문자 체계 그 자체에 매몰되어 그것이 원래 추구했던 정신을 망각하는 사태에 빠져 버린 적이 있었다. 16세기 이후 등장한 근대적 교육의 선구자들은 바로 그 같은 문자에의 매몰이 초래하는 위험으로부터 교육적 경험의 영역을 보호하려 했던 사람들이라고 할 수 있다.

상징, 부호, 문자 등으로 표현된 정보 체계가 구체적인 대상과의 관계를 상실하게 될 때 그것은 실체화되며 우리의 사고는 '메마른' 형태로 진행된다. 인간 삶의 본 모습이 구체적인 대상과 그것들이 지닌 '질성(質性, quality)'[20]으로 이루어진 세계를 토대로 한 것이라는 점을 감안하면, 구체적인 대상과의 관련을 상실한 채로 이루어지는 경험은 인간 삶의 포괄성과 생생함을 제대로 반영하지 못하는 것이 되고 만다. '메마른 경험', '죽은 지식' 등과 같은 말은 바로 그러한 편협한 삶의 모습을 지적하는 말들이다. 그리고 여기에 지식 교육에 관련된 문제의 핵심이 있다.

프래그머티즘을 교과교육의 원리를 가리키는 개념과 연결 지어 탐구하고자 하는 사람은 상징, 부호, 문자 체계가 누리고 있는 그와 같은 '절대적 자유'가 학습자 개개인의 경험을 얼마나 비교육적인 것으로 변질시키고 있는지, 학습자 개개인의 성장을

20) 여기서 '질성'은 일차적으로 언어나 상징적 수단에 의해서 범주의 내용이 된 대상이기 전에 우리의 지각 혹은 구체적 경험이 직접적으로 식별하는 대상을 의미한다(이돈희, 1993; 1999).

어떻게 저해하고 있는지를 간파할 줄 아는 사람이다. 지식 교육의 핵심적인 문제는 상징, 부호, 문자 체계의 '실체화' 혹은 '소외'가 그것을 소재로 한 교육활동 과정에서도 교정되지 않고 그대로 작용한다는 데 있다. 그러므로 이제 문제 해결의 실마리는 그것들의 원래 의미가 교과교육의 과정에 제대로 반영되도록 하는 일, 실체화되어 있는 상징 체계를 교과교육 과정에서 그 원래 위치로 되돌리는 일이 어떻게 이루어질 수 있는지를 보임으로써 찾을 수 있을 것이다.

부호 체계를 사용하여 기록된 인간 경험의 축적물이 세대를 거쳐 전해지는 데서 발생하는 문제는 이돈희(1992; 1999)의 용어로 기술하면 '이차적 경험'과 '일차적 경험' 사이의 단절로 표현할 수 있다. 환경을 상대로 이루어지는 우리 인간의 행함—'경험'—은 그 원천에서는 대단히 구체적이고 직접적이며 통합적인 차원에서 이루어진다. 이것을 '일차적 경험'이라고 한다면 '이차적 경험'은 그러한 일차적 경험을 소재로 하여 반성적 사고 과정을 거쳤을 때 성립하는 경험 양식이다.

> 우리의 의식과 행동은 어느 순간에도 멈추지 않고 진행되고 있다면, 우리는 무엇인가를 경험하고 있는 셈이며, 우리의 경험은 수없이 다양하고 수없이 많은 것들의 흐름으로 진행된다. 그러나 우리가 저녁에 앉아서 조용히 오늘 무엇을 했는가를 반성할 때, 시간에 따라, 장소에 따라, 상대한 사람에 따라, 아니면 감격스런 혹은 충격적인 감정이나 조용한 기쁨 등을 떠올릴 것이다. 덩어리째 있는 일차적 경험에 대하여 우리의 사고는 그것을 소재로 어떤 작용을 한다. 어떤 사건을 부각시키거나, 사건들을 분류하거나, 비교하거나, 관련을 짓거나 한다. 이와 같이 다소 체계적인 사고는 반드시 저녁에 잠들기 전에만 하는 것이 아니라, 우리는 수시로 이런 일을 계획하고 구조화하고 추진한다. 이러한 사고의 결과로 일차적 경험은 조직되고 분류되고 개념화되어 새로운 의미를 부여받는다. 과학과 철학은 둘 다 이러한 이차적 경험을 내용으로 한 것이다(이돈희, 1999: 444).

6. 교과를 활동으로

대개 우리가 학교에서 가르치고 배우는 교과는 모두 우리의 일차적 경험을 소재로 하여 이차적 경험의 수준에서 성립시킨 이론들이다. 그런데 이들 교과를 '교과'라는 이름으로 지칭하는 의도가 제대로 실현되려면, 우리는 그것들을 원래 경험의 형태로 되돌려 놓지 않으면 안 된다. 일차적 경험은 그 어떤 것이든지 간에 반성적 사고를 거쳐서 다음의 경험을 통제하는 데 영향을 주어야 한다. 이 과정이 없으면 '성장'도 일어나지 않기 때문이다. 이 점에서 우리는 언제나 이차적 경험의 결과를 필요로 한다고 할 수 있다. 그러나 중요한 것은 이전 세대가 남긴 이차적 경험의 유산은 그것을 가르치는 과정에서 배우는 사람 편의 일차적 경험으로 환원되어야 한다는 점이다. "듀이는 일상적 경험의 상황, 즉 구체적인 실제 혹은 실천의 사태로 되돌아올 것을 요구하였다. 왜냐하면 우리의 경험은 거기에서 시작하였고, 거기에서 완성될 것이기 때문이다"(이돈희, 1992: 37).

이차적 경험의 결과로서의 교과는 그것 자체로는 근본적인 한계를 지니고 있다. '교과로서의 과학'에 대한 듀이의 설명은 교과가 지닌 이 근본적인 한계에 대한 한 가지 유용한 설명 자료가 될 수 있다. 우리가 확보하고 있는 체계적인 지식으로서의 과학은 그 자체의 골격, 곧 '논리적 순서'를 따라서 조직되어 있다. "논리라는 것은 다른 것이 아니라, 지식내용을 진술하는 형식이며, 하나의 진술에서 그것이 기초로 하고 있는 전제와 그것에 따라오는 결론을 알 수 있도록 하는 그러한 형식이다"(Dewey, 1987: 341). 그런데 과학이라는 교과를 조직하는 데 기준이 된 이 논리적 순서는 그것 그대로는 과학 교과를 배우는 학습자에게는 하나의 방해물로 작용한다.

> 학습자의 입장에서 보면, 과학의 형식은 과학을 배우는 출발점이 아니라 도달해야 할 이상이다. 그런데도 과학을 가르칠 때에는 흔히 과학의 초보지식을 약간 단순화한 것을 가지고 수업을 시작하는 것을 볼 수 있다. 여기서부터 생기는 필연적인 결과는, 과학이 의미 있는 경험과 유리된다는 것이다. 학생은 의미를 알 수 없는 상징을 배우게 된다. 그는 전문적인 정보의 덩어리는 습득하지만, 그 정보가 자기 자신에게 친숙한 물체나 작용과 어떤 관련을 맺고 있는지를 추적할 능력이 없다. 그가 배우는 것은, 대부분의 경우, 괴상한 단어뿐이다(Dewey, 1987: 342-3).

그렇다면 어떻게 해야 하는가? 듀이의 비교적 초기 저작인 *The Child and the Curriculum* (이하 『아동과 교육과정』)은 경험의 논리적 측면과 심리적 측면, 그리고 양자의 관계를 대단히 설득력 있게 설명하고 있다. 우리가 교과라고 부르는 지식 체계는 우선은 각 해당 분야의 전문가들에 의해 만들어진 것이다. 각 분야의 전문가들은 그야말로 해당 분야 지식의 전문가들이므로, 이들이 교과 지식을 조직할 때 일차적인 기준이 되는 것은 그 지식의 논리적 형식이 될 수밖에 없다. 교과는 어쨌거나 '지식의 형식들'로 구성되어 있고 그것이 상징, 부호, 문자 등의 매체를 사용하여 기술된 것들인 이상 논리적 형식을 그 뼈대로 삼을 수밖에 없는 것이다. 그러나 앞에서 잠깐 언급한 것처럼, 지식의 형식들로 이루어진 그 교과들이 진정한 의미에서의 '교과'로 받아들여지려면 학습자와의 관계를 반드시 고려하지 않으면 안 된다. 이 점에서 "경험의 논리적 측면은 교과 그 자체를 뜻하는 것이며, 경험의 심리적 측면은 학습자와의 관련 속에서의 교과를 뜻하는"(Dewey, 2002: 56) 것이 된다. 그러므로 교과교육의 과정은 교과 그 자체의 논리적 순서에 따라 진행되어야 하는 것이 아니라, 그것을 학습자의 마음이 발달하는 순서, 곧 학습자의 심리적 순서로 바꾸어 놓은 활동들로 이루어져야 한다. 마치 완성된 지도 속에서 탐험가의 구체적인 여행 경험들을 구성해 내는 것과 같이, 학교교육에서의 학문 또는 교과는 현재에 이르는 동안 그것이 만들어지는 과정에서 그것에 참여한 사람들의 과거 경험들로 번역되어야 한다. 지도가 탐험가의 여행을 안내하는 것과 같이 학문이나 교과는 그것을 내용으로 하는 교육활동을 안내하는 역할을 하지만, 어디까지나 그것 자체로는 직접 경험하는 것을 대신할 수 없다. 체계화된 지식은 성장 과정에 중요한 위치를 차지하며 발달 과정을 보다 질서 있고 바람직한 것으로 만들기 위해 그 이전에 있었던 사람들의 경험과 노력의 결과를 어떻게 이용할 수 있는지를 보여 준다는 점에서 교육의 과정에서 반드시 필요하다. 그러나 그것의 가치는 어디까지나 앞으로 올 경험의 성장에 그것이 어떤 작용을 하느냐에 달려 있다. 바로 이런 점 때문에 교과를 구성하는 교육내용은 다시 경험 속으로 되돌릴 필요가 있는 것이다(Dewey, 2002: 60).

7. 학자 대 교사, 그리고 교사의 전문성

『아동과 교육과정』에 등장하는 '학자와 교사의 구분'은 위 내용을 이해하는 데 대단히 유용한 자료가 될 수 있다. 지식은 학자와 교사에게 각각 다른 의미를 지닌다. 특정 분야 지식은 그것을 전공하는 학자의 관점에서 보면 '그것 자체로' 독립적인 중요성을 지닌다. 학자에게 지식은 해당 분야에서의 새로운 문제를 찾아내고 연구를 설계하고 검증된 결과를 발견하는 데 이용되는 수단이 된다. 자기가 전공하는 분야의 지식을 사용해서 학자는 자신의 학문적 연구를 수행한다. 그러나 동일한 지식이 교사에게는 전혀 다른 의미를 지닌다.

교사에게 지식은 예컨대 새로운 문제를 발견하고 그것을 해결하기 위해서 가설을 세우고 그것을 검증하고 하는 등의 작업을 위해서 존재하는 것이 아니다. 교사의 관심은 그것을 '교과'로 활용하는 데 있다. '교과'로서의 지식은 학문적 연구의 수단이 아니라 그것을 배우는 학습자에게 성장의 내용을 제공하는 수단이 된다. 지식을 교과로 취급한다는 말은 그 지식을 가르침과 배움의 내용으로 간주한다는 말과 같다. 그러므로 자기가 전공하는 지식과 관련해서 교사가 하는 일은 그것을 학습자의 발달 단계에 맞게 해석해 내는 것이다. 교사의 관심은 자기가 알고 있는 지식을 수단으로 새로운 것을 발견하고 그럼으로써 그 지식을 발전시켜 나가는 데 있지 않다. 교사의 임무는 자기가 전공하는 교과에 해당하는 직접적이고 생생한 경험을 학습자로부터 이끌어내는 것이다.

> 교사는 교과가 학습자의 경험이 될 수 있는 방법, 즉 아동의 현재 경험 속에 교과와 관련하여 이용할 수 있는 것이 무엇이 있는지, 그러한 것들을 어떻게 효과적으로 이용할 수 있는지, 교과에 대한 지식을 학습자의 필요나 활동을 이해하고 해석하는 데에 어떻게 활용할 것인지, 올바른 방향으로 그리고 적절하게 성장시키기 위하여 학습자에게 어떤 환경과 자료를 제공해야 하는지 등등과 같은 문제에 관심이 있다. 교사는 교과 그 자체에 관심이 있는 것이 아니라, 보다 넓은 전체적인 조망 속에서 경험의 바람직한 성장을 이룩하는 데에 교과가 어떤 역할을 할 수 있는지에 관심이 있다(Dewey, 2002: 62).

교사가 해야 할 가장 핵심적인 이 일을 듀이는 '교과를 심리화한다(psychologize)'는 말로 표현한다. 교과를 구성하는 지식 또한 원래는 사람들이 수행한 탐구 활동, 그들의 구체적인 경험에서 나온 것이기는 하지만, 그것이 교실 수업에서 학습자들에게 제시될 때에는 이들의 현재 경험과 직접적으로 관련을 맺지 못할 가능성이 늘 존재한다. 학교에서 주어지는 교육내용 그 자체는 학습자의 경험 바깥에 있는 것이기 때문이다. 따라서 교사는 자신의 전문성을 총동원하여 교육내용을 학습자의 현재 수준에 맞게 변형하고 수정해야 한다. 교사의 전문성은 자신이 담당하고 있는 해당 지식의 내용에 대해서 얼마나 학자들만큼의 수준에 도달해 있는지를 가리키는 말이 아니다. 교사의 전문성은 자신이 담당하고 있는 해당 지식의 내용을 자기가 맡은 학생들에게 얼마나 유의미한 내용으로 번역해 낼 수 있느냐에 따라 결정된다. 그리고 교사의 이 같은 전문성은 교사가 자신이 가르치는 학생을 얼마나 잘 파악하고 있느냐에 따라 결정된다. 교사 앞에는 교육내용과 학생이라는 두 가지가 요소가 놓여 있다. 교사의 전문성의 정도는 이 둘 사이를 어떻게 연결 짓는가 하는 것에 따라 결정된다. 이 둘 사이를 연결 짓는 일은 교육내용을 학습자가 받아들일 수 있는 형태로 바꾸어 놓는 일로부터 시작해야 한다. "교육내용이 학생들의 사고할 수 있는 능력에 적합한 것이 되려면, 그리고 교육내용이 학생들의 이전 활동, 생각, 고통과 관계가 있는 것이 되려면 교사는 학습자의 마음의 발달 정도와 현재 마음 상태를 충분히 고려하면서 교육내용을 재구성하고 각색해야" 한다(Dewey, 2002: 69).

듀이가 세운 '실험실 학교(Laboratory School)'는 바로 이 이상을 제도적인 차원에서 체계적으로 실현하기 위한 시도였다고 할 수 있다. 실험실 학교에서 이루어진 교과수업의 장면을 보여주는 아래의 예는 이 점을 다소 구체적으로 이해하는 데 도움이 된다.

> 열 살이나 열한 살쯤, 인류가 어떻게 옷감을 발명했는가 하는 문제를 생각할 나이가 된 아동에게 아마(亞麻), 목화, 양털 등 옷감의 원료를 내어 준다. 아동은 그것으로 여러 가지 천을 만들어 보게 되어 있다. 모직 섬유와 면직 섬유를 조사해 보는 동안에 아동은 어째서 양털이 목화보다 옷감의 원료로서 오랜 역사를 가지게 되었는가를 알아낸다. 목화 섬유는 목화씨에서 섬유를 분리해 내기가 어려우며 양털 섬유에 비하여 길이가 10분의 1밖에 되지 않는다. 그뿐만 아니라 양털 섬유는 목화보다 더 거칠어서 서로 쉽게 달라붙고 따라서 실로 잣기에 편리하다.
>
> 교사의 질문과 제안의 도움을 받아 이 모든 것을 알아낸 뒤에 아동은 실지로 옷감을 만들 궁리를 한다. 아동은 인류가 최초로 사용한 양털 가리개를 '재조명'한다. 뾰족한 핀을 여러 개 꽂은 판자 두 개를 마주 붙여서 그 사이로 양털을 빗긴다. 아동은 양털을 자아서 실로 만드는 가장 단순한 물레를 '재조명'한다. 구멍 뚫린 돌에 막대기를 꽂아 그것을 돌리면서 실을 뽑아낸다. 이런 실험과 발견을 통하여 아동은 오늘날 사용되고 있는 직조기의 기능을 이해한다. 이런 모든 일을 하는 동안에 아동은 상당한 양의 예술과 과학과 역사를 학습한다(Boyd, 1994: 603-4).

듀이는 이와 같은 일련의 작업 활동들을 통해서 아동은 성숙한 단계의 지식수준에 도달할 수 있다고 보았다. 아니 제대로 말하자면 이를 완전히 거꾸로 말해야 한다.

곧, 성숙한 지식 단계는 오직 그 같은 활동들을 통해서만 성취될 수 있다는 것이다. 듀이에 따르면 "아동은 요리에서 많은 화학적 지식을 습득하며, 목공에서 수와 기하학의 원리를, 그리고 실 뽑고 베 짜는 것과 관련된 이론적 활동에서 많은 지리학적 지식을 습득한다"(Boyd, 1994: 604). 보수적인 관점에서 보면 다소 지나친 감이 없지 않을지 모르지만, 듀이의 어찌 보면 과격하다고도 볼 수 있는 이 주장은 당시 유행한 진화론적 심리학의 시각에서 보면 당연한 논리적 귀결이었다. 통상 우리가 지식이라고 말하는 것들은 우리 인간 마음의 작용과 동떨어져 존재해 온 것이 아니다. 그것들은 따지고 보면 결국 인간의 경험, 인간의 지적 활동으로부터 비롯된 것이다. 따라서 "역사, 과학, 예술 등의 교과는 이미 학생의 경험과 무관한 외적인 그 무엇이 아니다. 그러한 교과는 모든 개별적 아동의 마음을 시발점으로 하는 발달 과정의 종착적 단계에 불과한"(Boyd, 1994: 609) 것들이다. 교사가 할 일은 이 두 지점을 연결 짓는 일이며, 이 일을 얼마나 잘 하느냐가 교사의 전문성의 정도를 결정한다. 교과교육은 "아동의 현재 경험에서 시작하여 교과라는 이름으로 불리는 조직된 진리의 체계로 나아가는 계속적 재구성"(Boyd, 1994: 609)이다. 교사가 아동의 현재 관심, 필요, 목적 등, 한마디로 말해 아동의 삶에 지속적인 관심을 기울여야 하는 것은 바로 이 때문이다. 이 일이 제대로 이루어지지 않을 때 결국 교과는 학습자의 삶 속으로 편입되지 못하고, 지식 교육은 마냥 헛돌게 되는 것이다. 우리가 흔히 접할 수 있는, 지식 교육에 대한 우려와 비난은 바로 이 일이 제대로 이루어지지 않기 때문에 생기는 것들이다.

제 12 장

학교교육의 제도적 기초

제9주제 국가교육의 역사와 공교육의 이념

■ 이 절에서 다룰 질문들:
- 국가가 교육을 관장해야 하는 이유는 무엇인가?
- 공교육은 개념상 국가교육과 어떻게 연결되는가?
- '국가주의'는 무엇이며 그것이 국가교육의 실제에 실현될 때 어떤 부작용이 발생하는가?
- 국가주의 교육의 폐해를 방지하려면 어떤 노력이 필요한가?

오늘날 대부분의 발달된 사회에서 교육은 국가의 책임하에 제도적인 형태로 운영된다. 다시 말해 '국가'가 그 사회의 교육을 관장하고 있다는 것이다. 한국의 학교교육은 국가교육으로서의 성격이 대단히 짙다. 그러나 이 같은 '국가교육'은 인류 역사를 통틀어 볼 때 그리 긴 역사를 갖고 있지 않다. 개인의 교육을 '국가'가 책임진다는 아이디어는 언제, 어디서 비롯되었는지의 문제를 이해하는 일은 지금 우리 사회에서 이루어지고 있는 학교교육의 성격을 파악하는 데 대단히 중요하다. 이 장에서 우리는 국가교육의 역사와 함께, '공교육'이라 지칭되는 우리 사회 학교교육의 기본적인 특성으로서의 공공성 문제를 논의할 것이다.

1. 국가교육의 사상적 토대: 아리스토텔레스

오늘날의 우리는 개인의 삶이 국가적 맥락을 벗어나서는 유지되기 불가능한 시대를 살고 있다. 특히 이른바 '공적인 영역'에서 수행되는 활동들은 대부분이 국가와의 관계

속에서 그것과 영향을 주고받으며 이루어진다고 할 수 있다. 교육적 삶이라는 것도 예외는 아니어서, 학교라고 불리는 제도적 공간에서 이루어지는 우리의 형식 교육은 고도로 국가적인 성격을 띤다. 국가나 지방자치단체가 설립한 것들은 말할 것도 없고, 개인이 설립했다 하더라도 그것이 일반 국민을 대상으로 한 학교교육을 실시하는 곳이라면 국가 차원에서 마련된 제도의 규제를 벗어날 수 없다. 한마디로 오늘날의 우리는 국가교육의 시대를 살고 있는 것이다.

현대적인 형태의 국가가 성립되어 있고 그 속에서 사람들이 각기 한 사람의 국민으로 삶을 영위하는 곳이라면, 그 수준에서는 차이가 있을지 몰라도, 대체로 그곳의 교육은 국가교육의 형태로 이루어진다고 할 수 있다. 교육을 국가의 주도 아래, 또는 국가의 책임 아래 운영하는 것은 교육이 국가를 유지하는 일과 밀접한 관계가 있기 때문이다. 교육은 개별 존재로 태어난 인간을 국가라고 불리는 공동체의 구성원으로 성장케 함으로써 국가가 성립되고 유지되도록 하는 일을 한다. 개인 입장에서 보면 그것은 개인이 국가의 구성원으로 살 준비를 갖추게 함으로써 인간적 삶을 완성할 기회를 제공한다. 인간은 공동체적 삶이 아니고서는 결코 자기완성을 이룰 수 없으므로 국가교육은 개별 인간이 자기완성을 이루는 가장 중요한 통로가 된다.

인간 삶의 성격을 그들이 국가를 이루어 산다는 점에서 규정하고, 그리고 그것을 위해서는 국가 차원에서 이루어지는 교육이 반드시 필요하다는 생각은 고대 헬라스의 아리스토텔레스에서 그 원형을 찾을 수 있다.[1] 아리스토텔레스는 『정치학』에서 교육을 국가의 책임으로 간주하는 입장을 대단히 분명한 형태로 제시한다. 이 책의 제8권 첫머리에서 아리스토텔레스는 국가의 법을 세우는 사람들은 무엇보다도 젊은 세대를 교육하는 일에 관심을 가져야 한다고 주장하고 이는 사람들 모두가 당연한 사실로 인정하고 있다는 점에 주의를 환기시킨다(아리스토텔레스, 『정치학』: 425).[2] 그에게 교육은, 플라톤에서와 마찬가지로, 국가를 운영하는 일과 밀접히 관련된 일이었다(Boyd, 1964; 이홍우 외 역, 2008: 71). 그러므로 "교육은 법에 의해 규제되고 국가에 의해 주도되어야 함이 분명하다"(아리스토텔레스, 『정치학』: 427).

---

1) 물론 아리스토텔레스의 교육이론은 하나의 완성된 이론으로서는 부족한 점이 있고, 그 점에서 고대 교육사상이라는 측면에서 보아 특히 그의 스승이었던 플라톤의 『국가』에서 제시된 교육이론에 훨씬 미치지 못하는 점이 있다. 그럼에도 불구하고 '실천철학'으로서의 가치라는 측면을 감안하면 그의 『정치학』은 고대헬라스 교육사상을 이해하기 위해서는 반드시 검토해 보아야 할 텍스트로 인정된다(손윤락, 2012: 151-152; 김재홍, 2008: 425, 434).

2) 이하 『정치학』의 쪽 번호는 천병희 국역본의 쪽 번호임.

아리스토텔레스에서 국가와 교육 간의 그 같은 밀접한 관계는 인간 존재의 '공동체적 특성'에서 연유한다. 잘 알려져 있듯이, 아리스토텔레스는 인간 존재의 가장 중요한 조건으로 폴리스라는 공동체 내에서의 삶을 강조한다(한상수, 2005: 257; 한석환, 1998: 236; 황주홍, 1990: 356). 인간은 개체적인 상태로는 삶을 살 수 없는 존재다. 공동체를 이루어 사는 것은 인간이 진화를 계속해 오면서 우연히 터득한 삶의 방편 같은 것이 아니라, 인간을 인간이게끔 하는 그것의 본성에 해당한다. 공동체 내에서 삶을 영위하지 않는다는 말은 곧 참으로 인간적인 삶을 살지 않는다는 말과 같다. 그런데 이성을 소유한 인간은 가정이나 마을과 같은 자연적인 공동체를 넘어, 그보다 더 큰 공동체인 국가—폴리스—를 지향한다(김재홍, 2008: 426). 아리스토텔레스에 따르면 인간 삶의 궁극적 목적인 '행복(에우다이모니아)'은 국가공동체 내에서의 삶을 통해 비로소 성취될 수 있다. 인간이 국가라는 공동체 내에서 삶을 영위하는 것은 개체로서 성취할 수 있는 최상의 행복을 구현하기 위해서인 것이다. 아리스토텔레스의 관점에서 보면 개인의 행복은 곧 국가라는 공동체 구성원으로서의 행복과 일치한다. 국가공동체 내에서의 삶과 별도로 개인의 행복은 결코 성립할 수 없다는 것이다.

국가는 존재하는 다른 모든 것들과 마찬가지로 그 어떤 목적을 추구한다. 국가공동체를 이루어 삶을 영위하는 것은 인간의 중요한 본성이지만, 그것은 그 어떤 동물적 본능 같은 것이 아니다. 공동체적 삶은 인간의 이성이 작용하여 성립한 것이라고 보아야 한다. 이성은 언제나 그 어떤 목적을 추구하므로, 인간이 국가를 이루어 사는 데도 반드시 그 어떤 목적이 작용한다. 『정치학』 제7권 말미에서 아리스토텔레스는 국가의 목적을 "가능한 최선의 삶"(아리스토텔레스, 『정치학』: 387)이라고 규정한다. 국가의 목적이 '가능한 최선의 삶'이라고 해서 국가로 하여금 그런 삶을 살도록 한다는 말은 아니므로, 이는 곧 국가는 그 구성원들의 삶이 그와 같이 이루어지도록 하는 것을 목적으로 한다는 말과 같다. 국가공동체는 사람들이 단지 군집을 이루어 산다고 해서 이루어지는 것이 아니다. 그것은 반드시 그 구성원들이 최선의 삶을 살도록 하는 것이지 않으면 안 된다는 것이다. 그렇다면 이를 위해 필요한 것은 무엇이겠는가?

인간이 국가를 이루어 사는 것은 하나의 본성이고, 또한 국가의 목적은 가능한 최선의 삶을 사는 것에 있다면, 이제 이 일을 위해서 반드시 필요한 것은 교육이라고 할 수밖에 없다. 교육은 인간이 국가라는 공동체 내에서 삶을 살면서, 가능한 최선의 삶을 추구하는 데 반드시 필요한 요소가 되는 셈이다. 그렇다면 이런 필요성에서 비롯된 교육은 어떤 모양을 띠는가? 아리스토텔레스에 따르면, 국가는 "동등한 자들의 공동체"(아리스토텔레스, 『정치학』: 387)이다. 국가는 동등한 자들로 구성된 공동체이므로, 그것이 추구하는 목적은 단일하다. 그리고 교육은 그것을 위해 존재하는 것이므로, 국가공동체 내에서 이루어지는 교육 또한 단일하며 공통의 것이지 않으면 안 된다(손윤락, 2012: 156). 다시 말하면 교육은 국가공동체 구성원들 모두[3]를 대상으로 하는 것임과 동시에 그들 모두가 추구하는 공통의 목적을 달성하기 위해 수행되는 것이라고 할 수 있다. 그리고 그 점에서 그것은, 아리스토텔레스 당대의 일반적 추세와 달리, '공공의 관심사'여야 한다.

> 국가 전체가 하나의 목표를 추구하는 만큼, 교육도 분명 모두에게 한 가지여야 한다. 교육은 공공의 관심사이어야지, 각자가 제 아이들을 따로 보살피며 자기가 좋다고 생각하는 교과목을 사적으로 가르치는 오늘날처럼 사사로운 일이어서는 안 된다. 공공의 관심사에는 역시 공동으로 대처해야 하기 때문이다. (아리스토텔레스, 『정치학』: 425)

아리스토텔레스가 생각하는 이상적인 국가는 한편으로 가정과 촌락이 모여서 형성된 최상위 공동체이기도 하지만 그것은 다른 한편으로 하나의 통치 단위이기도 하다. 국가는 동등한 자들로 이루어진 공동체이자 하나의 통치 단위이므로, 그 속에서 이루어지는 교육은 한편으로는 그 공동체를 이루는 시민들의 공통된 관심사이자 다른 한편으로는 국가 운영의 일환이다. 따라서 아리스토텔레스가 기획하는 교육은 국가의 통치를 담당하는 기구가 시행하는 업무라는 성격과,[4] 그 일은 사람들 모두가 간여하고 그들 모두에게 적용되는 공적인 업무라는 성격을 함께 지닌다. 아리스토텔레스가 『정치학』에서 기술하고 있는 교육을 '공교육'이라 지칭하는 경향(김재홍, 2008; 손윤락, 2012)은 바로 이 점을 염두에 둔 것이라 생각된다.[5]

3) 물론 여기서의 '구성원 모두'가 말 그대로의 '사람들 모두'를 의미하는 것이라고 볼 필요는 없다. 이 시대 여성과 노예는 여전히 시민의 범주에서 제외되었다고 보아야 하기 때문이다. 그러나 이 관점을 노예제가 인정되지 않고 여성도 남성과 동등한 지위를 인정받는 오늘날 상황에 적용했을 경우에는 말 그대로 '사람들 모두'로 해석해서 안 될 이유가 없다.

4) 국가는 통치 조직이기도 하므로, 그것은 통치를 수행하는 자들과 그들로부터 통치를 받는 자들로 구성된다고 보아야 한다. 치자와 피치자는 각기 하는 일의 성격에서 상이하므로 각각에게 필요한 교육 역시 상이해야 한다고 볼 수 있다. 그러나 그럼에도 불구하고 모든 시민은 동일한 교육을 받아야 한다. 왜냐하면 아리스토텔레스의 이상 국가에서는 모든 시민이 번갈아 가며 치자와 피치자가 되기 때문이다(아리스토텔레스, 『정치학』: 405-406).

5) 천병희는 『정치학』 국역본에서 제8권의 제목을 "공교육"으로 달았다.

2. 종교개혁기 루터파 개혁가들의 국가교육 사상

교육은 국가, 곧 공동체의 일이라는 생각이 아리스토텔레스에 의해 적극적으로 주장되었기는 하지만, 그 생각이 현실에 곧바로 반영된 것은 아니다. 교육은 여전히 개인적인 일이었고, 더군다나 시민 전체가 동일한 형태의 교육을 받는다는 것은 지극히 비현실적인 생각이었다. 그리고 이런 경향은 로마에 와서도 마찬가지였다. 공화정기 로마 당국은 국가적 차원에서 교육 문제를 해결하는 데 소극적이었으며, 가령 키케로 같은 사람은 로마인의 전통적인 교육 방식에 대해서 그것은 입법 등의 국가적 조치를 통해 모든 이에게 강제되는 것이 아니라고 설명하고, 이 방식의 훌륭함을 주장했다(안희돈, 2013: 277-278). 아테네인들과 마찬가지로 로마인들에게 교육은 가정이 돌보아야 할 일로 간주되었다. 특히 부유한 집안에서 난 소년의 교육은 온전히 가정에서 책임져야 할 일로 여겨졌다. 로마의 위대한 교사로 일컫는 퀸틸리아누스는 아동의 교육이 가정 내에서만 이루어지는 데 극구 반대했지만, 그마저도 예컨대 공적 경비로 교육을 시행해야 한다는 것과 같은 생각은 하지 않았다(Brubacher, 1966: 509). 공화정 말기부터 제국 시대에 문법 학교와 수사학 학교들이 그 속국들에 세워지기는 했지만, 그것들은 어디까지나 그 속국 주민들 사이에 로마의 제도와 문화를 전파하려는 정책상의 필요에서 생긴 것들이었다(Boyd, 1964; 이홍우 외 역, 2008: 117).

교육은 국가적 차원에서 이루어져야 한다는 생각은 로마 제국 멸망 이후 꽤 오랜 기간 동안 빛을 보지 못했다. 가톨릭교회의 지배하에 있었던 서양 중세는 이 경향이 더욱 심했다. 중세 유럽에 있었던 학교들은 모두 교회가 세우고 운영했던 학교였다(박준철, 2008: 22; 양금희, 2012: 348). 중세 말기에 와서 도시가 학교를 세우는 경우도 있었으나, 그 경우에도 그것은 여전히 교회의 승인이 있어야 가능한 일이었다. 대체로 보아 중세 유럽의 학교는 일차적으로 교회에 그 설립의 권한과 감독권이 있었다고 볼 수 있으며, 경우에 따라 귀족이나 세속의 지도자들도 학교교육의 혜택을 누릴 수는 있었으나 그 주된 목적은 어디까지나 교회 지도자를 양성하는 데 있었다. 국가 주도로 시민 모두를 대상으로 하는 학교교육의 개념은 이 시기 존재하지 않았다(양금희, 2012: 350).

아동 교육에 있어서 국가—정확하게는 세속 정부—의 역할을 강조하는 사상은 의외의 방향에서 등장한다. 종교개혁을 주도했던 루터[6]의 사상이 그것이다. 루터의 종교

Martin Luther

개혁은 때로 교육개혁 또는 학교개혁이라 불릴 정도로, 종교개혁을 이끄는 과정에서 루터는 학교교육에 많은 관심을 쏟았다(양금희, 2012: 353). 루터가 이끈 종교개혁은 교육과 관련하여 볼 때 크게 두 가지 궁극적인 결과를 가져왔다. 곧 개신교가 전파된 모든 지역에 학교체제가 생겨났다는 것과 서부 유럽 대부분의 지역에서 교육의 권위가 교회에서 국가로 이관되었다는 것이다(Boyd, 1964; 이홍우 외 역, 2008: 239). 루터의 사상 중에 국가와 교육의 관계와 관련해서 주목해야 할 점은 다음 세 가지 정도이다.

첫째, 루터는 학교 설립의 주체를 국가로 보았는데, 여기서의 국가는 교회가 아닌 세속 정부를 가리킨다. 중세 가톨릭교회의 입장에서 볼 때 국가는 교회의 하위 개념에 불과했다. 교회가 영적인 것을 관장하는 우월한 영역임에 반해, 국가는 세속적인 인간 감정과 연결된 영역이었다. 그러나 루터는 교회와 국가의 관계에 대한 이러한 중세적 이해에 대해 새로운 입장을 내세운다. 교회에 대한 저항과 함께 세속 권력을 포섭할 필요가 있었던 루터는 국가의 지위를 한층 격상시키고자 했다. 포괄적인 학교교육의 필요성을 절감한 루터였으나, 그것의 실천을 위한 현실적인 요건들이 그에게는 구비되어 있지 않았다. 결과적으로 루터는 프로테스탄트 공국들의 행정당국에 학교를 세우고 운영하는 일에 힘써 줄 것을 요청하게 된다(Brubacher, 1966: 511).

학교교육에 대한 세속 정부의 책임을 주장했던 것은 사실이지만, 루터가 아동 양육에 있어서 가정의 중요성을 부정한 것은 아니었다. 그러나 교육에 대해서 의무를 가지는 일차적 주체는 역시 가정이요, 부모이지만, 가정교육은 한계를 지닐 수밖에 없다. 대다수의 부모들은 자녀 교육에 완전한 부적격자이며, 어떤 부모들은 능력을 갖추기는 했으되 자녀교육에 대한 의욕이 없고, 또 어떤 부모들은 능력과 의욕은 갖추었으되 다른 일과 가정사를 돌보느라 자녀 교육을 위한 시간과 기회를 갖지 못했다(박준철, 2008: 18). 그 같은 이유들로 인해서 부모가 자녀 교육에 실패할 경우에 그 대안은 무엇인가? 그것은 다름 아니라 세속 권력이 나서는 것이다. 학교에서 아동은 언어와 예술과 역사를 배우면서 세상에 대한 다양한 경험을 확보할 수 있거니와, 그 학교는

6) Martin Luther. (1483-1546)

시당국에 의해 제공되어야 하며 공공의 비용으로 유지되어야 한다는 것이 루터의 생각이었다(Boyd, 1964; 이홍우 외 역, 2008: 246).

둘째, 루터는 세속 정부가 설립하고 운영하는 학교에 자식을 취학하도록 하는 일을 강제화할 것을 주장했다. 시당국은 일단 학교를 제공하고 난 뒤에 그 권위를 이용하여 아동의 취학을 보장해야 한다는 것이다(Boyd, 1964; 이홍우 외 역, 2008: 246). 시민들에게 자기 아이를 학교에 보내도록 하는 일은 세속 정부의 의무에 해당한다. 이는 마치 통치자가 그 신민들에게 군역을 부담시키는 것과 마찬가지 이유에서다. 부모들의 무관심과 무능력으로 인해 자녀교육을 전적으로 가정에만 위임할 수 없다는 점을 절감했던 루터는 정부 주도하에 조직적으로 운영되는 강제적 교육에 희망을 걸었다(박준철, 2008: 20).

셋째, 루터가 제안한 학교교육은 남녀 구분이나 사회 계층 간 구분과 무관한, 모든 사람들을 대상으로 한 것이었다(Boyd, 1964; 이홍우 외 역, 2008: 246; Brubacher, 1966: 511). 학교는 성직자나 귀족과 같은 특별한 계층의 사람들만을 위한 것이 아니다. 교육은 국가 안에서 태어나는 모든 소년 소녀를 대상으로 실시되어야 한다는 것이다(양금희, 2012: 356). 그러나 여기서 주의할 것 하나는 학교교육을 모든 아동에게 실시해야 한다는 이 말이 곧 모든 아동에게 동일한 내용을 가르쳐야 한다는 말인지는 그다지 분명하지 않다는 점이다. 보이드는 모국어 교육에 관한 루터의 생각을 예로 들면서, 그의 교육 방안에는 한편으로 일반 대중의 자녀를 위한 초등교육과 다른 한편으로 시민 생활이나 교회 생활에서 책임 있는 지위에 나아갈 사람들을 위한 높은 수준의 언어 교육이 암암리에 구분되어 있었을 것으로 추측한다(Boyd, 1964; 이홍우 외 역, 2008: 247).

루터파 개혁가들의 노력은 그간에 가톨릭교회나 수도원의 부설학교에서 성직자를 양성하려는 목적으로 이루어져 오던 교육의 형태를 이제 세속 정부에 의해 설립된 학교에서 일반 시민의 자제를 대상으로 보편적으로 이루어지는 형태로 확대되게 하는 계기를 마련했다. 여러 프로테스탄트 공국의 통치자들은 루터의 신념을 실천에 옮기는 모습을 보이기도 했다. 1524년에 마그데부르그(Magdegurg)에서는 루터의 제안을 따른 학교 체제가 수립되었고, 16세기가 끝나기 전에 삭소니(Saxony)와 뷔템베르그(Württemberg)에서는 보편교육—모든 사람을 대상으로 하는 교육—을 위한 학교 체제가 최초로 채택되었으며, 그 다음 세기에 바이마르(Weimar)는 루터가 제안한 의무교육 제도를 채택하기까지 한다. 그러나 이런 실제적 움직임들은 17세기 전반에 발발한 30년 전쟁으로 지지부진을 면치 못하게 된다(Brubacher, 1966: 511).

3. 프랑스 혁명기 전후의 국민교육론

La Chalotais

프랑스 혁명을 전후하여 등장한 개혁 사상들은 교육에 있어서 종교개혁보다 훨씬 발전된 국가 지원 체제를 추구했다고 할 수 있다. 종교개혁은 학교교육에 대한 권한을 세속 정부로 이양하도록 한 계기가 되기는 했지만, 그것이 추구한 교육은 세속적 목적과 함께 여전히 종교적 목적에서 완전히 벗어나지 못했다. 그에 비해 프랑스 혁명을 주도했던 세력들은 온전히 세속적인 목적을 위한 국가교육 시스템을 수립하려 했다(Brubacher, 1966: 514). 혁명을 전후한 시기에 프랑스에서는 이른바 '국민교육'에 관한 사상과 그 제도적 실현을 위한 움직임들이 전개된다. 그리고 여기에는 라 샬로테[7] 같은 당시 프랑스 고등법원 법관들의 노력이 큰 역할을 한다.

루터의 국가교육 사상이 가톨릭교회에 대한 저항에서 비롯되었던 것과 유사하게 라 샬로테의 국민교육 사상은 예수회 교육에 대한 반발에서 비롯되었다. 1534년에 결성된 예수회 교단은 그 회원들이 임무를 수행하는 데서 발휘한 사심 없는 열정과 헌신으로 학문과 신앙을 결합하며 큰 성공을 거둔다. 1558년에 파리에서 최초의 콜레주가 설립된 이후로 예수회 학교는 다른 수도회와 비교가 되지 않을 정도로 빠르게 성장한다. 그러나 이후 예수회 학교는 변화된 세월의 흐름에 적응하는 데 실패했고 그에 더해 18세기 중엽 들어 일부 수사들이 불미스러운 사건에 연루되면서[8] 다방면의 사람들로부터 비난에 시달리게 된다. 이런 배경에서 라 샬로테를 비롯한 법관들은 예수회 교육의 목적과 방식을 근절하기 위한 개혁안들을 제시한다. 그리고 여기에

7) Louis-Rene de Caradeuc de la Chalotais. (1701-1785)

8) 해외 선교에 나섰던 예수회 선교사들 중에는 원주민들을 동원하여 농장을 경영하면서 수만 명의 사병을 거느린 상업제국을 건설하는 경우도 있었는데, 이들은 본국 투자자들의 자금을 모아 식민지에서 일종의 은행 역할을 하며 막대한 중간이득을 취하기도 했다. 그러나 18세기 중엽에 발발한 7년 전쟁으로 이들이 파산에 직면하면서, 본국의 투자자들이 예수회를 상대로 손해 배상을 요구하는 소송을 제기하는 사태가 발생한다. (이영림, 2013: 45)

가장 중요한 이념으로 등장한 것이 '국민교육'의 필요성이었다.

'국민교육'이라는 표현은 1761년에 라 샬로테에 의해 처음 사용되었지만,[9] 이 당시 프랑스인들은 이미 '국민(nation)'이라는 아이디어에 어느 정도 익숙해져 있었다(이영림, 2013: 47). 이 개념은 강압적인 군주정에 대하여 정치적 세력을 확보하려고 했던 파리 고등법원이 왕권에 대항할 새로운 정당성의 토대를 모색하는 가운데 제시한 것이었다. 중세 이래 단순히 '동향 집단'의 의미로 사용되던 '국민'이 이 시기에 와서 다소 막연하기는 하지만 프랑스인 전체를 포함하는 개념으로 확대되고 나아가 정치적인 의미까지 지니게 된 것이다(이영림, 2012: 201-2). 이렇게 보면 '국민교육' 개념은 적어도 두 가지 점에서 교육이 기존의 것과 다를 것을 요구한다. 하나는 그 주체가 교회나 수도원에서 '국가'로 이양되어야 한다는 점이고, 다른 하나는 그것은 이제 종교적 목적에 봉사할 성직자를 기르는 것이 아니라 국가를 구성하는 국민을 양성하는 것을 목적으로 해야 한다는 점이다.

그런데 여기서 우리는 프랑스 법관들이 제시한 국민교육과 관련해서 다음과 같은 점들에 유의할 필요가 있다. 하나는 이 당시 법관들의 주장은 교육을 교회가 할 일이 아니라 국가가 할 일이라고 한 점에서는 일치했지만, 그 국가를 정확하게 무엇으로 보아야 할지에 대해서는 반드시 일치하지 않았다는 점이다. 예컨대 라 샬로테는 국민을 교육시키는 체제는 왕에게 의존하며 따라서 교육개혁은 국왕을 중심으로 이루어져야 한다고 본 반면에, 다른 법관들은 교육에 대한 통제권은 고등법원이 가져야 한다고 주장했다(이영림, 2013: 48). 또 다른 하나는 국가가 관장하는 교육의 대상을 누구에게까지 적용해야 하는지에 대해서도 이들 법관들 간에 의견 차이가 없지 않았다는 점이다. 롤랑(Rolland d'Erceville)처럼 사람이라면 누구나 자신에게 적절한 교육을 받아야 한다고 주장한(Boyd, 1964; 이홍우 외 역, 2008: 383) 이가 있는가 하면, 라 샬로테처럼 하층민에게는 교육을 제한해야 한다고 주장한 이도 있었다. 라 샬로테는 교육은 본질상 국가의 일이며 따라서 오직 국가에만 의존하는 교육체제를 확립할 것을 주장하기는 했지만, 그러한 교육을 노동계층의 아이들에게까지 확대하자는 입장에는 반대

9) 이홍우 등은 1763년에 발간된 라 샬로테의 *Essai d'éducation nationale* (*Essay on National Education*)을 『국가교육론』으로 번역하고 있다(Boyd, 1964; 이홍우 외 역, 2008: 371). 그러나 이영림(2013)은 이 시기 라 샬로테를 비롯한 고등법원 법관들이 제시한 교육론에서 공통적으로 '국민(nation)'의 개념이 강조되고 있고 '국민교육'의 필요성이 제기되고 있다는 점에서, 그것을 『국민교육론』으로 번역한다. 한편, 근대국가는 국민국가라는 점을 감안하면 이 두 용어 간에 우려할 만큼의 의미상 차이는 존재하지 않는다고 할 수 있다.

했다(Boyd, 1964; 이홍우 외 역, 2008: 373-4).

그 중요한 동기가 교회나 수도회에 대한 저항에 있기는 했지만, 교육은 국가가 담당해야 한다는 생각은 혁명이 발발하기 이전 시기 다수의 저명한 문필가들 사이에 광범위하게 확산된다. 그리고 이러한 국가교육의 이상은 1789년 혁명의 발발로 다시 한번, 더욱 강력하게 출현하게 된다. 이제 국가가 국민의 교육을 담당한다는 것은 의심의 여지가 없었고 그 이외에는 다른 길이 없다는 것이 누구에게나 분명했다(Boyd, 1964; 이홍우 외 역, 2008: 384). 그리고 이 이상은 혁명의 주도 세력들로 하여금 제도화를 통해 이를 실현케 하는 단계로 이어진다. 프랑스 혁명기 입법의회와 국민공회는 공공교육위원회(Comité d'instruction publique)를 설치하여 혁명기에 쏟아져 나온 교육안들을 논의하고 법안으로 제출함으로써 이른바 '공공교육'을 확립하고자 한다(송기형, 2013: 58). 이 수많은 제안들 중에 우리가 주목할 만한 것은 역시 콩도르세[10]의 교육안이다. 콩도르세의 교육안은 이 시기 제출된 교육안들 가운데 단연 최고라고 인정되고 있고 차후 다른 교육안들의 전거가 되었을 뿐만 아니라(송기형, 2013: 62), 나폴레옹 시기 이후 성립된 프랑스 교육제도의 골격이 되었다고 할 수 있기 때문이다(장세용, 1999: 93).

Marquis de Condorcet

국가교육과 관련한 콩도르세의 이상에서 가장 눈에 띄는 부분은 인간 평등의 이념과 교육을 관련시키고 있는 그의 관점이다. 국가가 교육을 담당해야 한다는 점에 대해서는 의심의 여지가 없었으나, 콩도르세는 이전 사상가들과 달리, 그것이 필연적으로 좋은 것이라는 것을 당연한 것으로 받아들일 수 없었다. 왜냐하면 국가가 수행하는 교육이라 하더라도 그것이 인간들 간에 존재하는 불평등에 대해서 아무런 조치를 취할 수 없을 경우에는 오히려 나쁜 쪽으로 작용할 수 있기 때문이었다. 콩도르세는 인간은 원래 타고난 능력에 있어서 불평등하다는 것뿐만 아니라 그러한 불평등은 교육에 의해서 더욱 심화될 수 있다는 점을 인정하지 않을 수 없었다. 따라서 국가교육의 가장 중요한 임무는 교육을 통해 그 같은 원천적인 불평등을 가능한 한 최소화하는 것이다. 콩도르세가 제기한 일련의 주장(Boyd, 1964; 이홍우 외 역, 2008:

10) Marquis de Condorcet. (1743-1794)

388)에서 우리는 이 점을 읽을 수 있다. 그에 따르면 국가가 교육을 올바르게 하면 그것은 자유와 평등을 증진시키는 역할을 한다. 어떤 점에서 그런가? 첫째, 교육은 모든 시민으로 하여금 그들에게 필요한 최소한의 지식을 갖추도록 함으로써 타인에게 노예처럼 의존하지 않도록 한다. 둘째, 교육은 시민 각자가 지닌 나름의 능력을 최대한으로 발휘하도록 함으로써 시민 일반의 복지가 실현되도록 한다. 그리고 셋째, 교육은 인류 차원에서의 완성 가능성을 보장함으로써 혁명이 가져다준 진보를 계속 유지하고 확장시키도록 한다. 그러므로 핵심적인 관건은 국가가 어떻게 하면 그 같은 올바른 종류의 교육을 실시하는가 하는 것이다.

이와 같은 이상의 실현을 위해 콩도르세가 제도적 차원에서 제안한 것은 무상교육이었다. 1792년 4월 입법의회에 제출된 제안에서 콩도르세는 교육의 모든 단계에서 무상교육을 실시할 것을 역설하며 이를 사회적 평등과 연결시킨다(송기형, 2013: 64). 혁명 이전의 사회는 두 계층, 곧 권력과 부를 가진 극소수와 그렇지 못한 절대다수로 갈라져 있었으며, 바로 이러한 사회구조가 구체제의 기반이었다고 할 수 있다. 이제 새로운 체제에서 공공교육의 일차적인 목표는 시민들 간에 실질적인 평등을 실현하고 그와 함께 법에 의해 인정된 정치적 평등을 실현하는 것이다. 혁명 덕택으로 신분제는 폐지되었으나 경제적 불평등은 타고 난 것이라서 어쩔 수 없으므로, 교육을 가능한 한 평등하게 실시하여 가진 자와 못가진 자 사이의 간격을 좁혀주는 길밖에 없는데 그러려면 완전한 무상교육이 절대적으로 필요하다는 것이다(송기형, 2013: 64). 요컨대 스스로의 권리와 이익을 지키기 위해 반드시 모든 시민이 교육을 받아야(정동준, 2004: 71) 한다는 점에서 교육은 그 자체로 평등의 한 개념적 요소이자 구체제에서 시민들 간에 존재했던 불평등을 해소하기 위한 최선의 방법이 된다는 것이다.

4. 국가교육과 공교육

국가교육에 관한 서양 사상들을 검토한 지금까지의 논의에서 국가와 교육의 관계는 대략 두 가지 차원에서 그 성격이 규정될 수 있다. 첫째는 교육은 국가라는 공동체 내에서 그 구성원들을 대상으로 한다는 점이다. 교육은 그 가장 원초적인 맥락에서 보면 부모가 자기 자식에게 행하는 활동이었다. 그리고 그 점에서 그것은 하나의 개인사였다고 할 수 있다. 개인사로서의 교육이 국가적인 영역에서 수행되어야 할 것으로 간주된 데는 인간 활동 또는 더 포괄적으로는 인간 존재의 의미를 공적인 맥락에서 규정짓고자 하는 사상적 시도들이 큰 역할을 했다고 볼 수 있다. 아리스토텔레스에서 볼 수 있듯이, 인간은 공동체 내에서 삶을 영위할 때 가장 '인간다운' 지위를 유지할 수 있다. '교육'이라는 말은 그 가장 고전적인 의미에서 '인간을 기르는 일'—파이데이아—이므로, 그것의 의미는 인간 존재의 성격을 어떻게 규정짓느냐에 따라 규정될 수밖에 없다. 따라서 인간 존재의 의미에 대한 '공동체적 규정'은 인간을 기르는 교육 또한 공동체적 맥락에서 수행될 것을 요구한다. 아리스토텔레스에서는 개체로서의 인간이라 하더라도 그 삶은 국가라는 공동체 내에서 그 구성원으로서의 삶으로 영위되어야 하므로, 국가공동체가 개체 인간의 교육을 전적으로 담당하는 것은 당연한 일이다.

둘째는 교육은 국가에 의해서 시행된다는 점이다. 이 둘째 차원에서 볼 때 교육은 국가 내에서 이루어지는 여러 가지 통치 활동들 가운데 하나로 간주된다. 그러므로 이 경우 '교육은 국가에 의해서 수행된다'거나 '국가가 교육에 대한 권한을 갖는다'는 등의 말이 성립하게 된다. 윗 문단에서의 국가를 사회·문화적 의미에서의 국가라고 한다면, 이 경우의 국가는 정치적 의미에서의 국가[11]라고 할 수 있을 것이다. 그런데 여기서 주의해야 할 것은 아리스토텔레스에서는 이 두 가지가 사실상 분리되지 않았다는 점이다. 왜냐하면 아리스토텔레스가 제시한 이상 국가는 모든 시민이 똑같이 번갈아 가며 지배하고 지배받는 제도를 가리키기 때문이다. 말하자면 그의 이상 국가는 사회·문화적 의미와 정치적 의미가 중첩되어 있어서 서로 분리되지 않는 공동체를 가리켰다고 할 수 있다. 그러나 현실에서의 인류 역사는 반드시 그와 같이 전개되지는 않은 듯하다. 특히 절대 왕정과 함께 수립된 근대국가에서는 지배하는 자와 지배받는 자가 뚜렷이 구별되는 경향을 보였고, 그 경우 교육을 포함한 국가의 통치 활동은 '국가 권력'을 가진 자나 집단이 그 통치 대상이 되는 시민이나 국민을 상대로 해서 국가 통합을 목적으로 통제력을 행사하는 것을 가리키게 되었다.

국내 교육학계에서 국가와 교육의 관계를 다룬 연구들은 양자의 관계를 그것 자체로 다루기보다는 주로 그것을 '공교육'이라는 개념의 의미 맥락에서 다루어 왔다고 할 수 있다. 사회·문화적 의미에서건 아니면 정치적 의미에서건, '국가'를 교육과 관

11) '정치적 권력체'로서의 국가는 일반적으로 '일정한 영토와 주민들을 기초로 하여 성립되는 특정한 사회체제의 구성원들에 대해 포괄적인 통제력을 행사하면서 그 사회체제의 유지와 재생산을 총괄하는, 지속력을 지닌 강권적 권력체'라고 규정된다(서울대학교 정치학과 교수, 2002: 144).

련지어 논의할 때 그 전면에는 대부분 공교육의 개념과 역사가 먼저 거론되었다는 것이다. 이는 그만큼 '공적인 것'이 '국가적인 것'과 동일한 차원에서 관심 대상이 되어 왔다는 것을 의미한다. 비록 우리는 앞에서 아리스토텔레스를 논의하는 중에 국가는 최상위의 공동체라는 점을 들어 둘을 같은 것인 것처럼 다루었지만, 그것은 어디까지나 아리스토텔레스가 이상으로 삼는 국가공동체 속에서 그렇다는 의미에서였다. 개념상으로나 사실상으로 '공적인 것'이 반드시 '국가적인 것'을 의미하거나 가리키는 것은 아닐 수 있다. 그럼에도 불구하고 이 둘이 동일 선상에서 논의되어 왔던 것은 하나의 의미를 다른 것의 의미와 적극적으로 연결 지으려 하는 이론적 노력에 공감하거나 아니면 그것을 비판적으로 보려는 시도들이 다양한 맥락에서 전개되어 왔기 때문이다.

공교육의 의미를 국가와 관련 지어 규정하는 논의의 한 사례는 이윤미(2001)에서 발견된다. 이윤미는 지난 세기말에 들어 나타난 학교교육에 대한 새로운 형태의 시도들이 무한 경쟁을 지향하는 세계에 적응할 새로운 능력을 지닌 인간형을 양성해야 한다는 주장과 맞물려 나름의 설득력을 얻고 있다는 점에 주목하고, 그러나 그런 시도들이 근대적 공교육의 역사적 성과들에 위배되는 형태로 전개되어서는 안 될 것이라고 주장한다. 공교육은 근대 사회의 '역사적 성과'라는 말은 공교육은 서구에서 근대 국가가 발달하는 과정에서 그 중요한 부분으로 함께 발달해 온 것이라는 말이다. 공교육의 발달은 근대 국가의 발달과 맞물려 진행되어 왔다는 것이다. 그러므로 공교육 발달의 역사적 과정을 파악하려면 근대 국가 발달의 역사적 과정을 함께 들여다보지 않으면 안 된다.

이윤미에 따르면 공교육의 발달 과정은 대체로 근대 국가 형성 과정의 일부로 전개되었으며 따라서 공교육의 초기 진행 과정은 일차적으로 민족국가의 형성, 강화의 맥락에서 살펴야 한다(이윤미, 2001: 16). 국가가 형성되는 데는 국민 통합이나 사회 통합이 중요한 요소로 간주되고, 그 점에서 교육이 국가적 차원에서 이루어졌을 것이라는 점은 충분히 추측 가능하다. 한편 현대에 들어 공교육은 '국가 관리'와 '평등성'을 그 기본적인 원리로 한다. "현대 공교육은 국가에 의해 관리, 지원되는 교육 체제로 모든 국민에 대한 평등한 교육기회의 제공을 원칙으로 하고 있다"(이윤미, 2001: 14)는 것이다. 요컨대 '공교육'은 국가가 시행하는 교육을 가리키는 또 하나의 명칭이며, 그것은 국가 구성원들 각자에게 균등한 교육적 기회를 제공하는 것을 원칙으로 한다. 그러므로 만약 예컨대 '시장주의적 원리' 등에 의해 이 같은 현대 공교육의 이념이 훼손되는 일이 학교교육의 실제에서 벌어진다면 그 해결책은, 논리적으로 보아, 교육에 대한 국가의 책무성을 재확인하고 강화하는 일이 될 것이다.

나병현(2002) 또한 공교육의 의미를 국가와의 관련에서 규정하고 있다. 그는 '공교육'을 '공공성이 있는 교육'으로 규정하고, 그것의 의미를 세 가지 차원에서 탐색한다(나병현, 2002: 556-558). 첫째는 가장 좁은 의미로, 공교육은 국가와 공공단체가 설립, 운영하는 국・공립학교 교육을 의미한다. 이 차원에서 볼 때 공교육의 여부는 그것이 이루어지는 공간, 곧 '학교'의 설립주체가 국가 또는 준국가조직이라는 점에 의해서 결정된다. 그러나 우리의 일상에서 공교육 기관이라 하더라도 반드시 국가나 지방자치단체가 설립한 경우만 있는 것은 아니다. 그리고 그 점에서 우리는 공교육의 의미를 좀 더 넓혀 적용해야 할 필요가 있다. 둘째 차원이 여기에 해당하는 것으로, 이 차원에서 공교육은 국가 수준에서 제도적으로 확립되고 법률의 통제를 받는 교육을 의미한다. 이 경우에는 개인이 설립한 교육기관이라 하더라도 그것이 국가 차원에서 마련된 법률의 적용을 받으면 공교육에 해당하는 것으로 간주된다. 그리고 셋째 차원은 가장 넓은 의미로서, 교육 그 자체를 공교육이라 보는 경우이다. 교육은 이미 그 내용이 사회적인 성격을 띤 것일 뿐만 아니라 그것이 정상적으로 실현되었을 경우에 그 혜택이 사회 전체에 파급된다는 점에서 그 자체로 공공성을 띠고 있다는 것이 이 차원에서 파악되는 공교육의 의미이다.

비록 이들 여러 의미들 가운데 나병현은 세 번째 차원, 곧 교육 활동 자체의 공적 성격에서 오는 공교육의 의미에 주목하려 한다고 할 수 있지만, 사실 이 차원에서 이해되는 공교육의 의미는 대중적 호소력을 갖추기에는 지나치게 이상적이다. 그리고 그 점에서 나병현의 논의에서 가장 포괄적이고 실질적인 의미를 갖는 공교육은 위의 둘째 차원, 곧 국가 제도의 적용을 받는 교육을 가리킨다고 보는 것이 적절하다. 사실 이 의미는 오늘날 일반적으로 승인되는 공교육의 의미, 곧 "국가 혹은 준국가적 자치조직의 통제와 지원에 의하여 국민 전체를 대상으로 하여 운영되는 교육"(서울대학교 교육연구소 편, 1998: 138)에 가장 가깝다. 이렇게 보면 나병현의 논의에서도 공교육은 반드시 국가와의 관련하에서 성립하는 것으로 볼 수밖에 없다. 공교육에서의 '공'의 의미를 분석하는 그의 논의에서도 우리는 이 점을 확인할 수 있다. 공교육은 교육의 '제공자' 측면에서 볼 때 국가가 제공하는 교육을 의미하며, 그것이 수행되는 데 필요한 '경비' 측면에서 볼 때 국가가 국민의 세금으로 조성한 공비로 제공하는 교육을 가리킨다.[12)]

5. 교육에서의 국가주의

공교육의 역사와 의미를 탐색하는 일 속에서 교육과 국가 간의 관련을 적극적으로—또는 적어도 중립적으로—연결 지으려 한 논의들이 있다면, 이와 달리 공교육의 의미를 탐색하되 그것이 지니는 국가와의 관련을 비판적으로 바라보는 논의들도 있다. 이들 논의는 때로는 공교육을 국가와의 관련하에서 파악하기는 하되 바로 그 관련으로 인해 교육의 질이 떨어지는 것을 경계하거나, 또는 공교육이 지향하는 공공성의 의미를 성립시키는 데 있어서 아예 국가 요소를 제거하고자 한다. 어느 쪽이건 간에 '국가'라는 것이 교육을 제대로 수행하는 데 방해 요소가 될 수 있다는 것이 이들 논의의 공통적인 시각이라 할 수 있다.

이돈희(1993)는 우선 오늘의 우리는 공교육제도에 의해서 국민을 교육하는 시대에 살고 있다는 점과 그리고 이 제도는 평등 사회를 창조하고 유지하고 성장시키는 데 있어서 어떤 다른 제도적 부문보다도 중요한 역할을 담당하고 있다는 점에 주의를 환기시킨다(이돈희, 1993: 331). 옛날 같으면 자력으로 교육을 받을 수 없었을 계층의 사람들도 오늘날은 이 제도 덕택에 교육을 받는 혜택을 누리고 있다. 이돈희는 그러나 다른 한편으로 공교육제도는 오늘에 와서 극심한 중병을 앓고 있다는 점에도 그에 못지않을 정도로 주목할 것을 요구한다.

공교육제도는 그 역사적 과정에서 다소는 다양한 형태로 전개되어 왔으나, 일반적으로 그것의 의미는 국가 또는 준국가적 자치조직의 통제와 관리와 지원에 의해 운영되는 교육제도를 가리키는 말로 이해되고 있다는 점을 그도 대체로 수용하고 있다. 교육을 국가가 책임지는 데서 오는 다양한 이점들은 국가를 구성하고 유지하는 일 전체를 두고 볼 때 그 토대에 해당한다고 해도 지나치지 않을 만큼 중요한 것들이다.

12) 나병현은 공교육에서의 '공'의 의미를 이 두 가지 외에 교육의 대상, 교육의 내용, 교육의 목표 측면에서 접근한다. 곧 공교육은 첫째로 국가가 제공하는 교육이며, 둘째로 국가가 국민의 세금으로 조성한 공비로 제공하는 교육이라는 측면 외에, 셋째로 그것은 공중(公衆)을 대상으로 한 교육이며, 넷째로 누구나 알아야 할 보편적인 내용을 전달하고 그것을 통해 사회와 국가를 하나로 통합하는 것을 추구하며, 마지막으로 다섯째로 공익 또는 공동선을 위한 교육이라는 측면을 갖는다(나병현, 2002: 558-563). 그런데 넓게 보면 공교육의 셋째, 넷째, 다섯째 측면 또한 국가라는 공동체의 성립과 밀접한 관계를 지닌 것들이라 할 수 있다.

> 공교육제도는 그 체제를 국가의 총체적 계획 속에서 전개되도록 함으로써 한 국가가 추구하는 공동의 이념적 노선과 문화적 중핵을 효율적으로 관리할 수 있는 기반을 마련하는 데 결정적인 영향을 주었다... 또한 국가는 공교육제도의 운영을 통하여 각 부문에서 필요로 하는 체계적인 사회적 충원을 하는 일이 용이하게 되었고, 위기에 처했을 때 국가적 기동력을 발휘하고 혼란을 방지하기 위한 사회통제의 능률적인 장치를 소유할 수 있게 되었다(이돈희, 1993: 340-341).

그러나 이 같은 긍정적인 효과들에도 불구하고 '교육의 국가 관리'는 다양한 각도에서 비판의 대상이 되기도 했다. 예컨대 낭만주의자들은 그것으로 인해 인간의 다양한 개성의 신장과 자유로운 성장이 방해를 받을 수 있다고 주장해 왔고, 마르크스주의자들은 그것이 자본주의적 사회구조와 문화특성의 재생산을 위한 도구로서 작용한다고 비판해 왔으며, 자유주의자들은 그것이 초래한 획일주의의 지배는 실질적 교육기회의 정의로운 배분을 어렵게 한다는 점을 지적하며 저항해 왔다(이돈희, 1993: 341).

이돈희는 다른 곳에서 공교육제도의 역사적 전개과정을 논의하는 중에, 국가가 교육을 교회의 손으로부터 이양받은 일은 한편으로 교육을 종교적 도그마로부터 보호하고 그 자율성을 보장받으려는 취지를 지니고 있었음에도 불구하고 다른 한편으로 "다시 새로운 주인의 시녀로 전향하는"(이돈희, 1999: 154) 결과를 초래할 수 있었다는 점을 지적한다. 사실 이 이후 공교육제도는 정치적 힘의 작용으로부터 실제적으로 자유로운 상태에 있어 본 적이 거의 없다고 할 수 있으며 나아가 그런 상태를 적극적으로 정당화하는 사상까지 출현했다는 것이 그의 주장이다. 이돈희는 교육을 국가의 시녀로 삼는 일을 정당화하는 그와 같은 사상적 경향, 다시 말하면 '개인의 복리를 희생하면서까지 국가적 가치를 실현하고자 하는 사상적 특징'을 가리켜 '국가주의'라고 지칭한다(이돈희, 1999: 155).

'국가주의' 같은 경향에 대한 우려는 국가가 개인들의 산술적 합 또는 단순한 집합 이상으로 간주될 때 늘 제기되어 왔던 문제라고 할 수 있다. 특히 근대 이후 개인의 권리에 대한 개념과 함께 절대적 국가 권력이 시민 개인의 삶을 억압하는 데 대한 저항의식이 형성되면서, '전체'로서의 국가와 개별 권리의 담지자로서의 개인 간에 발생하는 권리 우선의 문제는 결코 쉽게 해소될 수 없는 것으로 간주되어 왔다. 국가와 개인 간에 이전과 같은 유기체적 관계가 성립되기 어렵게 하는 사회적 상황들과 사상적 경향들이 새롭게 전개되어 온 것이다. 그러나 아리스토텔레스에서도 마찬가지

이겠지만, 특히 플라톤의 사상 체계에서 이른바 '개인'은 전체 속에서 맺는 다른 개인들과의 관계 맥락 속에서만 자기 존재의 의미를 확보할 수 있었다. 마치 조상(彫像)에 색을 입힐 때 자주색이 아름다운 색이라는 이유 때문에 조상의 눈을 자주색으로 칠하는 일이 결코 예술적 감각을 갖춘 행동이라고 할 수 없는 것처럼, 모든 사물은 전체 속에서 그것을 구성하는 다른 것과의 관련하에서 비로소 그 어떤 특질을 지닐 수 있으며 그 특질이 바로 그것의 의미가 되는 것이다(Nettleship, 1925; 김안중·홍윤경 역, 2010: 145). 사람은 각각이 전체로서의 공동체에 속할 때, 그리고 그 속에서 특정한 지위를 점할 때 비로소 존재의 의미를 획득할 수 있다는 것이다.

공동체 속에서 모든 '개인'은 다른 개인들처럼 특정한 기능을 수행한다. 이른바 '지배하는 것'과 '지배받는 것'도 그런 기능들 가운데 하나에 불과하며, 그 행위는 똑같이 그 관계에 개입하는 사람들 모두의 행복을 위한 것이다. 지배하는 자라고 해서 지배받는 자에 비해 특별히 더 행복할 이유가 없으며, 지배를 받는다고 해서 자기를 지배하는 자에 비해 덜 행복할 이유도 없다. 사람들 각자가 자기가 가장 잘 수행할 수 있는 일을 하면서 나름의 행복을 추구할 때, 그리고 그것을 기반으로 하나의 국가공동체가 성립할 때, 개인과 국가 간의 갈등은 발생할 여지가 없다. 이 경우에 개인의 가치는 국가 속에서 비로소 실현될 수 있기 때문이다.

그러나 국가와 그 구성원 개인들 간의 이러한 이상적 관계는 현실 속에서는 반드시 그것 그대로 실현되는 것 같지 않다. 국가가, 다양한 이유에서, 그 구성원들의 행복과 별개로 성립된 가치를 추구하거나 심한 경우에는 그들의 삶을 통제하거나 억압하는 방향으로 운영되는 일이 허다하기 때문이다. 그리고 그런 상태가 지속되면 이제 그 구성원들의 존재를 국가와의 관계를 벗어나서 규정하려는 시도가 타당성과 설득력을 얻게 되기도 한다. 개인의 개념, 곧 전체와의 관련을 벗어난 개체 인간들의 존재에 대한 개념이 호소력을 갖게 되고 그와 함께 그들 개인과 전체로서의 국가 간에 갈등이 생기는 것은 이른바 '국가'가 추구하는 목적과 그 구성원들의 삶이 추구하는 목적 간에 심각한 불일치가 생기기 때문이다. 그리고 이는 교육을 바라보는 관점에도 그대로 적용된다.

6. 국가주의에 따른 교육의 타락과 공교육의 올바른 의미

앞에서 언급한 바와 같이 공교육은 그 실제에서 근대 국가의 발달과 맥을 같이 해 왔다. 국가교육은 국가 내에서 이루어지는 교육—국가공동체의 구성원을 기르는 교육—이라는 의미와 국가에 의해 수행되는 교육이라는 의미를 함께 지닌다. 현대적인 맥락에서 보면, '국가가 교육을 관리한다'는 말에서 '국가'는 엄밀히 따지면 국가공동체의 운영을 한정된 기간 동안에 위임 받은 집단—국가기관—을 가리킨다. 공교육은 국가라고 불리는 최상위 공동체의 구성원들을 대상으로 한 일이라는 점에 주목하면 개념상으로 그것이 국가를 떠나서—그 운영의 주체이든 그것이 이루어지는 사회·문화적 공간이든—이루어지는 일은 가능하지 않다.[13] 공동체의 일은 공동체 내에서 공동체에 의해 이루어지는 일을 가리키기 때문이다. 그러나 '국가'가 공동체의 일들을 제도적으로 관리하는 행정 집단—정부—을 의미하는 것이라면, 공교육을 수행하는 일에서 그런 '국가'를 배제하는 일은 원칙적으로 불가능하지 않다.[14] 정부는 언제든 부패할 수 있으며, '공공의 일'이라고는 하지만 사실은 한정된 수의 권력 집단이나 그 측근들만을 위해서 전횡을 일삼는 일이 언제든 있을 수 있기 때문이다.

그러므로 국가가 관장하는 교육으로서의 공교육의 이념을 올바로 이해하려면 우리는 그에 앞서 여기에 등장하는 '국가'라는 것에 대해 올바로 이해할 필요가 있다. '국가가 관리·지원하는 교육'과 '공교육'의 관계에 대한 논의가 종종 혼란스러운 형태를 벗어나지 못하는 것은 '국가'의 의미를 제대로 규정하지 않은 채로 그것과 공교육의 관계를 분석하려 하기 때문이다. 그 점에서 공교육의 의미를 다루는 일뿐만 아니라 국가교육과 국가주의 교육을 구분하고자 하는 우리 의도가 성공적으로 이루어지려면 국가라는 용어는 우리 어법상 어떻게 사용되는지에 대해서 분명히 해 두는 일이 필요하다.

지금까지의 우리 논의에서 국가는 대체로 두 가지 용법으로 사용되었다. 하나는

13) 만약 이 경우에도 그것이 가능하다고 본다면 그것은 국가라는 최상위 공동체에서가 아니라 지역사회나 그에 준하는 소단위 공동체 차원에서 교육을 행하고 그것을 공교육이라고 칭하자는 것으로 해석할 수 있겠다. 그러나 이런 것을 '공교육'이라고 할 수 있을지에 대해서는 추가적인 논의가 필요하다.

14) 그러나 이 일이 현실적으로 가능하려면 해결되어야 할 문제가 한두 가지가 아니다. 그것을 위해 필요한 경비는 어떻게 조달할 것이며, 교사 자격은 어떻게 인증할 것이며, 교육과정은 무엇을 기준으로 마련할 것이며, 그리고 가장 중요한 것으로 누구를 대상으로 할 것이며, 등등.

일종의 사회·문화적 개념으로서의 국가, 곧 국가공동체를 가리키는 말이었고, 또 하나는 정치적 개념으로서의 국가, 곧 국가권력 행사의 주체로서의 국가기관을 가리키는 말이었다. 조한상(2009)의 분석에서도 이와 유사한 구분이 등장한다. 그에 따르면 국가라는 개념은 우리 현실에서 중의적(重義的)으로 사용되고 있는데, 한편으로 그것은 국민 모두가 소속감을 가지고 있는 국가공동체—넓은 의미의 국가—를 뜻하기도 하고, 다른 한편으로 그것은 국가 기관, 정부 등을 포괄하는 국가권력—좁은 의미의 국가—을 뜻하기도 한다(조한상, 2009: 79-80).

공교육에 관한 우리 논의에서 그 핵심이 되는 '공공성'은, 조한상에 따르면, 적지 않은 경우에 이 가운데 후자, 곧 국가권력적 속성과 동일한 것을 가리키는 것으로 이해되었다. 이처럼 공공성을 국가권력적 속성과 형식적으로 단순 등치시키는 것을 그는 공공성에 대한 '형식적 이해'라고 지칭한다(조한상, 2009: 82). 그런데 여기서 우리의 주목을 끄는 것은 공공성에 대한 이 같은 형식적 이해는 대체로 민주정이나 시민사회가 몰락했거나 성숙하지 못한 시기에 발생했다는 점이다. 우리가 추구해야 할 공공성은 적어도 첫째, 자유롭고 평등한 인민(人民)이 주체가 되어, 둘째, 공개적인 의사소통의 절차를 통해, 그리고 셋째, 공공복리를 추구한다는 의미 요소를 모두 지녀야 한다(조한상, 2009: 34). 그러나 이런 시기에는 그 같은 공공성의 실질적인 의미 요소들이 모두 삭제된 채, 국가권력이라는 껍데기만이 남아 공공성을 독점하는 상황이 발생한다는 것이다. 예컨대 로마 공화정이 몰락한 시기나, 19세기 독일의 관헌국가적 현실, 그리고 독재와 권위주의를 벗어나지 못했던 과거 우리나라의 현실이 그 같은 경우에 해당한다(조한상, 2009: 85).

공교육의 국가주의적 성격을 우려하는 논의들에서 목격할 수 있는 것처럼, 국가가 국가권력을 가리키는 경우에 그것에 대한 일반적 시선은 곱지 않은 것일 가능성이 크다. 아닌 게 아니라, 조한상이 지적하고 있듯이, 각종 사회과학 이론은 그 성향을 불문하고 국가권력에 대하여 부정적인 입장을 보여 왔다(조한상, 2009: 104). 그러나 엄밀히 말하면 그 어떤 주체가 권력을 소유하고 있다고 해서 그 자체로 반드시 나쁜 것이라고는 할 수 없다. 권력을 좋은 쪽으로 행사하는 것도 얼마든지 가능하며, 이 경우에 권력을 행사하는 일이 바로 공익을 실현하는 일이 될 수도 있기 때문이다. 국가권력이 행사하는 강제력을 통해 국가적 사업들이 시행된다는 것 자체만으로 그 영향하에 있는 국민들의 삶이 불의하게 억압받는 것이라고는 할 수 없는데도 불구하고, 그것을 곱지 않은 시선으로 보는 까닭은 무엇인가? 그것은 다름 아니라 국가권력

—좁은 의미의 국가—이 국가공동체—넓은 의미의 국가—의 일반적 의지를 제대로 실현하지 못하기 때문이다. 그리고 바로 여기서 국가주의의 위험이 발생하는 것이다.

위에서 든 두 가지 의미의 국가는 사실 현대의 거대 국민국가가 유지되는 데 반드시 필요한 두 가지 요소라고 할 수 있다. 국가는 국민을 구성하는 개별 시민들이 모여서 이루어진 공동체를 의미하지만, 그것이 말하자면 동적인 생명력을 유지하려면 그것의 운영을 담당하는 국가기관의 존재를 필요로 한다. 국가가 얼마나 건강하게 유지되는가 하는 것은 이 두 가지 요소가 얼마나 건강한 관계를 유지하는가 하는 것에 의해 결정된다. 국가공동체 구성원들은 합리적인 의사 결정 과정을 통해서 자신들의 집합적 의사를 형성해야 하고, 국가기관은 반드시 그런 과정을 거쳐 형성된 국민의 일반의지를 국가공동체를 운영하는 모든 활동에 성실하게 반영해야 한다. 현대 국가의 내적 문제들의 대부분은 이 일이 제대로 이루어지지 않기 때문에 발생하는 것이라고도 할 수 있다. 국가교육이 국가주의적 성격을 띠는 것도 바로 이 때문이다.

국가교육은 반드시 국가주의 교육을 의미하지 않는다. 국가주의 교육은 국가교육이 타락했을 때 발생하는 현상이다. 국가교육은 국가 내에서 국가에 의해서 국가구성원을 기르는 일을 가리킨다. 그것의 목적은 건강한 국민을 기름으로써 건강한 국가를 성립시키고 유지하는 것이다. 그것이 제대로 이루어진다면 국가와 국민 간에 갈등이 있을 수 없으며, 국가주의 교육과 같은 현상도 발생할 여지가 없다. 그것이 제대로 이루어지지 않을 때 국가교육은 국가주의 교육으로 흐를 수 있으며, 이는 곧 국가교육이 국민의 교육적 삶을 통제하고 억압하는 일이 생길 수 있다는 것을 의미한다. 국가의 목적은 모든 국가구성원들이 최선의 삶을 살도록 하는 것이므로, 국가교육이 국민의 삶을 통제하고 억압하는 일이 발생한다면 이는 대단히 심각한 병폐다. 국가교육의 원래 목적은 국가구성원들 모두가 건강하고 행복한 삶을 영위하도록 하는 것이기 때문이다.

국가교육을 한마디로 정의하면, 그것은 '국가가 국민을 기르는 일'이라고 할 수 있다. 이 말에서 '국가'는 세 가지 의미 요소로 작용한다. 국가교육은 첫째, 국가가 행하는 교육이며, 둘째, 국가 속에서 이루어지는 교육이며, 셋째, 국가구성원을 기르는 교육을 가리킨다. 여기서 첫째 요소는 국가로 하여금 교육을 수행하도록 한다는 말과 같고, 둘째 요소는 국가라는 공적인 공간에서 이루어지는 것을 말하며, 셋째 요소는 국가에서 삶을 영위할 국민을 기른다는 것을 의미한다. 국가교육은 이 세 가지 의미 요소가 동시에 충족되어야 성립하는 개념이다.

그간에 우리 교육학계에서는 국가교육을 그 자체로 본격적으로 다루지는 않은 것 같다. 그 대신에 국가와 교육의 관계는 흔히 '공교육'을 대상으로 한 논의 맥락 속에서 다루어져 온 경향이 있다. 공교육에 관한 국내 교육학자들의 논의 속에서 '국가'가 중요한 의미 요소로 작용했음에도 불구하고 그 논의들이 '국가'를 그 전면에 부각시키지 않은 것은 부분적으로는 '국가'라는 용어가 주는 권위주의적 의미 때문이었을 수 있다. '국가'라는 개념은 적지 않은 경우 국민에 대한 통제나 억압을 연상시키는 작용을 해 왔고, 그 때문에 국가교육이라는 용어를 통해서는 적극적인 가치를 제시하는 일에 실패할 가능성이 클 것이라는 우려가 작용했을 것이다. 공교육, 곧 공공성을 지닌 교육을 추구하는 것은 맞지만, 여기서의 공공성을 '국가'와의 관련을 통해서 규정하는 일은 결국에 규범적 설득력을 상실할지 모른다는 우려가 작용했을 것이라는 것이다.

'국가'가 주는 억압적 함의는 교육학자들의 논의 속에서 국가교육, 곧 공교육이 종종 '국가주의 교육'으로 간주되는 데서 목격된다. 국가 차원에서 제도적으로 운영되는 공교육이 국가주의적 성격을 띠게 될 위험은 사실 근대 이후 국민국가가 성립되고 난 이후에 늘 존재해 왔다. 특히 국가가 대외적인 위기에 봉착했을 때는 국가구성원들의 통합이 강조되는 경우가 많고, 이 경우 드물지 않게 전체로서의 국가를 그 구성원들의 삶보다 우위에 두는 일이 발생하며 그와 함께 공교육이 그것을 이루는 수단으로 활용되는 일이 발생한다. 교육은 국가가 담당해야 할 일이라고 주장했던 사람들의 사상 속에서는 결코 그렇지 않다고 할지라도, 그것이 현실 속에서 적용되는 과정에서 그 같은 현상이 나타날 가능성은 늘 있을 수밖에 없었다는 것이다. 문제는 그런 현상이 나타날 때 우리는 어떻게 해야 할 것인가이다.

국가는 한정된 기간 동안 국가공동체의 통치를 위임받은 국가권력만을 의미하지 않는다. 국가교육은 이념적으로 모든 국가구성원의 복리를 추구하는 교육을 가리키며, 사실상으로도 원래는 이 이념의 실현을 위해 시작된 것이었다. 국가교육이라고 해서 그것이 필연적으로 국가주의 교육의 형태를 띠는 것은 결코 아니다. 요컨대 국가주의 교육은 국가교육이 타락했을 때 나타나는 현상일 뿐이다. 그리고 그 타락의 핵심은 통치권력으로서의 국가가 공공성을 상실했다는 점이다. 통치권력의 타락을 바로잡는 길은 무엇이겠는가? 그것은 두말할 필요도 없이 통치권력으로 하여금 다시 공공성을 실현토록 하는 것이다.

제10주제 공화주의 이념과 학교교육의 제도적 원리

■ 이 절에서 다룰 질문들:
- 공화주의는 어떤 이념이며 우리는 왜 그것을 알아야 하는가?
- 공화주의 이념과 우리 학교교육의 근간인 공교육의 이념은 어떻게 연결되는가?
- 우리 학교교육 관련 제도, 법령, 정책들은 공화주의를 참조할 때 어떠해야 하는가?
- 시민적 덕성이란 무엇이며 그것은 왜 필요한가?

교육은 인간다움을 기르는 일이다. 그러므로 교육에 관한 일체의 규범적 담론은 '인간'은 어떤 존재여야 하는지로부터 시작해야 한다. 오래전부터 사상가들은 인간을 그 정치적 특성을 통해서 규정짓는 전통을 형성해 왔다. 공동체 내에서 공동선을 추구하며 자유로운 삶을 구가하는 시민으로서 인간을 규정해 온 것이다. 이러한 공동체적 존재로서의 인간들에게 그들 삶의 터전이 된 국가는 '모든 이의 것'으로서의 공화국의 이상으로 표현되었다. 공화주의는 공화국 운영의 토대가 되는 이념이자 공화국을 사는 시민들에게 그들의 자유를 보장하는 이념이 된다. 현대 사상가들은 그러한 공화주의는 성숙한 정치의식을 지닌 시민들이 있을 때 비로소 가능하다고 주장한다. 바로 이 지점에서 정치와 교육은 서로를 필요로 하는 인간 활동 영역이 되며 이 지점에서 두 영역에 대한 담론은 교차한다. 우리는 이 장에서 공화주의 이념에 비추어 보았을 때 우리 사회 학교교육에 관한 규범적 담론들은 어떻게 이루어져야 할 것인지를 논의한다.

1. 공화주의 담론의 필요성

대한민국이라는 국가공동체의 일차적 정치 이념은 민주주의라는 데 이론의 여지가 있을 수 없다. 국가의 주권은 국가공동체 구성원인 인민에게 있다는 이 이념은 3·1만세운동 직후에 수립된 임시정부의 헌장과 헌법 머리에 명시된 후로 지금까지 흔들림 없이 지속되어 오고 있는 우리 국가 제일의 정치적 가치다. 정치 이념이 실질적인 의미를 지니려면 해당 공동체 구성원들의 행위와 연결되어야 한다는 점은 당연하다.

특히 민주주의는 그것의 개념과 함께 그 실천적 의미를 가르치고 배우는 일이 함께 이루어지지 않으면 결코 실현될 수 없는 이념이라는 점에서 국가적 차원에서 수행되는 공공교육과 밀접히 연결되어 있다.

그런데 민주주의 이념이 실질적인 의미를 확보하려면 그것은 반드시 공화주의를 기반으로 한 제도적 장치들을 통해서 운영될 필요가 있다. 한 공화주의 연구자는 민주주의와 공화주의는 서로를 필수로 요구한다는 점을 물과 물고기의 관계에 비유한다. 민주 또는 민주주의를 물고기라고 하면 이 물고기는 공화제라는 물에서만 살 수 있다(김경희, 2009: 10)는 것, 다시 말하면 우리가 추구하는 고귀한 이상으로서의 민주주의는 공화국 내에서만 비로소 실현될 수 있다는 것이다. 공화주의라는 이념과 그것을 기반으로 수립된 제도적 공간이 아니라면 국민주권과 인간존엄성의 실현이라는 민주주의의 이상은 결코 실제적인 의미를 확보하기 힘들다. 공화주의를 논의하지 않을 때 민주주의에 대한 많은 담론들은 그 실제적 토대를 확보하지 못할 뿐 아니라, 심한 경우 공염불에 불과하게 될 수도 있다.

그렇다면 공화주의는 어떤 점에서 교육이론과 연결되는가? 공화주의는 통상 하나의 정치사상을 가리키는 이름이다. 그러나 교육은 정치와는 다른 영역 아닌가? 경제나 종교가 교육이 아닌 것과 마찬가지로 정치도 교육이 아니라고 해야 하지 않겠는가? 교육을 말해야 할 우리가 왜 하나의 정치사상인 공화주의를 말해야 하는가? 이런 의문들을 해소하려면 우리는 정치라는 인간 활동 영역의 성격과 함께 그것이 교육과 어떤 개념적 관계에 있는지를, 각각의 본래적 차원으로 되돌아가서, 차분히 반성해 볼 필요가 있다.

교육을 가장 짧게 정의하면 그것은 '사람 만들기'다. 약간 길게 풀어쓰면 교육은 한 마리 동물로 태어난 '새끼 인간'에게 인간다움을 가르침으로써 그를 한 사람의 성숙한 인격체로 성장토록 하는 일이다. 교육에 대한 어떤 정의라 하더라도 그 속에 결코 빠져서는 안 될 개념적 요소는 바로 '인간'이다. 그러므로 교육에 관한 일체의 규범적 담론은 교육에 종사하는 사람들은 어떤 인간상을 추구하는지 하는 것, 후세대를 어떤 인간으로 키울 것인지 하는 것, 인간다움이란 무엇이고 그것은 또 어떤 소재와 방법을 통해서 길러줄 것인지 하는 것에 대한 분명한 생각을 제시해 주어야 한다. 이런 내용 요소들이 없는 이론은 결코 교육이론이라 할 수 없다.

그런데 교육에 관한 담론들 가운데 거의 최초라 할 수 있을 것들은 대개 그 속에 등장하는 인간들을 정치적 맥락 속에 던져 놓고 논의했다. 서양 고대 교육을 공부할 때 우리가 즐겨 참조하는 기원전 5-4세기 헬라스 철학자들의 저서들 속에서 우리는 이를 확인할 수 있다. 가령 아리스토텔레스는 『정치학』에서 인간의 본성을 국가공동체를 이루어 삶을 사는 것으로 규정하고 있다(1253a1). 인간은 본성적으로 국가공동체를 구성하는 존재라는 것이다. 이는 국가(폴리스)를 구성하고 그 속에서 삶을 살지 않는 자는 결코 인간으로 간주할 수 없다—인간 이하이거나 인간 이상이라—는 말과 같다. 그러므로 인간이 갖추어야 할 가장 기본적인 능력은 다름 아니라 자신이 속한 국가공동체 속에서 그 구성원으로서 좋은 삶을 살아가는 데 필요한 능력들이 된다. 요즘 말로 '정치적 능력'을 갖춘 인간, 곧 정치적 존재로서의 인간이야말로 인간의 가장 본질적인 특성이라는 말이다.

그런데 인간은 본성적으로 정치적 동물이기는 하지만, 그래서 국가공동체의 시민으로서 삶을 영위하도록 되어 있지만, 그 인간들 입장에서 아무런 노력 없이 이 일이 자동으로 이루어지는 것은 결코 아니다. 국가는 시민들로 구성된 복합체(1274b38)다. 그것은 동등한 자들의 공동체이며 그 목적은 가능한 최선의 삶이다(1328a35). 개별 시민들은 이 공동체 속에서 삶을 사는 데 필요한 능력, 곧 시민적 덕성을 소유해야 하며 그런 능력들을 발휘함으로써 공공선을 추구할 의무를 진다. 이것이 곧 시민이 누려야 할 최고의 이념이자 행복 실현의 핵심적 조건이 되는 가치로서의 자유, 타인으로부터 지배받지 않는 삶의 실현을 위한 토대가 된다. 요컨대 국가공동체를 구성하는 존재로서의 인간 본성은 그것의 실현을 위해 특별한 노력이 요청된다. 그리고 교육이야말로 일차적으로 바로 이 목적의 실현을 위해 성립된 기획이다.

건강한 국가공동체를 운영하는 일이 그 구성원들이 좋은 삶을 살도록 하는 일과 같다고 생각한 고대 사상가들은 바로 그 점 때문에 국가를 운영하는 일과 그 구성원들을 교육하는 일은 별개로 이루어질 일이 아니라는 점을 강조했다. 이 두 가지가 다른 것이 될 때 국가는 특정 지배집단의 것이 되고 교육은 그와 다른 쪽, 피지배집단을 교화하는 도구로 전락하게 된다. 한마디로 그 구성원들 모두의 행복을 최고의 가치로 삼는 건강한 국가의 성립과 유지를 위해서는 그 구성원들을 건강한 시민으로 기르는, 제대로 된 교육이 관건이 된다. 바꾸어 말하면 국가가 공화국의 이념을 제대로 실현하고 있지 못할 때 그것은 십중팔구 교육이 제 역할을 하고 있지 못하기 때문이라고 보아도 무방하다. 최근의 공화주의 이론가들이 '형성적 정치'니 '육성적 공화주의'니 하는 등의 개념으로, 말하자면 '정치의 교육적 기능' 또는 '교육의 정치적 기능'을 강조하는 것도 바로 이 점에 주목할 것을 요청하는 시도들이라고 볼 수 있다.

2. 공교육의 성격과 공화주의

오늘날 복지국가를 지향하는 국가들에서는 대부분 그 국민들의 교육을 국가가 책임지고 수행한다. 건강한 국가를 유지하는 일은 그 국민들 모두를 대상으로 좋은 교육을 받을 기회를 제공함으로써만 가능하다는 생각이 작용하고 있기 때문이라고 할 수 있다. 그런데 바로 이 생각이 다름 아닌 공화주의와 맞닿아 있다. 공화주의자들이 원조(元祖)로 삼고 있는[15] 아리스토텔레스에 따르면 동등한 자들의 공동체로서의 국가는 그 추구하는 목적이 단일하다. 교육은 바로 이를 위해서 존재하므로 국가공동체 내에서 이루어지는 교육 또한 단일하며 공통의 것이지 않으면 안 된다(손윤락, 2012: 156). 아리스토텔레스는 이 이유 때문에 자기 당대의 일반적 추세와 달리 교육은 공공의 관심사여야 한다고 주장한다. "교육은 공공의 관심사여야지, 각자가 제 아이들을 따로 보살피며 자기가 좋다고 생각하는 교과목을 사적으로 가르치는 사사로운 일이어서는 안 된다"(아리스토텔레스, 『정치학』: 425). 국가는 동등한 자들로 이루어진 공동체이자 하나의 통치단위이므로 그 속에서 이루어지는 교육은 그 공동체를 이루는 시민들의 공통된 관심사이자 국가 운영의 일환이다(한기철, 2015: 203). 요컨대 교육은 곧 '공교육'으로 운영되어야 한다는 것이다.

공화국의 교육이 그 성격과 형태에서 공교육으로 운영되어야 한다는 점은 공화국의 원래 의미를 되새겨 볼 때 의심의 여지가 없다. 잘 알려져 있는 바와 같이 '공화국'에 해당하는 서양어 '리퍼블릭'은 라틴어 'res publica'에서 왔는데, 이 말은 고대 로마인들이 기원전 509년에 폭정을 이유로 마지막 왕을 축출한 후 자신들의 국가를 '공공의 것'이라는 뜻을 가진 이 말로 지칭한 데서 유래한 것이다(조승래, 2008: 227; 조승래, 2017: 362). 그런데 우리는 여기서 '공공'이 단순히 그저 우연히 모여 있거나 자연적으로 발생한 인간 군집을 가리키는 것이 아니라는 점에 주목할 필요가 있다. 그래서 '레스 푸블리카'의 의미를 가장 잘 표현하고 있는 키케로는 자신의 저서 『국가론』에서

15) 예컨대 곽차섭은 공화주의에 대한 포칵(J. G. A. Pocock)의 연구를 다음과 같이 요약한다: "아리스토텔레스의 그리스에서 발원한 공화주의적 정치 이념은 키케로의 로마 공화국에서 꽃을 피운 뒤 마키아벨리의 르네상스기 도시국가에서 되살려지고 퓨리턴 혁명기 잉글랜드와 독립전쟁을 전후한 아메리카를 거치면서 변용을 거듭하면서 살아남아 위기의 시기마다 비타 악티바와 비베레 치빌레의 정신과 이상을 전해 왔다"(곽차섭, 2011: 10). 또한 조승래는 공화국을 최초로 규범적으로 정의한 인물로 고대 로마의 마르쿠스 툴리우스 키케로를 들고, 키케로가 말하는 공익 실현을 위한 인간 조직으로서의 공화국에 대한 사고는 곧 아리스토텔레스에서 유래한 것이라고 설명하고 있다(조승래, 2010: 16-17).

공화국을 '인민의 일들'로, 그리고 인민을 '그저 아무렇게나 모인 일군의 사람들이 아니라 정의와 공동의 이익을 인정하고 동의한 사람들의 모임'으로 규정하고 있다(김경희, 2009: 20; 조승래, 2011: 1; 조주현, 2015: 68).

레스 푸블리카는 공동의 관심사를 서로 공유하는 사람들의 모임이므로, 특히 이 공동체 내에서 사람들은 서로 동등한 관계에 있다. 그 배경에서는 다양할 수 있는 사람들이 모인다 하더라도, 그래서 그들이 모인 공화국이 혼합정체로 운영된다 하더라도, 그 사람들은 모두 동등한 정치적, 사회적—나아가서는 경제적—지위를 누려야 하는 것이 공화주의의 원칙이다. 만약 교육이 공화국의 성립과 유지를 위한 핵심적인 기획이라면, 그리고 그 점에서 그것은 국가공동체 차원에서 전개되는 것이어야 한다면, 그 운영의 주체와 참가자들 또한 동등한 관계를 이루는 인민들일 수밖에 없다. 공화국으로서의 국가 내에서 그 국가에 의해 운영되는 교육이 이런저런 집단의 사적 이익들에 봉사한다는 것은 모순이다.

우리나라는 공화국이므로 국민의 교육을 국가가 수립하여 운영하는 것이 자연스럽다. 공화국에서, 국가 차원에서 이루어지는 교육이므로, 그것을 공화주의적 이상과 일치되는 방향으로 운영하는 것이 적절하다. 요컨대 우리나라의 교육은 공공성을 그 가장 일차적인 성격으로 해야 한다는 것이다. 그리고 그 점에서 공화국의 국가교육은 곧 공교육과 같은 것을 가리키는 말이 된다. 그런데 여기에 적어도 두 가지 정도 생각해야 될 문제가 있다. 하나는 '국가주의적 우려'—좀 더 정확하게는 '국가주의에 대한 우려'—이고, 또 하나는 '자유주의적 반발'이다.

첫 번째 국가주의적 우려는 국가가 타락했을 때 나타나는, 권위적 국가 권력의 독점적 지배에 대한 염려를 가리킨다. '국가'라는 개념은 대개 두 가지 용법으로 사용되는데, 한편으로는 그 국가를 구성하는 국민 모두가 소속감을 갖는 국가공동체를 뜻하기도 하고, 다른 한편으로는 국가 기관, 정부 등을 포괄하는 국가권력을 뜻하기도 한다(조한상, 2009: 79-80). 그런데 공화국에서의 교육, 곧 공교육의 일차적인 속성으로서의 '공공성'이 이 가운데 두 번째, 곧 국가권력적 속성과 연결되어 이해되는 경우가 적지 않다. 다시 말하면 국가기관이나 국가권력에 의한 것들이면 모두 공공성을 지닌 것으로 이해된다는 것이다. 흥미로운 것은 이런 식의 '국가권력=공공성'과 같은 이해는 대개 민주정이나 시민사회가 몰락했거나 성숙하지 못한 시기에 발생했다는 점이다(조한상, 2009: 82). 진정한 의미에서의 공공성은 첫째, 자유롭고 평등한 인민이 주체가 되어, 둘째, 공개적인 의사소통 절차를 통해, 그리고 셋째, 공공의 이익을 추구한다는 의미를 모두 지녀야(조한상, 2009: 34) 하지만, 이런 시기에는 이 같은 공공성의 실질적인 의미 요소들이 모두 삭제된 채 국가권력이라는 껍데기만이 남아 공공성을 독점하는 상황이 벌어진다는 것이다. 가령 로마 공화정이 몰락한 시기나, 19세기 독일의 관헌 국가적 현실, 그리고 독재와 권위주의를 벗어나지 못했던 과거 우리 국가의 현실이 그 같은 경우에 해당한다(조한상, 2009: 85). 그리고 이런 경우 공교육은 이른바 '국가주의 교육'으로 전락한다. 공화주의가 제대로 실현되지 못했기 때문이다. 요컨대 국가주의는 공화주의가 제대로 실현되지 못했을 때 나타나는 병적인 현상이다. 그러므로 그것을 예방하는 일은 공화주의를 제대로 실천하는 것 외에 다른 데서 찾을 수 없다.

두 번째 '자유주의적 반발'은 공적 기획으로서의 교육을 이런저런 오도된 이유들을 들어 이 사회 특정 집단의 이익을 위해 운영하려는 의도를 가리킨다. 교육은 적극적인 가치이므로 그것을 누리는 것은 혜택이다. 그래서 그 혜택을 좀 더 '수준 높은' 방식으로 누리려는 욕망이 발생할 수밖에 없다. 그러나 공화국의 교육은 '모든 이를 위한 교육'이라는 점 때문에 때때로 그 같은 일부의 사적 욕망을 충족시킬 수 없고 그래서도 안 된다. 그런데 이 점이 공교육 전체의 '문제'로 지적되는 경우가 발생한다. 교육이 그 수혜집단의 다양한 욕구를 반영하지 못한다거나, 경직되어 있어서 효율성이 떨어진다거나 하는 등의 지적이 가장 흔히 거론되는 '문제'들이다. 그리고 특히 민주주의가 단지 억견으로 작용하는 경우—주로 자유주의자들의 사고가 지배적일 때—에는 개개인의 사사로운 욕망들이 민주적 견해로 잘못 간주될 때가 있고, 나아가 그런 사사로운 욕망들이 정치·경제적 권력과 결탁하여 여론을 지배할 경우에는 그것들이 공공의 이익으로 둔갑하기도 한다. 부패는 바로 이럴 때 발생한다. "부패의 문제는 사(私)의 논리가 공(公)의 영역에 침투해 공의 논리를 침해하고 그것을 대체할 때 발생한다"(김경희, 2009: 90).

반복해서 말하지만 교육은 인간다움을 기르는 일이다. 그리고 공화국 내에서 이 일은 공적인 기획을 통해 이루어진다. 공적인 기획으로 이루어진다는 말은 그 기획이 공화국 내의 모든 이들을 위해 수행된다는 말과 같다. 자유와 평등, 공공선을 지향하는 공화주의는 그 구성원들 모두가 공화국 시민으로서의 인간다움을 갖추도록 할 것을 요청한다. 그리고 여기에 결코 차별이 있을 수 없다. '인재(人材)'는 재능에서의 차이를 보일 수 있지만, 공화국의 시민을 구성하는 '인간'은 그 존엄성에서 결코 차이가 있을 수 없다. 교육은 인재를 배출하는 일이 아니라 인간을 기르는 일이다. 인재들 가운데는 다른 인재들보다 뛰어난 재능을 보이는 이들이 있고, 그 뛰어난 재능으로 다른 인재들보다 더 유리한 사회·경제적 지위를 획득하게 되는 경우가 있을 수 있다. 대개 '재능'이라는 말은 경제적 가치를 생산해 내는 능력으로 연결되기 때문이다. 교육을 인재—또는 인력—양성으로 간주하는 견해는 바로 그 같은 사적 욕망들과 결부되어 있다. 그런 것을 나무랄 수는 없으되, 그것을 공교육의 목적으로 삼아서는 안 된다. 왜냐하면 그렇게 될 경우 필시 사람들 간에 불평등이 발생할 것이기 때문이다. 불평등은 곧바로 사람과 사람 간의 지배-피지배 관계를 초래한다. 공화주의는 원천적으로 이런 사태를 방지할 것을 요청하는 이념이다.

우리나라의 교육은 학교제도를 근간으로 해서 이루어지므로 공화주의 이념에 비추어 교육을 논하는 사람이라면 한국의 학교제도를 피해갈 수 없다. 그래서 학교제도의 운영이 공화주의의 최고 이념인 자유와 평등, 공공선의 이념에 어긋나는 형태로 전개될 때 그것에 비판적으로 대응하는 것은 교육에 종사하는 사람들 모두의 중요한 임무다. 이를테면 중등학교 수준에서 이루어지고 있는 '학교서열화' 문제에 대한 논의가 그 한 사례가 될 수 있다. 한국의 대학들은 대체로 서열화되어 있다고 말할 수 있는데, 이것도 문제이지만 요 최근 십여 년 사이에 고등학교 수준에서도 학교서열화가 빠른 속도로 진행되어 왔고, 더욱이 이 현상이 머잖은 미래에 중학교, 심지어 초등학교까지 연장될 것이라고 보는 견해들이 적지 않다. 학교가 서열화되면 어떤 문제가 발생하는가?

공교육 형태로 운영되는 초중등학교가 이런저런 이유로 아이들을 상이한 집단으로 나누고 그렇게 나뉜 아이들에게 다른 "수준"의 교육을 실시할 경우에 그것이 초래하는 가장 심각한 문제는 바로 차별이다. 인간 사회에서 가장 심각한 사회적 범죄는 이런저런 이유로 사람들을 차별하는 것이다. 개인들 간에 차이는 나기 마련이지만, 한 사람이 다른 사람과 다르다는 점 때문에 그 사람을 다른 사람에 비해 열등하게 대우하면 큰 문제가 된다는 말이다. 물론 그 차별이 합법적으로 용인되는 경우도 있다. 가령 비도덕적 언어와 행위를 저지르는 자나 불법을 저지르는 자 등에 대해서 처벌을 가하는 경우처럼. 그러나 자기 의지와 상관없이 지니게 된 이런저런 속성—귀속적 요인—들 때문에 차별 대우를 받는다면, 이는 명백한 부정의가 된다. 그래서 가령 성별, 인종 등등으로 사람을 차별하는 일은 나쁜 일이 된다. 성적이 좋다는 이유만으로 더 "좋은" 학교교육을 받도록 하는 것은 어떤가? 성적에 큰 영향을 미친다는 부모의 경제적 능력 또한 학생들 당사자에게는 귀속적 요인에 해당한다고 보아야 하지 않겠는가. 그러므로 그 부모의 경제적 수준에 따라 그 자녀들에게 제공되는 교육기회에 차별이 생긴다

면 이 또한 명백한 사회부정의가 된다.[16)]

공교육의 제1 원리는 그 교육의 혜택이 모든 국민을 대상으로 공평하게 분배되어야 한다는 것이다. 기업이 기대하는 '인력 양성'은 그렇지 않을 수 있다고 하더라도, 국가가 추구하는 '인간 교육'은 모든 국민에게 똑같은 교육 기회를 제공해야 할 의무가 있다.[17)] 다만 성적이 좋거나 나쁘다는 이유로—그리고 그 성적이라는 것도 학부모들의 경제적 수준에 크게 영향을 받는다고 하지 않는가—아이들에게 차별적인 교육 기회를 제공하는 것은 공공교육의 원리를 위배하는 것이 된다. "다양화"니 "선택권 확대"니 "자율성 제고"니 하는 달콤한 용어들을 사용하기는 하지만 그것이 공교육의 기본적 원리를 훼손해 왔다는 사실을 부정할 수 없다. 공화주의의 이념에 따를 때 우리는 바로 이런 점을 경계하지 않으면 안 된다. 공화주의는 원천적으로 이런 사태를 방지할 것을 요청하는 이념이다. 그것이 우리가 공화국을 이루고 사는 목적이다.

3. 교육 제도, 법령, 정책에 대한 공화주의적 비판

공화국의 운영 원리들 가운데 가장 실질적인 효력을 지니는 것은 '법치'의 원리다. 사람들 사이의 지배-피지배 관계를 용납하지 않는 공화주의는, 그래서 공화국의 구성원들 모두가 합의한 공공선의 실질적 구현체인 법의 지배를 하나의 핵심적인 원리로 삼는다. 공화국인 우리나라도 당연히 공적인 업무 전반을 법에 따라 시행하고 있거니와, 교육에 관한 사항들 또한 법률로 정하고 그 정해진 법률에 따라 시행하도록 되어 있다. 이른바 '교육제도 법정주의'인데, 우리 헌법은 "학교교육 및 평생교육을 포함한 교육제도와 그 운영, 교육재정 및 교원의 지위에 관한 기본적인 사항은 법률로 정한다"(제31조 제6항)고 함으로써 제도적인 차원에서 이루어지는 모든 교육 활동을 법률을 통해서 시행하도록 규정하고 있다. 교육에 종사하는 이들의 임무는 교육 활동을 규정하고 있는 이 법률들이, 그리고 그 법률들을 근거로 시행되는 교육 관련 정책들이, 자유와 평등, 공공선의 추구 등과 같은 공화주의적 이념 또는 헌법 정신과 조화를 이루는지를 면밀히 따지고 분석하는 일이다. 여기서는 그 논의의 예로 세 가지 정도를

16) 교육기본법 제4조(교육의 기회균등) 제1항은 "모든 국민은 성별, 종교, 신념, 인종, 사회적 신분, 경제적 지위 또는 신체적 조건 등을 이유로 교육에서 차별을 받지 아니한다."고 규정하고 있다.

17) 여기에 예외적인 경우들이 물론 있다. 이하 제3절 '공공복리를 위한 편파성' 관련 내용 참조.

제시하고자 한다.

첫째는 교육 관련 법령들에 존재하는 불평등 요소에 관한 것이다. 다른 모든 법조항이 그렇듯이, 법률은 사람들의 자유와 권리를 제한하기도 하고 반대로 그것을 후원하거나 보강하기도 한다. 그러나 우리 헌법은 우리나라를 구성하는 모든 국민의 행복추구권과 기본적 인권을 보장할 의무가 국가에게 있음을 명백히 하고 있으며(제10조), 그에 따라 국민의 자유와 권리를 제한하는 일 자체를 엄격히 규제하고 있다. 국민의 자유와 권리를 제한하는 일은 꼭 필요할 때만, 다시 말하면 국가 안전 보장, 질서 유지, 또는 공공복리를 위해 필요한 경우에만 가능하며 그럴 때에라도 그 본질적인 내용은 침해할 수 없다고 규정하고 있다(제37조 제2항). 꼭 필요한 때를 제외하고는 국민들의 활동을 적극적으로 권장하는 것이 헌법의 기본 정신이라는 것이다. 그리고 이 기본 정신은 헌법 제11조 제1항[18]에 규정된 '법 앞의 평등' 원칙과 함께, 제도적인 교육의 혜택이 모든 국민에게 골고루 미치도록 해야 한다는 당위의 근거가 된다. 우리 교육제도는 우리 국민을 대상으로 평등하게, 편파적이지 않게 운영되어야 한다는 말이다. 그런데 여기서 한 가지 주의해야 할 점이 있다.

공화주의 이념은 그 어떤 경우에라도 편파적이지 않을 것을 요청하는가? 반드시 그렇지는 않다. 평등은 정의를 실현하는 하나의 방법적 원리다. 그러므로 그것보다 상위의 이념, 곧 공공복리를 위해서라면 편파성을 허용해야 할 때가 있다. 다시 말하면 경우에 따라서는 '정당한 불평등' 또는 '합리적인 편파성'이라고 말할 수 있는 원리가 적용될 필요가 있다는 것이다. 우리 헌법은 곳곳에서[19] 약자에 대한 보호와 강자에 대한 규제, 말하자면 '억강부약(抑强扶弱)'의 정신을 강조하고 있다. "약자를 보호하고 후원하는 것은 그 자체가 공익이며, 강자는 타인이나 공동체를 위협하거나 해치지 못하도록 묶어 두거나 눌러야 한다"(조우영, 2009: 263)는 것이다. 그러나 주의할 것은, 이 같은 불평등이나 편파성은 반드시 공익을 위한 필요성에 따라, 그리고 소극적으로는 타인이나 공동체를 해치지 않는 범위 내에서만 허용되어야 한다는 것이다. 그렇지 않은 경우들에 대해서, 곧 공화국 내에서 결코 허용되어서는 안 되는 불평등이

18) "모든 국민은 법 앞에 평등하다. 누구든지 성별·종교 또는 사회적 신분에 의하여 정치적·경제적·사회적·문화적 생활의 모든 영역에 있어서 차별을 받지 아니한다."

19) 예컨대 제31조 의무교육의 무상 지원, 제32조 여성과 연소자의 근로에 대한 보호, 제34조 여성과 노인 및 청소년, 그리고 특히 신체장애자와 취약 생활 계층에 대한 보호, 제119조 시장의 지배와 경제력 남용의 방지, 제120조 국토와 자원의 균형 있는 개발과 이용, 제122조 그것을 위한 제한과 의무 부과, 제123조 농업과 어업 및 중소기업의 보호와 육성 등.

발생할 가능성을 제공하는 교육 관련 제도들이 있는지를 우리는 늘 경계할 필요가 있다. 어떤 것들이 있는가?

앞 절에서 우리는 공교육의 이념에서 벗어난 사회현상으로 학교서열화를 언급한 바 있다. 내 자식을 "보다 좋은" 학교—결국에는 "일류" 대학 진학 가능성이 보다 높은 학교이겠지만—에 진학시키려는 것은 학부모들의 자연스런 사적 욕망이다. 그리고 그 같은 사적 욕망들로부터, 서열화된 학교 구조가 배태되었다고 할 수 있다. 이런 식의 사적 욕망을 비난할 수는 없을지 모르겠지만, 그렇다고 해서 제도적인 장치들을 동원해서 그것을 부추기거나 그에 동조하는 일은 공화국 내에서 허용되어서는 안 된다. 공직에 있는 자들이 이런 일에 나서는 것을 가리켜 '부패'라고 한다는 점은 앞에서 언급했다. 그 원래 취지야 어떠했든—이를테면 초중등교육법시행령의 특성화중학교, 특성화고등학교, 특수목적고등학교 관련 조항들—실질적으로는 공공교육의 대상을 서열화하는 결과를 낳을 가능성이 있거나 그런 결과를 낳은 제도와 법령은 개정해야 마땅하다. 나아가 그런 것들을 개선하겠다는 공적 노력에 대해 제기되는 사적 반발들을 '민주적 견해'로 수용하려 하는 것도 가당찮다.

또 한 가지 공화국의 공교육 맥락 속에서 되짚어 보아야 할 문제가 이른바 '영재교육' 관련 제도들이다. 우리 교육기본법은 제19조에서 "국가와 지방자치단체는 학문·예술 또는 체육 등의 분야에서 재능이 특히 뛰어난 자의 교육에 필요한 시책을 수립·실시하여야 한다"고 규정하고 있고, 이 조항을 근거로 영재교육진흥법이라는 것이 2002년부터 시행되고 있다. 한마디로 '영재'로 불리는 아이들을 선발해서 그 아이들만을 위한 학교를 지정하거나 설립해서 그 아이들에게만 해당하는 특별한 교육 기회를 국가 차원에서 제공한다는 것이다. 그러나 이 내용과 관련한 아래와 같은 지적은 정곡을 찌른다고 하기에 충분하다.

> 그 학교들에 입학할 기회는 사회적 강자들에게 우선적으로 주어지게 되어 있고 그 학교들은 여느 학교들보다 더 많은 공공자원을 쓰고 있는데, 그 학교들에서 양성된 이른바 '영재'들이 여느 학교에서 교육받은 사람들보다 공공복리에 더 많이 이바지한다거나 그 재주를 타인이나 공동체를 해치는 데 쓰지 않으리라는 증거는 찾아볼 수 없다. 특성화 학교나 특수 목적 학교는 사회 구성원 일부를 특별히 대우하는 장치이므로 '사회적 연대성'을 해치는 것이기도 하다(조우영, 2009: 264).

둘째는 이른바 '교육의 정치적 중립성' 문제에 관한 것이다. 우리 헌법은 제31조에서 교육의 정치적 중립성을 법률이 정하는 바에 의해 보장하도록 하고 있다. 한편, 교육기본법 제6조 교육의 중립성 관련 조항은 "교육은 교육 본래의 목적에 따라 그 기능을 다하도록 운영되어야 하며, 정치적·파당적 또는 개인적 편견을 전파하기 위한 방편으로 이용되어서는 아니 된다"고 규정하고 있다. 먼저 따져 볼 문제는 이 주제와 관련해서 헌법과 그 하위 법률인 교육기본법 간에 어떤 뉘앙스 차이가 있는지 하는 것이다. 다시 말할 것도 없이 우리 헌법에서 교육의 정치적 중립성은 적극적으로 보장되어야 할 가치다. 그러니까 교육이라는 공화국의 기획이 한시적으로 권력을 획득한 특정 정파의 의도에 의해 훼손되지 않도록 방패막을 만들어 놓은 것이다. 그런데 그 아래 교육기본법의 관련 조항은 어떠한가? 교육을 수행하는 사람들—결국에는 교사들—에게 그 "본래의 목적"을 벗어나지 말도록 경고하는 듯이, 그리고 이런저런 정치적 의견을 (학생들에게) 전파하지 말 것을 경고하는 듯이 되어 있다. 헌법에서 보장된 권리가 그 아래 법률에서는 어겨서는 안 될 소극적 의무로 전락한 것이다.

'교육'의 정치적 중립성이라는 다소 모호한 형식으로 표현되어 있지만 이 구절은 종종 '교원'의 정치적 중립성을 가리키는 말로 원용되어 왔다. 그래서 소극적 의무로 제시된 교육의 정치적 중립성은 교원들로 하여금 교육 현장에서 정치적 발언이나 행위를 삼가도록 하는 규제 장치로 작용해 왔다고 할 수 있다. 그러니까 교원은 원래는 그 어떤 특정 정파로부터 자신들의 정치적 입장을 보호받도록 되어 있었던 것이 이제는 특정 정파를 원조하거나 또는 반대할 것으로 판단될 만한 발언이나 행위를 하지 못하게끔 되었다는 것이다. 국가공무원법 제65조 정치 운동의 금지 조항이나 제66조 집단 행위의 금지 조항은 이를 명시적으로 표현하고 있는 법률 조항들인 셈이다. 그러나 우리는 따져 보아야 한다. 교사는 교사이기 이전에 공화국의 시민이다. 우리 헌법은 그 누구든지 성별이나 종교 또는 사회적 신분에 의해 정치적, 경제적, 사회적, 문화적 생활의 모든 영역에서 차별을 받아서는 안 된다고 규정하고 있다(제11조). 교실수업에서 아돌프 히틀러와 나치스를 비난하는 발언이 금지되는 것은 히틀러나 그 추종 세력이 여전히 권력을 쥐고 있을 때밖에 없을 것이다.

'정치적으로 중립을 지켜야 한다'는 말이 특정 정파를 직접적으로 편들거나 반대하는 태도를 삼가야 된다는 말로 해석되어야 한다는 점에 대해서는 어느 정도 공감할 필요가 있어 보인다. 말하자면 '정파적 중립성'은 지켜야 할 것이라는 점이다. 그 어떤 주제에 대해서 '정파적인 태도를 취한다'는 말은 그 주제 자체의 타당성 또는 오류와 상관없이 자신이 지지하는 정파가 그 주제에 대해서 어떤 입장인지에 따라 자신의 태도를 결정한다는 말이다. 가령 가톨릭교회가 권력을 장악하고 있었던 중세 서양에서는 그 교회 권력의 입장이 사람들의 모든 판단을 규제했다. 심지어 '지구는 돈다'는 과학적 진리에 대해서도 교회 권력에 장악된 정파는 이에 반대되는 입장을 취할 수밖에 없었을 것이다. 하나의 미술 작품이 내 앞에 있다. 그것의 예술적 가치는 내가 어느 정파를 지지하건 상관없이 독립적으로 성립한다. 동일한 영화를 두고 내가 지지하는 정파에 따라 상이한 비평이 나올 수 있다. 그러나 내가 '정파적 중립성'을 지킬 것을 요구받는다면, 하나의 미술 작품, 한 편의 영화에 대해서 그것 자체의 판단 기준에 따라 그것들을 평가해야 한다는 것을 의미한다. 내가 어느 정파에 속해 있든 간에 그 회화, 그 영화는 훌륭하거나 형편없을 수 있는 것이다. 영화 한 편의 우수성은 내가 그 영화 제작사의 주식을 소유하고 있든 그렇지 않든, 상관없이 성립한다. 이것이 정파적 중립성이다. 공화주의는 특정 공동체의 관습적이고 지배적인 가치가 아닌 보편적, 시민적 삶의 공동체를 지향한다. 그리고 그 점에서 공동체주의와 구분된다. 공화주의에 따를 때 '정치적 중립성'은 공화국의 시민들로 하여금 보편적, 시민적 가치로서의 공공선을 추구할 것을 요청한다. 그리고 여기에 교원이건 공무원이건 예외가 있을 수 없다.

셋째는 공화국의 가치를 훼손하는 여러 교육정책들에 대한 비판이다. 모르긴 해도 세기가 전환된 시점부터 지금까지, 우리 사회 교육현실을 그 정책적 차원에서 논의할 때 가장 빈번하게 등장하는 담론 소재가 문민정부 때 단행된 교육개혁—5.31 교육개혁안—일 것이다. 그런데 5.31 교육개혁안에 따라 전개된 그간의 한국 교육시스템의 변화들을 주제로 한 교육학자들의 논의를 들여다보면 그 어떤 일관된 논의 흐름을 한 가지 발견하게 된다. 그 논자들에게서 직접적으로 들을 수는 없었다 하더라도 5.31 교육개혁안을 비판적인 입장에서 논의한 연구물들에서 우리는 공화주의가 추구하는 가치들을 만날 수 있다는 것이다.

5.31 교육개혁안은 문민정부 시절이었던 1995년에 발표되었으므로 지금으로 치면 30년에 가까운 시간이 흘렀다. 그간에 우리 사회가 정치적 노선이 다른 여러 정권들을 거쳐 오기는 했지만, 유독 이 개혁안에 따라 형성된 교육의 흐름은 크게 변하지 않았다고 보는 것이 대체적인 견해다. 그것에 비판적인 사람들 중에 많은 사람들은 그 흐름을 '신자유주의'와 연결 짓고 대개는 그것이 한국 교육의 공공성에 나쁜 영향을 끼쳐왔다는 점에 주목했다. 가령 강순원은 그간에 있어 온 변화들 중에 학교교육 제도를

운영하는 일에 특히 학부모들의 영향력이 증가했음을 논의하면서, 5.31 교육개혁안은 신자유주의적 교육 다양화 논리를 탈권위주의적 교육 민주화 개혁 논리로 위장한 것으로서, 결과적으로 우리 사회 교육 불평등 기제를 심화시킨 원인이라고 주장한다(강순원, 2012: 343-344). 이 정책 기조는 '학부모들의 선택권 존중'이라는, 겉보기에 그럴싸한 슬로건을 들고 나왔지만, 기실은 시장 원리에 교육을 맡기자는 신자유주의적 방안이며 국가의 국민교육권적 의무를 방기한 채 이루어진, 가진 자 중심의 교육정책이었다는 것이다(강순원, 2012: 345). 또한 이윤미는 5.31 교육개혁안은 교육권 문제와 관련해서 '사적 자유'의 개념이 현실화되는 데 중요한 배경이 되었음을 지적하고, 이 정책 이후 현재까지의 한국 교육은 영미로부터 시작된 신자유주의 세계화가 적용되어온 과정이었다고 주장한다(이윤미, 2012: 32-33). 그에 따르면 특히 2007년 말 이후 이명박 정부 하의 한국 교육은 신자유주의가 정점에 이른 체제였다. 그 이전 정권에서는 교육 형평성, 공공성 등에 대한 고려 때문에 시도되지 못했던 조치들이 이 정부하에서 본격화되었으며, 그 면면을 살펴보면 그야말로 '미봉 풀린 신자유주의'라고 할 수 있을 정도다(이윤미, 2012: 34).

그렇다면 학교교육이 신자유주의적인 형태로 운영되는 것은 왜 문제인가? 신자유주의의 문제를 지적하는 교육학자들은 주로 그것이 교육의 공공성을 훼손했다는 점을 문제로 지적한다. 신자유주의는 결국, 교육이 되었든 예술이 되었든 문화가 되었든, 모든 인간 활동 영역을 시장 작동의 메커니즘을 통해 이해하고 실천할 것을 주장하는 이념이다. 시장은 화폐를 매개로 물건을 교환하는 곳이다. 모든 물건의 가치는 이곳에서 화폐 양으로 일원화되어 결정된다. 돈이 안 되는 것이라 하더라도 지켜야 할 것이 있고 유지해야 할 것이 있지만, 시장주의가 지배하는 곳에서는 그럴 수 없다. 모든 재화는 화폐와의 교환을 전제로 해서 성립하는 사적 욕망의 도구로서만 가치를 가진다. 이런 상태에서는 공공성이니 공공의 복리니 하는 것들이 그 자체로 추구될 수 없다. "돈을 버는 것이 삶의 목적이 되어 버린 사회에서는 나라의 공공성이 온전히 관철될 수 없다. 그때 국가의 모든 기관과 그 활동은 개인의 사사로운 경제적 이익을 지켜주기 위한 수단으로 전락한다"(김상봉, 2006: 315).

그래서 신자유주의는 왜 문제인가? 공화국의 교육을 불가능하게 하기 때문이다. 지금까지 잘 진행되어 왔지 않은가? 결코 그렇지 않다. 지난 삼십여 년간 껍데기만 학교교육이었지, 그 내실에 있어서는 인간다움을 기르는 일에 지속적으로 실패해 온 것이 우리 학교교육시스템이다. 무엇이 잘못되었는지에 대한 비판적 관점을 보다 체계적이고 완성도 높게 정비하려면, 그리고 망가질 대로 망가진 교육시스템을 되살려 내려면, 공화주의적 이상을 참조하는 것이 거의 유일한 방법이다.

4. 시민적 덕성과 '형성적 정치'

이 장에서 마지막으로 논의할 주제는 '시민적 덕성'이다. 당연한 말이겠지만 공화국, 공화제, 공화주의는 모두 사람에 관한 것들이다. 공화국은 사람들이 모여서 이룬 국가이고, 공화제는 그 국가를 운영하기 위한 제도이며, 공화주의는 그런 국가와 제도가 추구하는 이념이다. 그러므로 여기서 가장 중요한 것은 역시 사람이다. 공화국을 이룬 사람들이 공화주의에 동의하지 않는 한, 공화국은 성립할 수 없다. 공화국은 일차적으로 공화국을 이룬 사람들이 공화주의라는 이념에 동의할 것을 전제로 해야만 성립한다. 다시 말하면 공화국은 그 구성원들에게 그 공동체의 성립과 유지를 위해 특별한 덕성을 지니고 있을 것을 요구한다. 공화주의를 논의하는 사람들은 그것을 '시민적 덕성'이라 칭한다. 공화국 시민들이 갖추어야 할 시민적 덕성은 무엇을 가리키는가?

공화국은 '모든 이의 것', '공공의 것'이라는 뜻의 '레스 푸블리카'에서 유래했다고 했다. 그것은 하나의 국가이므로, 또한 공화국은 통치의 단위이기도 하다. '공공의 것'으로서의 공화국은 누가 통치하는가? 답은 명백하다. 공화국은 공화국을 구성하는 시민들이 통치하는 국가다. 그러므로 결국, 공화국의 시민은 스스로를 통치한다고 말할 수 있다. 스스로 국가 통치의 주체가 되므로 이들에게는 특별한 덕성이 요청된다. 김상범(2012: 34)은 '공공성'과 '자치'를 공화주의 성립에 필요한 두 초석으로 들고, 이 두 가지가 실현되려면 그 형식면에서는 혼합정이라는 정부 형태가, 그리고 그 본질적 내용면에서는 시민적 덕성이 필요함을 지적한다. 이때 시민적 덕성이라 함은 공동선을 위해 기꺼이 헌신하려는 품성을 의미한다. 시민적 덕성의 반대말은 부패다. 그것은 공동선을 희생하여 개인적 혹은 파당적 이익을 도모하는 것을 의미한다.

'시민'이라는 말은 이미 그 속에 단순한 개체로서의 인간 이상의 의미를 포함하고 있다. 시민으로 삶을 산다는 말은 곧 평등한 동료 시민들과 함께 공동선을 심의하고 그렇게 함으로써 자기들이 속한 정치공동체의 운명을 결정하는 데 적극적으로 참여한다는 것을 의미한다. 최근에 국내에도 잘 알려져 있으며 오늘날 대표적인 공화주의자로 지칭되는 샌델[20]에 따르면 공화국의 '시민'은 "공공의 일에 대한 지식을 가져야 하고, 소속감이 뚜렷해야 하며, 부분보다는 전체에 관심을 두어야 하고, 사회적 약자들과 도덕적 유대감을 지녀야 한다"(조승래, 2017: 368). 자유주의는 '개인'의 선택과 욕구를 일차적으로 존중해야 한다고 말하지만, 공화주의는 시민들이 자신들의 선택과 욕구에 대해 성찰할 기회를 갖고 때로는 공동선을 위해 그것을 유보할 수도 있을 것을 요구한다. 공화국에서는 개인의 선택이라 하더라도 늘 공동체 다른 구성원들과의 도덕적 유대감을 떠나서 성립할 수 없다(조승래, 2017: 369). 그런데 시민으로서 지니고 있어야 할 이런 덕성은 인간이 생래적으로 타고나는 것이 아니라, 반드시 교육을 통해서 함양되어야 한다. 그래서 공화주의를 추구하는 국가에서는 정치와 교육이 별개로 진행될 수 없다.

샌델 같은 공화주의자들이 주장하는 '형성적 정치' 또는 '육성적 공화주의'는 전체주의적 뉘앙스를 풍기는가? 아닌 게 아니라 국가가 교육을 통해서 시민을 길러야 한다고 말하고 있으니, 전체주의까지는 아니라고 하더라도, 공동체주의적[21] 가치 주입과 다를 것이 없지 않은가 하는 의심이 제기될 만하다. 그러나 우리는 이미 교육과 '주입(indoctrination)'을 구분하는 것에 익숙하다. 공동체에서 지배권을 지닌 부류가 선택한 특정 가치를 후세대가 그대로 물려받도록 요구하는 것을 '주입' 또는 '교화'라고 한다면,[22] 교육은 그 특정의 가치가 선택되는 과정 자체가 합리적인지를 개방된 조건에서 숙의와 토론을 통해 판단하는 절차까지를 포함한다. 제시된 가치에 대해서 교육받는 사람들 측에서 자신들의 합리성을 바탕으로 주체적인 사고를 수행할 기회가 충

---

20) Michael J. Sandel. (1953-)

21) 공화주의와 공동체주의(communitarianism)는 일면 유사한 점이 있기는 하지만 서로 혼동되어서는 안 되는 이념들이다. 다음은 김상범의 설명을 요약한 것이다. "공화주의가 공적인 것 또는 공공선을 의미하는 레스 푸블리카인 것과 달리, 공동체주의의 어원인 코뮤니타스는 전(前)정치적 전통・문화 공동체를 가리킨다. 또한 공화주의의 기원이 고대 로마의 키케로, 심지어 고대 아테네의 아리스토텔레스까지 거슬러 올라가는 것과 달리, 공동체주의는 그 기원이 19세기를 넘지 않으며 '공동체주의'라는 용어가 유행하게 된 것도 1980년대 이른바 '자유주의와 공동체주의 논쟁' 이후부터이다. 다른 한편, 이런 차이에도 불구하고 공동체주의와 공화주의는 공통적으로 자유주의를 반대한다. 자유주의가 개인의 권리와 (간섭받지 않을) 자유를 지나치게 강조함으로써 사회를 잠식하는 형태의 개인주의를 키운다는 점에 대해 두 이념은 공통적으로 반발한다. 그러나 이런 문제에 대해서, 공동체주의는 정치 이전의 전통 및 문화 공동체를 확립함으로써 해결하고자 하는 한편, 공화주의는 공공성과 자치의 정치적 공동체인 공화국을 확립함으로써 해결하고자 한다"(김상범, 2012: 39).

22) 조승래(2017: 370-1)에 따르면, 현대 공화주의자들에게 지대한 영향을 끼친 아렌트(Hannah Arendt)는 이런 식의 교육을 '정치 교육'이라 칭하고 반대한다. 폭력을 사용하지는 않지만 세뇌를 통해 강제하는 것이므로 교육이 아니라는 것이다. 아렌트는 그 같은 교육은 오히려 인간의 정치적 행동을 방해할 뿐이라고 단언한다.

분히 제공되지 않는다면, 그런 것을 두고 교육적이라고 할 수 없다. 그 점에서 공화주의가 요구하는 기준과 교육이 요구하는 기준은 다르지 않다. 공화주의가 추구하는 시민적 덕성의 형성은 그 과정 전체가 '교육적'인 방식으로 진행될 것을 요청한다.

김경희에 따르면, 시민적 덕성은 공화국 구성원으로서의 "시민들이 공동의 이익에 관심을 가지고 그것에 복무하는 마음가짐과 자세"(김경희, 2009: 26)를 가리키는 말이다. 현 한국 사회에 공화주의가 필요하다고 생각하는 사람들은 그 핵심적인 요소로 바로 이 시민적 덕성을 염두에 두고 있다고 말해도 틀리지 않는다. 김경희는 현 한국 사회에 공화주의가 필요한 것은 두 가지 이유 때문이라고 말한다. 하나는 '정치의 과잉'이요, 다른 하나는 '정치에 대한 무관심'이다. 그런데 이 둘은 모두 시민적 덕성의 결여로 인해 나타나는 현상이라고 할 수 있다. 한편으로 '정치의 과잉'은 수많은 시민 단체와 이익 집단들이 저마다 자신들의 이익을 최우선으로 요구하며 다투기 때문에 나타나는 현상이요, '정치에 대한 무관심'은 겉보기에 이 사회를 구성하고 있는 사람들 같지만 실질적으로는 공적인 일에는 관심이 없고 오로지 자신의 개인적 안위에만 신경을 쓰는 사람들로 이 사회가 넘쳐나고 있기 때문에 나타나는 현상이다. 양자는 모두 사람들로부터 자유를 앗아간다. 필요한 것은 무엇인가? 공공선에 대한 확고한 인식과 그것의 실현을 위한 자발적인 참여다. 이것이 곧 시민적 덕성이다.

다소 거칠기는 하지만 시민적 덕성의 함양을 위한 요소를 세 가지 정도로 들고 우리 논의를 마무리하고자 한다. 이 세 요소들은, 시민적 덕성의 함양을 '위한' 것이라고 했지만, 사실은 그것들이 곧 시민적 덕성을 의미한다고 해야 더 맞을 것 같다. 아무튼, 그 첫째는 공익 또는 공공선의 개념을 확립하는 것이다. 우리가 잘 아는 듀이[23]는 또한 '공공철학자'로서 유명한데, 그는 '공적인 것'을 '개인들 간에 이루어지는 행위의 결과가 당사자들의 범위를 넘어 제삼자들에게까지 간접적으로 영향을 미치는 것'으로 규정하고, 바로 이를 인식하고 규제하는 것이 '인민의 일'—res populis—이라고 말한다(조승래, 2011: 9). 뒤집어 말하면 그런 것이 있다는 것을 감지하지 못할 뿐 아니라 그것을 위해서 아무런 행동도 취하지 않는다면 결코 공화국의 시민이라 할 수 없다는 것이다.

둘째는 바로 그러한 공익 또는 공공선을 실현키 위해 참여하는 것, 달리 말하면 정치적 관심을 지속적으로 갖는 것이다. 공공선은 말 그대로 공공의 것이므로 공화국 시민 모두의 것이다. 자기 것을 지키고 개선해 나가는 일이야말로 주인으로서 응당

23) John Dewey. (1859-1952)

해야 할 일이다. 자유는 주인만이 누릴 수 있다. 자유주의자들이 자유를 '간섭받지 않는 것'으로 여기는 것과 달리, 공화주의자들은 자유를 '지배받지 않는 것'으로 규정한다. 국가공동체 내에서 지배는 특정 세력이 공공의 것을 독점하면서 그로부터 생기는 이익을 사유화할 때 발생한다. 공공의 것을 참으로 모든 이가 공유할 때, 지배-피지배 관계가 형성될 일은 없다. 그러므로 공화국의 시민은 공공의 것을 특정 세력이 사유화하지 않도록 항상 주의해야 한다. 바로 이것이 정치적 관심이다. 그것은 내가 속한 이익 집단 이외의 다른 집단을 혐오하고 그 집단의 불이익을 염원하는 것이 아니다.

셋째는 공공선의 실현을 위한 방법적 원리에 숙달하는 것이다. 공공선이라는 것은 무덤 속에 묻혀서 발굴을 기다리고 있는 고대 유물 같은 것이 아니다. 그것은 관찰이나 실험을 통해서 발견될 수 있는 것도 아니다. 그것은 또한 기도나 참선 수행 같은 것으로 주어지는 것도 결코 아니다. 무엇이 공공선인지를, 그리고 그것을 실현하려면 무엇을 해야 하는지를 우리는 어떻게 알 수 있는가? 통치자가 따로 존재하는 왕조 사회에서는 아마도 다스리는 자가 지정하는 것이 바로 그것이라고 할 수 있겠다. 그러나 모든 이의 것으로서의 공화국에서는 경우가 다르다. 유일한 방법은 시민들의 참여로 이루어진 공동체 내에서 토론과 숙의를 거쳐 도출해 내는 것뿐이다. 무엇이 필요한가? 여러 다양한 수단들을 동원해서, 현대 자본주의 사회에서는 붕괴되었다고 하버마스[24]가 진단했던 '공론장'을 재건하는 일이 필요하다. 여기서 공론장을 재건한다는 말은 그 어떤 장소를 다시 짓는다는 말이 아니다. 그것은 공론장이 작동하는 데 필요한 요소들을 다시 갖춘다는 말이다. 가장 중요한 요소는 공화국의 시민들로 하여금 합리성에 기반해서 담론을 수행하는 능력을 갖추도록 하는 것이다. 이 일이 이루어지는 데 가장 중요한 것이 공공교육이라는 점은 두말할 필요도 없다. 그러나 덧붙여 강조해야 할 점은 공공교육이 가장 중요하게 여겨야 할 것이 바로 이 능력이라는 점이다.

5. 공화주의와 학교교육의 이념

우리 논의는 다시 이 장의 처음에 제기했던 질문으로 돌아간다. 그 질문은 우리는 왜 공화주의를 말해야 하는가 하는 것이었다. 이 질문은 우리 논의가 참조했던 여러

24) Jürgen Habermas. (1929-)

공화주의 연구자들에게서도 자주 목격되는 질문이다. 아마도 공통적으로, 공화주의는 의외로 그 당위성만큼 자주, 충분히 언급되지 않는 개념이며, 그럼에도 불구하고 우리는 이 이념을 다시 담론의 장으로 적극 끌어들여야 한다는 문제의식이 있기 때문이 아닌가 싶다. 우리 헌법의 맨 앞머리를 장식하고 있는 말이지만, 의외로 우리는 이 말의 의미를 잘 모르고 있으며 그래서 그것이 요청하는 삶의 방식에 무관심했다고도 말할 수 있을 것 같다. 공화국에서 살면서도 우리는 공화주의를 잘 모르고 있었다는 것이다.

우리는 왜 공화주의를 말해야 하는가? 한 공화주의 연구가는 공화주의 사상의 계보를 리뷰하는 자신의 논문 끄트머리에서 다음과 같이 말한다.

> 이들의 주장을 한마디로 요약하면, 공화국 바깥은 없다는 것이다. 인간이 인간답게 사는 길은 공화국의 구성원으로서 언제나 공화국의 호출에 시(공)민으로 응해야 한다는 것이다. 그것은 자신과 하나인 공동체의 호출이기 때문에 자기가 자기를 호출하는 것이다. 그것은 공화국이 공공의 것이요, 인민의 것임을 부단히 확인함으로써 공화국에서는 그 누구도 상위자로서 자기를 호출할 수 없음을, 그리하여 자신이 자주인임을 선언하는 것이다. 왜 공화주의인가? 그 답은 여기에 있다. 꿇는 자는 행복하다. 높은 연봉이 그들의 것이다. 못 본 체하는 자는 행복하다. 그 자리가 계속 그들의 것이다. 세상 소리로 우리 귀는 가득하다. 그러나 가끔은 섬뜩한 소리도 들어야 하지 않을까(조승래, 2011: 20-21)?

빙빙 돌아 왔지만 결국 이런 주장은 우리 교육을 말하는 사람들이 볼 때는 그다지 새로울 것이 없는 주장일지도 모르겠다. 교육은 인간다움을 기르는 일이라는 점을 우리 모두는 너무도 잘 알고 있기 때문이다. 공화주의는 여기에 그 핵심적인 방법 하나를 제시해 주는 이념이라 할 수 있다. 그리고 그 점에서 그 자체로 하나의 정치 이념이자 교육 이념으로 간주될 수 있다.

이 장의 논의를 통해 제안하려고 한 것은 어찌 보면 반복해서 말할 필요조차 없이 당연하기도 하고 그래서 매우 간단하다. 그것은 첫째, 우리 국가는 공화국이라는 사실과 그리고 둘째, 그러므로 우리의 교육은 공화주의를 지향해야 한다는 것이다. 교육이 공화주의를 지향해야 한다는 말이 이상하게 들리는가? 그것은 교육이 민주주의를 지향해야 한다는 것만큼이나 자연스러운 말이다.

제 13 장

비판이론과 학교교육

[제11주제] 프랑크푸르트 학파 비판이론과 비판적 교육학

■ 이 절에서 다룰 질문들:

- 초기 비판이론가들의 핵심적인 논제는 무엇이며, 왜 그들은 현대 사회에 대해 비관적인 관점에 빠지게 되었는가?
- 비판이론에 비추어 교육을 이해하는 일은 어떻게 이루어질 수 있는가?
- 프레이리의 비판적 교육학은 교육이 어떤 일을 해야 한다고 주장하는가?
- '은행 저금식 교육'과 '문제 제기식 교육' 개념은 오늘날 우리 교육을 이해하고 처방하는 데 어떤 도움을 주는가?

교육철학은 1960~70년대 분석철학적인 경향에 지배되다시피 했지만 분석철학의 지배적인 경향은 1980년대로 접어들면서 점차 약화된다. 개념 분석 방법이 지닌 한계를 인식하는 일과 더불어 교육철학자들은 보다 광범위한 철학적 문제들로 관심 영역을 확대한다. 20세기 중후반에 등장한 비판이론과 포스트모더니즘에 대한 교육철학계의 관심도 이런 배경에서 주목할 만하다. 이 장에서 우리는 프랑크푸르트 학파 비판이론의 주요 논점들과 함께 그 영향에서 등장한 '비판적 교육학'의 주요 논제들을 살펴볼 것이다. 특히 브라질 교육학자 프레이리의 『페다고지: 억압받는 자의 교육학』은 교직을 수행할 예비교사들뿐만 아니라 현 시대 우리 사회를 사는 젊은이들이 반드시 숙독해야 할 중요한 저서다. 날로 비판적 안목이 부족해지고 있는 현대인들에게 프레이리의 비판적 교육학은 교육철학 입문서 몇 쪽으로는 결코 다 전달할 수 없는 중요성을 담고 있다.

1. 1980년대 이후 교육철학의 새 경향들

분석철학적인 방법은 1970년대를 지나면서 여러 가지 점에서 도전에 직면한다. 이를테면 분석철학적인 방법이 대상으로 삼고 있는 그 개념이라는 것들 중에 누구의 개념이 당연한 것으로 받아들여지고 있는가가 불분명하다는 점, 언뜻 보아 중립적이고 객관적인 것 같아 보이는 분석의 방법이 사실은 모종의 가치를 이미 함축하고 있는 것이라는 점,[1] 분석적 방법을 지탱하고 있는 언어에 대한 견해는 이미 특정한 문화적, 역사적 배경에서 나온 것이라는 점, 그리고 언어적인 것에 대한 지나친 집착은 종종 논의의 결과를 사소한 것으로 만들어 버리거나 정작 우리 관심과 별반 상관없는 것으로 만들어 버릴 위험이 있다는 점 등, 다양한 지적들이 분석철학적인 방법을 대상으로 제기된다. 이런 이유들로 분석적 방법은 더 이상 교육철학의 주류로서의 지위를 유지할 수 없게 된다. 그리고 그와 함께 교육철학자들의 관심 영역은 이전보다 훨씬 광범위한 방향으로 전개된다.

앞에서 우리는 분석적 교육철학으로 말미암아 교육철학은 하나의 독립된 학문으로 그 정체성을 확립했다고 했다. '교육에 대한 철학적 탐구'가 하나의 학문으로 성립하는 일은 역시 철학적 전문성을 갖추는 일을 필요로 하고, 따라서 교육철학을 학문으로 하려는 사람들은 자연스럽게 그 모학문인 철학계의 탐구 동향이나 그 결과에 관심을 기울일 수밖에 없었다. 실지로 1980년대 이후 기성의 교육철학자들을 비롯해서 교육철학 전공 대학원생들은 실존철학, 현상학 등의 이른바 '대륙 철학'에 관심을 갖게 되었고, 그와 함께 소크라테스 이전 철학부터 니체, 하이데거, 비트겐슈타인에 이르기까지 철학의 일차 문헌들에 대한 연구의 필요성을 느끼게 된다. 여기에 비판이론, 신마르크스주의, 페미니즘, 그리고 푸코와 같은 포스트모더니즘 작가들의 이론도 교육철학자들의 관심 범위 속으로 들어오게 된다. 이들 이론에 대한 연구는 교육에서의 권력과 불평등 같은 문제, 그리고 이른바 '은폐된' 교육과정을 통해 이루어지는 문화적 편협성 등의 주제를 이해하도록 하는 데 큰 공헌을 하게 된다. 계급, 성(性), 인종 등에서 오는 차별과 불이익 같은 문제 또한 교육철학자들이 과감하게 다루어야 하는 주제로 부각된다. 이 같은 새로운 경향은 교육철학이야말로 정치적인 문제, 비판과 개혁 같은 이슈들에 대해 폭넓은 관심을 가져야 한다는 주장으로 연결되었다.

1) 예컨대, 피터즈(R. S. Peters)가 '교육'을 '훈련'과 구분하여 개념화하는 것은 영국 사회 노동계층 자녀들의 현실을 제대로 반영하지 못한 것이라는 지적이 있다(조화태, 2006: 128).

1980년대 이후 전개된 교육철학의 양상은 다음 두 가지로 요약될 수 있다. 첫째, 분석적인 방법은 이전처럼 광범위한 관심과 지배적인 영향력은 없어졌지만 그 방법의 엄밀함과 문제의식의 중요성은 여전히 살아남아 다양한 철학적 주제들을 비판적으로 이해하는 방법으로 심화되어 가는 양상을 보였다. 사실이지 우리 주위를 둘러보면 그 뜻이 분명치 않은 채로 떠돌아다니는 주장이나 신념, 의견들이 무수히 많다. 그리고 사람들은 그와 같이 분명치 않은 주장, 신념, 의견들을 내용으로 의견을 주고받는다. 그 의미가 분명치 않기 때문에 겉으로는 대화를 하고 있는 것 같지만, 실지로 그 대화가 제대로 이루어질 리 만무하다. 사람들은 열변을 토하지만 그것이 상대방에게 제대로 전달되지 않고, 결과적으로 그 대화는 내내 헛돈다. 대화가 제대로 이루어지려면 그 선결 조건으로 그 어느 쪽이든지 주장의 내용을 분명히 제시하는 일이 중요하다. 특히 교육과 같이 복잡한 인간 삶의 양상을 대상으로 사람들이 주고받는 언어들은 그 의미를 명확히 해 놓지 않으면 무슨 얘기를 주고받는지 파악하기 힘든 경우가 종종 발생한다. 언어의 의미가 분명하지 않으면 그것이 표현하고 있는 삶의 구체적인 모습이 무엇인지도 이해할 길이 없다. 앞에서 언급한 것과 같이 분석적인 방법에 대한 도전들이 있었음에도 불구하고, 분석적인 방법은 특히 교육철학 논의에서 여전히 유효하며 앞으로도 유효하다고 보아야 할 이유가 여기에 있다.

둘째, 철학적 전문성을 확보하고자 한 교육철학자들의 노력은 모학문인 철학계의 논의들을 재검토하도록 하는 계기로 작용했고, 그 결과 대단히 다양한 철학적 관점들과 그에 관련된 이슈들에 대한 논의가 교육철학자들의 논의 영역 속으로 들어오게 되었다. 교육철학자들은 이제 분석철학적 방법에만 얽매이지 않고 20세기 후반 이후 등장한 다양한 철학적 관점들—비판이론, 신마르크스주의, 실존주의, 페미니즘, 포스트모더니즘 등—을 자유롭게 탐구하기 시작했다. 기술(技術) 인식론, 과학철학, 심지어 형이상학까지, 그리고 사회철학, 정치철학, 도덕철학과의 간학문적 접근도 활발히 이루어졌다. 1971년 롤즈[2)]의 *A Theory of Justice*가, 그리고 10년 후 매킨타이어[3)]의 *After Virtue*가 출간되면서 교육철학계에서는 이와 관련된 주제들이 광범위하게 탐구된다. 개인주의, 공동체주의, 민주주의적 시민성, 통합(inclusion), 배제(exclusion), 아동의 권리 대 부모의 권리, 소수집단의 권리 대 국가의 권리 등을 주제로 한 저작물들이 봇물 터지듯 쏟아져 나왔다. 1990년대의 움직임을 두고 필립스는 이제 교육철학과

2) John Rawls. (1921-2002)
3) Alasdair MacIntyre. (1929-)

그 모학문으로서의 철학 간에 경계가 허물어졌다고 말할 수 있을 정도로 교육철학에서의 학문적 성과가 성황을 이루었다고 평가하고 있다(Phillips, 2008: 14).

2. 프랑크푸르트 학파와 비판이론

호르크하이머, 아도르노, 하버마스

'비판이론'이라는 용어가 고유명사—Critical Theory—로 쓰일 때 그것은 철학과 사회이론 영역에서 1920년대 이래 프랑크푸르트 대학의 사회연구소를 중심으로 형성된 이른바 '프랑크푸르트 학파'의 이론을 지칭한다. 프랑크푸르트 대학의 사회연구소는 "1920년대에 당시의 독일 사회가 공산주의 또는 파시즘의 형태로 권위주의화하는 시대 상황에서 무엇이 인간의 자율성을 억압하고 예속시키는가를 구명하는 데 모든 학문적 관심을 집중시켰다"(신일철 편, 1984: 19). 그런데 인간을 억압하는 것이 무엇인지를 규명하고 그 원인을 폭로하려 했던 프랑크푸르트 학파의 이러한 학문적 관심이 그 즈음 정권을 잡은 나치스의 눈에 곱게 보일 리 없었을 것이라는 점은 충분히 상상할 수 있다. 프랑크푸르트 학파의 중심인물이었던 호르크하이머, 아도르노, 마르쿠제[4] 등은 나치스의 정치적 탄압을 피해 1930년대 중반 미국으로 거처를 옮겨 망명 생활을 계속하면서 자신들의 학문적 관심을 이어나간다. 그리고 전쟁이 끝난 후 호르크하이머와 아도르노는 다시 프랑크푸르트로 돌아와 망명처에서 1932년 이래 출판해 온 『사회연구』[5]를 속간하면서 그들의 학문 체계인 '비판이론(Kritische Theorie)'을 발전시켜 나갔고, 여기에 아도르노의 제자였던 하버마스[6]가 가담함으로써 20세기 후반 세계적으로 잘 알려진 프랑크푸르트 학파가 성립되기에 이른다(신일철 편, 1984: 19-20).

1920년대부터 60년대 후반에 이르기까지 비판이론의 흐름은 크게 보아 세 단계를 거치면서 진행된다(Blake & Masschelein, 2003: 40-42). 첫째 단계는 인간의 사회적

4) Max Horkheimer (1895-1973), Theodor Adorno (1903-1969), Herbert Marcuse. (1898-1979)
5) *Zeitschrift für Sozialforschung.*
6) Jürgen Habermas. (1929-)

관계에 대한 마르크스의 유물론적 분석이 호르크하이머와 마르쿠제에 의해 프로이트[7]의 정신분석과 통합되어 일종의 사회심리학 이론으로 형성된 단계다. 프랑크푸르트 학파의 제1세대라고 할 수 있는 호르크하이머는 마르크스의 유물론적 관점이 당대 사회의 변화를 충분히 설명하지 못한다고 판단하고, 마르쿠제와 함께 그것을 프로이트의 정신분석 이론으로 보완함으로써 비판이론의 토대를 구축했다. 이들은 정신분석학을 통한 관점이 인간의 심리적 기제에 관한 지식뿐만 아니라 그러한 심리적 기제가 사회 형성과 발전에 어떻게 작용하는가의 문제를 해명해 줄 것이라고 믿었다(이종하, 2011: 92). 마르크스 이론과 정신분석학을 통합함으로써 프랑크푸르트 학파 이론가들은 인간의 심리와 사회 현상 간에 그 심층 구조 면에서의 관련성을 명백히 통찰할 수 있었고, 나아가 사회에 대한 개인의 불만이나 저항심 등이 오히려 기존의 지배적인 질서를 재생산하는 힘으로 작용한다는 점을 간파할 수 있었다. 또한 이들은 서양 계몽주의 전통의 저 위대한 산물인 이성이 현대 들어 기존의 현실을 초월해서 바라보는 능력을 상실하고 단지 과학적-사회적 실증주의로 전락해 버린 과정을 신랄하게 고발했다.

둘째 단계는 이른바 '도구적 이성'에 대한 본격적인 비판이 이루어진 시기이다. 호르크하이머와 아도르노의 『계몽의 변증법』이라든지 마르쿠제의 『일차원적 인간』이 출간된 것도 이 시기의 일이다.[8] '도구적 이성' 또는 '도구화된 이성'은 말 그대로 도구적인 기능밖에는 수행하지 못하는 이성이라는 말이다. 도구적인 기능은 그 어떤 주어진 가치 또는 목적을 달성하는 데 있어서 가장 효율적인 방법은 무엇인지를 알려주는 기능을 가리킨다. 실현해야 할 가치나 달성되어야 할 목적이 일단 외부에서 먼저 주어지면, 비로소 이성은 그것을 실현하거나 달성하는 데 가장 효과적인 방법은 무엇인지를 탐색하는 데 동원된다. 추구하는 가치나 목적이 과연 바람직한 것인지, 정당한 것인지에 대해서 그 이성은 아무런 판단도 할 수 없다는 점이 '도구적 이성'의 핵심적인 의미이다. 이 시기 아도르노에 의해 개념화된 '반교육(半教育, Halb-Bildung)'도 바로 이 같은 '반쪽짜리' 이성을 질타하기 위한 것이었다고 할 수 있다. 원래 '교육'(Bildung)이라는 활동은 좋은 삶, 올바른 삶에 관한 규범적인 내용들을 가르치는 활동이었지만, 현대 들어 그것은 이런 내용들을 상실해 버린 채 여타의 상품들과 마찬가지

7) Sigmund Freud. (1856-1939)

8) *Dialektik der Aufklärung* (1947), *One-Dimensional Man: Studies in the Ideology of Advanced Industrial Society*. (1964)

로 시장에서 사고팔고 소유하는 하나의 상품으로 전락해 버렸다. 교육은 원래 기존의 사회 질서를 향해 과감하게 질문을 제기하고 그것에 저항하는 능력을 길러주는 것이었지만, 현대 들어 그것은 단지 사람들에게 기존 질서에 잘 적응하는 능력만을 길러주는 것으로 그 기능이 축소되어 버렸다는 것이다.

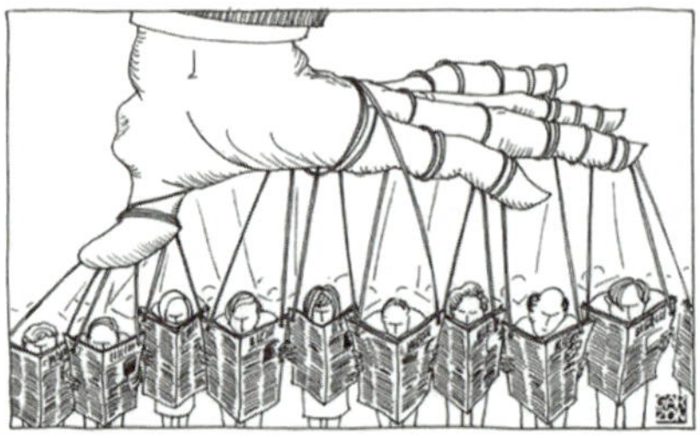

교육이 반교육으로 전락해 버렸다는 말은 그런 교육을 통해 길러지는 사람들의 자율성이 그만큼 약화되었다는 말과 같다. 그럼에도 불구하고 현대사회에서 이 같은 개인의 자율성 약화는 크게 문제시되지 않는 경향이 있다. 왜냐하면 개인의 자율성이 약화된 만큼 과학과 테크놀로지가 발전을 이루었기 때문이다. 말하자면 과학기술의 발달이 개인의 자율성 약화를 위장함으로써 그것에 별 문제가 없는 듯 보이게 한다는 것이다. 이 시기 비판이론가들에게서 목격되는 비관적(悲觀的)인 관점은 바로 여기에서 비롯된다. 비판이론의 원래 관심, 곧 기존의 억압적인 질서로부터의 해방은 그 가능성을 점점 잃게 되었다. 사회 전체를 광범위하게 지배하고 있는 대중매체는 사람들의 마음을 부정의와 부당함에 둔감하게 만들었고, 그 같은 대중매체들 때문에 기존 사회 질서에 대한 비판들은 제대로 힘을 쓰지 못하게 되었다. 이제 해방을 향한 혁명은 그 가능성이 희박해졌고, 남은 것이라고는 관료주의와 시장경제의 지배로부터 개개인을 구해내는 일밖에 없게 되었다. 사람들의 일상적인 삶이 너무도 취약하고 고독해졌기 때문에 그들에게서 포괄적인 연대(連帶)와 저항을 기대하기는 불가능해졌다.

셋째 단계는 비판이론의 원래 관심, 곧 해방적 기획(企劃)이 하버마스에 의해 재주장된 시기다. 위에서도 언급했듯이 도구적 이성에 대한 비판이론가들의 분석은 현대 산업사회에 대한 그들의 시각을 지극히 비관적인 방향으로 이끄는 계기가 되었다. 특히 테크놀로지의 발달이 가져다준 물질적 풍요는 마르크스[9]의 전망 속에서는 혁명의 주체 세력이었던 노동자 계급이 현실에 안주하도록 함으로써 사회 전체를 이른바 '일차원성(一次元性)'에 가두어 놓는 역할을 했다. '일차원적' 사회에서는 계급 간의 갈등 요소가 사라져 버리고, 그에 따라 해방을 위한 혁명의 가능성도 없어진다. 사회 전반이 거대한 억압 구조 속에서, 그러나 그 억압의 대상들은 그것이 억압이라는 사실

9) Karl Marx. (1818-1883)

조차도 인지하지 못한 채로, 유지되는 것이다. 인간성의 억압을 폭로하고 그것의 해방을 위한 방향을 제시해 주어야 할 이성은 오로지 도구적인 기능만을 수행하고 있을 뿐이거나, 아니면 오히려 인간성을 억압하는 기제로 작용하는 경우가 허다하다. 호르크하이머와 아도르노, 그리고 마르쿠제의 진단처럼 현대 산업사회에서는 인간 해방의 여지가 완전히 사라져버린 것인가? 그러나 후기 비판이론가들 가운데 한 사람인 하버마스의 생각은 많이 다르다.

Jürgen Habermas

하버마스 또한 계몽주의적 합리성이 현대 사회에서 어떤 부정적인 기능을 하고 있는지를 잘 알고 있고 그것에 충분히 공감하고 있다. 그러나 하버마스는 다른 비판이론가들과 달리 이성의 도구적 측면에 대한 회의적 분석에서 끝나지 않고 그것의 해방적 기능이 여전히 유효하게 작동할 가능성이 남아있다는 점에 주목한다. 우리는 어디서 그것을 찾을 수 있는가? 현대 산업사회에서 도구화된 이성이 가장 두드러지게 작용하고 있는 분야는 관료주의적 행정과 자본주의 시장경제 체제다. 도구적 이성이 우리 삶을 지배하게 된 것은 현대 들어 바로 이 두 영역이 우리 삶을 포괄적으로 지배하게 되었기 때문이다. 그런데 하버마스의 분석에 따르면 우리 삶은 이와 같은 '체제(system)' 면에서만 이루어지는 것이 아니다. 도구적 이성의 원리에 따라 운영되고 있는 '체제'의 측면 말고 우리 삶이 영위되는 또 하나의 합리적 영역이 존재한다. 하버마스는 이 측면을 '생활세계'라 칭하고, 이 영역에서 작동하는 합리성을 '의사소통적 합리성', 그리고 이 합리성에 따라 이루어지는 행위를 '의사소통적 행위'이라고 부른다. 하버마스의 생활세계는 언어 사용의 주체로서 개인들 간의 일상적 상호작용이 이루어지는 세계다. 중요한 점은 의사소통적 행위를 통해서 이루어지는 이 세계에서의 합리화 과정은 체제 측면에서 이루어지는 합리화 과정에 규범적 방향성을 제공한다는 점이다. 의사소통적 합리성에 따라 이루어지는 행위, 곧 의사소통적 행위는 대화에 참여하는 사람들 간의 이해를 지향하며, 그것의 목적은 "상호 이해, 지식의 공유, 상호 신뢰와 조화를 통한 간주관적 공통성의 형성을 기반으로 한 합의를 이끌어 내는 것이다"(McCarthy, 1981: 290). 하버마스는 바로 이러한 개방적이고 왜곡되지 않은 의사소통이라는 개념을 통해서 인간 해방이라는 비판이론 고유의 주제를 재구성하고자 한다.

3. 비판적 교육학: 비판이론의 교육이론적 수용

교육이론가들은 어떤 점에서 비판이론에 주목하는가? 결론부터 말하자면 비판이론가들의 이론적 관심과 교육이론가들의 그것 간에 공통되는 점이 대단히 많기 때문이라고 할 수 있다. 교육 그 자체에 관심을 두고 있는 사람이라면 그 누구든지 교육적 가치가 그 어떤 특정한 비교육적 목적에 오로지 수단으로 활용되는 것에 거부감을 가질 수밖에 없다. 교육이 도구적 가치만을 가진다는 말은 언제든지 그것의 성격이 변질될 수 있다는 말과 같다. 교육이 개인과 사회의 자기 실현과 자기 발전을 이루는 일과 상관없이 교육 아닌 다른 가치를 실현하는 도구로 활용되는 데 저항하고자 하는 교육이론가들의 관심과, 이성이 원래의 제 기능을 못하고 그 도구적 기능에 한정되어 때로는 인간성을 훼손하는 데까지 봉사하는 것에 저항했던 비판이론가들의 관심이 서로 맞아떨어졌다는 것이다. 뿐만 아니라 비판이론가들이 추구했던 이론적 관심, 곧 계몽과 해방의 이념, 그리고 그것을 실현하기 위한 사회적 조건들에 대한 분석은 곧바로 교육이론가들의 이론적 관심으로 자연스럽게 연결될 수 있었다.

비판적인 교육이론은 어떤 형태로 제시되는가? 교육이론가가 비판적인 태도를 갖고 있다면 자신의 교육이론에 어떤 식으로 반영하겠는가? 두 가지로 생각해 볼 수 있다. 첫째는 교육내용의 측면에서 그것에 접근할 수 있겠다. 곧 비판적 교육이론가는 비판적인 태도와 그것이 추구하는 해방적 관심을 교육의 내용으로 삼을 수 있다. 그런데 여기서 한 가지 우리가 고려해야 할 사항이 있다. 초기 비판이론가들에게서 비판은 우선은 '소극적인' 사고의 움직임을 가리켰다. 비판적인 태도는 그 어떤 특정한 사회상황을 바람직한 것으로, 그리고 그런 사회를 건설하기 위한 구체적인 프로그램과 행동지침을 적극적으로 제시하지 않는다. 호르크하이머에 따르면 비판이론은 무엇이 좋은 것인지에 대해서는 말하지 않으며 다만 현재 사회의 나쁜 것이 무엇인지를 폭로함으로써 더 나은 것을 실현시키는 데 기여하고자 한다(이종하, 2011: 39-40). 초기 비판이론이 비관주의적인 색채를 강하게 띠고 있는 것도 바로 이 이유 때문이라고 할 수 있다. 그러나 교육은 이것만으로는 불충분하다. 교육은 가르치는 사람이 배우는 사람을 상대로 그 무엇인가를 가르치는 일이기 때문이다. 그 무엇인가를 가르치려면 배우는 사람들에게 그 어떤 가치 있는 내용, 바람직한 모습을 적극적으로 보여줄 수 있어야 한다. 마냥 '이것은 아니다', '저것은 나쁘다'는 식으로만 갈 수는 없지 않겠는가. 후기 비판이론가인 하버마스의 관점이 교육이론가들에게 특별히 관심을 끄는 것도 그의 비판이론이 보다 적극적인 내용들을 제시하고 있었기 때문인 것 같다.

Klaus Mollenhauer

몰렌하우어[10)]는 하버마스의 비판이론을 자신의 교육이론에 적극 수용하려 한 사람이다. 그는 특히 하버마스의 '의사소통적 행위 이론'의 관점을 통해 독일의 비판적 교육학을 재구성하려 했던 것으로 평가된다(Blake & Masschelein, 2003: 48-49). 몰렌하우어는 교육학자였으므로 그는 피터즈나 허스트와 마찬가지로 교육활동의 목적을 내적으로 규정하고자 했다. 몰렌하우어가 교육의 내적 목적으로 삼은 것은 교사와 학생 간에 그 어떤 것에도 구애받지 않는 해방적인 이해와 의사소통이었다. 교과를 매개로 한 교사와 학생 간의 의사소통 상황은 적지 않은 경우 '비합리적인' 형태로 전개될 가능성이 있다. 교사와 학생 간의 의사소통이 비합리적인 방식으로 이루어질 때 그것은 양측의 성장을 저해할 위험이 있다. 왜냐하면 이런 경우 양자 간의 상호활동은 단지 교과수업을 수단으로 해서 교육 아닌 다른 목적을 달성하기 위해 이루어지는 '전략적인' 활동이 될 수 있기 때문이다. 교사와 학생 간의 의사소통이 전략적인 행위로 될 때 그것은 교과내용이 제시하고 있는 타당성에 관련된 여러 가지 기준들과 무관한 이해를 종용하게 될 것이고, 이 경우 하버마스가 주장한 '이상적 담화 상황'의 기준에 위배되는 억압적인 사태를 초래할 수 있다. 몰렌하우어는 하버마스의 의사소통적 합리성을 교육활동이 따라야 할 규범적 기준으로 받아들이고 그것에서 교육의 내적 목적을 탐색한다.

비판적 교육이론의 둘째 형태는 비판적인 태도를 '교육현상'을 분석하는 데 적용한 이론들이다. 교육현상을 비판적으로 분석하고 그것을 이론으로 구성한 비판적 교육학은 1980년대 들어 미국에서 대단히 활발하게 전개된다. 가령 지루[11)]는 호르크하이머와 아도르노 같은 초기 비판이론가들의 관점, 특히 마르쿠제의 물화된 의식으로서의 이데올로기 분석에서 큰 영향을 받은 것으로 알려져 있다(Blake & Masschelein, 2003: 49). 비판적 교육학자들이 탐구 대상으로 한 교육현상이라는 것은 대개 학교교육 또는 그에 준하는 제도적인 형태의 교육활동과 관련된 사회현상들을 가리킨다. 그리하여

10) Klaus Mollenhauer. (1928-1998)
11) Henry Giroux. (1943-)

Henry Giroux

지루는 그 같은 교육이 어떻게 자본주의 사회의 지배적인 질서를 재생산하고 따라서 사람들에게 소외를 강요하는 억압적인 장치로 기능하는지를 대단히 구체적으로 분석한다. 학교는 어떤 과정을 통해서 '허위 의식'을 생산해 내는지, 그리고 그런 허위 의식이 지배적인 이데올로기를 재생산함으로써 결국에는 기존 시스템에 대한 비판을 무기력하게 만드는지 등의 문제를 광범위하게 탐색한다. 지루는 학교가 지금과 달리 비판적인 기능, 나아가 혁명적인 기능을 할 수 있으려면 그곳을 공적 행위와 대화의 장으로 변화시킴으로써 허위 의식이 해소되고 학생들이 사회적인 이슈와 정치적인 쟁점들에 대해서 반성적으로 탐구하는 것을 배우는 곳이 되어야 한다고 주장한다. 그는 또한 비판적 교육학은 더 이상 '비판의 언어'로서만이 아니라 이제는 '가능성의 언어'로 개발됨으로써 민주주의 사회의 긍정적인 모습을 적극적으로 제시할 수 있어야 한다는 점을 강조한다(Blake & Masschelein, 2003: 49-50).

미국의 비판적 교육학은 이후로 갈수록 비판이론 이외의 다양한 관점들을 수용하여 발전한다. 특히 브라질의 교육학자 프레이리의 『페다고지』, 그리고 영국의 번스타인과 프랑스의 부르디외 등의 이론을 아우른 이른바 '신교육사회학'의 영향으로 교육학자들의 관심은 마르크스의 사적 유물론뿐만 아니라 듀이의 프래그머티즘, 그람시의 헤게모니 이론에까지 미치게 된다. 아로노비츠, 애플, 맥래런 등을 포함해서 최근 미국 비판적 교육이론가들은 공통적으로 학교는 사회적 재생산의 장이기도 하지만 동시에 사회적, 정치적 변혁을 가능하게 하는 곳이기도 하다는 점을 강조한다.

4. 의식화로서의 교육: 프레이리

파울루 프레이리의 『페다고지』[12]는 비판적 교육학을 공부하는 사람들이 특별히 주목해야 할 저서다. 이 책은 1968년에 포르투갈어로 처음 출판되었고 1970년에 영어번역판이 출판되었다. 저자인 프레이리는 일찍부터 빈민들의 삶을 개선하는 데 자신의

12) Paulo Freire (1921-1997), *Pedagogy of the Oppressed.*

Paulo Freire

정력을 쏟았던 것으로 알려져 있다. 1964년에 브라질에서 군부 쿠데타가 발발하여 투옥과 망명 생활을 거듭하면서 프레이리는 문맹자들, 특히 성인 대중을 위한 교육 이론을 발전시켰다. 아무리 무지한 사람들이라도, 그 어떤 '침묵의 문화'가 이들을 옥죄고 있다 하더라도, 적절한 방법을 통해서 사람들 간에 만남의 기회가 제공된다면 이들은 서로 간의 대화를 통해서 비판적인 안목을 갖출 수 있고 그 안목으로 자신이 처한 실제 상황과 사회의 참모습을 바라볼 수 있게 된다는 것이 프레이리의 믿음이었다. 그러한 교육적 경험을 통해서 사람들은 스스로를 새롭게 자각하게 되고 자신의 존엄성과 새로운 희망에 눈을 뜨게 된다. 완전히 변화된 세계를 경험한 이들은 더 이상 주변 세계의 움직임에 수동적으로 적응만 하는 존재들이 아니다. 이제 교육받은 사람들은 지금까지 자신들을 억압해 온 사회 구조를 변혁하기 위한 활동에 적극 참여하게 되는 것이다.

『페다고지』의 제1장은 '인간화'라는 주제로 시작한다. 그만큼 이 책 전체를 통해 '인간화'의 문제는 가장 중요한 주제가 된다. 인간은 태어나면서부터 일종의 '존재론적 소명'을 지니게 된다. 그 소명은, 너무나 당연하기 때문에 흔히들 망각하는 것, 곧 인간은 '인간답게' 살아야 된다는 것이다. 우리는 모두 인간으로 태어나 인간으로 살면서도 왜 굳이 '인간화'의 문제를 제기하려 하는가? 그것은 우리의 인간다운 삶을 방해하는 사회 상황 때문이다. '비인간화'는 왜 생기는가? 간단히 말하면 그것은 사람 대 사람 간의 억압적인 관계 때문에 생긴다. 한편에 억압하는 자들이 있고 다른 편에 억압받는 자들이 있어서 그들 간에 억압-피억압 관계가 형성되면 비인간화의 문제가 발생한다는 것이다.

그런데 여기서 주의해야 할 것이 하나 있다. 비인간화는 억압자들이 저지르는 불의, 착취, 폭력 등으로 발생하지만, 그렇다고 해서 억압받는 자들이 투쟁을 통해 그 관계를 역전시키는 일을 통해서는 결코 참된 인간화를 이룰 수 없다. 전세가 역전되어 억압받던 자들이 이전에 억압하던 자들을 다시 억압하는 것은 여전히 인간들 간의 억압적인 관계를 지속시키는 일밖에 되지 않기 때문이다. 문제는 이 관계, 곧 억압하고 억압받는 관계를 해소하는 것이다. 요컨대 비인간화를 가져오는 것은 '억압'이라는 상황이다. 인간화는 바로 이 억압이라는 상황을 해소함으로써 성취할 수 있다.

비인간화를 초래하는 억압적인 상황은 어떻게 해소할 수 있는가? 먼저 그것은 누구에 의해서 해소될 수 있는지를 물을 수 있다. 억압적인 관계를 구성하는 양편 중에 어느 편이 그것을 해소하는 일의 주체가 될 것인가? 이에 대한 대답은 비교적 간단하다. 억압하는 자들로 하여금 억압적인 관계를 해소하는 데 나서기를 기대하는 것은 무리다. 왜냐하면 그들은 억압적인 관계를 통해서 이득을 취하고 있기 때문이다. 억압받는 자들을 억압하는 일이 자기들의 비인간화를 초래한다는 점도 그들에게 설득력이 없다. 그러므로 억압적인 관계를 해소하는 일은 억압받는 자들이 주체가 되어 진행되어야 한다. 이 책의 제목이 '억압받는 자들의 교육학'인 것도 이 이유 때문이라고 할 수 있다.

그렇다면 억압받는 자들은 어떤 방법을 통해 억압적인 상황을 극복할 수 있는가? 프레이리의 『페다고지』는 교육을 통해서 그러한 억압적인 상황을 해소할 수 있으며 그렇게 해야 한다고 주장한다. 마르크스가 경제적인 토대를 개혁하는 일로부터 사회 전체의 변혁을 이루고자 했던 것과 달리, 프레이리는 이 일을 사람들의 의식을 바꾸는 일—의식화—로부터 시작하려 한다. 다시 말해 억압적인 상황이 교육을 통해서 해소되어야 하는 것은 이 일의 주체가 되어야 할 억압받는 자들의 의식을 개혁하는 일로부터 이 일이 시작되어야 하기 때문이다.

억압받는 자들이 보이는 가장 뚜렷한 특징은 그들의 의식이 일종의 '억압의 타성'에 젖어 있다는 점이다. 억압 상황이 오랜 기간 동안, 심지어 대를 이어서 지속되면, 억압하는 자이든 억압받는 자이든 그 상황을 그저 자연스러운 것으로 인지할 가능성이 크다. 어떤 의미에서 보면 억압 상황이 지속되는 것은 억압하는 자도 마찬가지이지만 억압받는 자 편에서 바로 그 억압적인 상황에 길들어 있기 때문이다. 프레이리는 억압적인 상황에 길들어 있는 것 자체가 바로 억압적인 상황이라고 주장한다. 억압의 상황을 해소해야 할 억압받는 자들이 "책임 있는 인간으로서의 자기 긍정을 하지 못하도록 방해 받는 상황은 무조건 억압적인 상황이다"(Freire, 2009: 65-66). 그리고 이 억압적인 상황은 많은 부분 억압받는 자들의 편에서 스스로를 올바르게 인식하지 못하기 때문에 지속된다. 무엇이 잘못 되었는가?

억압받는 자들은 그 생활방식과 행동방식에서 특징적인 면을 보인다. 그것은 억압받는 자들이 자기들을 억압하는 자들의 이미지를 스스로 내면화하고 있다는 점이다. 프레이리는 이것을 억압받는 자들의 '실존적 이중성'이라고 칭한다. 실존적 이중성을 지닌 사람들은 다음과 같은 특징을 보인다. 첫째, 이들은 자기들이 처한 상황을 해소되어야 할 억압적인 것이라고 생각하지 않고 자연스러운 것 또는 원래 그럴 수밖에 없는 것으로 받아들이는 숙명적인 태도를 취한다. 가령 프레이리가 인터뷰한 한 농민은 자신이 종속되어 있다는 사실을 깨닫기 전까지 늘 지주를 따르며 다음과 같이 말했다고 한다. "내가 뭘 할 수 있겠어? 일개 농부일 뿐인데 말이야"(Freire, 2009: 73). 숙명적인 태도는 말 그대로 현재 자기 처지를 운명으로 알고 그냥 받아들이는 태도이므로 흔히 온순함으로 해석되기도 한다. 그러나 그것은 결국 오랜 기간 동안에 지속된 억압의 산물에 불과하다. 사회적, 역사적 상황에서 비롯된 결과일 뿐이라는 것이다.

둘째, 실존적 이중성을 띠고 있는 피억압자는 사회 전체의 질서가 억압자의 이익에 봉사하는 형태로 전개되고 있어도 그것을 제대로 인지하지 못한다. 그는 억압자의 이미지를 내면화하고 있기 때문에 자신의 진짜 존재로부터 소외되고 있다는 것을 절감할 수 없다. 스스로에 대한 진지한 성찰이 부족하므로 자기가 아닌 타자, 곧 자기를 억압하는 자들의 이익이 자기에게는 억압으로 작용한다는 사실을 깨닫지 못한다. 억압하는 자들에게 억압을 당하고 있으면서도 그들의 생활을 오히려 동경하고 그것에서 매력을 느낀다. 그리고 다양한 경로를 통해서 억압자들을 모방하고 추종하기도 한다. 처지가 비슷한 다른 피억압자들과 연대하기보다 오히려 자기들을 억압하는 자 편에 서서 이들이 그들 피억압자들을 배타적으로 대하거나 심지어 적대시하는 것을 목격할 수 있는 것도 이 때문이다.

셋째, 피억압자들의 실존적 이중성은 억압자들에 대한 정서적 의존성을 초래한다. 억압받는 자들은 억압하는 자들의 견해를 스스로 대변하므로, 억압자들이 생산해 낸 자기들에 대한 부당한 이미지를 사실로 받아들인다. "그들은 아무 짝에도 쓸모없다는 말을 워낙 자주 들어왔기 때문에 아무것도 모르고 아무것도 배울 수 없으며—병들고 게으르고 무위도식하다는 등—결국에는 자신이 무용한 존재라는 믿음을 가지기에 이른다"(Freire, 2009: 75). 따라서 자신들 힘으로 사회를 변혁할 수 있다는 믿음이 없는 것은 물론이고, 자신들을 억압하는 자들에 대한 저항에 나서기를 망설이고 자신감도 크게 부족하다. 그들은 오히려 자기들을 억압하는 자들의 강력한 힘에 대해 주술적인 믿음을 가지고 있다. 종속성이 뼈에 사무치도록 그들 내면에 자리 잡고 있기 때문에 때로는 억압자들에 대해 저항한다는 것 자체가 죄의식을 불러오기도 한다.

5. 해방과 인간화를 위한 교육: 문제제기식 교육

'의식화'는 피억압자들의 이 같은 특징들을 타파하는 것을 목적으로 삼는다. 프레이리의 시각에서 보면 억압자와 피억압자 간의 억압적인 상황, 지배-피지배 관계를 해소하는 일은 인간성 회복 교육, 곧 '인간화 교육'을 통해 성취될 수 있다. 그러나 지금까지의 학교교육은 인간화 교육과는 거리가 먼 형태로 진행되어 왔다. 『페다고지』 제2장에서 프레이리는 인간화 교육을 지향해야 할 학교교육이 오히려 그 반대의 성격을 띠고 있다는 점을 지적한다. 그가 '설명식 교육'이라고 지칭하는 것이 그것이다.

설명식 교육은 일상적으로 우리가 잘못된 지식교육을 꼬집어 지적하기 위해 사용하는 '주입식 교육'이라는 것과 흡사하다. 설명식 교육을 통해 교사는 학생들에게 자신이 가르치는 현실은 고정적이고 정태적이며 구획화되어 있고 예측 가능한 것인 것처럼 제시한다. 교사는 실체화된 지식을 학생들의 빈 머릿속에 들이붓고, 학생들은 그것을 고분고분 받아 자기 머릿속을 채운다. 프레이리는 이 과정을 마치 우리가 은행에 돈을 차곡차곡 예금하는 것과 같다는 의미에서 '은행 저금식 교육'이라고 지칭한다.

> (교사가 설명자인) 설명은 설명된 내용을 학생들이 기계적으로 암기하도록 만든다. ... 이렇게 해서 교육은 예금 행위처럼 된다. 학생은 보관소, 교사는 예탁자다. 양측이 서로 대화하는 것이 아니라, 교사가 성명을 발표하고 예탁금을 만들면, 학생은 참을성 있게 그것을 받아 저장하고, 암기하고, 반복한다. 이것이 바로 '은행 저금식' 교육 개념이다(Freire, 2009: 86).

은행 저금식 교육은 왜 나쁜가? 그것은 이런 교육은 해방을 위한 변혁을 불가능하게 하기 때문이다. 현재 진행되고 있는 주변 세계의 여러 상황들이 불합리와 부정의로 가득 차 있어도 학생들은 그것들을 문제로 인식하지 않는다. 왜냐하면 그들이 받는 교육은 기존의 것이 지닌 문제점을 발견해 내고 그것을 고쳐 나가려 하는 것과는 아무 상관이 없는 교육이기 때문이다. 학생들은 자기들에게 주어진 정보 체계를 수동적으로 받아들이는 것에만 익숙하도록 훈련받고, 또한 그렇게 하는 것이 탁월한 성취를 보장하는 것으로 평가된다. 주변에서 벌어지는 현상들을 비판적으로 바라보고 그것들을 개선해 나가겠다는 의지를 갖도록 하는 것은 교육이 담당할 일이 아니다. 교육은 지금 전개되고 있는 현상을 지식화하여 그것으로 학생들의 마음을 채우면 되는 것이다. 따라서 은행 저금식 교육의 관점에서 보면 교사에게서 전달받은 것과 상이한 방식으로 사고하는 것은 자칫 학업적 성취를 저해할 수 있다. "학생들은 자신에게 부과된 수동적 역할을 완벽하게 수행할수록 점점 더 세계를 있는 그대로 받아들이게 되고 자신에게 저금된 단편적인 현실관에 순응하게 된다"(Freire, 2009: 88). 그리고 그 점에서 은행 저금식 교육관은 세계를 폭로하거나 변혁할 필요를 느끼지 않는 억압자들의 이익에 일치하는 교육관이라 할 수 있다.

그렇다면 해방을 위한 교육은 어떤 교육인가? 프레이리는 은행 저금식 교육과 대비되는 교육을 '문제 제기식 교육'이라 칭한다. 문제 제기식 교육은 그 이름에서 알 수 있듯이 교사와 학생이 함께 어울려 세계를 향해 질문을 제기하는 교육을 의미한다. 그 성격을 세 가지 정도로 열거하면 다음과 같다. 첫째, 은행 저금식 교육의 목적이 억압적인 현실을 지속시키는 데 있다면 이와 반대로 문제 제기식 교육의 목적은 그것을 변혁하는 데 있다. 억압적인 상황을 변혁하려면 무엇이 필요하겠는가? 방향을 거꾸로 돌려 생각해 보면 알 수 있다. 억압적인 상황을 지속시키려면 자라나는 세대로 하여금 기존의 상황을 자연스러운 것으로 받아들이도록 훈련시키면 된다. 이와 반대로 억압적인 상황을 변혁시키려면 현 상황이 계속해서 반복되지 않도록 그 재생산의 연결고리를 끊어 버리는 일이 필요하다. 불합리와 부정의가 지속되지 않도록 하려면 우선은 그 상황에 몸담고 있는 사람들이 그 상황을 불합리와 부정의로 인식하도록 해야 한다. 억압적인 상황을 '억압적인 상황'으로 인식하도록 하는 것이 그 상황을 변혁하기 위한 출발점이 된다는 것이다. 현재 상황을 억압적인 상황으로 인식하게 하는 것, 이 상황을 변혁하면 그런 억압이 해소될 수 있음을 깨닫도록 하는 것, 이것이 '의식화'의 핵심이다.

둘째, 은행 저금식 교육에서 '지식'이라는 것은 단편적인 정보들의 집합을 가리키는 것이었다면, 문제 제기식 교육에서 지식은 행위 주체와 그 주변 세계를 향해 질문을 던지고 해답을 탐구해 가는 과정 자체를 가리키는 것이라고 할 수 있다. '지식'이라는 말이 매우 제한적으로 쓰일 때 흔히 그것은 객관적인 세계에 대한 사실적인 정보를 가리키는 경우가 많다. 그리고 그런 의미의 '지식'을 교육내용으로 할 때 자칫 교사와 학생 간의 활동은 그 같은 사실적인 정보를 전달하고 암기하고 재생하는 일로 이루어질 위험이 있다.

그러나 사실을 말하자면 지식이라는 것은 인간 사고의 전체 과정, 그리고 그것의 결과로 생산된 이론적, 인간사적(人間事的), 기술적(技術的) 상징 체계들을 모두 일컫는, 대단히 광범위한 의미를 지닌 말이다. 이 말은 '전달한다'는 동사보다 '탐구한다'는 동사와 더 잘 어울린다. 지식을 가르치고 배우는 것은 야구공을 던지고 받는 것처럼 교사는 주고 학생은 받는 그런 것이 아니다. 지식을 '가르치고 배운다'는 표현을 쓰기는 하지만 그것은 사실은 교사와 학생이 함께 지식을 탐구하는 활동이 되어야 한다. 그 탐구의 대상은? 우리 주변을 이루고 있는 모든 세계—자연 세계와 인간 세계—가 된다. 가령 자연 세계를 대상으로 지식을 탐구하는 일은 우리 감각에 포착되는 현상들을 단순히 기술하는 것을 넘어, 왜 그런 현상이 나타나는지를 해명하는 것까지를 포함한다. 인간의 행위들로 이루어지는 인간 세계를 대상으로 지식을 탐구하는 일은 이보다 훨씬 복잡하다. 사람들이 개입해서 발생하는 여러 가지 현상들은 반드시 그 어떤 이유가 작용해서 그렇게 나타난다. 단지 현상을 '있는 그대로' 기술하는 일은 인간 세계를 대상으로 지식을 탐구하는 일의 극히 일부에 지나지 않는다. 자연 현상을 설명하는 일은 귀납적 추리를 토대로 성립한 '자연 법칙'에 따라 그 인과 관계를 제시하면 어느 정도 해결된다. 그러나 인간 세계에서 벌어지는 일들은 대단히 복잡한 역학 관계를 꼼꼼히 따져 분석하지 않으면 그 진짜 모습이 제대로 드러나지 않는다. 다종다양한 집단들의 다종다양한 이해와 관심들이 작용하기 때문이다. 그러므로 인간 세계를 대상으로 지식을 탐구한다는 말에는 그들 현상 이면에서 어떤 힘이 작용하고, 어떤 집단의 어떤 이해와 관심이 더 강력하게 개입하고, 어떤 집단의 희생이 초래되었는지 등등을 세밀히 따져본다는 의미를 모두 포함한다. 문제 제기식 교육은 이와 같이 제대로 된 '지식 탐구'를 교사와 학생이 함께 수행해 나갈 것을 요구한다.

셋째, 은행 저금식 교육이 단편적인 정보들을 전달하고 주입하는 일이라면, 문제 제기식 교육은 교육활동의 당사자들 간에 적극적인 의사소통을 도모한다. 프레이리는 문제 제기식 교육의 성격을 설명하면서 그것은 교사와 학생 간의 대화로 이루어져야 한다는 점을 특별히 강조한다. 대화는 일방적인 것이 아니라 쌍방적인 것이다. 그것은 단편적인 정보들을 한편에서 다른 편으로 전달하는 것이 아니라, 인간과 그 주변 세계에 관해 양편이 서로 간에 활발히 의견을 교환하는 과정이다. 이 일이 제대로 이루어지면 전통적인 교사와 학생 관계는 해체된다. 교사는 교사대로 가르치는 일을 통해서, 학생은 학생대로 배우는 일을 통해서 각각 성장하게 되는 것이다.

> 대화 관계가 성립되면 '학생들의 교사'와 '교사의 학생들'은 존재하지 않고, 교사-학생인 동시에 학생-교사라는 새로운 관계가 탄생한다. 교사는 더 이

> 상 단순히 '가르치는 사람'이 아니며, 그 자신도 학생들과의 대화 속에서 배우는 사람이 된다. 학생들 역시 배우면서 가르친다. 따라서 그들은 양측이 성장하는 과정에 대해 공동의 책임을 진다(Freire, 2009: 96).

은행 저금식 교육과 문제 제기식 교육의 대비를 통해서 프레이리가 제시하고 있는 주장들이 오늘날 우리 교육의 현실, 그리고 그것에 대한 우리의 사고에 시사하는 바는 비교적 분명하다. 그것은 한마디로 '깨어 있으라'는 요청이다. 우리 스스로와 우리 주변 세계의 상황들에서 비인간화가 초래될 때 그것을 감지하고 명철히 분석하는 안목을 지녀야 한다는 것, 현상은 항상 그 이면에 그것을 있도록 한 그 어떤 힘이 작용하므로 그것이 무엇인지를 파헤쳐 밝혀내야 한다는 것, 지배와 억압이 횡행하더라도 그 당사자들은 그것을 미처 깨닫지 못하고 있는 경우가 많다는 것, 그것을 깨닫도록 하는 일이야말로 그 같은 지배와 억압을 해소할 수 있는 첫걸음이 된다는 것, 그리고 그 일이 가능하도록 하는 것이 교육의 가장 중요한 임무라는 것이다. 프레이리의 '비판적 교육', '의식화'의 핵심은 바로 여기에 있다.

[제12주제] 정치교육의 원리: 하버마스 공론장과 의사소통적 행위 개념

- 이 절에서 다룰 질문들:
  - '시민교육'이라 함은 무엇을 말하는가? 어떤 요소들이 그것에 포함되어야 하는가?
  - 아이들이 정치적 사고력, 정치적 판단력을 갖추어야 하는 이유는 무엇인가?
  - 민주주의 사회에서 공론장의 역할은 무엇인가? 오늘날 관료 행정과 자본주의 경제 원리가 지배하는 사회에서 공론장은 왜 제 역할을 못하고 있는가?
  - 의사소통적 합리성의 이념과 그것을 기준으로 수행되는 의사소통적 행위는 시민교육을 실천하는 원리로서 어떻게 적용될 수 있는가?

교육은 그 자체로 '시민교육'이다. 교육은 개인으로 태어난 인간을 한 사람의 건강한 '시민'으로 기르는 일이다. 우리는 왜 아이를 시민으로 길러야 하는가? 인간은 본성적으로 공동체적 존재이기 때문이다. 인간은 정치적 동물—또는 공동체적 동물—이라는 아리스토텔레스의 규정은 인간은 그런 삶을 살아야 한다는 당위를 표현하는 규정이다. 다시 말하면 인간의 본성은 정치적 동물이라는 데 있지만, 인간이 정치적 동물로서 삶을 사는 데 필요한 능력은 자연적으로 타고난 능력이 아니라는 것이다. 그것은 교육을 통해서 후천적으로 획득되는 능력이다. 교육은 인간다움을 길러주는 일이고 그 인간다움은 공동체 시민으로서의 삶을 사는 데 없어서는 안 될 특성이므로, 교육은 그러한 공동체 시민의 덕성을 기르는 일을 그 일차적인 목적으로 삼는다. 플라톤도 그랬지만 특히 아리스토텔레스가 교육을 국가적 관심사로 규정한 것도 이 때문이다. 그 점에서 교육은 학생들로 하여금 정치적 사고력과 그에 따른 실천적 의지를 갖추도록 하는 과정을 그 중요한 부분으로 삼는다. 시민적 덕성을 기르는 데는 우리 삶의 다양한 국면들을 소재로 해서 그 국면들에 참여하는 타인들과 의견을 주고받는 활동을 경험하는 일이 대단히 중요하다. 우리는 이 장에서 학생들이 정치적 사고력과 판단력을 기르는 데 중요한 활동인 공적 토론을 수행하는 방법적 원리로서 하버마스의 의사소통적 행위 개념을 논의할 것이다.

1. 시민교육으로서의 정치교육, 그것의 의미와 필요성

대한민국이라는 국가공동체의 정체(政體)는 공화국이요, 그 일차적 정치 이념은 민주주의라는 데 이론의 여지가 있을 수 없다. 국가의 주권은 국가공동체 구성원인 인민에게 있다는 이 이념은 3·1만세운동 직후에 수립된 임시정부의 헌장과 헌법 머리에 명시된[13] 후로 지금까지 흔들림 없이 지속되고 있는 우리 국가 제일의 정치적 가치다. 정치 이념이 실질적인 의미를 지니려면 해당 공동체 구성원들의 행위와 연결되어야 한다. 특히 민주주의는 그것의 개념과 함께 그 실천적 의미를 가르치고 배우는 일이 함께 이루어지지 않으면 결코 실현될 수 없는 이념이라는 점에서 국가적 차원에서 수행되는 공공교육과 밀접히 연결되어 있다.

'민주시민교육'이라는 말에서처럼, 우리는 주로 '시민교육'이라는 용어를 사용하지

13) 조소앙(趙素昻)이 그 초안을 작성하고 대한민국 임시정부의 입법부인 임시의정원이 1919년 4월 11일에 공포한 대한민국 임시 헌장은 그 제1조에서 대한민국은 민주공화제로 함을 명시하고 있고, 같은 해 9월 11일 통합임시정부가 수립되면서 개정·공포된 대한민국 임시 헌법도 그 제1장에서 대한민국은 대한인민으로 조직되어 있으며 그 주권은 대한인민 전체에 있다는 점, 그리고 대한민국의 인민은 일체 평등하다는 점 등, 민주주의의 핵심적인 요소들을 명시하고 있다.

만, 사실 이 말은 그 내용면에서는 '정치교육'을 가리킨다고 말해서 틀림이 없다. 국내 시민교육 연구자들은 통일되기 훨씬 이전부터 활발히 정치교육을 실천해 온 독일의 사례를 참조하면서, 시민교육은 곧 정치교육(politische Bildung)이라는 점을 지적한다. 가령 장은주(2018: 22)는 "독일에서는 '민주시민교육'을 '정치교육'이라고 한다"라고 쓰고 있으며, 김정곤(2020: 67)은 "민주시민교육의 핵심은 정치교육이고 독일에서는 '정치교육'이라고 하며 미국과 스웨덴 등에서는 '시민교육'이라고 한다"고 설명한다. 또한 이동기(2018: 38)는 '정치교육'은 독일에서는 전후(戰後)에 이미 그 개념이 정착되었는데, 그것은 여타 국가들에서 사용되는 '시민교육'이나 '민주교육' 또는 '민주시민교육'과 유사한 지위를 차지해 왔다고 말하고 있다. 이규영(2005: 162)은 민주시민교육은 시민들의 정치성을 배양하는 데 역점을 둘 때 정치교육의 일환으로 이해된다는 점을 지적하고, 독일에서는 그것을 '정치교육'이라고 하고 영어권에서는 '정치교육'이라는 말 외에 '시민교육(citizenship education 또는 civic education)'이라는 용어로, 일본의 경우에는 '공민교육(公民敎育)'으로, 그리고 우리나라에서는 '정치교육'이라는 말이 관치교육(官治敎育)의 부정적 이미지를 지니고 있어서 그것 대신에 미국에서 많이 쓰이는 '민주시민교육'이라는 말을 사용한다고 적고 있다. 그 내용상으로는 결국 정치교육이지만, 우리는 '정치교육'이라는 명칭이 주는 부정적인 의미를 불식하기 위해 그것을 '민주시민교육'이라는 말로 지칭한다는 것이다.

정치는 무엇이며 정치교육은 왜 필요한가? 정치학자들은 정치를 "한 사회의 가치들을 권위적으로 배분"(서울대학교 정치학과 교수, 2005: 8)하는 행위로 정의한다. 간단히 말해서 '정치'라는 활동이 필요한 것은 첫째, 인간은 제각기의 욕구를 지닌 존재라는 점과 둘째, 그런 인간들이 함께 모여 산다는 점 때문이다. 다른 동식물들도 마찬가지이겠지만 인간은 원래부터 그 어떤 욕구들을 타고나는 존재다. 그리고 인간은 유별나게 공동체적인 성향을 지니고 있어서, 그런 자연적 욕구들과 더불어 다양한 사회적 욕구들을 지닌 존재다. 인간이 삶을 사는 과정은 이런 욕구들을 충족해 가는 과정이라 해도 크게 틀림이 없다. 그런데 이들이 그러한 자연적, 사회적 욕구들을 충족하려면 그 어떤 '가치를 지닌 것'들이 필요하다. 어찌 보면 '가치'라는 말의 의미 자체가 특정한 욕구를 충족시켜 주는 효과라고 할 수 있겠는데, 그래서 인간은 자신의 욕구를 충족시키기 위해 그에 해당하는 가치 있는 것들을 좇는다. 그런데 물질적인 것이든 비물질적인 것이든, 가치 있는 것들이란 그것을 좇는 인간들의 욕구를 모두 충족시킬 수 있을 만큼 충분치 못하므로, 결국에는 그것을 차지하려는 인간들 간에 다툼이 일어날 수밖에 없다. 이런 다툼이 지속된다면 공동체는 건강하게 유지될 수 없다. 정치는 기본적으로 이처럼 한 사회 내에서 한정된 가치의 배분을 둘러싸고 일어나는 사람들 간의 갈등과 경쟁을 해결하기 위해 수행되는 조정과 통제 행위를 가리킨다(서울대학교 정치학과 교수, 2005: 8).

한정된 가치를 공동체 구성원들에게 어떻게 배분할 것인지를 다루는 행위이므로 정치는 본질적으로 규범적인 행위가 된다. 정치적 사고니 정치적 판단이니 하는 것들은 가치 있는 것들이 배분되는 과정에서 고려되어야 할 타당한 절차는 무엇인지, 그 과정이 따라야 할 기준으로 적용되어야 할 규범적 원칙은 어떤 것들인지에 대한 것이라고 할 수 있다. 폭군정이나 과두정의 경우에 이 원칙들은 말 그대로 국가를 독점한 일인의 지배자나 소수의 권력자들이 자기들의 의지대로 정할 것이라고 볼 수 있겠다. 그러나 주권이 공동체 구성원 모두에게 있는 우리나라 같은 경우, 그 원칙들을 심의하고 제정하는 일은 원칙상 공동체 구성원 모두가 참여하는 과정을 통해서 이루어진다. 법을 심의하고 제정하는 일이 실질적으로는 선출된 대의원들에 의해 이루어지는 경우라 하더라도, 그 대의원들의 판단과 행위는 반드시 공동체 전체의 규범에 맞게 전개되어야 한다. 그러므로 '한 사회의 가치들을 권위적으로 배분하는 행위'로서의 정치에 대한 책임은 그 사회 구성원들 모두에게 있다고 보아야 한다.

Jürgen Harbermas

정치교육의 필요성은 바로 여기서 발생한다. 교육은 원래부터 자유인들의 전유물이다. 자유인은 지배받지 않는 자를 뜻한다. 자기 삶을 타인의 의지에 종속시키지 않는 것은 자유인들에게 보장된 권리이자 따라야 할 의무다. 그러므로 자유인들로 구성된 공동체 내에서 일어나는 공적인 일들은 그 자유인들의 의지에 따라 이루어져야 한다고 말하는 것이 자연스럽다. 그런데 잠시 한 발짝 물러서서 생각해 보면, 이 자연스러운 원칙을 사람들이 일상생활을 영위하는 실천적 사태들과 연결 짓는 일이 그렇게 용이하지 않다. 사람들이 모여 사는 공동체라 하더라도 구성원 각자의 사적인 삶은 다만 그 개인의 의지대로 영위되면 그만이라 할 수 있을지 모른다. 그러나 개인의 행위가 공적인 고려의 대상이 되었을 때는 그 공적인 고려의 방법과 절차가 대단히 중요한 문제가 된다. 자기 주변에서 전개되는 다양한 사회적 현상들을 공적인 사안들로 인지하고, 그 사안들을 어떻게 처리하는 것이 올바른 처리 방법이며, 나아가 그 올바른 처리가 실지로 이루어지도록 하려면 무엇이 필요한지 등에 대한 이해는 교육을 통하지 않으면 갖출 수 없는 능력이다.

2. 공론장의 형성과 시민 사회의 성립

주권이 시민에게 있는 민주주의 사회에서는 공적 사안에 관한 결정을 내리는 과정에 대단히 중요한 요소가 개입된다. 그것은 그 사안의 결정 방향에 따라 영향을 받게 될 시민들이 모두 참여해서 자유롭게 서로 의견을 주고받는 과정이다. 공적 담론이 이루어지는 장소라는 의미에서 우리말로 그것을 '공론장'이라 한다면, 우리는 여기서 그러한 공론장은 서양 사회가 근대로 진행하는 데 결정적인 요인으로 작용했다는 점에 주목할 필요가 있다. 시민이 주권을 갖게 되는 근대 사회가 도래하는 데 공론장이 핵심적인 역할을 했다는 것이다. 독일 철학자 하버마스[14]는 이러한 '공론장'의 개념을 이해하는 데 가장 중요한 학자라고 할 수 있다.

하버마스의 '공론장' 개념을 공부할 때 우리가 참조하는 일차 문헌은 『공론장의 구조 변동: 부르주아 사회의 한 범주에 관한 연구』(Habermas, 1991)이다. 1961년에 통과된 자신의 교수자격 논문을 그 이듬해에 출판한 것이기도 한 이 초기 저작에서, 하버마스는 17~8세기 이후 서구 사회의 신흥 부르주아 계급에 의해 형성된 '공론장'이 19세기 말에 이르기까지 그 구조적 변동을 겪으면서 결국에는 해체 또는 붕괴되어 가는 과정을 기술하고 있다. 공론장 개념과 관련해서 우리가 특히 주목해야 할 점은 그것이 근대 사회의 정치적 민주화를 촉진시키는 결정적 요인이 되었다는 점과 함께, 역설적이게도 또한 그것은 거대 자본주의화된 현대 국가에서는 붕괴되고 말았다는 점, 그리고 그것의 붕괴는 규범적 차원에서의 민주주의에 위기가 도래했음을 알리는 지표가 되었다는 점이다.

부르주아 공론장은 서구 근대사회가 민주화되는 데 결정적 요인으로 작용했다는 말은 무엇을 뜻하는가? 최초에 공론장의 형성을 주도했던 집단은 근대 들어 새롭게 등장한 부르주아 계급이었다. 신흥 부르주아 계급 사람들에게는 두 가지 특징이 있었는데, 하나는 재산을 소유하고 있었다는 점과 또 하나는 교양을 갖추고 있었다는 점이

14) Jürgen Harbermas. (1929-)

다. 재산을 소유하고 있었다는 점은 이들이 일상 노동의 필요에서 벗어날 수 있었다는 점을, 그리고 교양을 갖추고 있었다는 점은 이들에게 대상을 합리적으로 사유하고

토론하는 능력이 있었다는 점을 뜻한다. 고대 헬라스적 맥락에서 말한다면 이들에게 '스콜레'를 향유할 수 있는 여건이 구비되어 있었던 셈이다. 중요한 것은 이처럼 교양을 갖춘 부르주아 개인들은 자신들의 합리적 사유와 이성적 토론 능력을 문화적 관심사들에 투여함으로써 이른바 문화적 '공중(公衆)'을 형성했다는 점이다. 부르주아 교양인은 개별적으로는 사인(私人)에 불과했지만, 이제 이들이 모여 합리적 토론 공간을 구성함으로써 각기의 사적 의견들이 공적 의견으로 전환되는 계기가 마련된 것이다. 요컨대 부르주아 개인들은 문화적 '공중'을 형성함으로써 공론장의 주체가 되었다(하상복, 2016: 83).

당연한 바이겠지만 사람들이 모여서 의견 공동체를 구성하려면 그 사람들이 모일 수 있는 물리적 공간이 필요하다. 17세기 이후에 서유럽 사회에서 발달한 도시는 부르주아 개인들이 모일 수 있는 공간을 제공하는데, 그 대표적인 것이 영국의 커피하우스, 프랑스의 살롱, 그리고 독일의 만찬회 같은 곳이다. 주목할 점은 이들 공간에서 성립된 공론장에는 일종의 공통된 운영 기준 같은 것이 존재했다는 점이다. 그 기준은 첫째, 커피하우스나 살롱, 만찬회에 출입하는 사람들 간에는 각자의 사회적 지위가 무시되었다는 점, 둘째, 이들로 구성된 공중은 기존에는 특정 집단에 의해 독점되어 왔던 주제들, 따라서 일반의 접근이 금지되었던 주제들을 토론 대상으로 삼았다는 점, 그리고 셋째, 이들 공간은 원칙적으로 만인에게 개방되었다는 점이다(Habermas, 1991: 36-37). 일련의 가장 기본적인 민주주의 제도라 불러도 손색없을 만한 규칙이 이들 공간에 적용되었던 것이다.

공론장이 발전하는 과정에서 우리가 주목해야 할 가장 중요한 대목은 그것이 정치적 성격을 갖게 된다는 점이다. 최초에 문예적 주제들에 대한 토론으로 출발했던 공론장은 18세기 초 영국을 시작으로 정치적 성격을 띠게 된다. 문예 공론장이 정치 공론장으로 전환하게 된 것이다. 공론장의 발달은 교양 있는 개인들이 참여함으로써 형성되는 공중의 존재를 전제로 했고, 이들 공중은 특정의 주제를 대상으로 합리적 토론을 수행함으로써 그 주제에 대한 공적 의견을 생산했다. 그런데 최초에 문예 작품들을 대상으로 했던 그러한 공적 의견은 이제 정치적인 주제들을 대상으로 '여론'을

조성함으로써, 사적 개인들이 전통적인 의미에서의 공권력을 견제하는 일이 가능하도록 하는 길을 마련한 것이다. 그리고 세월이 흐르면서 이들 정치적 공론장은, 그것의 원시적 형태가 커피하우스나 살롱, 만찬회 등의 물리적 공간에서 이루어졌던 것과 달리, 이제 발달된 인쇄 매체를 통해서 형성된다. 하버마스는 공론장을 '사회와 국가를 매개하는 영역으로서 공중이 스스로를 여론의 담지자로 조직해 나가는 곳'으로 정의하고, 그 실질적인 형태로 신문, 잡지, TV, 라디오 등의 대중매체를 열거한다(박홍원, 2005: 67).

공론장은 기본적으로 교양을 갖춘 개인들이 모여서 이루어진 곳이되, 그것의 정치적 기능은 그렇게 해서 모인 개인들이 정치적 주제들을 대상으로 비판적이고 합리적인 토론을 수행함으로써 여론을 조성하는 것이다. 정치 공론장에서 조성된 여론은 다양한 매체를 통해 대중에게 전달될 것이고, 그렇게 전달된 여론이 국가 권력을 견제하는 기능을 수행토록 하는 것이다. 민주주의라는 정치 체제는 여론을 준거 삼아 공동체를 운영하는 체제라는 점에서, 그리고 법치 국가의 법은 여론이라는 형태로 표현된 인민의 의지를 근거로 성립한 것이라야 한다는 점에서, 정치 공론장은 우리나라 같은 민주공화국이 건강하게 유지되는 데 핵심적인 요소가 된다 하겠다.

3. 현대 사회에서의 공론장의 붕괴, 그리고 그 재건의 필요성

그러나 하버마스는 그처럼 민주주의가 성립하는 데 토대가 되었던 공론장은 현대로 올수록 그 기반이 약화되면서 결국에는 붕괴될 수밖에 없게 되었다고 진단한다. 공론장을 둘러싼 환경에 무슨 일이 일어났고, 그 결과 공론장의 성격은 또 어떻게 달라졌는가? 하버마스에 따르면 현대 사회 들어 공론장이 붕괴된 것은 애초에 부르주아 공론장이 성립하는 데 기반이 되었던 사회 구조에 심각한 변화가 왔기 때문이다. 공론장 붕괴의 원인이 된 그 변화는 '국가' 요소의 거대화와 일상적 삶 전반에 대한 자본주의적 가치의 지배로 요약될 수 있다.

공론장 개념은 그 자체로 국가권력에 대한 비판적 담론 행위를 상정한다. 그러나 현대로 올수록 이 일이 이루어지는 것을 방해하는 구조적 요인들이 지속적으로 발생했다. 문화적 주제를 대상으로 형성되었던 성찰적 공중은 사라지고 그 자리를 소비대중이 차지했다. 여론을 조성해야 할 임무를 담당했던 언론과 출판은 탈정치화, 대중화되어 상업적 이익만을 추구하는 사익 집단으로 바뀌었다. 의회와 정당은 합리적 토론을 통해 상대방을 설득하는 정치적 행위 공간이 아니라 다만 각 정파의 정책을 일반에게 홍보하고 변호하는 선전 공간으로 변했다. 공론을 통해 형성되는 진정한 의미에서의 여론은 사라지고 그 자리에 단지 대중매체가 매개하는 사적 의견들의 집합으로서의 여론만이 유행한다. 여론은 이제 공론장에서 형성되어야 할 대상이 아니라 이른바 '여론조사기관'들에 의해 조사되고 관리되는 대상으로 바뀌었다. 공론장의 붕괴를 가져온 이 모든 현상들의 핵심은 공적 토론의 과정, 합리적이고 비판적인 담론의 개념이 사라졌다는 점이다. 민주주의의 골격이 붕괴되었다는 것이다.

그렇다면 어떻게 해야 할 것인가? 1990년에 출간된 신판 서문에서 하버마스는 자신의 공론장 이론에 대해 그간에 지적되었던 몇 가지 이론적 약점들을 스스로 제시하고, 그러나 이런 약점들에도 불구하고 자신이 공론장 이론을 통해 의도했던 전체적인 지향은 여전히 유효하다고 주장한다. "사회복지국가의 대중민주주의는, 그것의 규범적 자기이해에 따를 때, 그것이 정치적으로 기능하는 공론장의 요청을 진지하게 받아들이는 한에서만 자유법치국가의 헌법과 연속될 수 있다"(Habermas, 1990; 한승완 역, 2001: 42)는 것이다.

그러나 현대 사회로 올수록 사람들의 이해와 관심은 대단히 다종다양해졌고, 그처럼 다원적인 이해와 관심들의 소용돌이 속에서 그 어떤 일반이익을 추출하여 그것을 여론의 기준으로 삼는 일이 힘들어졌다. 말하자면 공적 의견의 형성이라는 공론장의 기능이 현실적으로 작동 가능한 것인지가 불확실해졌다는 말인데, 만약 그렇다면 '공론장' 개념이 현대 민주주의에 어떤 기여를 할 수 있을지 또한 불확실해지게 된다. 하버마스는 『공론장의 구조 변동』의 초판이 나올 당시에 자신이 갖고 있었던 이론적 수단으로는 이 문제를 해결할 수 없었다고 말한다(Habermas, 1990; 한승완 역, 2001: 42).

이후 하버마스가 수행한 작업은 이 문제를 해결하기 위한 것이었다고 할 수 있다. 그리고 그 결실은 1981년에 두 권으로 출간된 『의사소통적 행위 이론』(Haberams, 1984; Habermas, 1987)이다. 이 책에서 그는 사회 영역을 '체제(system)'과 '생활세계(lifeworld)'라는 두 층위로 구분하고, 전자를 자본주의 경제와 관료주의 행정으로 제도화된 영역을, 그리고 후자를 일상인들 간의 의사소통을 통해서 이루어지는 비형식적 삶의 영역을 가리키는 것으로 개념화한다. 하버마스에 따르면 근대 이후 서구 사회가 발달해 온 과정은 체제가 생활세계를 식민화해 온 과정이다. 공론장의 붕괴는 바로 이 때문에 발생한 결과다. 공론장의 붕괴가 규범적 차원에서의 민주주의에 위기를 초래한다고 했으므로, 이제 우리가 해야 할 일은 "체제의 명령이 생활세계 영역으로 식민적으로 침범하는 것을 민주적으로 저지하는 것"(Habermas, 1990; 한승완 역, 2001: 46)이다.

만약 이 일이 가능하다면 이제 우리는 그것을 통해 공론장을 재건할 수 있다. 공론장이 재건된다면 그것을 정치교육의 장으로 활용함으로써 진정한 의미에서의 토론과 논쟁을 수행토록 할 수 있다. 학생들로 하여금 진정한 의미에서의 토론과 논쟁을 수행케 함으로써 우리는 그들에게 정치적으로 올바른 것이 무엇인지, 무엇이 정의로운 것인지를 판단케 할 수 있다. 그리고 이를 통해 다양한 정파적 이해와 관심들로부터 독립된, 참된 의미에서의 '정치적 중립성'을 실현하는 길을 마련할 수 있게 된다. 관건은 그러한 진정한 의미에서의 토론과 논쟁은 어떻게 이루어지는 것이어야 하는지 하는 것이다.

4. 담론 상황과 '보다 좋은 주장의 힘'의 개념

공론장이 붕괴된 곳에서는 엄밀한 의미에서 토론과 논쟁이 이루어진다고 할 수 없다. 토론과 논쟁은 서로 상충하는 입장들이 있어서 이들 간의 갈등이 합리적인 방식으로 해소되기를 기다리는 상황을 전제로 한다. 서로 다른 주장들이 그저 계속 유지되어도 상관없다면 그에 한해 우리에게는 토론이나 논쟁이 필요치 않다. 토론과 논쟁을 벌이는 목적은 상충하는 의견들 중에 가장 타당한 것을 선택하거나 또는 그것들 간에 그 어떤 절충점을 찾아내는 것이다. 서로 다른 주장을 가진 사람들이 모여서 몇 시간을 다만 자기주장만을 늘어놓는 것으로 끝난다면, 또는 그 모임의 결론이 그 어떤 외적 요인에 의해 결정되는 것으로 종료된다면, 그에 한해서 그 모임 중에는 제대로 된 토론과 논쟁이 이루어지지 않았다고 보아도 틀리지 않는다. 토론과 논쟁이 이루어졌다고 말하려면 어떤 조건을 만족시켜야 하는가?

사람들이 모여 특정 주제에 관해 의견을 교환하는 과정이 참된 의미에서의 토론과 논쟁이라 불릴 수 있으려면 그것은 하버마스가 '담론(discourse)'라 칭하는 의사소통적 행위 과정으로 전개되어야 한다. 담론은 가장 전형적인 '의사소통적 행위'이며, 생활세계의 합리성, 곧 '의사소통적 합리성'이 가장 전형적으로 적용되는 행위이다. 정치적 주제를 포함해서 그 어떤 주제를 다루는 수업이든 그것이 교육적인 의사소통 과정이 되려면, 그 수업은 담론이라는 합리적 의사소통의 형태로 이루어지지 않으면 안 된다.

그러므로 시민교육이 이루어지는 교실 수업에서 학생들이 정치적 사고력을 기르는 일이 제대로 이루어지려면 그 참여자들은 합리적 의사소통에 익숙한 교사의 지도하에 이러한 담론 과정을 가능한 한 많이 연습해 볼 필요가 있다.

하버마스의 관점에서 말하면 교실 수업 공간은 하나의 전형적인 '생활세계'에 해당한다. 체제가 도구적 합리성에 따라 움직이는 제도적인 영역을 가리킨다면, 생활세계는 오직 '대화자 쌍방 간의 이해를 지향하는 행위'의 관점에서만 파악이 가능한 일상생활 영역이다(Haberams, 1984: 340). 생활세계는 사람들이 서로 간에 언어적 상호작용을 수행함으로써 존재하는 간주관적(間主觀的)으로 공유되는 세계를 가리키는데, 그 속에서 사람들은 자기 언설이 객관적·사회적·주관적 세계와 부응한다는 주장을 제기하고 또한 상대의 그러한 주장을 비판하고 인정하는 과정을 통해서 상호 간의 의견 불일치를 해소해 나간다(Habermas, 1987: 126).

생활세계는 사람들 간의 의사소통적 상호작용이 이루어지는 세계 전체를 포괄한다. 그것은 과학적으로 증명된 지식 체계 위에 성립된 객관적 세계는 물론이고, 규범적 세계, 곧 우리 행동을 규제하는 형식적, 비형식적 규칙의 체계들을 포함한다. 그리고 심지어는 사람들의 주관적 세계도 그것이 언설화되었을 때는 간주관성(間主觀性)이 적용될 수 있다는 점에서 생활세계의 내용이 된다. 여기서 중요한 것은 생활세계에서 이루어지는 사람들 간의 언설(言說)은 그것에 참여하는 사람들이 간주관적으로 공유하고 있는 세계에 관한 것이라는 점에서 서로 간에 합리적 평가의 대상이 될 수 있다는 점이다. 대화가 합리적으로 이루어진다는 것은 무엇을 뜻하는가?

생활세계의 그 어떤 내용에 대해서 말을 할 때 우리는 그 무엇인가를 '의미'하려고 한다. 하버마스에 따르면, 무언가를 의미하는 행위는 하나의 논증 행위, 곧 '타당성을 주장하는 행위'로 이해되어야 한다. 대화가 진행되는 중에 화자(話者)가 청자(聽者)에게 그 어떤 의미를 전달하기 위해서 하는 모든 언설들은 그 어떤 것에 대한 타당성을 제기하는 언설들이다. 나와 공유하고 있는 생활세계의 한 특정 부분에 대해서 누군가에게 말을 할 때 나는 내 말이 타당하다는 주장을 하고 있는 셈이 된다. 대부분의 경우, 말하는 사람이 자기가 하고 있는 말에 대해서 타당성을 함께 주장하고 있다는 점이 표면적으로 인식될 필요가 없을지 모른다. 대화자 쌍방 간에 서로가 자기주장의 타당성을 제기하고 있다는 점은 너무도 당연하므로, 보통은 그것이 문제화되지 않는다. 그런데 화자 쪽에서의 타당성 주장이 청자 쪽에 의해서 도전을 받을 경우, 그리고 그러한 도전 후에 대화 당사자들의 관심이 오로지 현재 내용이 되고 있는 대화 주제에 관해서 보다 타당한 주장을 펼치는 일에 집중될 경우, 이들 간의 의사소통은 담론 수준으로 옮겨 가게 된다.

하버마스가 담론이라 지칭한 상호작용은 일상적 의사소통과 어떻게 구분되는가? 쿠크(Maeve Cooke)에 따르면, 일상적 의사소통은 대단히 초보적인 형태의 논증 과정으로, "그 논증에 동원된 이유나 증거들이 대화 쌍방이 공유하고 있는 전통과 그들이 공통적으로 삶을 살고 있는 공동체 내에서 합의된 규범 등에 의해서 사전에 결정된 것들로 받아들여지는 경우"(Cooke, 1997: 30)에 이루어지는 의사소통이며, 그 점에서 '관습적인' 언어적 상호작용이라 할 수 있다. 이와 달리 담론은 대단히 비판적이고 개방된 형태의 논증 과정으로, 이 경우 참여자들이 제기한 타당성 주장들 중 그 어떤 것도 비판으로부터 자유로운 것으로 간주되지 않는다.

담론적 상황은 통상적인 의사소통 과정이 중단되었을 때 그것을 오로지 현재 이루어지고 있는 논증과 관련 있는 증거와 이유들에 의해서만 해결하려는, 일종의 이념적인 상황이라고 할 수 있다. 담론 상황에 참여하는 사람들은 스스로를 오직 '보다 좋은 주장의 힘'에 종속시킴으로써 자신의 의사소통 행위를 현재 논의되고 있는 주제와 무관한 일체의 외적 요소들로부터 단절시킨다. 이 상황에서의 목적은 오로지 문제시되고 있는 주장이 타당한가 그렇지 않은가에 대해 그 주장과 관련된 증거들만을 토대로 대화 참여자 쌍방 간에 합의를 도출하는 것이다(McCarthy, 1978: 292). 담론 과정에서 대화자 쌍방이 제기한 주장들은 오직 현재 문제시되고 있는 맥락 내에서 어느 쪽이 보다 더 타당한 이유에 의해 성립될 수 있는가 하는 기준에 의해서만 평가된다. 대화자 쌍방이 제기한 타당성 주장이 '보다 좋은 주장의 힘'이 아닌, 현재 진행되는 논의 주제와 상관없는 그 어떤 외적 기준에 따라 평가될 경우, 이들 간의 대화는 합리적 의사소통의 기준을 위배하게 되고 그에 따라 담론으로서의 성격을 상실하게 된다. 토론과 논쟁 과정이 중단되는 것이다.

하버마스의 '공론장' 개념은 그 어떤 물리적 공간을 가리키는 말이라기보다, 사람들이 모여 특정의 주제를 대상으로 토론이나 논쟁을 벌일 때 그것이 따라야 할 규범적 원칙을 가리키는 말이라고 보는 것이 더 적절하다. 사람들 간의 언어적 상호작용을 토론이요, 논쟁이라 말할 수 있으려면 그것이 공론장의 성립을 위한 조건들을 만족시켜야 한다는 것이다. 공론장이 성립되었다는 말은 곧 그 토론과 논쟁 과정이 하버마스가 말하는 담론으로서의 성격을 갖추었다는 말과 같다. 하버마스에서 공론장, 담론, 의사소통적 행위는 모두 같은 논리적 기준을 함의하는 말이라고 보아도 무방하다.

하버마스가 말하는 '의사소통적 행위'는 대화에 참여하는 사람들이 서로 간의 이해를 지향하는 행위이며, 상호 이해, 지식의 공유, 상호 신뢰와 조화를 통한 간주관적 공통성의 형성을 기반으로 한 합의를 이끌어 내는 것을 목적으로 하는 행위를 가리킨다(McCarthy, 1978: 290).

상이한 타당성 주장들 간에 합의를 도출하는 과정은 단지 대화 참여자들 간에 아무렇게나 임의적으로 합의를 이끌어 내는 과정이 결코 아니다. 하버마스에 따르면 합리적 합의는 오로지 '보다 좋은 주장의 힘'에 의해서 성취된 합의를 의미한다. 자신의 주장이 타당한 주장이라는 점을 합리적으로 논증하려면 현재 담론의 주제와 무관한 그 어떤 형태의 외적 제약이나 압력도 개입시켜서는 안 된다는 것이다. 의사소통적 행위 또는 합리적 의사소통의 아이디어는 이론적 담론 영역에서와 마찬가지로 실천적 담론 영역에도 똑같이 적용되므로, 대화자 쌍방 간에 타당성을 주장하고 그것들 중에 어떤 것이 더 타당한지를 합리적으로 따지는 일은 도덕적 주제나 정치적 이슈들을 대상으로 하는 경우에도 예외일 수 없다. 그러므로 이런 주제들을 다루는 교실 수업에서 주입과 교화가 발생하지 않으려면 그 주제들에 대한 교사와 학생들 간의 의사소통이 공론장의 개념과 의사소통적 행위의 기준을 만족시키는 방식으로 이루어지지 않으면 안 된다.

5. 교육적 의사소통의 일반적 원리로서의 의사소통적 행위

우리는 지금까지 하버마스의 '의사소통적 행위' 개념을 시민교육 또는 정치교육의 원리로 다루었지만, 사실 이 개념은 그 어떤 내용이든지 그것을 가르치고 배우는 행위가 교육적인 과정이 되려면 반드시 따라야 할 일반적 기준이 된다. 교육에 대해서 우리가 갖고 있는 한 가지 기본적인 생각은 교육은 '가르침'과 '배움'이라고 지칭되는, 교사와 학생 간의 의사소통으로 이루어진다는 점이다. 여기서 더 나아가 우리는 특정한 내용을 가르치고 배우는 일은 그 일에 참여하고 있는 사람들 간 가르치고 배우는 내용에 대한 합의 없이는 결코 가능하지 않다는 점도 기본적으로 가정하고 있다. 여기서 '합의'는 교과 내용과 관련해서 교사가 주장하는 바들을 학생들이 이해하고 그것들을 타당한 주장들로 받아들인다는 것을 의미한다. 교사는 그 내용을 다양한 방식으로 가르칠 수 있고, 학생들 또한 다양한 이유로 교사의 주장에 동의할 것이지만, 그것이 진정한 의미에서의 '합의'이기 위해서는 합리적인 방식으로 이루어진 것이라야 한다는 것이다.

아리스토텔레스의 구분에 따르면 교육은 '프락씨스'에 해당한다. 프락씨스는 다른 두 인간 활동인 '테오리아', '포이에씨스'와 구분되는데, 테오리아는 신이 만들었다고 믿었던 자연계에 대한 관조 활동을, 그리고 포이에시스는 인간이 동물적 삶을 유지해 가는 데 필요한 여러 생필품들을 생산하는 활동을 가리켰다. 프락씨스가 이 두 가지 활동과 다른 점은 이 행위를 수행하는 데는 자신만이 아닌 다른 사람이 개입된다는 점, 그리고 그들과의 관계가 대단히 중요하게 간주된다는 점이다. 간단히 말하면 프락씨스는 인간 대 인간이 만나 이루어지는 활동, 다른 사람을 상대로 하는 활동을 가리킨다. 말 그대로 '인간사(人間事)'에 해당하는 활동이라고 할 수 있겠다. 정치적 활동, 법률 활동, 의료 활동, 도덕적 활동 등이 이 범주에 속하는 활동들이다. 그렇다면 교육은? 교육이야말로 프락씨스의 전형에 해당한다. 교육은 교사와 학생이 만나서 이루어지는 활동이기 때문이다. 교사가 가르쳐야 할 학생이 없다거나, 학생이 배워야 할 교사가 없다는 말은 다 같이 논리적 모순을 유발한다. 교육 활동은 반드시 가르치는 자와 배우는 자가 만나 상호 간에 가르침과 배움이라는 활동을 수행함으로써 이루어지는 활동이지 않으면 안 된다.

프락씨스로서의 교육은 그것이 프락씨스임으로 인해서 교사와 학생 간의 상호작용으로 전개될 것이 요구된다. 그런데 그러한 교육의 프락씨스적 요소들 가운데 가장 중요한 것은 교사와 학생 간에 의사를 주고받는 행위라고 할 수 있다. 교육적 행위의 뼈대는 교사와 학생 간에 교과를 소재로 의사를 주고받음으로써 양편이 그 교과의 내용과 관련된 성장을 이루도록 하는 것이다. 그런데 우리는 이 대목에서 그러한 교사와 학생 간의 의사소통은 아무렇게나 이루어져서는 안 된다는 점, 그것은 반드시 그것을 '교육적 의사소통'이라고 부를 수 있도록 하는 모종의 기준을 충족시켜야 할 것이라는 점을 주장할 수 있다. 하버마스의 의사소통적 행위 개념이 교육학적 논의의 대상으로 다루어질 수 있는 것은 바로 이 대목에서이다. 합리적 의사소통 행위, 곧 '의사소통적 행위'는 대화에 참여하는 사람들 간의 이해를 지향하며, 그것의 목적은 "상호 이해, 지식의 공유, 상호 신뢰와 조화를 통한 간주관적 공통성의 형성을 기반으로 한 합의를 이끌어 내는 것이다"(McCarthy, 1978: 290).

이 행위는 그것이 이루어지는 과정에서 특정한 기준을 충족시킬 것을 요구받는다. 그 기준은 첫째, 교사와 학생의 의사소통은 양쪽 모두에서 타당한 이유에 근거한 합리적 주장들로 구성되어야 한다는 것이다.

> 교육적인 상황에 참여하는 사람들은 다음 네 가지 형태의 '타당성 주장'을 제기한다. 첫째, 교사와 학생은 자신이 말하는 내용은 문법적으로 정확하며 따라서 상호 이해 가능한 것이라는 점을 주장한다. 둘째, 교사와 학생은 현재 대화의 주제가 객관적 세계에 관한 내용이라면 그것이 참이라는 것을 주장한다. 셋째, 교사와 학생은 현재 대화의 주제가 현존하는 규범과 가치에 관한 것이라면 그것이 올바르고 적절하다는 것을 주장한다. 그리고 넷째, 교사와 학생은 객관적 사실에 대한 주장이든 규범적 내용에 대한 주장이든 간에 그것들에 관해 말할 때 자신은 정직하고 진실하다는 것을 주장한다(한기철, 2008: 118).

둘째 기준은 교사와 학생은 상대편에서 제기한 타당성 주장에 대해서 이의를 제기할 때에라도 지금의 대화가 합리적으로 진행되어 나갈 수 있도록 노력을 기울여야 한다는 것이다. 네 가지 타당성 주장들 중에 첫째 경우, 곧 말하고 있는 내용의 이해 가능성에 대한 주장이 의문시된다면, 교사와 학생은 추가적인 설명이나 해명, 반복, 번역, 의미상의 약속 등을 통해 그러한 의문점을 해소하고 의사소통을 계속 진행할 수 있을 것이다. 그리고 넷째 경우, 곧 교과내용을 다루고 있는 자신의 주장에 정직성이나 진실성이 결여되어 있다고 생각된다면, 교사와 학생은 자신의 태도가 성실하다는 점을 주장하는 추가적인 의사소통을 통해 서로 간에 신뢰를 회복한 후에 계속 진행될 수 있을 것이다.

교사와 학생 간의 의사소통이 교과내용 자체에 대한 문제 제기와 그것에 대한 논박으로 이루어질 경우, 그것은 하버마스의 용어로 '담론(discourse)'의 형태를 띠게 된다. 앞에서 말했듯이 담론적 상황은 의사소통적 상호작용이 중단되었을 때 그것을 오로지 현재 이루어지고 있는 논증과 관련 있는 증거와 이유들에 의해서만 해결하고자 하는, 일종의 이념적인 상황이다. 담론 상황이 발생했을 때 교사와 학생은 상호 간의 의사소통을 오직 교과 내용과 관련된 합리적 이유들만으로 진행해야 할 것을 요구받는다. 이 상황에서 이들의 관심은 오직 문제시되고 있는 주장들을 그것의 타당성과 관련된 증거들만을 토대로 검토함으로써 서로 간에 그것에 대한 합리적 합의를 도출하는 것이어야 한다. 물론 이 같은 형태의 의사소통 상황을 실제로는 찾아보기 힘들다 하더라도, 이 이념을 통해서 우리는 합리적 의사소통의 기준을 마련할 수 있다.

개념적인 차원에서 보아 교육적 상황에서 이루어지고 있는 일들은 합리성의 원리에 따라서 규제되는 의사소통적 상호작용과 동일한 방식으로 설명될 수 있다. 교사와 학생 간의 상호작용은 특정 주제에 관하여 명시적으로든 묵시적으로든 네 가지 형태의 타당성 주장을 제기하고 그것들에 대하여 동의함으로써 합리적인 동의를 향해 나아가는 대화 참여자들 간의 상호작용과 동일한 것으로 간주될 수 있다. '보다 나은 주장의 힘'이라는 개념과 '이상적인 담화 상황'의 개념은 그와 같은 교육적 상호작용과 그것을 통한 합의가 오직 현재 가르치고 배우는 교과와 유관한 요소들로만 이루어져야 한다는 점을 요구한다. 요컨대 의사소통적 합리성의 개념은 하나의 이상적인 교육적 상황의 모습을 제시해 줌으로써, 현실적으로 이루어지고 있는 다양한 형태의 교육활동들에 대해 우리가 비판적 논의를 행할 때 필요로 하는 기준을 제공한다.

6. 정치교육의 의미, 그리고 토론과 논쟁 교육의 필요성

'교육' 앞에 그 내용이 되는 '~~'을 붙여 '~~교육'이라고 할 경우, 그것의 목적은 학생들이 '~~'으로 지칭되는 지식을 갖추도록 하는 것이다. 특정의 지식은 예외 없이 그 지식이 생산되는 데 작용한 인간의 사고 능력을 상정하므로, 가령 '수학교육'이라 할 때는 '수학'이라는 지식이 생산되는 데 작용한 인간 사고 능력 또는 '수학'이라는 지식이 표방하는 사고 능력을 그 학습자가 갖추도록 하는 것을 목적으로 하는 교육이라 말할 수 있다. 교육은 원래 '인간다움을 기르는 일'을 총체적으로 가리키는 용어이지만, 그 인간다움이라는 것이 여러 요소들로 구성될 수 있으므로 우리는 그 개별 요소들을 '교육' 앞에 붙여서 수많은 '~~교육'을 말할 수 있다.

시민교육의 한 중요한 영역인 정치교육은 '정치'라는 지식, 다시 말하면 정치라는 활동을 수행하는 데 필요한 지식을 가르치고 배우는 교육이라 할 수 있다. '정치라는 활동을 수행하는 데 필요한 지식'을 줄여서 정치적 사고력이라 한다면, 정치교육의 목적은 학생이 정치적 사고력—또는 정치적 판단력—을 갖도록 하는 것이다. 우리나라는 민주공화국이므로 사실 학교교육을 통해 자라나는 세대로 하여금 정치적 사고력을 갖도록 하는 것은 원래부터 우리의 학교교육이 담당해야 할 중요한 임무라고 보아야 한다.

어떤 교과 지식을 다루는 수업이든 그 수업 과정이 교사와 학생들 간의 활발한 토론과 논쟁으로 이루어져야 한다는 점은, 굳이 이런저런 특별한 용어를 동원해서 말할 필요도 없는, 너무도 당연한 교육적 원칙이다. 교육이론가들은 오래전부터 이 점을 기회 있을 때마다 강조해 왔다. 우리가 민주시민교육이라 부르는 정치교육은 과학이나 수학 또는 예체능 교과 등과 달리 당대 사회의 정치적 이슈들을 수업 내용으로 할 가능성이 크므로 특히 더 토론과 논쟁 비중이 큰 영역으로 간주된다고 볼 수 있다.

정치교육—또는 민주시민교육—은, 가령 과학교육이 학생들로 하여금 과학적 사고력을 갖도록 하는 것이고 역사교육이 학생들로 하여금 역사적 사고력을 갖도록 하는 것인 것처럼, 학생들에게 정치적 사고력을 갖도록 하는 것이어야 한다. 어떤 방법이 가장 적절한가? 우선은, 과학적 사고력이나 역사적 사고력을 기를 때와 똑같이, 정치적 사고력을 기르려면 정치적 주제들을 대상으로 해서 수업참여자들 간에 활발한 토론과 논쟁이 이루어져야 한다. 그런데 여기서 중요한 점은 이 일이 가능하려면 정치적인 주제를 대상으로 한 그러한 토론과 논쟁이 따라야 할 구체적인 방법이 마련되어야 한다는 점이다.

우리는 이 장에서 시민교육 또는 정치교육의 방법적 원리로서 하버마스의 공론장 개념과 의사소통적 합리성과 의사소통적 행위 개념을 다루었다. 공론장은 17~8세기 서구 사회에 등장한 부르주아 계급 사람들에 의해 시작되었다. 재산과 교양을 갖춘 부르주아 계급 사람들은 최초에 문예적인 주제를 대상으로 다른 외적 요소들로부터 독립된 자유로운 쟁론을 펼침으로써 공론장의 주체가 되었다. 그리고 이렇게 형성된 공론장은 18세기 접어들어 정치 공론장으로 전환되면서 서구 민주주의가 발전하는 데 토대가 되었다. 그러나 19세기 말에서 20세기로 접어들면서, 그리고 현대에 이르러서도, 국가적 세력과 자본주의 경제 체제가 사람들의 삶을 전반적으로 지배하게 되면서 정치적 공론장은 점차 약화되었고 결국에는 붕괴되고 말았다. 하버마스의 관점에 보면, 현실적으로 우리 사회에서도 건강하게 작동하고 있는 정치적 공론장은 찾아보기 힘들다고 보아야 한다. 대중매체가 고도로 발달한 현대 사회에서 공론장의 역할은 바로 그런 매체가 담당해야 하지만, 특히 이 점과 관련해서 우리 사회는 대단히 미흡한 수준을 벗어나지 못하고 있는 것이 현실이다.

그러나 현실이 그렇다 하더라도, 규범적인 차원에서 우리는 여전히 공론장의 부활을 기대할 수 있다. 마치 하버마스가 계몽주의적 이성을 아직 완성되지 않은 기획(企劃)이라 말한 것처럼, 합리적 의사소통을 기반으로 한 공론장이 활성화되고 그 결과로 생산된 합의들을 우리 사회 정치 활동이 전개되는 기준으로 삼는 일은 아직 완성되지 않은 민주주의적 열망이라 할 수 있다. 문제는 그것을 위해 가장 필요한 일은 무엇인지 하는 것인데, 그것은 두말할 것도 없이 교육을 통해 성취될 수밖에 없는 열망이다.

제 14 장 밀레니엄 전환기 교육철학의 경향들

제13주제 포스트모더니즘 교육철학

■ 이 절에서 다룰 질문들:
- 모더니즘 또는 '근대성'은 어떤 특성을 지칭하는 말인가?
- 모더니즘의 특징을 참고했을 때 포스트모더니즘은 어떤 경향을 가리키는 말인가?
- 교육이라는 인간 활동의 성격과 포스트모던적인 태도는 어떤 차이점이 있는가?
- 포스트모던 철학의 관점은 교육을 수행하는 이들에게 어떤 안목과 태도를 요청하는가?

국내 교육철학자들은 1980년대 이후 포스트모더니즘이라는 사상적, 문화적 흐름에 주목하고 그것에 대해서 대단히 활발한 탐구 활동들을 수행해 왔다. 최근 우리 교육을 두고 이루어지는 여러 가지 논의들을 살펴보면 많은 경우 그것들은 그 어떤 형태로든지 포스트모더니즘적인 경향을 반영하고 있다고 볼 수 있다. '다문화 교육'이나 '여성주의 교육' 등은 물론이고, 앞서 우리가 논의했던 프래그머티즘 교육이론과 비판적 교육이론 등도 넓게 보면 포스트모더니즘이 반영된 교육이론 속에 포함되는 것들이라고 할 수 있다. 이런 점을 고려하면 특히 교육철학 내부에서 포스트모더니즘으로 분류될 수 있는 여러 이론적 요소들을 어떻게 다루어왔는지, 포스트모더니즘이 지향하는 인격적 특성에 대해서 어떤 방식으로 주목해 왔는지 등의 문제는 우리에게 대단히 중요한 논의거리들이 아닐 수 없다. 이 장에서 우리는 '포스트모더니즘'이라는 용어의 의미와 함께 그것이 표방하는 관점은 무엇인지, 그리고 그것을 토대로 한 교육철학은 어떤 방식으로 탐구될 수 있는지에 대해서 살펴볼 것이다.

1. 모더니즘과 포스트모더니즘

21세기로 들어선 지도 20년이 훨씬 넘었다. 그래서 그런지 20세기 후반에 한창 유행했던 포스트모더니즘 관련 담론들도 요즘 들어 뜸해진 감이 없지 않다. 지난 세기말, 시대적 사조를 반성하는 일에 관심이 있었던 사람이라면 누구나 한 번쯤은 이 단어를 거론하지 않은 적이 없었을 정도로, '포스트모더니즘'은 20세기 중후반 사람들의 삶에 광범위한 영향을 미친 사상적 경향이라고 할 수 있다. 그리고 그 영향력은 세기가 바뀐 오늘날에도 우리 문화 곳곳에서 직간접적으로 사람들의 마음을 움직이는 살아있는 동력으로 작용하고 있는 것 같다. 김욱동이 지적하고 있는 것처럼, 포스트모더니즘은 21세기의 문턱을 넘어선 지금에도 그 위세가 누그러지지 않은 채 여전히 큰 힘을 떨치고 있는 흐름이다(김욱동, 2009: 15).

포스트모더니즘은 보통 우리말 '근대'로 번역되는 '모더니즘'에 '포스트'라는 접두어가 붙어서 이루어진 말이다. 그러므로 그것은 그 어떤 형태로든 근대라는 시대가 지닌 특징들과의 관계를 전제로 한다. 물론 '모더니즘'이라는 말도 포스트모더니즘이라는 말 못지않게 광범위하고 다양한 의미를 지닌 말이고, 따라서 그것의 의미를 단 몇 마디로 줄여 단순화하는 일은 자칫 심각한 오해를 초래할 수 있을지 모른다. 그러나 그런 위험에도 불구하고 우리의 현재 논의를 위해 '근대'는 어떤 시대인지, 그것은 어떤 특징을 나타내는지를 먼저 알아볼 필요가 있다. 모더니즘의 의미를 다소간이라도 정의하지 않은 채로는 포스트모더니즘을 이해하는 일은 결코 가능하지 않기 때문이다.

영문 '모던(modern)'의 어원이 되는 라틴어 '모데르누스(modernus)'는 '새로운 시대'를 의미한다. 라틴어 모데르누스가 처음 쓰인 것이 5세기경이고, 6세기에 활동한 로마인 카시오도루스[1)]조차 자기 시대를 언급할 때 이 말을 썼다고 하니, 기실 이 말은 누구든지 자기 시대를 그 이전 시대와 구분하려 할 때 쓸 수 있는 말이라고 보아도 무방하다. 신승환에 따르면 이 말이 유럽에서 널리 사용된 것은 19세기에 이르러서였다(신승환, 2013: 21).

1) Flavius Magnus Aurelius Cassoidorus. (약 485-585)

> 이 용어는 일차적으로 문화사적 측면에서 르네상스 시기를 거치면서 이루어진 문화적 전환을 그 이전 시대와 구분하여 사용한 것이다. 여기에는 15세기 이래 지속적으로 이루어진 르네상스의 문화, 예술 변화와 스콜라 철학의 붕괴에 따른 새로운 철학적 조류, 수학적 세계관에 따른 산업혁명과 과학·기술혁명 등의 변화가 동시대적으로 일어나면서 초래된, 이제껏 보지 못했던 엄청난 변화를 총체적으로 담고 있다. ... 또한 이 근대성이 18세기 이래 정치와 사회, 문화와 경제, 학문 등 인간 삶의 전 영역에 걸쳐 구체적으로 실현된 체계가 이른바 계몽주의 근대이다(신승환, 2013: 21).

다시 말할 필요도 없이 모더니즘은 '근대'라고 일컫는 시대에 유행했던 사람들의 사고 패턴, 표현 양식 등을 가리키는 말이다. 그런데 이 말은 그것이 가리키는 영역에 따라 그 의미가 달리 쓰이는 것을 볼 수 있다. 문학이나 예술 영역에서 모더니즘이 의미하는 바와 역사나 철학 영역에서 그것이 의미하는 바가 약간 다르다는 것이다. 가령 건축 영역에서 모더니즘은 전통적인 건축물들에서 볼 수 있는 복잡한 장식들을 생략하고, 실용적이고도 효율적인 공간과 단순한 선을 강조함으로써 건축물의 기능성과 효율성, 경제성과 순수성을 중요시한다. 또한 문학과 예술 분야에서 모더니즘은 19세기 유럽을 휩쓴 리얼리즘(또는 사실주의)에 대항하여 그 표현 대상인 인간 삶의 실재를 주관적이고도 상대적으로 파악하고자 한 경향을 가리킨다. 이 영역에서 모더니즘 작가들은 주관성과 개인주의를 바탕으로, 당대 사회 현실의 객관적인 묘사보다는 내면 세계와 내적 경험에 깊은 관심을 기울이는 경향을 보인다(김욱동, 2009: 28). '모더니즘'은 이처럼 예술, 건축, 문학 등의 영역에서 리얼리즘이나 자연주의 등을 토대로 행해졌던 고전적이고 전통적인 표현 양식의 탈피를 추구한, 이른바 '모던 아티스트들'의 작품 성향을 가리킨다.

모더니즘은 다른 한편으로 역사나 철학 영역 등에서는 약간 다른 의미를 지닌다고 해야 할 것 같다. 이들 영역에서 그것은 앞서 사용한 우리말 번역어 '근대성'에 보다 가까운 의미를 띤다. 다시 말하면 이 경우의 모더니즘은 좀 더 정확히 말해서 '모더니티(modernity)'를 가리키는 말로서, 그것은 서유럽에서 이른바 중세가 막을 내리고 그 뒤를 잇는 시대, 곧 르네상스 이후 시대의 사상적 특징, 특히 베이컨[2]과 데카르트[3]로부터 비롯된 과학적 세계관, 그리고 그것이 가져다준 지식의 발전과 인류 진보에

2) Francis Bacon. (1561-1626)
3) René Descartes. (1596-1650)

대한 믿음으로 특징지어진다(Peters & Burbules, 2004: 9).

김욱동은 아예 모더니티를 모더니즘과 구별해서 쓸 것을 제안한다. 두 용어 모두 '모던'이라는 용어에서 나왔지만, 모더니티와 모더니즘 사이에는 하늘과 땅 사이만큼의 차이가 존재한다는 것이다(김욱동, 2009: 52). 모더니티는 근대성 또는 현대성을 뜻하는 말로서 주로 역사적 개념이거나 사회적 개념이다. 흔히들 그런 것처럼 서구 역사를 고대와 중세, 그리고 근/현대로 나눌 때, 근/현대는 이전 시기와는 뚜렷이 구분되는 특징들을 지닌다. 그리고 그런 특징들은 18세기 이른바 '계몽주의 시대'에 이르러 더욱더 눈에 띄게 드러나기 시작했다.

> 인간이 이룩한 문화와 문명에 도취되어 있는 계몽주의는 인간의 지성이나 이성을 전면에 내세운다. 다시 말해 [계몽주의는] 인간의 지성이나 이성의 힘을 빌려 자연과 인간, 사회와 정치 문제를 낙관적으로 바라보고 이해하려는 시대정신이라고 볼 수 있다. 이러한 시대정신은 인간의 존엄성과 자유권을 강조함으로써 유럽의 중세시대를 지배한 종교와 신학의 독단적인 교시에서 벗어나고자 노력하였다(김욱동, 2009: 51).

역사나 철학에서 언급되는 모더니티가 흔히 '계몽주의적 이상'과 거의 동일한 의미를 지닌 것으로 사용되는 것도 이런 데서 비롯된다. 요컨대 모더니티는 "합리성과 절대 지식에 기초하여 인류의 발전과 진보를 낙관적으로 받아들이는 세속적 신앙이라고 할 수 있다"(김욱동, 2009: 52).

그렇다면 포스트모더니즘은? 위에서 우리는 모더니즘의 의미를 크게 두 가지로 나누어 규정했다. 하나는 19세기 말엽부터 20세기 초에 이르는 기간 동안 예술과 문학 분야에서 일었던 전위적이고 실험적인 작품 활동 경향을 가리키는 말이었다. 다른 하나는 르네상스로부터 비롯되어 17세기 과학혁명과 18세기 계몽주의를 거치면서 줄곧 서양인들의 사고를 지배해 온, 그리고 그 후에는 동양인들의 마음까지도 지배하게 된, 근대적 합리성과 그것을 토대로 한 인류 진보에 대한 믿음과 결부된 멘탤리티—모더니티—를 가리키는 말이었다. 모더니즘이 이와 같은 두 가지 의미로 사용된다면, 포스트모더니즘 또한 각각에 대한 두 가지 다른 의미로 나누어 분석될 수 있을 것이다. 포스트모더니즘은 한편으로는 첫째 의미에서의 모더니즘을 계승하거나 혹은 탈피하고자 한 문학/예술 분야에서의 움직임으로 접근할 수도 있겠고, 다른 한편으로 둘째 의미에서의 모더니즘에 대한 것, 곧 '포스트모더니티(postmodernity)'의 의미로 접근할 수도 있겠다. 그런데 전자의 의미에서 포스트모더니즘도 우리가 논의하려는 최근 교육철학의 성격과 전혀 무관하다고는 할 수 없겠지만, 일차적으로 우리 관심은 후자의 의미에서 포스트모더니즘의 성격은 어떻게 파악되는가 하는 데 있다. 교육철학이 철학적 탐구의 한 갈래라는 점에서 이는 당연한 일이라고 할 수 있다.

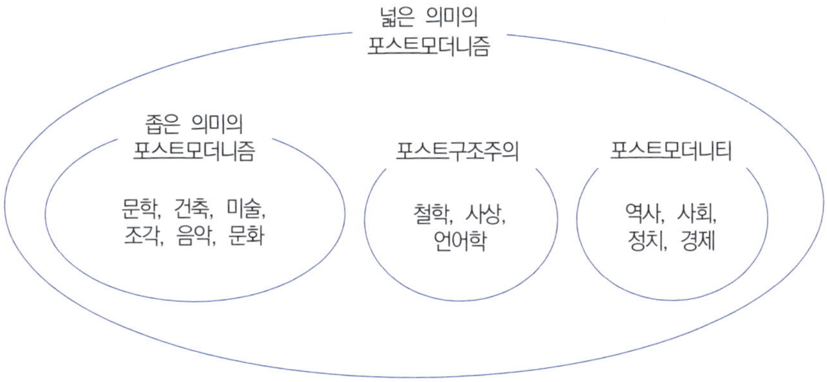

다시 김욱동의 설명을 인용하면, 포스트모더니즘의 의미는 크게 세 가지 맥락에서 구분지어 파악될 수 있다(김욱동, 2009: 46). 첫째는 문학과 예술 분야, 둘째는 철학과 사상을 포함하는 인문과학 분야, 그리고 셋째는 사회학, 경제학, 정치학을 포함하는 사회이론 분야가 그것이다. 가장 좁은 의미에서 포스트모더니즘은 이 가운데 첫째 분야에서 나타난 움직임을 가리키는 말로 가장 흔히 쓰인다(김욱동, 2009: 45, 48). 이는 모더니즘이 역시 그 분야에서 이루어진 움직임을 가리키는 말로 가장 흔히 쓰인다는 점을 감안하면 별로 이상한 일이 아니다. 그러나 오늘날 포스트모더니즘이라는 개념은 문학과 예술 분야를 넘어 위의 둘째 분야와 셋째 분야 모두에 걸쳐 대단히 폭넓게 사용되는 경향을 보이기도 한다. 그런데 특별히 둘째 분야와 셋째 분야의 움직임을 가리킬 때 포스트모더니즘이라는 포괄적인 용어보다는 각각을 '포스트구조주의(poststructuralism)'와 '포스트모더니티'라는 용어로 지칭하는 경우가 많다. 이를 바꾸어 말하면 사실은 철학과 사상 분야에서의 움직임은 포스트구조주의이고, 또한 사회나 정치나 경제 분야에서의 움직임은 포스트모더니티이지만, 일반적으로 사람들은 이들 움직임을 뭉뚱그려 포스트모더니즘이라는 용어로 지칭한다는 것이다. 그러므로 이 두 분야에서 20세기 중후반부터 일기 시작한 새로운 사고 패턴을 포스트모더니즘이라는 말로 지칭할 때—물론 그렇게 지칭한다고 해서 그것을 틀렸다고 말할 필요는 없다—우리는 그것들을 각각 포스트구조주의와 포스트모더니티로 이해하면 될 것 같다.

2. 포스트모더니즘의 관점들

그렇다면 교육철학자들이 말하는 포스트모더니즘, 또는 교육철학의 성격을 파악하려는 사람들이 말하는 포스트모더니즘은 어느 쪽인가? 앞선 논의에서 우리는 교육철학은 20세기 중반에 새로 생겨난 학문 분야라고 말했다. 스스로의 학문적 정체성에 대한 논의가 어느 정도 무르익어 갈 즈음, 교육철학자들은 당대에 지구촌 사상계를 뜨겁게 달구고 있던 포스트모더니즘 관련 담론에 귀를 기울였을 것이다. 19세기 말부터 일었던 예술 분야에서의 움직임 또한 전혀 무관했다고는 할 수 없으나, 교육철학자들의 관심을 끌었던 것은 주로 포스트구조주의자들이 제공한 이론적 안목이었다. 또한 그들 중에 사회이론 영역에까지 관심의 폭을 넓혔던 이들은 포스트모더니즘이라는 용어를 사용하면서도 그것의 의미를 포스트모더니티에까지 확장해서 사용했다. 그러므로 교육철학의 동향과 관련해서 포스트모더니즘이라는 용어를 사용할 때 우리는 그것을 포스트구조주의와 나아가 포스트모더니티의 의미에 해당하는 것으로 이해하는 것이 적절하다.

Jean-François Lyotar

포스트모더니즘을 설명할 때 가장 빈번히 인용되는 문구는 아마도 리오타르[4]의 1979년 저서[5] 서문에 등장하는 문구일 것이다. 여기서 리오타르는 '모던'이라는 용어를 특정의 '거대 담론(meta narrative)'에 기대어 스스로를 정당화하는 일체의 과학을 가리키는 말로 사용한다. 그 어떤 문화든지 그 문화 속에서 수행되는 사람들의 활동, 신념 등에 관한 담론들이 존재한다. 그런 담론들은 보통 해당 문화권 내에서 이루어지는 사람들의 행동과 생각, 그리고 그것들이 수행되는 제도적 배경을 정

4) Jean-François Lyotard. (1924-1998)

5) 영문 번역본은 1984년 발간된 *The Postermodern Condition: A Report on Knowledge*.

당화하는 보편적인 시스템으로 작용하는 경우가 많다. '거대 담론'이라는 것은 이처럼 "인간의 삶을 지배하고 통제하는 보편적 제도나 사고 구조 또는 체계"(김욱동, 2009: 170)를 의미한다. 이를 테면 "정신의 변증법, 의미의 해석학, 합리적 주체나 노동하는 주체의 해방, 부(富)의 창조 등"(Lyotard, 1984: 23)—헤겔의 관념 철학, 하이데거의 해석학, 마르크스와 엥겔스의 변증법적 유물론, 스미스와 리카도우의 자본주의론, 다윈의 진화론, 프로이트의 정신분석학 등(김욱동, 2009: 171)—이 여기서 말하는 거대 담론의 예에 해당한다. 리오타르에 따르면 '포스트모던'이라는 말은, 다소 극단화해서 말하면, 그와 같은 "거대 담론들을 의심하는 것"(Lyotard, 1984: 24; Peters & Wain, 2003: 58; Peters & Burbules, 2004: 11)이다.

동서양 할 것 없이 사람들은 오래전부터 진리는 무엇인지, 가치 있는 것은 무엇인지, 실재하는 것은 무엇인지 하는 등의 질문들을 포괄적으로 해결해 줄 수 있는 설명 체계를 발전시켜 왔다. 그것이 고대의 형이상학이 되었건, 중세의 기독교 신학이 되었건, 아니면 계몽적 합리성을 토대로 한 근대철학이 되었건, 그것들은 일상인들의 구체적인 삶 속에 스며들어 때로는 그것을 설명하기도 하고 때로는 그것을 정당화하는 보편적인 시스템으로 기능해 왔다. 말 그대로 하나의 거대하고도 유일한 체계로 존재해 온 것이다. '포스트모던한 것'은 이들 거대한 담론 체계들을 더 이상 확실한 것으로 인정하지 않는 태도를 가리킨다.

그런데 여기서 우리는 포스트모던한 것이라고 해서 기존의 '모던한 것'을 단순히 부정하거나 거부하는 것은 결코 아니라는 점에 주의할 필요가 있다. 한 대상을 부정하거나 거부한다는 말은 이미 그것과는 성격이 다른 또 다른 무엇인가를 인정하고 있다는 것을 전제로 한다. 포스트모더니즘은 지금까지 확실한 것으로 인정되어 온 것을 그것과 다른 확실한 것을 토대로 부정하는 태도를 가리키는 것이 결코 아니라는 것이다. 모더니즘을 지탱해 온 '확실한 것'들을 이제 더 이상 확실한 것으로 받아들이지 않는 태도, 그것들이 구가해 온 확실성에 대한 믿음을 더 이상 유지할 수 없는 태도가 바로 포스트모더니즘의 태도이다.

조화태에 따르면 포스트모더니즘 철학자들은 공통적으로 '반정초주의(反定礎主義)'를 표방한다. 이들이 반대하는 '정초주의(foundationalism)'란 "지식이나 인간 인식에 있어서 궁극적이고 절대적인 기초가 존재한다는 근대철학의 기본가정과 신념"(조화태, 1993: 11)을 가리킨다. 근대철학의 아버지라 일컫기도 하는 데카르트는 종종 회의주의자로 언급되기도 하지만, 그의 이른바 '방법적 회의'는 결국 지식을 탐구하는 데 반드시 필요한 가장 확실한 인식의 근거를 확보하기 위한 것이었다고 할 수 있다. 일단은 지금까지 인정되어 온 모든 것을 의심하지만, 결국에 그가 당도한 것은 더 이상 의심의 여지가 없는 절대적 확실성—의심을 행하는 나 자신의 사고 행위—이었다. 데카르트가 발견한 이 같은 인식의 기초는 근대철학자들에 의해 객관성과 보편성을 획득하게 된다. 철학적 탐구라는 것은 그러한 보편적이고도 절대적인 지식을 탐구하는 활동으로 간주되게 된 것이다. 기실 근대철학은 중세까지 기독교 신학에 의해 지탱되어 온 보편적, 객관적, 절대적 지식에 대한 열망을 그 방향만 바꾸어—신(神) 중심에서 인간 중심으로—지속하는 계기를 마련해 준 것이었다. 이처럼 모더니즘 철학은 절대적으로 확실한 지식을 탐구하는 일을 목적으로 삼았다. 그러나 포스트모더니즘 철학은 아예 그런 종류의 지식의 가능성 자체를 인정하지 않는다.

절대적이고 객관적이며 보편적인 지식이라는 것이 존재하지 않는다면, 인간의 지적 활동은 무엇을 대상으로 어떻게 이루어지는가? 사실이지 인간의 사고 과정을 설명할 때 우리는 흔히 '인식의 주체'와 그 '대상'을 서로 독립된 별개로 간주하고는 한다. 사고라는 것은 우리 마음속에서 일어나는 것이고, 그리고 그것은 우리 마음 바깥에 있는 그 어떤 대상에 관한 것이라는 식이다. 이런 식의 설명 방법을 통상 '인식론적 프레임'에 따른 설명이라고 지칭할 수 있다. 철학 영역에서 '인식론'이라는 것이 전통적으로 인식의 주체와 그 객체를 이분법적으로 다루었기 때문이다.

'인식론적 프레임'을 수용하게 되면 우리 사고는 그것과 별도로, 곧 객관적으로, 존재하는 대상에 대해 우리 마음이 작용한 결과로 이루어지는 것으로 된다. 객관적으로 존재한다는 말은 그것을 인식하는 마음, 곧 '주관(主觀)'과 상관없이 존재한다는 말이다. 그리고 그것에 작용하는 우리 마음이라는 것은 근대철학이 발견한 이성의 작용을 가리킨다. 그리하여 우리 사고는 확실성을 지닌 이성이 객관적으로 존재하는 대상에 대해 보편적으로 타당한 지식을 획득하는 과정으로 여겨지게 된다. 포스트모더니즘은 지식에 관한 바로 이러한 관점을 인정하지 않는다. 인간의 지식에 확실성, 객관성, 보편성을 부여했던 '거대 담론'이 이제는 의심의 대상이 되었기 때문이다.

조화태가 정리한 포스트모더니즘 철학의 일곱 가지 중요한 논의들(조화태, 1993: 12-22)은 모두 바로 이 관점에서 비롯된 것들이라 할 수 있다. 그 일곱 가지 논의들이란 ① 소여성(所與性)의 부정과 가치부하설(價値負荷設), ② 진리의 우연성과 상호비교부가능설, ③ 진리의 다원성과 해체설, ④ 실천적 인간주체성의 강조, ⑤ 사회적 협동과 대화 및 연대의식의 강조, ⑥ 전통의 중요성에 대한 강조, ⑦ 포스트모던 사회에의 비전이다. 이하에서 이 일곱 가지 주요 논의들을 이해의 편의를 위해 '대상' 측면과 '주체' 측면으로 나누어서 재구성해 보겠다.

첫째, 포스트모더니즘 철학의 주요 논의들을 '대상' 측면에서 재구성한다는 말은 우리 지적 활동의 대상이 되는 '지식' 측면에서 포스트모더니즘 철학은 어떤 입장을 취하고 있는가에 초점을 맞춘다는 말이다. 우리 시대 지식이란 과연 무엇인가? 지식은 항상 그 어떤 '의미'를 지니고 있다. 지식의 의미는 종류에 따라서 그것이 표현하는 것의 진짜 모습을 판별케 하기도 하고, 혹은 그것의 가치를 드러내기도 하며, 혹은 우리가 취할 행위의 방향을 지시하기도 한다. 거대 담론이 존재했던 시절에 지식의 의미는 그러한 거대 담론을 토대로 보편성과 객관성과 확실성을 지니는 것으로 간주되었다.

사고하는 사람들이 제각기 다른데도 불구하고 그 사고의 대상은 보편성과 객관성과 확실성을 가진다면, 그것은 무엇 덕택인가? 그것은 오직 지식이라는 것은 사고의 주체—개별적으로 존재하는 이 사람 저 사람이 아니라 인간의 지적 활동이라는 것 그 자체—와 상관없이 먼저 존재하고, 사람들은 다만 그것에 대해서 차후에 인식하는 일만 행한다고 할 경우에 가능하다. 그러나 포스트모더니즘 철학은 이 점을 의심한다. 우리 사고의 대상이 되는 지식은 외부에서 주어진 것—소여성(所與性)—이 결코 아니며, 그것의 성격은 사고하는 사람들의 속성과 밀접히 연결되어 있다. 사고하는 사람이 먼저 있어서 그 사람이 어떤 사람인가에 따라 지식의 성격은 여러 가지 다른 모습을 띨 수 있다는 것이다. "자연과학적 지식을 포함하여 모든 지식은 인간이 지닌 동기, 신념과 가치관, 기존 지식과 경험에 따라 이루어지는, 세계에 대한 하나의 가능한 '해석'일 따름이다"(조화태, 1993: 13).

지식은 외부에서 별도로 주어진 것이 아니라 사고하는 사람과 밀접히 연결된 것이라고 했다. 편의상 '주관'이라는 용어를 그대로 사용한다면, 이 말은 곧 지식이라는 것은 주관과 밀접히 관련되어 있다는 말과 같다. 전통적인 인식론에서 쓰여 온 '주관'과 '객관'의 분리는 더 이상 성립하지 않는다. 이른바 '객관적' 지식이라는 것은 더 이상 존재하지 않는다는 것이다. 만약 '객관적인' 지식이라는 것이 존재한다면 그것은 누가 보거나 동일한 의미를 가질 것이다. 객관적인 지식에 대해서 다른 사람들과 다르게 본다면 그것은 곧 그것을 '잘못' 본다는 것, '틀리게' 본다는 것을 뜻한다.

그러나 포스트모더니즘 철학에 따르면 사물은 그것을 어떤 개념적 틀로 보는가에 따라서 달리 보이기 마련이고, 이는 지극히 당연한 사실로 받아들여야 한다. 사물의 의미나 가치나 진리치는 그것을 보는 사람에 따라서 달라질 수 있고, 또한 그 각각의 지식들 가운데 어느 것이 타당한 의미인지, 어느 것이 더 가치 있는 것인지, 어느 것이 진리인지를 제삼자의 입장에서 그야말로 '객관적으로' 판별케 하는 기준은 결코 존재하지 않는다. 지식은 다원적인 것이고, 그 여러 가지 지식들은 각기 나름으로 그것을 생산한 사람들, 그것을 타당한 것으로 공유하고 있는 사람들의 삶과 전통을 반영하고 있다고 보아야 한다.

만약 세계를 설명하는 단 한 가지 이야기—거대 담론—만이 존재하는 것이 아니라 여러 가지 상이한 작은 이야기들이 존재하고 그것들 모두가 나름의 타당성을 갖는 것이라면, 여기에 또 하나의 문제가 발생한다. 지금까지 세계를 단일한 방식으로 설명하고 사람들의 삶을 포괄적으로 규제해 왔던 거대 담론을 어떻게 할 것인가? 지금까지 이들 거대 담론은 보편성과 확실성, 객관성의 이름으로 그것 이외의 국지적인 이야기들을 배타적으로 소외시켜 왔다. 이들에 대한 포스트모더니즘 철학의 의심은 나아가 그것들을 비판적으로 검토하는 작업, 곧 '해체(deconstruction)'하는 작업으로 이어진다.

> 진리 탐구를 위한 우리의 대화에 있어서 어떠한 제한도 사전에 주어져 있지 않다. 만약 모종의 제한을 가함으로써 우리의 대화와 사고를 특정한 방향으로 묶고, 객관성과 보편성이라는 이름하에 하나의 관점만을 진리로 부각시키려고 시도한다면, 그러한 시도가 갖는 의도와 목적, 기본 가정과 그 한계를 밝혀서 드러내어야 한다(조화태, 1993: 16).

그런데 사실 이 태도는 우리가 이미 탐구한 바 있는 '비판적 태도'와 몹시 닮았다. 우리 눈앞에서 펼쳐지고 있는 현상을 '그것 그대로' 받아들이지 않고 그 이면에서 일어나고 있는 역동을 파헤쳐 보려는 노력이 포스트모더니즘 철학이 말하고 있는 '의심'과 '해체'와 결코 다르지 않다는 것이다. 비판이론—특히 초기 비판이론의 문제의식—을 넓게 보아 포스트모더니즘 철학의 범주 속에 포함시킬 수 있는 것도 바로 이유 때문이라고 할 수 있다.

둘째, 포스트모더니즘 철학의 주요 논의들을 '주체' 측면에서 재구성한다는 말은 지식 활동을 수행하는 사고의 주체, 곧 사람, 그리고 그 사람들이 모여서 만든 사회 측면에서 포스트모더니즘 철학은 어떤 입장을 취하고 있는가에 초점을 맞춘다는 말이다. 지금까지 우리는 논의의 편의를 위해 객관과 주관, 또는 지식과 사람을 구분해서 논의해 왔지만, 포스트모더니즘 철학의 관점을 취하게 되면 사실 이 두 가지 간의 구분이 그렇게 큰 의미를 지니지 않게 된다. 전통적인 입장에서 보면 지식이라는 것은 외부로부터—예컨대 신의 계시를 통해서—주어진 것이고, 사람이 할 일은 투명한 이성의 작용을 동원하여 그것을 알아내는 것이었다. 그러나 포스트모더니즘 철학에 따르면 지식은 그런 것이 아니다. 지식이라는 것은 그 주체, 곧 사람의 능동적인 노력이 없으면 결코 존재할 수 없다. 다시 말하면 사람의 지적 활동이 먼저이고, 그것에 따라서 지식이 생산되는 것이다.

그러므로 이제 지식의 성격에 관해 중요한 점은 바로 사람의 역할이다. 시대와 사회에 따라 사람들이 어떤 관심과 동기, 목적과 신념 등을 가지고 있는가에 따라 지식은 다른 성격을 띠며, 따라서 사람들의 주체적이고도 능동적인 역할이 지식을 논의하는 데에 핵심적인 요소가 된다. 보편적으로 타당한 지식이 사람들보다 먼저 있고, 사람들은 또다시 보편적으로 성립하는 이성을 동원하여 그것을 알아내는 것, 사고는 이런 것이 결코 아니다. "진리와 합리성의 기준은 결코 누군가에 의해 결정되거나 주어지는 것이 아니라 다양한 욕구와 이해, 관심과 신념을 가진 개인들 간의 논의와 비판적 검토를 통하여 선택적으로 형성되는, 인간의 주체적이자 협동적 노력의 산물"이다(조화태, 1993: 18).

그런데 지식을 이런 식으로 이해할 경우에 한 가지 걱정되는 것이 있다. 이 걱정은 일반적으로 포스트모더니즘 철학의 관점을 언급할 때 흔히 제기되는 그것의 상대적 시각에 관한 것이다. 위에서 우리는 지식은 역사적이고 상대적인 것이라고 했다. 지식은 항상 그것이 생성된 역사적, 사회적 맥락과 함께 논의되어야 한다는 말이다. 지식은 상대적인 성격을 지니므로, 가령 우리 눈앞에서 벌어지는 특정 사태에 대해서 그것의 옳고 그름을 따질 수 있는 보편적 기준이라는 것은 존재하지 않는다. 그렇다면 '무엇이든 좋다'는 식의 주장이 힘을 얻게 될 것이고 그것은 일종의 무정부주의적 혼란으로 연결될 수도 있지 않겠는가? 서로 다른 의견이 충돌하여 갈등이 생길 때 양쪽 모두에 적용되는 일반적 가치 기준이 없다면 이 사회를 어떻게 꾸려갈 것인가?

그러나 포스트모더니즘 철학자들에 따르면, 바로 이 점 때문에 지식 형성을 위한 인간의 능동적인 역할이 더욱 중요해진다. 지식의 상대성을 강조하는 관점은 진리나 가치의 기준들이 아무렇게나 임의적으로 성립한다는 점을 내세우는 말이 아니다. 그 관점은 진리나 가치의 기준은 그 어떤 절대적, 보편적 기준으로 주어지는 것이 아니라는 점에 주목하라는 것, 따라서 우리는 우리가 속한 공동체의 특성에 따라 나름의 가치와 타당성의 기준을 대화와 협동적 노력을 통해 성립시켜야 할 필요가 있다는 점을 제시하는 것이다. 그 누군가로부터 주어지는 것이 아니므로 우리 스스로가 주체적으로 만들어 나가야 한다는 것이다.

포스트모더니즘 철학자들이 개방적이며 비판적인 대화를 통한 협동적 노력을 중요하게 여기는 것도 이 때문이다. 사람들은 그저 개인으로 존재하고 이들이 따라야 할 진리와 가치의 기준은 그들과 전혀 상관없는 외부에서 주어지는 그런 것이 결코 아니다. 이와 반대로 각 개인은 자기와 동시대, 동사회를 살아가는 다른 사람들과 협동해서 자기들이 따라야 할 진리와 가치 기준을 만들어내야 한다.

> 진리와 역사성에 대한 포스트모더니즘 철학자들의 논의는 개방적이며 비판적인 대화를 통한 협동적인 노력의 중요성에 대한 강조로 이어지며, 그러한 협동적 노력과 대화를 가능케 하는 바탕으로서 이웃과의 조화로운 삶의 추구나 사회적 연대의식과 같은 인간 동기를 강조함으로써 우리의 인식 활동이 지니게 되는 실제적이며 도덕적인 본질을 부각시키고 있는 것이다(조화태, 1993: 19).

지식 형성에 대한 인간 주체의 능동적이고 협동적인 노력을 강조하는 포스트모더니즘 철학의 관점은 곧바로 그와 같은 주체적인 인간들이 모여 사는 사회에 대한 비전으로 확대된다. 거대 담론이 개인의 판단과 행위를 지배하던 시대는 끝났다. 그러나 그렇다고 해도 사람들은 공동체를 이루어 서로 부대끼며 사회적인 삶을 영위할 수밖에 없다. 어떻게 해야 할 것인가? 판단과 행위의 방향이 외부에서 제공되지 않으므로 이제는 이들 스스로 자신들의 삶을 주체적으로 꾸려 나가야 하지 않겠는가. 말하자면 외부인이나 노예로서가 아니라 내부인이나 주인으로서의 태도가 필요하다고 할 수 있다. 전통이 중요시되는 것도 바로 이 때문이다. 유사한 문화와 전통을 공유하고 있는 사람들 간에 공동체 의식을 토대로 개방적인 대화를 적극적으로 전개하고 그들의 삶과 밀착된 국지적인 담론을 활성화시킴으로써 모두가 스스로의 삶에 주인이 되어야 한다는 것이다. 그리고 이 점에서 포스트모더니즘 철학은 참된 의미의 민주주의 사회를 지향한다고 할 수 있다.

3. 포스트모더니즘과 교육의 전통

그렇다면 지금까지 정리한 포스트모더니즘 철학의 관점을 토대로 했을 때 교육철학은 어떤 방식으로 탐구될 수 있는가? 앞서 언급했던 것처럼 포스트모더니즘 철학은 결코 그 어떤 특정한 철학 이론을 가리키는 말이 아니라, 그것보다는 하나의 경향이나 태도를 지칭하는 말로 보는 것이 더 타당하다. 그러므로 '포스트모더니즘 교육철학'이라는 것도 역시 하나의 특정한 교육철학 이론이라기보다 포스트모더니즘 철학이 요구하는 관점에 비추어 교육활동을 이해하는 태도나 경향을 가리키는 말이라고 이해하는 것이 옳다. 이하에서 우리는 최근 대단히 왕성하게 활동하고 있는 교육철학자들 중 한 사람인 버뷸러스[6]의 관점을 통해, 교육을 이해하는 철학적 시각이 포스트모던적 태도를 취할 때 어떤 모습으로 이루어질 수 있을지를 목격해 보겠다.

Nicholas C. Burbules

버뷸러스는 포스트모더니즘 철학이 제안하는 회의적 태도의 특징을 세 가지 수사(修辭)를 통해 설명한다(Burbules, 1995). 그 첫째는 '반어적(反語的, ironic)' 태도다. 반어적 태도는 비유하자면 한 손으로는 내어 주되 동시에 다른 손으로는 그것을 거두어들이는 것을 의미한다. 이는 마치 땅바닥을 딛고 서 있기는 하지만 결코 그 땅바닥을 확신할 수 없는 것, 한편으로는 결코 땅바닥을 확신할 수 없지만 결국에는 그것을 딛고 서 있을 수밖에 없는 것과 같다. 우리는 항상 그 무엇인가를 말하고 듣고 이해하고 있지만 그것들은 끝내 신뢰할 수 없는 것들이다. 포스트모더니즘의 태도는 늘 이와 같은 반어적인 방식으로 표현되며, 따라서 극단의 경우에는 허무주의로 귀착될 위험이 있다.

둘째는 '비극적(tragic)' 태도다. 우리 앞에 두 가지 상반된 것이 놓여 있지만 그 둘 모두는 똑같이 소중하다는 것, 우리가 우리 스스로의 입장을 비판한 결과로 얻게 되는 불확실감이 곤혹감과 불안감만을 초래할 때, 그리고 그 어떤 두 가지를 모두 원망(願望)하지만 결코 어느 쪽에도 안주할 수 없다는 고통스러운 깨달음에 당도했을 때 비극은 발생한다. 포스트모더니즘의 이 같은 비극적 태도는 극단의 경우에는 염세주의로

6) Nicholas C. Burbules.

귀결될 위험이 있다.

마지막으로 셋째는 '풍자적(parodic)' 태도다. 풍자는 우리로 하여금 위에서 말한 것과 같은 역설들을 애매모호한 몸짓으로 대하게 한다. 한편으로는 그것에서 그 어떤 전망을 발견하려고 하는 듯하면서도 다른 한편으로는 그것을 비웃는다. 또는 그게 아니라면 여러 가지 관점을 취하는 듯하면서도 실지로는 그 가운데 그 어느 것도 지지하지 않는다. 풍자적인 사람은 역설을 즐기면서 그것에서 익살과 비판의 기회를 찾는다. 여러 입장들에 두루 발을 들여놓지만 그것들 가운데 그 어느 것에서도 책임을 지려 하지 않는다. 포스트모더니즘의 이 같은 풍자적인 태도는 극단적인 경우에는 냉소주의로 흐를 위험이 있다.

버뷸러스에 따르면 이 세 가지 수사는 포스트모던적 회의(懷疑)의 중심에 놓여있는 패러독스를 다루는 포스트모더니즘 작가들의 세 가지 주된 방식이다. 이들 수사는 모두가 명백히 서로 모순되는 입장들 또는 자기부정적인 입장들을 기꺼이 포용하려 하며, 그것에서부터 보다 거시적인 가능성의 실현을 향한 전망을 탐색한다. 이들 수사는 양립 불가능한 원망과 신념들 가운데서도 각기 나름의 스타일과 어조로 사람들에게 의미와 가치를 전달하려 한다. 이들 수사 속에서 대립되는 입장들은 서로 간에 긴장 관계를 유지하고, 의심은 결코 해소되지 않은 채로 유지된다. 이들 수사에 등장하는 비판은 비판을 행하는 언어 그 자체, 또한 비판을 가능하게 하는 가정(假定)과 이유 그 자체를 대상으로 이루어진다. 이들 수사에서 채택된 입장들은 사실은 다른 입장들에 비해 더 확실한 것들이라고는 결코 할 수 없는 것들로 이루어져 있다.

그런데 여기에 해결하기가 결코 쉽지 않은 한 가지 문제가 있다. 그것은 이 같은 포스트모던적 태도는 교육활동이 전통적으로 추구해 온 이념이나 정신과는 크게 다른 성격을 띤다는 점이다. 교육에 종사하는 사람들은 암묵적으로든 명시적으로든 진보와 개선에 대한 믿음을 지니고 있다. 우리의 가르치고 배우는 활동은 더 중요한 것, 더 가치 있는 것에 대한 판단을 함의하고 있다. 흔히 우리는 불평등한 권위라든지 힘의 불균형을 달갑지 않게 여기지만, 그럼에도 불구하고 우리의 일상적인 교육활동은 불가피하게 일종의 '권위적 관계'를 바탕으로 이루어진다. 다양성과 차이가 새로운 가치로 등장하고 있지만, 교육은 어떤 식으로든 모종의 정상화(正常化)의 과정으로 구성되며 다종다양한 사람들을 오히려 비슷하게 만드는 일을 그 중요한 부분으로 삼고 있다. 그러나 교육과 관련된 이와 같은 전통적인 가치들—진보와 개선, 더 타당한 지식과 더 중요한 가치에 대한 믿음, 권위와 정상화—이야말로 포스트모던적인 태도가 공격의 대상으로 삼고 있는 바로 그 가치들이다. 교육활동은 명백히 우리 사회가 올바른 방향으로 나아가기 위해 반드시 필요한 것이고 그것을 수행하기 위한 여건들 또한 확실하게 존재한다는 지금까지의 우리 믿음은 포스트모더니즘이 제공한 회의적 태도들로 인해 더 이상 그 지위를 보장받을 수 없게 된 것이다. 그러나 다른 한편에서 보면, 사정이 그와 같다고 하더라도 우리가 지금까지 기울여 온 교육적 노력들을 일괄 포기한다거나, 그것이 의존하고 있는 신념 체계들을 무작정 부정할 수는 없는 노릇이다. 어떻게 해야 할 것인가? 포스트모던적 태도를 견지하고자 했을 때 교육의 개념과 교육활동의 방향에 대한 우리 생각들은 또한 어떤 변화를 겪게 될 것인가?

4. 교육철학적 수용: 포스트모던 교육철학의 방향

버뷸러스에 따르면 포스트모더니즘 철학은 적어도 다음과 같은 네 가지 측면에서 교육에 관한 우리의 전통적인 시각에 수정을 가할 것을 요청한다(Burbules, 1995). 그 첫째는 교육의 의미에 붙박여 있는 '관여(關與)함'에 대한 것이다. 다른 활동도 마찬가지이겠지만 특히 교육은 타인과의 관계에 관여하는 일이며 가르치고 배우는 내용에 대해 관여하는 일이다. 우리는 교육을 하면서 다른 사람과 특정한 관계를 형성하며 교육 내용에 대해서 특정한 입장을 취할 것을 요구받는다. 그런데 이러한 '관여함'이 의존성이나 종속성으로 귀결되지 않도록 하려면 그 대상에 대해 다소의 비판적 거리를 유지할 필요가 있다. 앞에서 든 세 가지 포스트모던적 태도—반어적 태도, 비극적 태도, 풍자적 태도—는 교육 활동을 수행하는 중에 우리가 맺게 되는 타인과의 관계가 타성에 젖은 고정적인 관계가 되지 않도록 하며, 특정한 내용을 가르치고 배우기 위해 이러저러한 입장을 취할 때에라도 그것에 지나치게 매몰되지 않도록 해 준다. 그리고 지식을 탐구하기 위해 특정한 방법을 사용할 경우에도 그 방법의 유용성뿐만 아니라 동시에 그것이 지닌 한계까지도 살펴보도록 한다. 포스트모던적 태도는 교사와 학생의 관계, 교육내용, 지식 탐구 방법 등에 대한 우리의 관점과 접근법이 우리의 이해를 확장시켜 준다는 점에 대해서도 충분히 인지하지만, 그와 동시에 그것들이 실체화되어 우리 사고를 경직되게 할 수 있다는 점에 대해서도 주의가 소홀하지 않도록 한다.

둘째는 교육의 '목적지향성'에 대한 것이다. 우리는 교육은 항상 그 어떤 목적을 추구한다고 생각한다. 이 생각이 그릇된 것은 아니지만, 교육이 특정한 목적을 추구할 때 그것 때문에 다른 교육적 기회나 가치들이 소홀히 다루어질 위험은 언제든지 있다는 점 또한 사실이다. 앞에서 살펴본 포스트모던적 태도의 양면성은 교육활동의 목적지향적 성격에 대해서도 주의를 기울일 것을 요구한다. 우리는 목적을 추구하지만, 그 같은 목적지향성이 맹목적(盲目的)인 것이 되어서는 안 된다는 것이다. 특히 오늘날과 같이 다중적인 목적을 추구하는 복잡다기한 사회에서는 그들 다양한 목적들을 다 함께 성취하는 것이 사실상 불가능하다. 앞에서 든 세 가지 포스트모던적 태도는 우리에게 한편으로는 교육활동에 개입하는 이러저러한 관심들에 충분히 주목할 것을 요구하지만, 그와 동시에 다른 한편으로는 그것들로부터 일정 거리를 유지하면서 그것들을 비판적인 시각으로 바라볼 준비를 갖추도록 해 준다. 포스트모던적 태도는 교육을 통해서 달성해야 할 목적이 무엇인지를 끊임없이 고려하면서도, 그 과정에서 발생할 수 있는 예기치 않은 효과들과 부정적인 결과들에도 눈을 열어둘 것을 요구한다.

셋째는 교육이 함의하는 '발달' 또는 '성장'의 개념에 대한 것이다. 이 개념을 다룰 때도 포스트모던적 태도는 결코 그것을 단선적이고 일방향적인 것, 안정되고 단계적인 것, 단지 좋은 쪽으로만 진행되는 그런 과정으로 보지 않는다. 이제 가르침과 배움은 그 자체로 어려움과 불분명함과 실수를 포함하는 과정으로 여겨진다. 이 맥락에서 어려움은 단지 우리에게 도전감을 제공하는 극복되어야 할 방해물로서만이 아니라, 끝끝내 완전히 해결될 수 없는 지속적인 문제로 받아들여진다. 불분명함은 추후에는 반드시 명확해져야 할 일시적 난해함으로서만이 아니라, 우리의 신념과 행위 속에 원천적으로 깃들어 있는 잠정적이고도 우발적인 상태로 간주된다. 그리고 실수는 결국에는 그것을 교정함으로써 배움을 촉발하고 격려하는 계기로서만이 아니라, 우리의 모든 배움에 예외 없이 개입하는 본질적 요소로 이해된다. 포스트모던적 태도로 보면 어려움과 불분명함과 실수는 가르침과 배움의 과정에서 극복되어야 할 결함들로서만이 아니라, 그것들 자체로 교육의 과정을 구성하는 부분으로 간주된다.

넷째는 전통적인 의미에서의 교육의 개념과 논리적으로 연결되어 있는 '개선' 또는 '향상'에 대한 것이다. 교육은 '개선'을 논리적으로 함의하므로, 예컨대 '교육을 받기는 했지만 하등 좋아진 것이 없다'는 말은 논리적 모순을 유발한다. 관점을 다소 완화시켜 교육의 의미를 규정하려는 사람들 중에는 그것을 '계몽'이라든지 '각성' 등과 연결 지어 규정하는 경우도 드물지 않다. 그러나 포스트모던적 관점에서 보면, '개선'이나 '향상', '성공'이나 '성취', '각성'이나 '해방' 등이 의미하는 바가 그다지 분명치 않다. 가령 '성공'은 언제든지 부분적이거나 잠정적일 수밖에 없으며, 한편에서의 개선은 다른 편에서의 퇴보를 의미할 수 있다. '얻는 것이 있으면 반드시 잃는 것이 있다'고 하지 않던가. 인류 역사를 조금만 들여다봐도 이 점은 명백해 보인다. 지금 이룩한 멋들어진 진보도 장기적으로 보면 결국에 돌이킬 수 없는 실패나 비극이요, 또는 우스갯거리로 판명날 수 있다.

위에서 제시한 세 가지 포스트모던적 태도—반어적 태도, 비극적 태도, 풍자적 태도—와 그것에 비추어 본 수정된 우리의 시각을 결코 교육에 대한 비관적 입장과 연결지을 필요는 없다. 모더니즘이 진보와 희망에 관한 이념이었으므로 포스트모더니즘은 퇴보와 절망에 관한 이념일 것이라는 이분법적 편견은 포스트모더니즘에 대한 올바른 이해가 아니다. 포스트모더니즘은 다만 모더니즘이 제시했던 것들에 대해서 '그것들은 확실치 않다'는 것을 말하고 있을 뿐이다. 포스트모던적 태도는 기존에 확실한 것으로 인정되었던 것들에 대해 의심해 보는 것, 그럼으로써 인간 삶과 세계는 지금까지 여겨져 온 것만큼 단순하고 분명한 것은 아니므로 그것들을 대하는 데서 보다 세심하고 주의 깊은 안목이 필요하다는 점을 일깨우는 태도라고 할 수 있다.

제14주제 '실천 철학' 논의와 교육철학

■ 이 절에서 다룰 질문들:
- '이론', '실제' 또는 '실천'은 통상 어떤 뜻으로 쓰이는가?
- 고전적 맥락과 현대적 맥락에 비추어 '이론'과 '실제'는 각각 무엇을 뜻하는가?
- 교육철학을 '이론철학'으로, 그리고 그것을 '실천철학' 또는 '프랙티컬 필로소피'로 탐구한다는 말은 각각 무슨 뜻인가?
- 실천철학 논의는 교육을 철학적으로 탐구하는 일 전반에 어떤 시사점을 주는가?

최근 들어 국내 교육철학계에 '실천 철학'이라는 이름으로 교육철학의 성격을 재조명하려는 노력들이 등장하고 있다. 특히 영국 교육철학계의 최근 연구 동향을 적극적으로 참조하려는 학자들 사이에서 이 용어는 그간 국내에서 수행되어 온 교육철학의 연구 동향을 부분적으로나마 반성적으로 되돌아보는 관점을 제공하고 있다는 점에서 우리 교육철학계에 하나의 새로운 움직임으로 작용하고 있다고 생각된다. 2006년에 나온『영국교사교육제도』의 말미에서 조무남은 영국 교육철학의 최근 연구 동향을 '이론과 실제의 항전'이라는 논제로 정리하고(조무남, 2006: 353), 이들 논의를 주도하고 있는 대표적인 학자들로 카아와 던[7]을 들고 있다. 6-70년대 피터즈와 허스트[8]로 대표되던 '이론 중심' 교육철학의 무게중심이 80년대 이후 들어 '실제' 쪽으로 옮겨가고 있다는 것이 이 논제의 줄거리이다.

시기적으로 보아 조무남의 책이 나온 후로 국내 교육철학자들 사이에 카아를 비롯한 영국 교육철학자들의 연구에 주목하고 이들의 연구 동향을 '실천 철학'이라는 명칭과 함께 논의하는 연구물들이 지속적으로 등장하고 있다. 플라톤 철학과 피터스-허스트 이론이 강세를 보이던 국내 영미권 배경의 교육철학계에 아리스토텔레스 윤리학과 그것을 현대적으로 수용하고 해석하는 학자들의 시각을 참조하는 논의들이 새로 등장하고 있는 점은 적어도 우리 교육철학계의 연구 경향을 다변화하고 더욱 풍성하게 하는 계기를 마련해 주었다는 점에서 대단히 고무적인 모습이라고 할 수 있다. 그런데 여기에 우리가 반드시 챙겨야 할 것들이 있다. '실천 철학' 연구에서 발견되는 개념적 혼란들을 정리하는 일이 그것이다.

1. '이론'과 '실제' 또는 '실천'의 의미

교육철학을 학문적으로 연구하고자 사람들이 아마도 가장 먼저 맞닥뜨리는 문제들 가운데 하나는 '실제'와 '이론'의 의미를 이해하는 일과 이 둘을 서로 구분하는 일일 것이다. 일상적으로 우리는 '실제'와 '이론'을 서로 상대적인 개념으로 사용한다. 사람들은 그 어떤 대상을 두고 사고를 행하고 그 사고의 결과를 언어라는 상징적인 매체를 사용하여 조직한다. 이 경우 '실제'는 우리의 사고가 작용한 그 대상 자체를 가리키고, '이론'은 그것을 대상으로 해서 표현된 언어 체계를 가리킨다. 그 대상이 과학적인 것일 경우, '실제'는 세계가 형성되어 있는 모습 자체를 가리키고 '이론'은 그것에 대한 과학적인 사고의 결과로 생산된 과학적 지식을 가리킨다. 그 대상이 기술적(技術的)인 것일 경우, '실제'는 인간의 생물학적 필요와 일관되지 않는 형태로 전개되고 있는,

7) Wilfred Carr, Joseph Dunne.

8) R. S. Peters, P. H. Hirst.

따라서 그 점에서 인간에게 해결해야 할 문제로 작용하고 있는 것들의 총체를 가리킬 것이고, '이론'은 그것을 해결하기 위한 우리 사고의 결과로 형성된 기술공학적 지식 체계를 가리킨다. 그리고 그 대상이 사람들 간의 목적 추구 활동일 경우, '실제'는 그 활동들을 가리킬 것이고 '이론'은 그 활동들이 마땅히 따라야 할 행위 규범을 가리킨다.

이 모든 경우들에서 공통적으로 '실제'는 '이론'과의 상대적인 관계를 가정하고 있고, 따라서 대개의 경우 사람들은 이 둘 간의 관계가 얼마나 제대로 형성되어 있는가에 주의를 집중한다. 흔히 '이론과 실제는 다른 것'이라거나 '이론과 실제 간에 괴리가 있다', 또는 '학자는 이론에 머물러서는 안 되고 그것을 실천으로 옮겨야 한다'거나 '이론가와 실천가는 그 하는 일이 서로 분리되어서는 안 된다'는 등의 말은 모두 이 맥락에서 나온 말들이라 할 수 있다. '이론'과 '실제' 앞에 그것들을 수식하는 용어가 붙어서 그것들이 그 어떤 특정 영역에 한정된 것이라는 의도가 표현된 말들, 예컨대 '교육 이론'이니 '정치 이론'이니, 또는 '교육의 실제'니 '정치의 실제'니 하는 말들 또한 이 맥락에서 나온 말들이라고 보아야 한다.

'실천 철학'과 관련된 논의를 제대로 이해하려면 우선은 우리말 '실제' 또는 '실천'과 '이론', 그리고 각각의 형용사형인 '실제(천)적'과 '이론적'이라는 용어의 의미를 분명히 하는 일이 대단히 중요하다. 이 두 용어는 '실천 철학'을 이해하는 데 가장 핵심적인 용어임에도 불구하고 그 뜻이 그다지 분명치 않다. 그 이유는 특히 '실천 철학' 논의와 연결될 때 이 용어들의 일상적 의미가 그것의 고전적 의미와 혼동되어 사용되기 때문이다. 이 두 용어군에 해당하는 영문 practice, practical, theory, theoretical도 마찬가지이지만, 또한 이들 각각의 우리말 번역어에 해당하는 위 용어들을 사용할 때 우리는 이 용어들이 인류 지성사에서 겪어 온 의미 변천의 역사를 반드시 고려하지 않으면 안 된다고 생각된다. '실천 철학' 논의에서 핵심이 되는 이들 용어의 의미를 그와 같은 분석 작업 없이 사용할 때 그 과정에서 개념적 혼란이 발생할 가능성은 언제든지 있으며, 그로 인해 '실천 철학' 논의를 정착시키고자 하는 우리 노력이 방해를 받을 수 있다는 것이다.

카아나 던의 주장에서도 확인할 수 있는 바이지만, '실제'와 '이론'이라는 용어와 관련해서 영국의 '프랙티컬 필로소피'[9] 논의 흐름이 주로 참조하고 있는 철학 전통은

9) 국내 교육철학계의 '실천 철학' 논의 동향이 지니는 한 가지 중요한 문제는 영문 practical philosophy를 '실천 철학'이라고 번역한 데서부터 기인한다고 생각된다. '실천 철학'이라는 용어를 인용부호로

아리스토텔레스 윤리학이다. 따라서 우리 교육철학계에서 이 논의 흐름을 제대로 해석하려면 그 핵심 개념인 '프랙티스'와 그것의 헬라스어 어원에 해당하는 '프락씨스'를 아리스토텔레스 윤리학으로 돌아가서 이해하는 일이 반드시 필요하다. 아래에서 일단은 '실제'와 '이론'의 의미를 고대 헬라스적 맥락에서 고찰하도록 하겠다.

2. '실제'와 '이론'의 고전적 의미

'실천 철학'으로서의 교육철학을 탐색하는 일과 관련해서 가장 먼저 지적되어야 할 문제는 '실천 철학' 논의에서 사용하는 '실제'와 '이론'이라는 용어, 그리고 그 파생어들이 지닌 불분명함 또는 다중적인 의미에 관한 것이다. '이론'과 그것의 형용사형인 '이론적'이라는 말도 그러하지만, 특히 '실제' 또는 '실천'과 각각의 형용사형인 '실제적' 또는 '실천적'이라는 용어의 의미를 분명히 이해하는 것이 '실천 철학' 논의를 보다 생산적인 방향으로 이끄는 데 반드시 필요하다. 이를 위해서 일단은 카아(Carr, 1986; Carr, 1987; Carr, 2004)나 던(Dunne, 1993)에서와 마찬가지로 이 말의 고전적인 용법—특히 아리스토텔레스 윤리학에서의 용법—을 참조하는 일로부터 논의를 시작하는 것이 적절할 것 같다.

마치 세 가지 중요한 색깔—빨강, 노랑, 파랑—이 있는 것처럼, 고대 헬라스에서는 (현대적 의미에서의) 인간이 종사하는 일을 세 가지로 구분했다. 테오리아(아는 것), 프락씨스(하는 것), 포이에씨스(만드는 것)가 그것이다. 이들을 서로 구분케 하는 가장 중요한 기준은 각각의 활동이 대상으로 삼는 세계가 다르다는 점이었다. 테오리아는 신이 주관하는 영역, 프락씨스는 사람들이 서로 교섭하면서 전개되는 공동체적 삶의 영역, 그리고 포이에씨스는 인간이 그 동물적 삶을 유지하는 데 필요한 여러 생필품들을 생산하는 영역을 대상으로 하는 활동이었다.

흔히 알고 있는 것처럼 필로소피아, 곧 철학의 시작은 이들 가운데 첫 번째 영역에 대한 합리적 탐구로부터 시작되었다. 철학이 시작되기 이전에 신들이 주관하는 것으로 믿었던 세계—자연계—는 말 그대로 신화적인 방식으로밖에는 설명될 수 없는 영역이었다. 이는 동서양을 막론하고 인류사에서 공통적으로 발견할 수 있는 현상이라

묶어 사용한 것이나 때로 그 영문 원어의 발음 그대로 '프랙티컬 필로소피'라는 말을 사용한 것은 이 문제의식에서 비롯된 것이다.

고 할 수 있다. 철학은 자연계의 움직임을 신들을 통해서 설명하는 방식—뮈토스적인 사고—으로부터의 탈피, 곧 자연계 그 자체에 내재하는 로고스를 발견하려는 시도로부터 시작되었다고 할 수 있다. 아테네에 소피스트들이 등장하기 전의 철학은 대체로 이런 경향을 보였고, 따라서 이 당시의 철학은 그 자체가 테오리아적인 특징을 보였다고 할 수 있다. 그러나 아테네 사회가 고도로 민주화되고 그에 따라 모든 아테네 시민들이 예외 없이 공공 활동에 종사하게 됨에 따라 '인간들 간의 활동'이 중요한 요소로 등장하게 된다. 여기에 '소피스트'라 불린 외국인 순회 교사들의 활약이 큰 공헌을 했음은 우리가 잘 알고 있는 사실이다.

소피스트 출현 이후 아테네 사회의 철학 논쟁, 곧 소피스트들과 소크라테스 간의 논쟁은 원래 자연계를 대상으로 한 탐구 양식을 인간계에도 적용할 수 있는가의 여부에 대한 논쟁이었다고 할 수 있다. 이에 대해 소피스트들은 물론 회의적인 입장을 취했다. 인간계, 곧 폴리스 시민들 간의 교섭 활동으로 이루어지는 영역에서 에피스테메를 찾으려는 시도는 부질없는 짓이라고 보았던 것이다. 소피스트들은 여러 폴리스들을 떠돌아다니는 생활을 했으므로, 그들은 인간 삶이라는 것은 시대와 장소에 따라 여러 다양한 모습으로 전개된다는 사실을 잘 알고 있었다. 자연계에 존재하는 보편적이고 절대적인 진리를 인간계에도 적용할 수 있는가? 소크라테스의 저항은 인간계에 대한 이와 같은 소피스트들의 상대주의적 태도를 겨냥한 것이었다. 인간이 발휘하는 탁월성—아레테—은 에피스테메를 토대로 하지 않고는 성립할 수 없다는 소크라테스의 집요한 주장은 바로 이 논쟁에서 나온 것이라고 할 수 있다.

플라톤은 소크라테스의 이런 생각을 체계화하려 했고, 적어도 자기가 쓴 저서들 속에서는 어느 정도 성공을 거두었다고 할 수 있다. 그리고 그의 형상론적 세계관은 근대 이후 서양 철학의 주류—이 세계관은 나중에 인용하게 될 툴민[10)]이 반대하고 있는 세계관이다—를 형성하게 된다. 그러나 아리스토텔레스의 생각은 좀 달랐던 것 같다. 물론 아리스토텔레스는 어디까지나 플라톤의 제자였고 따라서 스승의 생각을 완전히 극복하지는 못했지만, 그렇다고 해도 그는 인간계에서 이루어지는 활동들에 대해서 대단히 폭 넓은 시각을 제공하고자 했다. 인간들 간에 이루어지는 활동들—요즘 말로 정치적, 법적, 윤리적, 의료적, 그리고 교육적 활동에 해당하는 활동들—과 그 활동들에 관한 지식의 성격을 별도로 설정하고 그것을 자신의 정치학과 윤리학에

10) Stephen E. Toulmin. (1922-2009)

서 다루고 있는 것이다.

앞에서 언급한 바와 같이 테오리아, 프락씨스, 포이에씨스는 (노예도 인간의 범주에 포함시킨다면) 모두 인간이 종사하는 활동을 가리키는 말이었다. 그리고 이 활동들을 위해서 필요한 지식, 또는 그 활동의 결과로 형성된 지식을 아리스토텔레스는 각각 소피아(플라톤적 의미에서 에피스테메), 프로네씨스, 테크네로 지칭했다. 이들 가운데 '실천 철학'과 관련된 용어는 역시 프락씨스와 프로네씨스라고 할 수 있다.

3. '실제'와 '이론'의 현대적 의미

영문 practice와 theory의 경우에서도 마찬가지이지만, 통상 우리말 '실제' 또는 '실천'은 '이론'의 상대어로 사용되는 경우가 많다. 두 용어를 서로 상대어로 사용하는 용법에는 그 어떤 대상이 먼저 존재하고 그것에 대한 우리의 사고는 차후에 이루어진다—물론 그 대상은 우리가 그것에 대해 사고를 진행하기 전에는 '알 수 없는' 대상이다—는 생각이 가정되어 있다. 그 대상이 자연 현상, 또는 이후 이른바 인간 현상까지를 포함하여, 설명의 대상일 경우, 우리는 그것을 가리켜 '실제'라고 하고, 그것이 처방의 대상일 경우—규범적 차원에서의 인간 행위—우리는 그것을 가리켜 '실천'이라고 한다. '이론'은 이 같은 실제 또는 실천에 대한 우리의 이차적인 사고와 이해를 추후에 체계적으로 언어화한 것을 가리키는 이름으로 사용된다. 실제 또는 실천에서 '실(實)'이라는 글자에는 사고를 통해 언어화되기 이전에 존재하는 대상을 일차적인 것으로, 그리고 그것에 대한 사고와 이해의 결과를 이차적인 것으로 보려는 의도가 반영되어 있다고 할 수 있다. 이 두 용어가 서로 상대어로 사용될 때, 한편으로 '이론'은 '실제'를 추상한 것으로 간주되며, 다른 한편으로 '실제'는 '이론'을 통하여 규명되어야 할 영역, 또는 '이론'을 적용할 응용 영역으로 간주된다.[11)]

'실제'와 '이론'의 의미를 그 현대적인 맥락에서 이해할 때 한 가지 특징적인 점은 이 용법에서 '실제'와 '이론' 각각에 해당하는 영역 안에서는 구분이 존재하지 않는다는 점이다. 양자는 서로에 대한 상대어로, 곧 서로가 구체와 추상으로 관련되기는 하지만,

11) '교육 이론' 또는 '교육이론가', '교육의 실제' 또는 '교육실천가' 등은 모두 이 사고 프레임에서 나온 말들이라고 할 수 있다. 왜냐하면 '교육'이라고 칭하는 동일한 대상에 대해서 한 쪽에서는 이론을 말하고 다른 쪽에서는 실제 또는 실천을 말하고 있기 때문이다. 물론 인식론적인 시각에서 볼 때 둘 가운데 어느 것이 먼저인가 하는 문제에 대해서는 별도의 논의가 필요하다.

각각이 우리 삶 또는 우리 주변 세계에서 '어떤 종류'의 것들을 대상으로 하는가의 질문은 이 경우 성립하지 않는다는 것이다. 고전적인 용법에서 프락씨스와 테오리아는 인간이 종사하는 활동들 중에 특정한 활동을 가리키는 말이었다. 그러나 현대어 '실제'와 '이론'은 이제 더 이상 그와 같은 특별한 성격을 지닌 인간 활동을 가리키는 말이 아니다. 그 어떤 활동이든 간에 그것이 구체로 전개되고 있으면 우리는 그것을 '실제'라고 칭하고, 그것이 언어화되어 명제의 체계로 성립되었을 때 우리는 그것을 '이론'이라고 칭한다.

오늘날 '이론(theory)'이라는 용어가 그것의 고대 헬라스적 어원과 그다지 상관이 없이 대단히 광범위한 용도로 사용되고 있는 것은 바로 이 점을 보여준다고 할 수 있다. 영어 단어 theory가 고대 헬라스어 테오리아에서 온 것은 분명하나 이 두 단어 사이에는 2,500년 세월이 끼어있다. 17세기 자연과학적 방법이 새로 등장하면서, 그리고 발달된 자연과학 이론이 테크네와 결합하면서, 그리고 그 방법들이 이른바 인간 현상을 설명하고 조작하는 데까지 활용되면서, 오늘날 '이론'이라고 일컫는 지식이 담당하는 대상의 범위는 대단히 넓어졌다. 옛날에 데오리아를 위한 지시, 곧 소피아—또는 플라톤적 의미에서 에피스테메—는 자연계만을 대상으로 한 지식이었으나, 오늘날 '이론'이라는 말은 기실 모든 대상에 다 적용된다. 물리 이론, 천문 이론뿐만 아니라 정치 이론, 사회 이론, 도덕 이론, 윤리 이론도 있고, 심지어 미술 이론, 바둑 이론, 수영 이론 등도 있지 않은가. '이론'이 이같이 현대적인 용법으로 사용되는 경우, 그 형용사형인 '이론적(theoretical)'은 고전적 의미를 상실하고 그것의 명사형에 대해서 단순히 그야말로 형용사형으로서의 의미 외에는 별다른 의미를 갖지 않는다. 옛날에 '이론적인 활동'은 대상을 관조하고 사변하는 활동을 의미했으나, 요즘말로 '이론적인 활동'은, 가령 이 책을 쓰고 있는 저자의 현재 활동처럼, 이미 성립된 이론들의 타당성을 검증하고 그 오류를 탐색하는 등의, 말하자면 '이론에 관한 활동' 또는 '이론을 다루는 활동' 같은 것을 의미한다. 그리고 이 점은 '실제'와 '실제적'이라는 말에서도 마찬가지다.

4. 프랙티컬 필로소피 논의

우리 교육철학계에서 '실천 철학'이라는 용어로 번역되는 '프랙티컬 필로소피'는 엄밀히 따지면 아리스토텔레스 자신의 용어는 아니다. 앞서 언급했듯이, 아리스토텔레스는 역시 플라톤의 제자였으므로, 그 스스로도 자신의 생각 전반에서 플라톤의 흔적들을 완전히 제거할 수는 없었다고 보아야 한다. 따라서 카아와 같은 사람들이 아리스토텔레스의 관점을 토대로 하여 기존과는 다른 방향으로 교육철학의 성격을 제시하고 그것을 '프랙티컬 필로소피'로 지칭하고는 있지만, 정작 아리스토텔레스 자신은 프락씨스를 대상으로 한 사고를 '철학'의 영역 속에 포함시키기를 주저했다고 보아야 한다(Guthrie, 1975: 151). 그 점에서 '프랙티컬 필로소피'라는 용어는 고대 헬라스적인 맥락에서 말한다면 '프락씨스에 대한 탐구' 정도로 지칭하는 것이 더 정확할 것이다. 그것을 필로소피의 한 갈래로 간주하는 입장에는 '철학'이라는 말을 보다 확대된 개념으로 사용하고자 하는 현대 학자들의 태도가 반영되어 있다고 할 수 있다.

그러나 그 명칭에서의 문제를 제외하면 카아가 사용하고 있는 '프랙티컬 필로소피'의 아이디어는 프랙티스의 고전적 의미의 배경이 되는 아리스토텔레스의 생각들을 거의 전적으로 받아들이고 있는 것 같다. 자신의 2004년 논문 "Philosophy and Education"에서 카아는 앞에서 제시했던 것과 유사한 방식으로 세 가지 활동과 지식을 가리키는 고전적 용어들을 설명하고, 특히 프락씨스에 관한 철학—practical philosophy—을 "대단히 광범위한 영역에서 인간의 도덕적 행위들을 수행하는 데 필요한 '맥락 기반'의 실천적 이성을 개발하고 개선하는 일을 추구하는 철학"(Carr, 2004: 61)으로 정의한다. 인용된 이 문구에서 우리는 '프랙티컬 필로소피'가 탐구 대상으로 하는 인간 활동, 곧 프락씨스에 관한 두 가지 특징을 확인할 수 있다.

첫째는 그것은 인간의 도덕적 행위 수행에 관한 것이라는 점이고, 둘째는 그것이 관여하는 인간 이성은 항상 그 어떤 맥락을 기반으로 해서 작동한다는 점이다. 여기서 말하는 '도덕적' 행위는 역시 오늘날 우리가 이해하는 바의 도덕적 행위와는 다소간 차이가 있겠지만, 아리스토텔레스에 있어서는 적어도 두 가지 의미를 지니는 것으로 해석될 수 있다. 그 하나는 그것은 사람과 사람 사이에서 이루어지는 행위라는 점이고 또 하나는 그것은 그 어떤 내적 가치를 추구하는 행위라는 점이다. 요컨대 아리스토텔레스적인 의미에서 프락씨스에 대한 탐구는, 다소 거칠게 말한다면, 사람과 사람 사이에서 이루어지는 행위, 따라서 항상 그 어떤 특정한 맥락을 배경으로 이루어지는 사람들 간의 행위를 대상으로 하되 그 행위가 추구하는 내적 가치가 무엇인지를 탐색하는 활동이라고 이해할 수 있다.

카아의 2004년 논문은 그간에 영국에서 수행되어 온 '주류' 교육철학을 반성적으로 검토하고, 교육이라는 인간 활동을 그 본 모습에 보다 근접한 형태로 탐구하기 위한 분기점을 제공했다는 점에서 대단히 주목할 만한 내용들을 담고 있다고 판단된다. 그러나 다른 편에서 보면 그 주장들이 기존의 교육철학이 이루어져 온 경향을 기술하고 그것이 왜 그런 식으로 진행되어 왔는지를 분석하는 일에 지나치게 집중한 나머지, 정작 카아 자신이 수행하고자 하는 '프랙티컬 필로소피'로서의 교육철학 그 자체의 모습을 보다 세밀하게 제시하는 일에는 소홀했다는 감을 지울 수 없다. '이론 철학'에 대한 안티 테제를 제공하는 일에는 어느 정도 성공을 거두었을지 모르되, '실천 철학' 그 자체의 모습이 어떠한지에 대해서는 그다지 상세한 그림을 제공하지 못했다는 것이다. 아래에서 우리는 이 부족한 점을 카아가 인용하고 있는 툴민의 저작과 그리고 아리스토텔레스 윤리학 자체로부터 제공받고자 한다.

Stephen E. Toulmin

2005년에 이루어진 허스트와의 지상(紙上) 논쟁에서 카아는 자신의 주장들을 뒷받침하기 위해 툴민(S. Toulmin)의 관점을 인용한다(Hirst and Carr, 2005: 624). 카아의 글에는 그의 1990년 저서가 인용되어 있지만, 그 2년 전에 발표된 논문(Toulmin, 1988)에 '프랙티컬 필로소피'에 관한 툴민의 생각이 더 체계적으로 정리되어 있다. 이 논문에 한 가지 재미있는 대목이 등장하는데, 그것은 툴민이 어린 시절 배웠다는 '인간 구분법'이다.[12] 이 세상에는 두 종류의 인간이 있다. 한 부류는 녹색보다 파란색을, 짭짤한 맛보다 달콤한 맛을, 강아지보다 고양이를 더 좋아하는 사람들이고, 다른 한 부류는 그 반대의 사람들이다. 파란 색과 달콤한 맛과 고양이를 더 좋아하는 사람은 플라톤주의자요, 반대로 녹색과 짭짤한 맛과 강아지를 더 좋아하는 사람은 아리스토텔레스주의자이다. 툴민은 스스로를 후자에 속하는 인간으로 규정한다.

툴민에 따르면, 서양 철학은 17세기 들어 기존의 방식과는 완전히 다른 형태로 탐구되기 시작했다. 이른바 '근대 철학'이라 불리는 이 철학 경향을 가리켜 툴민은 '이론 중심(theory-centered)' 철학이라고 부른다. 이론 중심 철학은 문제를 설정하는 데 있어서나 그에 대한 해결책을 찾는 데 있어서나 시대와 사회를 초월하는 보편적인 것,

12) 플라톤과 아리스토텔레스의 차이는 고대 헬라스 철학을 공부하는 사람들에게는 널리 알려져 있고, 두 사람 간의 차이를 나타내기 위해 흔히 이와 같은 구분이 사용되는 경향이 있다. 이정우에 따르면, "(아리스토텔레스의) 사유는 스승의 사유와 여러모로 대조적이어서, 지금도 우리는 누군가가 두 사람 중 누구를 선호하느냐를 보고서 그 사람의 정신세계를 어느 정도는 추측할 수 있을 정도이다"(이정우, 2011: 335).

일반적인 것, 추상적인 것을 추구한다. 그리고 이 경향이 17세기 이후 철학 전반의 성격을 규정짓는 방식으로 굳어져 버렸다. 그러나 툴민이 보기에 이는 철학하는 방식의 절반에 불과하다. 나머지 절반은 아리스토텔레스의 『니코마코스 윤리학』에서부터 시작하여 키케로의 『의무론』, 그리고 르네상스 인문주의자들에 이르기까지 도도한 흐름으로 존재해 온, 그러나 근대 철학자들에 의해 부당하게 무시당하고 있는 또 하나의 전통이다. 툴민은 이 흐름을 '프랙티컬 필로소피'라고 지칭하고 그것을 '이론 중심'의 철학과 대비시킨다.

툴민에 따르면 '프랙티컬 필로소피'는 다음 네 가지 특징을 지닌다(Toulmin, 1988: 338-341). 첫째로 그것은 글로 쓰인 명제 체계, 그리고 그들 명제들 간의 형식적인 관계가 아니라, 특수한 상황 속에서 다양한 이해관계에 있는 특정의 사람들이 구체적인 문제에 대해서 서로 간에 주고받는 담론에 관한 것이다. 둘째로 그것은 그 어떤 상황에서건 보편적으로 적용되는 추상적인 원리가 아니라, 매번 성격이 다를 수 있는 특수한 종류의 사례들에 관한 것이다. 셋째로 그것은 모든 지역에 공통적으로 적용되는 일반적인 원칙이 아니라, 개별적이고 국지적인 사건들에 관한 것이다. 그리고 넷째로 그것은 어느 시대이든 상관없이 적용되는 항상적인 것이 아니라 시대에 따라 변하는 것, 시간의 제약을 받는 대상에 관한 것이다. 그리 깊이 따져보지 않더라도 툴민이 제시한 이 같은 '프랙티컬 필로소피'의 특징들은 플라톤적인 의미에서의 필로소피아로는 결코 포착되지 않는 대상들을 다루는 일이라는 점을 알 수 있다. 플라톤적인 입장에서 보면 그런 것들은 이데아를 포착하는 데 방해가 되는 요소들, 사물의 본질을 알고자 하는 인식의 주체를 기만하는 변화무쌍한 외양들에 불과하다.

앞에서 언급했던 것처럼, 아리스토텔레스도 이 같은 문제들을 철학의 대상으로 보는 데는 주저했던 것 같다. 아리스토텔레스는 고통스런 어조로 그러나 반복적으로 윤리학은 결코 철학, 곧 필로소피아의 한 부분이 될 수 없다는 점을 지적하고, 이는 탐구의 대상이 불변의 것이 아닐 경우에 진리 또는 지식을 추구하는 철학의 목적은 이루어질 수 없기 때문이라고 말한다(Guthrie, 1975: 151). 그러나 뒤집어서 보면 윤리학적 문제들이 플라톤적인 의미에서 필로소피아의 대상이 될 수 없다는 바로 그 점이 오늘날 우리 입장에서 보면 아리스토텔레스 윤리학을 주목하는 이유에 해당한다고 할 수 있다.

툴민이 'practical philosophy'라고 이름 붙인 철학의 성격이 그와 같다면, 그리고 그것이 프락씨스에 대한 탐구로서의 아리스토텔레스 윤리학에서 비롯된 것이라면,

우리는 다시 물을 수 있다. 왜 '프랙티컬 필로소피'는 우연적인 것, 특수한 것, 시대와 상황 종속적인 것, 개별적인 것들을 대상으로 하고, 그 탐구의 결과는 이들에 대한 기술을 시시콜콜 모두 포함해야 하는가? 그에 대한 답은, 지나치게 간단한 감이 있기는 하지만, 인간의 삶 자체가 원래 그런 것이기 때문이다. 아리스토텔레스 윤리학은 폴리스 안에서 사는 시민들의 삶을 대상으로 한 탐구 양식이었다. 현대적인 의미에서 '정치적'이라는 말의 의미와는 많이 다르겠지만, 아리스토텔레스가 탐구하고자 한 인간의 활동, 곧 프락씨스의 영역은 폴리스 시민으로서의 삶, 곧 폴리티컬한 삶이었다. 폴리스의 한 시민으로서 다른 시민들과 부단히 교섭하면서 사는 삶은 그 자체로 시대와 상황에 종속적이고 구체적이며 국지적일 수밖에 없다. 그리고 이 사람들의 폴리티컬한 삶은 우리가 잘 아는 대로 웅변을 통해 다른 사람들과 소통하는 일이 그 주를 이루고 있었으므로 소통의 상대를 세밀하게 파악하는 일이 대단히 중요한 일로 간주되었다. 요컨대 '프랙티컬 필로소피'의 주요 관심사인 프랙티컬한 속성은 우선은 자신과 동시대를 살고 있는 다른 사람들과 어울려 매일매일을 살아가는 폴리스 시민들의 구체적인 삶이 지닌 바로 그 속성을 가리키는 것이라고 할 수 있다.

그러나 다른 한편으로 '프랙티컬 필로소피'의 성격이 단지 폴리스 시민들의 그와 같은 우연적이고 국지적이고 구체적인 삶의 속성들만을 기술하는 것만으로 충분히 설명될 수 있는 것은 아니다. 아리스토텔레스가 자신의 윤리학을 통해서 제시하고자 했던 또 하나의 입장은 그와 같은 폴리스 시민들의 삶은 그 어떤 목적—텔로스—을 추구하는 삶이어야 한다는 점이었다. 그리고 이 점은 아리스토텔레스 윤리학의 맥락에서 보면 위 문단에서 언급한 것보다 훨씬 더 중요한 인간 삶의 속성이다. 『니코마코스 윤리학』 서두에서 아리스토텔레스가 주장하고 있는 것처럼, 기예적인 활동에 있어서도 그러하지만 인간이 수행하는 모든 프랙티컬한 활동은 그 어떤 아레테를 추구한다(Aristotle, 1925: 1). 자신의 윤리학적 탐구를 통해서 아리스토텔레스가 하려고 했던 일은 인간은 모종의 목적을 추구하는 존재이며 인간 삶은 그러한 목적을 추구하는 활동들로 이루어져 있다는 점, 그리고 인간 삶이 추구하는 그러한 목적의 본질은 무엇이며 그것을 추구하는 인간의 활동은 어떤 요소들로 이루어져 있는지의 문제를 탐색하는 것이었다. 요컨대 아리스토텔레스에 있어서 프랙티컬한 사고는, 흔히 우리말로 '신중함'[13]이라고 번역되고 있듯이, 특정한 시대적, 사회적 맥락 속에서 구체적인 삶을

13) 이에 해당하는 영문 prudence는 헬라스어 프로네씨스의 라틴어 번역어 prudentia에서 온 것이다.

사는 개인이 그 맥락 속에서 자신에게 좋은 삶은 어떤 삶인지, 그리고 그러한 삶을 영위하기 위해서는 어떤 활동에 종사해야 하는지를 합리적으로 추론하는 사고를 의미한다(한기철, 2004: 30).

'실천 철학'으로 번역되는 'practical philosophy'의 성격을 아리스토텔레스 윤리학을 참조하여 규정지을 때, 그리고 그것을 통해서 교육철학의 성격을 규정짓고자 할 때, 우리는 적어도 다음 두 가지 차원을 반드시 고려해야 한다고 생각된다. 하나는 위에서 툴민이 제시한 '프랙티컬 필로소피'의 네 가지 특징이고, 다른 하나는 그것이 대상으로 하는 인간 삶이 지닌 목적론적 성격이다. '프랙티컬 필로소피'는 인간 삶을 대상으로 한 탐구 영역이다. 인간 삶이라는 것은 두 가지 특징을 지닌다. 하나는 그것은 일차적으로 그 어떤 목적을 추구하는 행위들로 이루어진다는 점이고, 다른 하나는 그것은 말 그대로 사람들 간에 이루어지는 행위들을 가리킨다는 점이다. 이 두 특징은 서로 맞물려 있어서, 둘을 따로 떼어놓고 그중 어느 하나를 이해하는 일은 불가능하다. 사람들의 프랙티컬한 활동은 다른 사람들과의 관계 속에서 어느 특정한 시기에 특정한 이해관계를 배경으로 이루어지는 것이므로, 그 활동들이 그 어떤 목적—아레테—을 추구한다는 말을 제대로 이해하려면 그것이 이루어지게 된 그와 같은 맥락을 반드시 고려하지 않으면 안 된다는 것이다. 인간 행위라는 것은 항상 그 어떤 목적을 추구하는 행위이고 그 행위는 항상 그 어떤 맥락 속에서 수행되기 때문이다. 그 맥락 요소들을 인식의 주체를 기만하는 외양이라거나 또는 이데아의 그림자들에 불과한 것으로 간주하는 한, 우리는 그 행위가 목적으로 하는 바를 제대로 포착할 수 없으며, 나아가 행위를 수행하는 당사자가 자신의 목적을 달성하는 일에도 제대로 된 안내를 제공할 수 없게 된다.

5. 프랙티컬 필로소피로서의 교육철학

최근 들어 이루어지고 있는 '프랙티컬 필로소피'[14]로서의 교육철학에 대한 논의 경향은 어떤 의미에서 보면 교육철학이 그 탐구 과정에 있어서나 그 결과를 체계화하는 데 있어서나 교육활동의 프락씨스적인 성격을 제대로 고려하지 못했다는 반성에서

14) 이 말의 우리말 번역어로는 '인간사적(人間事的) 철학'이라는 말이 적당하나, 아직 너무 생소하다. 교육철학 공동체에서 자주 써서 익숙해지기를 기대한다.

나온 것이라고 볼 수 있다. 이 점은 위에서 인용한 툴민의 1988년 논문 제목 "The Recovery of Practical Philosophy"에서 우리가 읽을 수 있는 바이기도 하다. 교육활동은 원래 프랙티컬한 활동, 곧 프락씨스였다. 그것을 툴민식으로 말하면, 프락씨스에 대한 학문적 탐구는 적어도 근대 이전까지는 그 원래 의미에 적합한 형태로 전개되어 왔으나 근대 이후, 철학이 그 전반에서 데카르트적인 형태를 취하면서 그 성격이 변질되었다. 이론적인 탐구 방법이 프락씨스의 성격을 탐구하는 영역으로까지 광범위하게 확대되고 이후 생산적인 활동까지도 접수하면서 인간 삶에 대한 고전적인 구분을 허물어버린 것이다.

테오리아와 포이에씨스의 결합은 이른바 테크놀로지의 발달을 가져오면서 어떤 측면에서 보면 두 영역 모두에서 인간 활동의 수준을 고도로 발전시킨 계기를 마련했다고도 볼 수 있다. 그리고 프락씨스조차도 테오리아와의 결합으로 그에 대한 새로운 탐구 영역—이른바 '사회과학'이라고 하는 학문들—이 개척되는 계기를 마련해 주었다. 그러나 다른 편에서 보면 이들 영역 간의 결합 또는 혼합은 각각의 활동 영역이 원래 지니고 있던 고유한 특성들을 훼손하는 결과를 초래했다. 프락씨스를 프랙티컬하게 탐구하지 않고 이론적으로 또는 기술공학적으로 접근할 경우, 그것의 원래 성격은 유지되기 어렵지 않겠는가. 툴민의 논문 제목은 근대 이후 전개된 이와 같은 경향에 대해서 원래의 탐구 양식을 회복하자는 의도가 표현된 것이라 할 수 있다.

학문은, 특히 그것이 인간 활동을 대상으로 한 경우, 그 대상이 되는 인간 활동의 성격—정확하게 말하면 그것을 이해하는 우리의 관점—을 바꾸는 기능을 할 수 있다. 프락씨스에 대해서 프랙티컬하게 탐구하지 않을 경우, 다시 말하면 그것을 이론적이고 기술공학적인 방식으로만 다룰 경우, 우리는 프락씨스가 원래 지니고 있던 프랙티컬한 성격을 놓치게 된다. 프락씨스가 원래 지니고 있었던 특징은 무엇인가? 우리는 위에서 그것을 두 가지로 정리했다. 하나는 그것은 여러 복잡한 맥락 속에서 전개되는 활동이라는 점이고, 다른 하나는 그것은 그 어떤 목적을 추구하는 활동이라는 점이다. 그러므로 교육활동을 프락씨스로서 탐구할 때 우리는 적어도 다음 두 가지를 고려해야 한다. 하나는 교육은 그것이 이루어지고 있는 여러 다양한 상황적, 제도적 맥락, 그리고 그것이 다른 종류—정치적, 종교적, 경제적 등—의 활동들과 맺는 관계를 고려하지 않고는 제대로 탐구될 수 없다는 점이다. 다른 하나는 교육철학은 교육을 이와 같은 맥락 속에서 다루되 그것이 추구하는 '아레테'에 대한 언급을 반드시 포함해야 한다는 점이다.

사람들의 '교육적' 삶은 그야말로 그것 자체로서만으로 결코 이루어질 수 없다. 만약 여러 다양한 맥락 속에서 이루어지는 교육활동을 그 맥락 요소들과 분리해서 다루는 일이 가능하고 또한 그렇게 해야만 교육에 대한 제대로 된 학문적 탐구가 수행될 수 있다고 주장한다면 이는 교육을 프락씨스로서 보아서는 안 된다는 생각, 다시 말하면 교육에 대한 탐구는 에피스테메를 추구하는 것이어야 한다는 주장과 다름이 없다. 교육을 그 프락씨스적인 성격에 주목해서 탐구한다는 말은 교육을 그것이 이루어지는 그와 같은 맥락 속에서 다루되, 교육을 '교육'이라고 하는 근거, 곧 카아와 던, 매킨타이어(A. MacIntyre) 등이 활동의 '내적 목적' 또는 '내적 가치'라고 말한 그것을 드러내는 방식으로 다룬다는 말이다.

참고문헌

강순원(2012). 학부모주의를 넘어서는 학교: 아이들과 선생님들의 공간. 심성보 외 엮음. 『새로운 사회를 여는 교육 혁명』. 서울: 살림터.

고경화(2007). 르네상스기 인문주의 교육에 대한 양면적 해석의 비교 연구: 단절과 연속 관점의 비판적 비교를 통한 인문주의 교육의 의미 규명. 한국교육철학학회 『교육철학』 39: 7-32.

곽차섭(1985). 르네상스 휴머니즘의 해석에 대한 재검토. 역사학회 『역사학보』 108: 173-201.

곽차섭(2011). 공화주의적 덕성을 찾아서. 『역사학보』 210: 1-10.

김경현(2015). 로마제정기 그리스 세계의 파이데이아: 제2 소피스트론 비판을 중심으로. 한국서양고대역사문화학회 『서양고대사연구』 40: 103-137.

김경희(2007). 서구 민주공화주의의 기원과 전개: 아테네에서 르네상스에 이르는 민주와 공화의 변증법. 『정신문화연구』 30(1): 113-139.

김경희(2009). 『공화주의』. 서울: 책세상.

김남두(2003). 파르메니데스와 앎의 실정성. 서울대학교철학사상연구소 『철학사상』 16: 465-479.

김동식(2002). 『프래그머티즘』. 서울: 아카넷.

김봉철(2004). 『전환기 지식인 이소크라테스』. 서울: 신서원.

김상범(2012). 공화주의적 시민성의 윤리교육적 함의. 『윤리연구』 87: 27-52.

김상봉(2006). 모두를 위한 나라는 어떻게 가능한가?: 공화국의 이념에 대한 철학적 성찰. 『시민과 세계』 8: 298-320.

김상현, 김회용(2010). 공화주의적 시민교육에 관한 연구: 비지배로서의 자유와 공화주의 시민권을 중심으로. 『교육철학』 제41집: 207-242.

김성근(2011). “메이지 일본에서 ‘철학’이라는 용어의 탄생과 정착”. 한국동서철학회 『동서철학연구』 59: 367-386.

김세환(2004). 『끝나지 않는 식민지 학문 100년』. 하남: 박이정출판사.

김용민(2009). 키케로와 헬레니즘 철학: 「아카데미의 회의주의에 관하여」에 나타난 인식론을 중심으로. 서울대학교한국정치연구소 『한국정치연구』 18(2): 95-126.

김욱동(2009). 『포스트모더니즘』. 서울: 연세대학교출판부.

김재현(2012). 『한성순보』, 『한성주보』, 『서유견문』에 나타난 ‘철학’ 개념에 대한 연구 - 동아시아적 맥락에서. 한림과학원 『개념과 소통』 9: 149-181.

김재홍(2008). 아리스토텔레스의 시민정치론: 아리스토텔레스의 〈시민교육〉과 〈공교육〉의 이념. 『시민과 세계』 14: 421-439.

김정곤(2020). 민주시민교육 제도화에 대한 심층적 이해: 제도화 추진 주체의 관점에서. 『연구방법논총』 5(3): 65-107.

김종건, 임병덕(1998). 자유교과의 교육과정적 지위. 한국교육과정학회 『교육과정연구』 16(2): 51-76.

김창환(2007). 『인본주의 교육사상』. 서울: 학지사.

김헌(2007). 소피스트를 넘어선 소피스트: 이소크라테스. 인물과사상사 『인물과사상』 2007년 11월호: 98-117.

나병현(2002). 공교육의 의미와 교육의 공공성 문제. 『한국교육』 29(2): 549-571.

나일수(1997). 인문학과 초월세계. 한국도덕교육학회 『도덕교육연구』 9: 225-249.

나일수(1999). 르네상스 인문학이 현대 인문교육에 주는 시사. 한국교육학회 『교육학연구』 37(1): 19-37.

나일수(2002). 르네상스 인문학과 인문교육. 한국교육철학학회 『교육철학』 28: 29-51.

류청오(2010). 공화주의, 민주주의, 그리고 루소의 사회계약론. 『진보평론』 43: 224-251.

문유미(2017). 소피스트의 인식론: 프로타고라스와 고르기아스를 중심으로. 한국기독교철학회 『기독교철학』 23: 55-87.

박규철(2009). 『소크라테스와 소피스트』. 고양: 도서출판 동과서.

박영배(1984). "교육철학의 분석적 접근". 영남대학교인문과학연구소 『인문연구』 제5집: 407-424.

박영희(2011). 키케로의 「웅변가론」에 나타난 교육이론. 한국교육철학학회 『교육철학연구』 33(4): 107-127.

박제일 · 조희성(2005). 예비교사들의 교직과목에 대한 인식도 조사 연구. 『교육실천연구』 4(2): 73-91.

박준철(1998). 고대와 중세의 인문주의. 한국서양중세사학회 『서양중세사연구』 3: 1-20.

박준철(2008). 종교개혁기 루터파의 아동교육과 근대국가의 형성. 『독일연구』 15: 3-31.

박홍원(2005). 미디어와 민주주의: 공론장 개념과 그 함의. 『지역과 커뮤니케이션』 9(1): 65-88.

백은기(2013). 『주역』에 나타난 문화에 관하여 - 비괘(賁卦)를 중심으로. 동양철학연구회 『동양철학연구』 74: 5-27.

서울대학교 정치학과 교수(2005). 『정치학의 이해』. 서울: 박영사.

서울대학교교육연구소 편(1998). 『교육학대백과사전』. 서울: 하우동설.

손윤락(2012). 아리스토텔레스의 『정치학』에서 국가와 시민 교육. 『서양고전학연구』 48: 149-174.

송기형(2013). 프랑스 혁명기 공교위의 교육안 연구. 『프랑스사연구』 29: 57-90.

송병구(2003). 뮈토스와 로고스: 현대의 신화 읽기. 서울대학교 종교문화연구소 『종교와 문화』 9: 163-178.

송영진(1997). 플라톤의 초 · 중기 변증법 연구. 충남대학교인문과학연구소 『인문학연구』 24(1): 29-52.

신승환(2013). 『포스트모더니즘에 대한 성찰』. 서울: (주)살림출판사.

신용인(2016). 민주공화주의에 대한 헌법적 고찰. 『법학논총』 28(3): 339-371.

신일철 편(1984). 『프랑크푸르트 學派』. 서울: 청람문화사.

신차균, 안경식, 유재봉(2006). 『교육철학 및 교육사의 이해』. 서울: 학지사.

안재원(2009). 키케로의 인문학(humanitas)에 대하여. 한림대학교인문학연구소 『인문학연구』 15: 143-174.

안재원(2010). 인문학(humanitas)의 학적 체계화 시도와 이에 대한 비판에 대해서: ars 개념을 중심으로. 한국서양고전학회 『서양고전학연구』 39: 91-127.

안희돈(2013). 로마 공화정 후기 교육 환경의 성숙: 도서관 건립과 그리스 지식인의 활동을 중심으로. 『역사교육』 126: 277-301.

양금희(2012). 종교개혁기의 학교, 교회, 그리고 국가의 관계에 관한 연구. 『장신논단』 44(4): 345-372.

양태종(1989). 이소크라테스의 수사교육에 관하여. 동아대학교어학연구소 『언어와 언어교육』 4: 43-73.

엄태동(2001). 존 듀이 교육학에 대한 오해와 새로운 이해. 『교육원리연구』 6(1): 95-129.

우한솔(2015). 사범대학 교직과목에 대한 교수와 학생 인식 비교 - 교직이론 수업의 교육현장 연계를 중심으로. 『교육과학연구』 46(2): 133-157.

유근직, 이은송(2000). 구한말 관립 한성사범학교의 체조교육에 대한 고찰 - 담당교관과 교수법을 중심으로. 『한국체육교육학회지』 5(1): 3-9.

유재봉, 정철민(2010). 자유교육 기원에 관한 논쟁 검토: 뮤어(J. Muir)의 논의를 중심으로. 한국교육철학학회 『교육철학』 47: 109-126.

이권희(2011). 메이지(明治) 전기 국민국가 형성과 교육 - 학제(學制)의 변천과 창가(唱歌) 교육을 중심으로. 『일본사상』 21: 159~191.

이규영(2005). 독일의 정치교육과 민주시민교육. 『국제지역연구』 9(3): 157-186.

이돈희 편역 · 해설(1992). 『존 듀이 교육론』. 서울: 서울대학교출판부.

이돈희(1993). 『교육적 경험의 이해』. 서울: 교육과학사.

이돈희(1999). 『수정판 교육정의론』. 서울: 교육과학사.

이동기(2018). 보이텔스바흐로 가는 길: '최소합의'로 갈등 극복하기. 심성보 외 지음, 『보이텔스바흐 합의와 민주시민교육』, 서울: (주)도서출판 북멘토.

이영림(2012). 18세기 프랑스: 종교적 갈등에서 정치적 저항으로. 『역사학보』 213: 181-209.

이영림(2013). 예수회 추방과 '국민교육'의 시도. 『프랑스사연구』 29: 33-56.

이윤미(2001). 공교육의 역사성과 교육의 공공성 문제. 『교육비평』 6: 12-31.

이윤미(2012). 한국 공교육의 역사적 성격: 사적 자유와 공적 가치를 중심으로. 심성보 외 엮음. 『새로운 사회를 여는 교육 혁명』. 서울: 살림터.

이정우(2011). 『세계철학사 1: 지중해세계의 철학』. 서울: 도서출판 길.

이종하(2011). 『호르크하이머의 비판이론』. 성남: 북코리아.

이한섭(2012). 근대어 성립에서 번역어의 역할—일본의 사례. 국립국어원 『새국어생활』 22(1): 23-35.

이환기(1995). 『헤르바르트의 교수이론』. 서울: 교육과학사.

임병철(2009). 르네상스 휴머니즘, 과거와 현재의 교차로. 한국사학사학회 『한국사학사보』 19: 169-198.

임헌규(2015). 동 · 서 교육철학의 대화—인간성, 정의 그리고 교육 대담문. 2015 한국교육철학학회 춘계학술대회 발표원고.

임현식(1998). 분석적 교육철학의 가치중립성 검토. 한국교육철학학회(구 교육철학회) 『교육철학』 제20집: 19-36.

임형택(2011). 전통적 인문 개념과 문심혜두(文心慧竇): 정약용의 공부법. 『창작과 비평』 39(1): 147-170.

임후남(2003). 한국 근대초등교원의 양성. 『한국교원교육연구』 20(1): 269-291.

장세용(1999). 꽁도르세의 교육사상. 『인문연구』 37: 93-125.

장은주(2018). 민주시민교육의 필요성과 보이텔스바흐 합의. 심성보 외 지음. 『보이텔스바흐 합의와 민주시민교육』. 서울: (주)도서출판 북멘토.

정기문(2012). 로마의 후마니타스와 인본주의. 한국서양고대역사문화학회 『서양고대사연구』 30: 103-130.

정도상(2013). 『핀란드의 교사양성 및 연수제도 현황과 시사점』. 서울: 한국교육개발원.

정동준(2004). 대혁명 전후 교육의 목적에 관한 일고찰. 『서양사학연구』 11: 61-77.

정혜영(1998). 피히테의 독일 국민교육론. 『교육철학』(현 『교육철학연구』) 20: 149-165.

조무남 (2006). 『영국교사교육제도』. 서울: 청문각.

조승래(2008). 공화국과 공화주의. 『역사학보』 198: 227-254.

조승래(2010). 『공화국을 위하여: 공화주의의 형성 과정과 핵심 사상』. 서울: 도서출판 길.

조승래(2011). 지금 왜 공화주의인가? 『미국사연구』 34: 1-28.

조승래(2017). 공화주의 교육으로의 전환. 『역사와 담론』 81: 359-380.

조우영(2009). 민주 공화적 관점에서 본 현행 교육법제의 문제점. 『민주법학』 41: 255-278.

조주현(2015). 공화주의 시민성과 도덕과 교육의 과제 - 중학교 도덕 교과서의 분석을 중심으로. 『도덕윤리과교육』 49: 65-94.

조한상(2009). 『공공성이란 무엇인가』. 서울: 책세상.

조화태(1993). 포스트모더니즘의 이해와 한국교육이론의 과제. 교육철학회(현 한국교육철학학회 『교육철학』 제11집: 3-10.

조화태(2006). 『교육철학』. 서울: 한국방송통신대학교출판부.

최경옥(2013). 메이지기, 번역한자어의 성립과 한국 수용 고찰: ism이 주의로 번역되기까지. 한양대학교일본학국제비교연구소 『비교일본학』 28: 217-239.

최종렬(2004). 과학, 도덕학, 미학의 역사적 관계: 고대 그리스 사상에서 르네상스 휴머니즘까지. 한국이론사회학회 『사회와 이론』 4: 267-339.

하상복(2016). 『하버마스의 「공론장의 구조 변동」 읽기』. 서울: 세창미디어.
한기철(2004). "Alasdair ManIntyre의 '행위전통' 개념과 그것의 교육학적 활용에 대한 재검토". 『아시아교육연구』 5(3): 23-50.
한기철(2008). 『하버마스와 교육』. 서울: 학지사.
한기철(2011a). 프랙티스: 허스트 교육이론의 재조명. 한국초등교육학회 『초등교육연구』 24(2): 185-212.
한기철(2011b). '실제'와 '이론'의 두 가지 의미와 '실천 철학'으로서의 교육철학 논의에 대한 반성적 분석. 한국교육사상연구회 『교육사상연구』 25(3): 245-269.
한기철(2013). 철학의 본래 의미와 교육철학의 성격. 한국교육사상연구회 『교육사상연구』 27(3): 295-320.
한기철(2014). 수사학 교사 이소크라테스의 교육사상 연구. 한국교육사상연구회 『교육사상연구』 28(3): 171-202.
한기철(2015). 국가교육의 의미에 대한 사상사적 탐색과 국가주의 교육 담론에 대한 비판적 논의. 『교육철학연구』 37(2): 199-229.
한기철, 조상식, 박종배(2015). 교육철학 및 교육사. 파주: 교육과학사.
한상수(2005). 아리스토텔레스의 국가론: 국가의 기원을 중심으로. 『공법학연구』 6(3): 251-269.
한석환(1998). 인간의 본질과 폴리스. 『서양고전학연구』 12: 229-257.
한석환(2003). 플라톤과 수사학. 한국철학회 『철학』 75: 81-101.
한용진(2006). 개화기 사범학교와 교원양성교육. 『대학의 역사와 문화』 3: 99-129.
허지향(2012). 메이지명치(明治) 일본에 있어서 '철학' 개념의 역사적 위치—니시 아마네의 텍스트 재고, 『철학회잡지』 고찰. 충북대학교 인문학연구소 『인문학지』 44: 23-50.
홍윤경(2006). 플라톤 변증법의 도덕교육적 함의. 한국도덕교육학회 『도덕교육연구』 18(1): 47-65.
홍은숙(2004). 자유교육 전통의 역사적 고찰: 자유교육의 새로운 방향 모색. 한국교육과정학회 『교육과정연구』 22(4): 1-25.
황주홍(1990). 아리스토텔레스의 개인과 공동체: 공동체주의(Communitarianism)의 논점과 해석. 『국제정치논총』 30(1): 353-378.
마루야마 마사오, 가토 슈이치(2000). 임성모 옮김. 『번역과 일본의 근대』. 서울: 도서출판 이산.
야나부 아키라(2011). 김옥희 옮김. 『번역어의 성립: 서구어가 일본 근대어를 만나 새로운 언어가 되기까지』. 서울: 마음산책.
아리스토텔레스(2009). 천병희 옮김. 『정치학』. 고양: 도서출판 숲.
이소크라테스(2016). 「안티도시스」, 「안티도시스」. 한기철 옮김. 『이소크라테스: 소피스트들에 대하여, 안티도시스, 니코클레스에게』. 서울: 한국문화사.
크세노폰(1923). *Memorabilia*. In *Xenophon in Seven Volumes*, 4. Edited E. C. Marchant. Cambridge, MA: Harvard University Press.

플라톤(2013). 정준영 옮김. 『테아이테토스』. 서울: 이제이북스.

Abelson, Paul (1906). *The Seven Liberal Arts: A Study in Medieval Culture.* New York: Teachers' College, Columbia University.

Aristotle (1925). *The Nichomachean Ethics.* Translated with an Introduction by D. Ross. Revised by J. L. Ackrill and J. L Urmson. Oxford: Oxford University Press.

Barrow, Robin and White, Patricia (1993). "Introduction." In *Beyond Liberal Education: Essays in honor of Paul Hirst.* Edited by Robin Barrow and Patricia White. Routledge.

Bernstein, Richard J. (1992). *The New Constellation.* Cambridge: The MIT Press.

Biesta, Gert J. J. and Burbules, Nicholas (2003). *Pragmatism and Educational Research.* Rowman & Littlefield Publishers, INC.

Birus, Hendrik (1994). "The Archeology of 'Humanism'". http://www.pum.umontreal.ca/revues/surfaces/vol4/birus.html

Blake, Nigel and Masschelein, Jan (2003). "Critical Theory and Critical Pedagogy." In *The Blackwell Guide to the Philosophy of Education*, edited by Nigel Blake, Paul Smeyers, Richard Smith, and Paul Standish. Blackwell Publishing.

Boyd, William (1964). *The History of Western Education.* 이홍우 외 역 (2008). 『서양교육사』. 서울: 교육과학사.

Brubacher, John S. (1966). *A History of the Problems of Education.* New York: McGraw-Hill Book Company.

Burbules, Nicholas C. (1995). "Postmodern Doubt and Philosphy of Education" in *Philosophy of Education Society Yearbook* 1995. Philosophy of Education Society. http://www.ed.uiuc.edu/EPS/ PES-Yearbook/95_docs/burbules.html

Burnet, John (1913). *Aristotle on Education: Being Extracts from the Ethics and Politics.* London: Cambridge University Press.

Carr, Wilfred (1986). "Theories of Theory and Practice." *Journal of Philosophy of Education* 20(2): 177-186.

Carr, Wilfred (1987). "What Is an Educational Practice?" *Journal of Philosophy of Education* 21(2),:163-175.

Carr, Wilfred (2004). "Philosophy and Education." *Journal of Philosophy of Education*, 38(1): 55-73.

Clark, John A. (2013). The Place of Philosophy in the Training of Teachers: Peters revisited. *Educational Philosophy and Theory*, Vol. 45, No. 2: 128-141.

Cooke, Bill (2008). "Happy birthday humanism". https://newhumanist.org.uk/articles/1740/happy-birthday-humanism.

Cooke, Maeve (1997). *Language and Reason: A Study of Habermas's Pragmatics.* Cambridge: The MIT Press.

Cornford, F. M. (1932). *Before and After Socrates,* New York: Cambridge University Press.

Dewey, John (1933). *How We Think.* Chicago: Henry Regnery Company.

Dewey, John (1987). 이홍우 번역 · 주석. 『존 듀이 민주주의와 교육』. 서울: 교육과학사.

Dewey, John (2002). 박철홍 옮김. 『아동과 교육과정 / 경험과 교육』. 서울: 문음사.

Dunne, Joseph (1993). *Back to the Rough Ground.* Notre Dame: University of Notre Dame Press.

Freire, Paulo (2009). 남경태 옮김. 『페다고지』. 서울: 그린비.

Fuhrmann, Manfred (2012). 김영옥 옮김. 『고대 수사학』. 서울: 시와 진실.

Garrison, Jim, & Alven Neiman (2003). "Pragmatism and Education." In *The Blackwell Guide to the Philosophy of Education.* Edited by Nigel Blake, Paul Smeyers, Richard Smith, and Paul Standish. Blackwell Publishing.

Guthrie, W. K. C. (1975). *The Greek Philosophers: From Thales to Aristotle.* New York: Harper & Row.

Guthrie, W. K. C. (2000). 박종현 옮김. 『희랍철학입문: 탈레스에서 아리스토텔레스까지』. 서울: 서광사.

Habermas, Jürgen (1984). *The Theory of Communicative Action: Reason and the Rationalization of Society.* T. McCarthy (Trans.). 2 vols. Vol. 1. Boston: Beacon Press.

Habermas, Jürgen (1987). *The Theory of Communicative Action: Lifeworld and System: A Critique of Functionalist Reason.* T. McCarthy (Trans.). 2 vols. Vol. 2. Boston: Beacon Press.

Habermas, Jürgen (2001). 한승완 역. 『공론장의 구조 변동: 부르주아 사회의 한 범주에 관한 연구』. 파주: (주)나남.

Habermas, Jürgen (1991). *The Structural Transformation of the Public Sphere: An Inquiry into a category of Bourgeois Society.* T. Burger (Trans.). Cambridge: The MIT Press.

Hartley, David and Whitehead, Maurice (2006). "Introduction". *Teacher Education: Major Themes in Education,* Volume 1. London: Routledge.

Hirst, P. H. (1965). Liberal Education and the Nature of Knowledge. In *Philosophical Analysis and Education.* Edited by R. D. Archambault. London: RKP.

Hirst, P. H. (1966). Educational Theory. In *The Study of Education.* Edited by J. W. Tibble. London: RKP.

Hirst, P. H. (1974). *Knowledge and the Curriculum: A Collection of Philosophical Papers.*

London: RKP.

Hirst, P. H. (1993). "Education, Knowledge and Practices." In *Beyond Liberal Education*. Edited by R. Barrow, & P. White. London: RKP.

Hirst, P. H. (1996). "The Demands of a Professional Practice and Preparation for Teaching." In *The Role of Higher Education in Initial Teacher Training*. London: Kogan Page.

Hirst, P. H. (1998a). "Educational Theory." In *Philosophy of Education: Major Themes in the Analytic Tradition. Volume 1: Philosophy and Education*. Edited by Paul H. Hirst, & Patricia White. London: Routledge.

Hirst, P. H. (1998b). "Philsophy of Education: The Evolution of Discipline." In *50 Years of Philosophy of Education: Progress and Prospects*. Edited by Graham Haydon. Institute of Education, University of London.

Hirst, P. H. (2002). "The Nature of Educational Aims." In *The Aims of Education*. Edited by R. Marples. Routledge. (eBook version).

Hirst, P. H. and Wilfred Carr (2005). "Philosophy And Education—A Symposium." *Journal of Philosophy of Education* 39(4): 615-632.

Jaeger, Werner (1964). *Paideia: The Ideals of Greek Culture Volume I: Archaic Greece: The Mind of Athens*. Translated by Gilbert Highet. Oxford University Press.

Jaeger, Werner (1944). *Paideia: The Ideals of Greek Culture Volume III: The Conflict of Cultural Ideals in the Age of Plato*. Translated by Gilbert Highet. New York: Oxford University Press.

Johnson, R. (1959). Isocrates' Methods of Teaching. *The American Journal of Philology* 80(1): 25-36.

Ker, Ian (2011). Newman's Idea of a University and Its Relevance for the 21st Century. *Australian eJournal of Theology* 18(1): 19-32.

Kerferd, G. B. (1981). *The Sophistic Movement*. New York: Cambridge University Press.

Kimball, Bruce A. (1986). *Orators and Philosophers: A History of the Idea of Liberal Education*. New York: Teachers College Press.

Lyotard, Jean-François (1984). *The Postermodern Condition: A Report on Knowledge*. Translated by Geoff Bennington and Brian Massumi. Minneapolis: University of Minnesota Press.

Marrou, H. I. (1964). *A History of Education in Antiquity*. Translated by George Lamb. New York: The New American Library.

Martin, Jane Roland (1981). "Needed: A New Paradigm for Liberal Education." In *Philosophy of Education: Major Themes in the Analytic Tradition. Volume 1:*

Philosophy and Education. Edited by Paul H. Hirst, & Patricia White. London: Routledge.

McCarthy, Thomas (1981). *The Critical Theory of Jürgen Habermas*, Cambridge: The MIT Press.

Mulcahy, D. G. (2008). Newman's Theory of a Liberal Education: A Reassessment and Its Implications. *Journal of Philosophy of Education* 42(2): 219-231.

Mulcahy, D. G. (2011). Viewing Liberal Education as a Contested Concept. Paper presented to the annual conference of the New England Philosophy of Education Society, Central Connecticut State University.

Nettleship, Richard L. (2010). 김안중 · 홍윤경 역. 『플라톤의 국가론 강의』. 서울: 교육과학사.

Norlin, George (1928). "General Introduction". *Isocrates in Three Volumes I*. 한기철 옮김(2016). 이소크라테스의 삶과 사상. 『이소크라테스』. 서울: 한국문화사.

Norlin, George (1929). "Against the Sophists" & "Antidosis". *Isocrates in Three Volumes II*. London: William Heinemann LTD.

Parker, H. (1890). The Seven Liberal Arts. *The English Historical Review* 5: 417-461.

Peters, Michael A., & Kenneth Wain (2003). "Postmodernism/ Post-structuralism" in *The Blackwell Guide to the Philosophy of Education*. Edited by Nigel Blake et. al. Blackwell Publishers Ltd.

Peters, Michael A., & Nicholas C. Burbules (2004). *Poststructuralism and Educational Research*. Rowman & Littlefield Publishers, Inc.

Peters, R. S. (1977). *Education and the education of teachers*. London: Routledge & Kegan Paul.

Peters, R. S. (2003). 이홍우 · 조영태 역. 『윤리학과 교육』. 서울: 교육과학사.

Phillips, D. C. (2008). "Philosophy of Education." *Stanford Encyclopedia of Philosophy*. http://plato.stanford.edu/entries/education-philosophy/

Thayer, H. S. (2005). "Pragmatism." Encyclopaedia Britannica Online.

Taylor, William (2009). "Teacher Education". *Encyclopaedia Britannica 2009 Student and Home Edition*. Chicago: Encyclopaedia Britannica.

Thompson, W. H. (1868). *The Phaedrus of Plato with English Notes and Dissertations*. Whittaker & Co.

Toulmin, Stephen (1988). The Recovery of Practical Philosophy. *The American Scholar* 57(3): 337-352.

West, Andrew Fleming (2011). *The Seven Liberal Arts*. Classical Academic Press. http://classicalsubjects.com/resources/TheSevenLiberalArts.pdf

White, John, & White, Patricia (2001). "An analytical perspective on education and children's rights." In *Methods in Philosophy of Education.* Edited by Frieda Heyting, Dieter Lenzen, and John White. Routledge.

Wikipedia. Humanism. https://en.wikipedia.org/w/index.php?title=Humanism&oldid=738274628

Wilson, John (1989). De-intellectualization and authority in education. In David Hartley & Maurice Whiteheadm Ed., *Teacher Education: Major Themes in Education, Volume III Curriculum and Change*. London: Routledge.

Winch, Christopher (2012). For philosophy of education in teacher education. *Oxford Review of Education* 38(3): 305-322.

찾아보기

[인명]

[내용]

저자 약력

김대식(Dae-Sik, Kim)

서울대학교 교육사 전공 교육학 박사
현 경인교육대학교 교육학과 교수
전 교육사학회 회장

〈주요 저 · 역서〉

『한국 교육의 역사적 전개』(학지사, 2017)

〈주요 논문〉

화서(華西) 문인공동체(門人共同體) 강회(講會)의 실제(2011)/교육사, 어떻게 가르쳐야할까 -서사로의 전환-(2014)/4차 산업혁명 시대 초등교육의 정체성과 역할(2017)/조선후기 향약의 교육 활동-봉화 성주지역 사례를 중심으로(2021)/교육사학 연구의 성취와 과제(2023)

한기철(Gicheol Han)

미국 일리노이대학교(UIUC) 교육철학 전공 Ph.D.
현 경인교육대학교 교육학과 교수

〈주요 저 · 역서〉

『하버마스와 교육』(학지사, 2008)/『이소크라테스: 「소피스트들에 대하여」, 「안티도시스」, 「니코클레스에게」』(역, 한국문화사, 2016)/『위르겐 하버마스 의사소통적 행위 이론』(커뮤니케이션북스, 2022)

〈주요 논문〉

공화주의 교육론을 위하여(2019)/ '노모스-퓌시스 대립명제'에 나타난 소피스트들의 비판적 사유(2021)/"역량 기반 교육과정" 담론에 대한 비판적 논의: 역량론에 나타난 지식관을 중심으로(2023)

교육사 교육철학

2025년 2월 28일 1판 1쇄 인쇄
2025년 3월 3일 1판 1쇄 발행

저 자 : 김 대 식 · 한 기 철
발행인 : 한 정 주
발행처 : 교 육 과 학 사

경기도 파주시 광인사길 71
전화 (031)955-6956~8 / 팩스 (031)955-6037
Home-page : www.kyoyookbook.co.kr
E-mail : kyoyookbook@daum.net

등록 : 1970년 5월 18일 제2-73호

낙장·파본은 교환해 드립니다.
정가 25,000원
Printed in Korea.
ISBN 978-89-254-1985-5